泉港年鉴

2022

QUANGANG YEARBOOK

中共泉州市泉港区委党史和地方志研究室　编

方志出版社
Publishing House of Local Records

图书在版编目（CIP）数据

泉港年鉴. 2022 / 中共泉州市泉港区委党史和地方志研究室编. —北京 : 方志出版社, 2022.12
ISBN 978-7-5144-5523-6

Ⅰ. ①泉… Ⅱ. ①中… Ⅲ. ①区(城市)－泉州－2022－年鉴 Ⅳ. ①Z525.74

中国版本图书馆CIP数据核字(2022)第252521号

责任编辑：王娜
责任校对：刘玉霞
责任印制：梅中英
出 版 者：方志出版社
地　　址：北京市朝阳区潘家园东里 9 号（国家方志馆4层）
邮　　编：100021
网　　址：http://www.zgfzcb.cn
发　　行：方志出版社图书营销中心（010-67110500）
印　　刷：福州奔翔彩印有限公司
开　　本：889毫米×1194毫米　1/16
印　　张：21.5
字　　数：810千字
版　　次：2022年12月第1版
印　　次：2022年12月第1次印刷
定　　价：280.00元

泉港区地方志编纂委员会暨
《泉港年鉴》编纂委员会

编辑说明

一、《泉港年鉴》是由中共泉州市泉港区委员会、泉州市泉港区人民政府主办，中共泉州市泉港区委党史和地方志研究室组织编纂的年度地方资料性文献，首次出版于2013年，2022卷为第10卷。

二、《泉港年鉴（2022）》以马克思列宁主义、毛泽东思想、邓小平理论、“三个代表”重要思想、科学发展观、习近平新时代中国特色社会主义思想为指导，坚持辩证唯物主义和历史唯物主义的立场、观点和方法，力求实事求是地记载泉港自然、经济、政治、文化和社会的发展状况，反映物质文明、政治文明、精神文明、社会文明、生态文明建设的新成就、新经验以及出现的新情况、新问题，为社会各界和海外人士了解泉港、研究泉港、创业泉港、旅游泉港提供尽可能全面、翔实的地情资料。

三、《泉港年鉴（2022）》采用分类编辑法，主体内容设类目、分目、条目三个结构层次，以条目为表现内容的基本形式。

四、《泉港年鉴（2022）》着重反映2021年的基本情况。卷首设专记、年度聚焦、大事记，主体部分设泉港概览、石化新城、中共泉港区委员会、泉港区人民代表大会、泉港区人民政府、政协泉港区委员会、纪检 监察、民主党派与工商联、群众团体、法治、军事、外事 侨务 台港澳事务、经济管理与监督、口岸综合管理、应急管理、财政 税务、农业农村、工业、金融、商贸 旅游、城乡建设与管理、交通 邮政 通信、教育、科学、文化 体育、卫生健康、社会民生、镇 街道、荣誉 人物，卷末设重要文献、统计资料、附录、索引等内容。

五、《泉港年鉴（2022）》记述的时限自2021年1月1日至2021年12月31日，选介资料、相关链接及部分图表跨年度选编。

六、《泉港年鉴（2022）》标点符号以《标点符号用法》（GB/T 15834—2011）为准，数字以《出版物上数字用法》（GB/T 15835—2011）为准，计量单位以《量与单位》（GB 3100—3102—1993）为准。文中“省、全省”均指福建省，“市、全市”均指泉州市，“区、全区”均指泉港区。民国以前使用年号纪年，民国以后使用公元纪年。

七、《泉港年鉴（2022）》所列数据，除统计部门正式公布的外，均由各有关部门和行业提供，并经供稿单位审核。因统计口径等原因，有些部门和行业个别数据与统计部门数据不尽一致时，以统计部门数据为准。

泉港区地图

比例尺 1：134 000

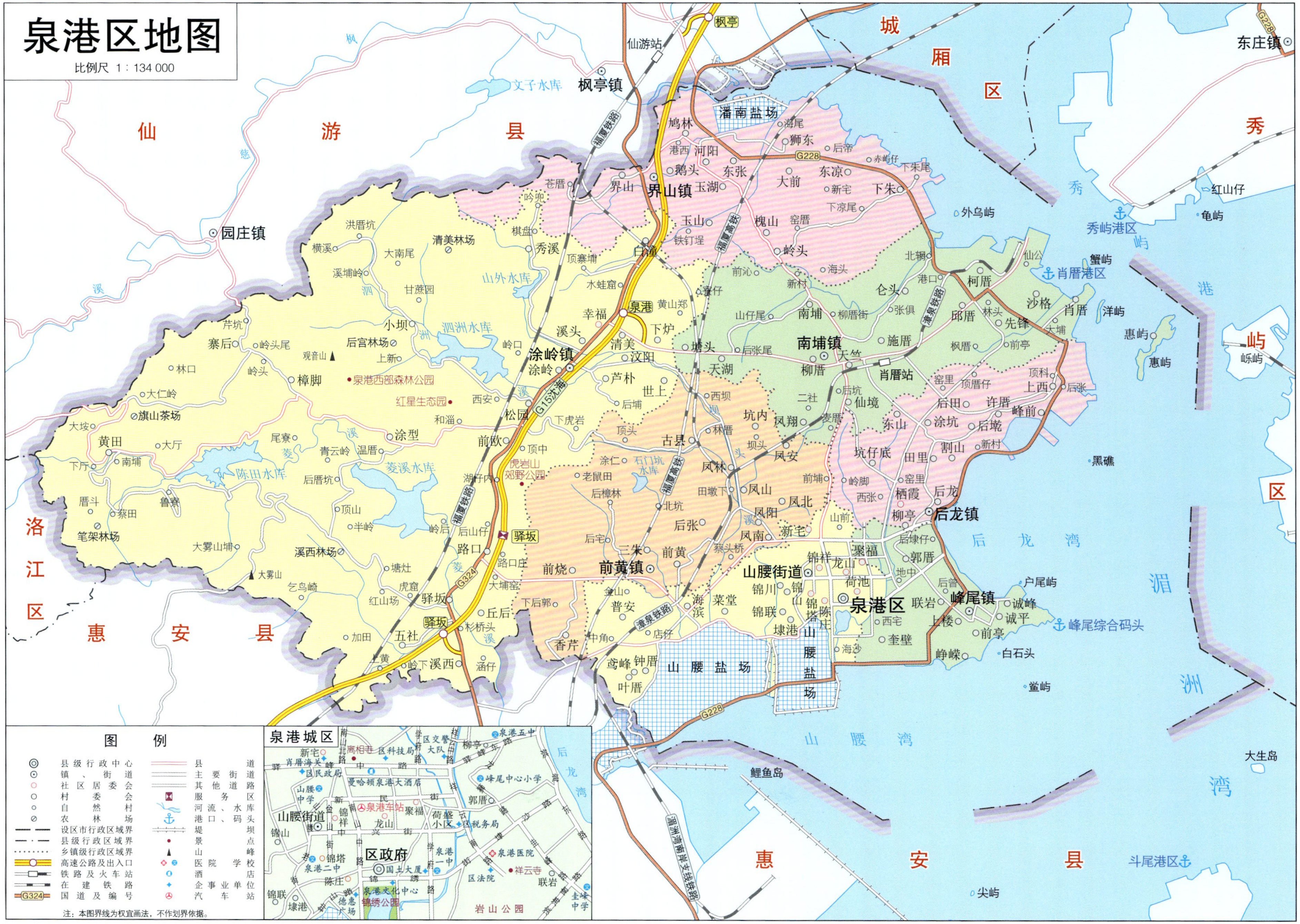

编制单位：福建省地图出版社　审图号：泉S〔2022〕6号　资料截至：2021年12月

城市荣誉

全国科技创新百强区
全国科技进步先进区
全国首批产城融合示范区
全国县（市）科技进步考核先进区
全国首批义务教育发展基本均衡区
中国长寿之乡
中国海港文化之乡
中国北管音乐文化之乡
中国海盐文化之乡
中国水密隔舱福船文化之乡
全国法治先进区
全国科普示范区
全国青少年普法教育示范区
全国国土资源节约集约模范县
全国法治县（市、区）创建活动先进单位
全国义务教育教师队伍“县管校聘”管理体制改革示范区
全国基层中医药工作先进单位
全国首届公共资源交易百强县
福建省文明城区
福建省双拥模范城
福建省科普先进城区
福建省森林县城
福建省文明城市创建工作先进城市
福建省平安先行区
福建省星火科技密集区
福建省科技强警示范区
福建省慢性非传染性疾病综合防控示范区
福建省残疾人社区康复示范区
福建省民族团结进步重点区

肖厝临港岸线码头泊位群

泉港数字 2021

总面积：341 平方千米
户籍人口：420513 人
常住人口：35.9 万人
地区生产总值：657.80 亿元
第一产业增加值：11.72 亿元
第二产业增加值：493.51 亿元
第三产业增加值：152.57 亿元
粮食播种面积：1952.67 公顷
社会消费品零售总额：150.64 亿元
实际使用外资：7.38 亿元
地方一般公共预算收入：28.06 亿元
税收收入：23.62 亿元
地方一般公共预算支出：27.06 亿元
金融机构本外币存款余额：274.16 亿元
金融机构本外币贷款余额：208.13 亿元
城镇居民人均可支配收入：41725 元
农村居民人均可支配收入：24829 元

泉港城区（摄于2021年5月26日）

（图/连键刚）

涂岭小坝村（摄于2021年）（图/陈景松）

高速公路穿过村庄（摄于2021年）（图/林家参）

樟脚金钟潭（摄于2021年） （图/庄绍坤）

陈田水库（摄于2021年） （图/陈颖聪）

2021年9月19日，副省长李德金（左四）到泉港区调研指导疫情防控工作　　（图/区委报道组）

2021年1月28日，省委文明办副主任陈璇（右一）到山腰盐场看望慰问道德模范连于妹　　（图/区委报道组）

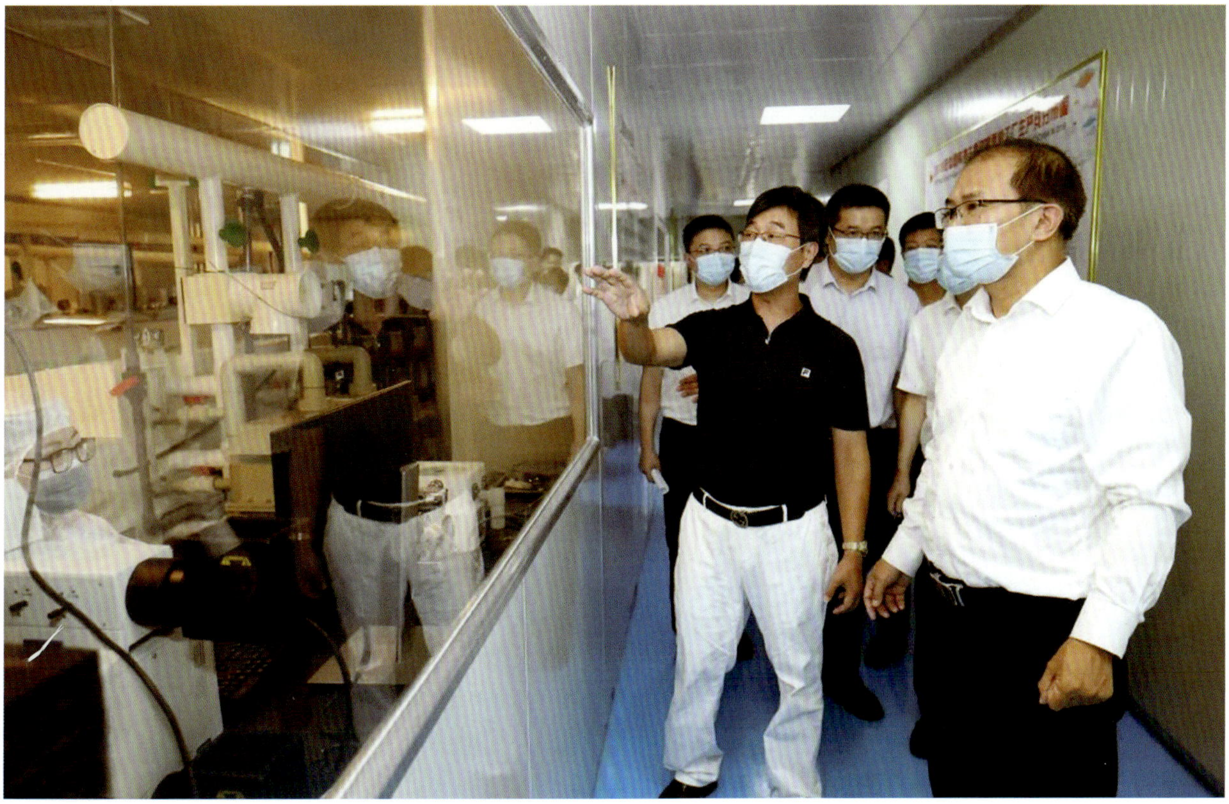

2021年8月12日，市委书记王永礼（右一）带队到泉港区调研。图为实地了解清源创新实验室运行情况（图/泉州通）

2021年7月2日，市委常委、统战部部长林万明（左三）到泉港区调研同心安居工程建设情况。图为工作协调会现场（图/区委报道组）

2021年9月8日，市委常委刘文儒（左三）到泉港区调研全国文明城市创建工作。图为调研座谈会现场　　（图/区委报道组）

2021年10月19日，副市长汪志红（前排左二）调研泉港石化科技众创园　　（图/区委报道组）

2021年2月24日，区委书记黄文胜（右一）走访调研驻区口岸查验单位　　（图/区委报道组）

2021年8月5日，区委书记杨昌文（左二）到百宏石化公司调研　　（图/区委报道组）

2021年8月13日，区委副书记、代区长杨凤翔（前排中）调研重点项目建设情况　　（图/区委报道组）

2021年2月16日，泉港区举行2021年第一批招商“云签约”活动 （图/区委报道组）

2021年6月3日，福建省危险化学品企业安全生产高峰论坛分会场在福建师范大学泉港石化研究院举行

（图/区委报道组）

2021年10月15日，泉港区2021年渔业资源增殖放流活动在峰尾海域举行 （图/区委报道组）

2021年11月1日，泉州宝牛能源泉港项目协调推进会举行 （图/区委报道组）

2021年11月1日，第二届泉港云购节“全闽乐购·泉港有约”启动暨永嘉天地商圈提档升级仪式举行　（图/区委报道组）

2021年12月26日，中科国际（福建）智能创新中心项目线上签约仪式在泉港区举行　（图/区委报道组）

2021年1月29日，泉港区庆祝中国共产党成立100周年“清风传家”义写春联送“廉味”祝福活动在区文化馆启动

（图/区委报道组）

2021年4月30日，全国第六届“万步有约”健走激励大赛（福建省泉港赛区）启动仪式在锦绣公园举行 （图/区委报道组）

2021年6月7日，泉州市主题巡回邮展“方寸映春华 党史‘邮’我说——邮票上的党史”在峰尾镇郭厝村开展。图为小学生参观邮展 （图/区委报道组）

2021年7月1日，泉港区“唱支心歌给党听”主题合唱比赛在泉港会议中心举行（图/区委报道组）

2021年7月2日，泉港区庆祝中国共产党成立100周年“红色记忆 百年追梦”美术书法篆刻作品展在区文化中心举行 （图/区委报道组）

2021年7月30日，“古厝之光·福传泉港”海丝文化遗产保护活动在后龙镇土坑游客服务中心举行

（图/区委报道组）

2021年11月17日，“艺”起抗疫主题书法美术摄影作品联展在泉港文化中心展出

（图/区委报道组）

2021年12月29日，“福传泉港”融媒矩阵启航暨峰尾镇海丝文化福船馆揭牌仪式举行

（图/区委报道组）

2021年4月13日，泉港区“第三届高校青年人才—企事业单位”双选会暨福州大学石油化工学院2021届毕业生春季双选会在福州大学石油化工学院（泉港校区）举行 （图/区委报道组）

2021年4月27日，泉港区2021年庆祝“五一”国际劳动节大会召开 （图/区委报道组）

2021年8月10日，泉港区“强基础、补短板，推动泉港教育高质量发展”工作座谈会召开　　（图/区委报道组）

2021年8月20—21日，广东省闽南经济促进会泉港联委会2021年“海西春雨”助学仪式举行。图为仪式启动现场（图/区委报道组）

2021年9月2日，2021年黄廷方奖学金（福建）颁奖仪式在界山镇东张村文明礼堂举行　　（图/区委报道组）

2021年9月8日，泉港区维修电工技能竞赛在区石化行业职工技能实训基地举行　　（图/区总工会）

2021年10月14日，“喜‘孝’颜开·幸福在线”泉港区第五届“网络孝文化节”暨“三下乡”活动在山腰街道龙人·伍心家园举办　（图/区委文明办）

2021年10月27日，泉港区植物园户外劳动者服务驿站揭牌仪式举行　（图/区委报道组）

2021年9月13日，泉港区组织收听收看全市新冠肺炎疫情防控工作视频会议
（图/区委报道组）

2021年9月14日，前黄镇行政执法人员在坝头路口查验“三码”
（图/连键刚）

2021年9月15日，泉港区红十字会志愿者搬运抗疫物资　（图/连键刚）

2021年9月15日，泉港区启动第二轮全员核酸检测。图为锦绣广场核酸检测点　　　　　　　　（图/连键刚）

2021年9月22日，泉港区“直通封控区、隔离点——健康云守护”网络直播间上线　　　　（图/区委报道组）

2021年9月24日，泉港区疫情防控指挥长会议召开　　（图/区委报道组）

2021年9月28日，在界山镇封控区举行福州市泉港商会会长单位——天马科技—宝众地产天马城捐赠救护车交接仪式　（图/界山镇）

2021年10月14日，支援泉港医务人员返程欢送仪式在泉州市委党校举行　（图/区委报道组）

目录

专记

年度聚焦

大事记

泉港概览

石化新城

中共泉港区委员会

泉港区人民代表大会

泉港区人民政府

政协泉港区委员会

纪检　监察

民主党派与工商联

群众团体

法 治

军 事

外事 侨务 台港澳事务

经济管理与监督

口岸综合管理

应急管理

财政　税务

农业农村

工 业

金 融

商贸 旅游

城乡建设与管理

交通 邮政 通信

教 育

科　学

文化　体育

卫生健康

社会民生

镇 街道

荣誉 人物

重要文献

统计资料

附 录

索 引

全省最大安控区民房征迁工作完成

2021年，泉港区贯彻“再学习、再调研、再落实”活动要求和省市领导有关安控区项目现场调研指示精神，坚持问题导向，把安全控制区项目征迁扫尾作为全区“天字号”工程，找准方向、扎实举措，组织全区力量，重拾行装、精准发力，打好安控区安征迁扫尾攻坚战，强势推进，啃下最难的一块“硬骨头”。至11月8日，7个片区全面完成12789栋、482.7万平方米民房拆除任务，其中，2021年度完成民房签约642栋25.08万平方米、腾空626栋39.22万平方米；拆除1093栋64.3万平方米，完成宫庙祖厅、公产、厂房签约405栋、腾空314栋、拆除292栋，仅保留少量有历史价值的古建筑及管理用房，提前完成第一轮中央环保督察整改任务要求。

一、开列“三份清单”抓进度、保节点。区主要领导亲自挂帅，坚持一线调研办公、一线指挥调度、一线指导推动、一线督阵攻坚，深入排查项目征迁遗留问题16类46件，专题召开项目征迁务虚会，订制项目征迁扫尾攻坚行动方案，明确时间表、路线图和任务书。主要开列三份清单：1.存量清单。通过查清摸实7个片区未签约民房存量258栋、未腾空618栋、未签约1326栋，建立未征迁存量民房数据库，按征迁问题难易程度明确攻坚时间表，挂牌督办、对账销号。2.问题清单。深挖各栋房屋存在的征迁问题共1200多件，细化分类，研究订制破解方案和推进措施，逐个逐类问题攻坚突破，打通“中梗阻”。3.责任清单。每栋房屋均落实到具体责任片区、责任领导、责任干部，“一栋一策”包干落实，一抓到底。

二、订制“四项措施”破瓶颈、攻堡垒。主动聚焦问

2021年8月30日，中央第一轮环保督察整改项目石化安征迁片区指挥长第三十一次会议召开 （图/区委报道组）

题，定实做细“促迁”硬举措，形成正面激励与反面鞭策的双向促动，集聚征迁正能量，强势推进征迁扫尾攻坚行动。1.发挥政策导向作用。坚持“一个征迁补偿政策”标准底线不突破，采取限期取消“购房奖励金和双限房源”、派发律师函催促如期腾空等措施，组织征迁干部进村入户耐心细致地进行宣传解读，帮助群众理清“征迁账”，形成倒逼压力，督促群众尽快签约、限期腾空。2.定期开展会商调度。总指挥部牵头，每周收集汇总各片区征迁推进存在困难和问题，召开片区指挥长会议、专题会、工作调度会和现场个案会商22场次，协调解决异地建房补助、新增人口房票补助、共建房屋补偿等共性问题12件，会商解决房票合并、房屋析产认定等个案问题55件，以解决突出问题为缺口，打通症结堵点，形成带动整片促迁的大效应。3.集中力量全力攻坚。重新调集力量，组建7个片区“扫尾促迁尖刀队”，对片区存在的“2017年以来新增违建、限期不腾空”等行为进行限期定点拆除行动。扫尾攻坚行动以来，开展“签腾拆”专项行动37场次，拆除2017年以来新增违建建筑276宗，责令限期履行腾空协议并停水停电停通讯41栋，成片拆除民房835栋。4.妥善做好安置服务。推进“离土不离村、乔迁利不减”社会服务管理行动，加强片区干部与涉迁群众沟通联系，帮助解决群众烦心事、揪心事，深入排查因老人、病残等原因无法腾空的群众120多户，通过搭建“帮帮房”平台、做到涉迁亲属寄居、福利院供养等多种方式，帮助群众解决安置之忧。结合村级换届工作，建立涉迁村群众“原籍地与居住地”双向管理模式，保留涉迁村级管理组织，保障涉迁群众选举权利，15个涉迁村全部完成村级组织换届任务。发动社会各界关心支持项目征迁工作，帮助涉迁群众解决就业、就学、就医等社会问题，形成“我为征迁助力、参与征迁光荣、不配合征迁可耻”的正能量，营造和谐的社会氛围。

2021年10月，泉港石化安控区安征迁项目进入攻坚扫尾阶段

（图/泉州通）

三、完善“三项机制”拼业绩、比作为。开展安控区项目征迁干部“争功夺绩”大比拼活动，加强征迁干部政治思想学习教育，提高政治站位，区处级领导以上率下，协同协力推动征迁扫尾攻坚各项任务落实落细，推动形成“带头攻坚、争先创优”良好态势。1.健全项目征迁绩效考评管理机制。发挥一线考核的“指挥棒”“风向标”“推进器”作用，对项目征迁工作每天报进度、查问题、亮成效，挂牌督战，每周进行小组量化、每月开展片区考评，通报前后两名的片区和攻坚小组，绩效考评结果作为干部绩效发放、评先评优和提级提拔使用的重要依据。扫尾攻坚行动以来，各片区创新举措，推进“大比拼、大赶超”行动，其中，第三片区开展下朱村拆除便道、解决拆除作业难问题，后来居上，率先完成民房“三清零”任务；第六、第七片区每天开展大规模拆除行动，以拆促腾、以腾促签，成效明显。第一片区坚持“每日提醒”，督促征迁干部赶超提速；第二、第四、第五片区集中力量，在推进民房扫尾清零的同时，推进宫庙祖厅搬迁等工作。2.建立项目征迁工作询函指引制度及督查督办机制。区“两办”督查室、效能办牵头，每周对片区征迁情况进行跟踪督查，节点跟进项目征迁任务落实，综合运用“询函督促、约谈警醒、挂牌督办”等措施对存量清单进展滞后的“包户”干部、征迁攻坚小组负责人进行跟踪管理，以反向促动倒逼履职担当。3.强化安控区项目征迁落地落实问责问效管理机制。严肃项目征迁工作纪律，注重实效，明确各征迁单位、涉迁公职人员及征迁干部20条问责问效情形，把督进度、促成效与查责任、查作风结合起来，采取诫勉谈话、书面检查、通报批评、停职检查、政务纪律处分等问责问效办法，全面加强对征迁全过程监管，规范干部征迁行为，推动项目征迁任务落地落实，所有区内涉迁公职人员落实“一管三带”规定（管好自己、带好家人、带好亲友、带好邻居），主动配合完成项目征迁工作。

泉港区突出“快严实细全”打赢疫情防控歼灭战

2021年9月10日新冠肺炎疫情发生以来，泉港区深入贯彻习近平总书记关于疫情防控工作重要指示精神，落实李克强总理批示要求，落实孙春兰来闽调研时提出的要求，按照国务院联防联控机制综合组福建工作组和省、市工作部署，突出“快”“严”“实”“细”“全”，全力以赴做好疫情防控各项工作，该区病例控制在界山区域，未出现外溢，仅7天实现界山镇全域无新增病例、无新增无症状感染者。截至9月27日，连续12天“零新增”，除界山镇以外的其他6个镇（街道）由管控区调整为防范区，界山镇仅21天调整为低风险区。泉港区委、区政府授予界山镇党委、政府“集体三等功”。

一、突出快速响应，筑牢疫情防控“责任链”。强化“三级联动”。第一时间激活疫情防控指挥体系，建立区级、公安、界山前线“三级指挥部”联动指挥工作机制，市里紧急调近千名医护人员紧急施援泉港，区里抽调干部3000多名到防控一线，为打好战“疫”提供力量支持。实行“三级会商”。建立由国务院联防联控机制综合组福建工作组、省卫健委、市防指泉港指挥部组成的“三级”专家会商机制，每日下午召开“三级”专家会商会，分析研判疫情形势，研究部署防控工作，召开专题会商会40多场次，协调相关问题300多个。守好“三道防线”。在高速出入口、县域交界处7个交通查验点，24小时严查过往车辆和人员，劝返风险人员；在界山镇设立43个村道路口疫情防控检疫点，严守风险区域；对6个封控区实施封控，确保封控区域人员不进出，防止疫情扩散外溢。

二、突出严格管控，筑牢人物同防“防控链”。社区严防。重点对界山镇实行严格的社区管控措施，由4名区处级领导一线挂钩狮东、鸠林、大前、界山等4个重点村，建立“十户联保”“举报有奖”“红黑名单管理”等机制，实行联保联控，形成疫情防控最小单元格，做到“区域封闭、足不出户、服务上门”。社会严管。提升社会面管控等级，运用视频监控实时巡查辖区重点路段、要害部位，加强对大型商超、宾旅馆等重点场所巡逻防控，全面落实“三码联查、测温、戴口罩”等防控措施，严厉打击涉疫违法犯罪行为，依法处置涉疫警情46起。舆情严控。制定网络舆情防控方案，专班24小时监测网络，密切关注各类涉疫重点群体动态，及时发现网上负面舆情和有害信息，在“泉港电视台”“i泉港”微信公众号发布《重要提醒》等信息40多条，配合召开新闻发布会4场次，发现网上负面舆情53条，第一时间落地核查11人、删除31条。

三、突出务实管理，筑牢病毒传播“溯源链”。流调追踪“全覆盖”。建立公安、工信、公卫等多部门联合流行病学调查机制，利用“大数据＋网格化”，6小时内完成核心流调信息，同步推送信息至镇（街道）落实管控，累计判定密切接触者390人，次密接1710人。核酸检测“全覆盖”。制定《全区大规模核酸检测工作方案》，科学设置等候区、登记区和检测区，实行出入分离，落实“一米线”，通过小

2021年 9月18日，泉港区委书记杨昌文（右一）在泉港五中隔离点指导疫情防控工作
（图/区委报道组）

喇叭循环提示、志愿者引导，保障核酸检测安全有序进行，完成3轮全员核酸检测，累计完成980478人次（含界山镇5轮检测人次）。隔离管理“全覆盖”。征调酒店、工厂、学校等19个临时集中隔离场所，成立由1名区领导挂钩，属地党政领导、管理人员、安保、消杀、保洁、医务人员等组成的“六合一专班”，强化集中隔离场所管理，严防隔离场所交叉感染。

四、突出细致服务，筑牢应急处置“保障链”。推行“宅急配”。创新实行“宅急配”服务封控区群众，按人口数量划分区域，指定百汇、永辉等商超配送物资，实行标准化订单服务，“无接触式”配送，及时调整丰富菜品，累计配送3.1万份，直接受益群众15万人次。推行“康急送”。开通“直通封控区、隔离点——健康云守护”和24小时电话热线，邀请医生、专家和心理咨询师，线上为封控区群众以及集中隔离点人员等提供健康咨询、医疗救助、心理疏导，以及点对点药物配送等线下即时服务，让群众更加安心“宅”家防疫。推行“细关怀”。成立重点人员心理健康服务工作组专班，对新冠患者家属（隔离人员）进行对口专项心理疏导，每天2次电话（视频）联系，及时了解心理动态，准确处置；中秋节前夕组织慰问全区一线抗疫人员、各隔离点、交通卡点等人员，共派送月饼2000多箱近万个。

五、突出周全虑事，筑牢社会发展“统筹链”。“发展不止步”。启动石化园区疫情防控应急工作预案，设立物流人员核酸检测服务专班，6小时内出核酸报告，实行“点对点”“4小时进出，不下车”等措施，协调征用福泉高速洛阳江服务区等设置中转站，协调晋江、厦门、漳州等主要物流输送城市开辟“绿色通道”，最大限度地降低疫情对全区经济社会的不利影响。“民生不断供”。调度辖区农业企业加大生产力度，扩大生产规模，有效保障农产品稳定供给，确保百姓餐桌“有菜有肉”，全区可供蔬菜类等1550吨、水产类1000吨、粮油1700吨，可满足群众基本生产、生活所需。“停课不停学”。建立三级巡课机制，班主任进直播课堂，关注学生按时到位、在线时长及课堂互动等情况；年级组和教务处进直播课堂，关注线上教学效果，及时纠正提升；校长书记进全校每个班级群，随时巡查各班级线上教学情况，及时做出评估反馈。

泉港区开展党史学习教育

党史学习教育开展以来，泉港区委深入学习贯彻习近平总书记重要讲话重要指示和党的十九届六中全会精神，落实党中央决策部署和省委、市委工作要求，围绕“学党史、悟思想、办实事、开新局”总目标，坚持高站位谋划、高标准推进、高质量落实。

一、突出政治引领，紧扣标准要求，组织领导有力有序。坚持把党史学习教育作为重大政治任务抓紧抓实抓好，对照“学史明理、学史增信、学史崇德、学史力行”总体要求，加强组织领导，高位谋划推动，层层压实责任，精心组织实施。压实责任抓实效。区委第一时间召开全区动员大会，成立由区委书记任组长的区委党史学习教育领导小组，印发《实施方案》，对全区党史学习教育进行全面安排部署，全区各级党组织压紧压实政治责任，将党史学习教育作为贯穿全年的重大政治任务，形成高点站位、各司其职、齐抓共管的党史学习教育格局。紧抓习近平总书记来闽考察、庆祝中国共产党成立100周年大会、中共十九届六中全会、党史学习教育总结会议等重要节点，召开区委常委会会议、领导小组会议、领导小组办公室会议以及座谈会、培训会等，传达学习贯彻习近平总书记关于党史学习教育重要讲话重要指示精神和中央、省委、市委有关工作要求，制定学习宣传贯彻工作方案，推动走深走实。完善制度促长效。印发《工作规则》，细化形成“1+4”方案体系（党史学习教育实施方案+宣传报道方案、宣讲工作方案、实践活动方案、巡回指导组工作规则），建立工作周报、会商会、文件运转、信息报送等日常工作运转制度，抽调人员集中统一办公，确保组织到位、人员到位、工作到位、责任到位。编印简报并上报特色亮点，编发《简报》25期，被省、市采用20多篇，其中《泉港“五措施”推进“我为群众办实事”实践活动》在省《简报》专篇刊发。严督实导增质效。坚持集中巡回指导和日常工作指导相结合，成立4个巡回指导组分赴7个各镇（街道）、62个区直单位开展巡回指导，通过印发巡回指导工作手册、定期发布工作提醒和重点督导内容等，引导指导组开展工作，总结经验、发现问题、督促指导，有序推进党史学习教育。

二、突出精准施策，做到融会贯通，理论武装走深走实。坚持把学习习近平新时代中国特色社会主义思想作为“纲”和“魂”，把感悟思想伟力放在首要位置，针对不同领域、不同行业、不同层级党员特点，多措并举、精准发力，引导党员干部原原本本学、及时跟进学、联系实际学，全面掀起学习热潮。抓“关键少数”，重示范引领。发挥区处级党员领导干部“关键少数”关键作用，区委主要领导率先垂范，带头上讲台、讲党课、作宣讲；区四套班子领导组织集体现场学习并重温入党誓词，开展党史学习教育主题党日活动21次，集中收听收看庆祝中国共产党成立100周年大会。学好用好习近平《论中国共产党历史》等4本指定学习材料和《习近平在福建》等系列采访实录，区委理论学习中心组举办专题学习37场次，带动各镇（街道）党（工）委理论学习中心组学习208次，引领全区730个基层党组织、1.6万多名党员通过集体现场学习、专题党课、专题读书班、座谈会、“三会一课”、主题党日等方式进行学习研讨，深入学习贯彻习近平总书记重要讲话精神。指导督促各部门各单位做好4本指定学习材料征订使用，在全市率先做到“全覆盖”。举办区管领导干部学习贯彻习近平总书记来闽考察重要讲话精神专题研讨班暨区级领导班子党史学习教育专题读书班、区管干部学习贯彻党的十九届六中全会精神专题研讨班。召开党史学习教育专题组织生活会，区处级领导班子所在支部列出整改问题73个（项），全部完成整改。抓“重点群体”，重传承赓续。聚焦立德树人，开展党史学习教育“七个一”主题活动,推动党史学习教育进校园、进课堂、进师生头脑。打造党史学习红色课堂，组织开展百名思政课教师上党史教育课活动，依托中小学校思政课（班会）打造“红色课堂”，坚定青少年理想信念，传承红色基因；开展美术课中的党史教育，通过剪纸艺术展示党的百年光辉历程；举办“百年光辉历程 全面建成小康”的中小学生主题演讲和讲故事比赛，利用校园广播网络开展“百年百歌”活动，在歌声中接受革命教育，传承红色基因；组织开展“红色研学”，观瞻革命遗址遗迹，倾听革命故事，接受爱国主义教育和革命传统教育。抓阵地建设，重融入日常。创新学习形式，拓展学习内容，用好用活各类宣传文化阵地，推动党史学习教育向纵深开展。泉港新华书店精心构建“党建·读物空间”，添置各类党史学习书籍1000多册，设置“青少年党史阅读区”“线上体验区”等区域，引导广大干部群众更好学习党史。用好新时代文明实践中心（所、站）打造党史学习教育红色阵地。郭厝村新时代文明实践站组织开展“诵读红色经典 传承红色基因”红色故事汇；陈庄社区、聚福社区等新时代文明实践站开展“巾帼心向党 我们跟党走”“从小学党史，埋下红种子”硬笔书法比赛等活动。利用区镇两级“侨史馆”、侨文化广场、涉侨维权服务站等平台打好“侨”牌，宣传广大侨胞在党的领导下为中国革命、建设和改革作出的突出贡献。

三、突出全面覆盖，做到守正创新，宣传宣讲入脑入心。注重挖掘本地红色资源，在突出内容政治性中增强形式创新性，通过线上线下相结合、网上网下齐发力，将红色文化融入党员干部日常生活。红色宣教浓墨重彩。围绕庆祝中国共产党成立100周年，精心策划系列庆祝活动，举办“两优一先”表彰大会、“百佳”党员示范户和党员示范岗评选活动、“唱支心歌给党听”主题合唱比赛、“革命歌曲中的党史”学术讲座暨基层宣讲活动、“学党史·强党性·跟党走”党史知识竞赛、“看红色电影·学百年党史”红色题材影片展映等30多项特色鲜明、形式多样的学习教育活动。用好本地红色教育资源，全区推出红色精品路线3条、省市区三级参观学习点6个，接待参访干部群众超2000多批次、5万多人次。实施红色教育“五个一”活动，开展“红色记忆·百年追梦”美术书法篆刻精品展等“永远跟党走”群众性主题宣传活动20多场，原创歌曲《百年之木》入选“百年百首”全国优秀新创歌曲；承办全市网媒视听人才主播岗位竞赛，用镜头讲好泉港党史故事；组织拍摄制作“唱支山歌给党听”等系列短视频，创作《陈平山》《吴敦仁》《三朱革命斗争》等红色专题片，整理出版《泉港革命老区发展

2021年3月1日，全区党史学习教育动员部署会召开　　（图/区委报道组）

史》《泉港红色故事汇》《烽火泉港》等红色系列丛书，引导党员干部群众知史爱党、知史爱国。组织开展向廖俊波、孙丽美、潘东升学习宣传活动、“我为群众办实事”典型人物集中宣传活动等，激励党员干部坚定理想信念。理论宣讲入脑入心。组建区委宣讲团和15支宣讲小分队，组织开展“学党史 悟思想”、学习贯彻习近平总书记“七一”重要讲话精神、党的十九届六中全会精神和省、市党代会精神等主题宣讲1000多场。发挥渔船渔排、劳模工匠、文艺、巾帼等宣讲小分队作用，走进企业学校、山村海岛、渔船渔排、古街古民居、企业车间、项目一线，通过“云端宣讲”“微宣讲+志愿服务”“微宣讲+文艺表演”“微宣讲+知识竞答”等群众喜闻乐见的方式，推动党的创新理论“八进”。录制《陈平山与惠安暴动》等本地党史故事，在微信公众号、抖音号、视频号、“村村通”广播等“实地+云端”展播，扩大党史宣讲的覆盖面。“乡土味”宣讲经验做法在省委宣传部《宣传思想工作》刊发，《理论宣讲：海上渔船新阵地》获评福建省志愿服务项目大赛金奖，区委宣传部获2021年泉州市基层理论宣讲员宣讲选拔赛优秀组织奖。新闻宣传鲜明有力。坚持传统媒体与新媒体“同步推”，构建“声、屏、报、网、微、端”全媒体宣传矩阵，在泉港电视台、泉港新闻网、“i泉港”微信公众号及视频号开设“奋斗百年路 启航新征程”“建党百年 学思践悟在一线”“红色故事汇”等10多个专题专栏，打造“指尖上”的微课堂。融媒体中心宣传矩阵共发布党史教育专题报道信息1000多条。在《人民日报》、中国网、“学习强国”学习平台、《福建日报》等主流媒体刊发《三朱：红旗不倒火种不灭》《流动的“海上党课”》《进古街讲党史》等原创新闻报道200多篇。其中，《福建日报》和《泉州晚报》头版刊发泉港做法，新华社刊发的《福建泉港：党史课堂进海岛》阅读量突破100万。

四、突出红色赋能，做到惠民利企，实践活动见行见效。坚持以“解民忧、护民利、保民安、顺民意、纾民困、暖民心”为目标，做好学用转化文章，紧密结合“再学习、再调研、再落实”活动，深入开展“我为群众办实事”“我为企业解难题”“我为社会做好事”实践活动，把学习教育激发出的工作热情和进取精神，转化为全方位推动高质量发展、奋勇争先走前列的强大动力。（1）服务民生有“温度”。制定下发“我为群众办实事”实践活动实施方案、工作推进机制等文件，设立8个工作小组和1个督查协调小组，按照“月跟踪”机制实行台账管理，不定期书面督办、现场核查、明察暗访、通报情况，致力在惠民利企出实招、显担当、成实效。策划生成2批、64个“我为群众办实事”实践活动项目清单，已全部完成。围绕就业、教育、医疗等民生事业，推出“建设提升54个‘儿童之家’”“实施‘同心安居’工程”、复办泉港职专等办实事项目，化“问题清单”为“民生答卷”。壮大教育发展基金募集资金4.1亿元，实施惠华中学、三朱中学等教学楼重建（扩建）工程，为泉港教育事业高质量发展助力赋能。实施“购买互联网+居家养老助残服务”项目，提供实体援助服务500人次、基础信息服务5000人次，让老年人、残疾人足不出户享受多元化养老助残服务。探索“公益代码505”品牌活动，累计发动3000多人次、187家企业商家献爱心捐物资，救助支出达3211.71万元，惠及群众17697人次，典型经验在《泉州通讯》刊发。针对石化安控区涉迁群众再就业问题，开设“智慧人社”服务平台小程序，入驻企业270家，收集岗位5716个，达成就业意向2885人，培训企业17家1282人。引导福海粮油、华福密胺树脂、标盛工贸等外资外贸、侨资侨属企业健康持续发展，有效解决当地1000多名劳动力就业。（2）服务企业有“力度”。深入开展“我为企业解难题”实践活动，结合“再学习、再调研、再落实”活动，形成22个重点专项任务，区处级领导深入基层一线调研500多场次，梳理出“石化产业人才招引难，留住难”等各类问题100多个，解决“压缩房建配套设施办理时限”等70多个问题。成立优化营商环境专项巡察组、7个“访百村 进百企”法律服务团，为台湾国乔、福安国际酒店等企业解决难题38个，营造服务前移、亲商爱商的良好环境。开展大型政银企对接活动3场次，组织银行行长到企业一线提供金融服务241场次，宣传政策红利、梳理问题清单、制定帮扶措施，帮助解决贷款难等问题，新增企业贷款授信6.225亿元。持续深化“放管服”改革，在全市率先开展“一窗受理，集成服务”工作，“‘全岗通’‘五服’泉港模式”入选《2021年中国绿色影响力典范案例汇编》。泉港营商环境指数连续两年位居全市第1，全年招商项目301个，创历史新高，新谋划生成项目总投资等多项目指标位居全市第一。（3）服务基层有“速度”。在党史学习教育中，通过学习推动工作、服务群众、保障基层得到充分实践。设立党员先锋岗和责任区84个、党员志愿服务队121支，开展各类志愿服务800多场。面对新冠肺炎疫情，第一时间抽调全区2/3党员干部约3000多人下沉抗疫一线，成立155个一线临时党组织，发动全区670多个党组织、9680多名党员共同筑起抗疫红色堡垒，21天实现全区解封，得到国务院、省市各级领导的肯定和表扬。启动石化安控区征迁扫尾攻坚行动，抽调全区42%党员干部共1400多人次进驻征迁项目一线，实现石化安控区12789栋民房签约、腾空、拆除“三清零”，历时近五年的持久战取得关键性胜利。

黄文胜任中共泉州市泉港区委书记

2021月14日，市委常委、组织部部长孔繁军主持召开泉港区领导干部大会，宣布省委、市委关于泉港区委主要领导调整决定。经研究决定，黄文胜任中共泉州市泉港区委委员、常委、书记。

杨昌文任中共泉州市泉港区委书记

2021年6月26日，市委常委、组织部部长孔繁军主持召开泉港区领导干部大会，宣布省委、市委关于泉港党政正职调整决定。经省委、市委决定，杨昌文任中共泉州市泉港区委委员、常委、书记，兼任中共泉州市委泉港石化工业园区工作委员会委员、书记。

杨凤翔当选泉港区人民政府区长

2021年12月22—24日，泉港区第五届人民代表大会第一次会议召开，选举产生第五届区人大常委会、区政府领导班子、区监察委员会主任、区人民法院院长、区人民检察院检察长，杨凤翔当选为泉州市泉港区人民政府区长。

孙春兰到界山镇封控小区调研新冠肺炎疫情防控工作

2021年9月19日，中共中央政治局委员、国务院副总理孙春兰到界山镇界山村封控小区调研新冠肺炎疫情防控工作，详细了解核酸筛查、流调溯源、隔离管控、物资保障及医疗救治等情况，看望慰问一线防控工作者，部署疫情防控重点任务。

泉港区招商引资工作位列泉州市前列

2021年，泉港区推进招商引资工作，组织开展2021年产业链招商季暨电子化学新材料基地招商项目集中签约等招商活动3场次，外出赴海南、天津、北京、深圳等地开展招商17批次，成功洽谈签约与泉港产业链紧密契合的新能源、新材料、石化产业等多个领域的项目301个、总投资1797亿元，位居全市第二。其中，5亿元以上的重大产业项目27个、100亿元以上的项目3个，正式合同和履约项目均为171个，金额1031.36亿元，均位居全市第一，履约率100%。全年新增签约项目114个、总投资960.5亿元，总投资150亿元的天辰新材料产业园项目为2021年泉州市引进的最大产业项目。

泉港区全面完成村（社区）“两委”换届工作

截至2021年12月16日，泉港区91个行政村、10个社区“两委”换届工作全面完成，实现“一降一升五个100%”态势。（1）年龄下降。村“两委”成员平均年龄41.28岁、社区“两委”成员平均年龄38.75岁，村党组织书记平均年龄43.8岁、社区党组织书记平均年龄41.7岁；（2）学历提升。村“两委”成员中专及高中以上学历占89.47%、社区“两委”成员中专及高中以上学历占95.6%，村党组织书记中专及高中以上学历占94.51%、社区党组织书记中专及高中以上学历占100%；（3）5个100%。“两委”换届选举一次性成功、“一肩挑”、结构比例达标、至少1名35岁以下“两委”成员、至少1名女性“两委”成员均实现100%。

泉港授予界山镇疫情防控“集体三等功”

2021年12月14日，界山镇记功授奖表彰仪式举行，授予界山镇党委、政府疫情防控“集体三等功”。该镇自9月10日受周边地区疫情外溢影响，坚决落实上级决策部署，深刻领会“界山胜则全区胜”的战略意图，以“快严实细全”抓好各项疫情防控工作，创新“四个四”工作模式，仅7天实现全域无新增病例、无新增无症状感染者，21天全镇调整为低风险区，宣告全区疫情防控工作取得全面胜利。

2021年12月14日，界山镇记功授奖表彰仪式举行，授予界山镇党委、政府“集体三等功” （图/界山镇）

1月

1日　“庆元旦·迎新春”南音会演活动在前欧村文明礼堂举行。

4日　福建联合石化公司“张肇宏劳模创新工作室”获评“全国示范性劳模和工匠人才创新工作室”。

4日　涂岭镇秀溪村入选福建省首批高级版“绿盈乡村”名单。

7日　泉港区水利水务建设发展有限公司与国能（泉州）热电有限公司签署“光伏开发合作意向书”，共同开发合作光伏发电能源。

14日　泉港区领导干部大会召开，宣布黄文胜任中共泉州市泉港区委委员、常委、书记。

18日　福建省钜港环保科技有限公司、福建省佑达环保材料有限公司、泉州市泉港顶新日用品有限公司、泉州新华福合成材料有限公司、福建省万豪石膏工业有限公司5家泉港企业上榜2020年入库备案省级高新技术企业名单。

20日　福建天马科技集团股份有限公司、泉州福海粮油工业有限公司入选2020年度福建省农业产业“百千”增产增效行动“十佳”企业。

21日　中共泉港区委四届十四次全体会议召开。全会以习近平新时代中国特色社会主义思想为指导，深入学习贯彻党的十九届五中全会和省委十届十一次全会、市委十二届十三次全会精神，听取区委常委会工作报告，审议通过《中共泉港区委四届十四次全会决议》《中共泉港区委关于制定泉港区国民经济和社会发展第十四个五年规划和二〇三五年远景目标的建议》。

21日　区委经济工作会议召开。会议学习贯彻中央和省委、市委经济工作会议精神，全面落实区委四届十四次全会部署，总结2020年经济工作，研究部署2021年经济工作，推动“十四五”泉港发展开好局、起好步。

21日　福建百宏石化年产250万吨PTA（精对苯二甲酸）项目投料试生产。

25日　泉港首批文化艺术优秀人才冠名工作室授匾仪式举行，授予陈华发工作室、庄绍英工作室、黄嘉辉工作室为泉港区2019年文化艺术优秀人才冠名工作室。

26日　副市长朱启平到泉港调研农村人居环境整治、裸房整治和乡村振兴工作。

27—28日　中国人民政治协商会议泉州市泉港区第四届委员会第五次会议在泉港会议中心召开。受政协泉州市泉港区第四届委员会常务委员会的委托，区政协党组书记、主席陈龙津向大会作工作报告。会议听取区政协提案委员会关于政协泉州市泉港区第四届委员会第五次会议提案初审情况的报告，审议通过政协泉州市泉港区第四届委员会第五次会议决议（草案）。

28—29日　泉州市泉港区第四届人民代表大会第五次会议在泉港会议中心召开。区长颜朝晖代表泉港区人民政府向大会作工作报告。会议表决通过《关于泉港区人民政府工作报告的决议》《关于泉港区国民经济和社会发展第十四个五年规划和二〇三五年远景目标纲要的决议》《关于泉港区2020年国民经济和社会发展计划执行情况及2021年国民经济和社会发展计划的决议》《关于泉港区2020年预算执行情况及2021年预算的决议》《关于泉港区人大常委会工作报告的决议》《关于泉港区人民法院工作报告的决议》《关于泉港区人民检察院工作报告的决议》。王洪龙全票当选为泉港区监察委员会主任。

28日　省委文明办副主任陈璇到泉港走访慰问全国道德模范提名奖获得者蔡玉华。

29日　泉港区庆祝中国共产党成立100周年“清风传家”义写春联送“廉味”祝福活动在泉港区文化馆举办。

30日　市委常委、统战部部长林万明到泉港开展走访慰问困难台胞、归侨活动。

2月

3日 副市长肖汉辉到泉港调研氯碱公司搬迁和石化安控区征迁工作。

3日 “迎新春 颂党恩”暨“书香满城 为你朗读”决赛在峰尾镇郭厝村百姓书房举行，评选出25名“最美朗读者”。

5日 中共泉港区纪委四届六次全会召开在泉港区行政管理中心召开。会议以习近平新时代中国特色社会主义思想为指导，深入贯彻党的十九大和十九届二中、三中、四中、五中全会精神，按照中央纪委全会、省市纪委全会和区委的部署，回顾2020年纪检监察工作，部署2021年任务。

5日 省委常委、政法委书记罗东川到泉港调研督导疫情防控反偷私渡措施落实情况。

7日 泉港区人武部党委第一书记任职宣布大会召开，宣布黄文胜担任泉港区人武部党委第一书记。

8日 市委副书记、宣传部部长张永宁到泉港开展新春慰问活动。

8日 泉港第一中学被认定为福建省防震减灾科普示范学校。

16日 泉港区2021年第一批招商“云签约”活动举行，20个项目签约，总投资154.6亿元。

20日 副市长吕刚到泉港督办生态环境突出信访问题和开展“进千企、走千商、访千才”活动。

22日 2021年区委工作会议召开。会议传达贯彻中央和省委、市委会议精神，围绕区委四届十四次全会和区“两会”确定的目标任务，对2021年全区经济社会发展和党的建设各项工作进行总体部署和安排。

22日至3月1日，中央广播电视总台中文国际频道大型人文纪录片《年的味道》摄制组到泉港拍摄涂岭镇樟脚板凳龙灯等年俗。

25日 泉港区人社局联合中国海峡人才市场泉港分部举行“新春送岗位，就业在泉港”泉港人社直播间线上招聘活动。

3月

1日 全区党史学习教育动员部署会在泉港区行政管理中心召开。会议深入学习贯彻习近平总书记在党史学习教育动员大会上的重要讲话精神，对全区党史学习教育进行动员部署。

2日 福建百宏石化有限公司首单7000吨PTA（精对苯二甲酸）产品出口越南。

4日 泉港区“乡村振兴巾帼行动”暨“巾帼文明岗”进村（社区）志愿服务活动在山腰街道锦川村文体活动广场启动。

5日 市委常委、副市长洪自强到泉港调研检查安全生产、石化安征迁等工作。

11日 泉港石化工业园区与黎明职业大学校地合作共建暨人才联合培养培训基地揭牌仪式在泉港石化工业园区党群服务中心举行。

11日 福建省春季学期近视防控宣传教育月首场活动在泉港庄重文实验小学举行。

12日 泉港开展全民义务植树活动。

16日 福建联合石油化工有限公司、福建百宏石化有限公司、泉州福海粮油工业有限公司3家泉港企业入列2021年第一批福建省工业现有龙头企业，福建钟山化工有限公司、益海嘉里（泉州）粮油食品有限公司、福建纳川管业科技有限责任公司3家公司入列福建省工业龙头培育企业。

18日 福建省安然纺织科技有限公司、福建省佑达环保材料有限公司、泉州市即成生物科技有限公司3家泉港企业入选福建省2021年第二批入库科技型中小企业名单。

19日 省委党校第14期新任厅级领导干部党内法规专题培训班学员到涂岭镇秀溪村开展现场教学。

23日 市政协副主席骆沙鸣带领调研组到泉港开展“先行先试泉台融合，建设台胞台企登陆第一家园”课题调研活动。

26日 市委书记康涛到泉港开展工作调研。

4月

2日 全区处级党员领导干部到三朱革命斗争纪念碑和三朱地下交通站旧址开展党史学习教育集体现场学习。

7日 省委常委、省纪委书记、省监委主任李仰哲到泉港开展调研，推动泉州市“再学习、再调研、再落实”活动深入开展。

7日 福建省天骄化学材料有限公司、福建省安然纺织科技有限公司福建省佑达环保材料有限公司3家泉港企业入列2021年度福建省数字经济领域“瞪羚”创新企业。

9日 “学党史 悟思想”——泉港区党史学习教育主题宣讲暨文艺宣讲小分队首次宣讲在南埔镇惠屿村举办。

10日 泉州国亨化学丙烷脱氢及聚丙烯项目在泉港石化工业园区开工动建。泉州国亨化学项目由台湾国乔石油化学股份有限公司投资500亿元新台币兴建，是福建省近三年来最大台资项目。

13日 泉港区第三届“高校青年人才——企事业单位”双选会暨福州大学石油化工学院2021届毕业生春季双选会在福州大学石油化工学院（泉港校区）举行。

13日 泉港区第五届上巳节活动在前黄镇古县湿地公园举行。

17日 海南省政协副主席李国梁、吴岩俊到泉港开展“拉长石油化工产业链、大力发展新材料产业”课题调研。

18日 “传承红色基因 厚植家国情怀”——“读吧！泉港”泉港区第四届少年诗文大赛在泉港区会议中心郭永钦艺术馆举行。

21日 泉港区掌上公共法律服务平

台行政复议、人民调解模块启动仪式举行，系福建省首推行政复议网上受理模式。

24日　泉港区“党建邻聚好厝边乔迁共创新家园”周末党群便民服务“大集市”活动在山腰街道聚福小区启动。活动共有11场，为社区居民提供免费理发、健康义诊、视力检查、口腔检查等多项便民服务。

25日　福建联合石化60万吨/年醋酸项目、北新建材石膏板项目、年产5万吨轻钢龙骨及500万平方米高分子防水卷材项目3个泉港项目在福建省与央企合作座谈会上实现签约。

28日　副市长朱启平到泉港调研港后区规划修编和开展创卫检查。

29日　诚峰一级渔港主体工程交工验收合格。诚峰一级渔港位于峰尾镇诚峰村，总投资6016万元。该项目交付后将有效带动渔港、城镇、产业的联动发展。

29日　泉港首个村级河长制工作站在南埔镇凤翔村成立。

30日　全国第六届“万步有约”健走激励大赛福建省泉港赛区在锦绣公园启动。

5月

1日　泉港区2021年度海洋伏季休渔工作启动。此次休渔至8月16日12时结束。

10日　广东省政协副主席郑振涛、刘日知到泉港开展“加快省实验室建设，助力提升科技创新水平”专题考察调研。

11日　广东省惠州市惠城区政协副主席叶祝桥到泉港考察调研农村特色产业发展工作。

12日　中央第一轮环保督察整改项目石化安征迁扫尾攻坚专题会召开，通报各片区征迁扫尾“存量任务”清单、分析存在问题，部署下阶段工作，确保全面完成项目征迁任务。

12日　省政协副主席王光远到泉港开展“做大做强福建海洋经济”专题调研。

13日　泉港区家庭教育指导服务中心揭牌仪式在泉港区文化中心举行，并举办学习贯彻《习近平关于注重家庭家教家风建设论述摘编》座谈会。

14日　泉港区老年人健身节开幕仪式暨吉祥泉港“匹克杯”老年人健步走活动在泉港文化中心小广场举行。

21日　“共建共享·吉祥泉港”专项活动暨全区企业工会工作交流会在福建纳川管业科技股份有限公司举办，开展法治宣传，并为5家百人以上企业劳动保护监督检查委员会授牌。

26日　泉州市粮食和物资储备科技活动在泉港峰尾镇党建公园举行。

28日　2021年泉港区我为群众办实事：“505助梦·福蕾花开”系列主题活动启动。自2018年泉港开创“505微心愿”大型公益活动以来，共举办“505”微公益主题活动42场次，线上线下征集微心愿物品5000多份、价值300多万元。

6月

2—4日　“2021中国化工园区与产业发展论坛”在山东烟台召开，发布2021化工园区30强名单，泉港石化工业园区位列第15。至此，泉港石化工业园区已连续9年跻身中国化工园区20强。

3日　泉港区2021年第二季度重点项目集中签约暨开竣工活动举行。第二季度泉港共有77个项目签约或开竣工，总投资415亿元，其中签约项目24个、总投资129.85亿元，开工项目28个、总投资213.51亿元，竣工项目25个、总投资71.79亿元。

3日　福建省危险化学品企业安全生产高峰论坛（泉港分会场）在福建师范大学泉港石化研究院举行。论坛主题为“科技创新提升危险化学品安全风险管控能力”，聚焦危化企业安全应急管理水平，研究探索化工园区和危化企业智慧建设。

7—9日　泉州市主题巡回邮展“方寸映春华　党史‘邮’我说——邮票上的党史”在泉港峰尾镇郭厝村党建文化中心举行，共展出邮票、邮品和老物件600多件。

8日　全市视听网媒主播人才培训班暨岗位练兵活动在泉港启动，来自全市各县（市区）融媒体中心、影视制作机构的70多名人员参加。

9日　泉港区乡村振兴局揭牌成立。

10日　泉港区“红色记忆•百年追梦”美术书法篆刻精品展暨“峰尾家乡美”写生笔会活动在峰尾镇诚峰村举行。现场还为泉州市美术家协会峰尾镇写生创作基地和泉港海丝非遗游学基地揭牌。

11日　第二届泉港区“新时代好少年”先进事迹发布会暨2021年泉港区“童心向党•唱支红歌给党听”歌咏展演活动在泉港区会议中心举行。

11日　天骄化学二期6万吨/年POP生产线试投产。该项目系省级重点项目。

12日　泉港区2021年“文化和自然遗产日”主场活动在界山镇东张村游客服务中心举办。活动当天，泉港区内还开展泉港数字博物馆暨泉港红色记忆推介、福传泉港游学、党史读书班暨文化遗产保护圆桌汇等活动。

17日　泉港区安全应急模拟实训基地揭牌成立，为全省首家石化VR应急模拟实训基地。

18—19日　福建省“新动八闽杯——同心向党重温党史”新的社会阶层人士党史知识竞赛系列活动在泉港会议中心举行。

21日　中共泉州市泉港区委四届十六次全体会议召开。全会听取和讨论黄文胜受区委常委会委托作的工作报告，审议通过《中共泉港区委关于深入学习贯彻习近平总书记来闽考察重要讲话精神　奋力谱写全面建设社会主义现代化国家泉港篇章的决定》。

22日 泉港区庆祝中国共产党成立100周年暨第三届工艺美术精品展在泉港区文化中心举行，汇聚泉港及泉州、惠安、德化、莆田有关雕艺协会的50多位国家、省、市级工艺美术大师和爱好者的代表作品，共展出精品356件。

26日 泉港区领导干部大会召开，宣布省委、市委任免决定，杨昌文任中共泉州市泉港区委委员、常委、书记，兼任中共泉州市委泉港石化工业园区工作委员会委员、书记；杨凤翔任中共泉州市泉港区委委员、常委、副书记。

27日 泉港区第十届异地商会会长联席会议在福州召开。会议表彰“热心公益 造福桑梓”荣誉单位及“移风易俗 热心公益”先进个人，举行福州市泉州泉港商会第二届理监事会就职仪式及“庆祝中国共产党建党100周年文艺晚会暨公益捐赠仪式”，启动泉港区总商会--异地商会战略联盟，中国—东盟商务协会总会与泉州市泉港区总商会签订“一带一路”建设合作框架协议。

29日 泉港区庆祝中国共产党成立100周年暨“两优一先”表彰大会召开。大会表彰一批优秀共产党员、优秀党务工作者和先进基层党组织，并向“光荣在党50年”老党员代表颁发纪念章。

7月

1日 泉港区“唱支心歌给党听”主题合唱比赛在泉港区会议中心举行，13支参赛队伍颂红歌、感党恩，以高亢嘹亮的歌声表达对党的深情祝福。

1日 2021年泉港惠屿“唱支心歌给党听”暨文体旅游季启动仪式举行。现场还举行游学产业合作协议签署、文旅惠屿主题曲《最美的你》新歌发布、“惠屿海岛博物馆”揭牌、“中国海港文化之乡”泉港惠屿游学基地授牌等仪式。

2日 市委常委、统战部部长林万明到泉港调研同心安居工程建设情况。

2日 泉港区庆祝中国共产党成立100周年“红色记忆 百年追梦”美术书法篆刻作品展在泉港区文化中心举行，共展出书法篆刻作品150余件。

7日 泉州市新冠肺炎防控技能培训班在泉港开班，全市各医疗卫生单位负责人参训。

13日 市人大常委会副主任许文贵到泉港调研科技创新平台建设情况。

16日 泉港区人武部党委第一书记任职宣布大会召开，杨昌文任区人武部党委第一书记。

19日 泉港区2021年危险化学品道路运输生产安全事故综合应急演练在南埔镇陆地港服务中心停车场举行。

21日 市防控新冠肺炎疫情应急指挥部物资保障组到泉港开展医疗物资储备、轮换工作情况专项调研。

26—29日 中国共产党泉州市泉港区第五次代表大会召开。区委书记杨昌文代表中共泉港区第四届委员会，向大会作了题为《坚持“五区战略” 实施“三城建设” 奋力谱写全面建设社会主义现代化国家泉港篇章》的报告。大会选举产生中共泉港区第五届委员会委员33名、候补委员6名，区纪委委员15名和出席中国共产党泉州市第十三次代表大会代表27名。

29日 中国共产党泉州市泉港区第五届委员会第一次全体会议召开。会议选举杨昌文同志为中国共产党泉州市泉港区第五届委员会书记，杨凤翔、张井丽为中国共产党泉州市泉港区第五届委员会副书记；选举杨昌文、杨凤翔、张井丽、王晓莺、陈剑锋、郑永璘、陈永洁、苏纯益、黄少伟、柯明好、曾华忠、松吉泽仁等12位同志为中国共产党泉州市泉港区第五届委员会常务委员会委员。

29日 中国共产党泉州市泉港区第五届纪律检查委员会第一次全体会议召开。会议选举郑永璘为中国共产党泉州市泉港区第五届纪律检查委员会书记，陈荣川、李拥群等2位同志为中国共产党泉州市泉港区第五届纪律检查委员会副书记，选举郑永璘、陈荣川、李拥群、陈惠旺、王博古、陈国凤、陈华彬等7位同志为中国共产党泉州市泉港区第五届纪律检查委员会常务委员会委员。

30日 泉州新立基石化沥青基地项目竣工试投产。该项目总投资约1.29亿元，设计总库容2.6万吨，产能可达日产2000吨改性和乳化沥青，超过目前省内其他两大库区的合并产能。

30日 “古厝之光·福传泉港”海丝文化遗产保护活动在后龙镇土坑游客服务中心举行。现场为泉港区文化遗产保护法官工作室揭牌，签约“泉港区文化遗产司法保护体系战略合作”协议，为“闽台民间文学研究院”和家风文化传承中心、海丝土坑博物馆暨头北数字艺文中心揭牌。

31日 “献礼建党百年·医保服务老区”系列活动启动暨三坪红色文化发展基金、三区茶叶产销联盟成立仪式在涂岭镇樟脚村举行。现场举行三坪老区党建联合体、城乡党建联盟签字仪式，并为医保志愿服务队、泉州市星火志愿服务队授旗，为泉州市医保中心派驻老区医保服务站、泉州市医疗保障局红色教育实践基地以及党史教育基地揭牌，组织进行三区茶叶产销联盟签字、三坪红色文化发展基金捐赠、涂岭镇乡村振兴人才之家揭牌仪式及三区退役军人和党员慰问活动等。

8月

1日 泉港启动12～14周岁人员新冠病毒疫苗接种工作。

12日 市委书记王永礼到泉港调研工作。

16日 副市长肖汉辉到泉港调研清源创新实验室基建项目建设、石化工业园区安全控制区拆迁方案调整情况。

16-20日 福建省发展改革委调研组到泉港石化工业园区调研石化产业链

及化工新材料。

16日　省生态环境厅厅长付朝阳到泉港督导福建湄洲湾氯碱工业有限公司搬迁进展情况。

20—21日　厦门市泉港商会、广东省泉港经济文化促进会先后回乡开展“海西春雨”助学活动。至2021年，厦门泉港商会已连续14年返乡开展“海西春雨”助学活动，共捐款392.8万元，累计资助贫困大学生905人次；广东省泉港经济文化促进会已连续10年返乡开展“海西春雨”助学活动，共捐款80.1万元，累计资助学生181人次。

24日　省人大常委会副主任严可仕到泉港调研村庄规划编制落实情况。

24日　泉州市“小桔灯关爱行动”帮扶困境儿童泉港专场活动在涂岭镇前欧村举行。

26日　益海嘉里（泉州）粮油食品工业有限公司、钟山化工有限公司2家泉港企业入围福建省第四批绿色制造体系示范名单。

27日　市政协副主席王祖耀到泉港开展“2021年重点项目建设暨科技创新情况”专项视察。

9月

1日　市委副书记宿利南到泉港开展“再学习、再调研、再落实”活动，调研产业发展、乡村振兴等工作。

2日　2021年“黄廷方奖学金（福建泉港）”颁奖仪式在界山镇东张村文明礼堂举行。系“黄廷方奖学金”首次在泉州评奖，泉港60名应届高中毕业生获得奖励。

6—7日　宁化县委书记王胜文和县委副书记、代县长吴茂生一行到泉港对接考察山海协作工作。

6—9日　应急管理部化工园区安全整治提升专家组到泉港指导工作。

7日　全省化工园区培训会视频会议在泉港石化工业园区召开。

8日　泉港举办海上丝绸之路（泉州）司法合作国际论坛碳中和项目启动仪式。

8日　泉港参加第21届中国国际投资贸易洽谈会，泉港未来智能创新中心（一期）项目现场签约，总投资30亿元。

10日　泉港区庆祝第37个教师节座谈会暨捐资签约仪式在泉港区行政管理中心举行，宣布2020—2021学年度泉港区中小学管理和质量先进学校评选结果、第二届“名师”评选结果，表彰一批先进个人和集体。西安市泉港商会会长朱梅元向泉港区教育发展基金会捐赠奖教助学资金1000万元。

12日　市委书记王永礼在泉港与国务院联防联控机制福建工作组座谈会商。

12日　市长蔡战胜到泉港部署推进疫情防控工作。

13日　泉州市人民政府新闻办公室召开新闻发布会，就确诊病例密接和次密接人员的流调溯源、全域全人群核酸检测和健康管理，以及加强区域管控，加大医用物资和集中隔离场所储备力度，建立多部门的监测预警机制作具体通报。

13日　泉港组织开展首轮全员核酸检测工作。

15日　省长王宁到泉州检查督促疫情防控工作，实地检查泉港区集中医学观察点、锦绣广场核酸检测点，并召开现场协调会。

16日　国家卫健委副主任李斌率国务院联防联控机制综合组福建工作组到泉港实地检查指导疫情防控工作。

19日　中共中央政治局委员、国务院副总理孙春兰到界山镇界山村封控小区详细了解核酸筛查、流调溯源、隔离管控、物资保障及医疗救治等情况，并看望慰问一线防控工作者，部署疫情防控重点任务。

19日　副省长李德金到泉港调研指导疫情防控工作。

19日　泉港首个移动方舱核酸检测实验室投入使用。方舱实验室位于泉港区医院内，日检测量可达1万管，每日可完成10万人份的检测量。

19日　泉港涂岭线入选第一批泉州市乡村振兴精品示范线名单。

21日　市委书记王永礼到泉港检查指导疫情防控工作，部署下阶段核酸检测、集中隔离场所管理等工作。

21日　市长蔡战胜到泉港调研疫情防控工作，召开疫情防控会商会议。

22日　市委常委、副市长洪自强督导检查明恒一厂、泉港一中等临时医学观察隔离点的工作落实情况。

22日　泉港区“直通封控区、隔离点——健康云守护”网络直播间上线，邀请心理咨询师为隔离群众提供专业心理疏导服务。

25日　副市长周真平到泉港出席国家流调专家队“规范集中隔离医学观察人员管理”“风险等级调整”工作会商会。

29日　市委常委、副市长洪自强到泉港会商疫情防控事宜。

29日　“难急解”云直播——泉“员”上“岗”直通车就业专场举行，邀请辖区纺织、化工、管材、高新技术、教育、饮料、食品等行业企业42家，提供就业岗位近1300个。

10月

1日　泉港区欢送支援战“疫”的医务人员和公安干警仪式在泉港区公安分局、泉港区卫健局举行，向支援泉港的1000多名医务人员和公安干警致以感谢。

12日　福师大泉港石化研究院申报的“扭转层叠技术制备功能性锦纶纤维的研究及产业化示范”项目获批福建省2021年度科技重大专项项目。

14日　泉港区十大攻坚行动部署会、疫情防控工作和创城工作专题会召开，动员全区上下提高站位、凝心聚力、真抓实干，奋力夺取疫情防控和经济社会发展双胜利，确保顺利通过第七届全国文明城市年度测评，高质量完成全年经济目标各项任务，以实干实绩实效坚决落实市第十三次党代会和第三季度全市经济运行分析会精神。

14日　支援泉港医务人员返程欢送仪式在市委党校举行。市卫健委领导和泉港区领导为16支医疗队伍代表赠送锦旗、鲜花，区委书记杨昌文向市卫健委及市委党校赠送锦旗。

14日　“喜‘孝’颜开·幸福在线”泉港区第五届“网络孝文化节”暨文化科技卫生“三下乡”活动在泉港中心敬老院举行。活动采用“网络直播+现场演出+敬老服务”的形式，开展包括一场孝道讲座、一台孝德演出、一次孝心行动、一次慰问活动、一个微心愿活动的“五个一”活动。

15日　泉港区2021年渔业资源增殖放流活动在峰尾海域举行，共投放鱼苗316.7万尾。

18日　泉港设分会场收听收看2021年泉州市招商大会，泉港列入大会签约项目25个，总投资343.6亿元。

18日　泉港区2021年产业链招商季暨电子化学新材料基地招商项目集中签约活动举行。现场共有16个项目签约，总投资294亿元，另有总投资150亿元的天辰化工项目于泉州市主会场签约。

19日　副市长汪志红调研泉港石化科技众创园，了解工业（产业）园区标准化建设情况。

20日　泉港区职业中专学校开学，系泉港唯一的公办中专学校。

22日　泉港区“战疫情、保稳定、促发展”政银企对接会召开。会上，10家银行和27家企业对接27个授信项目，授信达62亿元。

22日　泉州市“青春心向党·服务助创新”暨“我为群众办实事”科技政策宣讲咨询活动在泉港举行。活动围绕高新技术企业培育政策、技术合同认定登记政策、研发投入分段补助政策、科技创新平台建设政策、高层次人才创新创业政策5项内容，就现场人员针对当前科技创新政策、业务提出的问题进行现场解答。

25日　市委常委、市政府党组副书记黄景春带队到泉港调研石化产业工作。

27日　海南泉港乡贤座谈会在海南省三亚市召开。

27日　泉州市县域网络综合治理工作现场会在泉港召开，泉港区委宣传部（网信办）在会上作县域网络综合治理交流汇报。

27日　“与城同行　致敬平凡”环卫工人关爱行动暨户外劳动者服务驿站启用仪式在泉港后龙镇举行，新设植物园和中心工业区服务驿站2个。截至11月份，全区共设有户外劳动者服务驿站3个。

11月

2日　泉港区“‘艺’起抗疫”主题书法美术摄影作品联展在泉港文化中心开幕。联展共征集疫情防控主题作品520幅，集中展出优秀书法作品53幅、篆刻作品7幅、美术作品30幅、摄影作品60幅。时间持续至12月2日。

2日　泉港启动3～11岁人群新冠病毒疫苗接种工作。

5日　泉港区网络人士联谊会（泉港区新媒体联盟）成立大会暨就职典礼举行。会议审议通过《泉州市泉港区网络人士联谊会第一届第一次会员大会选举表决办法》草案、《泉州市泉港区网络人士联谊会章程》草案等，选举产生泉港区网络人士联谊会第一届理事会、监事会班子成员。兰研品牌创始人、董事长陈文海任泉港区网络人士联谊会首届“荣誉会长”。

7日　中国工程院院士、中国科协副主席、中国工业机械有限公司党委常委、副总经理、总工程师陈学东率队到泉港开展石化产业专题调研。

7日　首届峰尾镇渔业丰收节在诚峰一级渔港举行。

11日　第二届泉港云购节“全闽乐购·泉港有约”启动暨永嘉天地商圈提档升级仪式在泉港永嘉天地举行。活动持续至2022年2月28日，发放惠民消费券2000万元，参与品牌100多个。

12日　2021年泉港区危险化学品生产安全事故暨突发环境事件综合应急演练在福建百宏石化有限公司举行。市领导洪自强到场观摩并做点评。

12日　泉港区医联体管委会第五次全体会议暨泉港区总医院揭牌仪式举行。会议研究未来三年医联体发展规划及泉港区医联体、医共体共同发展建设等事宜，并书面审议医联体2020年度工作报告。

12日　泉港区人民调解员协会成立，王华森当选协会第一届理事会会长。

14日　区委副书记、代区长杨凤翔率队赴西藏昌都市洛隆县考察调研援藏工作。

16日　泉港区首届农村建筑工匠墙面贴砖技能竞赛在前黄镇前黄村新村广场举行。近年来，泉港区人社局先后举办22期专题培训提升农村建筑工匠安全技能和施工技艺，为考核合格人员颁发结业证书，累计惠及1000余人。

19—20日　区委书记杨昌文带队赴宁化县考察对口帮扶工作。

23日　香港卫视文旅台《寿乡密码》栏目走进泉港开展为期5天的拍摄，展现泉港独特的“孝”文化。

30日　危化监管二司副司长洪宇率应急管理部督导组到泉港开展危险化学品重大危险源督导核查及化学品储罐集中区督导调研。

30日　全市棚户区改造工作现场会在泉港举行。

12月

3日　市委常委、市政府党组副书记黄景春到泉港调研检查炼化企业检维修工作。

10日　区委书记杨昌文接受泉州

电视台有关深入学习贯彻党代会精神专访。

14日 界山镇党委、政府被授予“集体三等功”，以表彰界山镇党委、政府为泉港疫情防控工作做出的积极贡献。

20日 中科创新（福建）科技有限公司负责人刘焱到泉港开展“中科国际（福建）智能创新中心项目”路演活动。“中科国际（福建）智能创新中心”项目是泉港与中科院北京中科普惠科技有限公司共同谋划的重大高新技术产业项目，聚焦创新技术、新材料、智能制造、大健康及新能源技术等高新技术产业，引入成熟落地项目，对促进泉港区产业多元化转型升级和经济社会长远发展具有重要意义。

21—23日 中国人民政治协商会议泉州市泉港区第五届委员会第一次会议召开。受政协泉州市泉港区第四届委员会常务委员会委托，区政协党组书记彭垂鼎作政协泉州市泉港区第四届委员会常务委员会工作报告。会议听取提案审查委员会关于《政协泉州市泉港区第五届委员会第一次会议提案审查情况的报告》；审议通过政协泉州市泉港区第五届委员会第一次会议决议。选举产生中国人民政治协商会议泉州市泉港区第五届委员会主席、副主席、常务委员；彭垂鼎当选为政协泉州市泉港区第五届委员会主席，赵琼花、陈庆堂、刘玉强、柳铅玉当选为副主席，丁棋灿等32位同志当选为政协泉州市泉港区第五届委员会常务委员。

22—24日 泉港区第五届人民代表大会第一次会议召开。会议通过《关于泉港区人民政府工作报告的决议》《关于泉港区2021年国民经济和社会发展计划执行情况与2022年计划的决议》《关于泉港区2021年预算执行情况与2022年预算的决议》《关于泉港区人大常委会工作报告的决议》《关于泉港区人民法院工作报告的决议》《关于泉港区人民检察院工作报告的决议》等。选举产生第五届区人大常委会、区政府领导班子、区监察委员会主任、法院院长、检察院检察长。王志安当选为泉州市泉港区第五届人民代表大会常务委员会主任；邱彬侨、王国明、王梅珠、王峻峰当选为泉州市泉港区第五届人民代表大会常务委员会副主任。杨凤翔当选为泉州市泉港区人民政府区长；陈剑锋、傅文星、庄一鸣、王志强、王艺彬、谢梓骞、蔡奔腾、柯永进、郭雅婷当选为泉州市泉港区人民政府副区长；郑永璘当选为泉州市泉港区监察委员会主任；郑玲玲当选为泉州市泉港区人民法院院长；洪藜莹当选为泉州市泉港区人民检察院检察长（须报经泉州市人民检察院检察长提请泉州市人民代表大会常务委员会批准）。

24日 区政府第一次全体会议召开。会议统筹部署落实政府工作既定目标任务，高质量推进人大建议、政协提案办理，持续抓好常态化疫情防控、文明城市创建、重点项目攻坚、安全生产大排查大整治等重点工作；动员各级各部门牢记政府职责，确保既定的各项目标任务得到有效落实，以实实在在的成绩展现新一届政府良好的精神面貌和实力担当。

27日 泉港中石化LNG接收站项目在泉州市粤港澳招商推介大会暨项目签约活动上成功签约。该项目拟利用泉州宏海石化仓储有限公司库区进行改造，码头由现有10万吨级石化码头改造，一期建造1座3-21.7万方LNG船泊位，4座22万方LNG储罐及配套气化外输设施、天然气外输管道等，设计接转能力300万吨/年。

28日 泉港区化工新材料新技术成果对接推介会举行。共有8个项目实现签约，涉及石墨烯协效双向拉伸PENT阻隔膜材的研制及产业化、微生物治理稀土开采的氨氮污染新技术、汽车水性环保涂层材料等项目。

29日 泉州市泉港区与龙岩市永定区共同举办“世遗双城 福传泉港”海丝游学汇活动。活动邀请闽西与闽南地区文旅负责人、闽南客家文化文史研究专家和青少年研学旅行专家等，就两地世遗文旅研学资源开发与世遗双城联动等主题展开研讨。

29日 “福传泉港”融媒矩阵启航暨峰尾镇海丝文化福船馆揭牌仪式在峰尾镇诚平村举行。此次“福传泉港”融媒矩阵全新上线，整合新闻客户端、公众号、视频号、抖音号、APP等平台，以“福传泉港”的统一名称对外宣介，并注册商标进行品牌化运营，形成全新、升级版融媒矩阵新平台，开启泉港融媒矩阵2022年新征程。

30日 泉港区“复兴少年宫”揭牌暨授牌仪式举行。截至12月，泉港已经建成区级“复兴少年宫”1个，镇级“复兴少年宫”7个，依托学校少年宫、社区未成年人活动场所建成“复兴少年宫”21个。

31日 共青团泉港区第五次代表大会召开。

自然地理

【位置　面积】　泉港区位于福建省泉州市东北部，湄洲湾南岸，北纬25° 03′ ～25° 15′，东经118° 41′ ～119° 01′ 。南与惠安县毗邻，西南与洛江区相连，西北及北面同仙游县接壤。行政区域总面积340.52平方千米。

【地形地貌】　泉港区地处戴云山南麓，由低山丘陵、红土台地和中部海积—冲积平原所组成。整个地势由西北向东南倾斜，大致在福厦公路以西主要为海拔500米以上的中低山，夹弧状丘陵。大雾山为最高山峰，海拔797.5米。山脉多呈北北东—南南西走向，山坡东缓西陡，多具陡崖峭壁，河谷深嵌。福厦公路以东则以剥侵蚀丘陵台地为主，山丘浑圆，平缓起伏。沿海有断续滨海小平原，海岸曲折，岛屿罗列。泉港区属闽南东新华厦系沉积带，处于长乐—诏安断裂带上，在中生代活动强烈，伴随强烈岩浆活动。长乐—诏安断裂带就陆地所见，主要由三条近于平行的断裂带组成，自西向东为闽侯南屿—云霄断裂，长乐—东山断裂，平潭—东山沃角断裂。境内具有较多的基岩裸露，乱石散布，多由中生代火山岩和花岗岩构成。

【河流水系】　泉港区属于山海型丘陵地区，区域内无大河流，坝头溪、菱溪、龙马溪为区域内最大的3条溪流，径流短，流量的季节性变化大。境内低山高丘较多，坡度峭，溪流多，密度大。其中较为主要的溪流有3条。（1）坝头溪：坝头溪流域发源于涂岭镇吊船山，流域总面积97.785平方千米，干流长23.51千米，自北向南穿过泉港地理中心，向南方向经涂岭、南埔、前黄、山腰及山腰盐场入海，沿途保护12个行政村、19万人、3066.67公顷耕地，素有“泉港区母亲河”之称。流域地势呈西北向南部海面倾斜，地形以盆地、丘陵为主。流域内有中型水库1座（泗洲），小（1）型水库3座（红星、山外、石门坑），小（2）型水库3座（幸福、四清、丰收），及中型水闸5座、拦水坝4座。（2）菱溪：源于小架山，止于惠安许厝闸，汇入林网溪，全长27.93千米，多年平均径流量6280万立方米，流域面积102.35平方千米。其中：菱溪干渠泉港段总长5.24千米，灌溉沿岸涂岭镇的驿坂、路口、邱后、溪西、五社5个行政村14912人和近1333.33公顷的农田。（3）龙马溪：源于涂岭镇天马山北侧，向东北方向经涂岭镇白潼村，界山镇玉山、玉湖、槐山、大前、狮东和潘南盐场，经潘南盐场六孔闸入海。集雨面积16.8平方千米，主河道长7.87千米，灌溉233.33公顷耕地，保护2.35万人口和3500万工农业产值。沿溪有中型水闸2座，分别是东方水闸和潘南盐场六孔闸以及数座小型水闸。

表 1　　泉港区主要河流特征表

河名	流域面积（平方千米）	主河道长（千米）	平均比降（‰）	多年平均流量（立方米每秒）	平均径流深（毫米）	不同保证率下年径流量（亿立方米）				
						平均	10%	50%	90%	97%
菱溪	102	27.93	10.47	1.99	613.85	0.60	0.96	0.56	0.29	0.21
坝头溪	86.42	23.33	4.18	1.69	617.10	0.51	0.82	0.47	0.24	0.18
龙马溪	16.8	7.87	4	0.32	615.20	0.10	0.16	0.09	0.05	0.035

【气候】 泉港区地处东亚季风区，属南亚热带海洋性季风气候，常年气候温和，冬无严寒夏无酷暑，干湿季分明。

气温 泉港区年平均气温20.3℃，最冷月份2月平均气温11.4℃，最热月份7月平均气温28.5℃。山腰地区极端最高气温39.0℃（出现于1966年8月16日）；极端最低气温0.3℃（出现于1957年2月12日）。

湿度 泉港区多年平均相对湿度77%，6月系雨季高峰期，相对湿度大，最高6月86.1%；7、8月结束（台风雨除外），处副热带高压控制，相对湿度小，最低11月69.1%；3—8月湿度较大，相对湿度大于80%，其余月份较小，相对湿度70%左右。

降雨 泉港区多年平均降雨量1291.3毫米，年降水变差系数0.23（据南埔雨量站1956—2009年实测资料），年际变化大，年内分配不均。降雨区域分布由半岛、沿岸向内陆方向递增。一年中6月降水量最多，月平均降水量224.9毫米，降水主要来自台风，平均每年有4～5个台风影响泉港。降水量年内主要集中在5—6月的梅雨季节及7—9月的台风季节，主要表现短历时强降雨较多。2021年，泉港区累计平均降雨量950毫米，较上年减少6.3%。

风 泉港区全年多风，主导风向为东北风，夏季以南风为主，年平均风速7.15米/秒。属湄洲湾区域，年平均风速为2.6～7.1米/秒，分布趋势呈海面大于陆地，沿海大于内陆。月平均风速以秋冬季（10—11月）最大，春、夏两季平均风速最小。

潮型 泉港区属湄洲湾潮型，属半日潮，根据湾内不同站位观测资料，湾内外高低潮出现时几乎一致，最高潮位、平均潮差、最小最大潮位，半潮面湾内幸免大于湾外，最低潮位、平均潮位湾内均小于湾外，平均高程湾内湾外相差仅 1厘米，根据最新实测，秀屿最高潮位5.45米（黄海高程），最低潮位-0.59（黄海高程）。

【主要灾害天气】 泉港区主要灾害天气有旱灾、风灾以及涝害、霜冻害、冰雹等，其中以旱灾、风灾危害最大。

旱害 夏旱次数多且危害严重，为全区农业生产最频繁最严重的自然灾害。

风害 尤其是台风危害最甚，严重危害水稻、龙眼、瓜菜，对畜牧业、渔业及农田水利有较大破坏性。

涝害 以坝头溪下游山腰、前黄受害最甚，多是刮风暴雨加上海水大潮顶托，无法排洪，造成涝淹。

霜冻害 涂岭霜期45天，霜冻低温对越冬甘薯苗和正在开花灌浆的大小麦威胁较大。

冰雹 多发生在春季，局部地区受害，范围不大。

【自然资源】 土地资源 至2021年末，泉港区陆域总面积296.43平方千米（不含沿海滩涂），其中：耕地面积40.51平方千米，园地面积22.03平方千米，林地面积109.15平方千米，草地面积2.59平方千米，城镇村及工矿用地面积93.12平方千米，交通运输用地面积7.68平方千米，水域及水利设施用地面积12.33平方千米，其他土地面积9.03平方千米。全区国有土地面积139.94平方千米，沿海滩涂面积42.22平方千米。

矿产资源 至2021年末，泉港区已发现和探明资源储量的矿产有饰面用花岗岩（闪长岩）石材、建筑用花岗岩（凝灰岩）石料、陶瓷土（瓷石）、高岭土、建筑用砂、脉石英、钼等。其中陶瓷土目前探明资源储量2433.2万吨，主要分布于涂岭镇大湖山、笔架山，资源保障程度较高。建筑用花岗岩探明资源储量232.7万立方米，主要分布于南埔镇、前黄镇等。建筑用凝灰岩31.1万立方米，主要分布于涂岭镇等。饰面用花岗岩探明资源储量50.9万立方米，主要分布于前黄镇、南埔镇等。钼探明资源储量1.031万吨，主要分布于涂岭镇。

海洋资源 泉港区海域面积119平方千米，海岸线全长75千米。辖区内有居民海岛1个（惠屿），无居民海岛21个，分别为过山屿、露尾屿、外乌屿、蟹屿、泉港牛屎礁、牛心礁、泉港洋屿、白塔礁、泉港黑礁、螺仔礁、户尾屿、椅轿尾屿、中格屿、头格屿、石鸡屿、光头岛、白石头、虎空、泉港鲎屿、白牛礁、小白岛，多数处于自然状态。海洋空间资源类型齐全，海域海岛资源丰富，海洋生物479种（浮游植物128种，浮游动物82种，底栖生物269种）以上。可供水产养殖的种类包括鱼类、虾蟹类、贝类和藻类等。贝类主要有牡蛎（吊蛎、石蛎、棚架蛎）、鲍鱼、菲律宾蛤仔、泥蚶和缢蛏等；鱼类主要有鲈鱼、鲷科鱼类、石斑鱼类、美国红鱼等；海藻主要有海带、紫菜和江蓠等；虾类主要有日本对虾、长毛对虾和南美白对虾等；蟹类主要有锯缘青蟹和梭子蟹等。海洋生物资源禀赋好，开发利用潜力大。

水资源 根据泉州市水文水资源勘测分局2009年编制的《泉州市水资源量计算与分析》的成果，泉港区多年平均地表水资源量1.73亿立方米，地下水资源量0.52亿立方米。供水水源主要有蓄水工程、引提水工程和地下水井工程等。区内建有蓄水工程33处，总集雨面积61.04平方千米，总库容2719.51万立方米。其中有中型水库1座（泗洲），小（1）型水库3座（不含正在兴建的双溪水库1座），小二型水库9座，小山塘21座，引水工程有248处，集雨面积122.6平方千米，有自备水源井463口，有效灌溉面积3316.67公顷，其中蓄水灌溉2104公顷，引水工程灌溉799.33公顷，提水工程灌溉413.33公顷，保证灌溉面积为2950公顷，分别占总耕地的90.1%和80.2%。节水灌溉面积2010.67公顷，占有效灌溉面积的60.6%。

林地林木资源　根据第四次森林资源调查结果，泉港区有林业用地面积12173.99公顷，非林地面积17549.14公顷，森林覆盖率41.52%。在林业用地面积中，乔木林地9616.28公顷，占林业用地面积的78.99%；竹林地4.05公顷，占林业用地面积的0.03%；疏林地46.17公顷，占林业用地面积的0.38%；灌木林地1853.32公顷，占林业用地面积的15.22%；未成林造林地230.44公顷，占林业用地面积的1.89%；苗圃地87.89公顷，占林业用地面积的0.72%；迹地99.95公顷，占林业用地面积的0.82%；宜林地235.91公顷，占林业用地面积的1.94%。在乔木林地面积中，用材林1798.57公顷，占乔木林地面积的18.7%；薪炭林1497.57公顷，占乔木林地面积的15.57%；防护林5551.99公顷，占乔木林地面积的57.74%；特用林757.38公顷，占乔木林地面积的7.88%；经济林10.78公顷，占乔木林地面积的0.11%。在林分优势树种面积中，杉木317.59公顷，占优势树种面积的3.30%；马尾松4005.25公顷，占优势树种面积的41.70%；阔叶树1685.81公顷，占优势树种面积的17.55%；木麻黄54.69公顷，占优势树种面积的0.57%；桉树3542.17公顷，占优势树种面积的36.88%。

2021年，全区林地上林木总蓄积974191立方米。其中，用材林198121立方米，占林木总蓄积量的20.34%；薪炭林142297立方米，占林木总蓄积量的14.61%；防护林558038立方米，占林木总蓄积量的57.28%；特用林62765立方米，占林木总蓄积量的6.44%；疏林地708立方米，占林木总蓄积量的0.07%；散生木11314立方米，占林木总蓄积量的1.16%；经济林948立方米，占林木总蓄积量的0.1%。非林地上森林蓄积量42249立方米。全区林分蓄积量961168立方米，平均每公顷99.95立方米。其中，幼龄林88613立方米，占林分蓄积量的9.22%；中龄林399720立方米，占林分蓄积量的41.59%；近熟林160026立方米，占林分蓄积量的16.65%；成过熟林312809立方米，占林分蓄积量的32.54%。在林分蓄积量中，杉木（含珍贵针叶树）蓄积量45122立方米，占林分蓄积量的4.69%；马尾松368220立方米，占林分蓄积量的38.31%；阔叶树（含珍稀阔叶树、硬阔、软阔）130679立方米，占林分蓄积量的13.6%；木麻黄5182立方米，占林分蓄积量的0.54%；桉树411965立方米，占林分蓄积量的42.86%。2021年度全区木材产量9632立方米，其中商品材9632立方米。全区共有古树名木358株，种类有榕、樟、枫香、秋枫、荔枝等21种。

野生植物资源　泉港区野生植物资源丰富，记录有野生维管束植物98科、234属、301种（包括逸生和归化种）。其中，蕨类植物16科、18属、23种，裸子植物2科、3属、5种，被子植物80科、213属、273种。国家二级重点保护植物有1种桫椤，省级重点保护植物有樟树、福建柏、柳杉、粗齿桫椤4种。

野生动物资源　泉港区野生动物资源丰富，记录有两栖类1目、4科、7种，爬行类2目、6科、20种，鸟类9目、25科、73种，哺乳类7目、9科、15种。国家一级重点保护野生动物有鼋、黑鹳、黄腹角雉、金斑喙凤蝶、大灵猫、穿山甲等11种。国家二级重点保护动物有蛇雕、蟒蛇等56种。

环境质量

【大气环境】　根据泉港区环境监测站城区空气自动监测数据，2021年泉港区空气质量有效监测天数364天，其中，一级天数216天，二级天数143天，优良率98.69%（超标天数为5天，1天为细颗粒物超标，4天为臭氧超标）。

【水环境】　2021年，泉港区集中式饮用水水源地黄塘溪取水口监测频率12次，泗洲水库取水口监测频率12次，按照《地表水环境质量标准》GB 3838—2002中的III类水质标准评价，水质达标率100%；4条区管河流菱溪为《地表水质环境质量标准》III类水质，市控断面坝头溪菜堂桥流域水质III类，龙马溪III类，郭厝溪基本消除黑臭；近岸海域水质一类比例100%。

【声环境】　2021年，泉港区域环境噪声昼间平均等效声级为56.6分贝，达到三级，较2020年下降0.2分贝；道路交通噪声昼间平均等效声级为66.8分贝，达到一级，较2020年下降1.5分贝。

人文历史

【建置沿革】　夏、商两代，今泉港区域划属扬州。

西周至东周初期，泉港属七闽地。春秋末期至战国初期，泉港属越国地。周赧王九年（前306）前后，越亡，泉港属楚国地。

前221年，分天下为三十六郡，泉港属闽中郡辖地，为闽越族无诸所领。

汉初，泉港属闽越王国，西汉元鼎五年（前112），废闽越王国后泉港改隶会稽郡冶县。东汉建安元年（196）属侯官都尉辖地。

三国时，吴永安三年（260）后泉港属建安郡东安县地。

西晋太康三年（282）后属晋安郡。

南北朝时，南朝宋泰始四年（468）改晋安郡为晋平郡，泉港属晋平郡。南朝梁天监（502—519）中，析晋平郡地置南安郡，泉港属南安郡南安县。

隋朝时属泉州（州治在福州）南

安县地。

唐开元六年（718）准刺史冯仁智之奏请，析南安县东南十五个里置晋江县，泉港为晋江县属地。为加强管理，晋江县在县东北增设一个官署（在今前黄镇古县村），以治理今惠安、泉港等地。

五代十国时，泉港属闽国辖地。南唐保大三年（945），即闽国王延政天德三年，闽国为南唐所灭，泉港属清源军晋江县。

北宋乾德二年（964），清源军改为平海军，泉港属焉。

北宋太平兴国六年（981），析福建路晋江县东乡十六个里置惠安县，设3个乡，今泉港区域内设一乡五里，即城山乡，领崇德、德音、光德、待贤、民苏5个里。自此，泉港一直归属泉州府惠安县管辖，到1996年肖厝经济开发区管委会成立止，历时1015年。

元、明、清时今泉港区域内设忠恕乡，辖德音、光德、待贤、民苏四里，下设六、七、八、九、十、十一、十二、十三八都。

中华民国初泉港属厦门道惠安县。1933年“闽变”期间，属“中华共和国”兴泉省惠安县，1935年8月，行保甲制，惠安县分8个区，泉港区域设坝头、涂岭两区。1943年裁撤区公所，泉港区域设山腰、坝头、涂岭3个乡。

1949年8月18日，山腰盐警起义，泉港地区解放。23日，惠安县城解放。9月5日，惠安县人民政府成立，泉港属焉。1958年10月，惠安全县成立5个人民公社，泉港辖地为超先公社。1959—1960年，山腰盐场改为国营盐场，实行场带队体制，并划附近4个生产大队归其管辖。1991年7月，设立肖厝镇，原南埔、后龙、山腰、涂岭4个乡改为办事处。

1996年3月，设立泉州市肖厝经济开发管理委员会，属泉州市人民政府派出的正县级行政机构，下辖南埔、后龙、山腰、涂岭、埭港5个镇和国有山腰盐场。1999年8月，镇级行政区域调整为南埔、界山（从南埔析出）、后龙、峰尾（从后龙析出）、山腰、前黄（从山腰析出）、涂岭7个镇和国有山腰盐场。

2000年4月12日，经国务院批准，设立泉港区，辖六镇一街道，100个行政村。

【文化遗存】 至2021年，泉港区有中国历史文化名村2个、中国传统村落3个、省级传统村落5个；各级文物保护单位66处，其中全国重点保护单位1处、省级文物保护单位7处、市区文物保护单位58处，一般文物点86处；区以上级非物质文化遗产29项，联合国急需保护的非物质文化遗产1项，国家级2项、省级5项、市级12项、区级9项。

2001年12月，泉港区公布第一批区级文物保护单位56处。2012年7月，泉港区公布“三普”文物点90处。2013年7月，峥嵘郑氏宗祠、出氏翰林第、陈庄陈氏祠堂、中共地下党“火花”支部旧址（陈春三故居）、诚峰刘氏南门祖祠、山腰庄氏古民居6处新增为第七批市级文物保护单位。2019年10月，前黄合隆商行旧址、三朱革命旧址、新桥张氏建筑群3处新增为第八批市级文物保护单位。1996年9月，沙格灵慈宫列入福建省第四批文物保护单位。2005年5月，黄素石楼被列入福建省第六批文物保护单位。2013年7月，诚峰东岳庙、闽中特委（地委）三朱地下交通站列入福建省第八批文物保护单位。2016年12月，土坑村古建筑群增补为福建省第八批文物保护单位。2018年9月，山腰庄氏古民居、大成古厝列入福建省第九批文物保护单位。2019年10月，土坑村古建筑群列入第八批全国重点文物保护单位。2020年，螺钿制作技艺、圣公陪妈祖、泉港掌中木偶戏列入第六批市级非物质文化遗产代表性项目名录。2021年，山腰海盐制作技艺、螺钿制作技艺和施厝扁担术列入第七批省级非物质文化遗产代表性保护项目名录。

【地方物产】 农作物　泉港区主要农作物有番薯、水稻、大麦、小麦、芋头、大豆、花生等。区内广种林、果、茶、蔗、麻等，已知林果品类51科、150多种。松、柏、枫、樟、柯、杉、相思树、桉树等为主要林木，其中桉树栽种面积最大。龙眼、荔枝、余甘、桃、李、柑、橘、杨梅、杨桃为主要水果品种，邱后荔枝曾作为晋献京都佳果而闻名。涂岭干炒红茶传世150多年，后山茶场生产的“雨石牌观音红芽”自2011年以后连续两届蝉联“中茶杯”全国名优茶评比一等奖。

白濬杨桃（摄于2021年）　（图/连键刚）

海产品　泉港区沿海捕鱼历史悠久。明清两度开海禁后，肖厝、沙格、峰尾渔民除用定置网和内海围网捕鱼外，使用大型对船拖网和进行大钓船钓艚作业。宋元时期，滨海之民造舟船，以盛产的海盐、苎布、蔗糖等通商。20世纪50年代以后，泉港渔业生产得到较快发展，钓业、流网作业和传统作业形式革新，灯围、机拖大型作业兴起，海洋捕捞机械化、电讯化科学捕捞程度较大提高，捕捞范围进一步扩大，南至广东，东至台澎列岛，北至浙江和渤海渔场，捕捞鱼类增加。主要经济鱼有白带鱼、鳗鱼、黄花鱼、马鲛鱼、鲳鱼、鱿鱼、对虾、梭子蟹等。水产加工业得到发展，主要有干品加工、盐渍加工和冷冻加工三大类。鳗鱼干、鱿鱼干、乌贼鲞、钓饵干、鱼捻子、卤鲜带鱼、卤咸黄花鱼等都是传统海产珍品。20世纪80年代后，沿海乡镇充分利用自然资源，发展各种海水养殖业，贝类养殖种类有牡蛎、缢蛏、花蛤、贻贝、鲍鱼等。惠屿鲍鱼获省级无公害农产品产地认定证书。藻类养殖和加工，主要为紫菜、海带、琼脂。上西村海带养殖面积是泉州市最大的海带养殖基地，该村鑫盛海藻有限公司加工的海带结等系列产品先后获得中国1999年昆明世博会金奖、2001年福建省名优特新产品金奖和泉州市农业产业化龙头企业等荣誉和称号。金燕海洋生物科技股份有限公司（前身为泉港化工厂）利用末水紫菜提取琼脂的先进技术，填补国内空白，荣获国家发明奖以及福建省和泉州市科技进步一等奖，产品远销日本、韩国、俄罗斯等国家以及欧洲、东南亚等地区，出口率90%以上，享有国际声誉。网箱养殖的鱼类有石斑鱼、花鲈、大黄鱼、美国红鱼、真鲷鱼、包公鱼、锯缘青蟹和三疣梭子蟹等。肖厝海水网箱养殖基地为泉州市最大的海水网箱养殖基地。

矿产　泉港区主要矿产资源为日晒盐、石材和花岗岩瓷石矿。山腰盐场生产的日晒盐以“细、白、纯、干”而著称，原细盐质量达到国家一级标准。盐场面积11万平方千米，年产销日晒盐10万吨，是福建省两大国有盐场之一和原盐重点生产、出口基地，产品畅销全国六省一市，远销新加坡、菲律宾、马来西亚、美国、印度等国家和中国台、港、澳地区。

传统工艺　泉港区传统工艺主要有榨油作坊、农家酿酒坊、造船业、粮食加工业、手工纺织业、壳灰业和家具制造业等。造船业以峰尾黄氏造船世家及其所制造的黑舶五桅堰船为突出代表。泉港的雕花床工艺精湛，风格独特，清中期传入台湾。村妇手工纺织的苎麻布（俗称“夏布”）以透气爽身著称，被誉为“福建绸”，清代已畅销广州、汕头、江浙和莆田一带，并由商贾通货于东南亚。

滩涂养殖（摄于2021年）　（图/陈景松）

风味小吃　泉港风味小吃品类繁多，有糕粿类、煎炸类、汤丸类和其他零星小吃四大类，食材均以本地特产为主要原料，风味以闽南的甜、咸、香、酥、脆、韧为主要特征，如红团粿、汤丸、发糕、糖粿、九重粿等小吃，象征红火、吉利、甜蜜、团圆和发祥，为群众逢年过节必备习俗佳品。

【姓氏】　自汉至今，泉港人口历经至少七次大迁入、九次大迁出，终由1200多支系迁入构成陈、林、庄、刘、连、张等80个世居姓氏，全区世居姓按镇分布情况，依次是涂岭镇60个姓、南埔镇35姓、界山镇32姓、前黄镇30个姓、山腰街道24个姓、峰尾镇21个姓、后龙镇17个姓。全区7个镇、街道共376姓，1297村姓。其中上万人口的姓有11个，依次是陈、林、庄、刘、连、张、黄、郭、郑、王、吴。千人姓氏以上的姓氏有33个；百人以下的姓氏有307个；1人的姓氏有115个。各镇姓氏总数依次是山腰街道213个、南埔镇202个、涂岭镇193个、界山镇190个、后龙镇174个、前黄镇164个、峰尾镇161个。

行政区划　人口

【概况】　2021年，泉港区辖有6个镇、1个街道办事处和1个国有盐场，下辖91个村委会和10个社区居委会。至2021年末，户籍人口420513人。

【行政区划】　2021年，泉港区辖有界山、南埔、后龙、峰尾、前黄、涂岭6个镇，1个山腰街道办事处和1个国有盐场，下辖91个村委会和10个社区居委会。

【人口】　至2021年末，泉港区公安户籍人口420513人。按户口所在地分，山腰街道人口77349人，占18.4%；南埔镇人口76925人，占18.3%；界山镇人口58618人，占13.9%；后龙镇人口50885人，占12.1%；峰尾镇人口57588人，占13.7%；前黄镇人口43264人，占10.3%；涂岭镇人口55884人，占13.3%。按性别分，男性人口217161人，占51.6%；女性人口203352人，占48.4%。按年龄分，18岁以下人口99070人，占23.6%；18～34岁人口97934人，占23.3%；35～59岁人口159546人，占37.9%；60岁及以上人口63963人，占15.2%。

表 2

2021 年泉港区各镇（街道）所辖村（居）一览表

镇（街道）名称	村（居）委会名称（91 个村委会、10 个社区居委会）
南埔镇（14 个）	南埔村、柳厝村、塘头村、天湖村、天竺村、仙境村、凤翔村、施厝村、先锋村、邱厝村、柯厝村、沙格村、肖厝村、惠屿村
界山镇（13 个）	岭头村、鸠林村、河阳村、大前村、东凉村、东张村、界山村、鹅头村、槐山村、玉湖村、下朱村、狮东村、玉山村
后龙镇（13 个）	上西村、峰前村、许厝村、后垅村、后田村、涂坑村、东山村、田里村、割山村、坑仔底村、后龙村、柳亭村、栖霞社区
峰尾峰（8 个）	诚峰村、诚平村、前亭村、峥嵘村、上楼村、联岩村、奎璧村、郭厝村
山腰街道（18 个）	荷池社区、龙山社区、聚福社区、新宅社区、锦祥社区、锦塔社区、陈庄社区、锦福社区、锦联村、锦山村、锦川村、莱堂村、埭港村、钟厝村、鸢峰村、叶厝村、普安村、海滨村
前黄镇（13 个）	凤南村、凤北村、凤山村、凤阳村、凤安村、凤林村、坑内村、古县村、后张村、前黄村、三朱村、前烧村、香芹村
涂岭镇（22 个）	清美村、白潼村、下炉村、世上村、秀溪村、芦朴村、汶阳村、松园村、小坝村、涂岭村、溪头村、幸福社区、涂型村、樟脚村、寨后村、黄田村、驿坂村、路口村、前欧村、溪西村、五社村、邱后村

民族 宗教

【概况】 2021年，泉港区有民族35个，聚居的少数民族村6个，少数民族人口2.21万人。有佛教、道教、基督教、天主教四大宗教，已登记四大宗教活动场所165处，民间信仰活动场所375处。

【民族】 2021年，泉港区有汉族、回族、畲族、蒙古族、藏族、苗族、彝族、壮族、布依族、朝鲜族、满族、侗族、瑶族、白族、土家族、哈尼族、哈萨克族、傣族、黎族、傈僳族、高山族、水族、东乡族、纳西族、景颇族、土族、达斡尔族、仫佬族、羌族、布朗族、撒拉族、仡佬族、塔吉克族、怒族、裕固族等民族35个。聚居的少数民族村6个，少数民族人口2.21万人，占全区常住人口（35.9万）的6.16%，占全市少数民族总人口的9.91%，是全省20个民族工作重点县（市、区）之一，其中蒙古族人口占全省蒙古族人口的90%以上。

【民族村】 2021年，泉港区有民族村6个，分别为后龙镇柳亭村（回族），民族人口2227人；峰尾镇郭厝村（回族），民族人口8200人；山腰街道龙山社区（回族），民族人口2730人；山腰街道钟厝村（畲族），民族人口4132人；山腰街道鸢峰村（畲族），民族人口973人；涂岭镇小坝村（蒙古族），民族人口2400人；涂岭镇樟脚村（蒙古族），民族人口184人；涂岭镇前欧村（蒙古族），民族人口308人。

【宗教】 泉港区有佛教、道教、基督教、天主教四大宗教，已登记佛教活动场所90处、道教活动场所55处、基督教活动场所19处、天主教活动场所1处，共165处，民间信仰活动场所375处，是省市宗教工作的重点县（市、区）之一。

华侨 台港澳同胞

【概况】 至2021年末，泉港区有海外华侨华人16.34万人，归侨120人，侨眷39339人，海外重点人士87人。有台胞12万多人，香港居民1181人，澳门居民1446人。

【华侨】 至2021年末，泉港区有海外华侨华人16.34万人，主要聚居在马来西亚、新加坡2个国家，少数在印度尼西亚、菲律宾、缅甸、日本、泰国、美国、澳大利亚、孟加拉国、英国、加拿大等国家和地区。根据2021年侨情普查结果，有归侨120人，侨眷39339人，海外重点人士87人。

【台港澳同胞】 至2021年末，泉港区有台胞12万多人，祖籍以界山、南埔、后龙、峰尾、山腰等沿海乡镇为主，主要分布在台湾西部沿海地区，其中苗栗县4万多人，高雄市1万多人，台北市1万多人，嘉义县近1万人，其他多散居于新竹、台中、基隆、云林、桃园、澎湖等市（县）。有香港居民1181人，澳门居民1446人；成立香港泉州泉港联谊总会和澳门泉州泉港同乡会。

经济社会发展

【综合】 2021年，泉港区生产总值657.80亿元，比上年下降9.9%。其中，第一产业增加值11.72亿元，增长4.6%；第二产业增加值493.51亿元，下降13.6%；第三产业增加值152.57亿元，增长3.8%。第一产业增加值占地区生产总值比重为1.8%，第二产业增加值比重为75.0%，第三产业增加值比重为23.2%。

【农业】 2021年，泉港区粮食种植面积1952.67公顷，比上年增加30.8公顷。其中，稻谷种植面积629.00公顷，比上年减少13公顷；小麦种植面积42.33公顷，比上年减少0.47公顷。全年粮食产量1.11万吨，比上年增长1.1%。其中，稻谷产量0.46万吨，比上年下降2.8%；小麦产量0.01万吨，增长0.8%。全年猪牛羊禽肉产量0.98万吨，比上年增长18.7%。其中，猪肉产量0.45万吨，比上年增长39.5%；牛肉产量0.02万吨，增长27.6%；羊肉产量0.05万吨，下降3.7%；禽肉产量0.47万吨，增长5.5%。禽蛋产量0.84万吨，增长5.0%。年末生猪存栏4.31万头，比上年末增长18.0%；全年生猪出栏5.57万头，比上年增长37.6%。全年水产品产量9.01万吨，比上年增长2.0%。

【工业】 2021年，泉港区全部工业增加值436.12亿元，比上年下降13.8%。规模以上工业增加值比上年下降20.4%。在规模以上工业中，分经济类型看，国有控股企业增加值比上年下降24.0%；股份制企业下降0.5%，外商及港澳台商投资企业下降28.8%；私营企业下降3.9%。分门类看，采矿业比上年下降86.3%，制造业下降20.6%，电力、热力、燃气及水生产和供应业下降1.4%。全年规模以上工业企业利润总额121.32亿元，比上年增长15.2%。

【固定资产投资】 2021年，泉港区固定资产投资比上年下降5.6%。其中，第二产业投资比上年下降10.8%，第三产业投资下降2.6%。基础设施投资增长66.5%，占固定资产投资的比重为34.9%。民间投资比上年下降34.2%，占固定资产投资的比重为47.1%。全年房地产开发投资23.31亿元，比上年下降43.3%；其中住宅投资18.57亿元，下降40.5%。

【国内贸易】 2021年，泉港区社会消费品零售总额150.64亿元，比上年增长12.5%。全年限额以上法人单位商品零售额中，粮油、食品类零售额比上年增长49.1%，饮料类增长154.1%，烟酒类增长32.6%，服装、鞋帽、针纺织品类增长25.7%，化妆品类增长66.8%，日用品类增长165.2%，家用电器和音像器材类下降9.6%，中西药品类增长162.1%，文化办公用品类下降31.6%，家具类增长30.5%，石油及制品类下降71.4%，建筑及装潢材料类增长43.0%。

【对外经济】 2021年，泉港区实际使用外资7.38亿元，比上年增长40.3%。

【财政】 2021年，泉港区地方一般公共预算收入28.06亿元，比上年增长9.7%。其中税收收入23.62亿元，比上年增长14.7%。全区一般公共预算支出27.06亿元，比上年增长1.0%。

【金融】 2021年，泉港区年末全部金融机构本外币各项存款余额274.16亿元，比年初增加1.82亿元，其中人民币各项存款余额273.78亿元，增加3.01亿元。全部金融机构本外币各项贷款余额208.13亿元，减少44.27亿元，其中人民币各项贷款余额194.12亿元，减少38.70亿元。

重点项目建设

【概况】 2021年，泉港区有省级重点项目12个、市级重点项目29个、区级重点项目192个，均超序时推进进度。12个省级重点项目：总投资550.29亿元、年度计划投资99.56亿元，1—12月完成投资135.09亿元、完成年度计划的135.69%。29个市级重点项目：总投资1177.57亿元、年度计划投资148.63亿元，1—12月完成投资159.35亿元、完成年度计划的107.21%。192个区级重点项目：总投资1734.91亿元、年度计划投资227.57亿元，1—12月完成投资250.08亿元、完成年度计划的109.89%。新开工项目48个，竣工投产项目50个。

【“五个一批”项目推进】 2021年，泉港区新增列入全省“五个一批”项目175个，总投资1923.53亿元。其中，新增谋划项目52个，总投资887.29亿元；新增签约项目62个，总投资600.39亿元（其中产业项目50个，总投资547.05亿元），新开工项目18个，总投资106.03亿元（其中产业项目13个，总投资90.61亿元），新增竣工投产项目31个，总投资306.12亿元；新增技改增资项目12个，总投资23.7亿元，增幅17%。其中，新增谋划生成项目总投资、新增签约项目总投资、新增投产项目总投资、新增签约产业项目总投资、新增开工战略性新兴产业项目总投资等5项指标居全市第一，新增签约项目数、新增签约产业项目数等2项指标居全市第二，新开工项目总投资、新开工产业项目总投资等2项指标居全市第三。第一季度“五个一批”项目在全省正向激励综合考评中位列第八，获得正向激励绩效加分。

综 述

【概况】 2021年，泉港石化产业产值连续3年突破千亿元，石化工业园区连续9年蝉联中国化工园区前20强，入选国家级循环化改造示范试点园区。

【泉港石化工业园区连续9年入选全国化工园区20强】 2021年6月2—4日，“2021中国化工园区与产业发展论坛”在山东烟台召开，发布2021化工园区30强名单，泉港石化工业园区位列第15。至此，泉港石化工业园区连续9年跻身中国化工园区20强。此次综合评选标准包括园区的规划布局、产业经济、基础设施、生态环境及资源利用、安全应急与公众认知、管理创新能力与两化融合等方面内容，代表国内化工园区发展的先进水平。

【泉港区安全应急模拟实训基地（全省首家）揭牌】 2021年6月17日，泉港区安全应急模拟实训基地揭牌成立，为全省首家石化VR（虚拟现实技术）应急模拟实训基地。基地总投资120万元，以VR作为培训的硬件载体，设置加油站灭火演练模拟等八大模块，将传统的填鸭式理论培训模式与新型的模拟实操培训结合在一起，为受训人员提供沉浸式的培训体验。

【“张肇宏劳模创新工作室”获评全国示范性劳模和工匠人才创新工作室】 2021年1月4日，福建联合石化公司“张肇宏劳模创新工作室”获评“全国示范性劳模和工匠人才创新工作室”。“全国示范性劳模创新工作室”评选活动由中华全国总工会组织开展，旨在深化劳模和工匠人才创新工作室创建工作，发挥工作室示范引领、集智创新、协同攻关、传承技能、培育精神等功能，激励广大职工勤于创造、勇于奋斗。此次命名的100个工作室为第三批全国示范性劳模和工匠人才创新工作室，福建省共3家入选，“张肇宏劳模创新工作室”列福建省第一名。

【泉港石化工业区安全控制区专项规划（2016—2030年）修编及国土空间相关规划成果汇报会召开】 2021年10月15日，泉港石化工业区安全控制区专项规划（2016—2030年）修编及国土空间相关规划成果汇报会召开。会议要求技术团队结合区域实际，吸纳相关部门提出的意见建议，对安控区专规修编及国土空间规划进行完善优化，以开放理念引领规划编制工作，加强总规和专规的有机衔接，紧扣泉港在全市、全省乃至全国的发展定位，结合“十四五”规划和2035年远景目标，把泉港规划融入省市发展大局中。各职能部门结合部门业务、职责，支持配合编制规划工作，推动泉港石化工业区安全控制区专项规划修编及国土空间相关规划编制工作开展，为泉港未来发展提供科学依据。

【百宏石化精对苯二甲酸项目投产】 2021年1月21日，总投资57.2亿元的年产250万吨精对苯二甲酸（PTA）项目正式投产。该项目是泉港区最大的民企投资项目，是泉港石化工业园区PX产业链的延伸项目，项目采用国际领先的英威达最新专利PTA生产技术，以对二甲苯为主要原料，生产精对苯二甲酸（PTA），产品主要供给下游的聚酯和纺织行业，填补福建PTA的产能缺口，改变福建省聚酯纤维行业原料PTA需从江浙地区采购的现状，降低产业链中下游的化纤和服装的生产成本。

泉港石化工业园区

【概况】 2021年，泉港石化工业园区完成税收86.1亿元，连续9年跻身中国化工园区前20强，综合发展水平在福建97家省级开发区中名列第四。园区通过国家发展和改革委员会、财政部等部门组织的循环化改造终期验收。

【招商引资】　2021年，泉港石化工业园区实施以商引商、产业招商，做好项目招商推介、服务对接，新签约中国化学天辰泉港新材料产业基地、邦丽达高吸水性树脂、宇极环境友好型新材料产业化总部等7个项目，总投资264.37亿元。其中总投资150亿元的中国化学天辰泉港新材料产业基地项目在2021年泉州市招商大会上签约，为泉港区近年来招引落地的最大石化产业项目，也是泉港石化工业园区碳三、碳四产业链的关键强链补链项目。储备联合石化二期新建120万吨/年乙烯及其下游产品、百宏化学BDO（丁二醇）及EVA（乙烯-醋酸乙烯共聚物）等一批优质项目。

【项目建设】　2021年，泉港石化工业园区实施“项目攻坚2021”“攻坚决胜冲刺”等活动，推进项目建设进度。新开工国亨化学丙烷脱氢及聚丙烯、西建聚羧酸减水剂、鲤鱼尾作业区4号泊位工程及仓储工程等6个项目，总投资134.38亿元。新投产福建百宏石化250万吨/年PTA（精对苯二甲酸）、佑达精细电子化学、新立基沥青等4个项目，总投资70.5亿元。

【配套服务】　2021年，泉港石化工业园区推进园区配套设施建设，为园区产业项目提供良好承载基础。推动南山片区一期34.33公顷用地报批工作，完成成片开发方案编制工作并通过审批。完善园区规划体系，园区已形成以《泉州市泉港石化港口新城总体规划（调整）（2008—2020）》和《福建省湄洲湾石化基地发展规划修编（2011—2020）》为基础，以市政、防洪排涝、电网、供热、消防等专项规划为框架的规划体系，为入驻企业选址布局和基础配套提供理论依据和技术支撑。跟踪市发展改革委推动《湄洲湾（泉港、泉惠）石化基地总体发展规划（2020—2030）》及《湄洲湾（泉港、泉惠）石化基地总体发展规划（2020—2030）环境影响报告书》批复实施，配合编制区泉港区国土空间总体规划、泉港石化工业园区控制性详细规划，配合开展安控区专项规划修编。推进配套建设，南山片区在建配套项目共6个，总投资8000万元，年度投资3300万元。成立联合石化、百宏、国亨等3个工作服务专班，全方位对接服务保障。完成11宗项目意向用地示意图，更新园区产业布局图51版次；完成业务审批36宗。引进社会第三方服务单位，统一园区测绘服务标准，完成国亨项目地形测量及红线放样50批次，开展南山片区一期5宗勘测定界报告及勘测定界图编绘工作。加强总图管理，建立图层数

2021年9月8日，第二十一届中国国际投资贸易洽谈会在厦门开幕，泉港石化工业园区管委会组织参加泉州市侨资专场招商推介会
（图/泉港石化园区管委会）

据库，更新单项图层42个。依据《泉港石化工业园区工程建设管理规定》，受理园区公共部分施工事项36项、现场踏勘92人次；把关审核厂区大门开口、临时用地等各类动土作业，核发动土作业许可证28份，满足入驻企业对供水、排水、用电、通信等配套需求。

【园区安全生产】 2021年，泉港石化工业园区在原有园区突发事件应急指挥平台的基础上，完善监测布点及硬件设施，建立功能完备的有毒有害气体环境风险预警平台，形成全面监控、科学预警、快速处理环境管理体系，提升园区的大气环境监管监测能力，通过市生态环境局验收。整合优化区应急管理局、园区环保安监科监管力量和区政府长驻专家资源配置，建立定期联合监督检查机制，开展安全生产专项整治三年行动、“控事故、保安全、迎建党百年”“严监管、强攻坚、促提升”等集中攻坚专项行动安全生产执法年活动以及环保危废专项巡查。累计联合巡查入园企业63次，发现问题隐患123项，整改123项，整改率100%。按照“一园一策”安全整治提升方案，围绕企业周边居民搬迁、公用管廊规范建设、封闭化管理、重大危险源监控等方面开展整改，规范园区建设和安全管理，提升园区整体安全风险管控能力。开展安全生产标准化提升专项行动，筑牢本质安全基础。利用应急管理部“工业互联网+危化安全生产”试点建设工作契机，初步拟定智慧园区工作方案，推动园区监管数字化、信息化、智慧化。以创建低碳片区为契机，强化污水处理厂、公共应急池管网二期等环保基础设施建设，推进VOCs（挥发性有机化合物）“一厂一策”整治、LDAR（泄漏检测与修复）工作，推动园区企业循环化和低碳化改造，实现园区绿色生态发展、循环低碳发展。围绕全国第20个安全生产月“落实安全责任 推动安全发展”主题，组织园区干部和企业职工开展安全专题学习，邀请南京大学环保专家开展环保安全专项培训。编制、印发《园区生产安全事故应急预案（过渡版）》，督促入园企业分析存在危险性因素，组织开展各类应急演练13次，参与演练人数800余人。

泉港新材料高新技术产业园区

【概况】 2021年，泉港新材料高新技术产业园区参与修订《泉港区进一步提升科技创新能力的若干规定》，建立高新区领导挂钩企业服务制度等，组织“再学习、再调研、再落实”调研活动9场次，走访30多家民营企业、各类创新人才50余人，高标准撰写调研报告；组织召开化工新材料产业技术需求会、高新技术企业申报“一对一”辅导等活动19场，协调拨付到位自主创新奖励等科技惠企资金1062.743万元、清源创新实验室建设资金1.4亿元。开展全员招商活动，推行领导干部联系企业制，坚持每月定期调研走访，提高企业项目需求办理效率。组建工作服务专班，全程陪同企业走访职能部门，跟进企业需求。聚焦创新技术、新材料、智能制造、大健康及新能源技术等高新技术产业，促成总投资36亿元的中科创新（福建）智能创新中心项目落地。

【清源创新实验室建设】 2021年，泉港新材料高新技术产业园区加快基础设施建设，服务清源创新实验室，项目（第一批次）完成投资6300万元，占年度计划投资90%，整体工程量完成约50%，其中教学综合楼、学员宿舍楼斜屋面及4号实验楼3层柱砼浇筑完成，2号教师公寓、3号学生公寓进行桩基施工。推进创新研发工作，成立化工新材料产业技术创新战略联盟；完成第一批7个科研重大重点项目申报立项、经费5000万元。加快构建石油化工催化实验室、能源与环境催化剂工程实验室等首批6个方向实验室，立项经费4000万元。实现成果转化4项、突破核心技术4项，孵化企业4家，获得泉州市第一批高层次人才自主认定，新增国家级人才（千人），有国家级、省级人才20人，引进优秀科研人员80人，9个科研团队入驻，常驻科研人员346人。

【福建师范大学泉港石化研究院第二轮合作深化】 2021年，泉港新材料高新技术产业园区与研究院签订孵化基地整体租赁协议，组织其参加2021年国际橡塑展、第十九届“海创会”等，申报2021年度福厦泉国家自主创新示范区泉州片区协同创新平台项目等，对接引进东华大学鲁希华高层次人才团队开发功能性纺织面料，获得第五批泉州市引进高层次人才团队项目立项、补助经费100万元；支持研究院联合石化园区企业建设协同创新中心，为企业提供创新保障和技术支持。

【泉港石化科技众创园建设】 2021年，泉港新材料高新技术产业园推进泉港石化科技众创园建设，完成众创园场地修整、规划验收、消防验收、不动产权登记、房屋价值评估、项目功能区划分、运营方案制定等工作，众创园一期办公楼、宿舍、厂房的修整工作完工，众创园于2021年8月完成竣工并投入使用，吸引更多人才和科研团队入驻。

【高新技术企业培育】 2021年，泉港新材料高新技术产业园协助完成2020年度全社会研发投入纳统工作，高新园区规上工业企业研发投入4.28亿元。组织高企申报“一对一”辅导专场13场，储备入库高新技术培育企业11家，申报企业（含新认定）2批次8家，其中重新认定4家，新增申报4家，高新技术企业保有量14家。组织推荐6家企业申报

2021年福建省科技“小巨人”企业遴选、获批4家；推荐获批2021年省数字经济“瞪羚企业”2家；推荐入库2021年科技型中小企业13家。组织推荐3家企业申报2021年省级科技创新券；组织4家企业申报企业研发经费投入2020年度补助352.52万元；组织开展2021年度泉港区科技创新人才计划项目申报，立项4个项目32万元；服务指导洋屿环保获评省“双创—创业之星”，补助资金200万元。

【科创成果】 2021年，泉港新材料高新技术产业园实验室打造“开拓应用研发、推进技术转移、加速企业孵化”相融合新型技术转移服务模式，以福建省化工新材料产业技术创新战略联盟平台为抓手，辐射带动中化泉州、百宏石化等泉州化工头部企业的研发融合，加强共建合作，多项技术转化落地。与福建省佑达环保材料有限公司合作项目，相关技术打破国外企业技术垄断，核心技术通过中国石油和化工联合会鉴定，形成从关键原材料到产品的完整国产化产品供应链，总体达到国际先进水平，其中关键功能技术指标位于国际领先水平。与佑达环保形成小试、中试、生产线在泉港的完整产业链条，2021年产值5000万元。与中琉科技有限公司合作的“环保高效高炉煤气脱硫成套技术开发及产业化”项目，在泉州泉港孵化注册德微纳科技有限公司，为中琉科技有限公司生产催化剂。与福建科宏生物工程股份有限公司研究开发“三氯蔗糖高效连续生产成套技术产业化”，编制完成一套年产3000吨三氯蔗糖生产线的工艺包。与邵武绿闽环保科技有限公司项目，中试放大线于2021年3月建成。立项企业联合资助项目，引导科研团队与泉州市、福建省的骨干企业开展产学研合作，联合共建科技成果转化基地，促进科技成果转移转化。

【招商引资】 2021年，泉港新材料高新技术产业园立足高校、科研院所资源优势，精确对接目标企业，提高招商质量。组织专家编制新材料发展规划，瞄准智能制造、新材料、电子信息、新能源等主导产业，加大招商引资力度，构建特色鲜明的高新产业链，推动新耀新材料、德微纳、清能新能源锂电池等多个项目落地。定期梳理更新泉港高新园区闲置土地、厂房情况，制定盘活措施，印发招商手册，保障外来企业项目用地需求，提高招商效率。服务引进中森卫生巾材料项目、石化管道阀门密封圈生产项目、医疗耗材生产项目等盘活闲置厂房2万平方米。突破皮革集控区用地盘活难点，在解决皮革集控区项目用地移除“疑似污染地块清单”基础上，引进中果红食品、灿华再生资源等项目进驻。发挥高新园区地处中心城区西南部、交通便利、园内高校等优势，吸引普洛斯物流园项目落地建设；与欧亚科学院谋划对接平台服务项目，帮助区内创新平台、企业开展科技成果中试孵化，促进产业升级；通过落户企业“现身说法”宣传推介，吸引外来企业投资兴业，引进元谷科技•厦门美格农艺公司在园区投建“海丝•台湾美格农场（一期）项目”，打造环昆山湖生态文化旅游产业带，推动园区多元产业健康发展。

【引才聚才】 2021年，泉港新材料高新技术产业园依托清源创新实验室、福州大学石化学院、福建师范大学泉港石化研究院为人才创新平台，建立“靶向引才”“柔性引进”“刚性落实”机制，汇聚多方人才资源，吸引国际国内优势科技力量。园区有16个科研团队入驻高新园区，全职聘用人员100余人，常驻科研人员（含双聘双跨、硕博士生）800余人。清源创新实验室获批泉州市高层次人才自主认定单位，实现中级职称自主评聘，共建“清源创新实验室——福州大学”博士后流动站，申报博士后创新基地，博士后工作站，出台20余项引进、激励人才制度规定，营造创新氛围浓厚的发展环境。

重点石化企业

【福建联合石油化工有限公司】 福建联合石油化工有限公司是由福建炼油化工有限公司、埃克森美孚中国石油化工公司、沙特阿美亚洲公司以50%：25%：25%的股比出资共同设立的中外合资大型石油化工企业，总投资400亿元人民币，总占地面积480公顷，2021年有员工人数1870人，于2007年3月正式成立，2007年6月正式投入运营，全面负责福建炼油乙烯一体化项目的建设和运营管理，在中石化同类规模企业中出于领先水平。在原400万吨/年（8万桶/天）炼厂的基础上，投资兴建炼油乙烯一体化项目，将公司炼油能力提升至1200万吨/年（24万桶/天），大幅提高加工含硫原油的炼制能力。2009年，福建炼油乙烯一体化项目全面建成并投入运营。建有38套炼油化工生产装置及相应的油品储运设施、公用工程系统，拥有原油综合加工能力1400万吨/年，乙烯产能110万吨/年，芳烃产能77万吨/年，主要产品有汽油、柴油、航煤、液化气、硫黄、苯、对二甲苯、聚乙烯、聚丙烯和环氧乙烷、乙二醇等。

【福建炼化林德气体有限责任公司】 福建炼化林德气体公司由福建炼化公司与林德香港气体公司按50%：50%股比共同投资，于2008年9月成立，专业生产经营工业气体，主要经营氮气、氧气、氩气、稀有气体及其液体产品，总投资约14亿元人民币。公司采用国内外最先进的设备，拥有国际一流的空气分离技术，有两套制氧能力分别为4万标准立方米/时的空分装置，一套33000标准立方米/时的空分装置在建，主要为福建联合石化公司提供长期稳定的工业气体，兼向周边地区企业提供可靠的气体液化产品及与气体相关的解决方案。

【福建凯美特气体有限公司】 福建凯美特气体有限公司由国内唯一的尾气回收上市公司湖南凯美特气体股份有限公司控股，与泉州市福源工贸发展有限公司联合建设，占地面积9.6公顷，有在职员工39人。2016年完成火炬气回收装置建设、试产。公司拥有多项化工尾气回收专利及相关技术，研发、设计能力出众，是国内少有的在尾气回收方面有成功解决方案的公司，属于低碳、节能资源综合利用与循环经济产业。

【佳化化学泉州有限公司】 佳化化学泉州有限公司成立于2014年12月，占地4公顷，注册资金1.2亿元，主要从事环氧乙烷、环氧丙烷下游衍生精细化工品的研发、生产与销售等业务。2019年来，依托福建联合石化等企业的环氧化物资源，建有佳化泉州生产基地，产品跻身国内精细化工品行业前列。产品生产采用公司自有知识产权的专权技术和专有技术，达到国内领先水平，在聚合反应催化选择技术、工艺装备优化等方面公司拥有较强的自主创新能力，同时具备较强的先进工艺路线改进能力。

【福建省天骄化学材料有限公司】 福建省天骄化学材料有限公司是福建省天骄投资有限公司和索进（厦门）化工技术有限公司共同筹建的子公司，主要从事石油化工及橡胶塑料助剂、精细化工产品、催化材料、高分子材料和环保材料等化学品及功能材料研发、生产及销售。公司一期项目总投资6.50亿元，二期项目总投资5.17亿元。产品市场前景广阔，助推华南地区橡胶助剂、脂肪醇、丙烯酸及酯、高吸水性树脂类深加工产业的发展。

【福建省东鑫石油化工有限公司】 福建省东鑫石油化工有限公司成立于2008年2月，是经国家发展和改革委员会批准成立的一家民营股份制企业。公司紧邻中外合资的联合石油化工有限公司和湄洲湾氯碱公司，占地面积11.67公顷，总投资3.7亿元，年生产环己酮产品6万～8万吨、轻质油900吨、X油2500吨、碳酸钠6000吨。

【福建天原化工有限公司】 福建天原化工有限公司成立于2016年2月1日，注册资本2亿元，为四川省宜宾市国资委下属上市公司“宜宾天原集团”的全资子公司，占地面积9.07公顷，2021年有员工103人，主要从事聚苯乙烯生产和销售。公司两条生产线，单线5万吨/年，年总产能约10万吨，其中装置一号线生产通用塑料、改性塑料，装置二号线生产通用塑料。

【福建立亚化学有限公司】 福建立亚化学有限公司总投资7.5亿元，占地面积9.3公顷，主要从事特种高性能新材料的生产及销售，产品主要用于导弹战斗部、整流罩、尾喷管、发动机（耐高温部件）等，是福建省目前最大的军民融合项目之一。公司成立独立自主研发实验室，主要研发检测设备有氧氮分析仪、凝胶渗透色谱仪、熔点仪、气相色谱仪、电感耦合等离子体发射光谱仪、热重分析仪等，具备技术、生产、质量、设备、安全、办公自动化等方面现代化的管理手段和服务能力，以及独立的产品试验和检测能力。

【福建百宏石化有限公司】 福建百宏石化有限公司成立于2018年6月，注册资金35亿元，占地面积33.47公顷，采用国际领先的英威达最新专利PTA生产技术，投资57.2亿元建设年产250万吨精对苯二甲酸（PTA）生产项目。为福建省重点项目和泉港石化工业园区延伸PX产业链项目，于2021年1月正式试生产，产品主要供给下游的聚酯和纺织行业，填补福建PTA的产能缺口，改变福建省聚酯纤维行业原料PTA需从江浙地区采购的现状，降低产业链中下游的化纤和服装的生产成本。

【福建钟山化工有限公司】 福建钟山化工有限公司成立于2013年11月，2016年8月建成投产，占地面积9.47公顷，注册资金2.2亿元，2021年有员工160余人。主要生产减水剂大单体系列产品、PEG系列产品、功能表面活性剂及低气味低VOC聚醚多元醇等，产品广泛应用于高铁、建筑、纺织、印染、轻工、医药、化妆品、洗涤剂等领域，市场占有率在同行业前五名。

中共泉港区委员会

综述

【党的政治建设】 2021年，中共泉港区委员会（简称“泉港区委”）把习近平总书记对福建工作的重要要求和党中央决策部署作为总纲领总遵循，把握正确政治方向，推动各项工作发展。通过区委常委会（扩大）会议、专题会、理论学习中心组、聆听上级宣讲报告、举办区管干部专题研讨班暨读书班等方式，学习贯彻习近平总书记来闽考察重要讲话、“七一”重要讲话和中共十九届五中、六中全会精神以及省、市党代会精神。学习贯彻省委十届十二次全会精神、市委十二届十五次全会精神，审议通过《中共泉港区委关于学习贯彻习近平总书记来闽考察重要讲话精神 谱写全面建设社会主义现代化国家泉港篇章的决定》。落实意识形态工作责任制，运用区委理论学习中心组、党校、理论宣讲团等平台，建立理论宣讲基层示范点21个，实施“理论宣讲进万家”工程，开展“学党史 悟思想”、中国共产党成立100周年等专题宣讲600多场，成为全市唯一的县（市、区）入选全省基层理论宣讲十大创新项目。推进党史学习教育，组织全区733个基层党组织、1.6万多名党员参与，开展现场学习活动900多场次，相关做法在全市党史学习教育领导小组负责人座谈会和市、县两级巡回指导工作暨党史学习教育座谈会上作典型交流发言。严肃党内生活，落实省委巡视、市委巡察反馈意见整改工作，开展重大决策部署监督检查，实现对全区59个单位党组织一届任期内巡察全覆盖。明确把学习新思想新精神纳入党建述职评议、民主生活会和述责述廉的重要内容，增强党员领导干部的政治意识。贯彻执行民主集中制原则，落实“一把手”末位发言制。

【泉港发展战略制定】 2021年，泉港区委召开第五次党代会，明确“创新立区、主业强区、港口兴区、生态美区、和谐安区”发展战略，最终目标是把泉港建设成为“绿色石化名城、现代活力港城、山海宜居美城”。 围绕发展战略，泉港今后五年将坚决打好产业链现代化攻坚战，以石化为主导产业，以港口物流业、现代特色农业、现代服务业等为基础产业，以数字产业、海洋产业、粮油食品、新材料等为潜力产业，全域统筹，推动各类产业齐头并进，加快建成经济实力更强、创新活力更足、生态环境更美、城市功能更优、幸福指数更高的新泉港。明确2021年工作，重点服务并融入新发展格局，把握全方位推动高质量发展超越主题，巩固拓展疫情防控和经济社会发展成果，统筹发展和安全，做好“六稳”工作、落实“六保”任务，深化全面从严治党，主动融入新福建、“五个泉州”建设大局，围绕贯彻省委“再学习、再调研、再落实”“五促一保一防一控”工作部署和市委“民营经济发展年、营商环境提升年、城乡品质提升年”活动要求，实施项目开工、建设、招商、征迁、服务“五个大比拼”，提升以产兴城、以城聚产、产城融合的品质，破除制约高质量发展、高品质生活的体制机制障碍，织牢疫情“防控网”、生态“安全网”和民生“保障网”。

【全面深化改革】 2021年，泉港区委贯彻落实中央和省委、市委关于全面深化改革工作部署的要求，制定《中共泉港区委全面深化改革委员会2021年工作要点》，以十大领域55个改革要点为抓手，推动改革和发展深度融合、高效联动。实施营商环境“1+17”优化提升行动，在全省首创“4·0·29（即将企业开办时限压缩至4个小时，实现“零收费”“一次办妥”，工程项目审批时限压缩至29个工作日）”快速审批模式，相关做法入选《2021年中国绿色影响力典范案例汇编》。在全市率先成立“中小企业帮办服务中心”，获《福建日报》专题报道；在全省率先实现“区管校聘”改革全覆盖的基础上，实行教育工作十三大行动，推动教育高质量发展。创新“家庭养老床位”，把养老机构专业化的养老服务延伸到家庭。开展乡村治理“积分制”示范村创建，前黄村入选第二批全国乡村治理示范村。探索“地校企”联动的石化人才培养模式，获《工人日报》头版头条点赞刊发。探索地下空间利用模式，清理批而未供土地33.33公顷和闲置土地20公顷，破解土地要素瓶颈制约。突出产才融合，新增市级高层次人才265名、高水平高校毕业生165名，建成“人才会客厅”，支持建设省级研发平台6个、协同创新中心3个，牵头尖端科技攻关7项。

【社会治理】 2021年，泉港区委制发《泉港区“强基促稳”三年行动2021年实施方案》，实施专项行动13个。深化平安泉港建设，开展“治重化积”三年行动，查办九类涉黑涉恶案件68起，涉案财物7000余万元。实施“雪亮工程”五期与人脸识别系统工程，开展遏制成品油走私、严打电信诈骗等专项行动。实施“最多投一次”信访机制，完成中国共产党成立100周年、中共十九届六中全会等重大活动期间安保维稳，实现零进京、零非访。“拉网式”开展安全生产专项整治三年行动，加强危险化学品、油气管道、道路交通、建筑施工、森林防火、学校、旅游等重点领域安全生产工作的勤查严管，建成全省首家VR（虚拟现实技术）安全培训体验中心，健全完善食品“一品一码”追溯体系，保障“米袋子”安全。反诈防骗工作获得中央政法委推广，区司法局获评“全国组织宣传人民调解工作先进集体”称号，涂岭镇司法所获评“全国模范司法所”。“圈层化”县域网络综合治理模式成为全省唯一入选中宣部2021年案例选编，反偷私渡工作得到省委政法委高度肯定，村讲师团获评全省基层理论宣讲先进集体，全市沿海管防工作现场会在泉港区召开，危险化学品安全生产标准化经验在全市推广。

【干部管理】 2021年，泉港区委完成区、镇（街道）、村（社区）三级换届选举工作，选举产生乡镇党员代表大会代表755名、区第五次党代会代表298名、7个镇（街道）共选配领导班子成员77名，101个村级党组织班子成员483名，全区各级领导班子年龄、学历结构实现“一降一升”，坚持实干实绩的选人用人导向，新提拔重用的科级干部86.8%具有基层一线、项目一线工作经历，激发干部干事创业精气神。推进全面从严治党，出台容错纠错、巡察移交问题线索会商、公开宣告等五项制度，首批容错事项正面清单5项28条。全年立案63件，其中科级4件，留置案件3件3人，移送司法机关3件3人，精准运用“四种形态”225人次，其中运用第一、第二种形态占处理总数的84.89%。

【基层组织建设】 2021年，泉港区委坚持以抓“硬作风”促“真作为”，开展“海丝先锋达标创星”活动，6个支部升格为党总支。深化跨村联带“抓后进”、跨镇联帮“解难题”、跨县联建“促发展”机制，推动基层党建工作由各自为政向集群联动转变。延伸基层组织覆盖面，成立小区党组织67个、覆盖84个小区，小区党组织覆盖率100%，打造基层党建示范点10个。实施“六个一”党建活动，开展“红色百言”“红色百课”“红色百年”等系列活动。推行“四挂一”联系非公企业党建工作制度，组织非公有制企业和社会组织党委换届。

重要会议

【第五次党代会】 2021年7月26—29日，中共泉港区第五次代表大会召开，290名党代表出席会议（应到代表298名）。区委书记杨昌文代表中共泉港区第四届委员会，向大会作题为《坚持“五区战略” 实施“三城建设” 奋力谱写全面建设社会主义现代化国家泉港篇章》的报告，总结区第四次党代会以来的工作，科学谋划今后五年的奋斗目标和工作任务。选举产生新一届区委、区纪委领导班子。审议中共泉州市泉港区第四届纪律检查委员会工作报告以及

2021年7月27日，中国共产党泉港区第五次代表大会在泉港会议中心召开。图为区委书记杨昌文作大会主题报告
（图/区委报道组）

党费收缴、使用和管理情况报告。会议选举产生中共泉港区第五届委员会委员33名，候补委员6名，中共泉港区第五届纪律检查委员会委员15名，出席市第十三次党代会代表应选27名。

【全委会会议】 2021年，泉港区委共召开4次全体会议，其中第四届委员会召开全委会会议3次，第五届委员会召开全委会会议1次。

第四届委员会第十四次全体会议。1月21日召开，区委书记黄文胜主持会议。全会以习近平新时代中国特色社会主义思想为指导，学习贯彻党的十九届五中全会和省委十届十一次全会、市委十二届十三次全会精神，听取区委常委会工作报告，审议通过《中共泉港区委关于制定泉港区国民经济和社会发展第十四个五年规划和二〇三五年远景目标的建议》。

第四届委员会第十五次全体会议。5月17日召开，区委书记黄文胜主持会议。审议通过《关于召开中共泉州市泉港区第五次代表大会的决议（草案）》。四届区委委员、候补委员参加。

第四届委员会第十六次全体会议。6月21日召开， 区委书记黄文胜主持会议。全会听取和讨论区委书记黄文胜受区委常委会委托作的工作报告，审议通过《中共泉港区委关于深入学习贯彻习近平总书记来闽考察重要讲话精神奋力谱写全面建设社会主义现代化国家泉港篇章的决定》。

第五届委员会第一次全体会议。7月29日召开，区委书记杨昌文主持会议。会议选举杨昌文为中国共产党泉州市泉港区第五届委员会书记，杨凤翔、张井丽为中国共产党泉州市泉港区第五届委员会副书记；选举杨昌文、杨凤翔、张井丽、王晓莺、陈剑锋、郑永璘、陈永洁、苏纯益、黄少伟、柯明好、曾华忠、松吉泽仁等12人为中国共产党泉州市泉港区第五届委员会常务委员会委员。

【常委会扩大会议】 2021年，泉港区委共召开15次区委常委会扩大会议，其中第四届委员会召开区委常委会扩大会议12次，第五届委员会召开区委常委会扩大会议3次。

1月14日，泉港召开四届区委常委会扩大会议，传达学习习近平总书记在省部级主要领导干部学习贯彻党的十九届五中全会精神专题研讨班开班仪式上的重要讲话精神，研究泉港区贯彻意见；传达学习《中国共产党党员权利保障条例》《中国共产党地方组织选举工作条例》精神，研究泉港区贯彻意见；传达习近平总书记对政法工作作出的重要指示精神和平安中国、平安福建、平安泉州工作会议精神，研究泉港区贯彻意见。

1月21日，泉港召开四届区委常委会扩大会议，传达学习市十六届人大六次会议、市政协十二届五次会议精神，研究泉港区贯彻意见。

2月25日，泉港召开四届区委常委会扩大会议，传达习近平总书记在十九届中央纪委五次全会上的重要讲话和省、市纪委全会主要精神，研究泉港区贯彻意见，审议区纪委四届六次全会工作报告。

2月18日，泉港召开四届区委常委会扩大会议，传达学习习近平总书记在中央政治局第二十七次集体学习，2月1日同党外人士共迎新春，赴贵州看望慰问各族干部群众和在春节团拜会上的重要讲话精神，给河北省平山县西柏坡镇北庄村全体党员的回信精神以及省委深入学习贯彻落实习近平总书记重要讲话重要指示批示精神和党中央各项决策部署工作小组会议精神、省委常委会会议、市委常委会会议精神，研究泉港区贯彻意见；传达中央、省委、市委有关国家安全工作会议精神，研究泉港区贯彻意见；传达全国、全省、全市组织部长会议、宣传部长会议和中央、省委、市委政法工作会议以及省委、省政府《关于全面推进乡村振兴加快农业农村现代化的实施意见》精神，研究泉港区贯彻意见；传达省十三届人大五次会议、省政协十二届四次会议精神，研究泉港区贯彻意见；听取区人大常委会党组、政府党组、政协党组、纪委监委、法院党组、检察院党组、石化工业园区党工委工作汇报。

3月15日，泉港召开四届区委常委会扩大会议，传达学习贯彻全国两会精神和习近平总书记出席全国两会有关会议时的重要讲话精神以及省委常委会、市委常委会会议精神，研究部署泉港区贯彻意见；传达学习贯彻全省、全市政法队伍教育整顿动员部署会议精神，研究部署泉港区政法队伍教育整顿工作。

3月26日，泉港召开四届区委常委会扩大会议，传达学习习近平总书记在中央财经委员会第九次会议、中央全面深化改革委员会第十八次会议、全国脱贫攻坚总结表彰大会、2月26日中央政治局会议、中共中央政治局第二十八次集体学习、中央党校（国家行政学院）中青年干部培训班开班仪式上的重要讲话精神，审阅中央政治局委员、书记处书记、全国人大常委会、国务院、全国政协党组成员、最高人民法院、最高人民检察院党组书记的述职报告后提出的重要要求，关于打赢脱贫攻坚战重要论述综述和省委常委会会议、市委常委会会议精神，研究泉港区贯彻意见；传达学习习近平总书记在党史学习教育动员大会上的重要讲话精神和全省、全市党史学习教育动员大会会议精神，研究泉港区贯彻意见；传达全省市县乡换届工作会议、全市换届工作会议精神，研究区、镇党委及村级换届选举筹备工作总体安排。

3月27日，泉港召开四届区委常委会扩大会议，学习贯彻习近平总书记在福建考察调研时发表的重要讲话精神以及省委常委会、市委常委会（扩大）会议精神，部署泉港区学习宣传和贯彻落实工作。

4月29日，泉港召开四届区委常委会扩大会议，传达学习习近平总书记在领导人气候峰会发表的重要讲话、博鳌亚洲论坛2021年年会开幕式发表的主旨讲话，对革命文物工作、对职业教育工作、深化东西部协作和定点帮扶工作、打击治理电信网络诈骗犯罪工作作出的重要指示和省委常委会会议、全省季度经济会议、市委常委会会议精神；部署“五一”期间工作。

5月17日，泉港召开四届区委常委会扩大会议，传达学习习近平总书记在中央政治局会议、中央政治局第二十九次集体学习和在广西考察时的重要讲话和省委常委会会议、市委常委会会议精神；传达严肃换届纪律加强换届风气监督文件主要精神；传达全省革命文物工作会议精神，研究泉港区贯彻意见。

5月24日，泉港召开四届区委常委会扩大会议，传达学习中央网信委第四次会议、省委网信委第五次会议、市委网信委第四次会议主要精神，研究泉港区贯彻意见，听取网信工作汇报；听取2020年度吉祥泉港暨平安镇（街道）和区级平安单位考评情况的汇报；部署换届和当前重点工作。

6月2日，泉港召开四届区委常委会扩大会议，传达学习习近平总书记在中共中央政治局会议、两院院士大会中国科协第十次全国代表大会、河南考察、出席全球健康峰会时的重要讲话以及省委常委会、市委常委会会议精神，研究泉港区贯彻意见；部署当前重点工作。

6月28日，泉港召开四届区委常委会扩大会议，传达学习习近平总书记在中央政治局第三十次、第三十一次集体学习、参观“‘不忘初心、牢记使命’中国共产党历史展览”时的重要讲话，关于向袁隆平同志学习和对湖北十堰市张湾区艳湖社区集贸市场燃气爆炸事故作出的重要指示，致世界环境司法大会、世界马克思主义政党理论研讨会的贺信和给廖俊波同志，母亲李平英同志的重要回信，以及省委常委会、市委常委会会议精神，研究泉港区贯彻意见，部署当前重点工作。

10月12日，泉港召开五届区委常委会扩大会议，传达泉州市第十三次党代会精神，研究泉港区贯彻意见；传达学习习近平总书记关于巡视工作重要论述和粮食安全系列重要讲话重要指示批示精神及上级关于巡视巡察工作有关会议的精神，研究部署泉港区配合专项巡察工作安排；研究《关于加强粮食储备安全管理的若干措施》《泉港区涉粮工作情况汇报（送审稿）》。

11月16日，泉港召开五届区委常委会扩大会议，传达学习贯彻党的十九届六中全会精神。

11月30日，泉港召开五届区委常委会扩大会议，传达学习中国共产党福建省第十一次代表大会、中国共产党福建省第十一届委员会第一次全体会议精神及省委书记尹力等省领导在参加省第十一次党代会泉州代表团审议时的讲话精神，部署泉港区学习宣传和贯彻落实工作。

【常委会会议】 2021年，泉港区委共召开区委常委会会议31次，其中第四届委员会召开常委会会议17次，第五届委员会召开常委会会议14次。

1月11日，泉港召开四届区委常委会第150次会议，传达学习习近平总书记在中央政治局民主生活会上的重要讲话、在中央全面深化改革委员会第十七次会上的重要讲话、在中央农村工作会议上的重要讲话、在新春茶话会上的重要讲话、致首届全国职业技能大赛的贺信精神、新年贺词精神和省委常委会会议、省农村工作会议、市委常委会会议精神，研究泉港区贯彻意见；传达全国安全工作视频会议、全国煤炭安全生产工作紧急视频会议，全省安全生产工作视频会议、省政府安办生产安全工作视频调度会议、全市安全生产工作部署视频会议精神，研究泉港区贯彻意见；传达学习省委书记尹力在泉州调研时的重要讲话精神和市委常委会会议精神，研究泉港区贯彻意见；研究泉港区推荐全国巾帼建功标兵、福建省三八红旗手（集体）建议名单。

1月14日，泉港召开四届区委常委会第151次会议，研究增补区四届人大代表事项。

1月21日，泉港召开四届区委常委会第152次会议，听取区委四届十四次全体会议有关事项汇报，研究《区委书记黄文胜同志在区委四届十四次全会上的讲话》《区委书记黄文胜同志在区委四届十四次全会上关于区委常委会工作的报告》《中共泉港区委关于制定国民经济和社会发展第十四个五年规划和二〇三五年远景目标的建议》《关于〈中共泉港区委关于制定国民经济和社会发展第十四个五年规划和二〇三五年远景目标的建议〉的说明（送审稿）》；研究《关于组织开展区管领导班子和领导干部考核工作的实施方案》《2021年度区管优秀年轻干部建议人选推荐工作方案（送审稿）》。

1月22日，泉港召开四届区委常委会第153次会议，研究《2021年政府工作报告》《泉港区2020年国民经济和社会发展计划执行情况与2021年计划（草案）的报告》、泉港区2021年主要经济指标预期目标有关事项、《泉港区2020年财政预算执行情况和2021年财政预算草案的报告（送审稿）》、2021年全口径预算草案编制情况有关事项；研究《泉港区国民经济与社会发展第十四个五年规划纲要和二〇三五年远景目标（送审稿）》。

2月18日，泉港召开四届区委常委会第154次会议，听取2021年省委、省政府为民办实事工作，市委、市政府为民办实事项目涉及泉港区责任分解情况汇报；研究2021年泉港区各镇（街道）党政领导平安建设（综治工作）责任书（送审稿）；研究2021年泉港区各镇

（街道）党政领导生态环境保护目标责任书（送审稿）；听取中央第一轮环保督察整改项目泉港石化安控区项目攻坚年度考评情况汇报；听取2020年度全区重点工作先进单位和先进个人名单初步方案汇报；研究干部有关工作。

2月20日，泉港召开四届区委常委会第155次会议，研究《泉港区“再学习、再调研、再落实”重点专项任务（送审稿）》；传达全国、全省、全市统战部长会议和全省民族宗教局长会议主要精神，研究泉港区贯彻意见；研究组织、宣传、统战、政法、农业农村2021年工作计划；研究泉港区2021年重点项目责任分解及挂钩领导建议；听取2020年度各镇（街道）绩效评估考评有关工作情况；研究区镇换届工作领导小组有关事宜。

3月26日，泉港召开四届区委常委会第156次会议，研究《泉港区巩固深化“不忘初心、牢记使命”主题教育具体措施（送审稿）》；研究《泉港区计划生育协会改革方案（送审稿）》；研究全区评选省委“两优一先”表彰对象推荐名单；听取区委班子成员2020年度述责述廉评议结果和整改情况报告；研究干部有关工作。

3月31日，泉港召开四届区委常委会第157次会议，研究干部有关工作。

4月15日，泉港召开四届区委常委会第158次会议，传达全国、全省审计工作会议精神和省委、市委审计委员会会议精神；听取区2020年审计工作情况汇报，研究2021年全区审计项目计划安排；研究《2021年全区党建工作要点》；研究《关于加快推进社会治理现代化 开创更高水平平安泉港建设新局面的实施方案》；研究《关于全面推进乡村振兴加快农业农村现代化的实施意见》；研究《泉港区全方位推动住房城乡建设高质量发展超越行动计划》《2021年全区城乡建设品质提升实施方案》；研究《泉港区关于构建现代环境治理体系的若干措施》；研究《泉港区红十字会改革方案》。

4月29日，泉港召开四届区委常委会第159次会议，研究《区委财经委员会2021年工作要点》；研究《区委国家安全委员会2021年工作要点》；研究《泉港区区直公立医院人员总量控制备案管理试行办法》。

5月17日，泉港召开四届区委常委会第160次会议，研究《泉港区“强基促稳”三年行动2021年实施方案》；研究泉港区赴市委“两优一先”表彰推荐名单及泉港区“两优一先”推荐工作建议方案；研究区第五次党代会筹备工作和区委四届十五次全会有关事宜。

5月24日，泉港召开四届区委常委会第161次会议，研究干部有关工作。

6月2日，泉港召开四届区委常委会第162次会议，传达全省推进医改工作会议精神，研究泉港区贯彻意见；研究《泉港区人民政府与宝牛能源有限公司签订合作框架协议》有关问题；听取关于泉港区数字城市智慧停车项目运营模式及招标相关事宜的汇报。

6月21日，泉港召开四届区委常委会第163次会议，传达学习省委十届十二次全会、市委十二届十五次全会会议精神，研究泉港区贯彻意见。听取区委四届十六次全体会议有关事项汇报，研究《区委书记黄文胜同志在区委四届十六次全会上关于区委常委会工作的报告（送审稿）》《中共泉港区委关于深入学习贯彻习近平总书记来闽考察重要讲话精神奋力谱写全面建设社会主义现代化国家泉港篇章的决定（送审稿）》；研究确定中国共产党成立100周年区级“两优一先”拟表彰对象名单。

6月28日，泉港召开四届区委常委会第164次会议，研究干部有关工作。

7月20日，泉港召开四届区委常委会第167次会议，传达学习习近平总书记在“七一勋章”颁授仪式、庆祝中国共产党成立100周年大会、中国共产党与世界政党领导人峰会上的重要讲话，以及省委常委会和市委常委会会议精神，研究泉港区贯彻意见；传达学习习近平总书记关于机要密码工作重要讲话和《中国共产党机要密码工作条例》精神，研究泉港区贯彻意见；传达中央、省委、市委有关国家安全工作会议精神，研究泉港区贯彻意见；研究区第五次党代会工作方案（送审稿）、区第五次党代会报告（送审稿）、区第五次党代会纪委工作报告（送审稿）；研究提交区第五次党代会预备会议的有关事项；研究第五届区委委员、候补委员、纪委委员候选人初步人选名单；研究《中共泉港区委全面深化改革委员会2021年工作要点（送审稿）》；研究泉港区贯彻《国家积极应对人口老龄化中长期规划》有关问题；研究《关于全面加强危险化学品安全生产工作的若干措施》有关问题；研究《2021年政党协商（会议协商）计划（送审稿）》；研究《关于印发容错纠错机制相关配套工作制度的通知（送审稿）》。

7月22日，泉港召开四届区委常委会第168次会议，研究干部有关工作。

8月11日，泉港召开五届区委常委会第1次会议，传达学习习近平总书记在中央政治局常委会会议听取中国共产党成立100周年庆祝活动总结报告、西藏考察时的重要讲话和向第44届世界遗产大会致贺信的精神，对深入推进农村厕所革命、防汛救灾工作作出的重要指示要求以及省委常委会和市委常委会会议精神，研究泉港区贯彻意见；听取关于疫情防控工作的汇报；听取关于培植财源、增强财政实力对策的汇报；传达全市农村在建房屋安全清查整治工作会议精神，研究泉港区贯彻意见；听取关于泉港区农村在建房屋安全清查整治工作的汇报。

8月19日，泉港召开五届区委常委会第2次会议，传达学习习近平总书记在7月30日中央政治局会议、中央政治局第三十二次集体学习、党外人士座谈会上的重要讲话和对当前疫情防控工作的重要指示批示精神以及省委常委会会议精神，研究泉港区贯彻意见；传达学习习近平总书记关于统计工作重要讲话重要指示批示精神，中央《关于深化统计管理体制改革提高统计数据真实性的意见》《统计违纪违法责任人处分处理建议办法》《防范和惩治统计造假、弄虚作假督察工作规定》和国家统计局印发《防范和惩治统计造假弄虚作假重要文件选编》，研究泉港区贯彻意见；传达泉州市委书记王永礼、市长蔡战胜到泉港区调研讲话精神；传达贯彻全省、全市村（社区）“两委”换届工作会议精神，听取泉港区贯彻意见和2021年村（社区）“两委”换届工作有关事项；听取镇（街道）非公有制企业和社会组织党委班子配备原则有关事项。

8月21日，泉港召开五届区委常委会第3次会议，研究纪委有关工作。

8月30日，泉港召开五届区委常委会第4次会议，研究《关于进一步加强全区中小学校领导人员管理的通知》。

9月9日，泉港召开五届区委常委会第5次会议，传达《福建省防范和惩治统计造假、弄虚作假责任制规定（试行）》精神，研究泉港区贯彻意见；传达中共中央办公厅、国务院办公厅《关于进一步减轻义务教育阶段学生作业负担和校外培训负担的意见》精神；听取关于推进泉港区批而未供用地处置及土地“招拍挂”出让有关情况；研究《关于全面推动泉港教育高质量跨越发展的实施意见（送审稿）》；听取第四次归侨侨眷代表大会有关事项；研究泉港区推荐全国实施妇女儿童发展纲要先进个人有关事项。

9月27日，泉港召开五届区委常委会第6次会议，传达学习习近平总书记在8月31日中央政治局会议、河北承德考察、陕西榆林考察、2021年秋季学期中央党校（国家行政学院）中青年干部培训班开班式上的重要讲话精神，在2021年中国国际服务贸易交易会全球服务贸易峰会、第六届东方经济论坛全会开幕式上的致辞，致“菌草援外20周年暨助力可持续发展国际合作论坛”、可持续发展大数据国际研究中心成立大会暨2021年可持续发展大数据国际论坛贺信以及省委常委会、市委常委会会议精神，研究泉港区贯彻意见；传达学习全国、全省、全市第一次扫黑除恶常态化暨四大行业领域整治推进会议精神，研究泉港区贯彻意见和《泉港区推进常态化开展扫黑除恶斗争的若干措施（送审稿）》；听取关于泉港区区镇人大换届选举工作的汇报；研究《泉港区行政复议体制改革实施方案（送审稿）》。

10月15日，泉港召开五届区委常委会第7次会议，研究村级党组织换届工作。

10月22日，泉港召开五届区委常委会第8次会议，传达学习习近平总书记在中央人才工作会议上的重要讲话，致国际粮食减损大会、中国质量（杭州）大会、2021年世界互联网大会乌镇峰会贺信和向2021中关村论坛视频致贺精神以及省委常委会会议、市委常委会会议精神，研究泉港区贯彻意见；传达中央审计委员会第四次会议精神、省委审计委员会第八次会议精神、市委审计委员会第四次会议精神，研究泉港区贯彻意见；传达市委统战部召开的市县人大政协换届有关党外人士安排工作座谈会精神，研究泉港区贯彻意见；听取和审议《关于深化区纪委监委派驻机构改革的实施意见（送审稿）》；听取泉港区关于食品安全工作及《2021年全区治理“餐桌污染”建设“食品放心工程”工作方案（送审稿）》有关情况的汇报。

11月4日，泉港召开五届区委常委会第9次会议，审议泉港区第五届人大常委会组成人员建议方案；研究泉港区第五届人民代表大会初步代表候选人建议人选。

11月10日，泉港召开五届区委常委会第10次会议，传达学习习近平总书记在中央人大工作会议、纪念辛亥革命110周年大会、中共中央政治局第三十三次集体学习会议上的重要讲话精神以及省委常委会会议、市委常委会会议精神，研究泉港区贯彻意见；研究关于给予界山镇党委、人民政府记集体三等功奖励事宜；研究泉港区第五届人民代表大会正式代表候选人事宜；研究干部人事问题。

11月18日，泉港召开五届区委常委会第11次会议，研究《关于在全区公民中开展法治宣传教育的第八个五年规划（2021—2025年）（送审稿）》；研究泉港石化工业区安全控制区专项规划修编有关问题。

11月22日，泉港召开五届区委常委会第12次会议，听取关于泉港区政府性债务情况的汇报；听取关于乡村振兴工作开展情况的汇报；研究召开区五届人大一次会议有关事项；研究召开区政协五届一次会议有关事项；研究泉港区工商联（总商会）换届有关事项；研究政协第十三届泉州市委员会委员，政协第五届泉港区委员会常务委员、委员建议人选；研究《中共泉港区委巡察工作规划（2021—2026年）（送审稿）》；研究泉港区赴泉州市第十七届人民代表大会代表候选人初步人选有关事项；研究区人大、政府、政协、纪委监委、法院、检察院候选人初步人选有关事项；研究干部工作有关事项。

12月9日，泉港召开五届区委常委会第13次会议，传达学习习近平总书记在中央政治局第三十四次集体学习、11月18日中央政治局会议、第三次“一带一路”建设座谈会上的重要讲话和第四届中国国际进口博览会开幕式上的主旨演讲精神以及省委常委会会议、市委常委会会议精神，研究泉港区贯彻意见；研究《2022年政府工作报告（送审稿）》；研究2022年区委区政府为民办实事项目安排；研究《泉港区2021年国民经济和社会发展计划执行情况与2022年国民经济和社会发展计划（草案）的报告（送审稿）》和2022年主要经济指标预期目标；研究2022年区重点项目建设安排；研究《泉港区2021年财政预算执行情况和2022年财政预算草案的报告（送审稿）》、2022年全口径预算草案编制情况；研究《泉港区有关部门生态环境保护责任清单（送审稿）》；研究2021年度泉港区绩效考评工作方案有关问题；研究《共青团泉港区第五次代表大会工作方案（送审稿）》；听取泉港区2021年全区村（居）委会换届选举工作进展情况汇报；会议明确招商引资、国企监管、重点项目建设等事项。

12月26日，泉港召开五届区委常委会第14次会议，传达学习习近平总书记在中央政治局第三十五次集体学习、中央经济工作会议、12月6日中央政治局会议、12月2日党外人士座谈会、全国宗教工作会议上的重要讲话精神以及省委常委会会议、市委常委会会议精神，研究泉港区贯彻意见；研究《中共泉港区委关于新形势下加强区委常委会自身建设的意见（送审稿）》；听取区委统战部、区直机关党工委、区委党校、区总工会、团区委、妇联工作报告；研究干部工作有关事项。

综合党务

【概况】 2021年，中共泉港区委办公室（简称“泉港区委办”）发挥承上启下、协调左右、沟通内外的中枢和纽带，当好区委决策参考助手，促进区委各项工作有序推进。承办各类会议400多场次，起草各类文稿240多份。获省、市系统刊物、公众号刊发信息类成果10篇，其中《创新“三进城”征迁安置服务机制》等4篇获省、市领导批示；刊发调研类成果11篇；督查督办区委事项365件。

【协调保障】 2021年，泉港区委办注重加强与上级部门和区人大办、政府办、政协办、园区综合科的沟通衔接，每周统筹制定区委一周工作安排方案，每周征集汇总一次区委常委会或常委扩大会议议题，确保区委工作重点突出。承办党代会、区委全委会、全区工作会议、经济形势分析会、常委会和常委扩大会、专题会、现场办公会等各项重要会议400多场次。组织开展全区“再学习、再调研、再落实”活动、全区工作检查、区委领导调研、第五次党代会，以及省市领导调研检查等重大活动340多场次。

【以文辅政】 2021年，泉港区委办围绕区委中心工作和领导关注的重大事项，文秘工作注重程序规范、流程优化，文稿工作注重把握区委中心工作、贴近领导思路意图、符合形势政策要求，起草重要讲话、工作报告等各类文稿240余份。发挥党委信息主渠道作用，编发《泉港信息》正刊86期、增刊73期，刊发信息1240条（篇），获区领导批示46篇，《侨区快讯》采用111条（篇），《八闽快讯》采用67条（篇），报送《福建信息》《泉州信息》等约稿信息32篇，居全省第18名、全市第3名。完成区委常委会纪要22期，区委常委扩大会纪要17期，区委专题纪要7期。

【政策研究】 2021年，泉港区委办制定《关于组织2021年区重点课题调研的通知》，梳理确定区级重点调研课题20个，编发《泉港调研》11期，向市《泉州通讯》《泉州改革调研》等刊物上报优秀文稿15篇，刊发11篇；牵头起草制定《中共泉港区委关于深入学习贯彻习近平总书记来闽考察重要讲话精神奋力谱写全面建设社会主义现代化国家泉港篇章的决定》；承接组织市关于疫情防控、企业复工复产等调研2次。

【督查督办】 2021年，泉港区委办把区委决策部署、领导批示件和重点工作作为督查的三个重点。重新梳理办文、签批、交办、跟踪、反馈等各个环节的工作流程、办理时限，确保文件管理闭环不遗漏。及时对各类重要会议、文件要求进行分解督办，明确责任单位、责任人和完成时限，同步做好落实情况督查汇总。共分解督办区委工作要点、市党代会、区党代会、区委常委扩大会、专题会议26份365项，汇总形成《呈报件》《督查通报》《督查专报》32份。用好“督办、呈报、通报”三张清单，“快速、如实、简要”通报情况、反映结果、提出建议。全部“销号”市对区12项被扣分事项。组织各部门对各类督查检查考核进行专项清理，征求各部门单位的意见建议，制订《2021年泉港区督查检查考核计划》，明确督查检查考核16项。

组织工作

【概况】 2021年，泉港区委组织部门推进干部队伍建设、基层党组织和党员队伍建设、人才队伍建设。开展区管领导班子和领导干部换届考察和区、镇、村三级党组织换届，选举产生乡镇党员代表大会代表755名、区第五次党代会代表300名、村（社区）“两委”班子成员708名，100%实现“两委”换届选举一次性成功。全年考录公务员18人，党群系统招聘事业干部17人，接收挂职干部5名、选调生5名。

【干部监管】 2021年，泉港区加强干部选拔任用工作监督，落实“凡提四必”有关要求，坚持监督关口前移。推进省委巡视反馈问题的整改落实，强化科级职数管理，完成50名超职数配备干部整改消化。落实组织工作重要事项请示报告制度，做好“12380”举报、考察预告、任前公示举报和日常群众信访举报件的调查处理。推行“差异化”谈心谈话制度，坚持定期谈心谈话、任前谈话制度，广泛开展谈心谈话活动。全年开展谈心谈话290多人次，了解掌握干部工作和思想状况。综合运用提醒、函询和诫勉手段，做好领导干部社团、企业兼职（任职）、出国（境）证照管理规范整治工作，严格因公出国（境）人员政审管理，做好学历学位更改审批工作。贯彻落实《干部人事档案工作条例》，结合省委巡视整改任务，开展干部人事档案专项审核“回头看”，追补完善干部人事档案材料，推进干部人事档案数字化工作，推动干部人事档案工作提质增效。做好干部信息管理系统信息动态更新和维护工作，完善干部管理信息系统，提升干部信息化管理水平。做好挂职干部、选调生、军转干部的管理和培养，全年接收挂职干部5名、选调生5名。加强对全区股级干部宏观管理，梳理全区干部管理权限，对股级干部选拔过程中动议、推荐、考察、讨论决定、任职等环节进行规范，完善股级干部管理体制，全年审批股级干部任免50人次。

【人才引育】 2021年，泉港区结合市级文件修订及泉区现代产业体系人才需求，对现有“1+1+N”人才政策体系及第六至第七层次人才政策体系进行系统评估、优化，专门定制精准政策指南。配套修订高层次人才享受工作生活待遇等优惠政策，落实高层次人才子女入学、交通补贴、购房补助、医疗健康等方面相关待遇。采用“预约制”举措解决基层医疗人才流失问题，联合区卫健局、财政局等部门，发挥乡情优势，通过定向签约、建立基金会等方式，“预约”“引回”一批报考医疗卫生专业的泉港籍学生。发挥省级石化产业人才聚集基地品牌优势，出台招才引智与招校引智“双招双引”实施办法，创新“双聘双跨”“项目合作”等模式，举办“高校青年人才—企事业单位双选会”“海峡两岸化工技术学术交流营”“石化国际青年学者泉港行”“泉台青年交流汇”等活动，清源创新实验室引进高水平创新团队9个，常驻科研人员82人，促成厦门大学、福州大学等7所高校40名专家和区内企业达成技术合作，吸引89名南洋理工大学等高校化工新材料博士，以及1900多名石油化工、新材料等专业硕士、本科毕业生落户泉港。用足用好清华大学、厦门大学等院校大学生实践创业基地，定期开展互访、技术联合攻关、学术交流等活动，培育本硕博在校生80余名。依托海西石化园区学习中心，整合教育资源，打通中专到大专、本科，再到硕士、博士的职业教育全贯通升学通道，实现学历教育和非学历教育一体化设计，推进“家门口升学、园区内就业”人才“双向”培养模式。

【换届考察】 2021年，泉港区开展区管领导班子和领导干部换届考察工作，对全区60多个区管领导班子、500多名区管领导干部进行换届考察。选优配强领导班子，注重优化班子结构，坚持老中青相结合的梯次配备，统筹考虑年轻干部、少数民族干部、党外干部选拔配备，增强班子整体功能。严把“两代表一委员”入口，召开全区区镇换届工作会议暨业务培训会，加强对“两代表一委员”的考察审查，牵头成立由纪委、政法、公安等10多个部门组成的考察审查组，对420多名人大代表工作表现、遵守党风廉政、社会治安等情况进行考察审查，把好“两代表一委员”入口关、资格关、结构关。完成区第五次党代会代表选举任务，做好第五届区委委员、候补委员和区纪委委员的人事安排工作，做好区第五次党代会、人民代表大会、政协会选举等各项组织工作。

【区、镇、村三级党组织换届】 2021年，泉港区成立由区委书记担任组长的换届工作领导小组，组建换届工作督查指导组，建立区镇领导干部包镇联村制度，采取驻点督导与随机抽查相结合的方式，常态化对换届筹备情况进行实时跟踪、定期指导。聚焦换届工作环节多、程序严等要求，制定换届工作日程表，清单化明确换届工作程序，建立健全联动协调、督促指导等工作机制，确保各项工作按规定按程序落实到位。实施村级班子综合研判“五项行动”，开展“逐村议班子、选苗子”工作，掌握班子运转、人选储备等情况。加强换届业务培训，举办区、镇两级各类换届培训班41期，培训人员1530多人次。落实10项“负面清单”区镇联审机制，严把政治素质关、廉洁自律关、结构比例关和考察核查关。建立选情风险预警机制，打造区、镇、村一站式换届工作信息互通平台，解决政策疑问和实际问题349个。选举产生乡镇党员代表大会代表755名、区第五次党代会代表300名、村（社区）“两委”班子成员708名，100%实现“两委”换届选举一次性成功。

【干部担当作为】 2021年，泉港区出台《关于激励干部提升干部干事创业精气神的十条措施》，制定乡镇绩效奖励办法，拉开机关与基层20%、先进与后进30%的待遇差距，抓好乡镇“五小”设施建设，实现倾斜基层、奖先鞭后相结合。组织开展项目“攻坚标兵”“攻坚能手”评选活动，并在全区范围内进行表。直面错告、误告甚至诬告等问题，建立信访举报分类处置、提级监督、失实澄清、联动化解“四项机制”，为敢于担当的干部担当。疫情期间，抽调300多名区直机关干部、国企员工支援界山封控区、交通卡口等，对表现突出的干部进行职级晋升，10名科级干部晋升职级。

【干部队伍能力素质提升】 2021年，泉港区举办区管干部学习贯彻中共十九届五中全会精神轮训班，采用“线上+线下”“自学+辅导”、专题研讨等形式，培训学员500多人次。举办学习贯彻习近平总书记来闽考察重要讲话精神专题研讨班暨区级领导班子党史学习教育专题读书班，引导党员干部学史明理、学史增信、学史崇德、学史力行。制订下发2021年干部教育培训计划，围绕全区发展大局和工作重点，组织举办区政法干警政治轮训班、“两新”组织党龄逢五、逢十党员党史学习教育专题培训班等班次，累计培训学员860多人次，推动干部队伍专业化能力素质提升。

【公务员考录和事业单位工作人员招聘】 2021年，泉港区建立考录（招聘）工作联席共商机制，把握拟招考单位人员结构现状和急需人员情况，合理制订招聘计划，严格按照程序做好报名资格审查、资格复审、体检、调档、公示、办理录（聘）用手续等各项工作。全年考录公务员18人，党群系统招聘事业干部17人。

【乡村“导师帮带制”模式深化】 2021年，泉港区创新组织设置和平台架构，深化跨村联带“抓后进”、跨镇联帮“解难题”、跨县联建“促发展”机制，探索“三跨三联”党建帮带模式，推动基层党建工作由各自为政向集群联动转变。创新构建“镇街干部老带新、乡村支书强带弱、产业人才师带徒”工作体系，围绕分领域组建导师队伍、多渠道探索帮带方式、全方位建立保障机制三大重点，组建由100余名领导干部、村主干和农技、教育、卫技等方面专家组成的导师队伍，通过订单式问诊、联带式发展、跟班式培养、技术式扶持系列举措，组织开展“导师在现场”“导师论坛”“导师乡村行”、农技业务培训、教育卫生技术人才沙龙系列主题活动20余场次，提出改进意见建议110多条，破解制约村级发展的瓶颈难题85个。

【基层党组织“136”应急响应机制构建】 2021年，泉港区实行“一线报到、三联织网、六员引领”的“136”基层党组织应急响应机制，按照疫情为哨、集结有序、党员领岗“一线报到”要求，成立155个一线临时党组织，组织40多名党员处级领导到镇村指挥督导，指定9680多名党员就地转化为“全民抗疫”中坚力量，组建413支党员突击队，为推动各项防控措施落实落细提供组织保障。构建机关支部联村、农村支部联户、社区支部联格“三联”机制，开展“百名科级干部联百村”“千名党员入千户”行动，发动全区670多个党组织挂钩联系、按点包责，织密疫情联防联控“红色网”。坚持以当好核酸检测秩序员、隔离管控协管员、交通检疫守护员等“六员引领”为导向，发挥党员带头示范作用。疫情防控期间组建80多支党员抗疫服务小分队，设立30多个党员冠名调解工作室、40多个疫情防控交通检疫点，抽调4780多名党员干部为群众提供各类服务。

【党员教育管理】 2021年，泉港区实施“数字组工·党建上‘云’”工程，开展导师帮带“云”直播系列活动，编制泉港区VR党建“云”地图，推出H5政策理论“云”课堂。开展疫情防控党员专题教育，利用微信、“学习强国”等平台，推送疫情防控工作动态及广大党员在疫情防控工作中的先进事迹、经验做法等，教育引导党员干部在疫情防控一线落实“六带头”要求，凝聚防控合力。组织拍摄《平凡的坚守》《乡村振兴导师精品党课》等党建专题片3期，探索推行“互联网+党员教育”模式，提高党员积极性和参与度。落实党员积分精细化管理，对各领域党员参加组织生活、志愿服务等进行量化积分。出台《2021年发展党员指导性计划》《发展党员工作负面清单暂行55条》《关于在疫情防控一线发现考验入党积极分子做好发展党员工作的通知》等文件，建立发展党员工作月报制度，开展农村发展党员违规违纪问题排查整顿工作，落实农村（社区）发展党员近亲属备案制度和党员档案规范化管理，推动发展党员工作标准化、规范化，提升全区发展党员工作科学化水平。

【非公企业党建】 2021年，泉港区推行区领导、非公企业和社会组织工委员、部务会成员和镇（街道）党（工）委委员“四挂一”联系非公企业党建工作制度，引导26个成员单位履行职能。

2021年6月29日，泉港区庆祝中国共产党成立100周年暨“两优一先”表彰大会召开

（图/区委报道组）

推进“党建入章”工作扩面提质，541家“三有”企业实现党建入章，党建入章率92.16%。出台《关于镇（街道）非公有制企业和社会组织党委班子配备原则等有关事宜的实施意见》，指导各镇（街道）非公有制企业和社会组织党委进行集中换届，31人当选为新一届党委委员。举办“两新”领域党龄逢五、逢十党员党史学习教育专题培训班，采取专题讲座、观看红色电影、实地观摩、主题沙龙等方式进行，营造“两新”领域良好党史交流学习氛围，提升党员意识和党性观念。开展“建党百年•寻找身边的平凡”党员助企好故事作品征集评选活动，征集党员助企好故事69篇，评选优秀作品14篇。

【近邻党建】 2021年，泉港区拓宽延伸基层组织覆盖面，织密组织网络，全区共摸排确定84个居民小区，成立小区党组织67个、覆盖84个小区，小区党组织覆盖率100%。建立区委常委和联席会议成员单位挂钩联系小区党支部制度，开展领办小区“公共服务项目”联合行动，实现党建、文化、体育等活动阵地开放共享、统筹使用。推动580多名在职党员落实“双报到”服务制度，完成“三清单”项目140多个，解决居民诉求350多项。开展小区周末便民服务“大集市”活动，组织20多家志愿服务单位、共建单位深入聚福小区、永嘉天地等11个小区，为社区居民提供教育辅导、卫生保健、法律咨询等便民服务，场均服务居民500余人。健全社区工作者职业体系，聘任36名“党员街巷长”和147名“党员楼长”，组建26支党员街巷服务队，推动党建工作、便民服务、便民代办、志愿服务、矛盾调解、政策宣传、文化教育“七下沉”服务。

【基层党组织标准化规范化建设】 2021年，泉港区开展基层党建示范点“再夯实、再提质”专项行动，对29个基层党建区级巩固提升示范点进行再策划、再拓展、再优化，推动基层党建典型培育由“量变”向“质变”转化，提升基层党建工作成效。深化推进党支部“达标创星”活动，2021年度被评为“先进”等次的村党组织66个，占比72.53%；社区党组织6个，占比60%；机关（事业）单位党组织66个，占比60%；中小学校（幼儿园）党组织17个，占比60.71%；国有企业党组织17个，占比62.96%；非公有制企业和社会组织党组织53个，占比60.92%。

【党建活动】 2021年，泉港区结合党史学习教育常态化制度化要求，开展“六个一”党建活动，通过举行一场党员表彰会、颁发一批“光荣在党50年”纪念章、评选一批“共产党员示范户”、开展一次新党员代表入党宣誓、报道一批“初心故事”、办好一件农村特困党员“暖居工程”解忧实事等“六个一”系列党建活动，推动庆祝中国共产党成立100周年活动和党史学习教育“我为群众办实事”实践活动统筹安排、一体推进，激发全区党员干部履职担当、干事创业的热情和干劲，提升党员群众的荣誉感和获得感。全年推荐表彰省、市、区优秀共产党员63名、优秀党务工作者52名、先进基层党组织56个，向全区1252名老党员颁发纪念章，评选区镇两级“共产党员示范户”696户，组织各领域40余名新党员代表在陈平山烈士纪念碑前入党宣誓，投入46.59万元对16户农村特困党员居住环境进行修缮。

【“党建+”红色积分引领社区治理机制】 2021年，泉港区出台《关于全面推行“红色积分”引领社区治理机制打造“15分钟幸福生活圈”的实施方案》，以社区为主体，以居民需求为导向，以“红色积分”为抓手，构建全区域统筹、多方面联动、各领域融合的“1+6+X1”（“1”是坚持党建引领主线，“6”是完善社区“老有所养、幼有所育、病有所医、食有所安、居有所乐、事有所办”6项优质服务功能，“X”是根据不同社区实际，拓展群众所需所盼的其他功能）社区治理体系，打造社区“15分钟幸福生活圈”。

【快递物流行业“一体五化”红色领航工作法实施】 2021年，泉港区制定出台《泉港区推行快递物流行业“一体五化”红色领航工作法的实施意见》，推进组织体系链条化、活动阵地功能化、政企服务常态化、支部建设规范化、作用发挥长效化，推动党建工作有机融入快递物流行业的治理结构、职工需求和经营发展。加大快递物流企业党的组织覆盖，成立党组织10个、覆盖15家企业，覆盖率100%。推动8家快递物流企业党组织结对共建，通过合作设立技术研发中心、产销联盟等对接平台，实现资源共享、抱团发展“两促进”。定期召开专题“恳谈会”、惠企便企“共商会”、书记线上“对话会”，听取企业发展存在的困难和问题、惠企助企政策落实情况及意见建议。在快递小哥相对集中、人流比较密集的临街商铺、村（社区）党群服务中心建设“快递小哥红色驿站”8个。设立35个党员示范岗、15个党员责任区，动员70名党员“快递小哥”佩戴党员党徽上岗服务。牵头顺丰公司等企业建立12支“党员骑手志愿服务队”，引导骑手在异常情况预警、突发事件直报等方面发挥积极作用。

宣传工作

【概况】 2021年，泉港区宣传思想工作贯彻落实习近平总书记“七一”重要讲话和来闽考察重要讲话精神和《中国共产党宣传工作条例》，围绕庆祝中国共产党成立100周年主线，实施“理论宣讲进万家”工程，开展各类主题宣讲1000多场，带动全区730个基层党组织、1.6万多名党员开展党史学习教育，巩固壮大主流舆论，构建“福传泉港”融媒矩阵新平台，强化网络综合治理，为坚持“五区战略”、实施“三城建设”提供思想保证、文化支撑。

【理论宣传】 2021年，泉港区完善党委（党组）理论学习中心组学习机制，落实巡听旁听制度，发挥党员领导干部“头雁效应”，组织学习贯彻中共十九届六中全会精神、习近平总书记“七一”重要讲话精神、市党代会等区委中心组专题学习研讨37场次，指导全区各级党委（党组）中心组第一时间跟进学。深化“理论宣讲进万家”工程，组织开展“学党史 悟思想”、学习贯彻习近平总书记“七一”重要讲话精神、党的十九届六中全会精神和省、市党代会精神主题宣讲1000多场。发挥渔船渔排、劳模工匠、文艺、巾帼等宣讲小分队作用，走进企业学校、山村海岛、渔船渔排等，通过“云端宣讲”“微宣讲+志愿服务”“微宣讲+文艺表演”“微宣讲+知识竞答”等喜闻乐见的方式，推动党的创新理论宣传。泉港区乡村讲师团获评全省基层理论宣讲先进集体，经验做法在省委宣传部《宣传思想工作》刊发。《理论宣讲：海上渔船新阵地》获评福建省志愿服务项目大赛金奖，区委宣传部获2021年泉州市基层理论宣讲员宣讲选拔赛优秀组织奖。推进“学习强国”学习平台推广运用，向福建分平台供应稿件400多篇、刊播200多篇，《阮的家乡·泉港》获“学习强国”学习平台全国县级融媒体中心优秀作品二等奖。

【宣传报道工作】 2021年，泉港区围绕推动高质量发展超越、党史学习教育、“再学习、再调研、再落实”、政法队伍教育整顿、常态化疫情防控等重大主题以及区委区政府中心工作，在市级以上主流媒体刊发新闻超万篇。中央电视台、新华社、《人民日报》刊发《福建泉港：党史课堂进海岛》《汗水溢出最美“战袍”》等50多篇新闻。整合新闻客户端、公众号、视频号、抖音号、App等平台，构建“福传泉港”融媒矩阵，注册商标进行品牌化运营，形成全新、升级版融媒矩阵新平台。加快推进区融媒体中心二期综合服务平台建设，推出全新App和通联云平台，提升互联网媒体的覆盖面、互动性和迅捷度。承办全市广播影视视听网媒主播岗位练兵活动，2个参赛作品分别获评一等奖和三等奖。区融媒体中心获评“全省广播电视媒体融合先导单位”，参加全国广播电视媒体融合项目评选；区委报道组获评《福建日报》“优秀报道组”称号；“i泉港”进入全国县级电视台微信百强榜，获评“泉州十佳政务微信公众号”。

【疫情防控宣传】 2021年，泉港区依托区内各类宣传载体，制作防疫宣传横幅2000多条、立式牌250多个、海报1.5万多份，制作《与时间赛跑》《加油吧泉港》等短视频和手机海报150多个（张），录制普通话、闽南话、界山话和头北话防疫宣传音频广播50多个，通过“村村响”广播系统、抖音、视频号、公众号等平台媒介广泛传播。编发《战疫风采》26期，策划推送13份通告和《“泉”因有你 “港”好如初》《感谢你为泉港拼过命》等8封书信，拍摄纪录片《直击界山抗疫一线》，组织开展“‘艺’起抗疫”主题书法、美术、摄影作品展以及征文活动，传递、凝聚抗击疫情正能量。推出“宅急配”“康急送”“难急解”便民服务，开设“健康云守护”“泉”员上“岗”等网络直播活动13场，在线互动人数超20万人次，解决疫情防控期间百姓看病不便、企业招工荒、群众就业难等民生问题。

【意识形态工作】 2021年，泉港区印发《党委（党组）落实意识形态工作责任制考核办法》，调整宣传思想工作领导小组（意识形态工作领导小组），压实意识形态工作责任。开展意识形态工作责任制落实情况专题督查。结合四届区委第八、第九轮巡察和五届区委第一轮巡察，对12个区直单位、1个垂直单位党组织开展意识形态专项巡察，督

2021年10月27日，泉州市县域网络综合治理工作现场会在泉港召开。图为与会人员参观锦绣湖示范点 （图/区委报道组）

促指导意识形态工作责任制落到实处。完善意识形态工作人才库，选派业务骨干赴各单位、镇（街道）开展意识形态工作专题培训，提升基层意识形态工作水平。坚持和完善意识形态领域分析研判制度，印发《关于当前泉港区意识形态领域综合分析的通报》，做好重要时间节点风险预警研判和处置，摸底排查梳理全区72个单位风险点和薄弱环节，提高意识形态领域问题发现力研判力处置力。落实主管主办、属地管理制度，按照“一会一报制”和“双审制”，加强对学校课堂、讲坛论坛、网络新媒体、公共领域宣传阵地等的管理。健全完善公益广告管理机制，定期开展检查，规范宣传形式和内容，确保意识形态工作宣传阵地安全。开展“正道”“净网”“护苗”“清风”及“剑网”等“扫黄打非”专项行动，深化无证无照印刷企业专项整治。举办知识产权宣传周版权宣传系列活动，开展“2021印刷管理规范提升年”活动，规范内部资料性出版物编印秩序，抓好新闻出版（电影）行业疫情防控、安全生产等工作。

【网络综合治理】　2021年，泉港区完善提升以“网信委抓总、区域化整合、主力军上阵、朋友圈联动”为主要内容的县域网络综合治理“泉港模式”，统筹推进网络应急指挥中心、网络人士联谊会（新媒体联盟）联络站等阵地建设，成为县域网络综合治理的先进典型，获评全省机关体制机制创新优秀案例优秀奖，作为全省唯一案例入选中宣部《2021年宣传思想文化工作案例选编》教材；承办全市县域网络综合治理工作现场会。坚持“日监测、周分析、季通报”制度，落实“事前报告、事中处置、事后反馈”机制，推动形成网络舆情闭环管理。制定《泉港区网络生态治理综合协调工作机制》，组织开展“清朗”系列专项整治行动，净化网络空间。常态化开展网络安全检查，完善辖区网络平台主体数据库，全区所有网站、微信公众号、活跃微博账号、重点自媒体号均完成登记备案，纳入网络安全监管范围。落实舆情处置“1+N”工作机制，调整充实全区各镇（街道）、区直垂直单位新闻发言人和联络员，举办全区新闻发言人培训班，提升各单位新闻发言人应急处置水平。出台网络评论队伍建设实施意见，举办全区网络人才素质提升专题培训班、网络意识形态专题讲座。区委网信办获评2021年度全市网信工作先进单位，作为唯一县区代表在全省网信办主任会议上作典型交流发言。

统一战线工作

【概况】　2021年，泉港区统战工作贯彻落实《中国共产党统一战线工作条例》，加强统战教育引导，创新党外知识分子与新的社会阶层人士统战工作，承办省“新动八闽杯—同心向党重温党史”新的社会阶层人士党史知识竞赛活动，成立全市首个区级网络人士联谊会（区新媒体联盟）。召开政党协商专题座谈会，推进协商民主；举办第十届异地商会会长联席会议，区总商会与各异地商会、中国—东盟商会协会总会签订战略联盟合作协议；开展“同心筑梦”系列行动，区内外企业家乡贤捐资超4亿元成立区教育基金会，扶贫开发协会募集资金1410万元；举办黄廷方奖学金颁奖仪式、海西春雨助学活动等，发起“同心战疫”行动，统一战线各界人士累计捐款捐物3000余万元（含6辆救护车）。

【统战教育】　2021年，泉港区紧扣“礼赞百年·与党同心同行”主题，召开党史学习教育民主党派专场宣讲报告会，开展“同心汇音·党外人士诵读百年党史”征集活动、“同心同行·百个党史学习教育参观学习点打卡”集图等活动。组织统战对象开展党史学习教育，区各民主党派、各异地商会党支部分别组织赴谷文昌纪念馆、西安交通大学西迁博物馆等地参观学习。组织区民族宗教领域先进模范人物、先进模范集体开展“永远跟党走”宣讲活动。引导宗教团体、宗教活动场所开展“四情四史四讲”活动，区佛教协会开展“同心向党　永记党恩”系列庆祝中国共产党成立100周年活动，区道教协会开展“庆建党百年　访红色圣地”活动，区基督教协会开展“砥砺初心　爱我中华”红色之旅。

【民主协商】　2021年，泉港区制订落实《2021年度政党协商（会议协商）

2021年11月5日，泉港区举行泉州市泉港区网络人士联谊会（泉港区新媒体联盟）成立大会暨就职典礼　（图/区委报道组）

计划》，召开政党协商专题座谈会，组织民主党派负责人参加区委四届十四次全体会议、区委四届十六次全体会议等民主协商会。调整区委和区政府党员领导联系党外代表人士名单，引导各民主党派扬界别优势，在参政议政、建言献策等方面提服务实效。区各民主党派及成员提交纳入区四届人大五次会议建议7件、区五届人大一次会议建议9件，提交纳入区政协四届五次会议提案88件（团体63件）、区政协五届一次会议提案73件（团体38件），其中《关于安征迁后期应重视群众就业问题的提案》《关于拒绝垃圾“先分后混”，加快推进分类的提案》等重点提案，为区委、区政府决策提供重要参考。无党派人士提交《关于福建打造现代渔业全产业链“三产融合”示范园区的议案》《关于福建省打造特种水产种业强省的议案》被人民网、新华网、《中国日报》网采用报道。

【助推民营经济发展】 2021年，泉港区制定《关于加强新时代民营经济统战工作的意见》重点任务分工方案和《泉港区民营经济统战工作协调机制》，召开全区民营经济统战工作会议。加强工商联领导班子和领导机构建设，区工商联获评全国“五好”县级工商联。建立区处级领导挂钩异地商会机制，新成立成都泉港商会，龙岩市惠安泉港台商区商会获评全国“四好”商会，西安市泉港商会获评陕西省“四好”商会，厦门市泉州泉港商会获评厦门市“十佳‘四好’”商会。开展“进百企、走百商、访百才”行动，区处级领导、乡镇、部门深入企业了解生产经营等情况，听取乡贤对泉港发展的意见建议。区主要领导、分管领导带队赴北京、海南、深圳、广州、山东等地走访泉港籍异地商会、乡贤企业，开展引资引才工作。推动天马科技现代农业高新技术产业园、恒昌盛物流仓储产业园、富丽法雷尔家私制造有限公司等“回归工程”。开展“泉港人在异国”“泉港人在他乡”乡情普查，以人才回归助推区域经济。协调福建天马科技公司、兰妍有限公司等民营企业和区“一室两院四中心”开展交流合作、强化优势互补，福建省佑达环保材料有限公司和福州大学共同完成的“新型显示领域聚醚类功能湿电子化学品的开发及产业化”项目获2021年度石化联合会科技进步一等奖。

【服务社会民生】 2021年，泉港区发动乡贤企业参与社会事业捐赠，区教育发展基金会捐赠资金累计到位超1.1亿元；扶贫开发协会募集资金1410万元。开展“我为群众办实事”实践活动，通过“政府政策+社会力量”叠加帮扶，推动筹集社会力量资金168万元，合力帮助42户农村低保户实施危旧房改造，“同心安居工程”入选区第一批“我为群众办实事”实践活动项目清单。推进“同心助学”“同心书屋”等“同心”品牌活动，以举办黄廷方奖学金颁奖仪式、海西春雨助学活动等为抓手，扩大对贫困学生救助帮扶覆盖面，为148名困难学生颁发奖学金共80万元。探索构建“同心智慧商圈”，协调提供资金链、产业链支持，为推动行业、企业发展壮大加油赋能。

【党外知识分子与新的社会阶层人士统战工作】 2021年，泉港区委统战部指导区党外知识分子联谊会摄制《同心奋进》党外知识分子访谈录（共10期），拓展“弘扬爱国奋斗精神、建功立业新时代”活动。坚持“一引二联三带、搭台育苗博用”加强党外知识分子思想政治工作和无党派代表人士队伍建设工作做法作为典型经验在全市统战工作会上交流。走访150多名网络代表人士，举办区网络代表人士座谈会，成立全市首个区级网络人士联谊会（区新媒体联盟）。承办福建省“新动八闽杯——同心向党重温党史”新的社会阶层人士党史知识竞赛活动，区新阶联代表队获得一等奖，工作做法得到中央、省、市三级统战部门转发推广。

机构编制

【概况】 2021年，泉港区推进全区机构编制体制改革，完善全区党政群职能体系，优化调整派驻纪检监察组管理体制。开展综合行政执法改革，调整优化综合行政执法大队设置；优化事业单位机构配置，核增使用编制145名用于事业单位工作人员招聘；推进权责清单编制管理，细化完善镇街权责清单1221项，公布区级28个部门权责清单，共梳理权责事项5117项，发挥机构编制保障作用。

【党政群职能体系完善】 2021年，泉港区开展职能梳理，将执行部门“三定”规定纳入全区绩效考评范畴。了解全区各部门“三定”规定执行情况，完成网络信息安全、城市综合治理、公共资源交易等职能优化配置，健全和完善全区党政职能体系。完成群团组织“三定”工作，按照精简高效、优化结构的原则对工作职责进行重新梳理，综合设置对内协调机构，强化对外业务机构力量，控制机构规模，确保内设机构精简优化。

【综合行政执法改革】 2021年，泉港区完成对农业、交通运输等综合行政执法大队设置的调整优化，推动“局队合一”的事中事后监管新模式，初步形成覆盖市场主体监管全闭环。推进应急管理、自然资源领域综合执法情况摸底、调研，为研究制定全区应急管理领域综合执法改革方案提供政策依据。通过开展镇（街道）机构改革“回头看”，推动镇（街道）“一支队伍管执法”工作，对各镇（街道）开展综合执法工作进行调研评估，新增98人取得行政执法资格。

【重要体制机制改革】 2021年，泉港区将区法院、检察院纪检监察组人员编制由上级管理调整为区本级管理，优化调整派驻纪检监察组管理体制，实现纪检监察全覆盖。推进“圈层化”网络综合治理体系建设，落实上级网信机构设置要求，推进网络综合治理体系建设工作，在区委宣传部加挂“区互联网信息办公室”牌子，提升县域网络综合治理能力水平。设立区委扶贫开发成果巩固与乡村振兴工作领导小组，在区农水局加挂“区乡村振兴局”牌子，加强农村“三农”工作，巩固拓展脱贫攻坚成果、统筹推进乡村振兴工作。对全区有关疾病控制职能配置和人员编制情况进行调研，在区卫生健康局加挂“区疾病预防控制局”牌子，推进疾病预防控制体制改革。

【机构编制保障】 2021年，泉港区将有限编制资源向基层一线、重点领域倾斜。全区核增使用编制145名用于事业单位工作人员招聘，其中74名用于招聘新任教师、30名用于招聘医疗卫生人员、8名用于招聘基层事业单位人员，占比77.24%。协同推进“区管校聘”，把“以区为主”“区管校聘”教师管理体制创新工作列为重点，加快教育、卫生领域引进高层次人才。出台《泉港区区直公立医院人员总量控制备案管理办法（试行）》，在区医院、妇幼保健院、中医医院等3个区直公立医院试行人员总量控制备案管理改革，创新公立医院编制管理方式。

【事业单位机构配置优化】 2021年，泉港区规范性动态调整全区33个科级事业单位的机构名称、机构规格和领导职数，优化事业单位主要职责、机构布局。加大对保留的事业单位职能进行调整优化，完成对市政公用事业服务中心、城市管理服务中心等事业单位的整合，避免职责交叉重叠，强化事业单位公益属性。加大对教育领域资源投入，新设立“区教育发展中心”，整合教育基础建设和教育事务性工作，重点保障重大民生领域基本公共服务需求。

【权责清单编制管理】 2021年，泉港区根据法律立改废释和政府职能转变等情况进行动态调整，细化完善镇街权责清单1221项，比2016年公布的精简7.6%，明确事项名称、实施依据等要素，推进“权责清单”制度向基层延伸。公布区级28个部门权责清单，梳理权责事项5117项，其中行政许可231项，公共服务事项159项。按照权责一致原则，制定泉港石化工业园区管委会权责清单，公布区政府赋予泉港石化工业园区管委会的权力事项7项（行政许可6项，公共服务事项1项），优化泉港石化工业园区项目审批服务流程，强化招商引资、开发建设等主责主业，明晰事权关系，厘清职责边界。聚焦基层反映比较集中的城镇管理、金融市场、河湖管理、市场监管、自然资源、应急管理、生态环境、卫生健康等方面问题，编制公布34项属地管理事项责任清单（乡镇主体责任1项，区直部门主体责任33项），健全完善镇街职能体系。

【登记注册服务】 2021年，泉港区坚持从严从紧从快、统一管理原则，提高全区统一社会信用代码赋码工作科学化、法治化、规范化水平。全年发放机关、群团代码证88张，办理机关代码证信息变更换证40张（其中撤销一家）、群团代码证信息变更换证6张。建立健全事业单位法人监管制度，及时落实年度报告书公示制度，加强事业单位登记档案管理。序时完成全区142家事业单位法人公示，新设立登记事业单位4家、注销登记17家、变更登记40家、证书补领2家、到期换证11家，完成8个事业单位法人“双随机”实地抽查工作。做好中文域名注册管理。利用泉港区政务内网、微信群等工作平台，加大宣传力度，营造良好中文域名注册管理氛围，摸清全区中文域名注册情况，明确工作时限，是年政务域名续费80个、公益域名续费232个（其中新注册公益域名21个），登记率100%，统一代缴中文域名运行费6.24万元。

区直机关党建

【概况】 2021年，泉港区落实习近平总书记对推进机关党的建设的重要指示精神，聚焦“服务中心、建设队伍、服务群众”核心任务，推进机关思想政治建设和模范机关建设，组织庆祝中国共产党成立100周年系列活动，开展区直机关“守初心担使命•当先锋做表率”主题活动160余场、“学党史、悟思想”主题宣讲等学习活动247场次、主题党日活动587场次。指导37个应换届党组织如期完成换届选举工作，培育新党建项目9个，推动新时代党的建设总要求落地见效。

【模范机关建设】 2021年，泉港区下发《关于进一步规范机关党组织设置的通知》，指导6个党支部升格为党总支。“一支部一方案”促进党支部加星晋级，推动机关“达标创星”优秀率50%。开展党组织换届专项排查，指导37个应换届党组织如期完成换届选举工作。开展区直机关“守初心担使命•当先锋做表率”主题活动，深化“党建联动强堡垒”模式，联建41对、开展活动160余场、参与党员数超2900人次。出台《“泉港机关党建讲堂”活动方案》，围绕“共赏共享共鉴”主题举办开幕式暨首期活动。制定区直机关党建重点任务清单，明确6个方面16项职责，印发《区直机关党费收缴使用管理工作制度》和《泉港区直机关基层党组织党建活动经费管理规定》。

【机关思想政治建设】 2021年，泉港区落实中心组理论学习制度和党课制度，组织146名机关企事业支部书记，紧扣学习党史和履行岗位职责实际开展专题党课。开展“学党史、悟思想”主题宣讲等学习活动247场次、参与党员数6992人次。举办全区“学党史、强党性、跟党走”主题知识竞赛，4000多人次参与网上知识竞答，25支代表队开展现场笔试，8名代表队参与决赛竞答。指导督促各级党组织利用本地红色资源开展主题党日活动，开展活动587场次、参与党员数1.3万人次。围绕解决机关党建热点难点问题开展课题调研，针对性提出党建课题18篇，其中《“全域示范工程”赋能机关党支部建设水平的实践与思考》和《新时代加强中小学校党建品牌创建的实践与思考》在全市机关党建课题调研论文评选中分别获得一、三等奖。

【庆祝中国共产党成立100周年系列活动】 2021年，泉港区开展“红色感言”征文活动，收到征文101篇，组织专家评选15篇优秀作品。深化机关“百名书记讲百课”活动，组织专家评审，从区直各党委推选申报的37篇专题党课课件中评选出优秀党课10篇。严格工作程序，完成省、市、区和区直机关四个层级的“两优一先”推荐评选表彰工作，举办仪式对60名区直机关“两优一先”对象进行表彰，进村入户为4名五十年以上党龄的老党员颁发“光荣在党”纪念章，对14名生活困难党员进行慰问，发放慰问金2万元。区直机关党工委组织50名机关干部成立“唱支心歌给党听”合唱比赛活动机关代表队，获区级比赛三等奖。开展“红色百年”宣传活动。设立“红色百年”和“寻红色足迹、忆百年党史”公众号主题专栏，重点推介一批党史教育基地，推出30期81篇次。

【党建项目培育】 2021年，泉港区以“淬炼四力工程、建设模范机关”重点项目为总抓手，指导培育新党建项目9个，其中“新动三原色”赓续初心本色和“如水”党建打造“被需要”的民生水务在市级特色党建项目评展中分别获得二、三等奖，党工委获优秀组织奖。指导推送优秀案例泉港区推进“圈层化”县域网络综合治理模式在第四届全省机关体制机制创新优秀案例评选活动中获优秀奖。开展机关党建“全域示范工程”巩固提升活动，建成5条路线26个点，覆盖各系统、各领域。

【服务型党组织建设】 2021年，泉港区开展区直机关“办实事、当先锋”主题实践活动，发动机关各党支部领导为民办实事118件，开展各类服务活动246场次，丰富“双报到”和志愿服务活动，解决一批基层和群众“急难险盼”的热点难点问题。

老干部工作

【概况】 2021年，泉港区实施“桑榆金晖映党旗”离退休干部党建项目，提升“老党员之家”“老党员服务站”阵地建设，深化“155银耀泉港”离退休干部党建品牌建设，完成7个镇（街道）离退休干部党支部的换届选举工作。推进老干部服务管理，组织老干部代表参加区委、区政府及有关部门重要会议和重大活动31人次，收集老干部意见建议10条次。开展“银发先锋守初心 红色走读学党史”活动，组织老干部到井冈山、长汀等红色教育基地参观学习。开展桑榆志愿服务和“认岗履责”志愿活动，组建“银龄先锋队”，引导540多名老党员参与疫情防控工作。

【老干部学习活动阵地建设】 2021年，泉港区实施“桑榆金晖映党旗”离退休干部党建项目，深化“一支部一特色”系列子品牌项目，深化提升“老党员之家”“老党员服务站”阵地建设，宣传推广“吴友明”“林佳平”等老党员冠名工作室和“三老”党员服务站的特色做法，助推形成“党建+服务+管理”的工作新格局，4个基层离退休干部党支部获评第二批省级离退休干部“示范党支部”称号。泉港区老年大学招收学员364人，组织学员参加“唱支心歌给党听”主题合唱比赛，征集建党100周年书画摄影作品，举办元旦联欢会，展示老年学员积极精神风貌。区老年人文化养老活动平台列入区委区政府2022年为民办实事项目。

【离退休干部党建】 2021年，泉港区深化“155银耀泉港”离退休干部党建品牌建设，将创建“五强化五落实”活动纳入对各镇（街道）党（工）委落实全面从严治党主体责任检查标准中，将离退休干部党建工作作为各镇（街道）主要领导述职述廉的重要内容。成立区直机关离退休干部党支部，制定出台《关于做好2021年离退休干部党支部换届选举工作的通知》，按时序完成7个镇（街道）离退休干部党支部的换届选举工作，举办离退休干部党支部书记培训班。

【老干部服务管理】 2021年，泉港区开展亲情关怀，落实常态化服务，在春节、重阳节、建党节等重点节日走访慰问老干部273人次，发放慰问金18.03万元，困难帮扶4人次，协助离休及“5·12”退休干部办理生活长期完全不能自理护理费2人次。调整区领导联系离休和处级退休干部名单，优化“1+X”一体化服务机制，坚持“一人一策”服务，对接助老服务志愿者协会等公益平台。协调卫健局、医保部门、泉港医院开展离休干部医疗优待服务，为老干部就医提供便利，简化医药费报销流程。

【社会服务】 2021年，泉港区开展桑榆志愿服务和“认岗履责”志愿活动。组建“银龄先锋队”，引导540多名老党员参与疫情防控工作。南埔镇成立“银龄社会治安协管队”，协助镇村开展社会综治工作；后龙镇、峰尾镇成立“银发先锋”劝导队，助力文明创建工作；区老年大学协助成立涉老纠纷调解室，调解矛盾纠纷10多起。1人获评八闽银发先锋，1人获评福建省第二届十大“最美民间河长”。

【青少年理想信念和道德品质教育】 2021年，泉港区关心下一代工作委员会（简称“泉港区关工委”）编印分发“学百年党史，做新时代好少年”宣讲小册子，教育引导全区广大“五老”、青少年学党史。联合文明办、教育局等多部门开展“党在我心中，永远跟党走”主题系列教育活动，开展党、队旗在我心中高高飘扬活动、“童心向党·唱支红歌给党听”歌咏展演、党史党课宣讲展播活动等120多场次。依托家庭教育指导服务中心，举办家教讲座，推送家庭教育微课；配合区委文明办到中小学校开展“道德模范与身边好人”专场报告会活动。联合教育系统关工委开展“逐梦新时代 争做好少年”“好书伴成长”“劳动小能手”等主题实践教育；联合区委文明办、区教育局等部门开展“学习和争做美德少年”“向国旗敬礼、做有道德的人”网上签名活动，参与青少年3万多人次。发挥“五老”宣讲团、报告团作用，深入基层宣传全会精神、思想道德教育和法治教育。编辑出版《泉港区关心下一代工作简报》6期。

【精准关爱服务】 2021年，泉港区各级关工委参与社会治理创新，推进精准关爱服务。筹资建立爱心助学基金，发动全区各阶层爱心人士、企业家捐资，采取“争取政策助学”“一助一”“群助一”助学，发放385多万元助学奖学金，资助3140名大中小学生。完善留守儿童信息册（全区留守儿童1425人），25个农村留守儿童家长学校或留守儿童服务指导中心开展一帮一、一帮多活动，丰富留守儿童课余生活。“六一”国际儿童节期间，配合妇联、教育等部门开展“我们与留守儿童在一起”关爱活动，赠送学习用品等。肖厝边检站与前黄镇凤阳村两个共建单位搭建留守儿童“亲情视频”平台，开设“假日课堂”，为远在他乡务工的父母与留守儿童牵线进行视频通话。峰尾镇全镇党员领导干部、关工委“五老”与6所小学123名留守儿童结对挂钩帮扶，为留守儿童捐赠书籍1800本，不定期开展帮扶走访活动。山腰街道关工委壮大干部和大学生村官组成的“留守儿童帮扶队”。南埔镇关工委“干部关爱团”工作之余开展功课辅导。涂岭镇关工委无职党员关爱岗队伍由60多名壮大到255名，开展关爱帮扶工作，配合蒙古族小学留守儿童家长学校建设。界山镇关工委“夕阳红”护校队护送留守学生上下学。教育系统关工委开展“千师访万生 情系留守儿童”活动，组织教师深入留守儿童家中进行家访。深入调研，形成外来务工子女教育问题调研报告，为相关部门建言献策。协助推动全区中小学解决130名外来务工子女就学问题。联合团区委、民政局开展“七彩微心愿 青号来实现”关爱外来务工子女活动。由司法部门牵头，公检法联动，针对不良行为青少年群体实施“温暖心灵”帮教行动。建立关工委代理未成年人刑事案件监护人联系制度，配合团区委对各类重点青少年群体实施“温情导航”关爱活动，对全区“五失”（失足、失管、失学、失业、失亲）青少年开展“拉网式”调查摸底，建立档案，根据不同对象，落实帮扶措施，加强纠偏和心理疏导。

【关工委阵地建设】 2021年，泉港区整合共享妇联牵头建成的34个儿童之家和关工委建成的8个青少年社会教育活动中心，加强日常管理和常态化运作，指导建立健全各项管理制度，完善硬件设备，开展项目服务。利用阵地，暑期招收儿童2500多名，开展科技小制作、古筝、舞蹈等公益培训课程68班次。对8个青少年社会教育活动中心抽检考评定级，其中锦川、凤阳、仙境活动中心为优秀，锦祥、涂岭、狮东、诚峰、割山活动中心为良好，获7万元市级财政运转经费补助。

精神文明建设

【概况】 2021年，泉港区精神文明建设工作以“举旗帜、聚民心、育新人、兴文化、展形象”为使命任务，培育和践行社会主义核心价值观，推进文明城市（区）创建，泉港区以全省第四名蝉联“省级文明城区”荣誉称号，作为泉州市组成区之一，助力泉州恢复全国文明城市资格。做好新时代文明实践志愿服务和未成年人思想道德建设，建成新时代文明实践中心1个、文明实践所7个、文明实践站89个（扣除12个拆迁村），所有镇（街道）、村（社区）所（站）建设实现全覆盖组织。深化各类群众性精神文明创建活动，组织开展泉港区第六届“感动泉港·道德之光”人物评选表彰活动，选出10名正式候选人和5名提名奖。开展帮扶困难群众、关爱环卫工人、环境保护、助老敬老等主题志愿服务活动20余场次，参加人数2000余人。

【文明城市（区）创建】 2021年，泉港区做好全国文明城市复牌验收和全国文明城市、省级文明城区年度测评迎检工作。重新调整区创城指挥部下设机构、人员组成和工作职责，协商区财政拨付创城经费专项补助资金。召开创城工作专题会15次、推进会7次，区委常委会6次研究部署创城工作。实行网格化管理，建立区直单位、省市直驻泉港单位挂钩联系镇（街道）创城工作机制，抽调2/3人员和镇（街道）人员组成创城工作队挂钩联系村（社区），95个单位共计1352名工作人员下沉到101个村（居）。调整区领导挂钩联系镇（街道）工作机制，每天安排2名区领导督查创城工作。对照指标，细化工作方案，组建3组创城督导组，每日到一线实地督查，当天通报存在问题并限期整改到位，发现问题12523个，全部整改完成。召开泉港区常态化推进创城工作会，制定下发《关于常态化做好文明城市创建工作的通知》《关于常态化推进创城工作的通知》《关于成立泉港区创建全国文明城市工作督导组的通知》《关于建立创城工作网格化体系的通知》等文件，形成深化创建全国文明城市工作专题会议定任务清单，组织开展常态化考评督查，开展“8+3”（城市考评机制、环境卫生整治、创城宣传造势）专项行动，创新实行周会商和通报制度，会同相关责任单位分别研究专项工作，推动相关问题快速解决、闭环管理，确保创城常态化落到实处。泉港区以全省第四名蝉联“省级文明城区”荣誉称号，作为泉州市组成区之一，助力泉州恢复全国文明城市资格。

2021年2月24日，泉港区深化创建全国文明城市工作专题会召开

（图/区委报道组）

【群众性精神文明创建】 2021年，泉港区组织参评第七届泉州市道德模范，3名同志（群体）分获泉州市助人为乐、诚实守信、孝老爱亲类道德模范。组织开展泉港区第六届“感动泉港·道德之光”人物评选表彰活动，选出10名正式候选人和5名提名奖。深化“我推荐我评议身边好人”，3人入围福建好人榜。开展泉港区道德讲堂活动（区烟草公司专场）和道德模范进基层巡讲活动，推动形成崇德向善的社会氛围。深化家风家训建设，峰尾镇郭厝村家风家训馆获第四批泉州市家风家训馆称号。开展各级文明单位（村镇、社区）创建工作，督促指导各参评对象做好动态材料申报工作，加强动态管理，推动创建工作常态化开展。全区新增1个全国文明单位培育对象，区委宣传部等10个单位获省级文明单位称号，后龙镇获省级文明镇称号，凤阳村等3个村获省级文明村称号。召开全区移风易俗工作专题会，制定下发《泉港区2021年移风易俗“五进”宣传活动方案》，组织开展2021年度“星级文明户”评选活动，评选各类“星级文明户”近千户、群众参与率80%以上、评选结果覆盖辖区村（社区）100%。围绕“热烈庆祝中国共产党成立100周年”“社会主义核心价值观”“讲文明树新风”“文明健康、有你有我”等主题，对公益广告进行统一规划设计，全年增设各类公益广告景观小品和造型牌1000余座、发送宣传短信100余万条。制定下发《关于深化精神文明教育大力倡导文明健康绿色环保生活方式的实施方案》，引导市民群众培养文明行为习惯、养成健康生活方式、弘扬崇尚节约理念、树立绿色环保观念。

【新时代文明实践志愿服务】 2021年，泉港区将新时代文明实践所（站）建设纳入为民办实事项目，加强平台配套建设，整合党建、文化、科技、教育、体育等资源，完善“七大平台”对应活动阵地，对组织架构、工作流程、点位分布、工作制度、馆室标牌等进行统一规划，形成中心、所、站三级联动的工作体系，满足周边群众各类活动需求。全区建成新时代文明实践中心1个、文明实践所7个、文明实践站89个（扣除12个拆迁村），所有镇（街道）、村（社区）所（站）建设实现全覆盖。推行公共场所志愿服务网格化管理项目，结合春节、清明、学雷锋日、端午节、国庆节等重要时间节点和创城创卫、高考等重大活动，组织开展帮扶困难群众、关爱环卫工人、环境保护、助老敬老等主题志愿服务活动20余场次，2000余人参加。开展“505”微公益主题志愿服务活动5场次，征集微心愿物品400余份，参与总人数700余人次。抓好《福建省志愿服务条例》的学习贯彻落实，依托全国志愿服务信息系统，推进“互联网+志愿服务”制度建设，指导各级文明单位（学校、社区）做好志愿者注册、招募以及项目发布等工作，引导社会公众广泛参与志愿服务活动。全区有志愿者团体288个，注册志愿者5.3万人，项目总数1.28万个，总时长115万小时。组织各志愿服务队伍参评省、市志愿服务项目大赛，《理论宣讲：海上渔船新阵地》项目获福建省金奖，《“守宝人”——滨海蓝天文物保护》项目获泉州市一等奖，《党建+乡土文化传播服务》《精准济困志愿服务》分别获泉州市三等奖、优秀奖，入选数量居全市各县市区前列。

【未成年人思想道德建设】 2021年，泉港区深化未成年人道德教育实践，组织开展清明祭英烈、“新时代好少年”学习宣传、童心向党、向国旗敬礼等主题活动。承办泉州市中小学“祖国在我心中”中华经典诵读活动，全区13所学校参与经典诵读展演，“学习强国”平台、《泉州晚报》等媒体进行宣传报道。举行第二届泉港区“新时代好少年”先进事迹发布会暨2021年泉港区“童心向党·唱支红歌给党听”歌咏展演活动，全区13所学校、600余名师生参加。组织开展“新时代好少年”推荐及学习宣传活动，1人获评第三届泉州市“新时代好少年”。开展泉港区第二届“新时代好少年”评选活动，15人获评第二届泉港区“新时代好少年”。召开泉州市高质量推进文明校园创建三年行动计划（泉港区）现场交流推进会，提升文明校园创建工作水平。制定印发《泉港区中小学、中等职业学校文明校园测评细则（2021年版）》《泉港区幼儿园文明校园测评细则（2021年版）》，引导全区中小学、公办幼儿园严格按照创建标准，开展文明班级、文明宿舍、文明食堂、文明处室创建活动。落实文明校园创建活动的组织实施、检查督导和考核评比工作，加强文明校园创建工作常态化管理，推荐泉港一中等8所学校申报创建新一届省级文明校园。加强保护未成年人权益保护，开展网络、手机、荧屏等净化和“黑网吧”、校园周边环境整治。组织开展校园周边专项整治行动70余次，发现并整改问题286个。举办泉港区“复兴少年宫”揭牌仪式，推动少年宫与新时代文明实践中心（站、所）建设、学校课后服务有机融合，推广青少年校外志愿服务活动，培育未成年人的志愿服务精神。建好管好用好乡村（城市）学校少年宫，落实学校少年宫年度运转经费，推进省级文明校园与学校少年宫结对共建活动，组织开展2021年泉港区学校少年宫特色项目展示活动。督促区未成年人心理健康辅导站开展师资培训、公益咨询、知识普及宣传进社区、进校园、进家庭活动，组织8名社区、未成年人心理辅导站相关人员参加泉州市未成年人心理健康辅导人员专项培训。

2021年12月7日，泉港区委党校与峰尾中心小学复兴少年宫共建签约仪式举行
（图/峰尾中心小学）

党校工作

【概况】 2021年，中共泉港区委党校（简称“泉港区委党校”）抓紧抓实干部培训工作，打造高质量专业化干部队伍，推进校新校区建设，组织科研力量申报参与省、市、区相关部门重点科研项目。全年举办主体班次5期，培训学员324人；联合举办专题班次8期，培训学员1040余人。推动镇（街道）党校建设，基层党校累计举办讲座培训51场次，参与学员4360多人次。

【干部教育培训】 2021年，泉港区委党校立足党员干部教育培训主渠道作用发挥，坚持扎实研训、按需培训、分类施训，综合运用讲授式、案例式、体验式、研讨式等教学方法，选取主题沙龙、拓展运动、现场观摩、文化体验等不同方式，举办科级干部培训班、股级干部培训班暨选调生能力提升班、村（社区）党组织书记能力提升培训班等主体班次5期，培训学员324人。联合举办区管干部学习贯彻党的十九届五中全会精神轮训班、学习贯彻习近平总书记来闽考察重要讲话精神专题研讨班暨区级领导班子党史学习教育专题读书班、区政法干警政治轮训班等专题班次8期，培训学员1040余人。

【基层党校建设】 2021年，泉港区委党校聚焦基层，“硬件软件”两手抓，提升品质。坚持固本培元，推动镇（街道）党校结合实际、打牢基础、有序运作，区、镇党校联动互补工作格局初步形成。基层党校依托涂岭镇党校示范校，以点带面，推动镇（街道）党校提级。结合党史学习教育，贯彻落实“再学习、再调研、再落实”活动的要求，精选9个专题89个选学课题，开展“基层党校巡回大讲堂”活动，重点推动学习贯彻习近平新时代中国特色社会主义思想、“七一”重要讲话和中共十九届五中、六中全会精神的学习培训。基层党校累计举办讲座培训51场次，4360多人次参加学习。

【教学科研活动】 2021年，泉港区委党校围绕区委、区政府中心工作，组织科研力量申报参与省、市、区相关部门重点科研项目，申报课题《泉港红色资源在党性教育中的开发与运用——基于SWOT分析》被定为2021年度全市党校系统校级课题结项二级、被评为全区党建重点课题优秀调研成果二等奖第4名。《石化产业安全生产应急管理对策——以泉港石化工业园区为例》被中国核心期刊（遴选）数据库收录期刊《海峡科学》2021年第4期刊发采用。挖掘整合科级班、股级班学员科研资政潜能，组织学员分小组到基层一线调研，督促帮助学员撰写高质量课题调研文章14篇，提出咨政金点子120多条。

党史和地方志工作

【概况】 2021年，中共泉港区委党史和地方志研究室（简称“泉港区委史志室”）聚焦党史和地方志主责主业，开展党史和地方志宣传，承办“献礼建党百年·医保服务老区”系列活动启动暨三坪红色文化发展基金、三区茶叶产销联盟成立仪式，开展泉港红色资源调查和宣传报道，指导镇村完成市、区级党史学习教育基地申报和修复布馆工作。推进党史著作、志书、年鉴和地情资料编纂，开展方志文化调研，深化“志慧工程”“三同工程”“一岸一路工程”，提升方志馆建设，筑牢党史和地方志事业高质量发展根基。

【史志宣传】 2021年，泉港区委史志室承担区党史学习教育办综合材料组工作，参加区委宣讲团巡回宣讲，到南埔、后龙、山腰等地开展党史宣讲；参加区委党史学习教育巡回指导组，到前黄镇、涂岭镇、区人大、政协等15个单位开展党史学习教育指导工作，参加本地党史宣讲《陈平山与惠安暴动》《惠北武装大抗捐》视频录制；联合区纪委编纂党史精品课程。配合泉州电视台与《泉州晚报》《东南早报》开展泉港红色资源、红色人物事迹宣传报道，完成三朱革命斗争、陈平山和吴敦仁三期电视宣传片制作，苏法全、陈平山、林蚶等五期烈士的报道；王棣华、朱汉膺等六条微视频的制作；完成路口村党史馆、陈平山故居和纪念碑、三朱革命战斗纪念碑和三朱地下交通站旧址的采访拍摄。收集整理党史知识题库近2000题，提供给全区各单位用于党史学习教育。组织开展“学党史、悟思想、办实事、开新局”红色之旅活动。

【党史编研】 2021年，泉港区委史志室联合区融媒体中心，组织编写、刊印《泉港红色故事汇》；完成《泉港组织史资料》《中共泉港区历史大事记（2000—2020年）》初稿编纂；联合区老促会编纂《泉港区革命老区发展史》。完成《惠安红旗飘飘》《红色三朱村》《海上抗日游击队活动点后龙湾》等本地党史故事审校工作；编印《区委大事记》11期。承办“献礼建党百年·医保服务老区”系列活动启动暨三坪红色文化发展基金、三区茶叶产销联盟成立仪式。开展泉港红色资源调查7场次，收集新宅村红色文化素材，整理红色人物唐言福资料等，创作《一封沉睡了73年的红色情书》微宣讲，获市基层理论宣讲员选拔赛三等奖。指导镇村完成惠安工农革命军旧址、中共涂岭火花支部旧址、山腰盐警起义旧址三个市级党史学习教育基地申报工作。完成火花支部布馆资料搜集整理工作，推进火花支部旧址修复及布馆工作。指导前

2021年7月31日，“献礼建党百年·医保服务老区”系列活动暨三坪红色文化发展基金、三区茶叶产销联盟成立仪式在涂岭樟脚村举行 （图/区委报道组）

黄村推进黄素石楼、山腰埭港村盐署盐警起义旧址布馆工作等。推进路口村建设红色文化村，开展惠安苏维埃筹委会纪念馆布设等，参与涂岭镇建设党建引领乡村振兴智汇园建设。开展县际党史工作交流，到惠安档案馆、惠安革命历史博物馆、枫亭文化研究会等地调阅资料，采访红色人物，收集资料。

【志鉴编纂】 2021年，泉港区委史志室完善村志编纂指导组工作机制，抓好村志编写，出版《凤阳村志》《前欧村志》，启动《东张村志》《土坑村志》编纂；指导《泉港法院志》编纂。按照精品年鉴的工作要求，组织编纂出版《泉港年鉴（2021）》；完成《福建年鉴（2021）》《泉州年鉴（2021）》《泉商年鉴》泉港部分撰写。编纂《泉港月志》6期，分发区直各单位、异地商会和代表性人物，为年鉴、区志编纂积累资料。

【方志文化调研】 2021年，泉港区委史志室完成《烽火泉港》初稿，协助推进《闽南金三角》丛书、《泉港老故事》《泉港老茶事》《泉港老郎中》等书籍的资料征集工作。开展口述历史采编工作，共采访80篇；联合刊印《萧崇洲》纪念刊文史资料汇编。协助召开卢氏宗亲会筹备会，收集卢琦资料，联合区纪委、区文联开编《一代良吏卢琦》，筹备卢琦故居布馆工作。参与区政协办“持续推进泉港台湾融合发展、打造台胞台企登陆第一家园”专项调研课题。完成2021年市级优秀传统文化专项资金项目和2021年度党建工作重点项目申报、推动工作。

【方志馆建设】 2021年，泉港区委史志室完成方志馆红色文化展区布馆；配合文明城市创建，做好方志馆爱国主义教育基地布馆提升，全年方志馆参访10251人次。争取省、市委史志部门和在外乡贤支持，向社会各界及兄弟单位征集图书，新增各类书籍2100本。

【方志特色项目】 2021年，泉港区委史志室实施“志慧工程”，与《东南早报》联合开编《泉港小吃》专栏，宣传报道泉港小吃文化，筹备泉港小吃协会，打造“泉港小吃”文化品牌。完善峰尾、后龙方志工作联络站制度建设，探索“开门修志”民间参与的新模式。推进“三同工程”，开展同宗对接、同名对结、同化对续，搭建两岸方志文化交流新平台，推进两岸人员交流。推进“三同文化”交流活动，筹备拍摄“三同文化”宣传片，加强与台胞代表性人物交流；筹建闽台茶叶专馆，协同福建六己茶叶公司开通茶叶数字博物馆，推进两岸茶文化交流；筹备两岸乡村武术交流阵地建设。协同中央电视台四套栏目组到坝头龙凤宫等地踩点，拍摄“三同文化”专题片。探索“一岸一路工程”，围绕古代渔、商船行走的海岸线，沿着泉港姓氏迁播的陆上路线，追访、记录在外泉港人牧海耕渔的足迹。推进《泉港人在海南》一书的编纂工作进度，完成第一阶段普查工作；接待江西修水县渣津镇文史专家到土坑村考察历史文化，对接刘开泰资料挖掘。

保密工作

【概况】 2021年，泉港区委保密办把保密工作纳入年度区级绩效考评体系和评估察访核验内容，科学制定考评细则，督导各级各单位把保密工作抓在平时、管在平常。开展保密工作宣传，加强定密事项统计和业务指导，指导26家单位规范定密行为，审查审核区委、区委办密级文件22份。梳理保密工作存在的共性问题，指导各单位对号入座、举一反三开展自查自纠。开展全区微信泄密专项整顿和联合执法检查。

【保密宣传教育】 2021年，泉港区委保密办结合第六个“4·15”全民国家安全教育日活动，联合区国安办等单位开展《中华人民共和国保守国家法》《中华人民共和国密码法》现场宣传。召开全区保密工作会议，通过以会代训方式，组织全区保密人员70多人学习保密业务知识，观看保密宣传教育视频。到消防救援大队等单位开展保密工作基础知识讲课和保密业务培训，组织全区机关单位用好《保密工作》杂志和“保密观”微信公众号等教育阵地，增强机关人员保密意识。

【保密执法检查】 2021年，泉港区委保密办建立全区涉密人员台账，组织保密工作人员参加执法资格考试。通过联合检查、具体指导、督促整改等方式，强化对全区保密工作的检查指导。按照新的工作标准，组织开展全区保密工作现场检查，对检查出的问题限期整改落实。配合市保密局开展年度保密工作检查，重点检查区委宣传部、统战部、政法委，区发展改革局、信访局等12家单位，指导各单位对号入座、举一反三开展自查自纠。联合区档案局检查全区7个镇（街道）涉密文件的收发、办理、印制、传输、存放等环节，涉密电脑的配备和使用情况，涉密载体的使用管理情况，涉密人员的配备情况，办公互联网邮箱、微信公众号、对外门户网站的信息发布审核情况。

【涉密管理】 2021年，泉港区委保密办加强全区计算机、网络、邮箱、办公系统、涉密人员、涉密载体、涉密场所等保密工作监管，指导国产化替代采购和技术运用。开展2021年度全区定密事项统计和业务指导，指导单位规范定密行为，审查审核区委、区委办密级文件，确保文件定密有据可循。落实值班值守制度，加强涉密人员管理，保障区保密局涉密业务系统运行，通过上级对区内涉密机房的安全保密评估。配合做好中高考安保工作。

泉港区人民代表大会

综 述

【概况】 2021年，泉港区召开人民代表大会会议1次，召开区人民代表大会常务委员会（简称“泉港区人大常委会”）会议7次，听取审议有关政治、经济、文化、社会、生态等专项工作报告9项，开展执法检查4次、视察调研15次、满意度测评1次，工作评议1次；组织代表开展视察调研、专题询问、工作评议等监督活动。区四届人大五次会议141件建议件均按法定时限办结答复，代表反馈满意率100%。区第五届人民代表大会第一次会议召开期间收到代表建议、批评和意见174件。

【聚焦改革发展重点】 2021年，泉港区人大常委会将国有资产管理纳入重点监督内容，开展调研并专项审议，推动国有资产监管制度完善和落实。视察全区科学技术运用与成果转化情况，推动政府创新驱动发展取得新突破。调研乡村振兴、少数民族村经济发展等情况，推动乡村产业振兴带动农民致富。运用人大预算联网监督体系，依法审查批准年度预决算，加强对财政资金管理情况、审计查出问题整改情况的有效监督，推动经济健康发展。开展规范性文件备案审查，全年审查规范性文件10件。

重要会议

【泉港区第五届人民代表大会第一次会议】 2021年12月21—24日，泉港区第五届人民代表大会第一次会议召开，出席会议代表215名。会议听取和审议代区长杨凤翔所作的《泉港区人民政府工作报告》。审查和批准泉港区2021年国民经济和社会发展计划执行情况与2022年国民经济和社会发展计划草案的报告，批准泉港区2022年国民经济和社会发展计划。审查和批准泉港2022年重点项目安排表。审查和批准泉港区2021年预算执行情况与2022年预算草案的报告，批准泉港区2022年区本级预算。听取和审议区人大常委会主任陈守川所作的《泉港区人民代表大会常务委员会工作报告》、区人民法院代院长郑玲玲所作的《泉港区人民法院工作报告》、区人民检察院代检察长洪藜莹所作的《泉港区人民检察院工作报告》。通过关于

2021年12月22日，泉州市泉港区第五届人民代表大会第一次会议在泉港会议中心召开。图为区长杨凤翔作政府工作报告 （图/区人大办）

泉港区人民政府工作报告、泉港区2021年国民经济和社会发展计划执行情况及2022年国民经济和社会发展计划、泉港区2021年预算执行情况与2022年预算、泉港区人民代表大会常务委员会工作报告、泉港区人民法院工作报告、泉港区人民检察院工作报告的决议。大会共收到代表建议、批评和意见174件。

大会依法选举产生泉港区第五届人大常委会主任、副主任、委员，王志安当选泉港区第五届人大常委会主任，邱彬侨、王国明、王梅珠、王峻峰等当选泉港区第五届人大常委会副主任，王平阳、王恭恳、王琼英等当选泉港区人民代表大会常务委员会委员。选举产生泉港区人民政府区长、副区长，杨凤翔当选泉港区人民政府区长，陈剑锋、傅文星、庄一鸣、王志强、王艺彬、谢梓骞、蔡奔腾、柯永进、郭雅婷等当选泉港区人民政府副区长。依法选举产生泉港区监察委员会主任，郑永璘当选泉州市泉港区监察委员会主任。选举产生泉港区人民法院院长，郑玲玲当选泉州市泉港区人民法院院长。选举产生泉港区人民检察院检察长，洪藜莹当选泉州市泉港区人民检察院检察长（需报经上级人大常委会和检察院批准）。选举产生王志安、王学丽、王炳胜等泉港区出席泉州市第十七届人民代表大会代表32名。

【常委会会议】 2021年，泉港区四届人大常委会共召开7次常委会会议，听取和审议区人大常委会2021年工作要点、区第四届人民代表大会常务委员会代表资格审查委员会关于个别代表的代表资格审查报告、泉州市泉港区人民代表大会常务委员会关于废止《泉州市泉港区人民代表大会常务委员会关于实施<福建省各级人民代表大会常务委员会规范性文件备案审查规定>的意见》的决定（草案）；听取和审议区人民政府关于2019年度区本级财政预算执行及其他财政收支情况审计查出问题整改情况的报告、区人大常委会调研组关于2020年审计查出问题整改情况的调研报告（书面）等。

1月26日，泉港区四届人大常委会第30次会议召开。会议听取和审议区人大常委会2021年工作要点、区第四届人民代表大会常务委员会代表资格审查委员会关于个别代表的代表资格审查报告、泉州市泉港区人民代表大会常务委员会关于废止《泉州市泉港区人民代表大会常务委员会关于实施〈福建省各级人民代表大会常务委员会规范性文件备案审查规定〉的意见》的决定（草案）。审议修改部分区四届人大五次会议文件事项。审议通过有关人事任免事项。

6月8日，泉港区四届人大常委会第31次会议召开。会议听取和审议区人民政府关于2019年度区本级财政预算执行及其他财政收支情况审计查出问题整改情况的报告、区人大常委会调研组关于2020年审计查出问题整改情况的调研报告（书面）、区民政局关于2019年度预算执行情况审计查出问题整改情况的报告并进行开展满意度测评、区人大常委会关于提请许可对泉港区第四届人大代表李庆辉采取强制措施的议案、区人大常委会关于确定各镇人民代表大会代表名额的议案、区人大常委会调研组关于泉港区乡村振兴情况的调研报告（书面）、区人大常委会调研组关于泉港区少数民族村经济发展情况的调研报告（书面）；听取区人大常委会关于2020年度规范性文件备案审查工作情况报告。审议通过有关人事任免事项。

6月28日，泉港区四届人大常委会第32次会议召开。会议听取和审议区人大常委会检查组关于《突发性公共卫生事件应急条例》贯彻实施情况的检查报告。审议通过有关人事任免事项。

7月22日，泉港区四届人大常委会第33次会议召开。会议听取和审议区政府关于2020年度全区环境保护工作情况和环保目标任务完成情况专项报告、区人民检察院关于控告申诉检察工作专项报告、《关于提请补选泉州市第十六届人大代表的议案》、区人大常委会调研组关于全区环境状况的调研报告（书面）；听取部分市人大代表履职报告。审议通过有关人事任免事项。

8月31日，泉港区四届人大常委会第34次会议召开。会议听取和审议区政府关于2020年区本级财政决算的报告、关于2020年区本级预算及其他财政收支情况的审计工作报告、审查和批准2020年区本级财政决算、区政府关于2021年1—6月国民经济和社会发展计划执行情况、关于2021年1—6月预算执行情况的报告、区人大常委会执法检查组关于泉港区宣传贯彻执行《中华人民共和国民法典》情况的检查报告。审议通过有关人事任免事项。

10月11日，泉港区四届人大常委会第35次会议召开。会议听取和审议区人大常委会检查组关于《中华人民共和国村民委员会组织法》实施情况检查的报告、区人大常委会检查组关于《泉州市市容和环境卫生管理条例》实施情况检查的报告。审议通过区人大常委会关于设立区、镇选举委员会及办公室、办事处的决定（草案），区、镇两级人大换届选举日的决定（草案），区、镇两级人大换届选举实施方案（草案）。

11月24日，泉港区四届人大常委会第36次会议召开。会议开展区人大常委会2021年工作评议会议测评并通报结果。听取和审议区第四届人民代表大会代表资格审查委员会关于第五届人民代表大会代表资格审查的报告、区政府关于2021年度重点项目和为民办实事情况报告、区政府关于区四届人大五次会议代表建议办理情况报告、区政府关于行政事业性国有资产管理情况的报告、区政府关于“八五”普法宣传启动相关工作的报告。听取和审议区人大常委会检查组关于《中华人民共和国就业促进法》贯彻实施检查报告，《泉港区人大常委会关于召开泉港区第五届人民代表大会第一次会议的决定》，区第五届人大一次会议文件1～7，区第五届人大一次会议关于设立泉港区第五届人民代表大会财政经济委员会、社会建设委员会、监察和司法委员会的决定，区第五届人大一次会议第一次全体会议上主席台就座人员名单，区人大常委会工作报告，区人大常委会调研组关于法院诉非联动建设工作的调研报告（书面），区人大常委会调研组关于市妇女儿童“两纲”调研报告（书面），区人大常委会调研组关于海上丝绸之路史迹保护情况调研报告（书面）。

2021年10月21日，泉港区人大常委会组织开展全区科技成果转化情况视察
（图/区人大办）

人大监督

【概况】 2021年，泉港区人大常委会听取和审议政治、经济、文化、社会、生态等专项工作报告9项，开展执法检查4次，视察调研15次，满意度测评1次，工作评议1次。组织代表开展执法检查、视察调研、专题询问、工作评议等监督活动，办理群众来信来访34件次。

【社会治理难点监督】 2021年，泉港区人大常委会听取审议检察院控告申诉等专项工作报告，关注法院诉非联动工作，组织代表参加庭审观摩活动25人次，促进司法公正。开展国家宪法日宣传周活动，抓好《中华人民共和国民法典》等学习宣传实施。调研视察公安机关打击网络新型违法犯罪，推动平安泉港建设。发挥执法检查“法律巡视”的利剑作用，开展《中华人民共和国就业促进法》《城市管理执法条例》等执法检查，调研农村个人建房审批工作情况，推动城乡统筹发展。视察移风易俗工作，专题调研殡葬制度改革情况，推动形成良好社会风气。配合市人大常委会开展内沟河保护管理专题询问、《泉州市市容和环境卫生管理条例》实施情况专项调研等工作。加强和改进人大信访工作，办理群众来信来访34件次，维护社会和谐稳定。

【关注民生热点】 2021年，泉港区人大常委会听取和审议区政府关于校外培训机构规范整治情况专项报告。调研泉港医联体、基层卫生院、村级卫生所建设情况。检查《中华人民共和国农产品质量安全法》《中华人民共和国食品安全法》等实施情况，保障人民群众“舌尖上的安全”。视察调研关爱孤守儿童情况、市妇女儿童发展纲要实施和少数民族村居扶贫、经济发展建设等工作。视察调研旅游景点建设和《海上丝绸之路史迹保护条例》《突发性公共卫生事件应急条例》贯彻落实情况。专题审议和调研宗教事务等工作，《宗教事务条例》宣传贯彻工作在省人大工作会议上作典型发言。

人大代表工作

【概况】 2021年，泉港区人大常委会做好代表服务工作，推进履职平台建设，开展代表履职监督评估考核，提高代表履职能力，改进建议督办工作。开展“人大代表在行动”主题实践活动，代表进室（站）336人次，走访选民4000多人，收集建议146件。区四届人大五次会议141件建议均按法定时限办结答复，代表反馈满意率100%。

【代表服务群众】 2021年，泉港区人大常委会开展“人大代表在行动”主题实践活动，组织助推征迁、带头移风易俗、助力乡村振兴等活动。健全“双联”制度，发挥代表之家、代表联系群众活动室、代表工作室、站等载体作用，各级人大代表主动走进企业、社区和农村。全年代表进室（站）活动336人次，走访选民4000多人次，收集建议146件，推动一批群众“急难愁盼”问题得到有效解决。

【代表履职】 2021年，泉港区人大常委会丰富代表活动内容和形式，邀请代表参与视察调研、执法检查、专题询问、列席常委会会议等活动300多人次，及时向代表通报重要工作，拓宽代表知情参政渠道。加强代表管理工作，开展代表履职监督评估考核，做到履职有记载、考核有依据。开展代表向选民述职活动，组织18名市、区代表回选区向选民报告履职情况并接受测评。

【建议办理】 2021年，泉港区人大常委会将复办泉港职业学校、安控区就业和教育等7件建议作为领导重点督办件跟踪办理。组织开展“代表建议督办月”活动，综合运用视察调研、专题审议、询问、满意度测评、“回头看”等方式，跟踪监督办理情况。区四届人大五次会议141件建议件均按法定时限办结答复，代表反馈满意率100%。

人事任免

【概况】 2021年，泉港区人大常委会坚持党管干部与人大依法任免相统一原则，严格落实任前法律知识考试、供职发言、审议表决、向宪法宣誓等制度，增强任命人员政治意识、宪法意识、宗旨意识。依法任免国家机关工作人员61人次；接受辞去泉州市泉港区第四届人大常委会委员职务1人；补选市人大代表2名；暂停区人大代表职务1人。

【四届人大常委会第三十次会议审议任免】 2021年1月26日，泉港区第四届人大常委会第三十次会议审议通过：任命张东杰为泉港区人民法院审判员；任命庄雅婷为泉港区人民法院审判员。任命吴迎迎为市泉港区人民检察院检察员。

【四届人大常委会第三十一次会议审议任免】 2021年6月8日，泉港区第四届人大常委会第三十一次会议审议通过：任命郑玲玲为泉港区人民法院副院长、审判委员会委员、审判员。任命吴文辉为泉港区发展和改革局局长，免去其泉港区工业和信息化局局长职务；任命林良海为泉港区科学技术局局长；任命邱清满为泉港区工业和信息化局局长；任命王建华为泉港区财政局局长；任命王小林为泉港区自然资源局局长；任命林昀瑜为泉港区住房和城乡建设局局长，免去其泉港区自然资源局局长职务；任命刘勇为泉港区交通运输局局长；任命林亚平为泉港区农业农村和水务局局长；任命林金辉为泉港区卫生健康局局长；任命沈先勤为泉港区应急管理局局长；任命高永康为泉港区统计局局长；任命林小平为泉港区人民政府信访局局长；免去刘玉强的泉港区发展和改革局局长职务；免去吕伟成的泉港区科学技术局局长职务；免去李海军的泉港区财政局局长职务；免去郭志雄的泉港区住房和城乡建设局局长职务；免去朱辉阳的泉港区交通运输局局长职务；免去刘婉娥的泉港区农业农村和水务局局长职务；免去施文勇的泉港区卫生健康局局长职务；免去庄向阳的泉港区应急管理局局长职务；免去林永骏的泉港区统计局局长职务；免去郭小强的泉港区人民政府信访局局长职务。接受陈惠旺辞去泉港区第四届人大常委会委员职务，报本级人民代表大会会议备案。任命郭永山为泉州市泉港区人大常委会山腰街道工作委员会主任；任命陈惠仁为泉港区人大常委会办公室副主任；任命王琼英为泉州市泉港区人大常委会人事代表委员会副主任；免去柯必琴的泉港区人大常委会农村财政经济委员会副主任职务；免去刘梅坤的泉港区人大常委会山腰街道工作委员会主任职务。任命陈惠旺为泉港区监察委员会委员；任命王博古为泉港区监察委员会委员；任命刘莺莺为泉港区监察委员会委员；任命吴碧扬为泉港区监察委员会委员；免去吴静宜的泉港区监察委员会委员职务；免去蔡玉辉泉港区监察委员会委员职务；免去陈国风的泉港区监察委员会委员职务；免去陈华彬的泉港区监察委员会委员职务。任命詹金飞为泉港区人民检察院检察委员会委员；任命柳双兴为泉港区人民检察院检察委员会委员；免去郑志杰的泉港区人民检察院检察员职务；免去杜镇金的泉港区人民检察院检察委员会委员、检察员职务；免去林小莉的泉港区人民检察院检察员职务。接受林天法辞去泉港区人民法院院长职务，报本级人民代表大会会议备案。决定泉港区人民法院副院长郑玲玲代理泉港区人民法院院长职务。

【四届人大常委会第三十二次会议审议任免】 2021年6月28日，泉港区第四届人大常委会第三十二次会议审议通过：任命杨凤翔为泉港区人民政府副区长。接受颜朝晖辞去泉港区人民政府区长职务，报本级人民代表大会会议备案。决定泉州市泉港区人民政府副区长杨凤翔代理泉港区人民政府区长职务。

【四届人大常委会第三十三次会议审议任免】 2021年7月22日，泉港区第四届人大常委会第三十三次会议审议通过：补选郑隆松、杨昌文为泉州市第十六届人民代表大会代表，并报泉州市人民代表大会审查、备案和公告。任命郑永璘为泉港区监察委员会副主任。免去张井丽的泉港区人民政府副区长职务；免去柯明好的泉港区人民政府副区长职务；任命柯永进为泉港区人民政府副区长；任命郭雅婷为泉港区人民政府副区长。任命洪藜莹为泉港区人民检察院副检察长（报上级人大常委会和检察院批准）、检察委员会委员、检察员。接受王洪龙辞去泉港区监察委员会主任职务，报本级人民代表大会会议备案。决定泉港区监察委员会副主任郑永璘代理泉港区监察委员会主任职务。接受黄清源辞去泉港区人民检察院检察长职务，报本级人民代表大会会议备案，并报经泉州市人民检察院提请泉州市人大常委会批准。

【四届人大常委会第三十四次会议审议任免】 2021年8月31日，泉港区第四届人大常委会第三十四次会议审议通过：任命谢梓骞为泉港区人民政府副区长；免去黄少伟的泉港区人民政府副区长职务。决定泉港区人民检察院副检察长洪藜莹代理泉港区人民检察院检察长职务。

综 述

【经济发展】 2021年，泉港区在做好疫情防控的基础上，落实“六稳”“六保”工作，全年实现地区生产总值657.80亿元，其中工业增加值436.12亿元；农林牧渔业总产值21.97亿元，比上年增长5.8%；第三产业增加值152.57亿元，增长3.8%。一般公共预算总收入104.03亿元，增长16.4%；一般公共预算收入28.06亿元，增长9.47%；实际使用外资7.38亿元，增长40.3%；居民人均可支配收入32320元，增长7.2%。

发展实体经济。面对疫情的巨大冲击，组织实施“战疫情、保稳定、促发展”十大攻坚行动，出台应对疫情促进社会经济发展十三条措施，落实中小微企业帮代办机制，兑现惠企资金1.2亿元，减税降费7.65亿元，为120家次企业提供信贷支持86.47亿元。完成联合石化芳烃、EOEG 装置脱瓶颈改造等12个工业技改项目，新增省级龙头企业3家、规模以上工业企业17家、限额以上商贸企业20家。农产品网络销售额增长28%。

增强发展后劲。192个区级重点项目完成投资228.96亿元，国亨化学一期等46个项目开工建设，中海油服等45个项目建成投产。开展“抓征迁交净地百日攻坚行动”，完成土地整理项目验收250公顷、土地出让37.8公顷，盘活批而未供土地、闲置用地约133.33公顷。开展产业链招商季等集中签约活动，新增签约项目114个、总投资960.5亿元，其中总投资150亿元的天辰新材料产业园项目是当年泉州市引进的最大产业项目。

加速科技创新。全区规上工业企业完成研发投入7.00亿元，新增省级科技型中小企业24家、市级以上“专精特新”企业8家，储备入库高新技术培育企业21家。新增3家省级融合发展新模式新业态标杆企业、入选省数字经济创新“瞪羚企业”3家，数字经济发展规模比上年增长10%。完成泉港石化科技众创园一期项目建设，国家开放大学石油和化工学院学习中心落户泉港。推动泉港石化工业园区与黎明职业大学校地合作，成立人才联合培养培训基地，高层次人才比上年增长7%。完成梳理“一件事”集成套餐130项、“异地代收”“省内通办”事项16项，“‘全岗通’‘五服’泉港模式”入选2021年中国绿色影响力典范案例。

【城市建设】 2021年，泉港区城市建设在扩体量上加速提品质。突出精致建设、精细管理、精心维护，提升城市形象。

合理规划布局。推进国土空间总体规划编制，启动泉港石化工业区控制性详细规划、石化安控区专项规划修编等工作，完成福厦客专泉港站区等32个区域控规批复。组织实施“十四五”综合交通运输发展规划。

建设品位城乡。实施城乡建设品质提升五大专项行动，144个城建项目完成投资106.76亿元，51个市级小城镇项目完成投资29亿元。加快推进坝头溪流域综合整治、七镇连通、福厦高铁泉港段建设等重大项目，完成5处城区主要涝点整治，植物园二期、莱堂湿地公园即将建成开放。开展乡村振兴示范线“三无一改”攻坚行动，实施72个省级乡村振兴试点示范项目，建设16个乡村微景观，打造7个文体旅游融合试点村。

提升生态环境。启动泉港区海洋生态保护修复项目，开展海漂垃圾综合整治，实施肖厝—惠屿网箱养殖清退及升级改造22.1公顷。抓好24件生态环保督察反馈问题整改。完成16个国家循环化改造项目，辖区环境空气质量优良率98.5%，饮用水水源地水质达标率100%。

【民生事业】 2021年，泉港区在紧日子下保障硬支出。全年压减一般性支出30%，实现民生支出26.61亿元，占本级财力79.1%。

保障民生供给。投入1.72亿元完成14项31件为民办实事项目，涉及教育事业、医疗健康、养老服务、劳动就业、社会救助、便民服务、交通出行、饮水安全、公共文化、妇女儿童、双拥工作、生态建设、人居环境、综治平安等领域。在扩大项目覆盖面同时，提升项目的系统性和延续性，打造一批亮点工程。

兜牢民生底线，提高残疾人两项补贴标准，为低保对象、特困人员等发放各类保障金7712万元，实现养老金“十六连调”。为征迁村提供就业岗位3500个以上，城镇登记失业率控制在4.2%以内。

优化公共资源。新改扩建中小学、幼儿园12所，泉港五中与泉州五中实现结对帮扶，泉港职专复办招生，新增省级杰出人民教师、省学科带头人、市级名校长9人，实现义务教育学校课后服务两个“全覆盖”。推动公立医院综合改革，泉港区入选国家级居民健康素养监测点。组织庆祝中国共产党成立100周年系列文化活动，完善文化遗产项目数字化建设，完成全区26处烈士纪念设施修缮。

安定社会环境。深化平安泉港建设，开展“治重化积”三年行动，反诈防骗工作获得中央政法委推广，反偷私渡工作得到省委政法委高度肯定。开展安全生产“严执法、强攻坚、促提升”专项整治，建立全省首家石化VR应急模拟实训基地，全区丙类自建房加工场所评查整改率100%。严格落实粮食安全行政首长责任制，健全完善食品“一品一码”追溯体系。有序化解存量债务，入选全国建制县区隐性债务化解试点，获再融资债券150亿元。防范化解金融风险，全年化解不良贷款4.4亿元，完成信贷风险防控任务。推进财税收入精细化管理，争取域外税源回归1.1亿元。强化支出管理，完成“三保”支出17.64亿元。

【政府建设】 2021年，泉港区政府突出政治建设、作风建设和廉政建设，推动党史学习教育走深走实，推进“再学习、再调研、再落实”活动，开展“我为群众办实事”“我为企业解难题”主题实践活动，整治“四风”问题。开展石化安控区项目集中扫尾攻坚行动，提前完成民房签约、腾空、拆除“三清零”。通过环保、安全、统计、涉粮等专项检查，以全省第四名、全市第一名蝉联“省级文明城区”称号。

重要会议

【区政府常务会议】 2021年，泉港区政府共召开17次常务会议，研究传达全国、全省、全市安全生产工作视频会议精神，研究泉港区贯彻意见；研究《泉港区国民经济与社会发展第十四个五年规划纲要和二〇三五年远景目标（送审稿）》、取消泉港区基础设施提升工程PPP（政府与社会资本合作）项目子项目区体育中心（一场两馆）工程有关问题；研究《泉港区关于构建现代环境治理体系的若干措施》《泉港区全方位推动住房城乡建设高质量发展超越行动计划》等。

1月7日，区长颜朝晖主持召开区政府第67次常务会议，研究传达全国、全省、全市安全生产工作视频会议精神，研究泉港区贯彻意见；传达全省城市和农村建设工作会议精神；听取政府隐性债务化解和减税降费工作汇报，研究部署下一步工作；研究2020年度规范性文件清理工作、泉港区数字城市智慧停车项目建设方案、《泉港区人民政府投融资项目涉电工程战略合作协议》、福厦客专泉港站站区控制性详细规划等有关问题。

1月21日，区长颜朝晖主持召开区政府第68次常务会议，研究《泉港区国民经济与社会发展第十四个五年规划纲要和二〇三五年远景目标（送审稿）》、取消泉港区基础设施提升工程PPP项目子项目区体育中心（一场两馆）工程有关问题。

3月30日，区长颜朝晖主持召开区政府第69次常务会议，研究《泉港区关于构建现代环境治理体系的若干措施》《泉港区全方位推动住房城乡建设高质量发展超越行动计划》《2021年全区城乡建设品质提升实施方案》《泉港区全面推进乡村振兴加快农业农村现代化的实施意见》《泉港区支持企业挂牌上市高质量超越发展若干措施》《进一步完善学前教育经费保障机制（送审稿）》和公安冻结资产处置等有关问题。

4月13日，区长颜朝晖主持召开区政府第70次常务会议，听取泉港区2011—2020年实施妇女儿童发展纲要的汇报，研究泉港区与福建省招标采购集团《战略合作框架协议书》、泉港区广电台网资产划转移交、泉港区医院病房大楼2号楼及附属配套设施工程、《泉港区农村宅基地和村民住宅建设管理规定》、泉港区已建和新建小区设立社区居委会、《山腰街道锦川片区控制性详细规划（报批稿）》《北新建材（泉州）有限公司项目房屋征迁补偿安置实施方案（送审稿）》等有关问题。

4月29日，区长颜朝晖主持召开区政府第71次常务会议，部署“五一”国际劳动节期间工作、听取全区粮食储备和粮油蛋菜市场供应情况汇报、研究涉案资产移交财政部门处置有关问题。

5月20日，区长颜朝晖主持召开区政府第72次常务会议，传达全国、全省审计工作会议和省委、市委、区委审计委员会会议主要精神，听取2020年审计工作情况汇报，研究《泉港区关于全面加强危险化学品安全生产工作的若干措施（送审稿）》和补聘区政府长驻安全专家、泉港区人民政府与宝牛能源有限公司签订《泉港地下水封洞库系列项目战略合作框架协议》、泉港区城乡环卫一体化运行项目、《泉港区畜禽养殖场审批管理规定（送审稿）》等有关问题。

6月1日，区长颜朝晖主持召开区政府第73次常务会议，研究泉港区贯彻《国家积极应对人口老龄化中长期规划》若干措施、泉港区数字城市智慧停车项目运营模式调整及招标方案、设立山腰街道锦福社区居委会等有关问题。

7月21日，代区长杨凤翔主持召开区政府第74次常务会议，研究《泉港区城镇燃气事故应急预案》、《泉港区本级零基预算改革实施方案》、《泉港区批而未供与闲置土地专项处置行动方案》、《泉港区海上养殖设施升级改造行动方案》、《泉港区乡村建筑风貌提升行动方案》、泉港“1·25”专案涉案资产移交财政部门处置等有关问题，专题学习《政府督查工作条例》。

8月17日，代区长杨凤翔主持召开区政府第75次常务会议，研究《泉港区海洋生态保护修复项目海域使用补偿方案》和泉港区海洋生态保护修复项目采用EPC建设模式、提前废止《泉州市泉港区人民政府关于进一步扶持建筑业发展壮大的若干意见》文件、城区供水价格调整方案、《泉港区职业技术学校建设方案》、锦川实验小学项目分期建设实施方案等有关问题。

9月9日，代区长杨凤翔主持召开区政府第76次常务会议，研究高铁站站前片区（二期）项目房屋征迁补偿安置实施方案、石化工业区及安控区相关规划编制工作方案、《关于全面推动泉港教育高质量跨越发展的实施意见》等有关问题。

9月30日，代区长杨凤翔主持召开区政府第77次常务会议，研究《泉港区加强海漂垃圾综合治理工作实施方案》、国道G228线泉港区界山东张至山腰普安公路、泉港区应对疫情影响支持社会经济发展措施、泉港区部门向上争取资金考核奖惩办法（试行）、泉港区企事业单位人才个人所得税财政奖励规定等有关问题。

10月12日，代区长杨凤翔主持召开区政府第78次常务会议，传达学习习近平总书记和其他中央领导人关于根治粮食购销系统性腐败的重要批示精神及各级巡视巡察和专项整治工作部署要求，研究泉港区涉粮工作情况报告及《关于加强粮食储备安全管理的若干措施》、《泉港区深化消防执法改革若干措施》、《泉港区建立乡镇（街道）消防工作站暨推行消防委托执法工作方案》、《泉港区行政规范性文件后评估制度》、泉港区食品安全工作情况报告及《2021年全区治理“餐桌污染”、建设“食品放心工程”工作方案》、《泉港区养老服务设施布局规划（2021—2035）》、《泉港区城乡供水一体化规划报告》等有关问题。

11月4日，代区长杨凤翔主持召开区政府第79次常务会议，传达近期全省、全市安全防范工作会议精神，研究泉港区贯彻意见；听取泉港区政府性债务情况汇报；研究完善养老服务机构建设和运营有关财政支持政策、《泉港区学府南路东侧地块房屋征迁补偿安置实施方案》、泉港区国有资本投资运营有限公司与泉州市城建集团合作，以及泉港区国有资本投资运营有限公司、泉港区新城投资有限责任公司与泉州市交发集团合作等有关问题。

11月17日，受代区长杨凤翔委托，常务副区长陈剑锋主持召开区政府第80次常务会议，研究泉港石化工业区安全控制区专项规划修编有关问题。

12月8日，代区长杨凤翔主持召开区政府第81次常务会议，研究2022年《区政府工作报告》、《泉港区2021年国民经济和社会发展计划执行情况与2022年国民经济和社会发展计划（草案）的报告（送审稿）》、《泉港区2021年财政预算执行情况和2022年财政预算草案的报告（送审稿）》及2022年全口径预算草案编制情况、2022年泉港区重点项目建设、2022年区委区政府为民办实事项目、《泉港区有关部门生态环境保护责任清单（送审稿）》、国亨化学项目重要基础配套设施东邱路（二期）项目建设、完善学前教育经费保障机制、涂岭镇人民政府关于申请拨付菱溪水库饮用水水源地一级保护区内房屋拆除整治缺口资金等有关问题。

12月20日，代区长杨凤翔主持召开区政府第82次常务会议，研究2021年度泉港区规范性文件清理工作、泉港区城市生活垃圾处理费收费方式、泉港区海洋生态保护修复（EPC）项目招标方案、区国资运营公司向石化安控区涉迁村借款、泉港“1·25”跨境赌博案涉案资产（不动产）处置拍卖起拍价等有关问题。

12月25日，区长杨凤翔主持召开区政府第1次常务会议，研究泉港区“十四五”水利发展规划、泉港方舱临时隔离点收费、中科国际（福建）智能创新中心项目《投资协议》和《投资补充协议》等有关问题。

【区政府专题会议】 2021年，泉港区政府召开41次专题会，研究泉港区2021年春节期间餐饮、商超、农贸市场等重点场所疫情防控工作部署，全区危险货物运输全链条安全管理工作，隐性债务化解试点再融资债券资金使用方案，栖霞安置小区历史遗留问题处置等。

表3

2021年泉港区政府专题会简况表

召开时间	会议内容
1月8日	副区长陈剑锋主持召开泉港区2021年春节期间餐饮、商超、农贸市场等重点场所疫情防控工作部署会。会议传达当前疫情防控有关文件和会议精神，研究部署重点场所疫情防控工作

续表 3

召开时间	会议内容
1 月 23 日	区委常委、副区长张井丽主持召开全区危险货物运输全链条安全管理工作专题会，听取区交通运输局、应急管理局、市场监管局、城市管理局、工信局和区公安分局、交警大队、生态环境局、肖厝港务站关于危险货物运输安全管理工作的汇报，研究全区危险货物运输全链条安全管理相关问题
1 月 28 日	区长颜朝晖主持召开隐性债务化解试点再融资债券资金使用方案专题会。会议听取区财政局关于隐性债务风险化解试点再融资债券资金使用方案的汇报，研究部署下一阶段工作
2 月 3 日	区长颜朝晖主持召开栖霞安置小区历史遗留问题处置专题会议。会议听取后龙镇、新城投资有限公司、水利水务有限公司、供电服务中心等单位有关情况汇报，研究相关问题和下阶段工作安排
2 月 7 日	区委常委、副区长张井丽主持召开一季度“开门红”经济运行调度会，会议传达区委一季度“开门红”工作部署碰头会精神，研究部署一季度“开门红”经济工作。
2 月 19 日	副区长柯明好主持召开泉港区职业中专学校项目建设协调会议。听取项目建设进展情况汇报并提出工作要求，研究具体事项
3 月 22 日	区长颜朝晖主持召开泉港地下水封原油及 LPG 洞库项目推进会，听取泉港地下水封原油及 LPG 洞库项目有关情况汇报，研究协调项目推进有关问题
3 月 29 日	副区长黄少伟主持召开锦川实验小学项目建设协调会议，听取区教育局关于锦川实验小学项目进展情况工作汇报，研究部署下一阶段工作
4 月 1 日	副区长陈剑锋主持召开创建全国文明城市和国家卫生城市复审迎检攻坚工作推进会，传达 3 月 30 日市市场诚信组、区市场与食品卫生安全组创城创卫会议精神，听取区市场监管局、商务局、城管局、相关镇（街道）工作情况汇报，并部署下阶段工作
4 月 7 日	泉港区人民政府、仙游县人民政府共同召开泉港区与仙游县县际交通基础设施项目对接会，会上两地政府有关单位分别汇报县际交通基础设施项目对接协调相关事宜，两地政府主要领导讲话并相互交换意见。经参加人员讨论，就相关事项达成一致意见
4 月 15 日	副区长黄少伟主持召开山腰 110 千伏输变电工程站址及线路路径方案专题会，听取国网福建省电力有限公司泉州供电公司和福建省电力建设工程咨询有限公司关于山腰 110 千伏输变电工程站址及线路路径走向方案相关情况和需协调事项的汇报，研究解决有关事宜
4 月 21 日	区政府党组成员、四级调研员苏纯益主持召开锦绣街改造提升工程移交管养专题协调会议，会议听取项目有关情况汇报，协调解决存在问题
4 月 29 日	区领导颜朝晖、蔡奔腾率区直有关部门主要负责人开展“五一”节前安全生产工作检查，实地检查福师大泉港实验小学工程、植物园儿童游乐场安全生产工作情况并现场办公
4 月 29 日	区政府党组成员、四级调研员苏纯益主持召开泉州海警局泉港工作站建设专题协调会。会议听取武警海警总队福建支队泉州大队泉港工作站关于项目进展情况的汇报，与会各单位充分发表意见及建议，并明确有关问题
5 月 10 日	副区长庄一鸣主持召开发展壮大村级集体经济专题会议，听取水利水务建设发展有限公司与岭头村、后龙村、前亭村、海滨村、世上村等 5 个低收入村合作项目等有关情况汇报，协调解决相关问题
5 月 13 日	副区长黄少伟主持召开泉港区职业教育发展工作专题会议，听取泉港区职业中专学校恢复招生工作进展情况及下阶段工作思路，协调解决存在问题，研究部署泉港职专恢复招生等有关工作
5 月 17 日	区长颜朝晖主持召开泉港石化园区福建天佑丙烯新材料项目对接会议，会上福建天佑能源科技有限公司、福建省天骄化学材料有限公司、上海新甄元能源科技有限公司、中国化学工程第七建设有限公司、中国化学赛鼎宁波工程有限公司等相关参会人员发言并交换意见，研究项目推进工作
5 月 21 日	区委常委、副区长张井丽主持召开益海嘉里面粉三期及酵母项目专题协调会议，听取项目业主关于该项目进展情况、存在问题以及区自然资源局关于该项目相关规划工作开展情况的汇报，研究推进项目建设
5 月 24 日	副区长黄少伟主持召开山腰街道菜堂养老院项目专题协调会，听取山腰街道办事处关于菜堂养老院项目选址、手续办理相关情况和需协调事项的汇报，研究解决有关事宜
5 月 27 日	副区长黄少伟主持召开泉港职业技术学校一期装修工程专题协调会。会议听取区教育局、财政局、自然资源局、山腰街道办事处、高新产业园区公司工作汇报，研究协调具体问题
6 月 4 日	区政府党组成员、四级调研员苏纯益主持召开城市管理项目专题协调会议，研究 324 国道溪西段景观整治工程、植物园二期工程等项目建设事宜

综合政务

【概况】 2021年，泉港区政府办公室（简称“泉港区政府办”）围绕省委“再学习、再调研、再落实”、市委“民营经济发展年、营商环境提升年、城乡品质提升年”、泉港“五区”新发展战略，立足参谋助手、统筹协调、办文办会、督察督办、服务保障等职能，创新工作方法，完善工作机制，提高服务水平，统筹做好新冠肺炎疫情防控和服务经济社会发展大局各项工作，保障政府各项工作高效规范运转。抽调业务骨干常态化参与区新冠肺炎疫情应急指挥部办公室工作，配合做好指挥部办公室文电流转、材料起草、值班值守等工作，编发区疫情防控工作日报600多期，参与起草各类工作材料、请示、通告等80余篇。9月10日仙游关联疫情发生以来，增调工作人员充实指挥部办公室力量，抽调干部发挥办公室干部服务保障作用。配合指挥部紧急会议保障20多场，协助核稿《战疫风采》20多期，全区10多项工作在市级简报刊发。

【文件会议精简】　2021年，泉港区政府办落实为基层减负各项措施，严格执行年度、月份发文计划，根据要求压缩文件号。区政府本级发文39件（以市基层减负统计口径），比上年减少11.4%。提倡合并开会、套开会议，尽量做到少开会、开短会。区政府本级召开会议30场次（以市基层减负统计口径），比上年减少43.3%。规范区政府批示件办理工作，明确公文办理时限、强化办理情况督查，确保文件办理“件件有落实、事事有回音”，全年办理政府收文3087份，未发生文件延误、误办、错办、漏办。

【督查督办】　2021年，泉港区政府办共发出《督办通知》41期，政务督查通报14期，交督办省、市政府工作任务、全区工作会、为民办实事项目、区政府工作报告、人大建议、政协提案、区政府常务会及区领导批示等各类任务共计4398项。办复区人大代表建议141件，政协提案138件，办复率100%，满意率100%，见面率97%。制订2021年度督查检查考核计划，严格控制总量，政府系统共梳理督查检查考核事项13条。聚焦区委区政府的中心决策部署，摸排开展“研究疫情对泉港区经济的影响及应对措施，确保经济运行在合理区间”“聚焦群众‘急难愁盼’提高人民生活品质”“培植财源增强财政实力”以及“‘战疫情、保稳定、促发展’十大攻坚”等专项督查行动，开展实时督查。

【信息工作】　2021年，泉港区政府办完成区政府各类文字材料150篇，其中完成区领导讲话稿115篇，整理区政府、区政府党组会议纪要31篇。开展政务信息工作，全年共向省上报信息145条，被采用6条。向市上报信息263条，被采用92条，发挥信息工作的参谋助手作用，获评2021年泉州市政府系统信息报送先进单位。

效能建设

【概况】　2021年，泉港区效能办通过采取实地走访、视频监控、直接体验、受理效能投诉等方式，对重点项目推进和完成情况、全国文明城市年度测评、节假日值班值守、优化营商环境“窗口办”“自助办”等工作开展督查。全年开展各项督查39次、发现存在问题19个、发出效能提示函5份、受理效能投诉件2件、效能问责3人次、效能约谈6人次。

【全区绩效考评】　2021年，泉港区效能办结合2021年度泉州市绩效考评方案，根据实际，健全完善2021年度全区绩效评估工作方案，将新冠肺炎疫情防控、安控区项目考评、全面从严治党、意识形态、安全生产等重点工作作为绩效评估目标考评重要内容，全面覆盖各参评单位。对未全面覆盖各单位的重点专项工作，开展“战疫情、保稳定、促发展”十大攻坚行动、全国文明城市复牌、向上争取资金等，由相关牵头部门制定具体绩效加分细则，报区效能办审定后，在年终绩效评估中予以认定、应用。推动绩效指标设置、考评方式科学化，尊重基层实际，规范指标考评。

信访工作

【概况】　2021年，泉港区开展“强基促稳”专项行动，抓好治重化积专项工作，维护群众合法权益。全区办理“最多投一次”信访事项587件，一次性办结508件，一次性办结率86.5%，平均办理天数11.7天。信访机构及时受理率、有权处理机关及时受理率、按期办结率100%，信访机构满意率92.5%、有权处理机关满意率86.6%，重复信访占比38.7%，比上年下降10.2%。

【信访机制建设】　2021年，泉港区实施“最多投一次”信访机制。紧扣“精准投诉”“精准转交”“精准研判”“精准办理”的要求，提升一次性办结率，推动信访事项实体性问题解决到位。全年办理“最多投一次”信访事项587件，一次性办结508件，一次性办结率86.5%，平均办理天数11.7天。建立镇（街道）信访工作联席会议制度，区信访联席办组织对建立情况进行督促检查。全年召开联席会议83场，协调化解信访事项59件。镇（街道）信访工作联席会议相关工作与信访评理相结合，推动信访老案。推进信访评理工作，创建特色评理室，创新运用更多评理方式，推动矛盾纠纷得到化解，选取适合案源，实现“矛盾不出村，纠纷不上交”。全年开展评理220件次，化解信访问题215件，化解率98%。

【信访事项办理】　2021年，泉港区落实领导干部接访下访制度，开门接访151批341人次，进门约访122批193人次，登门走访104批179人次，上门回访93批168人次，其中15日区领导定点接访36批38人次。健全会商督办机制，每周梳理汇总信访件办理情况，对逾期受理和不满意件等事项，通过电话催办、系统督办、发函警示、信访部门和效能办联合督办、区领导点对点批示，现场“回头看”等多种形式，形成信访案件跟踪—督办—落实的全链条跟踪，提高信访“三率”水平。全年信访机构及时受理率、有权处理机关及时受理率、按期办结率均为100%，信访机构满意率92.5%、有权处理机关满意率86.6%，重复信访占比38.7%，比上年下降10.2%。

【信访化解专项工作】 2021年，泉港区落实领导包案，按照挂钩联系镇（街道），落实区四套班子领导、公检法三长包案制度，对重复信访、信访积案实行区领导包案督办，逐一制定“问题清单、任务清单、责任清单”，落实化解措施。区信访工作联席办牵头实施访调对接工作机制，指导督促属地镇（街道）和属事部门定期会商，逐案分析信访化解难点，有针对性地提出化解措施。

【信访预警机制建立】 2021年，泉港区建立信访预警机制，对群众反映较为集中的重点领域问题，信访部门及时向属地镇（街道）和主管部门发出预警函，2021年就教育领域和房地产领域及时向教育和住建部门发出预警函，做好沟通协调和后续处置跟踪等工作，涉教育、房地产等领域相关群体性隐患得到处置。全年发出重点领域问题预警函14份，摸排化解可能信访事项39件。

政府信息公开

【概况】 2021年，泉港区政府办公开政府信息191条，收到政府信息公开申请33件，按法定时限办结27件。按照《泉港区人民政府办公室关于印发政务公开标准化规范化工作实施细则的通知》，推动基层政务公开标准化规范化工作。出台《泉港区政府信息动态调整机制（试行）》，加强全区政府信息管理，保证政府信息公开及时准确，促进政府信息管理动态调整的制度化、规范化。出台《泉港区政策制定与解读“三同步”机制（试行）》，要求全区行政机关在出台重大政策措施时，实行解读方案、解读材料与政策文件同步组织、同步审签、同步部署，增进社会公众对重大决策、重要政策措施的理解认同。

【政府网站信息保障】 2021年，泉港区政府办做好区政府门户网站信息保障工作，发布信息8875条，通过省市6次抽查通报。做好疫情防控期间视频会议技术保障工作，排除各类故障35次，保障190场次，总时长为15000多分钟的视频会议顺利召开。做好全区18个政务新媒体管理，督促整改表述错误58次。每季度开展检查，对濒临超期的政务新媒体进行提醒。

行政服务

【概况】 2021年，泉港区行政服务中心收件146634件，办结146510件，总办结率99.9%，提前办结146357件，提前办结率99.89%，即办件119221件，即办率81.37%。区公共资源交易中心共完成各类交易117宗，交易额7.82亿元。《“‘全岗通’‘五服’泉港模式”》入选2021年中国绿色影响力典范案例汇编，“首创‘信息集成导入系统’，助推企业开办‘加速度’”获评2020泉州市优化营商环境“最具获得感”十大举措，泉港区中小企业帮办服务平台荣获2021泉州市优化营商环境“最具获得感”十大举措。

【行政审批服务】 2021年，泉港区行政服务中心组织进驻窗口各部门开展行政审批服务事项细化梳理工作。完成1728件事项绑定配置工作，实现省、市、区、镇、村五级及15个方面要素标准规范统一，99%事项实现网上办理功能。梳理和调整区级“最多跑一趟”“一趟不用跑”办事清单，34个部门共梳理事项1761项，其中“最多跑一趟”事项1737项，占进驻事项98%；“一趟不用跑”事项1549项，占进驻事项88%，比上年增长20%。

【便民服务】 2021年，泉港区行政服务中心以企业和群众办好“一件事”为标准，由“一事跑多窗”变为“一窗办多事”，推行受审分离的“一件事”集成套餐服务改革。整合市场监督管理局、公安分局等25个部门相关职能，分别梳理三批次“一件事” 集成套餐服务事项清单130件，完成线上配置事项54件，分别涉及企业、个人、社会投资行业领域，办理企业开办类3396件，不动产登记类875件，投资建设1050件。联合区审改办、司法局，梳理不动产、卫健、住建、市场监管、交通等13个部门高频事项80个，部署到“闽政通”App“泉服务”中，实现掌上办26项。印发实施《泉港区工程建设项目审批制度改革领导小组办公室关于保留、取消、合并、豁免、技术服务、容缺预审、告知承诺等七类事项清单》。公布《泉港区工程建设项目区级前置审批事项和特殊环境保留清单》，明确办理流程、申请材料和办理时限。推动工程建设项目审批中介网上交易，全年全区所有财政性投资项目均在泉州市网上中介平台开展中介工作，公布中介服务事项84个，进驻中介服务机构472家，157个项目在平台选取中介，实行平台监管，开展评价59宗。

【市政公用报装服务】 2021年，泉港区行政服务中心协调水利水务、供电服务中心、新奥燃气等部门入驻，设立水、电、气、广电网络“市政公用服务”综合受理窗口，将市公用服务报装提前到工程建设许可阶段办理，自然资源局通过泉州市工程建设项目审批管理系统将设计方案及设计图纸同时推送于水、电、气、广电网络各部门，实现与主体工程的同步设计、同步建设及竣工验收。

【中小企业帮办服务机制建立】 2021年8月23日，泉港区行政服务中心成立中小企业帮办服务中心，秉承“亲企惠企助企，全心全力全程”服务理念，为企业办事提供“五个一”（一个接待场所、一张椅子、一杯热茶、一套服务流程、一名帮办人员）服务；统筹全区涉企服务职能等资源要素，形成“服务企业1235”总体工作思路，即“打造1个综合服务平台、发挥2个角色作用、建立3项工作机制、组建5能专员队伍”，为企业提供“一口办理”、全链条、全天候、全过程、全生命周期的一站式服务，打造泉港区服务中小企业特色品牌。全年帮办企业350家。

【行政服务电子化建设】 2021年，泉港区行政服务中心拓展支付宝和微信等多元化缴款方式。加强电子证照生成和应用推广工作，将电子证照纳入常态化管理，加大电子证照应用力度。全年新增证照50255个，新增批文4193个。实现行政审批和公共服务事项支持电子证照应用的事项达80%以上，全年调用证照4582个。

【公共交易资源“放管服”改革】 2021年，泉港区行政服务中心交易中心推行跨县区异地评标，通过电子评标系统、远程异地评标会议系统，实行实时文件共享、语音交互、画面直播、同步评审；与泉州市公共资源交易中心开展远程异地评标项目3项。按照“试点先行、分步实施”原则，除以协议供货、定点采购方式实施的小额零星采购和由集中采购机构统一组织的批量集中采购外，按项目实施的集中采购目录以内或者采购限额标准以上的货物、工程、服务采购实行公开采购意向，便于供应商及时了解政府采购信息。自2021年6月1日起，向供应商收取由财政部门监督管理的政府采购活动的投标（响应）保证金，减轻供应商投标成本。

2021年11月25日，泉港区企业新型学徒制集中签约暨开班仪式举行

（图/区人社局）

人事人才

【概况】 2021年，泉港区完成42名事业单位和34名编外人员招聘工作；配合招聘研究生学历中学新教师11名，公开招聘中小学幼儿园新任教师55名；引进博士人才2人；全区2020年度事业单位共4875人参加年度考核，其中优秀等次966人。全区兑现各类人才补助928.84万元。

【招考评聘】 2021年，泉港区完成42名事业单位和34名编外人员招聘工作；配合招聘研究生学历中学新教师11名，公开招聘中小学幼儿园新任教师55名；全区2020年度事业单位共4875人参加年度考核，其中优秀等次966人。审核批复29个单位岗位设置方案，完成教育系统第四轮职称岗位聘任990人，卫生系统聘任（续聘）209人，区直各事业单位聘任88人。落实机关事业单位工勤技能人员岗位晋级和岗位聘用办法，对全区事业单位技师、高级工等工勤岗位进行统筹设置。

【引才育才】 2021年，泉港区落实“进百企、走百商、访百才”活动部署，走访各类人才50人，到企业了解区内人才需求，兑现各类人才补助928.84万元。依托泉港中心工业区博士后科研工作站，引导区内重点企业引进产业发展急需博士人才2人。启动“人才会客厅（泉港石化人才园区综合体）”装修项目建设，完善人才服务体制机制，营造“近悦远来”服务生态，打造人才服务新地标。兑现泉港大碗信息咨询服务中心等4个市级大中专毕业生创业资助项目奖金8万元，落实三年千名青年见习计划，向35人发放2021年见习期满补贴资金149.05万元，通过制作H5《致2021届高校毕业生一封信》，推出“泉港 梦想起航的地方”泉港区高校毕业生就业创业典型事迹视频展播10期，引导泉港籍学子投身家乡建设发展。

综 述

【概况】 2021年，政协泉港区委员会（简称“泉港区政协”）发挥专门协商机构作用，在建言资政和凝聚共识上双向发力，召开全体会议2次，常委会会议3次。开展推进泉港台湾融合发展、提升泉港形象等专题调研活动，组织泉港区道路交通安全、泉港区科技创新平台建设与科技成果转化等视察活动，开展提案办理情况“回头看”现场督查等；征集编印《泉港文史资料》第20辑。四届五次会议提案全部办理答复完毕，满意率100%；区政协五届一次会议期间，共收到委员提案191件，立案178件。

【调研活动】 2021年，泉港区政协贯彻省、市、区委关于“再学习、再调研、再落实”活动的部署要求，形成区政协推动“三再”活动实施方案，推进泉港台湾融合发展，助力打造“台胞台企登陆的第一家园”；组织部门深入学习调研，研究工作举措，形成专题调研报告，为泉港区产业转型升级和经济高质量发展，推进泉港台湾融合发展建言献策。围绕“讲好泉港故事、提升泉港形象”，成立专题调研组，深入职能部门、企事业单位和乡镇联络委调研座谈，溯源解析，从环境质量、石化安全、人居条件等方面正名去伪，为提升泉港形象建言献策。

【视察活动】 2021年，泉港区政协组织开展5次视察活动，分别对道路交通安全、2021年重点项目建设暨科技创新情况、提案办理情况、旅游产业全链条完善情况以及教育优质均衡发展情况等进行专题视察，实地察看企业、学校、养老院等，与相关单位进行座谈交流，并形成专题视察报告。其中，市政协副主席王祖耀带队视察清源创新实验室、福建凯美特有限公司、益海嘉里集团泉州福海粮油工业有限公司，就泉港区科技创新平台建设与科技成果转化情况和重点项目建设情况进行座谈交流。

【交流联谊】 2021年，泉港区政协先后接待广东省政协、海南省政协、惠州市政协到泉港考察调研，配合省政协“做大做强福建海洋经济”调研组到泉港调研。

重要会议

【政协泉港区四届五次会议】 2021年1月26—28日，政协泉港区四届五次会议召开。会议听取和审议中国人民政治协商会议泉州市泉港区第四届委员会常务委员会工作报告；列席泉州市泉港区第四届人民代表大会第五次会议，听取政府工作报告、“十四五”规划纲要（草案）和计划、预算报告；听取中国人民政治协商会议泉州市泉港区第四届委员会常务委员会关于提案工作情况的报告；听取中国人民政治协商会议泉州市泉港区第四届委员会第五次会议提案审查委员会关于四届五次会议提案审查情况的报告；邀请泉州市泉港区人民法院、人民检察院通报工作情况；审议通过中国人民政治协商会议泉州市泉港区第四届委员会第五次会议决议。

【政协泉港区五届一次会议】 2021年12月20—23日，泉港区政协五届一次会议召开。会议听取和审议中国人民政治协商会议泉州市泉港区第四届委员会常务委员会工作报告和关于提案工作情况的报告；列席泉州市泉港区第五届人民代表大会第一次会议，听取政府工作报告和计划、预算报告；选举中国人民政治协商会议泉州市泉港区第五届委员会主席、副主席、常务委员；听取中国人民政治协商会议泉州市泉港区第五届委员会第一次会议提案审查委员会关于五届一

2021年12月21日，中国人民政治协商会议泉州市泉港区第五届委员会第一次会议开幕（图/区政协办）

次会议提案审查情况的报告；邀请泉州市泉港区人民法院、人民检察院通报工作情况；审议通过中国人民政治协商会议泉州市泉港区第五届委员会第一次会议决议。区政协五届一次会议期间，收到委员提案191件，立案178件。

【常委会会议】 2021年，泉港区政协召开常委会会议3次，组织学习2021年习近平总书记在全国政协会议重要讲话和全国、省、市政协全会精神；传达学习省、市、区委“再学习、再调研、再落实”会议精神；传达学习省、市、区委全会精神；通报区政协党组2021年以来工作情况；协商决定五届区政协界别设置和委员人选；协商通过区政协五届一次会议有关事项等。

3月24日，泉港区政协四届24次常委会会议召开。会议组织学习2021年习近平总书记在全国政协会议重要讲话和全国、省、市政协全会精神；传达学习省、市、区委“再学习、再调研、再落实”会议精神；传达学习全区党史学习教育动员大会会议精神；汇报区政协四届五次会议以来提案立案情况；研究通过泉港区政协第四届委员会常务委员会2021年工作要点和2021年重点调研计划、重点视察计划；协商通过人事有关事项。

6月24日，泉港区政协四届25次常委会会议召开。会议传达学习省、市、区委全会精神；通报区政协党组2021年以来工作情况；协商政协有关人事事项。

11月24日，泉港区政协四届26次常委会会议召开。会议邀请区政府通报办理区政协四届五次会议提案的情况；传达学习中共十九届六中全会及省委、市委贯彻意见精神（书面）；协商决定五届区政协界别设置和委员人选；协商通过区政协五届一次会议有关事项。

政治协商

【概况】 2021年1月26—28日，泉港召开区政协四届五次会议，围绕泉港区“十四五”规划纲要制订实施和推动全方面高质量发展充分协商议政。组织委员发言，就夜间经济发展、养老体系建设、科教园区建设、港口产业发展等议题向大会提交13份发言材料。开展小组讨论，针对教育优质均衡发展、医共体建设、乡村旅游发展、传统文化保护等方面提出47条意见建议，集思广益为党政提供智力和民意支持。

【安控区征迁重点协商】 2021年，泉港区政协关注安控区项目征迁群众进城后的生产发展和生活保障问题，就职业教育和技能培训、妇女就业、征迁村集体资产管理、就业创业机制等方面深入调研，找准征迁群众就业创业工作的

2021年5月10日，广东省政协考察组到泉港考察清源创新实验室建设情况（图/区政协办）

问题症结，与区政府联合召开专题协商会议，提交6份建设性材料，为政府和部门精准施策、妥善解决征迁群众就业创业提供参考依据。注重学习调研成果的综合运用，就安控区范围内土地的合理开发利用深入调研协商，形成“后征迁时期推进城乡融合发展”的调研报告，提交市政协“促进城乡融合发展”课题调研组。

【“再学习、再调研、再落实”专项调研】 2021年，泉港区政协成立区政协推动“三再”活动实施方案，抓好持续推进泉港台湾融合发展，助力打造“台胞台企登陆的第一家园”牵头专项任务，组织部门深入学习调研，研究提出行之有效的工作举措，形成专题调研报告，为泉港区产业转型升级和经济高质量发展，为推进泉港台湾融合发展建言献策。

民主监督

【概况】 2021年，泉港区政协关注政府工作的热点、难点问题，加强政协“五大员”监督，定期邀请民主监督员参加视察、政情通报等活动，拓宽其知情渠道，组织和引导政协“五大员”，就勤政廉政、作风转变、依法行政和行政审批事项改革等方面开展各种形式的民主监督，对存在问题提出批评和建议，发挥政协民主监督作用。

【专题议政监督】 2021年11月24日，泉港召开区政协四届二十六次常委会，邀请区政府通报区政协四届五次会议提案办理情况，邀请区委政法委通报2021年度全区平安建设（综治工作）情况，组织委员就提案办理情况、全区综治工作情况开展民主监督。

提案办理

【概况】 2021年，泉港区政协四届五次会议提交提案152件，经过严格审核把关，立案143件。提案分解到33个承办单位进行办理，遴选出11件涉及经济建设、民生改善和公共服务和教育文化等方面重点提案实行领导领衔督办，组织承办单位就落实落细提案工作细则进行业务培训，要求承办单位因事制宜，制订提案办理方案，适当延长办理时限，提高提案办理实效。四届五次会议提案全部办理答复完毕，满意率100%。

【“对老旧多层住宅增设电梯”建议】 至2021年底，泉港区政府有关单位完成该提案办理。完成情况：组织摸清全区老旧小区数量、面积、栋数、户数等基本信息，逐一建立台账，汇总形成老旧小区数据库，老旧小区改造由住建局统筹组织，镇（街道）具体实施。业主单位将老旧小区加装电梯方案上报属地镇（街道），由属地镇（街道）牵头具体实施并上报住建局汇总列入项目库。住建局将结合老旧小区改造工作引导居民出资增设电梯，并与其他改造项目同步设计、同步施工、同步验收，同时将探索引入新的电梯增设模式。

【“对全区餐饮餐具集中消毒行业进行整顿”建议】 至2021年底，泉港区政府有关单位完成该提案办理。办理情况：召开专题工作会议部署落实餐饮餐具集中消毒服务单位专项整顿工作，对辖区内的餐饮餐具集中消毒服务单位开展全面摸排、分类，建立“一户一档”卫生管理档案。与经营者本人签订《卫生安全责任书》，明确其食品安全主体责任。督促企业建立自查制度，健全卫生管理体系，落实生产过程记录制度，设立卫生质量实验室，开展产品自检等。按季度专项监督抽检和专项突击检查的方式监督辖区内相关企业生产经营行为。2021年对摸排中发现的未持有效营业执照、不具备生产条件的餐饮餐具集中消毒服务单位1家予以警告，并规劝关停。

【“拒绝垃圾‘先分后混’，加快推进分类”建议】 至2021年底，泉港区政府有关单位完成该提案办理。办理情况：结合区行政管理中心共同探索与第三方合作开展垃圾分类工作的模式，在公共机构全面开展垃圾分类工作，逐个单位进行推动。协同山腰街道，在2019年试点的小区的基础上向全街道覆盖延伸。示范社区聚福小区探索“党员楼长+示范户引导”模式，通过入户引导、宣传等方式对楼栋居民的垃圾分类进行指导。结合创城创卫工作，全区投入生活垃圾分类桶2670个，新增投放点近700处，更新环卫车辆50余辆。

【“发展职业教育，促进泉港技能型人才培养”建议】 至2021年底，泉港区政府有关单位完成该提案办理。办理情况：2021年秋季，泉港职专复办，设置幼儿保育等8个专业，教学班10个，在校生346人。将利用福州大学石化学院、福师大泉港石化研究院和园区企业等师资力量，协同育人模式，实现师资、实训、课题等共享，推动企业“订单式”人才培养模式等解决学生就业问题。

【“推进泉港区农村生活污水治理”建议】 至2021年底，泉港区政府有关单位完成该提案办理。办理情况：2020年，编制《泉港区农村生活污水治理统一规划》，按区域分类将农村生活污水纳入城镇污水处理厂或村庄集中式处理。2021年，向上申请资金，省市生态环境部门下达农村生活污水治理专项资金478万元，完成专项补助项目11个，资金239万元。

纪检监察

综述

【概况】 2021年，中共泉州市泉港区纪律检查委员会、泉州市泉港区监察委员会（简称“泉港区纪委监委”）加强政治建设和纪检监察队伍建设，加强党风政风监督、巡查巡视和案件查处。全年受理检控类信访举报209件次，处置问题线索142件，立案63人；查处违反中央八项规定精神问题9起9人、形式主义官僚主义问题14起27人；部署开展民生领域“点题整治”，督促16个职能部门接受社会评价，查处群众身边腐败和不正之风问题20个29人；针对基层政策执行中的困惑疑点，督促相关部门梳理“正负面清单”63条。

【领导班子监督】 2021年，泉港区纪委监委聚焦“关键少数”，健全完善政治监督谈话工作方式，协助区委加强对下级“一把手”和领导班子的监督，压实管党治党政治责任。精准问责传导压力，区纪委主要领导与部分区直部门、镇（街道）“一把手”和纪检监察机构负责人开展政治监督谈话，推动主体责任和监督责任落实落细。全年共对落实主体责任不力的2个党组织和9名领导干部进行责任追究。

【专项监督】 2021年，泉港区纪委监委立足“监督的再监督”职能定位，部署开展疫情防控、农村乱占耕地建房、文化遗产保护、四大行业领域整治等专项监督，通过片区联动、室组镇联动等方式，发挥职能部门业务监督优势，共督促整改各类问题200多个。疫情防控期间组建8个督导组下沉一线，派出精干力量驻点封控区，针对医疗物资保障、就医绿色通道、社区封控管理等重要事项形成专报并提出意见建议20多条，查处落实防控责任不力问题3起6人，做到监督不缺位、助力不添乱。

【监督导向】 2021年，泉港区纪委监委落实“三个区分开来”重要要求，在全市指导意见框架内，配套出台容错纠错、巡察移交问题线索会商、公开宣告等五项制度，拟定首批容错事项正面清单5项28条，旗帜鲜明为敢于担当者担当，被列入区委“三个再”活动专项行动，有关做法在中纪委内网“华东之窗”刊发。

2021年2月5日，中共泉港区第四届纪律检查委员会第六次全体会议召开

（图/区纪委）

【营商环境难点破解】 2021年，泉港区纪委监委围绕服务全区发展大局，建立“1+5+N”监督协调机制，助力破解营商环境中的堵点痛点难点，点题推动在全省率先成立中小企业帮办服务中心，入选全市营商环境十大举措名单，相关做法先后在《中国纪检监察报》《福建日报》等媒体报道。

【区纪委四届六次全会召开】 2021年2月5日，中共泉港区纪委四届六次全会召开。会议按照中央纪委全会、省市纪委全会和区委部署，回顾2020年纪检监察工作，部署2021年任务；审议通过区纪委四届六次全会工作报告和《决议》。

【首届特约监察员聘任会举办】 2021年2月4日，泉港区监察委员会举行首届特约监察员聘任会，聘请来自不同行业不同领域的16名特约监察员。会议向特约监察员颁发聘书和工作证，签订“特约监察员履职承诺书”。

正风反腐

【概况】 2021年，泉港区纪委监委受理检控类信访举报209件次，处置问题线索142件，立案63人，其中科级干部4人，移送司法机关3件3人，完成市纪委指定管辖留置案件。用好“四种形态”抓早抓小，其中第一、第二种形态处理191人次，占总数的84.89%。加强政法队伍教育整顿监督执纪执法，准确把握政策规定，2起案件被列入省、市“自查从宽、被查从严”典型案例，有关做法得到中央第八督导组肯定。坚持办案、整改、治理协同推进，健全常态化案件质量评查机制，针对查处的典型问题，分系统分领域开展深度治理，发出纪检监察建议书11份，推动相关单位建章立制8项。

2021年2月23日，泉港区纪委监委到区行政服务中心调研优化营商环境工作

（图/区纪委）

【“点题整治”活动】 2021年，泉港区纪委监委紧盯惠民富民措施落地落实，部署开展民生领域“点题整治”，通过走访调研、“1+X”监督、问题督办等方式，督促16个职能部门接受社会评价，推动解决城区停车难、城区学位不足、动迁群众养老医疗保障、拆迁村“三资”管理不规范等一批群众“急难愁盼”问题，查处群众身边腐败和不正之风问题20个29人。

【作风建设】 2021年，泉港区纪委监委推动落实中央八项规定及其实施细则精神，紧盯享乐主义奢靡之风易发节点，分地域分领域分层级开展纠“四风”树新风活动。全年查处违反中央八项规定精神问题9起9人、形式主义官僚主义问题14起27人，对3起典型案例予以通报曝光，释放越往后盯得越紧、执纪越严的强烈信号。针对基层政策执行中的困惑疑点，重点围绕公务接待、差旅费管理、会议费等6个方面，督促相关部门梳理“正负面清单”63条，消除制度空白、模糊地带等问题。

巡 察

【概况】 2021年，泉港区委巡察机构统筹推进完成2轮2批次对12个党组织的常规巡察，部署开展优化营商环境、政法队伍建设、涉粮问题和生态环境等领域4次专项巡察，组织对南埔镇、涂岭镇开展巡察“回头看”，发现问题327项，移交问题线索42件64人，给予党纪政务处分17人（含区教育局作出的行政警告处分6人），谈话提醒18人、诫勉2人、解聘5人，促进制定完善制度240项，挽回经济损失95万元（清退款项76.8万元）。《优化营商环境专项巡察——真正实现让群众最多跑一次》《深化村级巡察，助力乡村振兴》分别在《中国纪检监察报》和中纪委“华东之窗”受到推介。

【“四项监督”贯通融合协作机制建立】 2021年，泉港区出台《区委巡察机构与纪检监察机关等部门工作协调机制》等文件，推动巡察监督同纪律监督、监察监督和派驻监督的贯通融合。巡前联动会商，建立区委巡察机构与纪检监察机关、组织、宣传、信访、审计等部门巡前会商机制，了解掌握被巡单位的政治生态、监督重点和问题线索；巡中双向反馈，实行纪检监察干部参与巡察全覆盖工作制度，每轮巡察至少选派5名以上干部参与巡察，建立“双向沟通反馈”机制；巡后无缝对接，巡察结束后，派员参与问题线索处置核查和整改工作，实现巡察问题线索移交处置、整改工作及时对接。

【“村级巡察”分类实施工作机制推进】 2021年，泉港区坚持分级分类精准施策开展村级党组织巡察，将全区101个村（社区）划分为平稳常规类村、涉及惠民政策类村、软弱涣散类村和信访频繁类村等四个类型，开展针对性巡察。平稳常规类村倡导优化巡察工作流程，结合前期问题摸排，采取“巡镇带村”延伸巡察模式；惠民政策类村采取“区委提级+工作专班+巡察驻村”工作模式，重点梳理2017年以来上级部署的脱贫攻坚、移风易俗、扫黑除恶、安全生产等各类民生领域任务清单，结合日常监督工作中发现的各镇（街道）贯彻落实打折扣、执行不到位的村（社区）的情况开展巡察。对群众反映问题较为集中，社会关系较为复杂，被上级确定为软弱涣散型的村级党组织采取异地交叉巡察，由巡察机构选派巡察组组长、乡镇选派熟悉村级工作的干部、从区委人才库挑选熟悉基层党建工作的干部，组成交叉巡察组开展换位交叉巡察。联合区纪委监委信访室、区信访局对近年来全区各镇（街道）村（社区）的群众信访举报件进行梳理归类，对群众举报较为频繁的村（社区）开展“点穴式”巡察。

【巡察工作五年蓝图绘制】 2021年，泉港区总结复盘上一届区委巡察工作，谋划绘制新一届区委巡察工作五年蓝图。学习研究中央、省委、市委新一届关于巡视巡察工作的规划，查找四届区委巡察工作存在不足，召开巡察工作专题会议，征求各方意见，制定《中共泉港区委巡察工作规划（2021—2026年）》，启动五届区委第一轮对4个党组织的巡察工作。完善巡察制度机制，修订完善巡察机构与区直相关单位的统筹衔接和协调协作制度，健全完善情况通报、业务指导、联动处置等机制。把巡察监督重点聚焦在上级决策部署上，调整充实区委巡察工作方案，细化工作流程，形成区委巡察日常工作、反馈工作和整改日常监督工作3张流程图，实现挂图上墙指导。

廉政宣传

【概况】 2021年，泉港区纪委监委结合换届选举，运用廉宣讲、廉视频、廉标语等“线上线下”同步推进，有针对性开展“廉洁从政”“严守换届纪律”等换届纪律主题宣讲10余场，发送换届提醒短信5批次3000多条，覆盖党员干部2000余人。组织4场400多人次旁听职务犯罪案件庭审，以身边事教育身边人，引导党员干部廉洁自律、筑牢防线。

【廉政教育基地建设】 2021年，泉港区纪委监委围绕“一基地五园区”的建设主线，提升改造区内廉政教育基地，巩固提升土坑刘氏和凤北李氏两个廉政文化园，创建黄素石楼黄氏、峰尾卢氏等党员群众身边的廉政文化园。统筹运用本土特色廉政教育资源，联合区文旅公司将泉港区2条市级廉洁红色旅游路线纳入泉港区旅游手绘地图，打造廉政教育现场教学点，扩大廉政文化传播面。

【全区政法队伍教育整顿廉政教育报告会召开】 2021年3月24日，泉港区召开全区政法队伍教育整顿廉政教育报告会暨警示教育大会，区委政法委、区法院、区检察院、区公安分局、区司法局领导班子成员及其内设机构主要负责人，各派出法庭庭长、公安派出所所长、司法所所长，政法系统科级干部政治轮训班全体学员，区教育整顿办全体干部参会。会议通报泉港区政法干警违法违纪典型案例，泉港区委常委，区纪委书记、区监委主任、区政法队伍教育整顿领导小组副组长王洪龙作题为《守住底线红线　锻造新时代绝对忠诚纯洁可靠的政法铁军》的廉政教育报告。

2021年3月24日，泉港区召开全区政法队伍教育整顿廉政教育报告会暨警示教育大会
（图/区纪委）

中国国民党革命委员会泉州市泉港支部委员会

【概况】　至2021年12月，中国国民党革命委员会泉州市泉港支部委员会（简称“民革泉港支部”）有党员43名，其中市政协委员2人，区政协委员3人；副处级干部1人，正科级干部1人，副科级干部3人；主委1人，副主委2人。

【学习教育】　2021年，民革泉港支部每两个月召开一次支委会议，每季度召开一次党员会议，并形成制度。学习贯彻落实习近平新时代中国特色社会主义思想和中共中央总书记习近平系列重要讲话，学习中共十九届五中和六中全会精神、《各民主党派中央关于纪律处分工作座谈会纪要》、《民革中央关于切实做好2021年参政议政工作的意见》精神、民革泉州市委2021年参政议政工作会议精神和中共福建省第十一次代表大会精神。定期开展组织生活会，组织党员参加省、市委会组织的报告会、座谈会、研讨会、培训班。支部副主委林文将与陈德义参加民革泉州市委组织的骨干党员培训班；支部副主委陈德义参加泉州市社会主义学院举办的第18期党外科级干部培训班；支部主委陈海鹏、副主委林文将参加民革泉州市委组织的“同心学党史，坚定不移跟党走”专题学习教育活动；支部党员林文将、杜天瑞和陈智平参加民革泉州市主委樊美清授课的《以党为师　跟党前行》专题讲座；组织党员参加中共泉州市委统战部开展的“党外人士参观红色教育基地”活动。

【参政议政】　2021年，民革泉港支部履行参政议政职能，向泉港区政协四届五次会议和五届一次提交集体提案12件、个人提案8件，其中《关于安征迁后期应重视群众就业问题的建议》被区政协确定为2021年度重点提案。完成《加强征迁村集体资产盘活管理，促进群众就业创业》等调研文章，撰写党外人士学《中国共产党统一战线工作条例》心得体会1篇。

【社会服务】　2021年，民革泉港支部副主委林文将带领部分党员到前黄镇古县村、天益达钢结构有限公司走访慰问困难群众3户和就地过年的非泉港籍民革党员、天益达钢结构有限公司总经理杜天瑞。支部党员钟云平、林嘉林、刘荣演和杜天瑞各向由市委统战部牵头开展的“同心安居工程”活动捐款1万元，共4万元。疫情防控期间，党员赖丽燕、林黎阳、王惠建等在一线开展防控工作；党员杜天瑞、钟云平、林嘉林，入党积极分子邱龙聪等及所在企业，累计捐款捐物54300元，捐赠消毒液7750公斤，助力疫情防控。

中国民主同盟泉州市委员会泉港区总支部委员会

【概况】　至2021年12月，中国民主同盟泉州市委员会泉港区总支部委员会（简称“民盟泉港总支”）有盟员100人，本科学历盟员82人，占82%；中高级职称盟员72人，占72%；文化教育界别41人，占41%；女盟员23人，占23%；退休盟员6人，占6%。有区人大代表3人，区政协委员10人，市政协常委1人，区政协常委1人，民盟泉州市委会副主委1人、委员4人。

【学习教育】　2021年，民盟泉港总支召开总支委员（扩大）会和支部专题学习会，学习中共十九大和十九届四中、五中全会精神和习近平同志在庆祝中国共产党成立100周年的重要讲话、在纪念辛亥革命110周年的重要讲话精神和民盟十二大及十二届四中全会精神，铸牢“不忘合作初心，继续携手同行”的共同思想政治基础。盟员原创并自编自导朗诵视频的《民盟辉光》受到上级盟组织肯定；组织盟员到漳州平和暴动纪念馆及东山谷文昌纪念馆学习参观；邀请盟市委主委陈建通为总支盟员作《同心学党史 永远跟党走》党史学习教育辅导讲座；组织医师及教师盟员到前黄镇凤北村孝廉文化主题公园、涂岭镇明清古街及樟脚村陈平山革命纪念碑和陈平山故居等地参观学习。

【参政议政】 2021年，民盟泉港总支坚持“有调研才有发言权”参政理念，把提高协商议政实效作为参政议政重要内容。两会前组织人大代表、政协委员召开提案撰写学习培训会，部署提案。在区政协四届四次会议上提交集体提案22件，涉及泉港区乡村振兴、交通出行、文化教育、医疗卫生、城市管理、生态环保、旅游管理等群众关心的热点问题，其中4件被列为区政协重点督办提案；提交大会发言2篇，调研文章2篇。重视提案办理沟通交流，《关于进一步加强对学校周边食品安全管理的提案》《关于加快泉港职专新校区建设，推进我区中职学校协调发展的提案》等提案得到相关部门重视推进；《关于加强市场管理的提案》和《关于乡村垃圾集中处理的建议》被列为区政协重点提案。

【社会服务】 2021年，民盟泉港总支组织盟员书法家到前黄镇后张村、凤翔村等开展多场“迎新春、送春联”活动，为群众现场书写春联5000多副；盟员钟荣信捐赠20多万元支持山腰街道鸾峰村、钟厝村奖教奖学，支持村集体建设太阳能发电项目。5位盟员响应区委统战部“建立同心光彩基”倡议，各捐赠1万元助力实施同心安居工程；组织医卫界盟员参加全市统一战线举办的“不忘初心 共筑同心——庆祝新中国成立100周年暨建盟80周年”义诊赠药扶贫活动和涂岭镇和峰尾镇送医送药义诊活动，义诊620多人次；联合区助老协会、义工协会举办多场“敬老、爱老、弘扬孝道”宣传活动；拨付5000元支持涂岭镇下炉村建设“同心书屋”；向凤翔村贫困大学生捐款5000元助学金。民盟庄少强倡导并把传统文化掌中木偶剧、闽南地方方言等带进各个中小学课堂；指导泉港特校残疾儿童木偶表演参加省赛，获省级“一等奖”。疫情期间，主委王梅珠挂钩泉港二院和惠华中学两个隔离点指挥工作；盟员王明通、刘碧新、郑育能等十多人深入疫情防控一线；盟员刘碧新、刘宗训、庄少强等以诗歌、书法等艺术方式宣传抗疫事迹；盟员通过各种渠道捐款捐物134000元。

中国民主建国会泉州市委员会泉港区支部委员会

【概况】 至2021年12月，中国民主建国会泉州市委员会泉港区支部委员会（简称“民建泉港支部”）有会员人数35人，男会员27人，占77.14%；女会员8人，占22.86%；中级职称14人，占40%；副科级干部3人，在单位、企事业中担任中、高层负责人20人。有区人大常委会委员1名，区政协委员4名，区教育系统党风检风监督员1名。推送副主委陈志东、支委委员陈惠蓉、会员陈庆昌、郭东玲、肖明春、庄学煌等6人为民主党派代表人士。会员陈庆昌当选为新一届人大常委会委员，陈志东、郭东玲、肖明春、庄学煌当选为新一届政协委员；发展新会员，培养积极分子2名。

【学习教育】 2021年，民建泉港支部学习中共十九届五中全会精神和民建十一届四中全会精神，利用支部成员聚集时间学习统战理论和民建的党章党史，并以此为理论教育重点贯穿支部工作始终。加强会员自身修养，培养会员素质，在中国共产党成立100周年之际，贯彻执行民建市委、区委关于《学中共党史，讲民建故事》精神，组织学习《中国共产党统一战线工作条例》《各民主党派中央关于纪律处分工作座谈会纪要》等，会员结合各自工作领域展开讨论。开展红色主题教育活动庆祝中国共产党成立100周年，加深党派成员对于中国共产党性质和使命的认识。会员郑秀枝撰写的《春风吹拂壮我行》参与党外人士学《中国共产党统一战线工作条例》征文活动，在中国民主建国会和中国民主建国会福建省委员会两大官方网站刊发。在界山镇东张村开展“相约三八节 乡村振兴行”主题活动，举行2021年工作部署会暨庆祝“三八”国际妇女节茶话会。

【参政议政】 2021年，民建泉港支部提交《关于对我区餐饮餐具集中消毒行业进行整顿的建议》《关于行政事业性缴费方式“多元化”的提案》《关于加强低效、闲置土地利用的建议》《关于建议制定泉港区在2030年前实现碳达峰和2060年前实现碳中和路线图的提案》《关于在泉港区推进真正可降解塑料袋研发及运用的建议》等多篇政协提案，其中《关于对我区餐饮餐具集中消毒行业进行整顿的建议》获政协重点关注。参加区委统战部、区政协组织的政党协商座谈会，向座谈会提交《关于促进经济社会发展的几点意见建议》；组织会员参加有关部门组织的征求意见会等，提出意见和建议。

【社会服务】 2021年，民建泉港支部与山腰第二中心小学开展“关爱儿童，情暖六一”活动，为孩子们送去节日的慰问祝福，赠送总价值10000元的节日礼物。响应区委、民建市委抗疫倡议号召，通过区红十字会向界山镇捐赠价值10663元的防疫物资；会员陈庆昌、庄学煌、肖小江累计捐资645663元，捐赠口罩16万个、免洗消毒凝胶2560瓶等抗疫物资，助抗疫情；会员刘海平、陈淑珍、陈阿琼、陈惠蓉等投入抗疫第一线；会员郑秀枝撰写诗歌《湿漉漉的战袍》致敬一线医务人员。

中国民主促进会泉州市泉港区支部委员会

【概况】　至2021年12月，中国民主促进会泉州市泉港区支部委员会（简称“民进泉港支部”）有19名会员，教育界会员10人，占52.6%；大专以上学历会员18人，占94.7%；中高级职称会员10人，占52.6%；区政协常委1人、政协委员2人，在各个单位担任中、高层负责人8人。

【组织建设】　2021年，民进泉港支部坚持班子建设高标准，加强和完善支部规范化管理，加大优秀后备干部培养力度。优化组织结构，定期组织会员参加培训，加强骨干会员和新会员思想建设和参政议政能力建设。结合春节、妇女节、教师节等节日，开展形式多样的活动，增进会员间交流；走访慰问会员家庭，联络会员感情；高标准发展会员，坚持“注重质量、注意数量、保持特色、优化结构”原则，把好入会关口，注重吸纳政治素质好、参政议政能力强的优秀人士入会。学习领会《中国共产党统一战线工作条例》对民主党派履行民主监督职能的有关要求，推进民主监督工作。

【学习教育】　2021年，民进泉港支部学习习近平新时代中国特色社会主义思想，强化政治学习，夯实思想基础，组织生活会、支委会、印发学习资料自学等，传达学习中共十九大，十九届二中、三中、四中、五中、六中全会精神和《中国共产党统一战线工作条例》，以及民进十二大精神和中央、省、市、区统战会议精神。开展“不忘合作初心、继续携手前进”主题教育学习活动；举办习近平新思想专题学习讲座，教育引导全区会员牢记“跟着共产党走，才是在正道上行”的民进初心，坚定会员初心使命，夯实多党合作的思想政治基础；通过网络学习平台，组织全体会员深入了解中国民主促进会的光荣历史。结合中国人民政治协商会成立70周年，中国民主促进会成立75周年、福建民进成立35周年、中共中央发布“五一口号”70周年、中国共产党成立100周年等重要节点，组织会员通过参加演讲、召开座谈会、外出考察、撰写心得体会等方式参与纪念活动，推动多党合作优良传统深入人心。推荐会员参加民进省委、市委举办的骨干会员培训班、新会员培训班、信息员培训班，以及区委统战部举办的党外人士培训班，提高理论水平，累计参训人员45人次；加强爱国主义教育，组织会员学党史，悟思想，传承红色基因，激发爱国情怀。

【参政议政】　2021年，民进泉港支部围绕中心、服务大局，在发展所需、民生所盼中找准职责所能，开展调查研究，提交提案6件，其中，《关于规范建筑垃圾集中堆放和再生处理的提案》被列为泉港区政协五届一次会议重点提案。会员发挥界别优势和各自特长，反映各领域社情民意，对群众关注的热点、焦点、难点问题，提出切实可行的看法和建议。参加中共泉港区委、区政府召开的党外人士座谈会、协商会、征求意见会等，分别就推进泉港区城镇化建设、优化城区教师队伍建设等重大问题建言献策。通过政治协商平台，参与区政协组织的“聚焦学前教育，倾力推进‘幼有所育’”“现代农业”“初中教育优质均衡发展”等专题视察活动，参加区委统战部组织开展的“弘扬才溪调查精神，提升参政议政质量”视察学习活动，提出有建设性的意见建议。

【社会服务】　2021年，民进泉港支部创新社会服务方式，拓宽社会服务渠道，提高社会服务成效。多形式打造教育帮扶品牌，参与“同心助学”公益活动，到泉港特校开展调研活动，捐献校服125套，共计1万元；组织关爱贫困大学生助学活动，发放助学金2万多元；在泉港一中举行助学金发放活动，为5名贫困学生送去助学金5000元，安排会员教师与贫困学生结对帮扶。组织开展“精准扶贫·奉献爱心”等公益助困活动多场，发动会员累计捐款捐物超过1万元；参与“505”微心愿公益活动，为贫困家庭送去电饭煲、电风扇等生活用品，帮助多户贫困家庭圆梦。“六一”国际儿童节期间，组织会员到区内各个庵堂看望慰问孤儿，到农村学校慰问外来务工子女与贫困家庭子女，送去贴心礼物和节日祝福。开展重阳节慰问活动，为前黄镇前烧村老年协会送去节日问候及慰问金。开展“春联进万家”活动，组织会员到后龙镇坑仔底村为乡亲们书赠春联。贯彻落实各级各部门疫情防控决策部署，组织会员向湖北宜昌市红十字会捐款9510元；配合区委统战部开展“践行雷锋精神，我们共同战‘疫’”学雷锋志愿服务活动，组织会员参加泉港区抗击疫情工作，为离相寺捐赠大米、食用油等生活物资，到钟厝畲族村开展疫情防控宣传工作；会员参与防控排查、线上教学、心理辅导等抗疫工作；会员陆富中自筹资金2万多元为龙山社区、普安村、前烧村购买口罩、消毒水等防疫物资。

中国农工民主党泉州市泉港区总支部委员会

【概况】　至2021年12月，中国农工

民主党泉州市委会泉港区总支部委员会（简称“农工党泉港总支”）有主委1人，副主委3人，总支委员5人，下设综合、医卫、文教、经济科技和泉港医院5个支部。总支党员人数97人，其中，大专以上学历84人，占86.6%；中、高级职称65人，占67.0%；文化、教育界31人，占32.0%；医卫界40人，占41.2%；生态环保、经济科技、法律界27人，占27.8%；副厅级领导1人，正、副科级领导7人，在各个单位担任中、高层负责人的有30多人。

【组织建设】　2021年，农工党泉港总支遵循“注重质量、兼顾数量、保持特色、改善结构、组织发展与后备干部队伍相结合”的工作思路，发展政治觉悟高、素质好、能力强、有代表性的，热心于党派工作的优秀人才加入党派。向中共泉港区委统战部推荐优秀党员，在2021年市、区两级人大、政协换届中，6名被聘为区政协委员，1名被聘为区政协常委，2名被选为区人大常委会委员，2名被聘为市政协委员。完善党员联络平台；发挥网络平台作用，运营总支微信公众号、党员微信群，加深党员之间的交流联系，增强政策理论、健康知识等方面宣传效应。发挥党员之家作用，依托总支海丝文化实践基地和网上“党员之家”专栏，以支部为单位组织党员开展形式多样的活动，发布党员之家的活动动态，展示党员之家的线下风采，形成“特色之家”。通过走访慰问、举办座谈等形式，加强与党员之间的沟通联系，关心关怀老党员、一线党员。召开医卫界别党员座谈会，为促进泉港区医疗卫生事业发展出谋献策。重阳节期间，组织部分老党员座谈，总支领导带队走访部分老党员，送去关怀。

【学习教育】　2021年，农工党泉港总支召开2020年工作总结会，学习传达中共十九届五中全会、农工党十六届四中全会、农工党泉州市十四届委员会第六次全体会议等文件精神。以召开总支扩大会、支部学习会等为载体，学习贯彻中国共产党十九届六中全会精神、习近平新时代中国特色社会主义思想，以及中共中央、省委、市委、区委统战工作会议和农工党中央、省市各级会议精神，开展中国共产党党史学习教育，结合妇女节、医师节、教师节等活动，分界别组织党员开展主题学习教育。联合泉州市中医院支部到三朱红色革命教育基地开展中共党史学习教育。结合疫情防控需要，通过发放书面学习材料、在微信公众号创建农工党泉港总支微课堂，定期发布《中国共产党的历次代表大会极简史》《中国共产党简史》等相关党史内容和理论文章，组织党员们线上学习，增进对中国共产党百年历史的认识。

【参政议政】　2021年，农工党泉港总支发动党员针对群众关注的热点难点问题建言献策。全年共向市委会报送28篇社情民意，被省委会采用15篇，其中1篇得到农工党中央采用，5篇被省政协采用。组织数名骨干党员由总支领导分别带队，通过会议讨论、实地调研等方式形成优质调研报告《突发公共卫生事件体系乡村医生队伍建设的建议》1篇。做好区级两会上集体提案的调研撰写工作，发动支部党员征求提案议题，撰写初稿，并经总支委扩大会讨论修改，最终形成集体提案提交区政协，提交集体提案10篇，个人提案11篇。

【社会服务】　2021年，农工党泉港发挥党派成员中医药卫生界人士多的优势，与辖区医疗机构、农工党泉州市其他兄弟支部合作，经常性开展送医送药送健康活动。利用助残日活动、“同心助医”党派品牌，组织党员到老少边地区和孤残儿场所送医送药送用品。联合泉州市中医院支部、区生态环境局到前黄镇三朱村开展环境与健康宣传周义诊活动暨“6•5”环境日主题宣传活动，为100多名群众义诊，赠送价值2000多元的药品，发放价值500多元的宣传资料100多份、宣传小礼品100多份。联合泉州市第一医院基层委员会、农工党洛江总支到界山镇狮东村开展“同心助医助学，共建健康泉州”为主题的义诊赠药及爱心助学活动，诊治村民200人次，免费赠送药品价值达3000余元，为当地贫困学生送去慰问金6000元。响应《同心战疫集结前行——致全区统一战线各界人士的倡议书》倡议，发挥党派优势，多位党员参与抗疫一线工作；党员庄小峰捐款14.5万元、王荣明捐赠医用面罩5000个、林淑华捐款3000元、戴清秀捐款1000元；党员戴清秀、陈小燕、陈振峰等撰写抗疫宣传文章，为抗疫贡献农工党党派力量。

中国致公党泉州市泉港区总支部委员会

【概况】　至2021年12月，中国致公党泉州市泉港区总支部委员会（简称“致公党泉港总支”）有党员60人，本科学历党员36人，占60%；中高级职称党员46人，占76.67%；文化教育界别28人，占46.67%；女党员10人，占16.67%；退休党员14人，占23.33%。有区政协委员5人，区政府副区长1人，致公党泉州市委会副主委1人。

【组织建设】　2021年，致公党泉港总支加强自身建设，强化“四个意识”、提升“五种能力”，团结和带领全区广大党员发扬优良传统，履行好参政党职能，完成各项工作任务。发展5名新党员，其中本科学历3人，中级职称2人。在区政协大会上提交党派团体提案11篇，大会发言2篇，2件提案被确定为重点提案。组织发展整体质量不断提高，新党员年龄趋于年轻化，发展界别不断拓宽，知识层次明显提高，为后备干部队伍建设奠定基础。制定《基层组织党员活动经费支出范围及报销审批流程》，规范党员活动经费使用按理。配合市委会开展调研工作，推进“党员之家”建设，致公党泉港“党员之家”在工业区商会大楼二楼总支办公室挂牌成立。

【参政议政】 2021年，致公党泉港总支采取主委主抓，副主委分工配合、挂钩联系、委员认领方式，共同做好参政议政工作。参加区委区政府召开的政党协商会、征求意见会，开展调查研究，撰写调研报告、提案和反映社情民意信息。在区政协大会上提交党派团体提案11篇，大会发言2篇，其中《进一步优化就业创业机制，营造搬迁群众就业创业良好环境》入选会议发言汇编；《关于适时清理全区闲置土地的提案》《关于盘活我区闲置低效工业厂房的提案》2件提案被确定为重点提案。《关于以土地流转为主抓手，深入推进我区乡村振兴战略的提案》在市区政协常委会专题协商会上做交流发言。围绕区委区政府中心工作，开展调研工作，履行民主党派参政议政的本职工作，向各级各部门报送社情民意信息30余条，其中《关于大力推进城乡污水处理设施及管网建设》等信息获区委主要领导批示。调动全体党员反映社情民意的积极性，借助新党员培训班等平台，邀请专家学者开展撰写社情民意信息专题讲座，提高党员日常反映社情民意信息的自觉性和主动性。

【学习教育】 2021年，致公党泉港总支抓好理论学习，注重加强自身建设，把思想和行动统一到中共中央和各级党委的决策部署上来。通过开展中共党史学习教育、举办新党员培训、选派骨干党员参加培训班等形式，学习领会中共中央一系列重要会议和文件精神，增强“四个意识”、坚定“四个自信”、做到“两个维护”。组织参加市委会“礼赞新时代，共筑同心圆”——庆祝中国共产党成立100周年文艺晚会，歌颂中国共产党成立以来取得的辉煌成就，演绎民主党派在中国共产党的领导下，不忘使命践行初心的时代担当。联合其他兄弟党派举办“纪念辛亥革命110周年”座谈会，激发广大党员“致力为公”“侨海报国”的责任感和使命感，提升学习效果。

【社会服务】 2021年，致公党泉港总支通过社会服务工作专门机构发动基层组织和社会资源，共同参与社会服务工作，联合区济困公益协会捐赠“同心安居工程”5万元，助力贫困户实现安居梦；捐赠“同心助学 松柏成才”行动助学金2万元，资助品学兼优的准大学生圆大学梦；重阳节期间开展敬老主题活动，走访慰问孤寡老人，送去生活必需品共计1.5万元。开展消费扶贫，参与致公党中央定点帮扶点重庆市酉阳县和本党省委会定点帮扶点三明扶贫消费，帮助农民销售蜂蜜、茶叶等农产品，开展脱贫攻坚民主监督和精准扶贫工作。总支领导班子响应抗疫号召，医卫界别党员坚守一线走访调研，了解挂钩帮扶村庄需求，提出对策建议，助力做好返城务工、农产品销售、企业开工复工等重点工作，巩固和发展好对口帮扶成果，慰问受疫情影响困难群众，发放慰问金近2万元。

泉港区工商业联合会（泉港区总商会）

【概况】 2021年，泉港区工商业联合会（简称“泉港区工商联”）围绕服务民营经济高质量发展，举办“走进异地商会 共谋发展大计”招商活动5场次，组织10家企业参加中国泉州智能博览会，与20家异地商会签订“同心大商圈”战略联盟协议。加强工商联组织建设，区工商联（总商会）会员690家（个）；提交涉及产业发展、社会民生、基础设施建设等方面提案62件；推动疫情防控捐款捐物3000多万元，弘扬优秀企业家精神，推动民营经济发展。

【参政议政】 2021年，泉港区工商联发挥执委中企业家人大代表、政协委员职能作用，引导聚焦民营企业高质量发展，围绕营商环境评价、民营企业家发展信心等主题开展民营企业调查，做好中小微企业发展状况监测，通过参政议政、建言献策、民企诉求反映等渠道，营造稳定公平透明可预期的营商环境，提交涉及产业发展、社会民生、基础设施建设等方面的提案62件，得到相关职能部门的重视、采纳和施行。

【工商联组织建设】 2021年，泉港区工商联按照“扩面、扩量、扩容、提质”总要求，推进所属商协会提质扩面。加大会员发展力度，不以资产规模和个人财富设置入会门槛，以守法诚信为标准广泛吸收本区域、本领域企业入会，注重吸收年轻一代综合素质强的优秀企业家进入工商联队伍，区工商联（总商会）会员690家（个）。

【异地商会、基层商协会建设】 2021年，泉港区工商联推进异地商会、基层商协会建设，成立四川成都新都区泉港商会（四川泉港商会），泉港异地商会数量增加到20个；指导福州泉港商会完成换届，做好新老交接。龙岩市惠安泉港台商区商会被中华全国工商业联合会商会授予2019—2020年度全国“四好”商会称号，西安市泉港商会、厦门市泉州泉港商会、区商家服务协会获评省级“四好”商会，厦门市泉港商会、龙岩市惠安泉港台商区商会被评为AAAAA级社会组织。

【民族团结进步创建】 2021年，泉港区工商联以铸牢中华民族共同体意识为主线，履行成员单位工作职责，参与民族团结进步创建工作，加强与民族村企业家交流交往，主动参与、配合实施民族乡村振兴战略，撰写《关于统筹引导社会资本助力乡村振兴的建议》，作为政党协商材料提交办理。开展“百企帮百村”活动，到民族村开展工作调研、慰问等活动，引导执常委企业家参与民族村公益慈善事业，多位执委踊跃捐资捐物帮扶。

2021年6月26—27日，泉港区第十届异地商会会长联席会议暨庆祝中国共产党成立100周年活动在福州举办 （图/区委报道组）

【企业发展服务】 2021年，泉港区工商联围绕服务民营经济高质量发展，优化服务助发展，做好“进百企、走百商、访百才”活动，收集上报相关问题、建议、意见。完善民营企业访求反馈机制，推动兴通船务公司解决单位自评人才的建议落实；反映、协调落实有关会员单位企业土地款回拨、钢结构厂房鉴定等工作。落实应对疫情促进社会经济发展十三条措施，联合区税务局开展“春雨润苗”活动，为企业减轻税负。配合区委区政府开展招商引资工作，举办“走进异地商会 共谋发展大计”招商活动5场次，走进异地泉港籍乡贤企业，举办企业家座谈会，听取在外乡贤、企业家意见建议，推动项目合作、回乡兴业。举办异地商会会长联席会，向外宣传泉港，在项目、资金、技术及人才引进等方面为家乡牵线搭桥。邀请企业家参加力神新能源项目路演和中科创新科技公司项目路演，吸引在外乡贤参与家乡建设；组织10家企业参加中国泉州智能博览会，拓展企业对接渠道。做好非公人才储备，为非公企业提供人才支撑，组织建筑、市政工程、安装、机械等企业行业职称申报评审，推荐2人参评高级职称，9人参评中级职称，8人参评初级职称；联合举办初创者培训班，31名年轻一代初创者参加西南大学培训；推荐1名企业家担任全省工商联小微企业工作委员会副主任。开展“泉港人在他乡”乡情普查，挖掘建立以在外代表人士为主体的高层次人才信息库，搭建招才引智平台。召开以“坚定信念跟党走 建功立业新时代”为主题的泉港区第十届异地商会会长联席会，与20家异地商会签订“同心大商圈”战略联盟协议，与中国—东盟商务协会总会签订“一带一路”倡议合作协议并举行启动仪式推动基层商会、行业协会之间互动；引导总商会和异地商会会员企业、海外华人华侨企业加强合作，引导本地企业“走出去”，主动参与“一带一路”建设。

【社会服务】 2021年，泉港区工商联发动企业捐款42万元落实“同心安居工程”，为42户贫困群众完成危房改造。厦门市泉港商会、广东省泉港经济文化促进会分别连续14年、10年回乡开展“海西春雨助学”系列活动，2021年度捐助48.9万元，资助学生88人次。陈庆堂、林森、林明伟等企业家为教育事业发展捐款捐地，2021年度到位教育发展资金超4500万元。响应“万企兴万村”行动号召，引导会员企业通过产业帮扶、就业帮扶、同心安居工程、走访慰问等形式，巩固脱贫攻坚成果。会员企业六己茶叶公司参与“三区茶叶产销联盟”组建，促进老区茶产业的健康发展。常态化走访慰问挂钩帮扶的立档建卡困难户，结合春节、重阳节等节日开展公益慰问活动。制定《泉港区工商联关于进一步宣传福建企业家群体新风正气福建名片的工作方案》，向全区民营企业和工商界人士发出《弘扬新风正气争做“四个表率”的倡议书》，号召全区民营企业和工商界人士爱国敬业、创业创新、守法经营、回报社会，通报表扬林森等19位“移风易俗 热心公益”企业家和福州泉港商会等7家 “热心公益 造福桑梓”荣誉单位。发出疫情防控捐赠倡议，全区上下捐款捐物3000多万元，通过多种方式发布爱心捐赠芳名榜等方式，宣传民营经济人士慷慨解囊、助力家乡战“疫”先进事迹。

泉港区总工会

【概况】 2021年，泉港区总工会深化职工思想引领，创新地企共建模式和劳模工匠跨域联建，组织10家企业分别与石化行业职工技能实训基地和职工安全生产实践基地结对共建，为“石化产业高技能人才培训示范基地”“职工安全生产实践基地”授牌。承办泉州全市仪表维修工、泉港区维修电工、农村建筑工匠技能竞赛，选树“技术能手”2人、“金牌工人”3人；发动基层单位开展职工技能大培训11749人次。推进新业态新领域集中建会入会工作，全年新建基层工会组织24家、发展会员724名。

【职工思想引领】 2021年，泉港区总工会传达学习习近平总书记“七一”重要讲话和来闽考察重要讲话精神，发动广大劳模、工匠、职工和工会干部谈感想、话体会。开展中共十九届五中、六中全会精神专题学习活动，教育引导广大职工高举旗帜、维护核心、努力奋斗。召开“五一”庆祝大会，表彰“好师傅”12名，为“石化产业高技能人才培训示范基地”“职工安全生产实践基地”授牌。定时、定点通过“泉港工会”微信公众号推送工会热点新闻，强化正面宣传引导。

【职工学习教育】 2021年，泉港区总工会在“泉港工会”微信公众号上开辟“党史上的今天”学习专栏，每天一学、定期更新；组织4期12次线上党史学习教育，参与人数3100人次。组建一支由7名劳模组成的党史宣讲团，赴企业开展宣讲活动。与区委组织部、区委宣传部、区直党工委等单位联合举办党史知识竞赛。组织50名优秀女职工参加“学党史·悟思想·展作为”主题活动。制定“我为职工办实事”清单，推出实事项目15个。开展庆祝中国共产党成立100周年系列活动，组织企业职工代表队参加主题合唱比赛获得三等奖。举办主题党日活动7次，瞻仰三朱革命斗争纪念碑，参观晋江市展馆，缅怀革命先烈，学

2021年10月28日，全国总工会考核组到泉港石化行业职工技能实训基地考核劳模创新工作室工作 （图/区总工会）

习“晋江精神”。

【地企共建】 2021年，泉港区总工会创新地企共建模式，与区委组织部、区人社局联合推出党群联创、活动联办、项目联推、人才联育、资源联享“五联”共创模式。召开“地企”共建推进会，组织10家企业分别与石化行业职工技能实训基地和职工安全生产实践基地结对共建，“地企”四方联合孵化石化产业高技能人才。推行“3+1”模式（完善石化行业仪表仪器、安全教育、生产实操3大培训平台，打好1套育才“组合拳”），发挥福建联合石化公司石化行业龙头作用，“地企”联手开展技能竞赛、岗位练兵和专题培训，推动技培资源社会化。

【劳模工匠跨域联带共建】 2021年，泉港区总工会推动劳模工匠跨域联带共建工作，邀请劳模进企业宣讲中共十九届六中全会和省、市党代会精神，参观界山镇侨史馆和东张村乡村记忆文化馆；各级劳模、工匠代表与区、镇、企业、村“四级”工会干部聚焦乡村振兴战略，提出各类建议意见14条；举办农副产品展销会，展示20多个品种；组织3家劳模所在单位与东张村辖区4家农业企业签订农副产品购销初步意向书；在东张村设立“共享职工之家”。

【职工典型选树】 2021年，泉港区总工会承办泉州全市仪表维修工、泉港区维修电工、农村建筑工匠技能竞赛，选树“技术能手”2人、“金牌工人”3人。开展“名师带高徒”活动，组织师徒结对520对。职工在福建省百万职工“五小”创新大赛中获得一等奖5项、二等奖7项、三等奖21项。张肇宏劳模创新工作室入选全国示范性劳模和工匠人才创新工作室，工作成效获全国总工会考核组高度肯定。荣获福建省工人先锋号1家、“安康杯”竞赛优胜单位3家、福建省“五一劳动奖章”1人、“泉州工匠”2人，4名“泉港工匠”上榜泉州市高层次人才认定名单。

【职工纾困慰问】 2021年，泉港区总工会走访慰问企业困难职工家庭10户，发放慰问金2万元；看望坚守生产一线的“新泉港人”，送去慰问金6万元、“新春大礼包”200份、年夜饭套餐300份；慰问劳模、困难职工、一线职工265人次，发放慰问金21.2万元；为28名退休劳模发放退休津贴2.8万元。提升“金秋助学”资助标准，为35名困难学子发放助学金20.6万元。开展“送清凉”活动，走访一线单位46个。新建户外劳动者服务驿站2家，扩大服务覆盖面。向100名环卫工人征集微心愿，发动劳模、工匠、职工和工会干部认领。

【职工特色活动】 2021年，泉港区总工会鼓励职工“留泉过年”，组织“欢乐迎新春·我在泉港过大年”活动，向2万多名“新泉港人”定向发送移动通信小区信息；为1231名留在泉港过年的“新泉港人”发放过年红包24.62万元，兑换线上有奖答题消费券52份、1.44万元；安排6个电影专场，组织941名“新泉港人”企业职工观影。开展“童心向党·快乐成长”庆“六一”活动，向职工子女赠送学习用品，参观特色党建馆，共读红色故事。联合区委政法委、区人社局、区司法局等单位开展“共建共享·吉祥泉港”法治宣传活动，为职工提供公益性法律咨询和援助。组织《农民工工资支付条例》、“美好生活·民法典相伴”等专题宣传活动，在“泉港工会”微信公众号推出普法宣传12期。

【职工服务】 2021年，泉港区总工会职工服务中心重新整修，规范提升整体服务功能。推进网上工会建设，将39个基层工会7798名会员基础信息录入系统。在泉州市总工会“泉工E家”开通子站门户，上线融媒体板块。职工医疗互助实现全系统线上办理，全年组织16243名职工参加，补助职工351人次、发放补助款82.2万元。举办线上会员日活动12次，惠及职工1200人次。建设市级“职工书屋”示范点1家。开办10个暑托班，招收职工子女254人。开展3期职工疗休养，组织参与疫情防控医务人员、公安民警辅警和界山抗疫一线干部参加。4个农民工创业项目入选泉州市典型示范培育项目。启动省级劳动关系监测点2家，在福建联合石化公司设立“大检修”维权服务点。指导百人以上非公企业开展工资集体协商，签订工资集体协商协议6份、集体合同7份。

【工会基层组织建设】 2021年，泉港区总工会推进新业态新领域集中建会入会工作，新建基层工会组织24家、发展会员724名。至2021年底，泉港区共有基层工会440家、会员28685名。指导基层工会按时完成换届选举，办理工会法人证书30家、变更17家。对9家市级及以上模范“职工之家”开展复查，组织4家企业工会结对共建。召开泉港区企业工会工作交流会，加强区、镇工会与企业工会的“双向”联系，培育示范性典型。

共青团泉港区委员会

【概况】 2021年，共青团泉港区委员会（简称“泉港团区委”）推进“凝聚青年、服务大局、当好桥梁、从严治团”四维工作格局，加强青年思想教育，创新年人才服务模式，加强志愿者队伍建设，开展“扬帆计划”大学生暑期研学交流及返乡大学生应急救护志愿服务培训活动，搭建用人单位和高校青年人才精准对接平台，参加线下双选会企业28家，提供岗位近300个。召开2021年泉港区基层团组织重点工作推进会，创建五星级团支部117个，四星级团支部17个，三星级团支部28个，达标团支部99个。55个集体和个人获市级以上表彰，其中，推荐1个项目获评团中央“创青春”青年创新创业大赛银奖，3个集体和个人获评福建省少先队先进称号。区图书馆获评福建省青年文明号单位；区法律援助中心、市公安局油城分局治安大队一中队等7个单位获评泉州市青年文明号单位。

【青年思想教育】 2021年，泉港团区委开展党史学习教育，举行“青春心向党·奋进新征程”新团员入团宣誓仪式、“传承红色基因·点燃青春火炬”等主题活动，引导团员青少年听党话、跟党走。结合智慧团建推进“青年大学习”网络主题团课学习，全区18个团（工）委、120个团（总）支部参与党史学习教育。广泛征集党史党情主题团课，打造一批精品团课案例，全区3名教师活动课获评泉州市少先队活动课优秀案例。推进少先队员开展“红领巾爱学习”网上主题队课学习，68所中小学、830个中队完成学习队课学习。开展“清明祭英烈”祭扫活动，线上依托“云祭扫”平台，2831人次参与“网上祭英烈”，1766万人次点赞和鞠躬献花；线下组织发动各中小学开展清明烈士祭扫活动。组织“扬帆计划”大学生研学团队参观区城市展馆、区方志馆、区博物馆。开展“‘泉’民创城·青春随手拍”活动，邀请泉州“五四”青年奖章获得者、优秀共青团干部、行业优秀好青年录制“我为创城代言”视频，营造全城动员、人人参与的氛围。发动青年志愿者进小区、上干道、入住户，在创城宣传、卫生清理、文明劝导等方面奉献青春力量。关注最新疫情动态，利用团属新媒体主动发声、正确发声。制作《团团洗手歌》《最美的青春在‘疫’线绽放》《抗疫，在希望的田野上》等抗疫微视频，宣传青年抗疫典型事迹，点击率超4万人次。

【青年人才服务】 2021年，泉港团区委开展“扬帆计划”大学生暑期研学交流及返乡大学生应急救护志愿服务培训活动，增强大学生归属感。联合区委人才办、区人社局等举办泉港区第三届“高校青年人才—企事业单位”双选会活动，搭建用人单位和高校青年人才精准对接平台，参加线下双选会企业28家，提供岗位近300个，达成就业意向40多人。

【青年联谊】 2021年，泉港团区委从解决青年婚恋实际问题出发，举办“相约文明城·青春正当红”青年干部职工联谊交流会，丰富青年业余生活，增进青年之间沟通与交流。打造“近邻团建”工作品牌，依托7个“青年之家”综合服务平台，开展基础团务、志愿服务、学习交流、婚恋交友、教育培训、创新创业等青年服务项目。

2021年4月30日，“青春心向党 奋进新征程”2021年泉港区新团员入团宣誓仪式暨纪念建党100周年特别主题团日活动在泉港一中举行 （图/团区委）

【青年志愿服务】 2021年，泉港团区委组织青年文明号单位开展关爱帮扶活动，慰问留观青少年学生300多人、困难青少年及家庭420多人，发放3万多元慰问物资。开展“我们的节日”主题活动20余场，为50余名寺庙收养儿童和留守儿童、孤儿等送去温暖，走访慰问全区孤寡贫困老人46户，为200多位老人义剪。立足“预防青少年违法犯罪、维护青少年合法权益、促进青少年健康成长”工作要求，建立“团干部+社工+青年志愿者”工作队伍，开展“健康人生 绿色无毒”禁毒送下乡、“爱在未来 未检护航”法制宣传教育等活动，强化青少年安全防范意识和自我保护意识。结合高考中考，开展“轻松备考12355与你同行”系列活动，开设心理辅导热线，组建由11名专业心理咨询老师组成的心理危机干预志愿服务队，组织各中小学进行户外拓展活动，多形式助考生减压。疫情防控期间，组建2个区级防疫储备青年志愿服务总队，设立7支镇级防疫青年志愿服务分队，发动800多人次志愿者到物资组分批次、不间断有序上岗。组织团属社工心理咨询师开展线上咨询服务90多人次，组织两批次15名青年理发师志愿者驰援泉港的医护人员和界山镇一线工作者义剪。

【基层团组织建设】 2021年，泉港团区委召开2021年泉港区基层团组织重点工作推进会，各镇（街道）团（工）委书记就基层组织建设工作存在问题及下阶段工作推进情况发言，推动全面从严治团工作向基层延伸。开展团支部星级评定工作。树立“全团抓学校”的意识，分类制定建设标准。通过评定星级的方式，健全“三会两制一课”制度，规范和强化入团仪式、团费收缴、团籍管理、团的组织生活等基础团务工作，巩固提升一般组织，整顿落后组织，提升基层团组织活力。全年创建五星级团支部117个，四星级团支部17个，三星级团支部28个，达标团支部99个。

【团员先进性教育】 2021年，泉港团区委严把入团关口，规范入团程序，从源头上确保发展团员质量，发展团员793名。抓好团前教育、推优入团和不合格团员处理工作，强化团员的仪式教育、实践教育和意识教育，增强团员自豪感。加强团员教育培训，推进团员成为注册志愿者工作，将参与志愿服务作为团员展现先进性的重要实践载体，引导团员立足本职岗位创先争优。

【少先队工作】 2021年，泉港团区委举行少先队辅导员培训班，推动少先队改革发展，4人分别获评全国优秀少先队辅导员、福建省优秀共青团干部、福建省优秀少先队员、福建省优秀少先队辅导员；19人分别获评泉州市优秀少先队辅导员、优秀共青团干部、优秀少先队员。

泉港区妇女联合会

【概况】 2021年，泉港区妇女联合会（简称“泉港区妇联”）以“我为妇女群众办实事”为载体，加强妇女思想引领，推动巾帼建功，推荐培育优秀女性及集体，24人次（集体）受到市级以上表彰。联合命名区级“美丽庭院”100户，推荐省级美丽庭院35户，市级美丽庭院45户；联合评选命名“平安家庭”信用示范户101户；联合命名家庭“好婆媳、好妯娌、好邻居”文明户及最美家庭96户。成立泉港首个新媒体行业妇联，新建8个妇女微家。开展2021年“母亲健康1+1”公益募捐活动，募集资金25.31万元；新建7个、提升22个“儿童之家”建设纳入市、区级为民办实事项目；完成市级“两纲”验收工作，达标率居全市前列。

【妇女思想引领】 2021年，泉港区妇联联合区职业女性联谊会到惠女水库参观学习，传唱红色经典；组织百名妇女群众同跳一支舞《唱支山歌给党听》；开展“参观红色基地 重温红色记忆”活动，组织妇女党员干部到陈平山烈士红色革命教育基地和涂岭古街实地学习。举办“身边的榜样”“红色的力量”“红歌颂党恩”“故事爸妈同阅读·红色基因共传承”等系列亲子主题作品征集展演活动，征集绘制作品20幅、红色歌曲视频20个、红色故事微视频10个。选送《单车调解路 党心综治情》代表泉州市妇联参加省妇联组织的“百个八闽巾帼讲百个党的女儿故事”全省演讲比赛，获三等奖。举办《泉港巾帼革命事迹》《苦难辉煌》等专题宣讲2场。开展“护河添绿•共建美好家园”主题活动，组织镇村巾帼志愿者服务队开展护河、植树、垃圾清理、村道打扫等环境卫生清扫活动32场。

【巾帼建功】 2021年，泉港区妇联推荐培育优秀女性及集体，24人次（集体）受到市级以上表彰，其中全国荣誉个人2个、集体1个、家庭1户；省级三八红旗手1个、集体1个；市级三八红旗手6个、集体2个；省级最美家庭1个、省级绿色家庭1个、市级最美家庭3个、市级“平安家庭”示范户1个；省巾帼文明岗3个、市“巾帼文明岗”6个；市优秀女企业家2位；区级命名泉港区“巾帼文明岗”10个。联合区农水局命名区级美丽庭院100户，推荐省级美丽庭院35户，市级美丽庭院45户。联合区农水局、区委文明办在界山镇东张村召开泉港区共建美丽庭院助推乡村振兴现场会。联合农商行实施“巧妇贷”项目，全年授信796名创业女性贷款1.10亿元，银行让利465万元；举办职业女性沙龙2期，共60人参加。开展“乡村振兴巾帼行动”暨巾帼文明岗进村（社区）志愿服务系列活动3次，慰问帮扶贫困妇女儿童43户，送去物质慰

2021年3月4日，泉港区“乡村振兴巾帼行动”暨“巾帼文明岗”进村（社区）志愿服务活动启动仪式举行 （图/区委报道组）

问和慰问金4万余元。

【文明家庭建设】 2021年，泉港区妇联联合区委政法委、泉州农商银行泉港支行评选命名“平安家庭”信用示范户101户。联合区委文明办命名96户家庭为2021年度“好婆媳、好妯娌、好邻居”文明户及最美家庭。联合区退役军人事务局开展“十佳好军嫂”“十佳兵妈妈”评选活动。联合区教育局成立泉港区家庭教育指导服务中心，举办家庭教育指导师培训1期、家教沙龙3场，开通“泉港毛妈谈教育视频号”，1个课程入选省家教优秀微课程；开展“爱家讲堂”公益讲座26场，举办“e享家长课堂”2场，参与家长2600人次。在各镇（街道）设立“家风故事汇”展示墙，展示辖区典型优秀家风故事、《中华人民共和国家庭教育促进条例》等内容。联合区社科联举办家庭教育论文案例评选暨家庭教育促进法专题讲座。联合区检察院等开展5场“守护童年 牵手共成长”法制安全教育讲座。举办“亲子同阅读 红色共传承”故事会展演活动和“端午佳节粽香飘 文明家庭扬新风”端午主题活动。

【妇联组织建设】 2021年，泉港区妇联举办推动女性进村“两委”暨乡村振兴人才培训班。成立泉港区首个新媒体行业妇联（区融媒体中心妇联）；挂牌妇联执委工作室9个，新建8个妇女微家。联合中国人寿泉港支公司举办2021年中国人寿杯“我履职我担当 学党史颂党恩办实事”特色项目展评活动。推荐峰尾镇郭厝村妇联、涂岭镇妇联参加泉州市基层妇联组织特色展评活动，分别获一等奖、二等奖。召开泉港区妇联四届六次执委（扩大）会议暨最美家庭授牌仪式，召开泉港区妇联四届七次执委会暨2021年半年工作会议，替补、增补四届执委会委员，选举刘雅萍为区妇联副主席。

【关爱妇女】 2021年，泉港区妇联开展2021年“母亲健康1+1”公益募捐活动，募集资金25.31万元，帮助“两癌”贫困妇女34名。联合中国人寿保险泉港区支公司举办开展“关爱女性健康”健康讲座3场，向全区广大女性推广专属保险保障，全年参保人数4286人，总保费53.29万元，完成率居全市前二，兑保4例28.7万元。召开泉港区反对家庭暴力推动平安家庭建设联席会，开展“为幸福家庭护航 化解家庭危机”专项活动，在全区排查出101户矛盾纠纷家庭。开展“三八维权月”线上答题活动，宣传学习《中华人民共和国反家庭暴力法》等相关法律法规，参加群众近14万人次。区妇女援助中心接待来信来访44件119人次，稳控率100%。开展下基层走访关爱活动，帮助困境家庭85户，送去慰问金及物品13万元。开展“巾帼‘她’力量，助力创城送清凉”活动，为参与创城一线的环卫工人等送去价值6万元的防暑降温物资。

【儿童工作】 2021年，泉港区妇联在涂岭镇前欧村举办“小桔灯”关爱困境儿童活动，认捐助养20名困境儿童，成立“小桔灯”巾帼志愿者服务队。在下炉村开展“我们和留守流动儿童在一起”活动，组织20名“爱心妈妈”与留守儿童结对。指导各级“儿童之家”开展“大手牵小手 共创文明城”“学党史颂党恩 守护安全伴成长”等活动，暑期开展121班次，服务2483名儿童。在妇女儿童活动中心开展“倡导文明健康生活”亲子瑜伽公益活动1期、亲子阅读活动2期。联系区职业女性联谊会捐赠泉港特殊教育学校和鸾峰小学各2万元开设读书角。疫情防控期间，为留守困境儿童送去600份爱心礼包。

【“两纲”实施】 2021年，泉港区妇联召开2021年妇女儿童工作委员会全体会议。完成市级“两纲”验收工作，《中国妇女发展纲要》7个发展领域56项指标中有55项达标，《中国儿童发展纲要》5个发展领域41项指标全部达标，总达标率98.97%，居全市前列。新建7个、提升22个“儿童之家”，纳入市、区级为民办实事项目。

泉港区科学技术协会

【概况】 2021年，泉港区科学技术协会（简称“泉港区科协”）组织申报基层科普行动计划项目，新成立基层科协组织2家。举办农村专业技术培训班4期，培训学员300余人。开展科普宣传活

2021年11月3日，2021年刺桐科学传播学者科普巡讲活动在泉港二中举行

（图/区科协）

动24场，建成青少年科学工作室2个，建成科普惠农服务站2个。发动全区中、小学组织学生参加省、市青少年科技创新大赛、科学影像节等赛事。区科技馆免费接待观众4万余人次，开设暑期机器人公益课堂培训班3个。

【科普平台建设】 2021年，泉港区科协在争取市科协补助14万元资金基础上配套补助2万元，建成下炉村青少年科学工作室，完成后龙村青少年科学工作室和泉港区第五中学校园创新工作室的全面升级；建成福建绿宇园艺有限公司科普惠农服务站，完成白潼村科普惠农服务站的提升。泉港区教育科普基地（科技馆二期）项目展品及设备机电加工完成80%，展品多媒体基本制作完成。区科技馆发挥科普志愿者作用，免费接待观众4万余人次，播放4D动感电影250余场，为参观团队提供30余次讲解服务；创新科普展教形式，开设暑期机器人公益课堂培训班3个；争取2021年全国科技馆免费开放补助资金89万元。

【基层科普行动计划项目申报】 2021年，泉港区科协推进《全民科学素质行动计划纲要》深入实施，按照规定程序积极组织申报基层科普行动计划项目，新成立福建中科职业健康评价有限公司科学技术协会、界山玉湖中心小学科学技术协会2家基层科协组织，给予资金补助1万元。

【“科创中国”学会服务站项目申报】 2021年，泉港区科协贯彻落实中国科协“科创中国”三年行动计划及市政府办《泉州市“科创中国”试点城市建设方案》、市科协《泉州市科协推进“科创中国”试点城市建设实施细则》，推动泉州市“科创中国”试点城市建设，组织企业申报工作，成立省级学会服务站（福建纳川管材科技股份有限公司“科创中国”服务站）1家。

【科普宣传】 2021年，泉港区科协开展科普宣传活动24场，其中科普进社区4场、科普进村2场、科普进学校8场、科普进企业1场、科技知识讲座5场、安全知识讲座4场，通过科技展品展示、科普表演、科普图片展、专家讲座、分发科普书籍等方式，鼓励群众学习科学知识，践行绿色健康的生活方式。联合区教育局在全区中小学举办为期2个月的“泉港区流动科技馆巡展活动”，受众人数近1万余人次；在界山玉湖中心小学、泉港区第五中学、界山镇界山村举办“泉州市流动科技馆巡展”进校园、进乡村活动。

【青少年科技创新】 2021年，泉港区科协发动全区中、小学组织学生参加省、市青少年科技创新大赛、科学影像节等赛事，取得良好成绩。在泉州市举办的第十八届青少年科技创新大赛中，全区获科技创新项目一等奖2项、二等奖5项、三等奖3项；科技实践项目一等奖1项、二等奖3项、三等奖4项；科幻画获一等奖1幅、二等奖2幅、三等奖5幅；在第五届泉州市青少年机器人竞赛活动中荣获二等奖2项、三等奖5项；在第七届泉州市青少年科学影像作品竞赛中，获一等奖4项、二等奖5项、三等奖7项；在第36届福建省青少年科技创新大赛中，获创新项目一等奖1项，二等奖3项；科幻画一等奖1幅，取得近十年省级创新大赛最佳成绩。

泉港区归国华侨联合会

【概况】 2021年，泉港区归国华侨联合会（简称“泉港区侨联”）筹备换届相关工作，指导区侨青联召开第二届会员代表大会，推动泉港区各级侨联创建“侨胞之家”。配合相关部门做好侨界对台民间交流，寻根探亲、文化交流，共同构建闽南文化传承体系。做好新侨工作，依托泉港区侨界青年联合会，打造华裔新生代交流互动、投资创业平台，扩大侨务资源。跟踪指导由市侨青联出资捐建的惠屿村幸福院建设，助力当地老年人提高晚年生活质量。加强华侨文化保护，打造侨乡文化名镇名村品牌，界山镇获评市级侨乡文化名村。

【侨联组织建设】 2021年，泉港区侨联根据《中共泉港区委办公室关于转发<泉港区第四次归侨侨眷代表大会工作方案>的通知》文件精神，筹备换届相关工作；指导区侨青联召开第二届会员代表大会；指导涂岭镇组织成立首个村级侨联，在会上举办辖区侨界乡贤助力乡村振兴启动仪式，密切与海外乡贤、归侨侨眷联系，助推宜居宜业美丽乡村建设。推动泉港区各级侨联创建“侨胞之家”，打造侨界家园。界山镇东张村侨联获评全国侨联系统优秀“侨胞之家”、界山镇获评市级侨乡文化名村。前黄镇侨联、区侨界青年联合会获评省级“侨胞之家”。

【重点侨情数据库建设】 2021年，泉港区侨联完善重点人士、重点侨商、疫情期间入境留学人员登记信息，推荐重点人士、行业人才参与国内各级组织的交流活动。泉港区旅日乡贤世泉青日本分会会长王秀德联合世泉青新加坡分会暨新加坡泉州青年商会，共同举行题为《战“疫”勇为——新常态下企业如何弯道超车》的线上交流会，和乡亲们一起分享泉州人会拼敢赢的精神；泉港区旅马乡贤马来西亚中国总商会名誉会长林玉唐参加博鳌亚洲论坛2021年年会华商领袖与华人智库圆桌会议，推动“一带一路”高质量发展及市场商机创造。

【侨务资源】 2021年，泉港区侨

2021年9月3日，涂岭镇白潼村召开第一次归侨侨眷代表大会，选举产生白潼村侨联第一届委员会　　（图/涂岭镇）

联争取海外乡亲关注家乡的教育和经济社会发展。接待马来西亚拿督庄宝一行到泉港交流访问，参观走访文化中心、美发中学、联合石化公司展示厅、石化园区南山片区展示厅、福海粮油工业有限公司、肖厝4号泊位码头等地，深入了解泉港区未来发展规划。增强新生代对华裔身份的认同感，对家乡的向心力。

【侨情关怀】　2021年，泉港区侨联适应疫情防控常态化要求，通过电话、微信平台加强与海外社团、重点人士、新生代华侨华人的联络联谊，提供医疗咨询、心理疏导、人文关怀等方面的服务。分别于疫情发生第一时间和中秋节向广大泉港籍侨胞发出一封信，对他们心系故里、同心战“疫”表达感谢并致以节日问候。

【侨界困难群众慰问】　2021年，泉港区侨联在两节期间开展“迎新春·送温暖·暖侨心”侨界困难群众慰问和扶持工作，向省、市侨联争取贫困侨专项救助和本级财政筹集资金9.15万元，慰问、扶持困难侨界群众50多户。开展“福国慈善基金会”敬老扶助慰问活动，对峰尾镇40户归侨、侨眷进行慰问扶助。陪同市侨联“同心安居工程”专项调研督查组到涂岭镇溪西村、路口村，前黄镇古县村走访察看安居房建设情况，了解帮扶对象家庭生活情况，指导寻找增收途径。建立归侨人员多层次医疗保障“归侨人员银龄安康”项目，为全区归侨人员投保人身意外伤害保险，帮助归侨人员摆脱因病致贫、因病返贫的困境。

【侨界公益活动】　2021年，泉港区第二届陈秋标教育基金、第二届“黄宽妹教育基金”、第五届王宗顺刘聪妹伉俪奖教奖学基金、第三十三届“郑银华奖教奖学基金会”、泉港一中第四届陈善富奖教奖学基金、惠华中学第二届“陈善富教育基金”等侨捐奖教奖学基金为全区600多名优秀师生颁发奖金数百万元。引导华侨新生代参与家乡公益事业，马来西亚华人庄思华认领“505”微心愿，为6个困难家庭圆梦。

【侨史馆建设】　2021年，泉港区侨联推进区侨史馆、界山镇侨史馆、前黄镇侨史馆建设，三个馆均完成布馆并对外开放，弘扬泉港华侨华人的艰苦创业精神和爱国爱乡品格。

泉港区文学艺术界联合会

【概况】　2021年，泉港区文学艺术界联合会（简称“泉港区文联”）聚焦举旗帜、聚民心、育新人、兴文化、展形象的使命任务，突出庆祝中国共产党成立100周年主题主线，发挥乡村讲师团文艺宣讲小分队作用，开展主题宣讲20多场，举办传统节庆文艺活动近10场，开展文艺扶贫、文艺志愿服务活动25场次。评定2020年泉港区福安文艺创作奖励项目4个大类30项，扶持重点文艺创作项目2个大类6项。联合区教育局命名8个“艺术教育工作室”、授牌“党员冠名服务工作室”。

【主题宣传活动】　2021年，泉港区文联紧扣庆祝中国共产党成立100周年主题主线，开展“楹书新时代·联庆百年诞”春联评选活动、“迎新春·颂党恩”暨“书香满城·为你朗读”活动、“唱支心歌给党听”歌咏大会唱、“永远跟党走·奋斗新征程”第29届爱国主义读书教育活动、“永远跟党走·百年作家百场讲座”泉港专场等“永远跟党走”群众性主题宣传教育活动5场；举办“红色记忆·百年追梦”书法美术篆刻精品展、“百年逐梦·匠心铸魂”第三届工艺美术精品展、泉州市纪委庆祝中国共产党成立100周年书画摄影剪纸（刻纸）征集活动等“忆党史·颂党恩·跟党走”文艺精品展览展示活动3场；组织“红色三朱·巍峨昆山”音乐“快闪”、“百年征程福传泉港”朗诵诗会、“薪火少年”风采展示、“红心向党”百人街舞“快闪”等“艺”心向党文艺志愿服务活动4次。

【文艺惠民】　2021年，泉港区文联常态化举办“我们的节日”“百姓大舞台”展演等文化“三下乡”、文艺“四到基层”活动，开展纪念第16个文化和自然遗产日专题“传统文化进校园”活动2场、传统节庆文艺活动近10场，传承优秀传统文化，丰富群众节日文艺生活；组织泉港区文艺志愿服务团常态性开展文艺扶贫、文艺志愿服务活动25场次。扶持圭峰文化研究会开办“百姓课堂”，组织暑期公益性文艺培训，选派2名文艺家到区老年大学义务支教。以“泉州：宋元中国的世界海洋商贸中心”列入世界文化遗产名录为契机，发挥闽台民间文学信息总库作用，指导挖掘、整理泉州22处世遗文化史迹点蕴含的民间文化传说故事，分别在《泉州晚报》、《泉州青年报》、省文联“福建文艺”公众号等主流媒体刊载8篇。

泉港区国际贸易促进会

【概况】　2021年，泉港区国际贸易促进会（简称“泉港区贸促会”）组织引导区内外贸企业参与“一带一路”建设，建立企业参展“需求档案”9家。加强预警信息传递、分析、研判，加大商事法律培训力度，帮助企业掌握国际惯例和通行规则，提升企业抵御经贸摩擦能力。深入企业了解所需，围绕企业需要解决的难题开展服务工作，助力企业复工复产。

【助力复工复产】　2021年，泉港区贸促会根据深入企业生产一线了解相关企业疫情防控措施落实、复工复产、外贸订单与销售有关情况，走访本益新材、弘耕鞋业、金燕海洋、恒昂工贸等区内多家外贸企业，鼓励企业严格落实主体责任，发挥自身优势。利用省、市、区在防控新冠病毒期间企业复工复产出台的相关优惠政策，创造条件为企业安全生产、扩展销售保驾护航；向登记造册的16家外贸企业及时转发传达市、区有关疫情防控的最新要求，宣传疫情防控的相关知识。主动咨询了解相关企业在生产、货物及物流等方面遭受的影响，组织企业参与线上培训和交流会议，为企业提供法律及相关政策的咨询服务。联系上级贸促会，转发上级贸促会关于免费为受疫情影响的企业办理不可抗力相关的事实性证明的通知。

【参展工作】　2021年，泉港区贸促会以推进“一带一路”建设统领作为工作原则，组织引导泉港区外贸企业参与“一带一路”建设。组织企业参加“第四届21世纪海上丝绸之路博览会暨第23届海峡两岸经贸交易会”、“第五届中国—阿拉伯国家博览会”、“第十三届中国—东北亚博览会企业”、2021年中国—南美纺织服装及轻工产品云展会、“第三届海峡两岸工商合作论坛并开展项目对接”、“一带一路”国家工商会经贸合作交流会（东盟专场）、福建—境外商协会、贸易投资促进机构圆桌会议、福建—境外企业对接会；组织企业参加“区域全面经济伙伴关系协定（RCEP）推广解读培训会”。优化服务，开展展前、展中、展后的宣传、配对、回访等工作，为扩大企业参展数量与质量提供基础数据，全年为9家企业建立“需求档案”。

【商事服务】　2021年，泉港区贸促会联合区商务局组织泉港区外贸企业开展外贸政策辅导会，为企业“走出去”保驾护航。加强预警信息传递、分析、研判，加大商事法律培训力度，帮助企业掌握国际惯例和通行规则，提高防范法律风险能力。组织企业参加“涉外商事法律服务八闽行”国际经贸实务规范（线上）专题活动、“走进国际商事仲裁交流会”、“国际货物贸易规则新发展专题讲座”。密切关注中美贸易摩擦进展情况，深入企业开展调查研究，及时搜集企业生产经营情况及进出口贸易过程中遇到的困难问题和国际贸易摩擦中所受影响并向上反馈，提升企业抵御经贸摩擦能力。组织会员企业参加各类经贸交流活动，提供不同需求、方式多样的共性和个性化服务。通过业务培训、会员联谊、商务交流等活动，加强会员企业之间的交流互动。健全完善会员企业档案，注重会员队伍信息反馈，为有效服务开辟渠道。

泉港区残疾人联合会

【概况】　2021年，泉港区残疾人联合会（简称“泉港区残联”）推动全区持证重度残疾人纳入新型农村合作医疗体系，投入28.136万元为全区9423名持证残疾人购买意外伤害保险；3095名困难残疾人纳入低保、375名困难残疾人纳入特困户。推进残疾人康复工程，为全区51名残疾人购买辅助器具提供补助16.06万元。开展残疾人就业援助和就业服务，举办手工制作培训班3个，培训150名残疾人。加强和规范残疾人就业保障金征收和管理工作，征收就业保障金1211.67万元，为残疾人事业发展提供资金保障。全年办理残疾人证867本。

【残疾人社会保障】　2021年，泉港区残联落实社会保障政策，推动全区持证重度残疾人纳入新型农村合作医疗体系，为其缴交个人费用。推动残疾人参加新型农村社会养老保险工作，为重度残疾人代缴最低标准养老保险费，按最低缴费档次的50%代缴轻度残疾人养老保险费。投入28.136万元为全区9423名持证残疾人购买意外伤害保险。临时救助65名困难残疾人，发放救助金3.6万元。全区3095名困难残疾人纳入低保、375名困难残疾人纳入特困户，9名残疾人享受孤儿保障。1167名一级重度残疾人享受每人每月115元护理补助，3127名二级重度残疾人享受每人每月92元护理补助。5032名残疾人（一、二级重度残疾人及三、四级低保残疾人）获得每人每月92元困难生活补助。全年6379人次一户多残家庭的残疾人每人每月得到50元或100元生活补贴。

【残疾人维权】 2021年，泉港区残联保障残疾人合法权益，健全信访和维权工作机制，选派专人负责“968891”残疾人服务专线平台、“12345”政务服务平台，保障残疾人合法权益，聘用律师为区残联常年法律顾问，及时处理来信转办5件、“12345”政务服务平台11件和残疾人来访28人次。加强残疾人证管理，全年办理残疾人证867本。

【残疾人康复】 2021年，泉港区残联落实辅具适配补助制度，为全区51名残疾人购买辅助器具提供补助16.0577万元。开展残疾人托养工程，为98名省级残疾人居家托养提供补助，每名补助2000元。落实538名市级低保重度肢体残疾人居家托养补助，每名补助1000元。推进全区残疾儿童康复训练，为152名在定点康复机构进行康复训练的0～17岁残疾儿童提供补助179.4万元。完成35户残疾人家庭无障碍改造，发放补助金2.5858万元。加强残疾预防、辅具适配知识宣传。推行“互联网+”居家养老助残服务，全区371名重度残疾人得到基础信息或实体援助服务。

【残疾人就业服务】 2021年，泉港区残联开展残疾人就业援助和就业服务，组织3家企业参加泉州市2021年残疾人就业网络招聘月活动，提供13名残疾人就业岗位，组织残疾人参加1场残疾人就业专场招聘会，推荐6名到企业就业。举办手工操作、保健按摩、农村种养殖技能三个培训班，培训150名残疾人。落实“1+7”扶持残疾人就业创业政策，为17名自主就业创业残疾人提供社会保险补贴6.7万元。扶持农村困难残疾人就业创业，为20户就业创业的残疾人家庭提供补助10万元。加强和规范残疾人就业保障金征收和管理工作，征收就业保障金1211.67万元，为残疾人事业发展提供资金保障。

【残疾人教育和文体工作】 2021年，泉港区残联开展残疾学生及困难残疾人家庭子女助学工程，174名大中专、高中残疾学生及困难残疾人家庭子女获得扶残助学金32.5万元。选送节目《掌中木偶戏——拔萝卜》获第十一届全省残疾人艺术会演启智类一等奖，选送8件作品参加2021年省文联、省残联联合主办的“永远跟党走”全省残疾人美术、书法、摄影作品评选，获二等奖2项、三等奖1项、优秀奖1项。组织3名残疾人联络员选手参加2021年泉州市残联主办的“圆梦颂党恩·助残更尽力”主题演讲比赛，分获二等奖、三等奖、优秀奖。开展残疾人文化进家庭“五个一”活动，丰富残疾人的精神文化生活。在泉港特校举办“助残日”文艺会演；在残疾人在线网站发布信息62篇、“泉港残联”微信公众号发布信息71篇，通过移动公司播发助残短信4万条，在全社会营造关心、帮助残疾人的良好社会氛围。

泉港区红十字会

【概况】 2021年，泉港区红十字会发放2020年第四季度至2021年第三季度“泉港区刘经文红十字医疗救助基金”救助款，惠及群众204人。开展应急救护文明实践志愿服务“千人计划”活动、“红十字博爱送万家”和疫情防控志愿服务活动。接收“支援河南省防汛救灾工作”捐款15.80亿元，转交河南省红十字会用于河南省防汛救灾工作。发布《同心战“疫”共克时艰》疫情防控捐赠倡议书，接收捐赠资金187.2万元，接收捐赠物资价值580余万元，所接收款物全部用于疫情防控工作。

【人道救助】 2021年，泉港区红十字会发放“泉港区刘经文红十字医疗救助基金”2020年第四季度救助款55.63万元，惠及69名困难群众。发放“泉港区刘经文红十字医疗救助基金”2021年第一季度救助款32.44万元，惠及51名困难群众。发放“泉港区刘经文红十字医疗救助基金”2021年第二季度救助款34.90万元，惠及43名困难群众。发放“泉港区刘经文红十字医疗救助基金”2021年第三季度救助款31.57万元，惠及41名困难群众。

【应急救护】 2021年，泉港区红十字会启动应急救护文明实践志愿服务“千人计划”活动，开展CPR+AED持证培训26场，1042名志愿者加入区应急救护志愿服务队。完成2021年泉港区委、区政府为民办实事项目“公共场所配备AED（自动体外除颤仪）”工作目标，在中心城区布设AED 10台，完成相关培训计划。

【志愿服务】 2021年，泉港区红十字会开展“红十字博爱送万家”主题志愿服务活动，慰问、走访患病困难群众及孤儿等弱势群体171人，发放救助款及慰问物资价值60.73万元。组织开展第三届红十字应急救护技能实战演练，30名红十字志愿者参加本次活动。组织志愿者参与疫情防控工作，成立“物资保障”“餐饮供应”2支志愿服务队。累计出动货车、皮卡车、私家车运送物资500余辆次，志愿者参加物资收发、仓库管理、协调联络、餐饮配送等志愿服务时长超3000小时。

政法与综治

【概况】 2021年，泉港区围绕建设更高水平平安泉港、法治泉港目标，落实平安建设主体责任，在全区7个乡镇（街道）试点推行国家安全人民防线建设网格化工作，破获包庇黑社会性质组织案1起，九类涉恶案件68件，刑拘九类涉恶犯罪嫌疑人155人，查封、扣押九类涉恶案件涉案财物7000余万元。接收上级转办、群众举报黑恶举报线索13条，全部办结，办结率100%；移送纪检部门公职人员涉黑恶问题线索1条；发出司法建议书3份，全区刑事案件数比上年下降9.68%，八类暴力案件发案数下降36.17%。在省半年平安“三率”测评中，群众安全感率99.32%，位列全省第25、全市第2。

【平安建设主体责任落实】 2021年，泉港区落实党政领导平安建设责任书，把提升群众安全感等平安建设“三率”水平，维护社会稳定大局作为工作的出发点和落脚点，提高群众获得感、幸福感。区委常委会会议多次听取和研究平安泉港建设工作，挂钩区领导带头挂钩平安创建联系点，参与平安调研、平安宣传、入户访视等活动，协调解决具体问题。印发《打造“吉祥之年” 固化“强基促稳”长效机制 开创建设更高水平平安泉港新局面实施方案》，全区工作会上区委、区政府与各镇（街道）签订《党政领导平安建设责任书》。配齐配强镇（街道）政法委员。省级平安建设“三率”调查，全区群众安全感率、扫黑除恶好评率、执法工作满意率均创历史新高，获评市对泉港区党政领导平安建设责任书考评优秀等次。

【社会稳定维护】 2021年，泉港区在全区7个乡镇（街道）试点推行国家安全人民防线建设网格化工作。推进反邪教示范镇、村建设，全区有全国无邪教示范镇1个、全国无邪教示范村3个；全年开展反邪教警示教育宣传活动47场。加强重点人员管控，逐件逐人落实稳控责任，完成各级两会、中国共产党成立100周年节庆、世界遗产大会、十九届六中全会等重大活动安保维稳任务。对疫情防控期间衔接的475名刑满释放人员实行清单化管理。

【扫黑除恶专项斗争】 2021年，

2021年3月15日，全区政法队伍教育整顿动员部署会召开 （图/区委报道组）

泉港区围绕“打、防、管、建”四项任务推进四大行业领域整治，破获包庇黑社会性质组织案1起，九类涉恶案件68件，刑拘九类涉恶犯罪嫌疑人155人，查封、扣押九类涉恶案件涉案财物7000余万元。接收上级转办、群众举报黑恶举报线索13条，全部办结，办结率100%；移送纪检部门公职人员涉黑恶问题线索1条；发出司法建议书3份，全区刑事案件数比上年下降9.68%，八类暴力案件发案数下降36.17%。

【社会治安安全监管】 2021年，泉港区推动“E通政法”项目在全区实战演练，深化视频监控联网应用，城安八期第三批535路、雪亮五期550路全部按时序完成。依托枪支、民爆、烟花爆竹流向管理三大系统和危险物品“一体化”安全监管信息平台，严格监管全区105家涉危涉爆单位。以“智慧内保”“公交智慧防范”“娱乐特业”等系统为抓手，强化对全区299家重点内保单位监管。全面排查全区重大安全生产问题，建立重大安全生产问题库，督促落实重大危险源、重大风险点管控和重大事故隐患整治，3批40项重大安全生产问题全部整治整改到位。集中开展落实企业安全生产主体责任三年行动，全区自查情况上报企业365家，有隐患数365家，上报隐患数4245处，整改隐患数4242处，隐患整改率99.9%。

【矛盾纠纷排查化解】 2021年，泉港区加强主管领域和行业矛盾纠纷排查化解工作，成立7个专项行业领域行政调解委员会。全区受理矛盾纠纷总数1420件，调解率100%，成功调解1419件，调解成功率99.9%。受理行政争议案件33件，调解成功20件，调解成功率60.6%。推行矛盾纠纷“全域受理、跨域协作、排调分离、多元化解”大调解工作机制。整合各类调解资源，深化分调裁审机制改革，诉非联动中心配备2名专职法官、2名专职人民调解员开展诉前分流、诉源调解工作，速裁中心按照“1名法官＋1名书记员”模式，配备7个速裁团队。全年诉前分流1982件，诉前调解成功1183件，速裁快审1994件，结案1986件。

【积案专项攻坚】 2021年，泉港区推进信访积案化解专项攻坚，各责任单位分别建立清单台账、化解台账、包案台账、日志台账等“四本台账”，进行挂图作战、倒排时序、逐案销号，全区139件积案全部化解办结，化解办结率100%。开展道路交通安全整治专项攻坚，健全农村道路安全工作机制、整治农村道路安全隐患、提升农村群众交通安全意识、强化农村道路安全源头管控等工作。完善“三小工程”和“科技+设施”项目116处，增设交通提示牌26面、警示爆闪灯8个、减速带5条，加装太阳能警示小喇叭7处、云广播设备1套。落实流动人口服务管理专项攻坚。借力“百万警进千万家”“百名警长进百村”活动，采取地毯式排查、多层面申报、全范围覆盖等措施，推进出租房屋和流动人口服务管理专项行动。全区有流动人口19289人，新增登记4364人，注销7991人。开展社会治安突出问题治理专项攻坚。组织开展为期4个月的非法枪爆物品清查收缴统一行动，共收缴船用信用弹10发、步枪子弹51发，各类型废弃生锈子弹13发。

【法治建设服务】 2021年，泉港区强化“谁执法谁普法”责任制落实，运用“互联网+”实现部门间信息互通，形成普法依法治理工作数字化管理新格局。实施“法治带头人”“法律明白人”培养工程，全区评选“法律明白人”1620名，设立“两代表一委员”普法工作室36家，全年入户宣传4000余人次，加强群众法律意识。实施营商环境“1+17”优化提升行动，推动营商环境建设。实现“双随机、一公开”监管全覆盖，建立跨部门抽查事项清单，全区共建立抽查对象库65个，入库市场主体4.5万户，开展“双随机”抽查12次，抽查电动车行业、企业经营行为和药品经营单位等行业市场主体247个，完成抽查并实施结果公示247个。在全省率先落实网上申请行政复议渠道，全区办理各类公证811件，与老百姓密切相关的公证事项占95%。受理法律援助案件255件，接受法律咨询4800人次，法律帮助977件。为255名受援人免收法律服务费用159.2万元，挽回损失1081.66万元。

【基层平安治理】 2021年，泉港区对接泉州市城乡社区网格化服务管理信息平台（二期），搭建泉港区网格化服务管理信息分平台，建设网格治理一张图、微网格公众服务平台，形成数据化支撑，实现社会治理信息化。疫情防控期间，全区700多名专兼职网格员参与社区防控，入户走访排查、开展劝导引导、督促核酸检测。针对独居老人、残疾人、行动不便人员等群体，提供隔离消毒、核酸采样、生活物资采购等上门服务，采购生活物资1000余份。健全中小学、幼儿园治安防控体系，全区166家中小学幼儿园封闭化管理率、专职保安配备率、一键式紧急报警、与属地公安机关报警平台联网率均为100%，视频监控存储均超过30天。开展景区和非景区景点安全管理专项整治，排查全区景区和非景区景点72处，发现安全隐患192以上，全部整改到位。落实联合石化及5家下游企业检维修期间安全环保监管措施，通过国家循环化改造示范试点工作终期验收。组织开展各类应急演练13次，参与演练人数800余人。

命名“平安家庭”信用示范户101户。组织开展“护航幸福家庭行动　助力平安泉港建设”线上答题活动，参加群众14万人次。

法治政府建设

【概况】　2021年，泉港区落实中央全面依法治国工作会议精神，围绕《法治政府建设实施纲要（2021—2025年）》，加强法治政府建设。区政府主要领导带头履行推进法治建设第一责任人职责，加强依法行政能力建设，全年举办4期党组会、常务会学法，开展4次国家工作人员旁听庭审活动。开展法治政府示范区创建活动，健全“双随机、一公开”监管机制，提升政务服务水平。实施《优化营商环境条例》，出台《泉港区推进法治化营商环境建设的若干措施》，开展区直证明事项清理，梳理证明事项清单26项；公布实行证明事项告知承诺制事项3批次73项；开展规范性文件年度清理，保留216件、修改10件、废止39件。

【法治化营商环境优化】　2021年，泉港区实施《优化营商环境条例》，出台《泉港区推进法治化营商环境建设的若干措施》，开展区直证明事项清理，梳理证明事项清单26项。推广证明事项告知承诺制，公布实行证明事项告知承诺制事项3批次共73项，深化证照分离改革，全年新增各类市场主体7476家，其中内资企业新增1516家、个体工商户新增5960家。建立泉港区“双随机、一公开”跨部门联合监管工作联席会议制度，实现“双随机、一公开”跨部门联合监管工作全覆盖、制度化、常态化。推行部门联合抽查，完善联合抽查事项清单，制订2021年跨部门抽查计划。全区建立抽查对象库65个，入库市场主体4.51万户，形成跨部门抽查事项41条、抽查计划8个。推动减事项、减环节、减材料、减时限、减费用，压缩审批时限1519个，精简申报材料500份，即办件比上年增长10.19%，承诺件平均办理时间提速35%，企业开办环节减至2个环节，企业开办时间压缩至4个小时内。

【法治机关建设】　2021年，泉港区配合省、市开展地方立法的征求意见工作，办理各类征求意见15件次。加强规范性文件监督管理，印发《泉港区行政规范性文件后评估制度》，发出规范性文件备案提示函2件，向市政府及区人大常委会报送备案以区政府及区政府办公室名义发布的规范性文件10件，报备率与及时率均为100%，收到部门报送备案的规范性文件8件。开展规范性文件年度清理，保留216件、修改10件、废止39件。完善政府法律顾问制度。建立一支共16人的政府法律顾问队伍，全程参与规范性文件合法性审核，全年提供法律服务15次。政府常务会议多次集体研究优化营商环境举措、招商引资、疫情防控等重大行政决策。严格执行重大决策合法性审查机制，开展重大合同法律审核、重大行政决策合法性审查等政府法律事务40余次。

【行政执法体制改革】　2021年，泉港区推进基层综合行政执法改革，整合乡镇（街道）执法力量和编制资源，成立7支乡镇（街道）综合执法队。贯彻落实《福建省综合行政执法制式服装和标志管理实施办法》，推进规范文明执法。构建两法衔接机制、府院联席会议制度，加强府院互动，强化“行”“刑”衔接，利用“两法衔接”信息平台推进信息共享机制化、案件移送标准和程序规范化。

【重点领域执法】　2021年，泉港区加大食品药品、公共卫生、自然资源、安全生产、城市管理、交通运输等关系群众切身利益的重点领域执法监督力度，每季度开展1次行政执法案卷评查，对90余件重点执法领域案卷评查并通报问题，提高执法案卷规范化水平。加强重点领域执法人员教育培训，组织217个执法人员参加线上培训，提高执法人员业务水平。科学编制“八五”普法规划，加大《中华人民共和国民法典》宣贯力度，强化重点领域以案释法，推进全区法治宣传教育工作。

【行政执法程序完善】　2021年，泉港区落实行政执法公示、执法全过程记录、重大执法决定法制审核制度。统一行政执法人员资格管理，组织全区475名执法人员换证，310人参加执法考试。公布行政执法三项制度相关清单指南流程图参照样式，规范行政执法行为。落实行政裁量权基准制度，由区司法局牵头开展规范行政处罚自由裁量权工作，推动24个有行政处罚权的执法单位细化量化行政处罚裁量基准等并对外公布。

【行政执法方式创新】　2021年，泉港区开展规范行政执法专项行动，运用说服教育、劝导示范、警示告诫、指导约谈等方式，推进行政执法方式创新，促进文明执法。推进包容、审慎、精准监管，在生态环境保护、农业、交通运输、文化市场、市场监管、城市管理、应急管理等7支综合执法队伍先行建立不予行政处罚、从轻或减轻行政处罚事项三项清单试点工作。全年办理不予行政处罚11件，从轻行政处罚36件。

公　安

【概况】　2021年，泉港区公安机关加强社会治安管理和道路交通安全整治，以中国共产党成立100周年大庆安保维稳工作为主线，以队伍教育整顿和党史学习教育为抓手，严厉打击各种犯罪行为，维护社会政治和治安大局稳定。全年排查各类矛盾纠纷5739起，化解各类矛盾纠纷5718起，化解率99.63%；立各类刑事案件1209件，破案854件，破案率70.64%；刑拘各类犯罪嫌疑人681人，移送起诉735人；立各类经济案件8件，破5件，逮捕6人，起诉20人，规劝1人回国投案自首；接报电信网络诈骗警情408起，立电信网络诈骗案件268件，破电信网络诈骗案件197件，抓获电诈犯罪嫌疑人109人，移送起诉电诈嫌疑人87人。

【社会稳定维护】 2021年，泉港区公安机关强化快速反应、快速处置，修订完善应急处置预案，处置各类围堵区委区政府群体性事件27起。开展“枫桥式”派出所创建活动，运用联调联控、多元化解、公调对接等手段，摸排解决矛盾纠纷，排查各类矛盾纠纷5739起，化解各类矛盾纠纷5718起，化解率99.63%。深化信访案件“治重化积”专项工作，推进公安信访突出问题攻坚化解工作，推进信访突出问题攻坚化解工作，公安部交办的39起涉警信访积案、省厅交办34件涉警信访积案全部成功化解。

【刑事犯罪侦查】 2021年，泉港区公安机关以常态化扫黑除恶为主要抓手，打击涉黑恶、盗抢骗、黄赌毒、食药环、涉众型经济犯罪等。全年共立各类刑事案件1209件，比上年下降11.04%；破案854件，上升11.78%；破案率70.64%，上升14.42%；刑拘各类犯罪嫌疑人681人，上升96.25%；逮捕370人，上升80.49%；移送起诉735人，上升44.40%。

【经济犯罪侦查】 2021年，泉港区公安机关开展“假币收缴”工作、追逃攻坚和“猎狐2021”专项行动、“歼击21”专项行动、推进“昆仑2021”等专项行动。全年立各类经济案件8件，破5件，逮捕6人，起诉20人，规劝1人回国投案自首。

2021年5月25日，泉港公安分局在区植物园开展“我为群众办实事·全民防范电信网络诈骗护钱袋”集中宣传活动 （图/泉港公安分局）

【电信诈骗防治】 2021年，泉港区公安机关针对电信网络诈骗高发和安征迁群众拆迁款安全问题，开通“86666110”莉莉反诈咨询专线，24小时为群众防范电信网络诈骗咨询，组织开展“无诈小区”和“反诈先锋村（社区）”创建活动，组织民警、镇村干部进村入户，引导群众安装“金钟罩”“国家反诈中心”等反诈App（手机应用程序）15.2万余人次，成立电信诈骗预警劝阻宣防中心，全年预警12638条。全区接报电信网络诈骗警情408起，比上年下降16.73%；立电信网络诈骗案件268件，下降9.15%；破电信网络诈骗案件197件，上升131.76%；抓获电诈犯罪嫌疑人109人，上升12.4%；移送起诉电诈嫌疑人87人，上升128.9%。

【禁毒工作】 2021年，泉港区公安机关开展“飓风肃毒2021”暨“禁毒2021两打两控”“净边”等专项行动，开展两轮社会面吸毒人员毛发抽检，抽检社会面吸毒人员146名，破获毒品犯罪案件1件，其中部督案件1件，抓获毒品犯罪嫌疑人7人，起诉毒品违法犯罪7人次，查获吸毒人员3人。联合泉州市公安局禁毒支队、技侦支队、网安支队等部门和南安市公安局侦破部督“3·11”特大制毒案，捣毁制毒工厂1个，抓获制毒团伙8人。

【网络安全维护】 2021年，泉港区公安机关开展打击政治谣言暨清理网络有害信息、“净网”“护网”等专项行动，加强网络舆情监测，打击网络违法犯罪，整顿网络空间秩序，确保网络安全稳定。侦破打击非法制贩“翻墙”刑事案件1起、侵犯公民个人信息案件3件；检查网吧48家次，全区网吧实名登记正确率100%；检查辖区内重要信息系统和重点网站47次，发现高危漏洞21个，发出整改通知书11份；办理主侦案件38件，配侦案件318起，抓获犯罪嫌疑人203人，破获案件101件。在2021年（县）区级公安机关考评中，网安业务考评全市第一。

【社会公共安全整治】 2021年，泉港区公安机关聚焦危险化学品、道路交通、消防、房屋安全、城镇燃气等事故多发易发领域，推进安全生产专项整治三年行动和安全隐患大排查大整治工作，滚动式、多频次开展治安要素大起底、突出问题大整治，检查宾旅馆348家次，娱乐场所264家次，机修业158家次，查处黄赌毒案件56件，整改校园隐患22处、寄递物流企业隐患56处，防范遏制各类安全事故。开展景区与非景区景点安全管理专项整治，排查整改安全隐患60处，设立景点警务室3个、执勤点8个。

【社会治安防控体系建设】 2021年，泉港区公安机关以泉州市争创全国社会治安防控体系建设示范城市活动为载体，推进智慧街面巡防、智慧安防社区、智慧内保单位管理、智慧行业场所管理等建设，推进84个智慧安防小区建设，287家治安保卫重点单位实现信息数据“全采集”、视频监控“全安装”，138所中小学幼儿园视频监控安装率、保安员配备率、防护器械配备率、封闭式管理率和护学岗设置率均为100%，120辆公交车全部安装安全防护隔离设施、视频监控和一键报警装置，初步建成以圈层查控、单元防控、要素管控为主体框架的社会治安防控体系。

【“百名警长进百村”活动开展】 2021年，泉港区公安机关针对警力少、基层基础薄弱问题，开展“百名警长进百村”活动，101名副股级以上民警及领导干部担任全区101个村（社区）的挂村“警长”，围绕“打牢基础、抓实防控、防范电诈、化解矛盾、助力发展、联系群众”等6个方面开展工作，排查化解矛盾纠纷613起，化解信访积案27件，为民办实事159件。

2021年4月8日，泉港巡特警反恐大队到庄重文实验小学开展2021年全民国家安全教育日反恐怖宣传教育活动 （图/泉港公安分局）

【执法规范化建设】 2021年，泉州市公安局泉港分局在全市率先推行法制员派驻制，选拔8名执法办案能手作为派驻法制员进驻7个派出所和局属执法办案大队，对基层执法活动进行监督指导。开展“刑案清查”活动，对近三年办理的所有刑事案件以及部分引发群众信访投诉的行政案件开展集中清查，清查刑案4417件、警情941件，较为突出执法问题57条，修订完善执法制度3项。高标准建设执法办案管理中心，实现嫌疑人从“进”到“出”一站式闭环管理，减轻办案民警压力，助推执法规范化建设。

【森林资源违法犯罪打击】 2021年4月22日，泉州市公安局泉港分局举行“泉州市公安局泉港分局森林警察大队”揭牌仪式。开展“天保1号”“清风行动”“昆仑行动5号”等专项行动，对接区林业部门，加强巡查，严厉打击破坏森林资源违法犯罪行为，侦办涉森违法犯罪刑事案件4件，移送起诉3起。

【公安“放管服”改革】 2021年，泉州市公安局泉港分局聚焦群众和企业关切，以亲企、帮企、惠企、安企为着力点，出台《全区公安机关构建“亲清型”警企关系十二项举措》，服务保障全区经济社会发展。开展“我为群众办实事”实践活动，组织民警走访社会各界群众代表5万余人，召开征求意见会10场，征集意见建议81条，在治安、户籍、出入境等领域推出落户便利化“六个办”、老年人办理出入境业务6项服务等系列便民利民措施，为群众解决“急难愁盼”问题132件，帮助44名“黑户”群众解决户口难题。

检察

【概况】 2021年，泉港区人民检察院依法履行刑事检察、民事检察、行政检察、公益诉讼等法律监督职责，打击刑事犯罪，推动社会治理创新，化解社会矛盾，推行检察公开听证和检律写作，服务地方经济发展。全年起诉严重危害公共安全违法犯罪6件6人；起诉危险驾驶103件103人；起诉违反交通运输管理法规发生重大事故16件16人；起诉侵害人身、民主权利犯罪案件43件53人；起诉侵犯财产犯罪82件118人；起诉跨境网络赌博犯罪6件11人；起诉涉黄犯罪案件9件16人，监督立案1件1人；打击拒不执行判决、裁定犯罪2件2人；起诉袭警违法犯罪3件4人；起诉黑恶势力“保护伞”案件1件1人。区人民检察院第一检察部获评“福建省检察机关扫黑除恶专项斗争优秀集体”，第一检察部1名干警获评“全省扫黑除恶专项斗争先进工作者”。

【检察机关打击严重刑事犯罪】 2021年，泉港区人民检察院起诉放火、以危险方法危害公共安全、破坏电力设备等严重危害公共安全违法犯罪6件6人；坚持惩防结合治理醉驾犯罪、起诉危险驾驶103件103人，认罪认罚率100%；起诉违反交通运输管理法规发生重大事故16件16人。起诉故意伤害、故意杀人、强奸、抢劫、寻衅滋事等侵害人身、民主权利犯罪案件43件53人；起诉盗窃、诈骗、敲诈勒索等侵犯财产犯罪82件118人。起诉跨境网络赌博犯罪6件11人，涉案金额共计约人民币31.96亿元；加大“扫黄打非”力度，起诉涉黄犯罪案件9件16人，监督立案1件1人；回应社会诚信体系建设需求，依法严厉打击拒不执行判决、裁定犯罪2件2人。起诉暴力袭击依法执行职务的人民警察的违法犯罪3件4人。

【刑事诉讼检察监督】 2021年，泉港区人民检察院挖掘“两项监督”线索来源，树立“在办案中监督、在监督中办案”的新型检察办案理念，推动监督常态化，打破等案上门、坐堂审案的消极司法理念，依照职权主动查明案件事实真相、寻找监督线索，纠正和追究违法行为。全年共监督公安机关立案10件次、通知公安撤案1件次，对侦查机关发出“纠正违法通知书”18份、“侦查活动监督通知书”13份、“检察建议”5份，口头纠正13件次，纠正漏捕3人，纠正漏诉15人，纠正漏罪10人。

【涉黑恶案件审查起诉】 2021年，泉港区人民检察院起诉黑恶势力“保护伞”案件1件1人。开展涉黑涉恶案件（线索）倒查，推进扫黑除恶与教育整顿有机衔接。按照教育整顿要求开展涉黑恶线索“大起底”“回头看”，对所有涉黑恶案件进行全面复查，开展涉黑涉恶案件（线索）倒查。

【服务经济保障】 2021年，泉港区人民检察院发挥经济金融检察职能，服务经济发展，助力亲清护企。贯彻落实“断卡”行动，依法打击电信网络犯罪。全年共办理涉电信网络诈骗犯罪192件340人。坚持打击、治理、防范多策并举，组织干警到界山镇狮东村开展打击治理电信网络诈骗犯罪宣传，通过设立宣传横幅、摆摊设点、发放防诈宣传手册、讲解典型诈骗案例等多种方式向群众宣传相关防范电信诈骗知识，共发放各类防诈骗宣传读本、宣传手册等500余份，宣传和接受群众咨询300余人次。聚焦民生关切，依法从严打击侵犯知识产权、危害食品药品安全、生产、销售伪劣产品相关违法犯罪。依法快捕快诉，加强对侵犯知识产权、食品安全犯罪打击力度，监督行政机关移送4件4人，批准逮捕2件2人，提起公诉1件1人。贯彻少捕慎诉方针，护航民营企业健康发展。全年依法对2家没有犯罪事实的民营企业作出不起诉决定；对一涉企案件3人虚开增值税专用发票案拟不起诉开展公开听证并直播听证全程。

【未成年人检察工作】 2021年，泉港区人民检察院贯彻“惩、防、教、治、责”五字方针，做好未成年人检察工作。妥善处理未成年人犯罪，办理未成年人审查逮捕9件11人，不批准逮捕7人，不捕率63.64%。办理未成年人审查起诉17件29人，其中对23人提起公诉，其他情节轻微不起诉1人，附条件不起诉5人。落实未成年犯罪嫌疑人特殊制度，开展未成年犯罪嫌疑人心理测评11人次、落实法律援助17人次、法定代理人（合适成年人）到场19人次、刑事和解1人次、犯罪记录封存28人次、

2021年5月21日，泉港区人民检察院举行听证直播　（图/区人民检察院）

社会调查21人次、羁押必要性审查2人次。落实“一号检察建议”。围绕校园安全重点环节，联合区教育局通过明察暗访等方式开展联合督导，走访中小学校、幼儿园7所，帮助学校完善法治教育制度，开展专项检查活动1次。对全区1607名教育行业从业人员开展2批次违法犯罪记录查询，发现有刑事犯罪记录1人（已开除）、行政处罚记录人员9人，要求新入职教职员工签署《入职承诺书》，共建预防侵害长效机制。联合教育局、卫健局等出台《关于建立侵害未成年人案件强制报告制度的实施意见（试行）》，推动教育部门采取举措在全区多所中心幼儿园和实验中、小学校落实强制报告制度，到辖区各学校开展专门针对学校教职员工以及学生家长的防性侵主题法治宣讲7次，覆盖人数350余人。辖区各学校开展未成年人犯罪预防讲座22次，普及《中华人民共和国未成年人保护法》《中华人民共和国预防未成年人犯罪法》覆盖学生13000余人，编制法治宣传手册3本，发放宣传册（品）150份。

【社会矛盾化解】 2021年，泉港区人民检察院贯彻落实宽严相济刑事政策，落实“少捕慎诉”司法理念，坚持可捕可不捕的不捕、可诉可不诉的不诉。坚持疑罪从无，给初犯、偶犯、认罪认罚的犯罪嫌疑人改过机会，不批准逮捕39人（证据不足其他情形11人，无社会危险性不捕23人，其他不捕5人），不捕率7.27%，不起诉55人（其他情节轻微不起诉45人、刑事和解不起诉5人、没有犯罪事实不起诉5人），不起诉率7.08%。落实检察官联席会议，召开58次员额检察官联席会议，讨论重大、疑难、复杂案件72件，实现疑难、复杂案件讨论的常态化和制度化。

【专项监督治理】 2021年，泉港区人民检察院拓展公益诉讼等外领域助力泉州申遗，协同推进省级文保单位黄素石楼周边综合治理。针对辖区盲道损毁占用等问题向有关部门制发检察建议，促成开展全区盲道整治专项活动，修缮整改不规范盲道30余处。针对农贸市场、学校周边等车流量大、影响面广的多条道路留有成排膨胀螺栓“钉子阵”，制发检察建议促成有关部门及时修复破损减速带近1千米，消除安全隐患近200处。针对因公租房管理不规范、进城农民工申请难等问题，督促有关部门开展专项整治活动，清退近20%不符合保障条件的租户，追缴租金差额10万余元。与区河长办共建涉水公益诉讼快速检测实验室，有效破解线索初筛和证据固定难题。推动与林业部门、保险机构签署古树名木保护协作备忘录，以检察监督方式推动辖区358株古树名木在全市率先享有总保额716万元的专属保险。

【检察听证公开】 2021年，泉港区人民检察院建成检察听证室，具备直播条件。通过最高检的直播验收，率先听证直播，以更加直观的方式让人民群众感受到公平正义，在中国检察听证网举行4场听证直播。建立《泉州市泉港区人民检察院案件听证工作规则》，规范检察听证工作。

【刑事执行检察监督】 2021年，泉港区人民检察院开展刑事执行检察工作，开展社区矫正2次，周末抽查27次；剥夺政治权利专项检察1次；财产刑执行检察1次，监督区法院对生效的刑事裁判涉财产部分立案执行442人，执行到位金额940万元；被强制医疗人员死亡检察1次，发出检察建议3份，纠正违法通知书20份，监督清理审前未羁押判实刑未交付执行罪犯11人。

【检律协作】 2021年，泉港区人民检察院贯彻落实《关于加强检律协作推动建立检律定期会商机制的提示》工作，做好检察环节服务保障律师职业权利，联合福建欣港律师事务所联合制定关于律师参与化解和代理涉法涉诉信访案件的工作细则，于2021年5月11日印发《关于律师参与化解和代理涉法涉诉信访案件工作实施细则（试行）》。律师参与到泉港区人民检察院的涉法涉诉信访案件化解工作2场次，深化第三方律师参与涉法涉诉信访案件。

法院

【概况】 2021年，泉港区人民法院围绕“努力让人民群众在每一个司法案件中感受到公平正义”目标，坚持服务大局、司法为民、公正司法。全年受理各类案件8729件，办结8459件，结案率96.91%，居全市法院前列。2021年被授予“全省优秀法院”和国家级“节约型机关”称号。

【涉疫案件审判和纠纷调处】 2021年，泉港区人民法院落实依法防控要求，惩治涉疫犯罪，化解涉疫矛盾。发布涉疫涉医典型案例，严惩冒充医护人员实施医疗诈骗等犯罪11件29人，维护疫情防控秩序。出台保障企业复工复产8项举措，妥善处理涉疫纠纷24件。借助信息化手段破解疫情期间审判难题，远程立案1793件，线上审理509件，网络查控4911件，确保诉讼服务不停摆。

【涉黑恶案件审判】 2021年，泉港区人民法院研究出台《泉港法院关于常态化开展扫黑除恶斗争的实施方案》，依法扫除黑恶势力及其“保护伞”，研判涉黑恶案件暴露出前端治理中的共性问题，推动“以案促建”“以案促治”。全年审结涉黑案件1件1人，判处有期徒刑七年六个月，处罚金人民币

270万元，追缴违法所得50万元。执行立案涉黑恶财产案件2件，涉案人数2人，执行标的金额323万元，终结此次执行程序1件，正在执行中1件，执行到位金额50万元。

【法治助力营商环境优化】 2021年，泉港区人民法院召开司法服务优化营商环境新闻发布会，出台司法助力企业发展6项举措。快速解决涉企纠纷，保护中小企业投资者利益，审结涉企纠纷394件，民商事案件平均审理天数42.68天，居全市法院最优。推动落实“执破直通”工作机制，移送破产审查18件，审结爱德利运输公司破产案，实现债权1000多万元，推进“僵尸企业”有序退出市场。防控金融风险，上线金融案件一体化办案平台，化解金融纠纷301件，挽回损失4163万元。

【环境保护机制建设】 2021年，泉港区人民法院建立健全“生态+司法”保护机制，审结污染环境、破坏资源等犯罪案件4件5人，环境公益诉讼案件1件。践行“绿水青山就是金山银山”理念，创新打造“五纵三横”（“五纵”指聚焦在对泉港区河流溪坝、森林植被、海洋港口、石化园区和文化遗产等特色环境要素的司法保护上；“三横”指坚持府院联席长效化、生态司法精准化、靠前服务常态化的“生态司法＋多元保护”机制，共建生态共享法庭、共治生态环境问题、最终达到共享生态保护成果的目的）全方位立体化生态环境司法保护机制。建成全省首个“补植复绿＋社区矫正”警示教育基地，启动全省首个碳中和林项目，开展首例公益诉讼增殖放流生态修复活动，成立“坝头溪生态环境司法保护协同治理中心”，打造覆盖海洋港口、石化园区、森林植被、河流溪坝的生态司法保护圈。推进文化和自然遗产保护，与文体旅游局签订《泉港区文化遗产司法保护体系战略合作协议》，设立文化遗产保护法官工作室和宣教基地，打造集文物保护、旅游发展、生态环保三位一体的文化遗产保护新格局。

【刑事案件审理】 2021年，泉港区人民法院受理刑事案件524件920人，审结508件848人。依法严惩抢劫、强奸、故意伤害等严重暴力犯罪，审结相关案件41件55人，保障社会安定稳定。专项整治非法经营成品油犯罪，审结相关案件25件89人，维护公共安全和交易秩序。开展“断卡”行动，依法惩处电信网络诈骗犯罪20件62人。配合监察机关惩治职务犯罪，审结5件5人，彰显惩治腐败的坚定决心。加强未成年人司法保护，设立少年法庭，依法严惩侵害未成年人犯罪案件10件15人。坚持“教育为主、惩罚为辅”原则，审结未成年人犯罪案件12件23人，判处缓刑9件17人。

【民商案件审理】 2021年，泉港区人民法院受理民商事案件4150件，审结4027件，标的金额8.27亿元。审结买卖、租赁、承揽合同纠纷312件，促进社会诚信，维护市场秩序。审结建筑工程、房地产、物业服务合同纠纷320件，助推房地产市场健康发展。审结民间借贷纠纷1285件，规范民间借贷行为。推进家事审判方式改革，弘扬优良家风家教，注重修复家庭关系，联合妇联、团委等构建反家暴联席互动机制，促进和谐家庭建设，审结婚姻家事案件622件，调撤率77.49%。坚持保护劳动者合法权益和维护企业生存发展并重，化解劳动纠纷42件。

【案件执行】 2021年，泉港区人民法院受理执行案件3999件，执结3872件，执行到位金额6.05亿元。突出执行强制性，开展专项执行13场次。严厉打击恶意逃避执行行为，司法拘留18人次，审结拒不执行判决犯罪案件3件3人。运用网络查控+线下核查模式，全方位查控被执行人的财产信息，冻结存款3372.98万元、股权7件次，查封不动产103宗，扣押车辆42部。健全失信联合惩戒和信用修复机制，实行“红白黑”名单分级管理，曝光失信黑名单455人次，信用修复363人次并解除限制高消费1083

2021年11月29日，泉港区人民法院到博文中学开展法治专题讲座

（图/区人民法院）

人次，助推社会信用体系建设。推行“网拍+询价”，创新推出“VR+短视频”云看样模式，提升竞拍体验感。落实关于优化生育政策促进人口长期均衡发展的决定精神，依法停止征收社会抚养费案件的执行，主动联合相关单位解除对2018名被征收对象采取的强制措施。

【智慧法院建设】 2021年，泉港区人民法院优化在线诉讼基础设施，投建4931平方米的审判业务用房，统筹院部和南埔法庭的信息化建设，增设3间线上法庭，补齐智能化设备短板。深化阳光司法，公开裁判文书4552份、审判流程信息8000余条，在线“云旁听”庭审23.54万人次。推广应用移动微法院、智慧庭审等电子诉讼平台，实质运行电子文档中心，整合诉讼材料扫描、送达、收转等职能，扫描电子卷宗、历史档案8391件次，构建以电子卷宗同步生成为主要特征的辅助事务集约化工作机制。

【社会治理参与】 2021年，泉港区人民法院加快诉讼服务中心转型升级，构建线上立体化诉讼服务体系，实现起诉立案、电子送达、委托鉴定、在线调解等诉讼事务 “一网通办”。落实立案登记制，现场立案2780件、网上立案1591件。深化跨域立案3.0版，跨域立案202件。与中国邮政联合设立统一集约送达中心，送达各类案件材料2.03万件次，平均送达周期缩短3天。率先在全市实现诉讼费收退全流程网上办理，网上退费978.73万元。全市首推免开法律文书生效证明举措，简化执行立案手续，为当事人便捷执行立案3141件。主动融入党委政府诉源治理工作格局，深化诉源减量“三项工程”，健全“非诉解纷庭前、司法协同保障”诉非联动机制。建立完善诉非联动中心，配齐“1法官+1书记员+2调解员”团队，一站式办理诉前调解、委派调解、司法确认等业务1780件次。精准对接镇村调解力量，合力实现矛盾纠纷村居源头预防、镇村前端化解、法院关口把控，诉前调解纠纷1668件，调解成功1183件，成功率70.92%。围绕服务乡村振兴和产城融合，推动司法资源倾斜基层，南埔法庭审结各类案件1014件。应对安征迁司法新需求，协助就地化解涉安征迁纠纷20余件，审结涉安征迁的分家析产、共有物分割和离婚后财产纠纷52件。参与乡村治理，创新人民法庭参与基层社会治理的“五联”机制，提升乡村善治水平。发挥司法救助“托底线”功能，为经济困难群众和低收入群体缓减免诉讼费2.68万元，发放司法救助金6万元。推进“法律八进”，组建民法典宣讲团，开展青少年普法小课堂、模拟法庭等活动63场次。

司法行政

【概况】 2021年，泉港区司法局坚持党对全面依法治区和司法行政工作的领导，印发《中共泉港区委全面依法治区委员会2021年工作要点》，督促指导全区各单位编制普法责任清单，编制泉港区“八五”普法规划。全区受理矛盾纠纷总数1420件，调解成功率99.86%；受理行政争议案件28件，调解成功率75%；接收社区矫正对象245名，解除240名，当前在册310名。办理各类公证811件，受理法律援助案件255件，接受法律咨询4800余人次，法律帮助977件，为255名受援人免收法律服务费用159.2万元，挽回损失1081.66万元。3名专职调解员获“福建省一级人民调解员”称号，涂岭司法所获评“全国模范司法所”，区司法局获评“2016—2020年全省依法治理创建活动先进单位”。

【复议应诉规范】 2021年，泉港区司法局简化行政复议和行政应诉文书内部处理程序，做好行政复议案件办理和行政诉讼案件应诉工作，提高行政复议行政应诉办案效率。办理向区政府提起的行政复议申请12件；接待行政复议咨询3件。指导、协调全区行政机关参与行政应诉82件。其中，区政府作为被告应诉的12件；政府部门和各镇（街道）作为被告应诉的70件；败诉16件，败诉率19.51%。

【法治乡村建设推进】 2021年，泉港区司法局开展“百场法治电影进村（居）”活动，在全区各村（居）播放民法典宣传片和法治电影，增强群众法治意识。推进农村“法律明白人”培养工程，每个村培育并建档3名以上“法律明白人”，设立36家“两代表一委员”普法工作室，推动两代表一委员成为农村法治带头人，带领熟悉法律法规的农村“法律明白人”参与普法宣传和法律事务工作。全年入户宣传3500余人次，提高法治宣传覆盖率，加强村民法律意识。

【公共法律服务】 2021年，泉港区司法局开展法律工作者“访百村 进百企”活动，强化乡村司法保障，帮助企业完善治理结构，防范法律风险，化解矛盾纠纷，推动企业法律保护关口前移，提升依法经营能力。走访90个村（社区）、95家企业，解决法律问题3件，法律咨询60余件。出台律师违规违法风险防范机制，加强律师执业监管，规范律师执业行为，规范和司法人员正当接触交往关系，促进律师依法、规范、诚信执业。引导区公证处出台十项便民措施，提升服务群众水平。在全区开展司法所“一所一品”的品牌特色创建，以品牌创建引领司法所规范化建设和履职服务能力提升。

【立法调研】 2021年，泉港区司法

局配合省、市开展地方立法的征求意见工作。处理各类征求意见40件次。及时清理不适应改革要求的规范性文件，“2020年福建省政务公开第三方评估报告”被作为“规范性文件立改废”的典型案例表扬。

【规范性文件审查体系健全】 2021年，泉港区司法局共发出规范性文件备案提示函2件，向市政府及区人大常委会报送备案以区政府及区政府办公室名义发布的规范性文件10件，报备率与及时率均100%，收到部门报送备案的规范性文件8件。办理政府重大合同法律审核、重大行政决策合法性审查等政府法律事务50余件，参加各类法律事务的工作会议30余次，处理各类重要文件征求意见30余件。

【行政执法监督指导体系规范】 2021年，泉港区司法局将全面推行行政执法“三项制度”列入绩效考评体系，开展规范行政执法自由裁量权工作，抽查14个行政执法单位的执法案卷98卷，规范行政执法行为。联合区监察委员会在生态环境保护等7支综合执法队伍中开展不予行政处罚、从轻或减轻行政处罚事项三项清单试点工作，公布全面推行行政执法三项制度相关清单指南流程图参照样式。开展区直证明事项清理，梳理形成《泉港区区直单位保留的证明事项清单》26项、以省“五级十五同”标准为依据的“证明”事项704项。推广证明事项告知承诺制，公布实行证明事项告知承诺制事项3批次共73项，深化“放管服”改革，优化法治营商环境。

【法治宣传】 2021年，泉港区司法局部署全区学习宣传民法典工作，开展“美好生活·民法典相伴”主题宣传活动，利用元旦、春节、元宵节、清明节等节假日契机，开展法律“八进”活动，帮助群众解答生产生活中遇到的法律难题。全年开展宣传活动300余场次，发放各类宣传材料及宣传品50000余份。

2021年4月21日，泉港区掌上公共法律服务平台行政复议、人民调解模块启动仪式举行 （图/区委报道组）

【“互联网+”公共法律服务体系完善】 2021年，泉港区在泉港区掌上公共法律服务微信公众号平台上试点运行在线人民调解、行政复议网上申请模块，建立村、镇、区三级在线调解协作机制，实现全区矛盾纠纷的在线申请、受理、流转、指派，引导调解员入驻平台，打造数据互通、资源共享的“互联网+”公共法律服务网络。在全省率先落实在网上申请行政复议渠道，为群众提供更加高效、便捷的申请途径，以更便捷高效的方式实现公共法律服务零距离。办理各类公证811件；受理法律援助案件255件，其中刑事189件，民事66件。接受法律咨询4800余人次（包括现场活动咨询），法律帮助977件，为255名受援人免收法律服务费用159.2万元，挽回损失1081.66万元。

【社区矫正执法体系建设】 2021年，泉港区司法局组织开展社区矫正执法规范化提升年活动，深化“135”社区矫正工作新模式。印发《关于进一步规范社区矫正监督管理工作的通知》，组织开展信息化核查、实地走访和档案整理等主题月活动，结合政法队伍教育整顿，开展社区矫正突出问题专项治理和减、假暂案件全面排查整治工作，强化纠查整改，推进社区矫正执法规范化。落实监管措施，加强执行环节审核，细化信息化核查、明确暂予监外执行对象定期病情复查时间和书面通知等制度以及社区矫正对象“在矫通”签到情况核查和处置工作，抓好季度信息比对、周末和节假日联合督查等工作，探索信息化核查新渠道、新途径，严厉打击不假外出现象。推行心理辅导、学习教育等非执法类项目外包服务，推进日常教育帮扶和社会关系改善常态化、规范化，提升社区矫正质量和水平。全区接收社区矫正对象245名，解除240名，当前在册310名。办理社会调查205件，作出训诫46人次、警告22人次，提请治安处罚3人次。落实刑满释放重点帮教对象衔接管理工作规范。落实重点人员排查机制，加强重点人员管控，对全区登记在册的1858名安置帮教人员进行摸底排查，对疫情期间衔接的475名刑满释放人员实行清单化管理。

人民武装

【概况】 2021年，泉港区人民武装部（以下简称“泉港区人武部”）坚持以习近平新时代中国特色社会主义思想和习近平强军思想为指导，围绕“完善国防动员体系”战略目标，抓实政治建军，加强练兵备战，做好国防动员与国防教育，推进安全管理和“四个秩序”（正规战备、正规训练、正规工作、正规生活）规范化建设。被省军区评为正规化管理和安全工作先进单位。

【民兵队伍建设】 2021年，区人武部着眼“平时服务、急时应急、战时应战”要求，适应新体制新职能，坚持按纲施训、从严治训，突出“练技能，打基础、强能力”抓训练落实，提升训练质效。常态实训专武干部和民兵干部骨干队伍训练，抓好教学组训、基础技能和专业技能训练，培养一批专业技术教学力量。按照“稳打基础、固强补弱、全面抓建、整体提升”思路，调整布局、优化结构、规范标准、创新模式，完成军分区赋予的基干民兵整组任务。围绕提高应急应战能力，以突出重要目标防卫、巡逻警戒、海上搜救等课题演练，狠抓民兵应急分队与专业分队共同基础课目训练，提高民兵遂行多样化军事任务的能力。

【国防动员】 2021年，区人武部围绕“完善国防动员体系”新要求，做好年度国防动员潜力调查，组织召开任务部署会与业务培训会，指导国动委成员单位和各镇（街道）开展年度国防动员潜力调查工作。分析研判一年两征的新形势，提高兵员征集质量，完成两季兵员征集任务。

【国防教育】 2021年，区人武部创新方法手段，区分教育对象，抓住重要时段，推进国防教育开展。邀请区委史志室主任为辖区应征青年讲述“泉港革命史”，组织国防教育讲师和优秀基干民兵到学校为学生讲授国防教育课，联合教育局开展“爱我国防”知识竞赛。联合退役军人局和区妇联开展“十佳好军嫂、十佳兵妈妈”评选活动。联合区退役军人局开展“关爱功臣”慰问、为立功受奖军人家庭送喜报、慰问驻军活动。组织四套班子领导和镇（街道）党政领导过“军事日”，增强领导干部国防意识、忧患意识和责任意识。

人民防空

【概况】 2021年，泉港区依法办理城市新建民用建筑修建、异地修建防空地下室审批，审批结建面积，征收人防易地建设费；组织开展人防工程完好率普查，办理人防工程竣工验收备案，竣工验收相关场地。

【人防实战化训练保障】 2021年，泉港区成立实战化训练领导小组，加强指挥系统管理和维护，保障系统正常运行，与市办指挥系统互联互通测试良好。编制全区实战化训练总案和机关、社区、学校疏散分案5份，组织开展“9·18”防空警报试鸣任务。

【平战结合体系健全】 2021年，泉港区每周对警报器的控制系统进行开机维护测试，每月对所有警报器进行一次全面调试、维护检测，每台警报器均处于良好的战备状态。建立信息防护、心理防护、防空运输、引片诱爆、防化防疫、医疗救护和综合应急等7支人防专业队伍，完成年度整组任务。

退役军人事务

【概况】 2021年，泉港区建成1个区级退役军人服务中心、7个镇级退役军人服务站和92个村级退役军人服务站。其中，区级退役军人服务中心及7个镇级退役军人服务站创建“示范型”退役军人服务中心（站）全部达标，达标率100%。涂岭镇退役军人服务站、南埔镇退役军人服务站被评为福建省退役军人服务保障体系“五有”先进单位。

【服务管理】 2021年，泉港区退役军人事务局推进村级退役军人服务站建设，对全区92个村级退役军人服务站进行二次验收。召开全区退役军人系统常态化联系退役军人工作动员部署会，建立区、镇（街道）和村（居）三级挂钩联系表。联合区人社局召开2021年度春季、秋季两场大型人力资源市场招聘会，推出多项优惠措施，组织退役军人参与招聘会并与企业签订合同。发动退役军人报名参加泉州市免费职业技能培训，组织闽创创投众创空间公司和泉港区航海职业技术学校申报泉州市级退役军人就业创业园地，为全区退役军人提供创业培训和就业技能培训。

【抚恤补助】 2021年，泉港区退役军人事务局严格把关新增优抚对象，审查申请材料，在全国优抚信息管理系统中补充完善优抚对象数据信息，建立优抚对象数据动态管理制度，及时录入辖区优抚对象的信息情况，对照每个月抚恤补助发放对象自然死亡等情况，对发放名单适时进行调整。

【烈士纪念设施保护修缮】 2021年，泉港区退役军人事务局实地摸排各

2021年8月19日，泉港区召开“十佳兵妈妈”“十佳好军嫂”座谈会。图为部分“十佳兵妈妈”“十佳好军嫂”合影 （图/区委报道组）

镇（街道）烈士纪念设施，明确全区共有烈士纪念设施26处。开展烈士纪念设施保护情况专项督查工作，对全区烈士纪念设施进行环境整理，明确实际管理人及镇、村两级责任人，落实区、镇（街道）、村（社区）三级共同负责烈士墓的长期管理及档案建立。与区民政部门协调在南埔镇太白峰陵园内规划用地建设烈士集中安葬场所和烈士英名墙。清明节开展“清明祭英烈”等活动，组织社会各界人士、各企事业单位、学生等群体到辖区内烈士纪念设施开展红色纪念活动。

【退役军人保障法宣传贯彻】 2021年，泉港区退役军人事务局开展《中华人民共和国退役军人保障法》学习宣传贯彻和“法律政策落实年”活动。各镇（街道）退役军人服务站开展宪法日普法宣传及欢送新兵、送喜报下乡、清明祭扫英烈、迎接返乡退役军人等活动时机，通过悬挂标语横幅、摆放展板、发放宣传资料、播放宣传动画等方式，就大家普遍关心的退役军人安置、优待抚恤、就业创业（扶持）、教育培训、权益维护、学历提升等政策进行现场解答。全区组织发放宣传资料1万余份，组织宣传下乡入户、进军营、进企业10场次。

【拥军优属】 2021年春节期间，泉港区政府向泉州市军分区、泉港区人武部等送去慰问物资；开展重点优抚对象、困难退役军人走访慰问活动。“八一”中国人民解放军建军节前夕，泉港区委、区政府组织慰问泉港区人武部及驻军部队送去慰问物资；组织“三挂一”双拥共建单位为驻军部队送去慰问物资。联合区妇联、区委文明办、区人武部开展2021年泉港区“十佳兵妈妈”“十佳好军嫂”评选活动，命名“十佳兵妈妈”10人、“十佳好军嫂”10人，并授予“最美家庭”称号。联合区妇联、区职业女性联谊会联合开展“浓情八一·情系军属”走访慰问活动，为烈士遗属、部分驻泉港部队军嫂及泉港籍功臣军属送去鲜花和慰问品。

外事

【概况】 2021年，泉港区人民政府外事办公室（简称“泉港区外事办”）维护国家主权、安全、发展利益，加强涉外舆论监测、研判和预警，稳妥处置涉外案（事）件，督促企业完善境外项目安防方案和应急预案。牵头协调全区“外防输入、内防扩散”工作，传达国内防疫工作部署和要求，督促指导企业对境外项目疫情防控工作做好安全防范，做好邀请外国人来华商务邀请函的政策解释和办理工作。

【涉外疫情防控】 2021年，泉港区外事办牵头协调全区“外防输入、内防扩散”工作，按照“属地管理、国民待遇、柔性管理”三个原则，抓早、抓细、抓严落实各项防控措施。通过泉港海外乡亲防疫服务微信群，及时发布宣传泉港区疫情防控形势、措施和要求，协助协调在外人士郑某就医，依托同乡会、联谊会同步做好政策宣传和关心关怀工作。向泉港涉几内亚湾船只船员传达国内防疫工作部署和要求，督促指导企业加强对境外项目疫情防控工作的组织动员、资源协调、管理监督、技术培训、疫情监测和评估。

【出入境管理】 2021年，泉港区外事办做好邀请外国人来华商务邀请函的政策解释和办理工作。全年为区内企业审核转报邀请外国人入境3批65人次，经省外办审批同意办理3批11人次。加大APEC（亚太经济合作组织）商务旅行卡宣传推介力度，联合区商务局、工信局等部门向区内企业介绍APEC商务旅行卡及其申办流程，帮助企业“走出去”。全年为玺堡（福建）家居有限公司申办APEC商务旅行卡2批4人次。

【境外安全保障】 2021年，泉港区外事办协调区交通运输局、区农林水局、泉港海事处按照“谁派出、谁负责”以及“属人属地”相结合的原则，指导做好安全防范，加强监测，避免发生船只、人员遭海盗劫持、绑架等严重恶性案（事）件。联合区公安分局出入境管理大队，通过梳理护照申办信息、上门入户摸排等方式摸清本地在加纳及周边国家人员的出国渠道、来源地、年龄层次和数量。与泉港区赴非洲国家务工的人员所在镇、村两级建立联动机制，提醒在外务工人员不得从事非法采金工作，注意人身财产安全，遵守当地法律法规。严格要求企业在派员驻外同时，遵守“不培训、不派出”“谁派出、谁负责”等原则，督促企业落实境外安保主体责任，加大安全投入力度，完善境外项目安防方案和应急预案。

侨务

【概况】 2021年，泉港区召开涉侨重点专项工作推进会，部署全区重点侨情数据库建设工作，了解掌握海外“四有”（政治上有地位、经济上有实力、社会上有影响、专业上有造诣）人士情况，普查重点人士87人，海外重点社团6个。推进侨务重点专项任务，联合区商务局、区侨联、区贸促会等开展调研座谈，了解企业生产经营情况和对“打好新‘侨’牌，开展‘双循环’经贸合作、融通海内外的桥梁纽带”的意见建议，帮助协调困难问题。加强侨界队伍建设，完成区侨青会换届。

【归侨关怀】 2021年，泉港区实施爱侨工程，开展遭遇大病大灾贫困归难侨调查摸底工作，将1户困难侨胞（属）家庭纳入“同心安居工程”项目，为其解决住房和生活难题；确定大病大灾贫困归难侨1名；走访慰问贫困归侨侨眷15户。开展“暖侨行动”，为海外侨胞及其在国（境）内的亲眷寄送“新春祝福包”“抗疫暖心包”和慰问信。办理华侨回国定居与华侨及侨眷身

2021年1月19日，泉州市侨联到泉港开展“侨爱心·暖侨心”春节走访慰问归侨侨眷活动 （图/区侨联）

份认定、出具“三侨生”升学照顾身份证明等事项，全年出具“不予受理通知书”（非华侨）3份。

【侨益维护】 2021年，泉港区严格按照《中华人民共和国归侨侨眷权益保护法》《福建省实施〈中华人民共和国归侨侨眷权益保护法〉办法》等法律法规维护海外华侨和归侨侨眷的合法权益，规范涉侨案件、信访件的受理、调处、诉讼机制。组织到东张村、大前村、植物园现场宣传，通过微信平台、微信网络群推送涉侨法律法规宣传，加大涉侨普法力度，构建和谐侨乡。支持侨界人大代表、政协委员围绕侨界群众普遍关注的热点难点建言献策、开展调研。

【侨务联谊】 2021年，泉港区赴山东调研走访马来西亚侨领林玉唐，日本侨领王明辉、王秀德，考察发林集团、匠造食品有限公司、源清田等侨资企业，与侨资企业对接人才资源、项目资源、科技资源。中国—东盟商务协会总会与泉港区总商会建立战略合作关系，并签署“一带一路”倡议合作协议书，实现泉港民营企业与侨资企业的互联互动互融、共建共治共享。接待马来西亚拿督庄宝一行到泉港参访交流，联络乡情，推介泉港城市发展、产业布局、相关政策，拓展交流合作渠道。

2021年6月10日，马来西亚拿督庄宝（左三）一行到泉港参访交流。图为参观区方志馆 （图/区委统战部）

台港澳事务

【概况】 2021年，泉港区细化落实“十四五”规划和2035年远景目标涉台工作任务，探索海峡两岸融合发展新路。开展“再学习、再调研、再落实”专题调研，形成《持续推进泉港台湾融合发展打造“台胞台企”登陆第一家园》调研报告，为推动两岸融合发展提供参考。构建全覆盖的涉台普法及维权网络，宣讲惠台惠企政策，为台企台商排忧解难，引进台湾青年人才5人；培养对台民间交流能手8人。开展港澳乡情普查，全年办理因公赴港澳团组2团7人次。

【惠台利民政策实施】 2021年，泉港区聚焦疫情影响，定期开展台资企业和台资项目“一对一”走访活动，宣讲惠台惠企政策，及时为台企台商排忧解难。全年为国乔石化项目申报省、市、区各类扶持资金2000万元，帮助华福密胺公司、华尔宝树脂有限公司兑现出口信保保费的90%。落实台籍考生中高考加分政策，为3名台籍学生出具身份证明。慰问老龄困难台胞7名，发放慰问金4500元，为12名老龄台胞发放生活补助3.93万元。协调做好台胞在泉港接种新冠疫苗服务工作，全年在泉港区接种新冠疫苗台胞32人，接种70剂次。

【涉台法律服务】 2021年，泉港区依托区、镇（街道）、村（居）公共法律服务中心，“12348”公共法律服务“三大平台（实体平台、网络平台、热线平台）”，构建全覆盖的涉台普法及维权网络，畅通涉台法律服务通道。加强涉台平台渠道联络，提升涉台司法服务水平。加强台胞特邀调解员、人民陪审员、涉台检察联络员等队伍建设，畅通涉台司法服务平台渠道，打造多部门协作的涉台法律服务站，创新涉台法律服务机制。全年为台企、台商、台胞提供电话法律咨询3人次。

【台湾人才引进】 2021年，泉港区设立台湾人才综合服务窗口，为台湾人才提供政策咨询、就业创业扶持等便捷服务。通过“泉港人社直播间”开展台湾人才服务专场，优化台湾人才服务，扩大对台政策影响力。加强与台湾职业培训机构、人力资源机构的双向对接，引导两岸相关机构开展业务合作，促成台湾人力资源机构落地泉港或开展离岸服务。落实《泉港区鼓励和支持台湾青年来泉港创业就业若干措施（试行）》等惠台措施，针对台湾青年提供就业岗位7个，引进台湾青年人才5人。探索专家挂帅指导、团队驻点陪护方式，引进台湾建筑师团队开展农村人居环境整治规划设计提升和陪伴式服务，对2个村实施传统村落提升改造工作。

【对台经济领域融合】 2021年，泉港区强化重点台企服务，成立工作专班，为区内重点台企项目国亨化学项目提供精准式全面服务。主动兑现财政扶持、商贸交易、人才服务等方面的优惠措施，帮助国亨化学签订17家银行银团协议，落实35亿元授信额度，加快推进综合管廊、电力专线、大件运输、污水专管、道路配套、人才招聘等配套项目。在疫情突发的情况下，最大限度降低对项目建设进程影响，指导企业落实疫情防控政策，保障项目建设在疫情防控期间有序推进。做好国亨化工二期、三期项目的跟踪和洽谈，加强台湾国乔企业在台湾上下游配套企业和供应链的联系、对接、洽谈，促进项目上下游产业链延伸补齐。国亨化学66万吨/年PDH（丙烷脱氢）和45万吨/年PP（高性能聚丙烯）项目签约转开工，总投资63亿元。贯彻“农林22条措施”，扶持泉港台湾农业发展，推进蔬果、茶叶、花卉等产业以及农产品加工业深度对接。加快对台农业示范基地建设。推进烟斗山生态茶园示范基地和皖杨蔬菜示范基地建设，引进台湾新品种、新技术，种植面积14.67公顷，总投资360万元。

2021年8月25日，泉港区委常委、统战部部长王晓莺带队赴澳门拜访澳门福建同乡会开展联络联谊活动。图为活动合影 （图/区委报道组）

【对台文化领域融合】 2021年，泉港区依托上级媒体推动“三同文化”影响力，中央电视台《看台海》栏目、“学习强国”福建学习平台播报闽台“三同文化”题材的微纪录片；新华网、“学习强国”等刊发《台湾宗亲泉港寻根续缘访“同名村”栽“同心树”》《两岸“头北”缘》等涉台新闻。发挥“闽林始祖·妈祖庙”对台影响力，协调成立泉港区九龙岗妈祖文化促进会，筹划天下林氏宗亲恳亲谒祖大会。推动对台交流常态化，推动实施海峡两岸闽南文化溯源交流工程。通过微信、电话、邮件等形式，促进两岸宗亲线上联络，保持与台湾宗亲常态化联系。支持涉台宫庙示范点开展对口交流工作，拨付专项经费2万元支持南埔镇青龙庙与台湾苗栗县竹南后厝天文宫建立常态化交流机制。培养对台民间交流能手，促进亲情乡情延续，全年培养对台民间交流能手8人。

【与港澳交流】 2021年，泉港区组团赴澳门、广东开展专项工作，深化开展港澳乡情普查。推动香港泉港同乡联谊总会、澳门泉港同乡联谊总会的筹备成立，依托海外及港澳微信联络群，推送青年创业项目，吸引港澳青年到内地创业就业。组织泉港籍香港社团乡亲参加撑“全国人大决定——完善选举制度，落实爱国者治港”线下线上签名活动，支持香港选举制度完善落实。

【赴港澳管理】 2021年，泉港区严格执行因公临时赴港澳审批政策规定及通行证（签注）管理要求，统筹协调与综合把关，依法依规开展泉港区因公赴港澳申报工作，支持有关部门因公赴港澳开展交流活动。全年办理因公赴港澳团组2团7人次（含一年多次往返港澳签注手续）。

宏观经济管理

【概况】 2021年，泉港区地区生产总值657.80亿元，比上年下降9.9%；工业增加值436.12亿元，下降13.8%；第三产业增加值152.57亿元，增长3.8%，固定资产投资下降5.6%，居民人均可支配收入32320元，增长7.2%。全年组织开展招商集中签约活动3场，签约招商项目114个，总投资960.5亿元，纳入招商项目库签约项目301个，总投资1797亿元，履约项目（工商注册、团队入驻、资金到位）170个。

【招商项目策划推介】 2021年，泉港区坚持招商"一把手"工程，区领导累计外出招商18批次，带队到京津冀、长三角、海南等区域开展产业链招商推介，走访天辰化工、舟基集团、巴陵石化、阿朗新科、伟光汇通等多家企业衔接洽谈项目，促成天辰泉港新材料产业园（总投资150亿元）、地下水封洞库系列项目（总投资200亿元）、国科国际产业园（总投资35亿元）等多个重点招商项目签约落地。全年组织开展3场招商集中签约活动，签约招商项目114个，总投资960.5亿元；纳入招商项目库签约项目301个，总投资1797亿元，已履约项目（即工商注册、团队入驻、资金到位）170个。新签约项目中亿元以上项目90个、10亿元以上项目15个，百亿元以上项目3个，单体最大的地下水封洞库项目总投资200亿元。举办青岛力神项目推介及路演活动，搭建企业与投资方融资交流平台，加强招商项目与区内企业、乡贤企业的沟通对接、联络交流。

【新型产业体系构建】 2021年，泉港区引导石化"产业链延长"迈向"价值链延长"，提升石化产业集聚度和稳定性，引进天辰化工泉港新材料产业园项目，补齐泉港石化工业园区碳三、碳四产业链，拉动园区内下游钟山化工、天骄化学、佳化化学等企业增加投资50亿元。国亨化学项目开工建设；联合石化芳烃、EOEG（环氧乙烷乙二醇）脱瓶颈加快推进；百宏石化、中海油服等12个石化重大项目建成投产。开展第三产业提质扩量行动，兴通海运、隆鑫集团2家企业入选2021年泉州市第三产业龙头企业名单，百川资源、路通管材等4家企业列入2021年市、区级重点上市后备企业名单，金维他公司列入2021年市、区级场外市场挂牌后备企业名单。引进地下水封洞库系列、国科国际产业园项目，推进产业集聚发展，初步形成一批产业发展基地。

【营商环境优化】 2021年，泉港区出台《2021年泉港区营商环境优化提升年攻坚行动方案》和《泉港区优化营商环境三年行动计划》，全面实施营商环境"1+17"优化提升行动。通过开展营商环境督导、体验式督查、点题整治、明察暗访、任务清单等多措并举，针对企业、群众反映较为突出问题，区优化营商环境监督专班实施清单管理、限期整改，动态清单精准发力，累计下发5张清单80事项，推动减事项、减环节、减材料、减时限、减费用，压缩审批时限1519个，精简申报材料500份，即办件比上年增长10.19%，承诺件平均办理时间提速35%。开展精准监督打通堵点助推优化营商环境"百日行动"，实施21项行动破解工程领域、办事服务、中介服务、干部作风等4个痛堵点问题。"全岗通""五服"泉港模式入编《2021中国绿色影响力典范案例汇编》，设立中小企业代办中心，创新举措在多家媒体报道。

【重点行业区域评估】 2021年，泉港区探索开展重点行业区域评估，先行对石化工业园区、新材料高新区等重点区域开展水土保持、文物考古等区域评估。推动项目"多评合一""多审合一""多测合一"，并联审批101件，压缩时限471天、节约材料336份、压缩环节168个。加强社会信用体系建设，开展行政许可和行政处罚“双公示”，归集行政许可20930项、行政处罚284项。

国有资产监督管理

【概况】 2021年，泉港区加强国有资产监管，推动国有经济更好服务区域经济社会发展，组织召开6次国资委主任会议研究区属国企重大事项。按照国有资产管理的法律、法规和规范性文件，做好国有股权管理、绩效评价、经济等管理工作，夯实国有资产管理基础。采取流动资金、融资租赁、发行公司债等方式，国企获金融机构授信19.7亿元，其中发行债券规模10亿元，中小企业融资担保公司为649家企业提供融资担保信贷8.24亿元。

【国企转型发展】 2021年，泉港区履行企业国有资产出资人职责，建立有效激励和约束机制，发挥业绩考核导向作用，引导企业实现高质量发展。区国资办根据《泉港区国有企业改革工作方案》文件精神，结合国企改革发展实际，并广泛征求意见，起草《泉港区国有企业负责人经营业绩考核办法（实行）（送审稿）》。区高新公司与国能（泉州）热电公司谋划开展光伏开发，签订合作意向书；大众公交公司作为经营主体开展智慧停车业务，以公开招标方式与第三方企业合资组建项目运营公司，完成智能化停车泊位的建设、管理、运营；区新城投资公司构建 “地产开发”“城市建设”“城市服务”三位一体的发展格局，通过地产开发、项目代建、基础设施投融资，创新经营管理模式、提供城市高端服务，推动城市建设，促进社会发展，打造具备城市建设、投资、服务能力的区属企业；区国有资本投资运营有限公司启动供应链金融业务；区港安供应链公司注册成立，为辖区内2家企业提供代理采购原材料的供应链服务业务，完成订单11笔，总额2510万元。

【国资国企改革】 2021年，泉港区开展全区行政事业单位国有资产清查，规范处置低效闲置资产，有效盘活国有资产。细化国企改革三年行动实施方案，梳理57项分项任务，2021年50项分项任务序时推进。制定中层管理人员选拔任用指导意见，面向社会公开招聘27名国企工作人员。成立福建港安供应链管理公司，填补泉港区供应链金融领域的空白。强化区属国企融资运营能力，推动与泉州交发集团、泉州城建集团合作，完成国企融资22.79亿元，筹集资金3.3亿元推进61个重点项目建设。

统 计

【概况】 2021年，泉港区统计局强化数据分析，做好统计服务，向社会各界提供及时、完整的统计数据；规范统计制度，开展专项培训会7场，累计培训530人次；对7家规模以上工业企业、1家限额以上商业企业、1家规模以上服务业企业开展执法检查，指导发改、工信、商务等23个部门对本部门统计工作规范化建设情况进行自查自纠；联合发改、工信、商务等3个部门开展镇（街道）“四上”企业入库指导工作；发布《泉港区第七次全国人口普查公报》，推动全区经济社会事业发展。

【统计服务】 2021年，泉港区统计局做好《统计年鉴》《统计月报》编发工作，向社会各界提供及时、完整的统计数据。定期通过泉港区人民政府门户网站向外界发布主要经济指标，拓宽民众获取统计指标数据渠道。强化数据分析，面对疫情防控下经济发展新形势、新要求，围绕区委、区政府中心工作，发挥统计信息、咨询、监督的职能，撰写一批有价值的统计分析和信息，编发工作动态2篇，统计信息18篇，统计分析9篇，专刊增刊2期，统计调研1篇，为区领导掌握经济运行情况，科学谋划经济工作提供重要参考。

【统计制度规范性建设】 2021年，泉港区统计局提按照《福建省乡镇统计工作规范化建设标准》要求，抓好各镇（街）统计工作规范化标准建设，除将统计工作经费纳入本级财政预算外，督促设立统计岗位、配备专（兼）职统计干部等，确保统计规范化落到实处。加大统计队伍培训力度，针对“四上”企业，规模以下工业、服务业、住户调查等调查业务的统计指标和“四上”企业新增入库认定标准、审批范围等要求，编制统计业务培训手册和入库材料清单，对全区各镇（街道），发改、工信、商务、住建、交通等部门以及“四上”企业进行专场业务培训，开展7场培训会，培训530人次。

【统计执法检查】 2021年，泉港区统计局开展“双随机”抽查，对7家规模以上工业企业、1家限额以上商业企业、1家规模以上服务业企业开展执法检查，指导发改、工信、商务等23个部门对本部门统计工作规范化建设情况进行自查自纠。泉港区作为延伸县区做好迎接国家统计督察准备工作，完成专题谈话、资料调阅、问卷调查等，开展自查自纠，实地走访企业211家，将相关统计数据和部门数据进行比对，防止出现重大统计数据质量偏差。

【数据督查】 2021年，泉港区统计局严控指标数据质量，完成在库规模以上工业、规模以上服务业、限额以上批发零售、住宿餐饮业、资质以上建筑业、房地产业等282家“四上”企业主要指标审核，逐一核实企业数据报送情况，从源头上保障统计数据真实、准确，力求做到不重不漏，应统尽统。

【新增企业入库指导】 2021年，泉港区统计局联合发改、工信、商务等部门开展镇（街道）“四上”企业入库指导工作，与市管局、税务局等部门衔接，掌握登记注册、新开业企业信息资料，筛选拟入库企业名单。与主管部门对有关企业进行筛选、排查，督促指导企业健全统计台账，推动企业依法依规申报的纳统工作模式。全年新增入库规模以上工业企业17家，限额以上商业企业20家，规模以上服务业企业3家，建筑业企业5家、房地产开发企业2家，新增投资项目72个。

审 计

【概况】 2021年，泉港区审计局完善审计整改制度建设，对2020年度审计发现的341个问题落实整改情况进行全面“回头看”，促进相关部门完善规章制度40项。开展重大政策措施落实情况跟踪审计、预算执行情况审计、经济责任审计、专项审计，发挥审计预警防控、抓早抓小、规范纠偏、监督保障作用。牵头制定《履职尽责情况自查自纠工作任务及分解方案》，组织开展泉港区履职尽责情况自查自纠各项工作，推动各级各部门科学履职。

【审计整改结果运用】 2021年，泉港区审计局完善审计整改制度建设，强化整改问责、实施跟踪回访、落实整改“销号”、坚持审计要情专报。对2020年度审计发现的341个问题落实整改情况进行全面“回头看”，审计提出建议意见75条全部被采用，采用率100%，促进相关部门完善规章制度40项，推进重大政策措施落地、财政资金及时拨付。

【重大政策措施落实情况跟踪审计】 2021年，泉港区审计局根据上级审计机关统一部署安排，按季度开展重大政策措施落实情况跟踪审计。围绕贯彻落实习近平总书记的重要讲话重要指示批示精神、中央经济工作会议和省委经济工作会议精神，聚焦减税降费、乡村振兴、财政保障和资源配置效应、优化营商环境、主要经济领域风险预警预报预防5项重点任务，通过跟踪审计揭示各部门在执行上述政策措施中存在的问题，分析问题产生的原因，提出政策建议，推动政令畅通。

【预算执行情况审计】 2021年，泉港区审计局对泉港区2020年预算执行情况及决算草案进行审计，摸清区全部政府性资金规模和收支结构。联动实施开展财政事权和支出责任划分改革专题审计、防范化解政府债务风险专题审计和土地出让收益使用情况专题调查。选取区自然资源局、区科技局等2个部门开展2020年度预算执行情况及决算草案审计。根据《泉港区开展“1+X”专项督查推动中央八项规定精神深入落实的工作方案》要求，开展中央八项规定精神“1+X”专项审计，重点检查涉及的区直部门单位公务接待费、因公出国（境）费、公务用车购置及运行维护费和会议费培训费开支情况。

【经济责任审计】 2021年，泉港区审计局根据区委组织部委托，开展后龙镇原党委书记、原镇长，涂岭镇原党委书记、原镇长，区直机关党工委原常务副书记，区委文明办原主任，石化救援中心原主任，区科技局原局长，区行政服务中心原主任，原区委信访局局长，区信访局原局长，区大众公交有限公司执行董事及区贸促会会长等13位科级领导干部任期（任中）经济责任审计，重点关注贯彻执行党中央决策部署、省市区的政策举措，以及预算执行和财政财务管理、重大决策和内部控制制度执行、企业运营管理、领导干部遵守廉洁从政规定情况等，审计查出主要问题金额2208万元，提出审计建议34条，促进部门科学发展，促进领导干部依法履职尽责，规范权力运行。

【专项审计】 2021年，泉港区审计局根据区委区政府指示要求，对区国有资本投资运营有限公司、水利水务建设发展有限公司、高新产业园区建设有限公司等3家国有企业2019—2020年度财务收支情况进行审计，对领导班子及班子成员的履职情况进行评价。对2020年区级为民办实事项目开展专项审计调查，重点关注建设项目的基建程序、计划进度、建设管理等，分析财政资金配置对全区为民办实事项目、重点民生财力保障和配置效率，对各环节进展缓慢的项目和存在问题分析原因，严格区分主体责任，提出建议，推进为民办实事项目建设。

市场监督管理

【概况】 2021年，泉港区市场监督管理局（简称“泉港区市管局”）发扬市管“三为精神”主动作为，优化营商环境，全年新增市场主体7275家。强化安全监管，开展食品监督抽检1200批次，食品快速检测14606批次；检查食品生产经营单位5000家次，发现整改问题613个；检查药械化经营使用单位950家次，立案查处各类违法案件31件；检查特种设备使用单位282家次，排查整改安全隐患47处，处置闭环平台重要问题65件，立案查处7起。指导提升企业标准化水平，开展涉企收费清理整治，加强知识产权创造、运用、保护和服务工作，新增发明专利228件，查处知识产权案件15件。

【市场营商环境优化】 2021年，泉港区市管局压缩企业开办环节和时间，企业开办减至“企业登记、刻制公章、申领发票”三个环节，企业开办时间压缩至4个小时内。新增市场主体7275家（新增内资企业1489家、外资企业3家、个体工商户5783家），比上年增长2.28%；全区有市场主体47737家（内资企业7943家、外资企业109家、个体工商户39685家）。推进企业登记全程电子化，推行名称自主申报与设立登记合并办理，申请人可通过“名称网上申报系统”进行“自助查重、自主申报”。通过网上核准名称2135个，通过自助机申请登记个体户255家。全面推行企业开办“全程网办”，办结全程网办105件。

【食品药品安全监管】 2021年，泉港区市管局强化食品安全监管，强化抽检快检工作。开展监督抽检1200批次，不合格18批次，食品快速检测14606批次，不合格41批次，全部按要求进行核查处置。引进第三方食品安全巡查机构，辅助开展创城创卫迎检整改及食品安全检查工作。全年检查食品生产经营单位5000家次，发现整改问题613个。推进农村集体聚餐保险，为全区101个村（居）委会及农村的宴席举办者、承办者投保。落实为群众办实事项目，为全区经营困难的小餐饮店发放带盖垃圾桶800个。强化药品安全监管，以疫苗、血液制品、含特殊药品复方制剂等高风险药品为重点品种，开展药品流通环节专项检查。全年检查药械化经营使用单位950家次，立案查处各类违法案件31件。

2021年12月15日，泉港区市场监督管理局联合区交通运输局、区商务局、区公安分局开展冷链食品专项检查 （图/区市管局）

【强化特种设备安全监管】 2021年，泉港区市管局结合安全生产三年整治专项行动及辖区实际，组织开展特种设备使用单位安全大检查，全年检查特种设备使用单位282家次，排查整改安全隐患47处，处置闭环平台重要问题65件，立案查处7起。加强工业许可获证企业日常监管，督促联合石化、湄洲湾氯碱公司等危化生产获证企业按证后监管要求，加强质量管控措施。

【企业标准化服务引导】 2021年，泉港区市管局引导企业参加国家、行业、地方和团体标准的制定、修订工作。新增1家企业（百川公司）参与制定行业标准1项，指导2家企业制定2项产品企业标准，免费提供标准文本36册，指导纳川、百川、路通3家企业做好福建省标准化良好行为试点项目实施工作。

【价格监督管理】 2021年，泉港区市管局开展涉企收费清理整治，开展行业协会商会、水电气公用事业、中介机构、商业银行、交通物流领域等各类涉企收费项目检查，立案查处1起5G配套建设场所转供电涉嫌违规加价行为。

【知识产权保护】 2021年，泉港区市管局推进知识产权运营体系建设，加强知识产权创造、运用、保护和服务工作，提升辖区知识产权综合实力。新增发明专利228件，累计有效发明专利拥有量610件，每万人发明专利拥有量17.23件，比上年增长51.54%；每万人发明专利拥有量位居全市第五，提升2个名次；新增注册商标2700件，累计有效注册商标总量11582件，增长27.28%。全区有驰名商标3件，马德里商标4件，地理标志证明商标1件，授权发明专利和注册商标增量创历史新高。全年查处知识产权案件15件，办案量增长25%，其中移送公安机关1起，打击假冒侵权行为，规范知识产权市场秩序。

海关监管

【概况】 2021年，泉州海关驻泉港办事处坚持税收征管量质效并举，融入地方联防联控体系，加强口岸卫生检疫，开展“龙腾行动2021”知识产权保护专项行动，开展“口岸天平”行动，推进口岸核心能力建设。建立针对泉港重点发展项目跟踪机制，支持石化产业高质量发展，推动泉州口岸首次出口精对苯二甲酸，完成全国首次输印度豆粕监管工作。组织RCEP政策法规宣讲5场，覆盖企业约100家。

【口岸疫情防控】 2021年，泉州海关驻泉港办事处高度关注近期国内外疫情形势动态，结合口岸实际情况，精准研判疫情输入风险，提前进行风险评估，加强口岸卫生检疫，落实应急处置措施，融入地方联防联控体系，做好“三查三排一转运”（“三查”是全面开展健康申明卡核查、体温监测筛查、医学巡查；“三排”是严格实施流行病学排查、医学排查、实验室检测排查；“一转运”则是对判定的确诊病例、疑似病例、有症状人员和密切接触者“四类人员”，一律按照有关规定移交地方联防联控机制做后续处置），确保闭环管理。落实办公场所管控，落实关员全时段、全覆盖管理要求和安全防护监督员制度，一线上岗工作人员100%接种新冠疫苗，疫苗加强针接种率100%。指导运营单位改造口岸防护服脱卸区等疫情安全防护相关设施，做到功能分区合理，配套设备齐全，人员动线科学。

【口岸监管】 2021年，泉州海关驻泉港办事处贯彻落实总体国家安全观，推动安全生产专项整治三年行动集中攻坚，深化口岸反恐等联防联控机制，加强“扫黄打非”工作，规范旧机电、医疗器械等重点敏感商品监管，组织开展“龙腾行动2021”知识产权保护专项行动，开展“口岸天平”行动，加强正面监管。推进口岸核心能力建设，督促各港区建立健全医学媒介预防与控制、口岸固体、液体废弃物、饮用水、食品监管工作，改善口岸卫生综合环境。严厉打击洋垃圾、涉税敏感商品等，维护口岸外贸秩序安全稳定。密切关注监管形势和走私违法活动特点，明确重点渠道、重点地区、重点行业和重点敏感商品，提升全员打私绩效，“一快一简”案件完成率100%。

【口岸营商环境优化】 2021年，泉州海关驻泉港办事处落实“六稳”“六保”任务，指导企业应用在线政务服务平台进行企业备案，推广原产地智能审核、自助打印等便民举措，提升“一网通办”水平。推进“提前申报”“两步申报”，推行“两段准入”改革，试行“先放后检”监管模式，监管厦门海关首票“两段准入”原油顺利通关，实现“两段准入”通关模式常态化运行。开展“送政策上门”活动，组织RCEP（区域全面经济伙伴关系）政策法规宣讲5场，覆盖企业约100家，帮助辖区企业用足用好进出口优惠政策。推进监管模式改革，助力中化乙烯、中化炼化一体化等省市重特大项目发展，压缩通关时效全面优于厦门关区平均水平。

【服务地方发展】 2021年，泉州海关驻泉港办事处建立针对泉港重点发展项目的跟踪机制，将海关系统各项服务经济举措融入服务“百宏石化250万吨/年精对苯二甲酸”“国乔石化丙烷脱氢及聚丙烯”等重大建设项目发展中。指导肖厝物流码头按照指定口岸建设标准要求，推动进境粮食指定口岸（扩项）通过考核验收。支持石化产业高质量发展，落实重点企业联络员和“一产业一政策”要求，助推石油化工产业提档升级，推动泉州口岸首次出口精对苯二甲酸，实现泉州石化产品开拓国际市场新突破，助力构建国内国际双循环发展新格局。助力口岸粮油产业平稳发展，实现进境大豆、出口豆粕无障碍通关并逆势增长，完成全国首次输印度豆粕监管工作。重启泉州口岸进口大宗饲料业务，完成泉州口岸首次进口马来西亚棕榈仁粕监管任务。加强与行业协会的合作，提高企业应对国际技术性贸易壁垒的能力，助推辖区家具、食品企业和出口蔬菜备案基地建设。

【危化品安全监管】 2021年，泉州海关驻泉港办事处加强对相关危化品监管业务规范学习并组织开展辖区内船货代、第三方、码头业主安全防护规范培训，强化监管作业场所经营单位的安全主体责任，提升发现和处置安全监管风险能力。落实危化品监管专项监督检查、跟班作业、收集研判关区危化品监管动态和风险趋势。推动“刘李雄专业团队工作室”建成为厦门海关危化品取样与安全防护实训点。

【综合治税】 2021年，泉州海关驻泉港办事处坚持税收征管量质效并举，加强税政调研，密切跟踪新冠肺炎疫情对口岸税源的动态影响，针对辖区监管进口货物均为大宗散货、定价方式复杂的情况，优化归类、估价、原产地技术手段，分析研判关税保证保险等新业态涉税风险及商品价格风险，加强后续滞期费跟踪，提升审价补税作业成效。

海事监管

【概况】 2021年，泉港辖区进出港船舶24845艘次，比上年增长10.15%；其中货船进出港10852艘次，增长22.55%；港口货物吞吐量6432万吨，比上年增长19.9%。办理行政许可6075件，其中船载危货审批4322件；进口岸申请648件，进出口岸手续1105件。原油船进出港236艘次，比上年增长22%；进口原油2575万吨，增长12.2%。全年累计处罚162件，罚款金额208.065万元，船员违法记分6人次28分。累计派发综合执法任务990条，出动执法人员2068人次，出动执法车辆836辆次，执法船艇222艘次，开展涉海部门联合执法行动65次；开展船舶监督检查901艘次；其中港口国检查32艘次，船旗国检查359艘次，滞留船舶13艘，滞留率8.3%；现场监督510艘次，船检质量检查36艘。

【水上交通安全“三年行动”集中攻坚】 2021年，泉港海事处围绕水上交通安全“三年行动”集中攻坚阶段，深化涉海部门执法协作，开展海上联合巡航和“封港清查”行动，拆解“三无”船舶69艘。开展“商渔共治2021”行动，联合泉港、惠安渔业等部门开展多轮“商渔船船长面对面交流”系列宣教活动。推动景区非景区滨海旅游综合治理和湄洲湾成品油轮锚地渔网侵占取得进展。依托高质量选船机制深化危险品船舶“检驱”，实现高质量选船机制的辖区全覆盖。重点监管9艘的C类低质量液货船，驱离低质量液货船11艘次（含2艘外轮）。深化“远程监管”和“精准执法”，全年过非现场执法查处各类违法违章行为66件，罚款金额67.3万元。

【水上交通渡运安全知识宣传】 2021年，泉港海事处拓展宣传渠道和提升宣传平台，联合新华社、中新网、《福建日报》、《东南早报》等10余家新闻媒体开展新闻宣传活动。《泉州海事护航孤岛学生安全回家》《福建泉港：孤岛学生乘“海上校车”回家 开启寒假生活》《泉州泉港：开展海事开放日活动 提高水上交通安全意识》《海岛学生的“跨海求学路”》《开学第一天：坐船去上学》等文章在学习强国、新华社、中新网、《中国交通报》、《福建日报》等32家媒体进行报道。

边防检查

【概况】 2021年，肖厝出入境边防检查站修订完善4个大类19种处置预案，开展桌面推演10次、实战处突演练20次。与海警、海事等海上执法部门建立合作机制，开展联合巡航活动3次。加强疫情防控，严防口岸疫情输入风险。推进集中打击妨害国（边）境管理犯罪专项斗争和“三非”外国人专项治理，拓展免签入境人员核查范围，发现外教非法就业线索1条。提升“放管服”质效，走访企业19次，开展诚信等级评定2次，参加口岸开放协商会3次，提供意见建议5条。

【口岸维稳管控】 2021年，泉港区投入97万元采购各类查缉装备配备指挥中心，修订完善4大类19种处置预案，增加8张码头航拍图，开展桌面推演10次，实战处突演练20次。肖厝出入境边防检查站与泉州市反恐办、泉州边检站、泉州海关签订“泉州口岸反恐怖合作协议”，与海警、海事等海上执法部门建立合作机制，全年开展联合巡航活动3次，提升口岸管控合力。

【出入境疫情防控】 2021年，肖厝出入境边防检查站研究出台《加强重点时期疫情防控工作意见》《紧急疫情勤务应对工作方案》等文件，主动走访属地相关部门，协调完善涉疫突发情况等处置环节和步骤。严格上下外国船舶许可和船舶搭靠外轮许可审核签发工作，实行在港船舶船员闭环管理，防止口岸疫情输入风险。

【边检“放管服”服务】 2021年，肖厝出入境边防检查站加快推进“网上办”“掌上办”，践行24小时全天候通关服务承诺。为3名受伤中国籍船员开通“绿色通道”，收到感谢信2封、牌匾1块。定期开展安全港区、诚信代理评选活动，全年走访企业19次，开展诚信等级评定2次。研究制定勤务工作量化管理办法。推动中化泉州石化外走马埭码头申请对外开放进程，参加口岸开放协商会3次，提供意见建议5条。参加跨境贸易专班协商会2场次，提出意见建议4条。

应急管理

综 述

【石化应急救援基础建设】 2021年，泉港区投入2500多万元，建成“石化应急救援指挥平台”并投入使用。探索拓展平台功能，建设并接入森林火情监测系统、防汛抗旱相关监测预警系统、纵向高清视频调度系统、灾情监测上报系统，实现安全生产和自然灾害工作在平时的实时监控、监测预警、信息管理和战时的统一应急指挥、物资调度、救援处置等功能。在消防救援联勤、联训、联动工作体系的基础上，细化制定《应急救援联勤联训联动工作制度》，以区消防救援大队为主体，将石化工业园区消防特勤站和联合石化、湄洲湾氯碱、国电泉州热电和振戎石化仓储专职消防队纳入全区应急救援工作体系，采用“多联多练多训”的方式，每月定期组织开展1次集训，优化基本作战单元力量编程，增强协同配合能力。引入福升消防服务公司与石化园区合资建设消防服务公司，在全国范围内率先实行消防救援服务专业化、市场化运作，为石化园区入驻企业提供消防技术和应急救援服务。围绕泉港区石化企业的生产储存装置实际特点，依托福建联合石油化工有限公司等重点化工企业建立实习实训和特种作业实操基地，搭建创新培训及技术技能交流平台，开展关键技术岗位和重点生产环节实操技能培训工作，提升从业人员应急管理能力水平。

【安全宣传教育】 2021年，泉港区以全省首个“安全长驻专家团”为班底建立“巡回讲师团”，设立安全巡回宣讲“移动课堂”，采取分批次、网格化的形式，以新中华人民共和国安全生产法宣贯、安全生产标准化创建等专项行动为重点，推动各项重点工作在企业一线“落地生根”，开展专题宣讲19场，知识培训28场，经验分享120余次。率先在全省县级层面创办以安全生产为专题的《安全第一线》电视专栏，分设安全广角、安全扫描、专家点播台、安全小贴士等子栏目，每周动态更新，普及安全生产常识和应急管理相关法律法规，实时报道安全生产监管动态，通报企业违法违规行为，提升企业安全意识、应急常识，播出32期，总时长1600余分钟。将VR（虚拟现实）技术引入安全生产培训教育工作，投资120万元建设VR安全培训体验中心，围绕泉港区危化品产业特色，集成液化石油泄漏、甲苯泄漏应急处置、强碱灼伤紧急处置、固体危化物紧急处置、精馏塔检修作业、加油站灭火演练等仿真模拟，提高受训人员的现场感知及临场经验，降低培训成本、提升培训效果。

【危险化学品生产安全事故暨突发环境事件综合应急演练举行】 2021年11月12日，泉港区危险化学品生产安全事故暨突发环境事件综合应急演练在福建百宏石化有限公司举行。演练以落实安全责任、推动安全发展为主题，旨在检验政府部门与企业间应急救援程序、应急预案的实战性和可操作性，提升救援队伍应急处置、协调配合能力，确保应急救援指挥管理高效运作。

安全生产

【概况】 2021年，泉港区创新建立安全生产“补救减责”“预防减责”等机制，开展覆盖泉港区各级各行业领域的安全生产大排查大整治，开展督导检查1356次，排查隐患总数4217处，整改4148处，整改率98.4%。开展标准化提

2021年11月12日，泉港区危险化学品生产安全事故暨突发环境事件综合应急演练在福建百宏石化有限公司举行　（图/区委报道组）

升培训19场，参训人员1385人次，派出长驻、派驻安全生产专家56人次。健全重大安全生产问题领导挂钩整治机制，累计摸排重大安全生产问题13个，整改13个。在全国范围内首创长驻安全专家服务安全生产工作模式，开展交流互查6轮次，帮助企业整治消除隐患问题500余项。全年查处安全生产违法违规行为15起，处罚款147.696万元，立案起数、罚款金额均位居全市前列。

【安全生产责任体系建设】　2021年，泉港区严格实施《泉港区党政领导干部安全生产责任制实施细则》，明确区、镇两级党委、政府及其工作机构各级领导干部的安全生产职责，确保职责落实到岗、到人。创新建立安全生产“补救减责”“预防减责”等机制，全方位、多层次推动安全生产“党政同责”“一岗双责”落地生根。

【安全隐患排查治理】　2021年，泉港区“拉网式”开展覆盖泉港区各级各行业领域的安全生产大排查大整治，结合上级部署穿插组织各类安全专项整治，指导各级各部门按照“三督（主官督战、动态督办、追责督查）”模式、“四常（常态企业自查、常态专家督导、常态综合整治、常态宣传教育）”原则、“五化（一线自查清单化、岗位职责流程化、风险隐患标识化、整治督导网格化、执法攻坚战役化）”整治、“六单［建立监督清单、建立隐患清单、建立整改（制度措施）清单、建立验收清单、建立执法清单］”排查的泉港特色隐患排查治理长效机制。全年开展督导检查1356次，排查隐患总数4217处，整改4148处，整改率98.4%。

【安全服务】　2021年，泉港区以“专家百企督导行”为抓手，指导各级各部门引入社会专业化力量服务安全生产工作，实行“执法+专家”监督检查机制，指导7个镇（街道）购买安全生产专业指导服务，以指导企业自查常态化、专家督导常态化、综合整治常态化、宣传培训常态化的“四个常态化”为主线，重点对生产经营单位的制度建设、风险管控、隐患排查等13个方面进行“诊断式”“解剖式”隐患排查，推动辖区安全管理专业化水平的持续提升。

【安全生产标准化建设】　2021年，泉港区结合实际，提出重点行业领域“10+5+3+1”（创建打造10家区级标准化标杆范企业，培植5家危化品行业领域标准化标杆示范企业，培植3家其他重点行业领域标准化标杆示范企业，培植1家其他行业领域标准化标杆示范企业）的创建模式和试点单位“2+2+5”（确定石化工业园区仙境、南山2个片区作为专业试点片区，确定山腰街道、前黄镇、2个镇作为整体试点单位，其他镇各筛选5家以上条件较好的企业作为区级标杆企业培植对象）的工作目标，下达指标至各相关单位，推动标准化提升专项行动工作按照“重点先行、试点先试”的思路有序开展。开展标准化提升培训19场，参训单位658家次，参训人员1385人次；派出长驻、派驻安全生产专家56人次，累计指导117家企事业单位开展标准化创建。

【重大问题挂钩整治机制建立】　2021年，泉港区建立“重大安全生产问题库”，健全重大安全生产问题领导挂钩整治机制，对各级各相关部门摸排上报的各类重大风险、重大隐患及安全生产“疑难杂症”问题，提请区委区政府研究，明确由区领导挂钩督导整治，督促相关部门联合整治、综合治理，确保重大问题动态清零，摸排重大安全生产问题13项，整改13项。

【应急专业监管服务】　2021年，泉港区在全国范围内首创长驻安全专家服务安全生产工作模式，实行专家分片挂钩指导服务企业的网格化管理，常态化开展专家督导，实现点对点检查、面对面培训。拓展实施“交流互查”机制，将126名中级以上职称的企业安全专业人员纳入“安全检查专业人才库”，盘活本地专业力量，破解个别企业专业能力不高、管理模式不优等瓶颈问题，助力安全监管专业化、精准化。实施以来，累计开展交流互查6轮次，帮助企业整治消除隐患问题500余项，带动10多名从业人员经培训合格后转岗安全管理部门。

【危化品安全监管服务】 2021年，泉港区应急局协同配合区纪委监委建立的危化品安全生产责任制落实情况再监督机制，将工作重点由监管执法调整至事前服务，把靠前服务有机融入日常执法中，实现监管和服务并重，建立履职清单、问题清单、帮扶清单“三张清单”，更好地解企业之所难、帮企业之所困，梳理企业反映需协调解决问题32个，全部协调解决。

【安全生产执法监督】 2021年，泉港区应急局按照“全覆盖、零容忍、严执法、重实效”总体要求，集中时间、集中力量，组织开展“零容忍”“五落实五到位”“清零”等“双随机”执法检查专项行动，实施“四个一律”“五个一批”，“以案释法”公开曝光典型违法行为，打击安全生产违法违规行为，倒逼企业落实主体责任。全年查处违法违规行为15起，处罚款147.696万元，立案起数、罚款金额均位居全市前列。

防汛抗旱

【概况】 2021年，泉港区受台风暴雨影响直接经济总损失378.3万元。各镇（街道）、村（居）采取清淤疏浚、建设拦水坝、修建抗旱灌溉管道、购置抽排水泵等措施积极自救，减轻旱情影响。汛前出动843人次，查出各类防汛安全隐患71处，重新修编106个区、镇、村级防汛防台风应急预案，调整区直机关干部防汛抢险突击分队和应急分队24支376人，灾后重建施工队伍19支118人，灾后重建技术队伍21支283人，各镇（街道）防汛抢险应急救援队伍1228人，推进防汛基础能力提升。

【汛情】 2021年，泉港区平均降雨量763.75毫米，与上年相比下降12%，与常年（近7年）相比下降37%。降水量年内主要集中在5—6月的梅雨季节及7—9月的台风季节，主要表现短历时强降雨较多。启动防台风Ⅳ级应急响应5次，防台风Ⅲ级应急响应1次，启动防暴雨Ⅳ级应急响应4次，防暴雨Ⅲ级应急响应1次。全年受台风暴雨影响直接经济总损失378.3万元，受灾人口132人，转移人口1375人。农作物受灾面积18.2公顷，水工程损毁2处，道路损毁5处，乡镇渔船损毁1艘，未发生因台风暴雨而引发的人员伤亡事件。

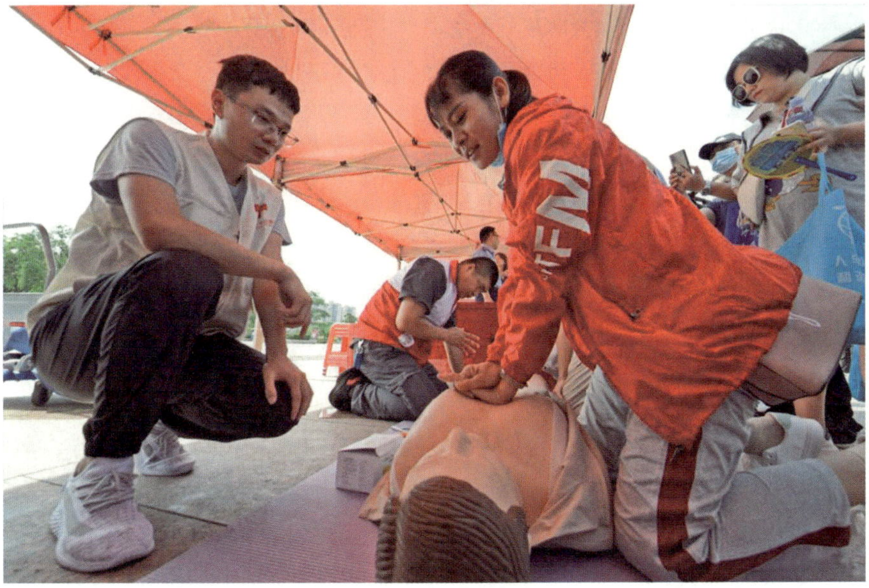

2021年6月16日，泉港区第20个安全生产月宣传咨询日活动在锦绣广场举办。图为急救演练培训现场 （图/区委报道组）

【旱情】 2021年，泉港区降雨较往年同期值减少较多，水库、塘坝等水利工程蓄水不足，溪流沟渠来水量较少，全区城乡供水情况影响相对较轻，重点工业企业用水正常，后龙、南埔、涂岭等镇农作物生产受到旱情一定影响。为减轻旱情影响，各镇（街道）、村（居）采取清淤疏浚、建设拦水坝、修建抗旱灌溉管道、购置抽排水泵等措施积极自救。区应急局联合区财政局专门拨付10万元抗旱补助经费支持后龙、南埔等镇及国有笔架山林场，缓解抗旱压力。

【防汛备汛】 2021年，泉港区在汛前累计出动843人次，查出各类防汛安全隐患71处，其中水利工程类31处、涉水工程类12处、设备类11处及其他防汛隐患17处。修订完善防汛各类预案，重新修编106个区、镇、村级防汛防台风应急预案，审查审批12座小型水库2021年汛期防洪调度运用计划和防洪抢险应急预案。更新调整区直机关干部防汛抢险突击分队和应急分队24支376人，灾后重建施工队伍19支118人，灾后重建技术队伍21支283人，各镇（街道）防汛抢险应急救援队伍1228人，推进防汛基础能力提升。储备土工布3000平方米、木材2000根、防汛编织袋3万条、抢险冲锋舟4艘、橡皮舟9艘、直饮水设备10台、小型应急发电机组7台、防汛应急救援包27个、救生衣200件和其他一批防汛物资器材与工具。

【防火灭火】 2021年，泉港区完成

森林灭火职责交接，健全组织体系，统筹加强扑救力量。指导组建区级半专业森林消防队伍3支60余人，镇级半专业森林消防队伍4支70余人。部署开展春节、清明、国庆等重要节假日及橙色预警等重要时间节点森林防灭火工作，清明期间全区共设置卡点93处，出动空中巡查无人机11架，实现清明期间零火情。

防震减灾

【概况】 2021年，泉港区修订《泉港区地震办公室地震应急响应预案》，编写2021年闽台地区地震趋势会商报告，做好地震监测数据的日常采集、分析等，加强地震监测设施和观测环境保护。开展地震等自然灾害风险普查，组织全区近100所中小学校、5万多名师生开展校园防震减灾宣传和地震紧急疏散演练。全年开展防灾减灾宣传活动18场次，发放防震减灾宣传材料8种共2万多份，发送防震减灾宣传彩信3万多条。泉港一中创被认定为省级防震减灾示范学校。

【监测预报和预警】 2021年，泉港区做好地震监测数据的日常采集、分析、上报和月报表、会商、台站年度运行报告、年度观测工作报告报送工作。编写2021年闽台地区地震趋势会商报告，参加全市半年和年度地震趋势会商会议。加强地震监测设施和观测环境保护，落实地震观测台站和宏观观测点月巡查制度，排除泉港一中地震监测台站故障6次。

【地震应急处置】 2021年，泉港区推进地震灾害风险防治，提升地震应急响应能力。开展地震等自然灾害风险普查，在全国房屋设施抗震设防信息采集和管理平台，录入泉港区2020年以来竣工验收新建房屋167栋。重新确认镇（街道）防震减灾助理员，修订《泉港区地震办公室地震应急响应预案》。“5•12”全国第12个防灾减灾日宣传周期间，组织全区近100所中小学校开展校园防震减灾宣传和地震紧急疏散演练，有5万多名师生参与地震应急疏散演练。拨付给泉港一中等9个单位防震减灾专项经费12万元，作为防震减灾共建和地震应急避难场所日常管理维护经费。开展地震应急避难场所季度巡查，确保在地震或其他灾情发生需要启用地震应急避难场所时，各个场所能够得以顺利启动运行。

【防震减灾宣传教育】 2021年，泉港区第一中学创建防震减灾科普示范学校，被福建省地震局认定为省级防震减灾示范学校。开展防震减灾“五进”活动，联合区教育局组织泉港一中、圭峰中学、庄重文实验小学开展新生入学防震减灾知识讲座，增强群防群测意识。结合科技活动周、防灾减灾日、“7•28”地震纪念日和国际减灾日等活动，通过发送防震减灾宣传短信、分发防震减灾宣传折页等渠道，加大防震减灾法律法规宣传教育力度，普及防震减灾知识，动员社会力量参与防震减灾科学普及。全年开展防灾减灾宣传活动18场次，发放防震减灾宣传材料8种共2万多份，发送防震减灾宣传彩信3万多条。

消防救援

【概况】 2021年，泉港区接警出动1147起，出动消防车1594辆次，出动指战员9148人次，其中扑救火灾405起，抢险救援104起，社会救助541起，死亡1人，受伤1人，抢救被困人员66人，直接经济损失153万元，挽回财产损失1241万元，未发生较大以上火灾责任事故，火灾总体形势平稳。

【联勤联训】 2021年，泉港区加强消防大队与联合石化等5支石化企业救援力量的联勤联训，定期组织骨干到企业开展业务技能培训和交流学习；每月电话拉动测试，检验企业专职队战斗力；定期联合开展灭火实战演练，提升企地消防救援力量协同作战能力。建立“互帮互学”机制，采取“队企”人员互派培训、跟班学习邀请化危企业专家来队授课等形式，推动提升指战员指导扑救石化火灾技战术水平。推进乡镇专职消防队伍规范化建设，加强上门指导，提升乡镇（企业）专职队、微站指挥调度能力和作战力

【消防责任落实】 2021年，泉港区推动召开常务会、消防安全工作会、专题会5次，部署消防安全大排查大整治、消防安全整治三年行动等重点工作。研究出台《泉港区深化消防执法改革若干措施》，成立消防安全委员会，建立行业部门会商研究、隐患函告、工作提示、联合执法等机制，定期向重点行业部门通报行业系统火灾情况和突出问题。发挥安委会、消安委平台作用，推动行业部门落实消防安全标准化管理，指导行业单位开展消防安全标准化建设，分行业培树一批责权明晰、管理规范的标杆单位，推动落实消防安全主体责任。建立7个镇（街道）消防工作站，与7个镇（街道）签订消防委托执法协议，将辖区派出所消防检查量纳入绩效考评范畴，提高全区消防安全基层治理水平。

【火灾隐患常态化整治】 2021年，泉港区紧盯石化企业、出租屋、人员密集场所、高层建筑、文物古建筑、

自建房等消防安全整治重点，开展火灾隐患大排查、大整治。统筹推进高层建筑等四类场所问题整治、老旧场所及新材料新业态等突出风险的排查整治。开展商业综合体达标创建工作，完成市级达标创建验收；全区126个既有住宅小区，33个老旧小区完成标准画线、立牌管理，完成率100%。联合行业部门开展“打通生命通道”集中统一行动5次，抽查住宅小区31个，劝离违停车辆200余辆，对17起占用消防车通道的违法行为给予警告、处罚；高层建筑专项抽查督促256栋高层居住建筑开展自查自纠，建立“楼长”制，整改隐患203处，对9个物业公司罚款5.2万元。

【石化企业“消地协作”监管】 2021年，泉港区结合辖区产业特点，聚焦石化企业监管，联合区应急局建立“消地协作”监管机制，每周开展联合督导，形成执法合力，提升管理效果；建立整改反馈机制，落实“隐患清单、整改清单、责任清单”三个清单，推动隐患“闭环”管理落地见效。聘请危化专家助力，对辖区28家石化企业常态化开展“体检式”服务指导，帮助企业发现问题，提供整改意见，督促隐患整改“清零”。全年开展督导检查16次，检查石化企业70家次，督改隐患问题80余处，对9家危化企业第三方服务机构进行立案查处，罚款37万元，帮助企业解决疑难问题28个。

【消防产品质量监督执法】 2021年，泉港区加大消防产品质量监督检查力度，落实日常监督检查与专项监督抽查相结合的监管模式，通过“双随机、一公开”系统开展专项抽查；联合市场监督管理局开展联合执法检查，形成整治合力。下发消防产品处罚决定书4份，对使用、销售不合格消防产品的单位、个人进行处罚。同时，举办全区假冒伪劣消防产品销毁仪式，对年内没收的假冒伪劣消防产品进行集中销毁，强化警示宣传。

【消防基础设施建设】 2021年，泉港区进行老旧小区改造，福炼生活区、金山街北侧小区、春满城二期、逸涛商住楼等小区纳入2021年区委区政府为民办实事项目。按照“应建尽建、按标建设”原则，推动全区66%的行政村、社区，53个社会单位建成微型消防站，百分百配备车辆、器材装备及人员，达到“一站一车一队”，不定期开展拉动演练，提升微型站应急处置水平。推进消火栓建设工作，在驿峰公路等路段新增25个市政消火栓，完成2021年建设任务。

2021年3月1日，泉港区消防救援大队开展“消防宣传 志愿同行”主题志愿服务活动 （图/区消防大队）

【消防安全宣传】 2021年，泉港区将消防安全纳入普法工作，将消防法律法规和消防知识纳入公务员培训、职业培训内容；建成全区首个消防主题公园并对外开放。推广“全民消防安全学习云平台”，发动全区2.2万名群众注册并上线学习；成立1支区级消防志愿者服务队，发展志愿者2800余人，成立1支少数民族消防志愿者服务队定期开展志愿服务活动。开展“一警六员”培训，分批对党政领导干部、社区民警、乡镇网格、物业管理人员等重点群体开展消防安全培训100余场次，培养“消防安全明白人”；组织单位员工、师生、企业主等10万余人次观看“消防安全直播公开课”。以“防灾减灾”“安全生产月”“开学第一课”活动为契机，推动消防宣传“五进”，开展各类教育培训演练。突出对孤寡老人等重点人群宣传教育，指导村居网格员开展“一对一”帮扶，免费为特困独居老人安装独立感应报警器；组织入户宣讲300余次，入户宣传4000余户次。

地质灾害防治

【概况】 2021年，泉港区年初在册地质灾害点（高陡边坡隐患点）涉及5个镇，监测点20处，涉及21户75人。其中，地灾隐患点1处，涉及1户4人；高陡边坡点19处，涉及20户71人（其中南埔5处，涉及5户22人；前黄1处，涉及1

户7人；后龙3处，涉及2户10人；涂岭6处，涉及8户21人；峰尾4处，涉及4户11人）。区自然资源局与区住建局、区交通局、区农水局、区应急局联合印发《2021年泉港区地质灾害防治方案》，与区应急局联合印发突发地质灾害应急预案，提出工作原则、适用范围和应急处置方法，明确各单位、股室职责。督促各镇制定突发地质灾害应急方案和开展地质灾害应急演练活动。通过演练，检验当地突发地质灾害应急预案的实用性和可操作性，提高干部群众科学处置突发地质灾害的快速反应和应急处置能力。

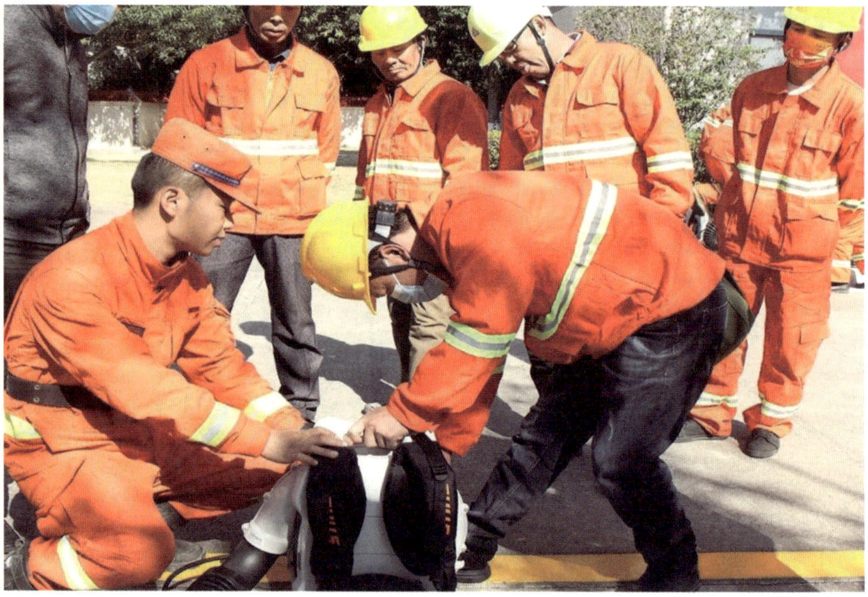

2021年12月10日，泉港区组织开展森林火灾扑救队伍安全扑救技能培训，图为扑救工具操作演示（图/区应急局）

【地质灾害隐患排查】 2021年，泉港区聘请福建省闽东南地质大队作为地灾治理技术支撑单位。汛期来临前，联合技术单位组织对登记造册的地质灾害隐患点、高陡边坡等，进行全面核实排查，核实和掌握隐患类型、威胁范围、威胁对象和危害程度的动态变化等，明确每个地质灾害隐患点的防灾责任人和防范措施。重点加强对黄田村高陡边坡点的监测，督促涂岭镇加快治理进度，确保在汛期来临前完成治理。下发《关于开展地质灾害隐患排查整治工作的通知》，要求各相关部门加大排查和整治力度；汛期后对发现的问题及时派相关专家进行技术指导和提出防治方案。邀请同济大学地质教授对重大的地质灾隐患点进行现场勘察和指导，邀请地质灾害技术支撑单位进行授课，帮助各镇、村工作人员学习和提高辨别地质灾害的能力。委托闽东南地质大队编制全区地质灾害点（高陡边坡隐患点）治理设计方案，区政府拨付专项资金220万元用于地质灾害隐患点的治理费用，完成地质灾害隐患点工程治理20处，完成地质灾害搬迁任务2户。

【地质灾害监测体系健全】 2021年，泉港区对全区在册20处地质灾害监测（高陡边坡）点，严格按照要求建立区—镇（街道）—村（居）三级地质灾害监测管理网络体系，建立以区、镇（街道）主要负责人负总责的责任制，将地质灾害群测群防任务分解到镇（街道）、村（居）二级，明确具体监测人和监测单位责任人。在汛期、台风、暴雨和强降水期间，严格落实24小时巡查制度，发现险情，及时预警，及时转移受威胁群众。一旦发生险情或灾情，立即启动应急预案，领导亲临现场、靠前指挥，避免地质灾害群死群伤事件的发生。

【新地质灾害隐患点防患】 2021年，泉港区加强个人违法建房巡查制止，杜绝群众在山边人工开挖、削坡建房，导致房前屋后出现高陡边坡式的潜在地质灾害安全隐患。向群众宣传普及地质灾害防御、避险知识，引导群众科学选址，提高地质灾害防灾意识和自我避灾、抗灾能力。加强对非法采矿的执法力度，杜绝滥挖滥采行为的发生。加大对废弃矿山生态治理力度，增加植被覆盖，有效防范地质灾害发生。

财 政

【概况】 2021年，泉港区一般公共预算总收入104.03亿元，比上年增长16.37%。其中，地方一般公共预算收入28.06亿元，比上年增长9.73%。一般公共预算支出27.06亿元，比上年增长0.98%。向上争取资金，获一般公共预算转移支付14.78亿元，其中直达资金5.31亿元，主要是海洋生态保护修复资金3亿元、城乡居民养老保险补助2014万元、保障性安居工程2119万元、基本公共卫生补助1092万元。建立常态化财政资金直达机制，加强直达资金使用管理，及时分配下达资金。

【财税收入组织】 2021年，泉港区依托涉税信息共享机制，密切跟踪服务重点税源企业，确保主体税源稳定。7家重点企业累计入库一般公共预算总收入、一般公共预算收入89.42亿元、17.95亿元，分别占比85.96%、63.97%。落实扶持石化产业加快发展和促进建筑业发展壮大的若干意见，延续企事业单位人才个人所得税财政奖励，争取域外税源回归纳税1.1亿元。

【支出结构优化】 2021年，泉港区落实政府过紧日子要求，优化支出结构，压减一般性支出，全区一般性支出压减7685万元，比上年下降30%。常态化开展财政结转结余资金清理，清理结转结余资金6277万元，统筹保障重点领域资金需求。

【“三保”支出】 2021年，泉港区坚持“三保”（保工资、保运转、保基本民生）支出在预算安排中的优先顺序，严格实行财政库款考核预警机制，逐月开展库款收支现金流预测，实时监测库款余额。库款优先用于保基本民生、保工资、保运转以及疫情防控、创城创卫等必要支出，增强财政“三保”能力，全年“三保”支出18.29亿元。

【疫情防控资金保障】 2021年，泉港区强化疫情防控资金保障，动用预备费，重申疫情防控资金专项管理办法，第一时间开通资金拨付和政府采购“绿色通道”，全年投入疫情防控资金1.7亿元，保障工作开展。

【经济发展促进】 2021年，泉港区新增减税降费8亿元，兑现惠企资金1.2亿元，召开8场政银企对接会，为153家次企业提供信贷支持87.07亿元，帮助17家企业获纾困贷款1.56亿元，提供融资担保7.6亿元。投入科学技术经费4910万元，支持高新技术企业培育，完成泉港石化科技众创园一期项目建设，提升科技赋能效应。对接“港湾计划”“双创泉港”人才发展战略，落实人才各类补助资金。聚焦优化营商环境，推动惠企政策线上直达兑现改革，推进政府采购意向公开，组织开展涉企收费清理工作，公布行政事业性收费和政府性基金目录清单，实施非税收入收缴电子化和财政电子票据管理改革，实现非税收入收缴“一网通办”。

【产城融合服务】 2021年，泉港区筹集资金31亿元，开展石化安控区项目集中扫尾攻坚行动，提前完成民房签约、腾空、拆除“三清零”，彻底解决“厂村混杂”问题。开展“项目攻坚2021”，创新财政、国企筹融资组合运作方式，多渠道筹集资金保障项目建设，全年筹集城建资金6.61亿元，保障全区192个重点项目和144个城建项目顺利实施。

【预算制度改革】 2021年，泉港区贯彻新预算法及其实施条例，深化预算管理制度改革。严格实施零基预算，打破“基数+增长”支出固化格局。推进预算管理一体化建设。密切对接分领域财政事权和支出责任划分改革工作。强化中期财政规划管理，完成财政“十四五”规划。调整政府采购目录和限额标准。编制政府综合财务报告。落实人大审查监督和审计查出问题的整改，清理往来款2.4亿元，减少财政往来款挂账，严格规范国库集中支付方式。

【预算绩效管理】 2021年，泉港区实施预算绩效管理，建立健全区级绩效指标库。将171个项目5.51亿元纳入预算绩效目标申报、监控和自评，覆盖率100%。2个项目5.31亿元开展事前绩效评估。2个部门1.14亿元和6个项目3.02亿元分别开展部门整体和重点绩效评价，基本建成全方位、全过程、全覆盖的预算绩效管理体系。完善行政事业单位内控制度建设。加强财政监督，对会计信息质量、“1+X”和部门决算账表一致性，以及财政扶贫、公车管理、政府采购等政策落实情况开展专项检查，提出整改意见，跟踪督促整改。

【重大风险防范化解】 2021年，泉港区政府债务化解方面强化“借、用、管、还”的全链条管理。入选建制县（区）隐性债务风险化解试点地区，获批再融资债券150亿元，额度占全省总额的一半，用于置换存量隐性债务，从根本上缓解偿债压力、降低利息负担，确保地方政府债务风险稳定可控。争取地方政府债券额度7.12亿元，用于区域经济建设发展。实行政府债务限额管理，新增限额提请区人大常委会审批，依法化解债务存量，坚决遏制隐性债务增量。做实做细政府债务偿还计划，足额偿还政府债务到期本息13.1亿元。信贷风险防控方面推动“政、银、企”全方位互动，全年化解不良贷款5.07亿元，不良贷款余额1.47亿元，不良率0.46%，完成信贷风险防控任务，促进财政金融稳定运行。

表 4 2021年泉港区一般公共预算收入完成情况表

项目	年初预算数（万元）	本月实际数（万元）	累计完成金额（万元）	比上年同期	
				增加额（万元）	增长率（%）
一、一般公共预算收入合计	271118	23633	280648	24881	9.73
其中，税收收入合计	234808	23659	236229	30337	14.73
（一）工商税收合计	230208	23194	231111	30191	15.03
增值税 50%	140183	21446	123264	2771	2.30
企业所得税 40%	28657	108	52531	30974	143.68
个人所得税 40%	4100	680	5526	1606	40.97
资源税	100	28	123	45	57.69
城市维护建设税	28950	−457	22346	−6557	−22.69
房产税	4822	295	5045	440	9.55
印花税	3871	261	4015	527	15.11
城镇土地使用税	8095	373	7389	−52	−0.70
土地增值税	9505	314	9261	541	6.20
车船税	1475	140	1274	−83	−6.12

续表 4

项　目	年　初 预算数 （万元）	本　月 实际数 （万元）	累计完成 金额（万元）	比上年同期	
				增加额（万元）	增长率（%）
环保税	450	6	376	-11	-2.84
其他税收收入	—	—	-39	-10	-34.48
耕地占用税	1000	45	45	-954	-95.50
契税	3600	420	5073	1100	27.69
（二）非税收入合计	36310	-26	44419	-5456	-10.94
行政事业性收费收入	5500	67	2399	-400	-14.29
罚没收入	5000	-2813	16652	11905	250.79
国有资源（资产）有偿使用收入	6500	28	6760	-7793	-53.55
捐赠收入	1000	5	4700	2218	89.36
专项收入	16210	2687	13664	-5146	-27.36
其中，教育费附加收入	12000	2310	12104	-239	-1.94
政府住房基金收入	2000	—	—	-2595	-100.00
其他收入（国有资本经营收入）	100	—	244	-3645	-93.73
二、上划中央“五税”收入	676478	40529	759661	121469	19.03
增值税 50%	140183	21446	123264	2771	2.30
消费税 100%	484159	17755	547271	70494	14.79
车辆购置税 100%	3000	146	2040	-666	-24.61
企业所得税 60%	42986	162	78797	46461	143.68
个人所得税 60%	6150	1020	8289	2409	40.97
三、一般公共预算总收入	947596	64162	1040309	146350	16.37
四、政府性基金收入合计	103000	1939	40274	-3117	-7.18
城乡社区事务	103000	1939	40274	-3117	-7.18
资源勘探信息等事务	—	—	—	—	—
其他收入	—	—	—	—	—
五、国有资本经营预算收入	485	—	493	259	110.68

表 5

2021 年泉港区一般公共预算支出完成情况表

项　　目	年初预算数（万元）	本月实际数（万元）	累计完成金额（万元）	比上年同期	
				增加额（万元）	增长率（%）
一般公共预算支出合计	216535	39735	270623	2618	0.98
一般公共服务支出	19952	3768	23155	−1227	−5.03
国防支出	277	66	338	−97	−22.30
公共安全支出	10311	949	10784	−2096	−16.27
教育支出	62750	15800	78040	17031	27.92
科学技术支出	3500	390	3973	−1945	−32.87
文化旅游体育与传媒支出	1699	294	1188	−818	−40.78
社会保障和就业支出	33339	1121−	32293	−3078	−8.70
卫生健康支出	20844	11355	22782	−2536	−10.02
节能环保支出	1272	1852	4622	1743	60.54
城乡社区支出	9909	791	9160	−6740	−42.39
农林水支出	12519	1918	11567	−1605	−12.18
交通运输支出	5145	136	5730	3922	216.92
资源勘探工业信息等支出	315	1856	3266	−612	15.78
商业服务业等支出	159	52	1069	375	54.03
金融支出	—	—	100	−499	−83.31
自然资源海洋气象等支出	1338	454	10200	8049	374.20
住房保障支出	8607	456−	19128	−7724	−28.77
粮油物资储备支出	1164	—	1226	19	1.57
灾害防治及应急管理支出	1459	126	1610	133	9.00
预备费	1000	—	—	—	—
其他支出	20976	—	1	−1	−50.00
债务付息支出	—	1505	29202	−791	−2.64
债务发行费用支出	—	—	1189	1115	1506.76
政府性基金预算支出合计	117000	−460	92205	−187876	−67.08
文化旅游体育与传媒支出	—	—	—	—	—

续表 5

项　　目	年初预算数（万元）	本月实际数（万元）	累计完成金额（万元）	比上年同期	
				增加额（万元）	增长率（%）
社会保障和就业支出	—	—	367	-3	-0.81
城乡社区支出	62500	-154	59721	15224	34.21
农林水支出	—	—	—	—	—
其他支出	14000	2000	9531	-206425	-96.00
债务付息支出	40000	228	22097	11520	109.00
债务发行费用支出	500	—	489	256	110.00
抗疫特别国债安排的支出	—	-2534	—	-8448	-100.00
国有资本经营预算支出	208	208	208	5	2.00

税务

【概况】　2021年，泉港区组织各项收入116.19亿元。其中，完成税收收入101.49亿元，非税收入14.7亿元；完成一般公共预算总收入100.64亿元；完成一般公共预算收入24.17 亿元。

【减税降费】　2021年，泉港区新增减税降费0.96亿元，减税降费8.4亿元；办理增值税留抵退税4.72亿元。制订宣传工作方案，开展“税收宣传月”活动，开通“直播型”网络课堂，开展线上业务培训；开展“滴灌式”“定制化”精准辅导，通过电话全天候辅导、视频直连互动，将政策精准推送到户。建立政策执行和效应分析反馈、税收执法协作联动机制，深化拓展涉税涉费信息共享，加强风险分析防控、统计核算，开展疑点数据核实清理、现金税费征缴专项整治，确保纳税人应享尽享税费优惠政策。

【税种管理】　2021年，泉港区落实深化增值税改革政策，准确兑现增值税减免政策、生产、生活性服务业加计抵减政策、增量留抵退税政策、增值税即征即退政策及普惠型小微企业减免增值税优惠政策。优化出口退税服务，提高退税办理效率，整合完善业务传递流程，压缩各环节业务办理时间，退税平均办理时限压缩在7个工作日以内，为当地外向型经济发展保驾护航。推行车购税网上申报，推广使用电子完税凭证，优化纳税人办税体验，实现足不出户纳税。加强电子完税凭证税务部门与车辆登记部门信息共享，提高车购税各部门协同共治水平。加强年度汇算清缴，2020年度企业所得税年度申报应申报4918户，申报率99.92%。落实小型微利企业所得税优惠政策，2020年度盈利小型微利企业1085家，享受小型微利企业所得税优惠3773.14万元。加强个人所得税征管，推进2021年度个人所得税汇算清缴，减免税额5671万元，享受人数4.88万人；专项附加扣除减税金额782.55万元，实际享受专项附加扣除人数7230人。与自然资源局、住建部门建立工作联动机制，推进税收共治，落实环境保护税征收管理，入库税款751万元。做好涉外税收管理，开展“一带一路”税收服务工作，扶持“走出去”企业发展壮大。做好反避税案源审核工作，推进国际税收管理。全年22户次企业享受非居民企业所得税优惠政策，减免金额2564.66万元。

【税收征管】　2021年，泉港区税务局成立《关于进一步深化税收征管改革的意见》落实领导小组办公室，推动税务执法规范性、税费服务便捷性、税务监管精准性。实施发票电子化改革，严格规范税务执法行为，减轻办税缴费负担。按照“数据+规则”“信用+风险”的新型管理方式开展风险分析，推动税源管理从“以票管税”向“以数治税”分类精准监管转变。加强欠税清缴，与公安、法院、检察院建立交流合作机制，做好欠税综合治理、有效防范新增欠税。结合打击虚开骗税违法犯罪两年专项行动和扫黑除恶专项行动，对税务登记信息、发票进销项信息、申报数据进行深度分析和综合研判，统筹开展风险识别应对。落实“行政执法公示、执法全过程记录、重大执法决定法制审核”等三项制度，推进执法信息网上录入、执法程序网上流转、执法活动网上监督、执法结果网上查询。

【纳税服务】 2021年，泉港区税务局推进便民办税春风行动，推出“八闽办税码”“税事远程帮”“税e链”等便民服务举措，帮办服务企业852户，解决企业3158个涉税问题；发挥电子税务局“互联网+”优势，创建线上线下办税的直连通道，全年通过八闽办税码登录电子税务局次数330万次。推出“引导式”电子填表及线上办税，实现电子资料“一键导入金三”，完善功能模块，推广网上办税。建立局领导值班制度、征期会商制度、周汇报制度，组建专家团队、税收志愿服务队，开设政策咨询服务岗，实行纳税申报提醒纠错、错峰申报，密切跟踪政务服务“好差评”工作，提高服务质效。建立涉税诉求快速响应机制，开展“大座谈”“大走访”，聘请税收营商环境监督员、税收营商环境体验师，举办体验活动2场；办理人大代表建议和政协委员提案，与人大代表面对面恳谈，实地勘察调研，办理答复2件人大代表建议，推进多渠道意见建议收集和反馈。

表 6　2021 年泉港区税务各项收入完成情况表

项目	税（费）额（万元）	比上年同期	
		增加额（万元）	增长率（%）
各项收入总计	1161935	187791	19.28
一、税收收入合计	1014924	146427	16.86
1. 增值税	237827	−1724	−0.72
2. 消费税	547271	69460	14.54
3. 营业税	−78	−19	32.06
4. 企业所得税	133820	78390	141.42
5. 个人所得税	13958	4032	40.62
6. 资源税	123	45	57.93
7. 城市维护建设税	46763	−3459	−6.89
8. 房产税	5045	439	9.54
9. 印花税	4015	526	15.09
10. 城镇土地使用税	7389	−52	−0.70
11. 土地增值税	9261	541	6.21
12. 车船税	1274	−83	−6.11
13. 车辆购置税	2039	−666	−24.62
14. 耕地占用税	45	−954	−95.49
15. 契税	5419	−28	−0.52

续表 6

项目	税（费）额（万元）	比上年同期	
		增加额（万元）	增长率（%）
16. 环境保护税	752	−22	−2.79
二、非税收入合计	147012	41363	39.15
（一）社会保险费收入	84342	16717	24.72
1. 基本养老保险基金收入	31987	12164	61.37
2. 失业保险基金收入	1588	442	38.60
3. 基本医疗保险基金收入	21480	2643	14.03
4. 工伤保险基金收入	1073	461	75.21
5. 生育保险基金收入	919	145	18.69
6. 城乡居民基本养老保险基金收入	2919	−52	−1.76
7. 机关事业单位基本养老保险基金收入	12441	68	0.55
8. 城乡居民基本医疗保险基金收入	9393	943	11.16
9. 机关事业单位职业年金	2542	−97	−3.67
（二）其他非税收入	62669	24647	64.82
10. 水土保持补偿费收入	160	160	—
11. 教育费附加	22548	1045	4.86
12. 地方教育附加	15033	697	4.86
13. 文化事业建设费	−8	−15	−216.25
14. 残疾人就业保障金	1500	208	16.06
15. 油价调控风险准备金	22222	22222	—
16. 人防办行政事业性收费收入	163	163	—
17. 税务部门罚没收入	25	9	53.64
18. 排污权出让收入	20	20	—
19. 其他收入	1007	139	16.01
三、出口退税	−14889	40336	73.04

农业农村

综 述

【乡村振兴战略实施】 2021年，泉港区集中推进“一镇四线二十四村”建设，实施试点示范项目150个，总投资1.5亿元，获得上级补助资金3761.1万元。前黄镇前黄村入选全国乡村治理示范村、峰尾镇诚峰村入选省级实绩突出村、涂岭镇前欧村入选市级典型示范村、峰尾镇诚平村列入泉州重点改善提升历史文化名镇名村和传统村落名单、南埔镇惠屿村入选省级“金牌旅游村”；启动乡村振兴示范线“三无一改”攻坚，“韵彩乡村·大美涂岭”线入选第一批全市六条最美乡村振兴示范线之一；涂岭镇被列为全省“十四五”首批大中型水库移民后扶项目示范区，界山镇（农业主导型）被列为全市2022年乡村振兴整镇推进“五好”乡镇试点镇。

【脱贫攻坚成效巩固】 2021年，泉港区健全完善防止返贫动态监测和帮扶机制，将贫困线边缘户纳入监测范围，全年受理“一键报贫”511人次。加大保障力度，发放低收入农户应急救助补助资金58户164.4万元，改善住房居住条件14户73.5万元，开展“两节”慰问困难户448户，发放慰问金225万元。实施村财增收行动，扶持村集体经济发展试点村15个，补助资金900万元。全区村集体经营性收入3205.65万元，年收入超20万元的村98个，超50万元的村22个。深化对口帮扶工作，拨付宁化县帮扶资金1200万元。

【农村宅基地改革管理】 2021年，泉港区制定出台《泉港区农村宅基地和村民住宅建设管理规定》，加强农村宅基地和村民住宅建设管理，保障农村村民合理居住需求，全年受理宅基地申请800宗、审批661宗。加强农村宅基地执法监管，立案查处农村宅基地违法案件4件。

【农村集体“三资”监管】 2021年，泉港区开展农村集体产权制度改革整省试点“回头看”工作，推进东张村政经分离试点、惠屿村股权质押

2021年11月17日，泉港区召开全区乡村振兴工作集体约谈工作会议

（图/区农水局）

试点工作。深化“强基促稳”和“点题整治”，组织开展农村集体“三资”监管专项整治行动，共查摆经济合同90份，收回拖欠金额66.03万元，收回被侵占资产1处，新增租金78.03万元。开展村干部任期和离任经济责任审计，审计101个村（居），总金额174539.26万元。

【农业融合发展】 2021年，泉港区推进设施农业建设，新建设施农业大棚27公顷，总投资1600万元。通过省级农业产业化龙头企业监测2家，新增农民专业合作社省级示范社1家、市级示范社2家、区级示范社7家，家庭农场省级示范场1家、市级十佳家庭农场1家、市级示范场1家、区级示范场5家，新增市级优秀农村实用人才2人、区级5人；完成农村实用人才远程培训12期、1200余人次；完成高素质农民培训26期、1590人次，评价率99.5%。

种植业

【概况】 2021年，泉港区粮食播种面积1952.67公顷，总产量1.11万吨。其中稻谷629.00公顷，总产量4053吨；甘薯1114.33公顷，总产量6148吨；经济作物总播种面积2279.2公顷。组织实施粮食作物优良品种示范推广“3326”计划，在全区示范推广33个粮食作物优良品种，推广面积6333.33公顷，实现增产粮食600吨；组织实施农业主推技术推广“1533”计划，在全区推广水稻、甘薯测土配方施肥技术等15项农业适用技术，推广面积2000公顷，实现增产粮食300吨。全年发放耕地地力保护补贴面积3518.65公顷481万元，实际种粮农民一次性补贴34万元。投保水稻面积452.45公顷，惠及农户6335户。加快建设高标准农田，全年建设333.33公顷。

2021年11月10日，泉港区检察院、区河长办联合组建的公益诉讼快速检测实验室正式揭牌 （图/区农水局）

【绿色农业】 2021年，泉港区实施化肥农药使用量零增长减量化行动，建立茶树病虫害绿色防控示范区18.67公顷，示范带动茶区推广面积1933.33公顷；组织引导农业企业、农业基地开展主要农作物病虫害绿色防控和统防统治，推广绿色防控1653.33公顷，辐射推广绿色防控3166.67公顷次，绿色防控覆盖率35.21%；统防统治示范面积926.67公顷，辐射推广统防统治2120公顷次。实施测土配方施肥项目，采集送检土样27个，开展粮油作物肥料校正试验3个，建立早稻配方肥示范片6.67公顷，蔬菜有机肥示范片6.67公顷，示范推广有机肥4000公顷，辐射推广测土配方施肥面积6000公顷次。推进粮食绿色高产高效创建，推广优质稻500公顷。开展“三品一标”认证工作，配合市局完成钻联公司绿色食品复查换证工作、金维他公司绿色食品年检工作，悠然农业专业合作社葡萄新认证无公害农产品。

【农产品安全监管】 至2021年，泉港区有94家生产主体纳入福建省食用农产品承诺达标合格证与一品一码追溯并行系统，开展生产记录录入省系统及源头赋码、一品一码、贴码销售。开展农产品质量安全检测，完成省农业农村厅抽检样品64批次，市农业农村局抽检样品110批次，区级抽检样品260批次，区、镇两级抽检5198个样品快检任务。

林　业

【概况】 2021年，泉港区克服干旱季节影响，强调造林苗木质量关和造林养护，完成造林147.4公顷。落实区、镇、村三级林长，对全区林地进行网格化管理。开展林业有害生物防治，清理松枯死木5000多株，施放白僵菌、绿僵菌等2万发，施放花绒寄甲防治66.67公顷。开展森林防火宣传30次，发送短信、微信提醒信息5万余次，发放宣传材料2万份，出动森林防火宣传车300小时，未发生森林火灾火警。办理林业行政案件24起、刑事案件2起。与农林大学、市林业局进行合作科技攻关，争取桉树改造黑木相思、桉树混交栓皮栎等中央、市级科技项目，营造黑木相思13.33公顷，营造桉树和栓皮栎混交林26.67公顷。

【义务植树】 2021年，泉港区采取多种形式开展义务植树活动，区委、区政府主要领导带领区级组织四套班子种植香樟、黄花风柃木、栾树等树种3000多棵，完成植树2公顷；各单位、各镇（街道）同步组织义务植树活动。

【林长制全面推行】 2021年8月30日，泉港区自然资源局印发《关于全面推行林长制的实施方案》，制订相应的五项配套制度，各镇（街道）、各单位全面启动林长制相应工作。落实区、镇、村三级林长，对全区的林地进行网格化，要求护林员每天进行签到打卡，确保巡逻到位。与检察院联合制定《关于建立“林长+检察长”协作机制的工作意见》，建立健全检察机关与林长制工作机构的协作配合，发挥检察机关法律监督与林长办统筹协调职能作用，合力解决涉林生态突出问题。

【林业有害生物防治】 2021年，泉港区自然资源局聘请福州绿盾公司作为防治单位，清理松枯死木5000多株。加强综合防控，挂设天牛诱捕器等250套，施放白僵菌、绿僵菌等2万发，施放花绒寄甲防治66.67公顷。加强普查鉴定，在春、秋两季对全区的松林进行全面普查，完成春、秋普查任务，全面掌握全区松枯木分布情况。根据普查结果，制订全区2022年的防控方案，根据防控方案调整2022年松林改造方案。

【森林防火】 2021年，泉港区在春、秋两季制定印发森林防火宣传月活动方案，各镇（街道）结合实际情况制定工作方案。全年开展森林防火宣传30次，发送短信、微信提醒信息5万余次，在主要进山路口悬挂横幅500条，发放宣传材料2万份，出动森林防火宣传车300小时，滚动播放宣传标语500余条。节假日期间，自然资源局多次组织对各镇（街道）、林场的森林防火工作进行督查，重点对各镇（街道）、林场开展森林防火宣传、护林员巡山护林、扑火队伍在岗在位、森林防火值班制度、物资储备、禁火令张贴等工作进行检查，对发现问题及时进行通报。完成森林火灾风险普查工作，根据风险点情况，制订相应防范措施，清明、冬至、国庆、元旦、春节期间，各相关部门提前制订方案进行部署，护林员加强巡逻密度，对森林火灾隐患进行全面排查，各镇、村加强火源管理，消除森林火灾苗头，全区没有发生森林火灾火警。

【林业执法】 2021年，泉港区自然资源局利用森林督查图斑、护林员自查发现案件、群众举报等多种形式，对全区违法破坏森林资源进行案件查处，办理林业行政案件24起、刑事案件2起，护林员发现和群众举报的案件均查处到位，盗滥伐、破坏林地等林业案件较往年较大下降。

畜牧业

【概况】 2021年，泉港区制定《泉港区畜禽养殖场审批管理规定》，推进现代畜牧业发展，创建省级优质农产品示范基地1个、省级标准化示范场1个。开展春秋两季集中强制免疫和集中消毒灭源行动，全年未发生重大动物疫病。加强动物检疫，实施产地检疫生猪4.3548万头，屠宰检疫生猪12.0504万头。全年生猪存栏4.31万头，出栏5.57万头；羊存栏1.64万只，出栏3.08万只；家禽存栏160.28万羽，出栏288.68万羽；肉蛋奶总产量18244.87吨，比上年增长12.0%。

2021年4月28日，肖厝惠屿第一批10个单元新型网箱养殖设施及休闲平台建设通过专家验收 （图/区农水局）

【现代畜牧业发展】 2021年，泉港区支持畜禽养殖规模化标准化发展，规范养殖审批，制定《泉港区畜禽养殖场审批管理规定》，推进萍川、恒昂等2家大型生猪养殖场建设，完成年度投资1400多万元。创建省级优质农产品示范基地1个、省级标准化示范场1个。

【动物疫病防控】 2021年，泉港开展春秋两季集中强制免疫，免疫猪口蹄疫7.345万头，牛羊口蹄疫2.799万头，高致病性禽流感137.19万羽，小反刍兽疫2.56万头，群体免疫密度均90%以上，应免率均100%。开展集中消毒灭源行动2次，消毒灭源面积250万平方米，投入消毒药剂2.38吨。加强动物疫病监测，检测血清抗体9032份，合格率80%以上，抽样血清和环境样品棉拭子85份，检测非洲猪瘟均呈阴性。全年未发生重大动物疫病。

【畜禽养殖污染防治】 2021年，泉港按照"填平补齐"原则实施畜禽粪污资源化利用提升工程，创建美丽畜牧场，新增漏缝猪舍2000平方米、沼气池300立方米、沼液储存池550立方米、沼液管网2000米、沼液运输车1辆，全区畜禽粪污资源化综合利用率96.58%，规模养殖场粪污处理设施装备配套率100%。

【动物卫生监督】 2021年，泉港区加强动物检疫，实施产地检疫生猪4.3548万头，屠宰检疫生猪12.0504万头；监督屠宰环节无害化处理病害猪31头，病死猪无害化处理率达100%；检测"瘦肉精"4362份，合格率100%。加大执法力度，全年办理行政处罚案件10起。加强调运监管，实施"点对点"调运1909批次，跨县准入生猪7.6956万头、猪肉产品69吨，保障市场供应稳定。

渔 业

【概况】 2021年，泉港区渔业水产品总产量90069吨，比上年增长2.01%。

【服务渔业生产发展】 2021年，泉港区对肖厝—惠屿22.1公顷传统木质网箱养殖设施进行升级改造。投资5361.76万元，建设新型环保塑胶网箱8096格以及工作平台等配套设施，打造具有泉港特色的休闲渔业精品，达到发展渔业生产，同时满足休闲垂钓和观光旅游的需求。对全区现有666.67公顷贝藻类筏式养殖泡沫浮球全面升级改造为塑胶浮球，改善全区海洋生态环境。联合峰尾镇政府在峰尾海域开展2021年渔业资源增殖放流活动，共投放鱼苗316.7万尾，其中黄鳍鲷62.5万尾，黑鲷143万尾，鲈鱼55.6万尾，真鲷55.6万尾。

【水产品质量安全管理】 2021年，泉港区制定水产品质量安全管理工作方案，完成水产品中禁用药物残留快速检测80批次。经检测氯霉素、孔雀石绿、呋喃唑酮代谢物、呋喃西林代谢物均呈阴性，合格率100%。配合开展产地水产品质量安全监督抽检、贝类卫生监测、贝类质量安全风险监测、赤潮毒素危害管控，抽检样品54份。

水 利

【概况】 2021年，泉港区实施水利项目16个，完成投资2.36亿元。双溪水库通过移民、下闸蓄水验收，菱溪水库至泉港区供水工程累计完成投资1.364亿元，陈田水库至泗洲水库引调水工程全线贯通，泉州市七库连通工程正式通水，在泉港区举行现场仪式。城乡供水一体化规划获批，实施农村供水提升工程9个、水厂扩建工程1个，新（改）建农村供水管网40.72千米。坝头溪、郭厝溪流域综合整治项目加快推进，界山溪景观提升整治、峰尾壕沟黑臭水体整治和景观提升工程全面实施。开展百里河道清淤工程，清淤河道93.84千米、护砌3.522千米，整治池塘6座，改造修复水闸7座、海堤12.1千米。

【蓄水工程】 泉港区有水库12座。其中，1座中型、3座小（1）型（不含正在兴建的双溪水库1座）、9座小（2）型。（中型：泗洲水库；小（1）型：山外水库、石门坑水库、红星水库；小（2）型：加田水库、后山水库、幸福水库（降等被省厅驳回）、潼清水库、湖仔内水库、丰收水库、昆山水库、前烧水库、四清水库）。集中分布在涂岭、前黄2个镇，其中：涂岭镇小（1）型水库2座、小（2）型水库4座；前黄镇小（1）型水库1座、小（2）型水库5座。水库总库容2649.76万立方米，总兴利库容为1767.01万立方米。全区有山围塘共21座，其中：5万～10万立方米3座，1万～5万立方米18座。（1）库容5万～10万立方米：后山（涂型村）、许厝（许厝村）、东风（界山村）。（2）库容1万～5万立方米：黄山郑（下炉村）、谢子（樟脚村）、面前内坝（樟脚村）、社厝内（寨后村）、西蔡（白潼村）、大滥（前欧村）、蓝田（小坝村）、峰前（峰前村）、五星（塘头村）、寨山（柳厝村）、立新（天湖村）、佳云（柳厝村）、深马里（槐山村）、狮东（狮东村）、土仁（古县村）、古县（古县村）、光洋（前烧村）、割林（凤林村）。主要分布在涂岭、前黄、南埔、界山、后龙镇。山围塘坝型有均质土坝、土石坝两种类型，其中均质土坝20座，土石坝1座。

【引、提水工程】　泉港区本地水资源短缺，城市用水主要来自61.74千米长的湄洲湾南岸引水工程，工程近期引水规模3立方米每秒，远期规模6.5立方米每秒。引水工程从晋江金鸡闸引水，经过金鸡北干渠输水至洛阳江，通过黄塘溪取水口泵站提升后，至泉港区南埔镇枫林坑，并在枫林坑设终端调节池一座。第一期工程（3.0立方米每秒）已建成，其供水范围为后龙组团、山腰北部工业区、南埔、涂岭。泗洲水库至枫林坑的引水工程是泉港北区的一个辅助原水水源，供水规模5.0万立方米每秒，泉港区的重要规划水源。小型河道提水工程，灌溉面积约为333.33公顷。

【地下水工程】　泉港区地下水主要受当地降水补给，其中坝溪地下水相对比较丰富，年可开采量约100万立方米，可作为涂岭镇区、塘头、坑内等供水水源地。有自备水源井463口，主要为农灌机电井、农村生活和大型工厂企业用水，农业灌溉约240公顷。

【水旱灾害防御】　2021年，泉港区完成13座中小型水库汛期防洪调度运用计划和防洪抢险应急预案及在建涉水工程防洪度汛预案审查审批，及时更新水库、水闸、海堤等水利工程三大责任人。组织开展安全生产隐患大排查大整治行动，发现安全隐患28处，整改率100%。完成小型水库维修养护11座，开展水库大坝安全鉴定8座。强化山洪灾害监测预警和信息发布，组织开展防汛综合演练，全年未发生因台风暴雨而引发的人员伤亡事故。

【河湖长制工作】　2021年，泉港区成立全省首个村级河长制工作站，挂牌成立河湖警长制联络室，探索推行“河长+法官”“河长+检察长”协作机制，联合法院、检察院分别成立泉港（坝头溪）生态环境司法保护协同治理中心和公益诉讼快速检测实验室。实施河长办标准化试点6个，新建河长制主题公园5个，编制完成9条问题河流流域地图。开展河湖“清四乱”专项行动，利用智慧河长和河湖视频监控平台，加大巡河、护河、治河力度，巡河次数5470次，巡河率99.24%，居全市首位，21个列入省市台账“四乱”问题点均及时整改销号。加强河湖水质监测，获取有效数据163个，饮用水水源地水质达标率100%，坝头溪、菱溪、龙马溪水质均达到Ⅲ类，郭厝溪基本消除黑臭，均达到年度考核要求。

2021年4月29日，泉港首个村级河长制工作站在南埔镇省级乡村振兴试点村——凤翔村挂牌成立　（图/区农水局）

【水资源管理】　2021年，泉港区实施国家节水行动方案，“十四五”水利规划获批，完成水资源配置规划编制。泗洲水库灌区农业水价综合改革项目加快推进，新增实施面积700公顷，配置计量设施18套。加强水源地保护，做好水土保持工程建设，审批水土保持方案41件，征收水土保持补偿费133.18万元；超额完成水土流失治理275.41公顷。

【库区移民工作】　2021年，泉港区科学精准安排后扶项目，争取移民资金827.7万元，实施移民项目6个，完成历年移民后期扶持项目建设19个，拨付移民项目资金719.57万元。编制完成移民后期扶持“十四五”规划，获批省级大中型水库移民后扶项目示范区，争取补助2000万元。确定农村移民后期扶持人口6165人，发放直补资金369.78万元。通过省市2017—2019年度水库移民政策稽查和审计。创建“平安库区”，组织开展“温暖在库区、倾情为移民”活动，走访慰问三峡移民和库区村困难移民76人次，发放补助4.96万元。

工业

综述

【工业经济运行】 2021年，泉港区规模以上工业企业99家，涉及石油化工、纺织鞋服、食品饮料、建筑建材等产业。规模以上工业增加值比上年下降20.4%；工业增加值436.12亿元，下降13.8%；技改投资比上年增长11.9%；工业用电44.09亿千瓦时，增长3.5%。

【工业绿色发展】 2021年，泉港区强化节能管理，推进重点用能企业能耗在线监测系统建设，9家重点用能企业均完成系统建设。实施绿色技改项目，联合石化等3个节能技改项目获省市专项资金补助196.2万元，年可节能0.5万吨标煤。深化能效对标，联合石化入选省第一批重点用能行业“能效领跑者”标杆企业，系全市唯一入围企业，公司聚丙烯、对二甲苯单位产品能耗为全省先进值。实施绿色制造，创建省级以上绿色制造项目，新增钟山化工、益海嘉里2家省级绿色工厂，全区共有国家级绿色工厂2家、省级绿色工厂4家、省级绿色供应链1个、省级绿色设计产品1款。

【数字经济提速】 2021年，泉港区新增5G建设投资3712万元。全区5G无线网络及基站配套完成项目完成投资2805万元，完成131个物业站点配套建设、107个物业站址协调，新增58个5G站点开通、108个5G站点入围测试，实现中心城区重要场所5G网络全覆盖，乡镇区域覆盖率75%。微网网络科技、博超实业2家企业完成“数字技术创新应用场景”，泉能安智慧安防建设项目入围2021年福建省数字技术应用场景物联网领域。安然纺织、百川科技、万家鑫等企业获得2021年泉企上云专项资金补助28.75万元，益海嘉里获2021年“两化”融合示范建设项目专项资金补助23.65万元。佑达环保等3家企业获批2021年省数字经济“瞪羚”创新企业，培育省级融合发展新模式新业态标杆企业3家。实施工业“机器换工”，指导6家企业引进工业机器人15台，打造“数字化车间”，8家企业获得市级“数字化车间”认定。10个项目列入省级“两化”融合重点项目，投资总额24亿元以上。

【工业企业梯队培育】 2021年，泉

2021年10月18日，中国化学化工新材料产业基地项目在泉州市招商大会上成功签约 （图/泉港石化园区管委会）

港区强化龙头引领，联合石化、百宏石化、福海粮油3家企业列为省级龙头企业，益海嘉里、国能（泉州）热电等7家企业列为省级培育龙头企业。万家鑫、天骄化学等14家企业被确定为2021年泉州市产业龙头企业。

石油化工产业集群

【概况】 2021年，泉港区规模以上石化企业31家。石化产值连续3年突破千亿元，石化工业园区连续9年蝉联中国化工园区前20强。

【石化产业创新】 2021年，泉港区做长做优石化产业链条，推动国亨化学100万吨/年丙烷脱氢及90万吨/年聚丙烯新龙头项目建成投产，带动200多亿元产业链（LPG→丙烯→环氧丙烷→聚醚）的形成。提升石化产业规模，招商引进投资150亿元天辰公司泉港新材料产业园、5.5亿元钟山三期18万吨/年功能性表面活性剂、3.5亿元稳定性同位素等6个项目，对接阿朗新科橡胶、巴陵石化热塑性弹性体等一批较大石化项目，完善园区碳三、碳四产业链条，建成国内大型橡胶生产基地。百宏石化2021年创建“数字化车间”。

【泉州新立基石化沥青基地于泉港竣工试投产】 2021年7月30日，泉州新立基石化沥青基地竣工试投产，为全省最大石化沥青基地。基地由福建港口集团权属企业厦门新立基投资建设，位于石化园区南山片区，为主开发海绵城市排水路面高黏改性沥青、水性环保防水用乳化沥青涂料等具有绿色环保性能的沥青产品，总投资1.29亿元，设计总库容2.6万吨。

制造业

【建筑材料制造业】 2021年，泉港区规模以上建筑建材企业17家，泉港建筑石材行业产业链比较完善，涉及上游的矿山开采、荒料贸易至下游的石雕加工等。涌现出达强石雕、安兴石材、中日石石业等一批规模以上石材行业企业。产品涉及排水管材、人造石英原石、井盖、预应力混凝土管桩等领域，规模较大的企业有纳川管材、路通管业、建华建材等。纳川管业项目入选2021年省级智能制造企业试点示范项目。

【纺织鞋服业】 2021年，泉港区规模以上纺织鞋服企业7家。百川资源公司2021年通过市级“数字化车间”认定。博广轻纺公司年产棉纺近40000吨，针织布约1万吨，被中国纺织协会评为“全国市场占有率20强”。安然纺织公司获“国家高新技术企业”“福建省高新技术企业”称号。

【粮油食品业】 2021年，泉港区规模以上食品饮料企业9家。依托福海粮油和益海嘉里2家龙头企业，利用良好港口条件，生产食用油、面粉、大米等粮油主产品，以及利用园区内生产的主产品和副产品进行深加工或综合利用，构建关联度高的粮油产业链，建立区域自我代谢的工业生态链，形成具有一定规模的粮油食品加工产业集群。

电力

【概况】 2021年，国能（泉州）热电有限公司发电量113.26亿千瓦时，售热量1062万吉焦，资产负债率57.09%，实现利润430万元，EVA（经济附加值）完成11144万元，全厂供电标准煤耗295.3克/千瓦时，入厂含税标煤单价1048.76元/吨、入炉不含税标煤单价937.01元/吨。

【科技创新】 2021年，国能（泉州）热电有限公司推进一期供热科技项目改造，完成2号机组科技项目改造，改造后供电煤耗分别下降29.83克/千瓦时。一期供热科技项目申请发明专利10件、申请实用新型专利11件，已授权实用新型专利1件、13篇科技论文被录用，填补国内高参数供热技术领域的空白，获得国家发展改革委中央生态文明建设项目奖励1840万元。“提高经济效益的供热运行优化配置”案例获评“国家能源杯”智能建设技能大赛“班组岗位创新创效”案例活动三等奖，“供热运行方式优化”获评福建公司第六届“青创赛”第一名。“基于监测数据分析的开关设备运行状态评价”项目获福建省百万职工“五小”创新大赛二等奖。

【生产运行】 2021年，国能（泉州）热电有限公司全厂供电标准煤耗295.3克/千瓦时，比上年降低6.28克/千瓦时；全年设备缺陷发生数量降低14.83%，消缺率提高4.1%，消缺及时率提高16.83%。环保类技改投入4165.78万元，安全类技改投入5579.15万元，其他类技改投入4563.04万元实现连续安全生产5881天，主要污染物达标排放率均为100%。

表 7

2021 年国能（泉州）热电有限公司主要生产指标一览表

项目	2020 年	2021 年	比上年增长（%）
发电量（亿千瓦时）	110.76	113.26	2.26
售热量（万吉焦）	1216.00	1062.00	−12.66
供电标准煤耗（克 / 千瓦时）	301.58	295.30	−2.08
入厂含税标煤单价（元 / 吨）	732.97	1048.76	43.08
入炉不含税标煤单价（元 / 吨）	662.48	937.01	41.44

制盐业

【概况】　2021年，山腰盐场深化盐业体制改革和企业体制改革工作，克服多变的气候影响、面对疫情防控、激烈的市场竞争、产量连续高产、库存压力剧增等困难，主要经济指标均创历史新高。全年产盐8.42万吨，比上年增产12%；销售原料盐13.01万吨，增长115.08%；实现销售收入5291.44万元，增长28.8%；工人年人均收入8.5万元，增长60%。

【“生态海盐”品牌建设】　2021年，山腰盐场打造山腰海盐“原生态、纯天然、全人工”传统独特生产制作工艺，发挥省内盐企排头兵作用，以国字牌“生态海盐”创建工作为着力点，树立“提质增效”意识，做强做优“山腰盐”拳头产品，加快形成“特色鲜明、优势突出”高端盐产业龙头基地。加大生产滩场设备维修投入，开展春、冬两季滩场设备维护，取消春季滩修用沙，推行增大蒸发池割泥、压实面积，夯实滩场质量，增加工人滩修补贴，全年滩场设备维修共计投入42.6万元。开展“质量管理年”活动，发挥“一线工作站”服务职能，开展“学技能、转作风、促落实”生产工艺学习、“察盐观色”盐工技能竞赛和旺季盐业生产及修滩劳动竞赛。

【盐田旅游资源开发】　2021年，山腰盐场推广盐田文化旅游资源，协作开展盐文化基地研学实践活动，接待13批1400多人次省内外单位专家、学者及院校学生和家长进行调研考察、学习参观、体验交流、观光采风、拍摄专题片等。引进泉州市视听网媒主播人才培训暨岗位练兵活动主播们开展盐田采风活动，推动香港卫视文旅台《寿乡密码》栏目摄制组走进下江晒盐技艺坊和东海工区盐文化研学基地取景开展采风拍摄活动，引进中国艺术研究院教授带领院校硕士研究生调研指导海盐传统晒制技艺。山腰盐场获评泉州市中小学生研学实践教育基地和泉州市社会科学普及基地。

2021年6月11日，泉州市视听网媒主播人才培训暨岗位练兵活动在山腰盐场取景
（图/山腰盐场）

表 8

2021 年泉港区盐业主要经济指标完成情况表

指标名称	单位	2021 年度数据	比上年增长（%）
原料盐产量	吨	84200.00	12.00
原料盐销售	吨	130100.00	115.08
原盐销售收入	万元	5291.44	28.80
工人人均收入	万元	8.50	60.00

金融

综述

【概况】　2021年，中国人民银行惠安支行（简称“惠安人行”）贯彻落实稳健货币政策，加强窗口指导，引导辖区银行向上争取信贷资金，加大对小微企业、重点支柱产业信贷投放，执行稳健的货币政策着力缓解中小微企业融资难融资贵问题，推动金融支持疫情防控和经济社会发展各项政策措施落地见效，保持辖区流动性合理充裕，促进辖区货币信贷总量同经济发展相适应。至12月末，泉港区各项人民币存款余额273.78亿元，各项人民币贷款余额194.12亿元，不良贷款余额1.47亿元，不良率0.46%。

【重点领域和薄弱环节支持】　2021年，惠安人行做好央行再贷款资金管理，监督指导辖区3家法人金融机构用好2020年5000亿元、1万亿元央行支农支小再贷款，督促按期归还到期央行再贷款资金本息，保证央行资金安全，督导辖区2家村镇银行利用3000亿元支小再贷款，围绕服务经济实体办实事，支持民营、中小微企业和个体工商户的信贷需要，提高普惠金融服务。全年收回已到期的再贷款20笔，金额39454万元，发放7批次金额45430万元支农再贷款、4批次金额1430万元支小再贷款，累计支持884个市场主体。督导辖区3家法人机构落实“普惠小微企业贷款延期支持工具”和“普惠小微企业信用贷款支持计划”两项货币直达工具，加大对小微企业的信贷支持力度，做到对企业贷款“应延尽延”，加大信用信贷投放比重。至12月底，辖区3家法人金融机构办理新增落实普惠小微企业贷款延期支持工具13笔47911万元，办理新增落实普惠小微企业信用贷款支持工具3笔12937万元。

【地方实体经济发展金融保障】　2021年，惠安人行向辖区金融机构传导党中央、国务院、人民银行的货币信贷政策，做好信贷工作布置，创造政银企融资对接平台，引导辖内金融机构加大信贷支持力度，引导金融机构对供给侧结构改革的信贷支持，促进金融支持制造业高质量发展，提高制造业首贷比例，对企业贷款尽量做到“不抽贷、不断贷、不压贷”和“应延尽延”，至12月底，辖区本外币各项贷款余额717.06亿元，增长16.05%。引导辖区金融机构提高政治站位，让利实体经济，降低企业综合融资成本，提高信用贷款比重。至12月底，辖区制造业信用贷款比重25.47%，比年初提高3.21个百分点；辖区3家法人机构加权平均利率比年初下降65个BP。

【企业信贷可获得性水平提高】　2021年，惠安人行落实泉州市民营和小微企业首贷培植行动，通过组织召开会议、做好工作布置、开展政策传导、推送对接企业清单、强化监测考核等一系列措施推进辖区民营和小微企业首贷培植工作。至12月底，辖区各金融机构完成民营和小微企业首贷培植476户，总量列全市各县（市）第3位。组织开展“贷动小生意、服务大民生”金融支持工体工商户发展专项行动，运用央行货币和信贷政策工具，调动金融机构参与活动的积极性，促进强化金融产品与服务创新，提高对个体工商户金融服务水平。引导辖区金融机构积极推广“泉州市信贷直通车”，通过建立“专班”与联络机制，组织开展形式多样的宣传推广工作，加强监测和督导等措施，加大推广力度，至12月底，辖区法人金融机构通过直通车授信52户。

【金融助力乡村振兴】　2021年，惠安人行引导金融机构把巩固脱贫攻坚成果与乡村振兴金融服务有效衔接，加大信贷向乡村振兴产业倾斜，改善辖区农村生态环境，提高农村生活质量，助农富足富裕，助力乡村振兴，信用社、农行、邮储等机构均成立服务“三农”的金融服务专业部门，召开“涉农信贷政策效果评估约谈会”。辖区各金融机构结合自身特点推出“巧妇贷”“农担保”“渔船宝”等具有地方特色的农村金融服务。

【金融与科技、绿色产业深度融合发展】 2021年，惠安人行主动与政府科技、环保管理部门协作，引导和促进辖区金融机构与科技创新、绿色产业的良性互动，提高金融支持科技创新和绿色产业开展的主动性和积极性，创新金融产品提高科技创新贷款的投放比重。至12月末，辖区“科学研究和技术服务业”科目贷款余额77822.1万元，比年初增长120.09%。

【金融监管】 2021年，惠安人行加强辖区法人金融机构加强风险监测，包括存贷款日常监测、存款准备金、不良贷款率、拨备覆盖率、信贷规划偏离度、资管业务、利率水平、信用贷款占比等，做好对法人机构的风险提示，守住辖区法人机构不出现金融风险的底线。做好央行金融机构评级和MPA考核评估政策的传导工作，督促辖区法人机构加强管理，提高自身抵抗风险能力。多次对辖区3家法人机构的流动性风险、央行评级、存款准备金管理、信贷规划偏离度等事项进行约谈或走访等督导工作。组织开展3家法人金融机构央行金融机构评级，夯实央行评级工作基础，健全季度评级结果的反馈机制，完善央行评级结果差异化管理机制，促进辖区法人金融机构采取措施改善经营稳健发展。加强辖区法人金融机构房地产贷款集中度监测管理，指导辖区超出管理要求的3家法人机构制定合适的房贷调整方案，做好过渡期的调整工作；引导辖区金融机构优化信贷结构，防止房地产贷款过量、过快增长。

【金融风险防控】 2021年，惠安人行做好辖区银行机构不良贷款监测机制，做好辖区不良贷款监测工作，加强与地方政府、金融监管部门的配合协作，做好对辖区大型有问题企业的风险监测，共同推动辖区金融机构风险化解和处置。至12月末，辖区不良贷款率0.80%。辖区各金融机构通过清收、核销、调整等方式，处置不良贷款10.82亿元。做好辖区非法金融活动监测，配合当地处非办开展《防范和处置非法集资条例》宣传工作，组织辖区金融机构进行打击非法集资建设平安县城的常态化宣传工作，维护辖区金融秩序的稳定。健全辖区金融风险应急处置机制，完善应急处置预案，组织开展风险压力测试。落实重大事项报告制度，推进“两管理、两综合”工作，做好对辖区银行业金融机构的年度综合金融业务进行综合评价，发挥综合评价对金融机构风险防范化解的促进功能作用。完成辖区32家金融机构2020年的综合考核评级工作，对考评倒数后3名的金融机构进行约谈督导工作。

2021年7月6日，惠安县人行到福州大学石油化工学院（泉港校区）开展金融知识普及宣传活动 （图/惠安县人行）

【存款保险管理】 2021年，惠安人行做好辖区投保机构存款保险标识启用的跟踪监测工作，组织辖区金融机构开展存款保险网格化宣传活动，营造辖区存款保险浓烈的宣传氛围，提高群众的存款保险意识。至12月底，辖区各金融机构在各自然村宣传活动覆盖率超过100%。督促地方法人机构做好保费及时、准确的缴交工作。组织开展对法人机构存款保险的现场核实工作，完成对1家村镇银行落实存款保险保费缴纳及费率核定等有关管理规定情况的现场核查工作，通过现场核实掌握辖区法人机构风险状况变化情况，督促法人机构稳健经营发展，维护辖区金融稳定。

【支付清算】 2021年，惠安人行严

格按照取消企业银行账户行政许可的工作要求对备案类银行账户开展事后核查，建立核查台账，定期通报，依法做好非企业类账户的行政许可工作，加强银行结算账户开立、变更和撤销的管理。鼓励辖区银行机构加大投入，在农村地区特别是农村边远、贫困地区投放终端设备，改善农村支付结算服务环境。加强农村地区支付清算服务宣传，引导使用移动支付、手机银行、网上银行等现代化支付手段和支付工具，提升农村地区支付清算服务能力。通过现场察看方式开展对辖内16家银行机构网点落实《优化营商环境条例》规定情况的督导，通过电话暗访的方式对辖内147家银行网点开展流动就业群体个人银行账户开户业务、是否无理由拒绝企业开户以及存在没有一次性告知企业客户开户材料情况督导，优化账户服务和提高服务质量。督促辖内银行机构立足老年人支付服务需求，制定适老化支付服务内容，便利老年人办理各项支付结算服务。结合辖区实际情况制定支付清算系统宣传方案，要求辖区各银行机构多渠道开展宣传活动，提升宣传质效。推进降低小微企业和个体工商户支付手续费工作。要求辖区各银行机构确定降费让利专项工作责任人和牵头部门负责人、具体联络员，建立定期评估和问责机制，按季度反馈落实情况，通过现场核查形式跟进和督办辖内128家开办对公业务银行网点落实减费政策。在9月份疫情突发时第一时间启动应急措施，要求辖内各银行做好与疫情防控相关的人民币单位银行账户服务工作，建立抗疫银行账户开立和使用的"绿色通道"。指导泉州农商银行泉港东风支行、泉港界山支行两个网点发布因疫情原因暂停业务办理公告，做好应急保障和客户的解释、引流工作。

【货币金银工作】 2021年，惠安人行与泉港区市监局等组成联合检查工作小组，对23家市场主体进行排查，提高辖区人民币管理秩序。疫情期间督促金融机构抓好现金服务。落实现金消杀制度，严格实行收支两条线，关闭ATM（自动柜员机）自助循环功能，要求金融机构应指定一家网点实行现金集中消杀。至12月底，现金回笼消杀量113亿元。9月，多次与泉港区防疫指挥部、金融办沟通协调，为银行金融机构保民生的运钞车辆开通"绿色通道"，加钞176万元，解决泉港区界山镇5台ATM加钞与清钞难问题，组织开展现金消杀工作非现场检查。查阅各银行提供的资料与录像共64份（本），检查发现问题1条、提出建议4条。督促三家法人银行完善全额清分和机具设备参数统一管理。组织对辖区三家法人银行现钞全额清分工作完成情况和机具设备清分参数统一管理工作执行情况开展督导检查，要求其完善全额清分和机具设备参数统一管理。加强假币收缴统计分析工作，全辖区收缴假人民币27342张（枚），金额23.6万元。开展"六进"现场宣传活动，制作反假币视频、人民币知识宣传美篇，通过"线上+线下"相结合方式进行推广宣传反假货币知识网络答题活动，向社会公众普及人民币知识。

【国库管理】 2021年，惠安人行完善内控管理，落实规章制度。建立健全各项有关业务操作规程，规范国库服务窗口流程，提升经理国库服务水平，推进国库会计核算标准化管理。准确高效处理国库各项业务核算。至12月末，正确办理辖区惠安县、泉港区2个支库的各级预算收入业务916680笔，金额2738460.81万元；办理库款支拨业务132352笔，金额3183652.43万元；办理退库业务50249笔，金额307639.88万元；办理更正业务196笔，金额366987.63万元；其他业务162419笔，金额21119.29万元，实现业务处理"零差错""零案件"和国库资金"零风险"。加强国库经收处、辖区集中支付代理银行的业务指导及管理，加大柜面监管力度，加强外来凭证的审查，柜面人员共退回和纠正不规范缴款书102笔，金额377.33万元；退回和纠正不规范支拨业务8笔，金额620.95万元；退回和纠正退库业务2笔，金额1.63万元，退回和纠正更正业务1笔，金额18.19万元。梳理国库条线业务工作，按照统一、规范、标准操作，实现国库统计分析工作标准化、规范化。开展国库相关政策变动对辖区财税、金融影响的调查分析，对辖区财税、金融的热点、难点问题进行分析研讨。推进"助农服务+国债下乡"应用场景建设，通过"助农服务点"办理购买国债业务，全年村民通过服务示范点等方式购买电子式国债53笔，金额为378.11万元。

【征信应用服务】 2021年，惠安人行推进农村信用体系建设，开展"信用户、信用村、信用镇"三维信用创建活动，配合地方政府推进"信用渔区建设"纳入政府三年行动方案。针对人民银行征信中心正式承接全国动产和权利担保统一登记服务的情况，加强宣传、做好系统用户审核，推进辖内统一登记工作开展。审核开通企业用户5户，辖区各金融机构通过动产融资统一登记公示系统新增登记5笔，金额23460万元。推进闽台征信融合，配合上级行组织开展第二批台企、台胞颁发《台商台胞金融信用证书》活动，组织辖区金融机构在台商、台胞聚焦地区开展证书颁发宣传活动，分别在台商创业园区和一家台商企业开展政策宣讲活动。至12月底，推动辖区6家台企、14名台胞获得金融信用证书。依托"3·15"金融消费者权益日、"6·14"信用记录关爱日等，组织辖区金融机构开展征信宣传活动。做好征信窗口服务，围绕“便民惠民”，加大布局自助查询机查询服务点，辖区有6个自助查询点，为全市设点最多的支行。至12月底，受理柜面查询个人信用报告938笔、企业信用报告855笔，受理个人异议申请78笔、企业异议申请5笔，实现服务零投诉。

【反洗钱工作】 2021年，惠安人行做好辖区金融机构业务人员的反洗钱知识培训，指导辖区金融机构加强反洗钱工作措施，督促辖区3家法人机构建立健全以“风险为本”的反洗钱工作机制。指导辖区银行依托反洗钱系统，根据“3号令”有关可疑交易相关监测指标与模型，结合“套路贷”“校园贷”“现金贷”“地下钱庄”“跨境网络赌博”等违法犯罪典型案例，深入剖析资金交易模式特点，优化相关监测指标与模型。加强对银行账户异动把控，提高可疑交易报告质量。督促金融机构做好反洗钱年度报告，开展对辖区68家金融机构年度考核评级工作，对3家金融机构开展非现场监管。督促辖区银、保、证各机构健全反洗钱内控管理制度，加大对辖区法人机构的反洗钱工作指导，督促建立辖区法人金融机构建立反洗钱工作机制，完善法人监管制度。指导辖区金融机构做好可疑交易线索摸排，加强与公安、法院等司法部门的沟通与联系，全年接收4条重点可疑交易线索。了解“已立案未移送”“已移送未起诉”“已起诉未判决”洗钱罪案件，与公检法等有关部门合力打击洗钱犯罪。

【金融消费权益保护】 2021年，惠安人行组织辖区金融机构对2020年金融消费权益保护工作开展自评估，对2020年工作情况进行评价。做好辖区《中国普惠金融指标体系（2020年版）》数据的采集和录入并上报。做好辖区中国普惠金融指标调查问卷（一县二区）。组织辖区金融机构“3·15”金融消费者权益日宣传活动。组织辖区金融机构开展2021年“普及金融知识，守住‘钱袋子’”金融知识普及宣传活动。组织辖区金融机构开展虚假违法金融广告整治，向市中支报送违规线索11条，向泉港区市场监督管理局发协助开展违法违规金融广告线索核实处置的函，对2条虚假广告进行处置。做好金融消费权益保护案例报送工作，全年报送4条案例。开展金融知识宣传优秀作品评选活动，组织辖区金融机构报送相关作品。组织辖区金融机构2021年“金融知识普及月 金融知识进万家 争做理性投资者 争做金融好网民”宣传活动。做好消保系统二代上线推广工作。做好金融消费者投诉，全年接收办理投诉33件。

【外汇管理服务】 2021年，惠安人行推荐在业务需求、客户准入管理、业务流程、内部审计、系统建设等方面均符合试点银行条件的泉港农行和优质企业福海粮油公司为开展贸易外汇收支便利化试点银行和试点企业参加评估获得通过。泉港农行为福海粮油办理便利化试点业务3笔、金额5764.54万美元。推进福建省台资企业资本项目管理便利化试点（3.0版）4项新增政策全部落地，全年为企业办理47笔线上结汇、支付、金额折972万美元。为辖内台资企业运用试点政策办理51笔、金额1024万美元。推进资本项目便利化政策“扩增量”。全年办理资本项目便利化结汇5358万美元，业务量居全市前列；跨境金融区块链服务平台资本项目收入支付真实性审核应用场景试点工作至12底在区块链应用平台发布抽查10笔、金额11342万元，便利化业务量和抽查数据均居全市首位。

【外汇领域“放管服”改革】 2021年，惠安人行精准对接企业外汇政策需求，支持贸易新业态发展，落实本外币协调监管，帮助企业实现境内、境外双渠道接收货款。推动市场主体在跨境贸易投资等领域优先使用人民币计价结算，指导银行为辖内重点防疫物资生产企业福建联合石油化工有限公司提供便捷服务、简化审批流程，在保障该企业对外向境外支付原油款1.4亿美元的需求下，推动跨境人民币结算，完成单笔跨境人民币结算业务8.33亿元。落实上级疫情防控相关要求，保障企业外汇金融需求服务畅通。至12月末，办理外汇政策绿色通道业务5笔、金额375万美元；通过邮寄办、邮件办及网上办等无接触方式办理行政许可事项61笔。指导泉港工行为联合石化办理购汇支付1.38亿美元；开展“外汇服务百家民企”活动，畅通与当地政府部门、银行、企业的政策传导机制，宣传各项贸易投资便利化措施，联合当地工信商务局、海关、税务等8家单位举办3场“助力企业成长外贸培训”暨外经贸政策宣讲活动，惠及企业500余家。深入银企实地调研、召开调研座谈会等多种方式，及时回应和解决政策诉求，受惠银企150家次。

【跨境资金异常流动风险防范】 2021年，惠安人行强化跨境资金监测分析，开展资本项目大额收付汇监测分析19笔，金额95096万美元。跟踪辖区企业外商投资外汇登记情况和FDI（国际直接投资）“多报合一”实施情况，做好境外投资存量权益登记催报工作，确保企业按时申报。开展对泉港工行结售汇统计业务制度执行情况和国际收支统计申报情况现场核查，规范金融机构尽职展业，协助晋江支局做好个人拆购付汇线索查办、移送；对一件特大境外诈骗赌博实名案开展调查；做好一件违反《外商直接投资人民币结算业务管理办法》规定案件向人民银行跨境办移案。开展经常项目常态化监测，全年对650家企业进行非现场监测分析，转入现场核查3家，对C类企业到期重新评估1家，评估后注销名录1家。开展对连续两年未发生贸易外汇收支业务的名录企业清理工作，清理注销企业名录70家。清理货物贸易重点监测库企业名单，对符合标准的600家企业予以剔除重点监测库。

银行业

【概况】 2021年，泉港区有银行业金融机构10家、银行业协会1家、网点32个、自助银行38个、自助设备95台。从业人员401人，其中正式员工373人、劳务派遣员工28人。

【中国工商银行泉港支行】 2021年，中国工商银行泉港支行（简称“工行泉港支行”）利润核心指标大幅增长，实现拨备前利润13543.52万元，拨备后利润5891万元，净利润4711.73万元，拨备前利润位居泉港区同业第一。不良贷款率0.36%，不良贷款率同业最优，资产质量保持良好水平，纳税超过1000万元。至12月末，各项存款余额70.13亿元，保持同业第一；日均存款余额69.93亿元，增量11.19亿元，日均存款余额和增量实现同业双第一。中间业务收入实现总量和增量稳步提升，实现中间业务收入1887.16万元，总量同业第二位。

服务先行。2021年，工行泉港支行秉承“客户为尊，服务如意，员工为本，诚信如一”服务文化，打造“高效、优质”服务团队，提升网点服务规范。落实厅堂服务定位管理，识别、引导、分流正常有序；强化厅堂服务协同管理，结合网点峰谷时段，科学调整运营资源布局，减少服务窗口排队现象，缩短客户等候时间，提高服务质效。获评泉州分行服务管理先进单位，泉港支行营业部和山腰支行获工商银行总行级“五星级网点”称号。

【中国农业银行泉港支行】 至2021年12月31日，中国农业银行泉港支行（简称“农行泉港支行”）本外币时点各项存款余额51.68亿元，比年初增加4.87亿元，增量市场份额第一；个人存款余额18.98亿元，比年初增加1.29亿元，增量市场份额第二。本外币日均核心存款余额43.53亿元，比上年增加8.08亿元。

贷款业务。2021年，农行泉港支行开展项目摘牌营销活动，投放项目贷款4个2.56亿元。简化用信流程、放宽贷款条件、实行利率优惠等方面，做好防疫重点企业、小微企业复工复产、农户生产等金融服务，普惠贷款比年初增加2961万元。至12月31日，本外币各项贷款余额47.30亿元，信贷新增投放超17亿元，比年初增加3.69亿元，其中：对公贷款余额37.89亿元，比年初增加3.86亿元，增量完成率193%；个人贷款余额9.41亿元，比年初减少1720万元；各项贷款总量增量市场份额“四行”第一，为四大行唯一正增长的银行。普惠型小微企业法人贷款增量3159万元、惠农e贷增加2730万元。

风险管控。2021年，农行泉港支行开展信贷真实性管理，加强资金监管，强化案防治理，牢固树立合规经营理念，严格各类操作风险。清收处置不良贷款（不含非重组上调）784万元，其中现金清收632万元，呆账核销152万元，全年起诉44笔，金额2634万元。至12月31日，不良贷款余额2485万元，比年初下降106万元，不良率0.53%，比年初下降0.06%。其中：法人贷款不良余额1498万元，比年初下降52万元；个贷（含卡透）不良余额988万元，比年初下降54万元。一手房总体转本率76.56%，比年初提升12.19%，三年以上一手房转本率78.59%，比年初提升6.41%。

财务运行。2021年，农行泉港支行紧抓对私贵金属、代销基金、代理个人保险等重点个金产品，提升个金中收；分期、拓户常态化，提升信用卡业务中收；针对辖区商超、美食、建材、珠宝等大宗消费类商户，拓展聚合码、POS机、市场通等渠道产品；用好“慧眼迎客”系统，做好客户画像精准营销，开展掌银客户“二次营销”。至12月31日，实现营业收入11299万元，与上年持平；拨备前利润8238万元，比上年减少24万元；拨备后利润8140万元，比上年增加1484万元；净利润6134万元，比上年增加1046万元。至12月31日，实现中间业务收入1700万元，因政策窗口原因比上年减少1765万元。零售中间业务收入930万元，占中收比重为55%；对公中间业务收入770万元，占中收比重45%。

【中国银行泉港支行】 至2021年12月末，中国银行泉港支行（简称“中行泉港支行”）人民币存款时点余额23.94亿元，较年初减少6.96亿元，其中公司人民币时点存款10.54亿元，较年初减少5.49亿元，人民币储蓄存款时点余额13.40亿元，比年初减少2.03亿元。

贷款业务。2021年，中行泉港支行人民币贷款时点余额25.71亿元，较年初减少15.82亿元，其中人民币公司贷款余额18.33亿元，较年初减少16.27亿元，零售贷款余额6.54亿元，较年初新增0.47亿元，信用卡透支余额0.83亿元，较年初减少0.02亿元。

截至12月底，小微企业信贷工厂贷款余额16141万元，对公普惠金融贷款余额14573万元，比年初增加5244万元，完成全年任务的104.88%。其中“线上企E贷”余额1207万元，完成全年任务的75.44%。

营业收入。2021年，中行泉港支行实现营业收入7079.77万元，其中非息收入1121.34万元；公司条线非息收入376.58万元，较上年同期931.91万元减少555.53万元，个金实现中间业务收入744.76万元。国际结算量21912万美元，跨境人民币结算量19740万元。

【中国建设银行泉港支行】 至2021年12月31日，中国建设银行泉港支行（简称“建行泉港支行”）一般性存款余额381509万元，比年初新增15781万元；各项贷款余额235959万元，比年初减少28041万元；中间业务净收入3574.59万元，减少27.59万元；实现账面利润8567万元，增加296万元。一般性存款日均余额388947万元，比年初新增58130万元，其中：个人存款日均新增18032万元，企业存款日均新增40098万元，对私、对公存款日均新增额均居当地四行第二。

贷款业务。2021年，建行泉港支行各项贷款日均余额200412万元，比年初减少33236.93万元。其中：对公类贷款日均减少37806万元，个人类贷款日均新增4570万元。不良贷款余额902.41万元，不良贷款率0.38%，资产质量保持优良。

信贷资金投放。2021年，建行泉港支行发放并购贷款27000万元，固定资产贷款1500万元，流动资金贷款3572.72万元；拓展贴现业务，为福海粮油等3家企业办理贴现贷款37373万元；支持受疫情影响的民生工程企业，为新世纪粮油公司等两家企业发放纾困贷款2000万元；推介建行“惠懂你”、闽叶云贷、抵押快贷等产品，搭建“一体化”式普惠金融经营架构。全年新增个体及小微企业客户223户，新增个体工商户及小微企业主经营贷款9338万元。

中间业务。2021年，建行泉港支行深入分析地域特点和市场需求，加大服务创新和内涵优化，提升客户体验，加大转型创收力度，做强传统优势业务，强化信用卡分期、网络金融、国际业务等重点产品，常态化开展产品营销，实现中间业务净收入3574.59万元，实现账面利润8567万元。

【兴业银行泉港支行】 至2021年12月31日，兴业银行泉港支行各项存款余额17.86亿元，其中：对公存款12.85亿元，储蓄存款5.01亿元；贷款余额22.19亿元，其中对公贷款余额18.49亿元，个人贷款余额3.7亿元；按照风险分类法及期限法，不良贷款余额为574万元；账面利润15158万元。年初不良资产余额1.44亿元，至12月末，不良资产余额压降至577.56万元。

金融业务。2021年，兴业银行泉港支行支持高耗能产业、传统工业企业和园区节能减排，支持绿色民营制造企业、产业园区绿色升级。对接纳川股份的长江大保护领域、天骄化学新材料、钟山化工等重点项目，绿色金融业务贷款余额较年初新增5.11亿元。推动泉港区医院、泉港区妇幼保健医院开立账户，为医院提供“掌上医疗”平台、线下扫码支付等惠民便民支付渠道。为泉港当地药店“千济堂”提供融资，填补支行医药企业融资空白的局面，带动代发工资、“兴E付”等业务。与泉州港务集团对接，给予福建省肖厝港口开发有限公司提供项目贷款授信支持。结合民营企业、小微企业融资难，无资产抵押、担保能力不足问题，创新业务模式，成功落地首个核心企业入驻中征应收账款融资服务平台办理国内反向保理项目。

助力闽台产业融合发展。2021年，兴业银行泉港支行服务好区域内最大的台资企业国亨化学，与瑞穗银行（中国）有限公司作为联合牵头行，为国亨化学提供35亿元银团贷款，组织17家成员银行组成银团，投放贷款5.85亿元。

【中国邮储银行泉港支行】 至2021年底，中国邮政储蓄银行泉港区支行（简称“邮储银行泉港支行”）各项贷款余额9.04亿元，年净增1.85亿元，增幅25.74%；各项存款余额15.60亿元，年净增2.15亿元，增幅16.01%。作为唯一银行代表承办泉港区“政银园”对接洽谈会，助力民办幼儿园普惠金融需求。在泉港区人大开展的年度工作评议中荣获全区公共服务职能单位第二名、全区金融机构第一名。

助力防疫纾困。2021年，邮储银行泉港支行开展受疫情影响客户贷款停息、展期等金融措施，对接贷款到期或有资金需求的客户，采用线上放款方式，帮助客户做到足不出户办理银行贷款。全年发放线上产品“E捷贷”1603笔21243万元、线上产品“极速贷”新增授信266笔9743万元；小企业客户无还本续贷7笔5450万元，小微易贷授信15户，授信金额合计1624万元。

助力乡村振兴。2021年，邮储银行泉港支行与邮政公司开展合作社和家庭农场联合走访，定期开展现场受理活动，发挥邮政企业物流、资金流、信息流“三流合一”的优势，搭建全方位惠农融资产品体系。全年新创建5个信用村，为惠农客户提供全方位普惠金融服务。

服务小微企业。2021年，邮储银行泉港支行落实“六稳”“六保”工作要求，加大频次走访企业，向企业主推介融资政策及了解企业融资需求，提升小微企业金融服务能力和贷款覆盖面。普惠小微企业贷款净增816万元，小企业首贷户完成5户，完成率125%，排名全市邮储银行系统第二。

风险管控。2021年，邮储银行泉港支行通过“控新降旧”工作，强化授信作业监督能力，加大不良资产处置力度。至12月底，贷款不良率1.61%，比上年下降0.43%，收回不良资产1373万元，核销不良资产845万元。

【泉州银行泉港支行】 至2021年底，泉州银行泉港支行各项存款余额8.69亿元，比年初增加0.51亿元，其中储蓄存款余额4.38亿元，比年初增加0.42亿元。各项贷款余额4.34亿元，比年初降低0.18亿元，其中普惠贷款余额1.33亿元，较年初增加0.17亿元。

信贷业务。2021年，泉州银行泉港支行响应政府“六稳”“六保”工作要求，秉承扶持中小微企业经济定位，发挥地方金融机构服务实体经济、服务居民社区作用，与泉港区工艺文化交流协会建立战略合作伙伴关系，进行“阳光授信”，推进与泉港区外烩餐饮行业协会、泉港区商家服务协会等多家协会合作，给予金融服务和帮助。通过整体授信、优惠利率、降低担保门槛等多项举措并举，放宽做活“无间贷”，为因疫情影响无法按期还款的企业提供无还本续贷服务，确保不抽贷、不压贷、不断贷，保障企业生产正常运转。办理无间贷金额8009万元，惠及企业106家。加大投放惠民贷、惠农贷等惠贷类免抵押信用类系列产品，新增发放民营小微企业和个体工商户134户，贷款金额4456万元，涉农贷款新增投放贷款金额3976万元，新增贷款335笔，助力泉港中小工商业发展和乡村振兴，主动协调泉州银行总行投资泉州市泉港区国有资本投资运营公司债券投资金额1.6亿元，支持地方经济发展。

【泉州市农商银行泉港支行】 至2021年12月末，泉州市农商银行泉港支行各项存款余额37.35亿元，比年初增加5.03亿元，增长15.58%，其中储蓄存款25.76亿元，比年初增加3.11亿元，储蓄存款增长13.73%；各项贷款余额20.18亿元，比年初增加13886万元（还原核销实际增加4877万元），增长9.99%。

服务“三农”。2021年，泉州市农商银行泉港支行加大“三农”信贷投放。至12月末，涉农贷款余额12.69亿元，比年初增加1.24万元，增长10.81%，涉农贷款户数20910户，比年初增加1808户，增长8.65%；普惠型涉农贷款余额11.37亿元，比年初增加13607万元，增长13.59%。创建信用村31个，比年初增加1个；整村授信56个，比年初增加8个，总授信8.10亿元，用信7.76亿元。加强福农e政平台在扶贫（惠民）资金在线监管系统的推广应用，发放14.8万笔，金额4613.66万元。实现村股份经济合作社账户全覆盖并做好账户维护工作。推动三代社保卡换卡工作，三代社保卡进件3691户，全行排名第一与泉港法院合作推出“法银直联”系统，发放执行案款1132笔11100.85万元。

服务实体。2021年，泉州市农商银行泉港支行强化民企金融服务，办理小微企业首贷户39户，金额774.52万元；开展“贷动小生意、我为个体工商户解难题”活动，发放个体工商户贷款516户，金额2991.52万元，其中商户宝413户，金额2302.49万元；流水贷103户，金额689.03万元。支持企业复工复产，为3家企业办理纾困贷款985万元，为2家企业办理无还本续贷1527万元，为62家小微企业主和个体工商户办理支小再贷款1767.50万元；为91家小微企业主和个体工商户新增办理普惠小微企业信用贷款1082.37万元。全行信用贷款余额6.25亿元，占比59.91%。开发“战役无缝贷”，发放145户，金额1549.17万元。

服务民生。与泉港法院联合开展“法拍贷”，办理“法拍贷”15笔，金额395万元；与区市场监督管理局对接服务小微企业主，至12月末，办理商户宝413户，金额2302.49万元，企税宝39户，金额1381.91万元；推出发放“三农”专属金融产品“新农直通贷”，破解新型农业经营主体融资难题。服务泉州市农房整治行动，办理“福农·福居贷”205户，金额1691.34万元。与泉港区人民法院建立银法战略合作及开通法银直连系统，与泉港区税务局搭建银税互动平台，与泉港区供销社建立战略合作协议等；派驻金融助理29名，聘任乡村振兴信息员11名，覆盖辖区的101个行政村，行政村居覆盖面100%，服务乡村振兴。

【恒丰银行泉港支行】 2021年，恒丰银行泉港支行各类存款余额64761.71万元，余额较年初增加42716.63万元，其中对公存款余额48931.1万元，较年初增加35118.1万元，个人储蓄存款余额15830.61万元，较年初增加7598.4万元。各项贷款余额72270.87万元，较年初增加8368.42万元，资产余额保持稳定增加。11月完成首贷款1笔金额总计1000万元，实现在首贷零突破。不良贷款保持余额为零。

服务地方经济发展。2021年，恒丰银行泉港支行对接2021年泉港区产业链招商项目企业；配合区政府“石化安控区”拆迁工作，做好代发拆迁补偿款。减费让利，促进中小微企业发展；配合监管部门及上级行开展金融知识普及月、金融知识进万家等金融知识宣传活动累计次数20次。

保险业

【中国人民财产保险股份有限公司泉港公司】 2021年，中国人民财产保险股份有限公司泉港公司（简称“人保泉港公司”）社会治安综合保险作为参与社会治理的创新工作纳入泉港区委、区政府“为民办实事项目”，保单赔付462笔，赔款金额合计178.1万元。

服务地方经济。2021年，人保泉港公司围绕服务泉港经济发展，与应急管理部门、高校加强合作，以“保险+服务”模式加快推广环境污染责任险，投保企业4家；结合日常风险防灾防损为大型企业福建联合石化、古雷石化、南埔国电等提供综合风险保障；为福源工贸、瑞晟工贸、纳川股份等提供保险解决方案，保障企业稳健经营；强化与辖区银行战略合作关系，取得银保渠道大部分份额；承保朝阳公路、坝头溪PPP改造项目等。

服务社会治理与乡村振兴。2021年，人保泉港公司拓展政企渠道，推动组织部全区乡村干部意外险、民政局社会救助对象意外保险、残联残疾人意外险等保险项目续转；加大新城投资、水务水利、大众公交等区属国企维护。对接乡镇社会治理需求，涂岭为全镇投保救助险和少儿重疾险，保费39.8万元。对接乡村振兴的保险需求，加大农险创新，开办生猪扑杀保险，保费收入25.17万元。全省首创“行政+检察+保险”工作模式，承保泉州市首单古树名木。

服务交通治理。2021年，人保泉港公司在泉港创建全国文明城市期间，与泉港交警通力合作增设7个乡镇电动车上牌点；通过对理赔数据分析，对交通事故主要类型进行分类，联合泉港交警大队、泉州高速交警支队一大队在城区主要路口、高速主要入口设置温馨提示牌，提升群众交通安全意识；在泉港事故处理中心设立服务窗口，形成一个驻点人员加一个医审人员的“1+1”伤人案件服务模式，在提高案件调整效率的同时有效化解矛盾。

【中国人寿保险股份有限公司泉港公司】 2021年，中国人寿保险股份有限公司泉港支公司（简称“人寿泉港支公司”）总保费收入2.37亿元，比上年增长8.7%。首年期交保费4425.43万元，其中十年期及以上期交保费2556.56万元；短险保费2919.89万元，比上年增长4.37%。全年给付满期金、生存金、养老金3118件，给付金额917.13万元；理赔案件3662件，给付金额2266.65万元。经办医保业务，全区参加基本医疗保险人数为36.54万人。其中城镇职工基本医疗保险参保人数3.74万人，城乡居民参保人数32.80万人。全年有67.67万人次获得补偿。其中住院3.71万人次；特殊门诊16.36万人次，普通门诊47.6万人次。在泉港区缴纳各种税收212.52万元。其中增值税及附加税93.58万元；个人所得税62.16万元。

服务民生。2021年，人寿泉港支公司为全区19.4万人提供农村小额意外保险，风险保障1193972.4万元。与泉港区计生协会进行平台搭建，为全区计生困难户8070户投保“国寿计生家庭意外伤害保险”。与区、镇、村三级妇联交流配合，做好女性宫颈癌、乳腺癌“两癌”筛查活动，加大女性健康关爱力度，增强广大妇女特别是贫困家庭妇女健康意识。推出以“女性安康保险”为主的专属保障保险，全年1923人参保，风险保障15341万元。

证券 典当

【华鑫证券泉州南山南路营业部】 2021年，华鑫证券有限责任公司泉州南山南路证券营业部根据《法人金融机构洗钱和恐怖融资风险管理指引（试行）》《法人金融机构洗钱和恐怖融资风险自评估指引》等反洗钱监管要求和公司总部《华鑫证券2021年度反洗钱工作计划》的工作要点，加强反洗钱风险管理体系建设、规范营业部反洗钱基础工作，优化和改善营业部反洗钱工作。以社区宣传活动和营业部宣传为中心，发放宣传折页、悬挂横幅、投资教育宣传短片播放、LED滚动屏循环播放宣传短语、防范非法证券短信发送等多种形式开展投资者教育、保护活动，引导和提升投资者正确的投资理念，增强风险防范意识，促进证券市场的健康稳定发展。全年营业部新增客户202户，累计客户918户。

【福建省华兴（泉州）典当有限责任公司】 2021年，福建省华兴（泉州）典当有限责任公司在当业务124笔，典当余额10408.40万元，典当余额较年初增加1511.35万元。全年新增发放贷款131笔，金额7990万元，发放贷款金额较上年增长29.84%；新增贷款笔均60.99万元。赎回125笔，回收本金金额6478.65万元（含部分赎当）。推进小额房产抵押典当业务，新增房产抵押贷款63笔，金额3983万元，新增房产抵押业务未出现逾期。开展合作股权质押业务，通过部分回收方式，合作金额从360万元下降到245万元。开展商业汇票质押典当业务4笔，按时成功结清。完善风控体系，加强贷后跟踪管理，逐步回收项目资金，对异常项目同时逐步清收。至12月31日，合计回收本息235.64万元。

商贸 旅游

综述

【概况】 2021年，泉港区完成全社会消费品零售总额150.64亿元，比上年增长12.5%。贯彻落实全区“战疫情、保稳定、促发展”十大攻坚行动，制订方案，开展促消费专项行动。常态化开展服务活动，梳理跟踪体量大的重点企业，了解企业经营状况，及时宣传各项相关政策举措，帮助企业克服困难、寻找增长点。全年接待游客204.08万人次，综合收入20.39亿元。

【国家联网上报】 2021年，泉港区商务局成立专班，加强与各镇（街道）、统计等部门的协作联动。每月国家联网直报系统开网前，提前谋划开网上报准备工作，开网期间，区商务部门结合上报实际，协调督导进度滞后镇（街道）按时按质上报，跟进企业服务，加强宣传引导，确保应统尽统。全年新增申报纳统限上企业20家，个体户77家，为历年来数量最多。

【电子商务】 2021年，泉港区紧扣促销活动，多方位扩面增量，及时兑现促进电子商务发展扶持资金，开展产销对接，帮助销售农产品，农村电商网上零额增幅排全市前列。“双十一”期间，启动第二届“泉港云购节”活动，发行2000万元惠民消费券带动全区商贸文旅消费。举行“最闽南”泉港美食嘉年华暨年货节，新增发放惠民消费券3万多张，金额500多万元，促进本土特色产业发展，提升全区餐饮业的知名度和竞争力。

粮油储备供应

【概况】 2021年，泉港区轮出储备粮12493吨，轮入13508吨，投入资金25万元用于区中心粮库检验检测设备采购及粮油检验室的提升改造。全年抽检粮食及粮食制品共45批次45个样本，产品抽检全部合格；全区储备粮出入库检验抽取34样本送泉州市粮油质量监测站检测，检查合格率100%。

【保障粮食和应急物资储备】 2021年，泉港区贯彻落实粮食安全行政首长责任制考核牵头任务，完成2020年度粮食安全考核工作，获全市考评“优秀”等级。完善粮食应急体系建设，完成22

2021年9月20日，市民在永嘉天地美食街品尝美食 （图/连键刚）

个品种区级救灾应急救灾物资采购工作。对全区5个库点、12个货位地方储备粮进行数量和质量清查，确保全区地方储备粮规模任务24600吨质量完好、数量真实、管理规范。通过国家粮食交易中心公开竞价方式销售2018年度储备粮5873吨，完成公开采购储备粮稻谷6192吨。严格落实粮油检验监测任务，出动87人次开展粮油质量抽检工作，检查企业11家，抽检粮食及粮食制品共40批次50个样品，质量标准均符合国家技术标准。做好疫情防控后勤保障、应急成品粮油储备等利民惠民工作，加强粮油应急成品粮油承储库存的监管。对全区5个粮油价格监测点、13家粮油应急供应网点、2家粮食加工企业实行日测日报制度，鼓励引导区内2家粮食加工企业加速加工生产，落实区级1000吨应急成品粮油储备。疫情期间开通粮油流通绿色通道，保障成品粮油和原粮的调度运输畅通，协助办理临时车辆通行证810份、调入粮油35014吨、调出成品粮油36132吨，为全省全市粮油保障提供坚强保障。

【粮油价格管理】 2021年，泉港区落实“菜篮子”市长负责制，强化市场价格监测预警。疫情期间启动日监测制度，对42种主要粮油、肉禽蛋、蔬菜等生活必需品以及10种农资价格进行重点监测分析，全面掌握粮、油、肉、蛋、菜等主副食品货源、需求、价格等变动情况，准确上报36期主要副食品价格和农业生产资料价格，发现苗头性、倾向性的价格波动，做好价格预警。启动中闽百汇、永辉超市平价商店，粮、油、蛋、肉和蔬菜类平价商品比市场价分别下降10%和15%，确保疫情期间物价稳定。规范收费清单，健全公共事业和公共服务领域价格机制，核定城市供水、教育收费、农业综合水价等一批价格管理，落实行政事业性收费事中事后监督管理，开展行政事业性收费和经营服务性收费报告工作，审核收费单位报告38家、收费项目38个、经营服务性收费金额3278.62万元。实施收费目录动态管理，制定《行政事业性收费目录清单》，涉及29家单位、26个收费项目，完成《区级定价经营服务性收费清单》。做好价格服务，全年办理价格认定案件105件，涉案标的金额121.15万元。其中刑事案件62件，涉案金额113.21万元；行政案件43件，涉案金额7.94万元。

烟草专卖

【概况】 2021年，泉港区烟草专卖局销售卷烟14581箱，销售总额54474万元，税率14655万元。查处涉烟违法案件55件，其中超5万元案件12起，责令停业整顿7户，取消经营资格1户，市场净化率99.2%。

【烟草打假打私】 2021年，泉港区烟草专卖局与海防、海警、公安等多部门联防联控，探索构建海上卷烟打私“立体”监管模式，打造“人、物、技”三防体系，切断海陆假私烟运输通道。全年多部门开展常态化联合巡查23次，启动快速响应机制3次，查获海上涉烟违法案件4件，查获假烟1155件、货车3部、船只2艘，案值约1025万元，逮捕5人，取保候审1人。巩固制假零落地防控成果。借助电视台、微媒体等载体广泛宣传烟草法律法规，畅通“12313”等举报渠道，群发短信3万条，设立宣传牌16块，悬挂宣传横幅8条，分发举报监督卡及宣传材料1200余份，提高全民打假打私意识和法制观念。

【烟草市场治理】 2021年，泉港区烟草专卖局关注具有“地域特征”违法违规大户卷烟经营动态，采取联合、突击、错时检查等形式，查处超5万元真烟非法流通案件7起，责令停业整顿7户，取消经营资格1户。通过专销协同排查，三线快速反馈机制，排查列管异常户32户，采取停供15户、减供限供11户，收回6户。加强对20余户拆迁户、残疾户、亲属户等特殊群体的后续监管，强化证址不符、人证不符等情形的监管力度。将电子烟纳入两部门双随机监管范畴，实现工作监管常态化、长效化。联合区人民检察院、区市管局、区教育局等部门开展联合专项宣传行动，摸排校园周边经营户46户，开展大型商超、社区、校园专项宣传各2场次，滚动播放宣传海报、动画视频1000多分钟，发放宣传单2000份。

供销合作

【概况】 2021年，泉港区供销联社推进供销综合改革，建立健全农业社会化服务体系，围绕泉港本地主导产业和特色产业，新领办4家农民专业合作社。开展专业合作社示范创建活动，组织1家专业合作社申报省级农民专业合作社示范社、1家专业合作社申报省社农民专业合作社示范社。新吸收发展3家企业入社，构筑全方位、多层次、宽领域的农业社会化服务格局。新建涂岭村、前黄村供销合作社，完善供销合作社基层经营服务网络，巩固供销合作社服务阵地。合作建设600多平方米的幼教培训基地，拓展供销社为民服务领域。

【供销综合改革】 2021年，泉港区供销联社以惠屿海水养殖专业合作社的规范化建设为典型，探索生产、供销、信用“三位一体”创新经营模式，以专业合作社为担保，养殖户向信用社贷款，确保养殖户的资金周转。全年有200多户向农商银行贷款4000多万元，占全村总户数的63%，形成“基层社+农民专业合作社+农村信用合作服务”的格局。与邮储银行建立战略合作关系，

2021年3月18日，泉港区供销联社到涂岭镇白潼村开展送农资农技下乡活动
（图/区供销联社）

为农民专业合作社、种（养）殖户牵线搭桥，为困难农户提供普惠金融服务。与福建省享业生态科技有限公司签订合作协议，建设首家规模化的惠民服务中心暨特色农副产品展示中心，推动全区农产品“出村进城”，促进农产品转型升级。研究下发《关于综合改革工作任务分解事项抓落实的通知》，对改革任务进行责任分解、具体分工、层层落实，并建立督查通报机制。

【“三农”服务】　2021年，泉港区供销联社保障春耕农业生产，完成冬储化肥1530吨、农药38吨。春耕期间增设临时农资供应点，增派农资送货车辆，利用宣传车宣传疫情防控知识和春耕技术指导。到涂岭镇开展送农资农技下乡活动，向涂岭镇白潼村、区内农业种植大户、农民专业合作社、家庭农场赠送有机肥25吨，赠送分发农技知识读物200册。邀请3名庄稼医生现场坐诊，组织志愿者送肥进村、入户、到田，惠及农户385户。开展农资打假专项行动。与区农水局、区市管局、区公安分局联合开展全区农资打假专项治理保春耕行动，严厉打击制售假劣农资、侵害农民利益等的违法行为，维护农资供应市场稳定有序。举办新春年货供应活动，组织12家农民专业合作社及相关企业名优特农（海）产品参加供应。组织参加福建省供销社“一县一周·特产惠农”展示展销活动，50个品种5000多件产品参加展示展销。开展免费维修农机具与平价销售服务活动，发放宣传资料200多份，帮助群众免费维修喷雾机等农机具100余件，平价销售农机具300多件。开展“助农收割解民忧”农业社会化服务活动，免费为群众收割水稻13.33公顷。组织开展“我为群众办实事”暨2021年电商公益培训活动，为50多名学员传授网络直播带货的经验方法。

对外经贸合作

【概况】　2021年，泉港区完成利用外资7.38亿元，比上年增长40.3%。全年完成出口总额28.39亿元，比上年增长89.7%以上，增幅居泉州市第一位。

【对外招商引资】　2021年，泉港区落实优化营商环境政策措施。出台外商投资企业投诉工作办事指南，优化营商环境，兑现外商实际到资奖励金1050.2万元，促进外资招商增长。以促进项目签约、突出招大引强和推进产业招商为重点，利用“9·8”投洽会、进博会等重大招商活动平台，加强项目对接。运用领导率队招商、举办线上线下招商推介、借助以商招商、实施驻点招商等各种招商方式，加强对项目信息的跟踪、管理和共享。加快盘活老旧标准厂房，开展零用地招商。

【外资项目建设】　2021年，泉港区完善落实项目服务机制，落实项目挂点领导，明确项目服务单位，制定项目推进方案，召开项目协调会议，坚持落实项目联审、项目函告制度，加快推动项目开工、投产、见效。全年新增入库省“五个一批”外资项目8个，谋划道口经济综合体、汇龙湾文创园、振戎码头改扩建和阿朗新科橡胶等5个项目，总投资63亿元。振戎码头改扩建等2个项目谋划转签约，总投资3亿元。

【政策支持】　2021年，泉港区建立重点企业跟踪服务制度，牵头组织区直有关部门，常态化摸底调研玺宝家居、福海粮油等企业，共同问诊把脉外贸工作。落实省、市级外贸稳增长政策，落实公平贸易、出口信保、外贸稳增长等专项补助资金565.68万元。发动小微出口企业投保出口信用保险，助力小微企业防范开拓国际市场风险。指导出口企业申请不可抗力的事实性证明书，正面对冲疫情对外贸的影响。联合泉州海关、信保公司组织70多家外贸企业举办外贸政策宣讲，畅通“双循环”激活新潜能。联合区电商协会走访鑫沃港、品欢贸易、驰骜商贸、超凡电商等企业，全方位推动市场采购、社零纳统和外贸资源拓展。组织玺宝家居有限公司申报稳外贸省级资金拓展欧盟市场奖励、推荐百化石化纳入省级外贸重点增量项目库等申报工作。发动企业参加第2届中国—中东欧博览会暨国际消博会，参加外贸云展、线上（中国）亚欧商博会、福建沃尔玛跨境电商平台对接会，拓展出口市场。

旅 游

【概况】 2021年，泉港区编制《泉港区“十四五”文化体育和旅游产业发展规划》，以“福传泉港”为主线，探索文体旅游融合发展新模式，打造“山海泉港”特色品牌。挖掘开发涂岭镇特色旅游资源，推进全域旅游试点镇建设。推出《是泉港呀》短视频12集，推介泉港景点资源、民俗风情、非物质文化遗产等。全年接待游客204.08万人次，综合收入20.39亿元，惠屿村获评省级“金牌旅游村”，土坑海商聚落项目入选泉州“第三批”六大旅游产品。

【文旅融合发展】 2021年，泉港区编制《泉港区“十四五”文化体育和旅游产业发展规划》，发挥特色文化、交通区位优势，以“福传泉港”为主线，打造惠屿、前黄、黄田、樟脚、土坑、东张、秀溪等一批文体旅游融合试点村。打造“山海泉港”特色品牌，组织文旅企业参加海峡旅游博览会、厦门文博会、福建旅游交易会和省市文旅部门组织的推介活动。结合“五一”国际劳动节、中秋、国庆等重要时间节点，组织开展第六届秀溪枇杷采摘节、文化和自然遗产日暨福传泉港游学系列活动、“唱支心歌给党听”活动暨文体旅游季、界山文体旅游季暨第二届葡萄采摘节、“古厝之光·福传泉港”、第二届“泉港云购节”活动等

2021年7月1日，泉港区“唱支心歌给党听”暨文体旅游季启动仪式在惠屿岛举行 （图/区文体局）

特色文旅主题活动。投资2.5亿元建设西部旅游公路，将红星生态园、樟脚古民居、金钟潭景区、伊思梦湖、黄田漂流等景点串点成线，做优“西游记”精品旅游线路。

【涂岭镇全域旅游试点镇建设】 2021年，泉港区挖掘开发涂岭镇特色旅游资源，推进全域旅游试点镇建设，涂岭镇先后获评全国森林康养基地试点建设单位、国家级生态镇、省级特色景观旅游名镇、市级旅游休闲集镇等荣誉称号。举办秀溪枇杷采摘节等文旅节庆活动，培育樟脚、金钟潭、黄田漂流、伊思梦湖、小坝、秀溪、红星生态园等7个特色景区（乡村），打响“大美涂岭”旅游品牌。

【泉港文旅IP激活】 2021年，泉港区打造以“福船”“福粿”“福团”为设计原型、承载泉港深厚底蕴和充满时代活力的泉港文旅IP（知识产权）卡通形象，开发“福气家族”毛绒公仔、“福趣泉港”冰箱贴、“吉祥泉港”帆布袋等特色文创产品，提高泉港文化旅游的传播力和影响力，注重文旅IP知识产权保护，完成注册标识4个，商标类别28类。泉港文旅IP文创产品项目入选2021年度市级文化产业发展专项资金项目。

【精品文旅资源推介】 2021年，泉港区推出《是泉港呀》系列短视频，以泉港惠屿岛、樟脚古民居、土坑古民居、黄素石楼、东张油画村等区内优质旅游资源拍摄制作12集短视频，在抖音、微信视频号等平台展播，推介泉港景点资源、民俗风情、非物质文化遗产等，吸引近35万人次流量观看。创建特色旅游示范基地，土坑海商聚落项目入选泉州“第三批”六大旅游产品，获市级补助资金10万元。跟进伟光汇通文旅古镇项目、峰尾古城文旅项目开发建设，推进海盐文旅小镇、西部康养小镇及惠屿岛等项目招商引资工作，策划重点文旅项目。

自然资源与规划管理

【概况】 2021年，泉港区推动城乡规划编制，开展石化园区及安控区相关规划编制将安控区专项规划修编、石化工业区控规、安控区控规、环境风险防范区专题研究等纳入规划编制范畴。对原控规成果进行修编完善，推进近期开发区域控规编制。指导推进界山天马科技、德和花园等49个近期建设项目地块控规的编制，完成审查和批复36个（批复文件31份）。制定《泉港区村庄规划编制工作三年行动方案》，完成应编尽编村庄规划8个。出让用地6宗37.73公顷，收取土地出让金2.5亿元；办理划拨用地7宗，总面积40.16公顷；区不动产登记中心受理不动产登记业务26928宗。

【国土空间规划】 2021年，泉港区推进国土空间总体规划工作，开展国土空间规划实施评估、国土空间规划实施与管控研究、安控区管控研究等12个专题研究工作；召开泉港区国土空间总体规划（2020—2035）安控区管控专题研究审查暨安控区利用与管理技术路线研讨会，研究讨论安控区管控研究专题和人口城镇化专题、区域协调及城乡融合发展研究专题专家评审会。初步划定城市开发边界，各镇街、区直有关部门意见，根据市自然资源和规划局工作要求，完善上报城市开发边界划定成果；完成全区规划结构以及各片区功能划分等，向市局专题汇报，确保与市级国土空间规划合理衔接。

【石化园区及安控区规划编制】 2021年，泉港区报市政府同意开展安控区专项规划修编，开展规划研究，将安控区专项规划修编、石化工业区控规、安控区控规、环境风险防范区专题研究等纳入规划编制范畴。加强统筹协调，邀请省内外规划、安全、环保、产业方面一流团队联合参与项目编制，通过公开招标确定中标项目。加强成果审查，多次召开泉港区石化园区及安控区相关规划（地下空间利用研究）专题会，研究讨论项目技术路线等，召开安控区专项规划修编专家评审会。协调中标单位根据项目推进需要，先行开展项目研究和出具宇极、太平洋等地块成果，满足小可地下洞库、园区招商引资项目推进需要。

【开发区域控规编制】 2021年，泉港区根据省厅推行用管系统要求，发函各镇（街）、各片区管辖单位启动控规编制。对原控规成果进行修编完善，报区政府审批后作为项目规划建设依据，其中界山镇启动界山片区控规修编和天马小镇控规编制，前黄镇启动前黄镇区、前烧片区等片区控规编制。区自然资源局指导港后区用地开发，以及益海嘉里二期项目的选址；完成岩山片区局部区域控规修编，推进峰尾工业小区转型，以及岩山公园周边区域开发；完成龙山片区控规修编，推进龙山三旧改造项目实施；完成凤安片区控规、高铁站站区控规、锦川片区控规等区域控规的批复，指导各片区规划建设。在高铁片区控规基础上，开展高铁新城策划工作。

【地块控规编制】 2021年，泉港区以地块控规服务项目建设为导向，指导推进界山天马科技、德和花园等49个近期建设项目地块控规的编制，完成审查和批复36个（批复文件31份），服务项目建设。

【村庄规划编制】 2021年，泉港区制定《泉港区村庄规划编制工作三年行动方案》，明确2021—2023年村庄规划编制计划与时间安排，细化编制要求，落实编制经费，统筹村庄规划编制工作。根据省、市相关工作要求，推进泉港区30个应编尽编村庄规划编制工作。完成应编尽编村庄规划8个，村庄规划覆盖率50%；完成涂岭镇寨后村、驿坂村、小坝村、樟脚村、涂型村，南埔镇惠屿村，界山镇玉山村，山腰街道叶厝村等8个省级乡村振兴示范点村庄规划编制工作，探索推进叶厝、钟厝、鸾峰三村村庄规划联编，促进资源共享。

【土地保障与管理】　2021年，泉港区获省自然资源厅农用地转用批准8宗，面积41.4公顷；出让用地6宗37.73公顷，收取土地出让金2.5亿元；办理划拨用地7宗，总面积40.16公顷。全年区不动产登记中心受理不动产登记业务26928宗，其中首次登记3285宗（宅基地使用权首次登记320宗），补发换发登记242宗，变更登记240宗，转移登记14448宗，预告登记2057宗，注销登记1503宗，抵押直连系统1539宗，更正登记16宗，查封登记694宗；抵押登记2904宗，其中企业抵押登记72宗，抵押金额为29.83亿元，个人抵押2832宗，抵押金额为15.67亿元。

城乡建设

【概况】　2021年，泉港区推进城市建设，谋划、实施项目144个，完成投资113.1亿元；集中推进“一镇四线二十四村”建设，实施试点示范项目150个，总投资1.5亿元，前黄镇前黄村入选全国乡村治理示范村。落实“河湖长制”，建设“河湖长+公检法”法制体系，37处河湖四乱问题全部完成整治销号。完成全区农村生活污水治理专项规划编制，摸排整改户厕8423个，建设首批14个乡村“微景观”和一批小型停车场、体育设施等公共空间。推动峰尾镇诚平村列入重点扶持历史文化名村传统村落保护提升项目。

【城市建设】　2021年，泉港区围绕居住品质、交通品质、水环境品质、风貌品质、管理品质和样板工程等六个专题，谋划、实施项目144个，完成投资113.1亿元。实施高铁片区比拼，推动站房一期、周边配套道路一期、站前广场及配套工程一期等三个子项目开工建设。

【“一镇四线二十四村”建设】2021年，泉港区集中推进“一镇四线二十四村”建设，实施试点示范项目150个，总投资1.5亿元，获得上级补助资金3761.1万元。前黄镇前黄村入选全国乡村治理示范村，峰尾镇诚峰村入选省级实绩突出村，涂岭镇前欧村入选市级典型示范村，峰尾镇诚平村被列入泉州重点改善提升历史文化名镇名村和传统村落名单，南埔镇惠屿村入选省级“金牌旅游村”。启动乡村振兴示范线“三无一改”攻坚，“韵彩乡村·大美涂岭”线入选第一批全市六条最美乡村振兴示范线之一。涂岭镇列入全省“十四五”首批大中型水库移民后扶项目示范区，界山镇（农业主导型）列入全市2022年乡村振兴整镇推进“五好”乡镇试点镇。

【农村人居环境整治】　2021年，泉港区完成全区农村生活污水治理专项规划编制，对53座农村生活污水处理设施进行标准化改造及后续市场化运维；年度农村生活污水治理任务涉及11个村，完成8个村，正建3个。实现农村无害化卫生户厕普及率100%全覆盖。争取上级移民扶持资金821.1万元，开展涂岭镇移民村人居环境整治工程。在全市率先将村庄保洁、垃圾转运、农村公厕管护打包进行市场化运营管理，推进山腰街道镇域落实农村生活垃圾分类机制。全区建成9个生活垃圾转运站，生活垃圾全部转运外地焚烧处理，生活垃圾无害化处理率接近100%。启动2021年村庄清洁行动，前黄镇、后张村、黄田村等镇村环境卫生均获过全市第1名。完成年度“裸房”整治任务1350栋，在全区7个镇（街道）各确定1个行政村为“裸房”整治示范村，将“带图审批”纳入乡村建设规划许可内容，采取制定村规民约、收取风貌保证金等方式加强新建房屋风貌管控，35个家庭获评2021年省级美丽庭院示范户。聚焦2013年以来各级财政支持改造的农村户厕，摸排整改户厕8423个。建设首批14个乡村“微景观”和一批小型停车场、体育设施等公共空间。

【历史文化保护】　2021年，泉港区推动峰尾镇诚平村列入重点扶持历史文化名村传统村落保护提升项目，指导镇村策划生成项目16个，投入1765万元，获得省市550万元的资金支持，完成福船产业基地福船展示厅、地灾点整治、历史环境要素修复、古民居周边景观提升、数字博物馆建设以及村庄规划保护方案设计、开展古民居修缮、活化利用等。

市政公用事业

【概况】　2021年，泉港区新增建成区绿地面积45.22公顷，完成42.14千米管网新建任务，投资近7500万元启动污水处理厂二期扩容提质工程建设，投资560万元完成全区市政管网普查管网60千米。完成全社会用电量50.76亿千瓦时，比上年增长3.1%；电力工程建设总投资9037.3万元。加强对公共服务、民生保障、危化类企业用电保障，完成重大保电工作，做好医院、隔离点、核酸检测点保电和设备巡视工作。全年供水总量4590.3万吨，比上年增长39.9%；外运生活垃圾77892.57吨。

【市政项目建设】　2021年，泉港区完成市级下达的园林绿化任务指标，新增建成区绿地面积45.22公顷，其中新建城市公园1个，新增公园绿地面积11.02公顷；立体绿化5处；街头绿地5处，建设7个口袋公园。完成对中兴街与金山街交叉口、驿峰路莱堂村路口的安全隐患整治，学府路益海小学周边人行道建设工程完工，泉港二中周边道路硬化道路600平方米。完成42.14千米管网新建任务；在城区市政主次干道市政管网全覆盖的基础上，完成南埔、界山片区南枫路全线污水管网建设及高铁站周边管网建设；启动污水处理厂二期扩容提质工程建设，完成投资近7500万元；完成全区市政管网普查管网60千米，完成投资560万元。

【供电服务】 2021年，泉港完成全社会用电量50.76亿千瓦时，比上年增长3.1%；其中全社会工业用电量累计44.09亿千瓦时，增长3.5%。泉港电力工程建设总投资9037.3万元，完成奎壁边选址征地，垄边变扩建等重点工程，满足泉港区负荷发展需求。新建增容台区32台，完成迎峰度夏预测配变重载治理4台、过重载配变治理12台、低电压治理16台、三相不平衡治理3台，完成率100%。完成省委为民办实事逸涛老旧小区供电设施改造；完成拆旧废旧电杆、迁移路中杆45基、老旧小区线路规整24个。配合创建文明城市“三线”整治，完成涉电整治任务，提升村容村貌。对接配合地方政府及工信局等相关部门，结合能耗“双控”工作，采取错峰、避峰、轮停等方式，加强对公共服务、民生保障、危化类企业用电保障，完成工业企业生产负荷调峰错峰任务。组织对泉港区3个中高考考点及党政机关、广播电视、新闻媒体等重要用户进行隐患排查治理，制定完善保电工作方案，完成庆祝中国共产党成立100周年、中高考、区党代会等重大保电工作。推动中高考考点“三电源”改造，由地方政府列支750万元将泉港区中高考考点“三电源”改造任务补充纳入2021年中小学校校舍安全工程。成立疫情防控供电保障服务组，对口服务区政府及属地疫情防控用电需求，做好医院、隔离点、核酸检测点保电和设备巡视工作。

【供水服务】 2021年，泉港区供水总量4590.3万吨，比上年增长39.9%；销售自来水3660.1万吨，增长42%；总收入1.2495亿元，其中销售自来水收入6529.05万元，安装业务收入5830.42万元，利润总额超1040.23万元，纳税超1000万元。发展新用户14103户（其中居民用户9950户，企事业用户77户，店面用户122户，一户一表改造2658户），增长11.8%；净水器安装1142台。全年更换雨污水井盖、雨水箅114个，疏通管道34328米，检查井清掏1502座；管道检测7585米，管网改造及零星抢修工程累计12处，投入320万元。

【垃圾处理】 2021年，泉港区外运生活垃圾77892.57吨垃圾。城区公厕管养工作以每月95分以上的成绩通过市级每月考评，考评成绩位列全市第一。

水务建设

【概况】 2021年，泉港区推进湄丰水厂扩建及污泥处理工程、泉港区城区电力电缆管沟工程、泉港区海洋生态保护修复项目等水务重点项目建设。投资804万元对27千米的农村供水管网进行改造，受益用户2400多户。水务项目总投资21.49亿元，完成投资9.88万元。

【自来水厂】 泉港区有3座城市水厂，均位于泉港北部，分别是湄丰水厂（第一水厂）、凤阳水厂（第二水厂）和南埔水厂（第三水厂）。湄丰水厂位于南埔镇枫林坑，水源为泗洲水库和湄南供水工程，一期工程设计供水规模为2.5万立方米/每秒，二期工程扩建2.5万立方米每秒规模，已建成通水，设计供水总规模5.0万立方米/每秒，实际最高日供水量3.0万立方米/每秒。南埔水厂位于南埔镇岭口村东头，水源为泗洲水库和湄南供水工程，经挖潜改造后供水规模1.0万立方米/每秒，由于建设年代较早，标准较低，工艺较落后，难以满足现行国家标准的要求，已停产。凤阳水厂（第二水厂）位于泉港南部的凤阳水厂，5万立方米/每秒，于2016年建成通水，泉港区城市用水由湄丰水厂和凤阳水厂联合供水。泉港区有四座工业用水水厂，其中南山水厂主要为泉港石化园区提供工业用水，供水规模为5万立方米/每秒，其余三座为企业自备水厂，分别是福炼水厂、氯碱水厂和南埔火电厂水厂，均建在各自厂区内，为企业自身供水。

表 9

泉港区水厂情况一览表

类别	水厂名称	设计供水规模（万立方米每秒）	实际供水规模（万立方米每秒）	净水工艺	水源
城市用水水厂	湄丰水厂	5.0	5.0	网格絮凝池→斜管沉淀池→V型滤池	泗洲水库、湄洲湾南岸供水工程
	凤阳水厂	5.0	5.0	折板絮凝池→平流沉淀池→翻板滤池	泗洲水库、湄洲湾南岸供水工程
	南埔水厂（已停产）	1.0	0.0	混凝罐→斜管沉淀池→重力式无阀滤池	泗洲水库、湄洲湾南岸供水工程

续表 9

类别	水厂名称	设计供水规模（万立方米每秒）	实际供水规模（万立方米每秒）	净水工艺	水源
工业用水水厂	南山水厂	5.0	5.0	栅条絮凝池→平流沉淀池→翻版滤池	泗洲水库、湄洲湾南岸供水工程
	福炼水厂	4.0	2.5	泗洲水库、湄洲湾南岸供水工程	—
	南埔火电厂水厂	1.0	0.4	泗洲水库、湄洲湾南岸供水工程	—
	氯碱水厂	2.0	1.5	泗洲水库、湄洲湾南岸供水工程	—

【湄丰水厂扩建及污泥处理工程项目】 对湄丰水厂进行扩建，在原日供水5万吨的基础上扩建到日供水量10万吨；对湄丰水厂的排泥水进行收集处理，排泥水日处理规模10万吨；对凤阳水厂排泥水进行收集处理，排泥水日处理规模为5万吨，部分构筑物按远期日处理15万吨进行建设。于2021年11月正式动工，总投资8691.3万元，完成投资额约4000万元。

【泉港区海洋生态保护修复项目】 项目建设内容主要包括：建设内侧离岸贝藻礁4679米，建设外侧离岸贝藻礁3404米，清理贝藻礁之间底质，内弯清淤至-2.0～-3.2米，南北口门清淤至-1.5米，后龙湾清淤工程量170.43万立方米。修复岸线总长度3.1千米，补沙总方量85.4万立方米，施工干滩面积27.43万平方米，建设贝藻礁型丁坝长度318米，其中后龙—峰尾渔港修复岸线长度2.36千米，补沙方量72.21万立方米；渔港—渔港路转弯处修复岸线长度0.74千米，补沙方量13.19万立方米，建设贝藻礁挡潮长度318米。生态化改造海堤长度2.5千米，沙地植被修复面积2.5公顷，建设海滩垃圾拦截和收集系统长度300米。完成海岸带保护修复效果综合评估成果1套；项目总投资4.5亿元，完成项目可研批复工作。

【泉港区市政给排水七镇连通工程PPP项目】 项目包括：（1）泉港北部城区供水和排污管道工程：新建给水主管道总长10千米，污水主管道总长11.8千米，污水泵站2座；（2）污水主干管沿途乡镇污水收集及处理工程：新建村镇污水重力管道35.12千米、污水压力管道9.14千米，新建11座村镇污水一体化提升泵站、1座市政一体化泵站以接入市政管网。对城区5处主要涝点进行整治，减少城市内涝；修建排洪明渠、箱涵、管道、护岸等。建设滨海干道污水管道工程（峰尾段）污水干管8.8千米、雨水主管4.3千米，2座污水提升泵站。项目总投资37262.08万元，工程于2021年7月1日正式开工建设，完成投资额23000万元。

【泉州市菱溪水库至泉港区供水工程PPP项目】 工程输水线路总长18766米，主要建设内容：包括输水隧洞14722米、输水管道4044米及管道附属建筑物等。输水线路自菱溪水库至泉港区共划分为三段线路：双溪水库至菱溪水库线路总长2562.192米、菱溪水库至湄丰水厂（南山水厂）线路总长12368.192米及至凤阳水厂支线总长3838.513米，建成后每年平均可供水量为6583万立方米。项目总投资39453万元，2020年12月开工，完成隧洞开挖6256米、管道埋设161米，完成投资约14300万元。

【泉港区坝头溪流域综合整治PPP项目】 该项目全长14.8千米，项目总投资71504万元，建设工期为3年，主要建设内容为水利项目（包含堤防工程、桥梁工程、截污工程、闸坝工程、箱变工程、自动化工程），生态景观项目（包含景观土建工程、景观绿化工程、景观水电工程）。于2018年2月开工建设，完成投资57531.89万元，占项目总投资80.46%。

【农村自来水改造】 2021年，泉港区投资804万元对27千米的农村供水管网进行改造（包括山腰街道普安村、锦川村二期、菜堂村二期、南埔镇南埔村）受益用户2400多户，巡查管线测漏总长度约554千米，发现119处暗漏。开展排水防涝汛前检查，加强易涝点排查整治、排水管网清淤疏浚和排水设施巡查养护。每日例行对城区雨、污水管网、井盖等市政范围内排水排污设施进行巡查，并及时整改。

建筑与房地产

【概况】 2021年，泉港区完成建筑业总产值30.31亿元，比上年下降8.5%。兑现《泉港区人民政府关于进一步扶持建筑业发展壮大的若干意见》中的优惠政策，发放40家次建筑业企业奖励金327.31万元；新增建筑业企业2家。完成房地产开发投资23.31亿元，比上年下降43.3%；实现商品房销售53.56万平方米，下降

28.2%。指导福建城东建筑工程有限公司、福建省广泽建设工程有限公司晋升房建施工总承包一级资质。开展首届农村建筑工匠墙面贴砖技能竞赛，培训农村建筑工匠2276人次。

【工程质量安全监管】 2021年，泉港区住建局承接消防设计审验职责，完成消防设计审查25件、消防验收（备案）38件。推进住建领域扫黑除恶专项斗争，开展建筑施工安全整治三年行动、建筑工地季度评价、建筑起重机械专项检查、危险性较大的分部分项工程专项检查、预拌混凝土质量专项整治，发现安全隐患204条，100%整改并闭环销号，建筑施工安全生产形势总体平稳受控。

【房地产市场管理】 2021年，泉港区印发商品房预售资金监督管理实施意见，从监管账户开设、预售资金缴存、监管解除等环节进行规范管理，防范楼市风险。坚持保供应、稳房价、促动建三管齐下，推动润邦华庭三期，名港尚城，富瑞茗苑，万兆山庄B、C区，港通公园壹号三期等5个楼盘开工建设，推动湖畔家园、名悦华庭、富瑞茗苑、港通·公园壹号等4个房地产项目办理预售许可，全年完成房地产开发投资23.31亿元，实现商品房销售53.56万平方米，上市房源建筑面积15.69万平方米，交房建筑面积48.58万平方米，房源基本满足需求，房价总体平稳可控。

【房屋安全隐患排查整治】 2021年，泉港区坚持立行立改、边排查边整治，区、镇、村三级联动，培训镇村干部350多人次，发放农村自建房质量安全常识“一张图”11000多份，全覆盖清查整治农村在建房屋443栋，全区重大安全隐患房屋全部完成整改并销号。

【小区物业管理】 2021年，泉港区开展物业服务企业侵占小区业主公共收益专项整治，发现问题点42个，下发责令整改通知单17份，约谈物业服务企业14家。指导柳山小区、福炼小区等6个小区成立业主委员会，组织物业小区开展（前期）物业服务合同履约及安全隐患排查，下发整改通知书16份，发现问题点95处，全部整改到位。以创城工作为抓手，整改电动车充电、消防设施、路面修补等五方面问题2295个，完成农贸市场和社区周边24个小区管线“蜘蛛网”整治，开展周边40个小区整治，整理光缆、皮缆3500条。

【住房安置保障】 2021年，泉港区完善农村低收入群体等重点对象住房安全动态监测机制，印发《泉港区2021年同心安居工程实施方案》，对排查发现的42户农村收入较低群众实施改造，实行分片挂钩、靠前指导、挂点帮扶、专家巡回指导，拨付补助资金371.4万元，全部竣工验收。推动棚户区改造，完成泉港石化工业园区及安全控制区（五期）项目棚户区改造12400套。开展公租房租后点题整治，排查公租房配租家庭444户，走访公租房住户257户，清退不再符合保障条件的住户20户。全年保障167户低收入住房困难家庭，发放租金补贴52.5912万元。向上争取资金，分批分期开展老旧小区改造，筹集资金3842.75万元，基本完成逸涛小区、金山街北侧小区、庄园明珠一二期、春满城二期等老旧小区改造，加快推进福炼生活区（三期）、锦祥安置小区等2个项目改造工作。

城市管理

【概况】 2021年，泉港区开展“两违”综合治理，加快推进市政基础设施建设，加强市容市貌环境卫生整治，提升城市精细化管理水平。推进全区重点项目征迁工作，针对安控区2017年1月1日以后不予赔偿279宗违法建设坚决予以强制拆除，拆除面积9.2679万平方米。落实执法“三项制度”，规范行政执法，立案处罚215宗，其中城乡规划37宗，市容环境卫生170宗，环境保护3宗，市政管理5宗，共处罚款2473191.3元。

【重点行业领域安全生产隐患整治】 2021年，泉港区针对城管系统安全生产

2021年5月8日，全区突出生态环境问题整改工作专题会召开

（图/区委报道组）

开展整治工作，重点整治城镇燃气、渣土运输、给排水、园林绿化、城市道路桥梁、垃圾处理、户外广告牌等行业领域安全隐患。督促管辖企业自查自纠隐患数116条，整改116条；组织监督检查组22个，参加人员112人次，检查单位和场所95家，监督检查发现隐患数138项，整改138项。

【市容市貌整治】 2021年，泉港区加大占道经营整治力度。加强对城区示范街南山路等主要干道的日常市容市貌管理，清理占道经营、店外经营和流动摊贩2087起，宣传教育违反城市管理规定的人员321人次。组织开展露天餐饮油烟污染专项整治活动，引导各烧烤业主使用无烟烧烤设备，提倡使用绿色环保燃料，查究171起。实行“牛皮癣”市场化常态化管理机制，共清理“牛皮癣”5020余处。定期开展专项整治活动，形成长效管理机制，牵头组织5次联合检查，开展渣土领域执法33次，查处违法违规车辆63部，行政处罚金额543344元。

【创城创卫】 2021年，泉港区城市管理局对全区环境卫生、“两违”、占道经营、流动摊点、车辆“滴撒漏”、破坏市政设施、广告牌乱设（破损）、市政设施损坏、“牛皮癣”、焚烧垃圾等行为进行日常性巡查，考评1298个次，发现23786个问题，全部转交责任单位整改。

环境保护

【概况】 2021年，泉港区加强石化化工、港口码头等源头管控，实施精准减排治污，完成10个大气减排精准治理项目，181家排污企业开展自行监测。开展小流域、饮用水水源地、近岸海域系统综合整治，开展入海排污口试点整治，建立“一县一公司”的海上环卫治理机制。优化环评审批，完成环评审批35份，其中报告书4份、报告表31份。打击各类环境违法行为，查封扣押2起，立案查处12起，罚款165余万元，移送公安机关行政拘留4起。

【大气污染防治】 2021年，泉港区以协同推进VOCs（挥发性）有机化合物和NOx（氮氧化物）减排为重点，坚持臭氧和PM2.5（细颗粒物）协同控制，加强石化化工、港口码头等源头管控，实施精准减排治污，完成10个大气减排精准治理项目，遏制臭氧污染升高趋势，提高污染天气应急管控有效性。区内181家排污企业开展自行监测，严格按照规范对11家重点排污企业实施监督性监测，完成石化园区空气自动监测站建设

【水污染防治】 2021年，泉港区开展小流域、饮用水水源地、近岸海域系统综合整治，系统推进化学需氧量、氨氮减排，实现菱溪、坝头溪水质稳定达标、稳步提升；做好泗洲水库水华风险防控。开展入海排污口试点整治，强化海漂垃圾治理，建立“一县一公司”海上环卫治理机制。

【土壤污染防治】 2021年，泉港区完成重点区域、行业土壤和地下水调查，对3家危废经营企业和45家产废企业开展规范化管理评估，提升危废管理水平。加大农村生活污水治理，开展9个项目建设，推进农村生活污水处理设施的修复改造及市场化运营维护管理。

【环评审批】 2021年，泉港区落实“三线一单”管控制度，优化环评审批，服务重点项目落地投产，完成环评审批35份，其中报告书4份、报告表31份。加强排污许可管理和技术审核，提升排污许可证的核发质量，完成审核发放23份排污许可证。推进清洁生产审核评估和验收，（林德）二氧化碳、华尔宝、玺堡家纺、富兴钢板、科汇源等5家企业通过清洁生产评估，厦日建材、天原化工、华福密胺、坚实电力、万家鑫等5企业完成清洁生产审核验收。

【环境执法】 2021年，泉港区优化执法方式，落实生态环境监督执法正面清单制度，对照排污许可和环保诚信等要求，做好监管+服务，主动服务企业绿色发展。组织夜间执法、错时执法等专项行动，打击各类环境违法行为，查封扣押2起，立案查处12起，罚款165余万元，移送公安机关行政拘留4起。开展“静夜守护”点题整治专项行动，深化重复投诉的攻坚治理，强化环境问题纠纷化解，化解“12369”系统反映的环境污染纠纷49起，“12345”泉州市便民服务平台诉求件110件，其他渠道信访举报投诉转办件来信来访37起。

【环保宣传教育】 2021年，泉港区通过泉港电视台和泉港区政府网站每日向社会公开空气质量信息，增加区域环境质量透明度。开展“6·5”世界环境日系列宣传活动，紧扣“人与自然和谐共生”的主题，制作专题宣传片，通过“进企业、进社区、进学校”与员工、居民、学生面对面交流，宣传环保理念，为加强生态环境保护营造良好氛围。加大环保设施开放，区生态环境局组织福师大、泉港一中师生走进联合石化、污水处理厂、水质自动监测站，开放、展示环保设施年度共开展6次。

交通 邮政 通信

交通运输

【概况】 2021年，泉港区批复专项工程工号4个，投资373.8万元用于道路工程建设；加大公路保洁力度，组织清理全线水沟、桥梁涵洞，维护交通服务设施等。开展路产路权管理工作，上路巡查196天、196车次、513人次。发现和制止各类违法行为为72起；办理路政案件32件，收取公路赔（补）偿费用228058元。对管养的国道交通安全隐患进行排查，组织开展道路交通安全整治工作，共开展道路交通安全整治10处，路面修复354平方米。泉港大众公交公司运营公交线路19条，线路总里程430千米。

【道路工程建设】 2021年，泉港区总投资373.8万元，完成国道228线K4904+523、K4908+122涵洞加固改造工程，国道228、国道324线泉港段部分公路桥梁安全防护能力提升工程和零星交通安全设施完善工程，国道324线泉港段部分水沟铺底完善工程。完成国道228线K4906+300～K4906+650段右侧排水沟增设工程。完成国道228线K4906+250～K4906+500段左侧路肩防浪墙增设工程。完成国道228线南海桥等八座桥梁病害修复工程。

【道路小修养护】 2021年，泉港区贯彻落实公路小修保养及养护工程质量管理办法，结合卫生考评要求，加大公路保洁力度，增加机械、人员及经费的投入，加强检查和不定期巡查。组织公路站人员清理全线水沟（包括边沟、截水沟等）、桥梁涵洞，割除清理路肩绿化带杂草、刷新维护交通服务设施等。组织人员对国道324线、国道228线实施水泥砼路面破碎板修复113平方米，路面裂缝处治2746延米，排水沟修复完善60米。开展两条国道桥涵日常经常性检查，检查桥梁18座，涵洞92座。抓好农村公路代养工作，养护县道302线、县道334线等5条共计32.804千米的农村公路，修复路面坑槽1285平方米，清理路面积沙15处，处理路面污染9450平方米，清理中分带开口垃圾67处，路面沥青罩面637.5平方米；调整修复国道228线歪斜的路缘石301处，处理路面积水6处；更换窨井盖5个，修剪路树457棵；完成G324线K137+150～K137+400段沥青路面修复925平方米。

【道路安全整治】 2021年，泉港区

2021年1月28日，泉港区“奋战疫情防控　守护平安春运”主题2021年春运启动仪式在龙头岭交通警察联合执法站举行　（图/区交通局）

对管养的国道交通安全隐患进行排查，组织开展道路交通安全整治工作。开展道路交通安全整治10处，路面修复354平方米，完善中间开口隔离护栏114米，减速丘382米，路面标线1954 平方米，反光路面标记59面，附着式轮廓标120套，柱式轮廓标21根，反光道口标柱68根，太阳能反光路标6个，人行横道6处，标志牌50面，凸面镜5套。

【路产路权保护】 2021年，泉港区加大监督检查力度，强化节前巡查的力度与密度，及时发现侵害公路路产路权行为，并依法予以制止。加强股室站之间联合巡查，对专养公路的桥梁、涵洞等重点区域安全隐患进行排查处理。强化与区交通综合行政执法大队的协同协作，对重点线路、重点路段和区域加大巡查力度与密度，及时发现和制止各类违法违章行为。全年联合处置各类违法行为24起，其中占用、挖掘公路2起，污染公路11起，堆放物品3起，摆摊设点1起，打场晒粮1起，违法搭接平交道口1起，违法建筑违章搭盖2起，违法架设、埋设/铺设管线3起。对辖区许可施工现场开展监督检查，督促许可相对人按规范要求进行作业控制区布置，设置明显的安全警示标志、安全设施，采取防护措施，确保公路安全。

【道路交通安全】 2021年，泉港区道路交通安全形势总体平安、平稳，没有发生重特大交通事故、没有发生长时间、大面积的交通事故和因交通事故引发的群体性事件。全年发生适用一般程序处理交通事故102起，比上年下降6.68%；死亡22人，下降26.673%；受伤99人，下降28.78%；造成直接财产损失54620元，下降15.48%。

【交通事故预防】 2021年，泉港区健全农村道安工作机制、整治农村道路安全隐患、提升农村群众交通安全意识、强化农村道安源头管控等，对16个重点村(社区) 开展对口指导帮扶，累计完善“三小工程”（路口安全小工程、路段安全小工程、学校周边安全小工程）及“科技+设施”项目116处，增设交通提示牌26面、警示爆闪灯8个、减速带5条，加装太阳能警示小喇叭50处、云广播设备4套。聚焦通往农村田地、石化园区等重点路段，卡口捕捉涉嫌违法载人、非法营运等车辆信息，利用公安交管平台和大数据分析梳理超员、违法载人的车辆信息、行驶轨迹、落脚地点等线索，通过车辆车窗玻璃以及图码联侦等手段仔细对比甄别，固定视频、图像等违法证据，组织布控、落地查处。运用“蜂鸣”防范机制，依托工程运输车辆管控平台，借助缉查布控系统应用、城安系统、视频卡口等系统，对辖区内已取得工号牌渣土车及大中型货车进行车内视频抽查及轨迹分析研判，对重点车辆驾驶人违法行为开展巡查处置。联合区城管、交通运输等部门开展联合执法统一行动，督促企业加强安全生产监管，落实主体责任。开展夏季“夜鹰”行动，结合辖区交通安全形势和区域特征，集中开展综合整治；开展冬季“护迁”行动，加强事故多发时段精准预防；开展“亮灯”行动，组织环卫保洁工人开展交通安全培训、签订《环卫工人交通管理安全承诺书》，提高环卫工人交通安全意识。加强交通安全设施建设，完成南山北路300杆路灯升级改造，提高夜间照明度，预防和减少夜间交通事故发生。优化交通组织，在国道、通港路等重点路段、路口增设警示牌、提示标线和安全设施。

【交通秩序整治】 2021年，泉港区常态化开展酒醉驾、货车（渣土车）重点违法、假套牌及摩托车等专项整治，借助缉查布控系统应用、城安系统、视频卡口等系统，通过现场查处和监控抓拍相结合，加大对非现场交通违法查处力度。全年查处各类重点交通违法行为28501起，非现场执法13万余起。以“文明交通示范街”创建为契机，结合“高峰站点+平峰巡线勤务”模式，推行“四级包干”责任制，全年查处机动车违反禁令标志6232起、违停11622起，清理拖离“僵尸车”75起。组建一支60人文明交通劝导队到主次干道及校园周边重要路段、路口，加强交通高峰时段和重点路段的文明劝导，协助交警维护交通秩序。联合城管、交通等部门开展执法行动，督促商家、企业落实“门前三包”制度；联合镇（街）加大背街小巷停车管理，建立网格管理服务群，实现共同治理。坚持“应划尽划、能划尽划”原则，在主城区增设停车位约400个（含摩托车位）。优化城区主要路口交通组织，合理设置“绿波带”管理，提升城区主要交通干道的交通通行能力和效率。完善机非分离，在驿峰路、南山中路、祥云路等重点路段增设机非分离标志牌96块，提高道路通行率；对驿峰中路等单侧非机动车道宽度符合双向通行条件的设置非机动车道双向行驶标志标线，在主干道路口路段采取硬隔离措施，解决非机动车逆向严重现象。

【交通隐患治理动态管理】 2021年，泉港区滚动排查辖区道路安全隐患，开展重点车辆逾期未检验、逾期未报废排查清理工作，每周通报全区八类重点车辆工作情况，建立重点车辆隐患清单。对逾期未检及未报废的重点车辆所有人进行逐一函告，对排查出的道路隐患建立台账，能当即整改的及时整改，不能及时整改的抄报到相关部门跟踪落实整改。加大重点车辆检验报废的告知催办力度，提高检验率、报废率、违法处理率以及重点车辆驾驶人审验率、换证率、学习率。加大对“营转非”大客车非法营运行为的打击力度，倒逼车辆所有人办理注销登记。全区八类重点车辆检验率96.33%、注销率97.15%；重点驾驶人审验率98.49%、满分学习率99.59%、换证率99.04%。出台《泉港区电动车登记上牌及综合整治工作方案》，通过电动车源头专项整治，以路面严管倒逼电动车驾驶人遵守交通法律法规，更新使用合标电动摩托车，开放机动车登记服务站，优化办牌流程，提升合标电动摩托车、电动自行车上牌率。全年查处电动车各类违法行为4000多起，发放临时编号5万面，完成近4万部合标电动车上牌工作。

【交通安全宣传】 2021年，泉港区交警大队结合“减量控大”，开展交通安全“七进”宣传活动；结合“创城创卫”，在路口安装“小喇叭”、制作《交通安全顺口溜》，开展交通安全宣传教育；联合区文明办、团委、区教育局、民宗团体、保险公司等单位开展文明交通劝导公益宣传活动，将交通安全宣传阵地拓展至寺庙、宗祠、田间、老人协会等场所。依托电视专栏、微信公众号、短信等载体，加大不文明交通违法行为曝光力度，强化警示教育。组织媒体随警采访30余次，微信曝光100多篇，电动自行车教育5500余人次，发送短信提示信息30万余条，分发宣传材料4万余份。

【公交】 至2021年末，泉港大众公交公司共运营公交线路19条（其中跨区线路2条），线路总里程430千米；发送公交车18万趟次，运营总里程400万千米，约搭载乘客260万人次。针对社会治理新问题，结合客流规律，部署“一线一策”，定制公交专线服务：为锦川小区安置区及惠屿岛学子提供“护学”专线；为泉港一中、惠华中学、泉港六中等学子提供周末“返家”专线；在中高考期间提供“爱心送考”专线；在清明、冬至期间提供“祭扫”线路，解决安征迁学子、祭扫群众等群体的出行诉求，缓解交通拥堵等安全隐患。

港口

【概况】 2021年，肖厝港区进出港作业船舶累计2442艘次（其中外贸船舶348艘次），完成货物吞吐量2250.63万吨，比上年增长16.11%，创历年新高。统筹新冠肺炎疫情防控和港口安全生产，实现港区零感染、干部职工零感染、行业从业人员零感染，港口安全生产全年无事故。

【港区运输】 2021年，肖厝港区装卸作业船舶2442艘次，港口货物吞吐量创历年新高，完成2250.63万吨，比上年增长16.11%，创下肖厝港区开埠以来全年最高吞吐量。沙格、肖厝港物流公司整合带动港口吞吐量增长。肖厝公司初步形成一体化经营、协同发展的新格局，全年完成吞吐量为1129.28万吨。对台直航船舶39航次，完成对台直航吞吐量121.27万吨，比上年增长64.14%。泉港成为“福建—长三角经济带”建筑骨材物流链始发地，港口周边矿石资源丰富，配套集疏运能力增强，矿建材料出口业务增长232.18%。沙格港务公司新增中化水中转煤炭作业量，带动煤炭吞吐量装卸总量增长5.39%。省内海铁联运发送量117.69万吨。“肖厝—厦门—石湖—肖厝”集装箱航线继2018年停航后于11月7日恢复航行，打通肖厝港区腹地进口货物新的海上运输通道。

【港口项目建设】 2021年，肖厝港区加快推进3个在建水运工程项目，全年完成投资23374万元，其中鲤鱼尾作业区4号泊位工程及仓储项目完成投资45359万元，肖厝作业区18A、18B、18C号泊位工程项目完成投资5061万元，肖厝作业区5～6号泊位工程项目完成投资10000万元，推进鲤鱼尾作业区4号泊位工程及仓储项目建设。

【港区污染防治】 2021年，肖厝港区建立与地方海事、城管、生态环境局等多部门协作联动监管机制，实现船舶污染物接收、转运、处置闭环管理。联合开展环保专项检查18次，发出整改通知书8份，并督促企业整改到位；加强油气回收治理工作，辖区油品化工码头实现油气回收系统全覆盖，督促企业油气回收系统“应开尽开”；组织开展绿色港口宣教引导，遏制能耗过快增长，严格落实能源“双控”目标任务；国电公司岸电设施建设于11月完成主体工程；辖区6家企业通过船舶污染防治能力核查。

【港区安全监管】 2021年，肖厝港区以安全生产专项整治“三年行动”为抓手，结合“控事故、保安全、迎建党百年”专项行动以及安全隐患排查治理及专家督导攻坚行动、每季度港口危险货物重大危险源企业督长制检查、安全生产百日专项整治行动、安全生产联合检查、港口危险货物企业现场（37项）检查、《港口安全生产标准化》（16项）检查、港口消防安全和防台防汛工作检查、港口设施保安工作检查等，抓好日常安全监督，突出重点企业、重点部位和薄弱环节。全年审核审批港口危险货物作业1486艘次，开展安全检查61次，安全巡查（包括视频巡查）521次，发出《安全生产管理意见书》16份、《事故隐患整改通知书》40份，对存在的安全隐患和薄弱环节整改情况进行跟踪落实，督促企业制定整改方案，落实整改资金，明确整改责任人和整改期限，辖区企业投入整改资金1536430元，隐患整改率100%。

邮政

【概况】 2021年，中国邮政泉港分公司（简称“泉港邮政”）实现业务收入（原口径）3496万元，完成率101.9%，比上年增长16%；利润完成902万元，完成率114.1%，超预算目标112万元，增长27.2%，居全市前两位。

【金融类业务】 2021年，泉港邮政代理金融收入完成1858万元，完成率

111.2%（居全市第一）；比上年增收289万元，增幅18.5%，居全省第一位。其中个人利差收入完成1311万元，增长19.8%，增幅居全省第一位；代理保险完成231万元，增长16.5%；全区公司业务实现收入157万元，增长13.9%。2021年期末余额10.38亿元，年余额净增1.46亿元，新增市占率21%（居市场第二位），五大行新增市占率65.3%（居五大行第一位）。

【邮务业务】 2021年，泉港邮政实现函件业务创新转型发展，函件实现业务收入（原口径）100.1万元。为全省第一个提前完成封片战役的县区分公司，获全省“十快县区”称号。发展集邮业务项目，完成151万元，提前半年完成全年任务指标。分销业务完成收入101万元，比上年增长27%，其中福至新春完成44万元，完成率110%，排全市第四名。

【寄递融合】 2021年，泉港邮政依托代办电动车牌、法院集约、房地产等项目，实现国内特快业务快速增长，比上年增长44.8%，居全市第一，获省公司寄递事业部喜报。开创“国际联营”新模式，实现全市首单整柜业务路向海外（美国），带动完成全年联营指标增长3011%，位居全市第一。联合区政法委、区交警大队、各乡镇（街道）办事处开展电动车上牌便民点代办项目，提供“一站式”便民服务，项目创收近50万元。

通 信

【中国电信泉港分公司】 2021年，中国电信泉港分公司全业务经营收入完成1.19亿元。天翼用户总数13.4万户，其中5G用户总数近5.4万户；固话用户总数5.2万户；宽带用户（含无线宽带）总数6万户，天翼高清用户总数3.7万户。承建5G+智慧海岛项目，为泉港职专提供可定制化的教学方案，制定新大楼智慧化规划和顶层设计方案，承接山腰街道雪亮工程项目，提升整体系统智能化应用管理水平。利用5G、AI、物联网技术构建“一个数据中心+N个应用场景的智慧电厂应用系统”。完成全区所有主要光节点10G PON全覆盖工作，千兆用户接入能力10万户。实现行政村以上区域4G信号连续全覆盖，完成5G第三批建设工程69个站、215个载扇建设开通，建成集团政企分组OTN泉州城域网；完成全区7家区直单位9个应用系统迁移至政务外网云平台和政务信息网云平台；投入700多万元进行线路整治、蜘蛛网清理等。成立防范打击通信信息诈骗专项工作组，严格办卡手续及实名认证开展重点领域诈骗治理，与公安反诈中心开展协同打击，配合公安机关共关停大数据清单号码700余个，发送8万条公益警示短信。开展网络安全宣传，获“2021年度网络信息安全支撑保障专项工作先进单位”一等奖。推进数字乡村建设，建成平安乡村示范村39个、达标村64个、示范镇6个；完成涂岭镇智慧音箱项目、峰尾物联网+智能充电桩智慧小区项目、山腰镇“雪亮工程”等 项目。

【中国移动泉港分公司】 2021年，中国移动泉港分公司累计收入19091万元，增幅6.5%，创近三年新高；行业增幅差2.5%，排名全市第三。收入份额52.6%，较上年底提升1.23PP，增幅排名全市第三。各项经营指标排名靠前。推进5G和700M网络布局和建设，完成主城区、各乡镇中心，以及前黄石化学院、万家鑫工业区、福海粮油、南山石化等重要行业、热点区域5G网络覆盖，推进点亮农村区域5G信号建设。完成所有家宽FTTB设备下电工作，实现家庭宽带用户全光纤接入，提升宽带用户使用及服务感知。疫情期间，为泉港各乡镇提供5G扫码终端496台，开展全场景核酸检测系统操作培训16场，覆盖一线采样人员589人次。在涂坑刘氏家风家训馆设置移动蓝色“康养”驿站，为老年人提供“智慧康养”健康服务。

【中国联通泉港分公司】 2021年，中国联通泉港分公司加强5G/4G精品网建设，按照“快建、多建、广建”要求，强化与电信共建共享打造全球规模最大的共建共享网络。建设开通5G站点114站，5G基站规模219站，开通4G站点78个站点，4G基站规模498站，站点总数715个。强化网络安全态势感知与综合处置能力，加快构建网络安全保障体系，运用“集团大数据反诈平台”可实现精准发现、快速处置涉诈号码。构建覆盖所有区县56个关键节点的政企精品网络，推出“联通云犀”“联通云聚”等创新产品及金融分期方案，为用户提供云录音、云转写、云质检等解决方案。强化网络保障机制、健全“云+网”服务，完成护网行动、两会、国庆等重大活动通信网络保障，为区委区政府等多个重点招商项目提供2次云签约网络服务。推进宽带端口数5.2万个，固网宽带用户出账规模0.57万户，开展宽带提速活动，基本实现LAN区域光纤改造。针对“4/5G网络良好、FTTH宽带接入”的双优小区，主推“千兆、融合、创新、双新”产品，签约社会合建商3家，合建端口2.77万个。落实网络强国战略，服务数字中国、智慧社会建设，实施创新驱动。结合政府效能管理、民生保障工程、企事业单位发展需要，推出“政务移动办公、云计算、平安综治、智慧医疗、云视频会议”等信息化服务。承建公安分局反走私综合治理体系项目、统一战线工作部远程会议项目、公安分局打私门户网站项目等多个智能化项目建设，提高综合防控能力。

【福建广电网络集团泉港分公司】 2021年，福建广电网络集团股份有限公司泉港分公司实现总收入3241.85万元。有线电视有效用户保有量47472户，高清用户保有量31028户，互动用户保有量22113户，宽带用户保有量18584户。

教育

综述

【概况】　2021年，泉港区有各类学校176所，其中完全中学5所，独立初中7所，九年一贯制学校2所（公民办各1所），十二年一贯制学校1所（民办），小学60所（含6个教学点），幼儿园97所（公办23所、民办67所、附设7所），特校1所，职校2所（公民办各1所），大学1所（福州大学石化学院泉港校区）。2021年春季在校中小学、幼儿园学生71077人（高中在校生5672、初中13898人、小学33791人、幼儿园17548人、特校168人），泉港职专346人。全区中小学幼儿园在编教职工3695人，编外教师807人。

【教育高质量发展“路线图”制订】2021年，泉港区出台《关于全面推进泉港教育高质量跨越发展的实施意见》，从优化教育资源配置、深化“区管校聘”改革、拓宽教师补充渠道、逐年落实编外教师同工同酬、加强名优教师培养、完善奖励激励机制等方面，推出13项硬核举措，助推泉港教育发展。

【教育项目建设】　2021年，泉港区教育局服务安控区安征迁大局，加大城区学位扩容增位，新建福师大泉港实验小学、第二实幼学府园区等，解决涉迁群众子女入学难题。推进在建教育项目12个，新增学位7330个，分流安置涉迁学生累计2793人。除福师大泉港实验小学项目封顶，其他11个项目已完工，新增学位4930个。加快福师大泉港实验中学等各校智慧校园项目建设。完成教育云平台升级，加大推广使用力度，促进各教育教学应用平台融合。太龙（福建）商业照明股份有限公司捐赠102间价值约122万元普通教室护眼灯具，完成2021年度市委、市政府为民办实事项目“进一步改善教室采光照明条件”。

【教育督导体制改革】　2021年，泉港区完善督政、督学、评估监测“三位一体”教育督导运行机制，牵头编制全区教育发展“十四五”规划，调整充实责任督学队伍，细化月份挂牌督导主题，推进“五项管理”“双减”等各项重点任务落地落实，完成四批49所公民办幼儿园的办园行为督导评估。

【教师队伍建设】　2021年，泉港区在2020年全省率先实现“区管校聘”改革全覆盖的基础上，深化完善“一管理两竞聘三考评”管理机制，开展第四轮岗位职称评聘，推荐晋升职务884人，推荐参评中高级职称106人，盘活队伍存量、提高岗位利用率。赴福建师大、闽南师大和江西师大专项招聘研究生学历中学新教师10名，全省统一公开招聘中小学幼儿园新任教师55名。开展首届区级“名师”“名校长”三年总结性履职情况考核，组织评选第二届区级名师38名。启动中学“名师团”组建工作，从事全区高中学科教学视导、优生辅导、名师培训等。组织开展区级“中小学教师信息技术2.0工程分学科骨干培训班”等培训351人次，选派校长、教师参加市级各类培训106人次，选派112名校长、教师参加2021年福建省基础教育省级师资培训。新增省级名师1名、学科带头人7人，市级学科带头人18名，通过正高级教师职称评审1人。

【师德师风建设】　2021年，泉港区印发《泉港区教育局关于开展2020—2021学年度师德考核工作的通知》，坚决实行师德表现一票否决制，对擅自在校外培训机构兼职取薪的9位编内教师，根据违纪情节，对相关教师进行通报批评或警告处分并扣发相应绩效工资，对参与兼职取薪的编外合同教师勒令学校给予辞退。组织对全区公办学校4000多名编内外教职员工从德、能、勤、绩等方面进行全面考核，作为职称评聘、奖惩、培训、工资职务升降、调整岗位等工作重要依据。

【校园安全建设】 2021年，泉港区加强校园安全“三防”体系建设，对全区所有公办学校及3所民办学校开展安全风险辨识和等级评估，绘制学校安全风险空间分布图，实现全区所有公办学校与公安指挥中心视频联网，校园安全防范设施建设实现三个百分百。开展“打造平安校园，共建吉祥泉港”专项行动，加强校园人防、物防、技防建设，排查校园及周边乱点乱象，围绕校园贷、校园欺凌、涉赌和宗教渗透等治乱问题，严厉打击涉校涉生违法犯罪案件。泉港二中获评全市青少年禁毒知识竞赛成绩突出学校，并在全市学校毒品预防教育工作推进会上做典型发言。

【奖教助学】 2021年，泉港区挂牌成立泉港区教育发展基金会，多渠道汇聚社会资源鼓励捐资奖教助学，全区捐赠基金4.89亿元，累计到位超1.1亿元。教育基金全年拨付全区各级各类学校奖教助学、中小学建设资金1305.33万元。坚持把教育资助精准到“点”，进村入户摸底细，确保“应助尽助、标准资助”。全年学前政府助学、普高国家助学、少数民族学生助学及义务教育阶段家庭经济困难学生生活补助、社会资助等13项资助全面落实，资助金额1596.54万元，受益学生20883人，精准资助率100%。

【素质教育】 2021年，泉港区以庆祝中国共产党成立100周年为主题，组织开展形式多样的教育实践活动，省级获奖4人次、市级获奖36人次。评选第二届泉港区“新时代好少年”15位。组织开展“小手拉大手，共创文明城”主题活动132场次，征集作品1236件。承办泉州市“童心向党”歌咏展演活动，成功举办全区团队工作观摩、全区中小学校园“最美大课间”阳光体育展示评比等活动，未成年人思想道德建设工作获得市级好评。成立泉港区家庭教育指导服务中心，开展“爱家讲堂”活动26场。新建城市学校少年宫2所（全区共有13所），秋季青少年学生校外活动中心办班142个班次，学员2000余人。挖掘泉港教育资源，开设乡土乡情校本课程72种，获评市级研学实践基地2个。

表 10 2021 年度福建省教育科学规划课题结题一览表（泉港区 7 项）

课 题 名 称	课题负责人	申报单位	验收结果	课题编号
基于高中数学课程标准的主题教学研究	林文财	泉港一中	合格	2019XB1533
泉港优秀家风对农村中学生健康成长的研究	吴才林	惠华中学	合格	2019XB0074
深度学习理念下微专题教学的设计与实践研究	黄志平	美发中学	合格	2019XB1085
基于核心素养视角下构建小学数学文化课堂的实践研究	黄金萍	庄重文实验小学	合格	2019XB1049
情境问题串在小学数学教学中的应用策略研究	林顺水	区第二实验小学教育集团和星校区	合格	2019XB0464
小学阅读教学中培养批判思维的行动研究	黄凯云	涂岭中心小学	合格	2019XB0253
在体育区域活动中提升幼儿教师观察能力的实践研究	郑松琴	区第二实验幼儿园	合格	2019XB1187

表 11 2021 年度泉州市教育科学“十三五”规划（第二批）课题结题一览表（泉港区 10 项）

课 题 名 称	负责人	申报单位	检查结果	课题编号
小学数学课堂教学中问题跟进式的实践研究	邱良洪	区教师进修学校	合格	QG1352-140
基于大数据的“三录”历史教学研究	肖定华	区教师进修学校	合格	QG1352-141
基于化学核心素养培养的单元设计研究	黄旭文	泉港一中	合格	QG1352-142
英语演讲提升中学生综合能力的实践研究	王能华	泉港二中	合格	QG1352-143
基于学生核心素养发展的初中英语校本作业设计研究	王梅珠	美发中学	合格	QG1352-144
融入数学文化，提升小学生数学素养的实践研究	刘春秀	庄重文实验小学	合格	QG1352-145

续表 11

课题名称	负责人	申报单位	检查结果	课题编号
基于核心素养的小学科学微课教学模式探究	郑红波	区第二实验小学教育集团和星校区	合格	QG1352-146
自主学习模式区角游戏中教师有效支持策略的实践研究	杨红芳	实验幼儿园	合格	QG1352-147
基于核心素养下培养低段学生自理能力的教育实践研究	庄素琼	庄重文实验小学	合格	QG1352-148
基于化学学科核心素养的初中化学实验教学的实践研究	郑　惠	天竺中学	合格	QG1352-149

学前教育

【概况】 2021年，泉港区提高公办园在幼儿园总量中的占比，依照《泉港区第三期学前教育行动计划》，落实公办园建设，办好镇（街道）第二、第三中心幼儿园，健全区、镇（街道）、村（社区）学前教育服务网络。第二实验幼儿园学府园区、南埔第二中心园、南埔中心幼儿园沙格园区、肖厝园区2021秋季开园招生。全区学前三年入园率98.86%，公办幼儿园在园幼儿占比51.99%，示范园占比50%以上。

【普惠性学前教育】 2021年，泉港区在“地方为主、省市奖补”的政府购买学前教育服务经费保障机制的基础上，建立公民办幼儿园财政投入保障机制，实施普惠性民办幼儿园第三方定级评估、分级奖补，实现公民办“同级同价”，提高普惠性民办园在民办园中的占比，普惠性幼儿园覆盖率92.23%，学前教育普惠优质资源各项指标居全市前列。

【学前教育质量提升】 2021年，泉港区实施《幼儿园工作规程》《幼儿园教育指导纲要（试行）》《3～6岁儿童学习与发展指南》，以游戏为基本活动形式，提高科学保教水平。开展各级示范性幼儿园复查、开放活动，结合全国学前教育宣传月活动，开展公民办幼儿园联动帮扶活动，普惠性民办幼儿园园长、骨干教师到公办园跟岗学习、骨干教师送教下乡等活动，促进城乡和公民办园优势互补、协同发展。

2021年12月2日，泉港区实验幼儿园开展以“守法规知礼让，安全文明出行”主题交通安全宣传活动 （图/区实验幼儿园）

2021 年泉港区幼儿园情况表

表 12

学校名称	班数（个）					在园人数（人）					
	合计	小班	中班	大班	混合班	合计	其中：女	小班	中班	大班	混合班
叠加合计	569	163	201	198	7	17548	7917	4721	6384	6299	144
湄苑幼儿园	6	2	2	2	0	196	79	57	70	69	0
童心实验幼儿园	15	4	6	5	0	554	262	137	217	200	0
泉港咚咚幼儿园	7	2	2	3	0	226	110	59	70	97	0
区第二实验幼儿园	18	5	8	5	0	721	329	199	321	201	0
实验幼儿园锦川分园	15	4	5	6	0	600	267	148	207	245	0
童心（中心工业区）幼儿园	14	5	4	5	0	315	134	57	153	105	0
棒棒堂幼儿园	4	1	1	2	0	110	50	26	40	44	0
山腰中心幼儿园	9	3	3	3	0	360	169	119	121	120	0
英才幼儿园	5	1	1	3	0	81	35	21	22	38	0
山腰路加幼儿园	3	1	1	1	0	75	29	16	33	26	0
山腰小太阳幼儿园	5	1	2	2	0	112	36	36	40	36	0
咚咚城市幼儿园	8	2	3	3	0	206	106	45	75	86	0
树文幼儿园	5	1	2	2	0	133	56	20	50	63	0
实验幼儿园	22	6	10	6	0	871	385	241	400	230	0
丽景幼儿园	6	1	2	3	0	165	78	26	56	83	0
小神龙幼儿园	6	2	2	2	0	159	77	37	52	70	0
山腰中心幼儿园菜堂园区	4	1	1	2	0	120	47	20	37	63	0
区第二实验幼儿园学府园区	4	3	1	0	0	165	67	126	39	0	0
小精灵幼儿园	4	2	1	1	0	90	43	30	33	27	0
乐迪幼儿园	0	0	0	0	0	0	0	0	0	0	0
培博幼儿园	3	1	1	1	0	81	33	29	26	26	0
大地幼儿园	7	2	3	2	0	117	42	34	61	22	0
康轩阳光幼儿园	7	2	2	3	0	202	96	37	66	99	0
南埔中心幼儿园惠屿岛分园	3	1	1	1	0	18	7	8	5	5	0
南埔中心幼儿园	12	4	4	4	0	480	226	158	160	162	0
南埔多彩幼儿园	13	5	4	4	0	323	158	104	107	112	0
育英幼儿园	4	1	1	2	0	89	43	15	29	45	0
智慧树幼儿园	5	1	2	2	0	131	54	25	52	54	0

续表 12

学校名称	班数（个）					在园人数（人）					
	合计	小班	中班	大班	混合班	合计	其中：女	小班	中班	大班	混合班
南埔中心幼儿园沙格分园	4	1	2	1	0	143	65	22	73	48	0
南埔中心幼儿园肖厝分园	4	2	1	1	0	132	65	47	34	51	0
南埔第二中心幼儿园	9	3	3	3	0	360	158	132	113	115	0
小白鸽幼儿园	0	0	0	0	0	0	0	0	0	0	0
彩虹糖幼儿园	3	1	1	1	0	89	36	16	35	38	0
界山第二中心幼儿园	12	3	5	4	0	476	216	119	197	160	0
界山玉湖中心幼儿园	9	3	3	3	0	360	183	121	121	118	0
界山镇槐山幼儿园	5	1	2	2	0	165	77	28	69	68	0
多彩多艺幼儿园	0	0	0	0	0	0	0	0	0	0	0
灵心幼儿园	9	2	4	3	0	192	94	43	81	68	0
向日葵幼儿园	0	0	0	0	0	0	0	0	0	0	0
界山第三中心幼儿园	6	2	2	2	0	244	110	66	90	88	0
界山第二中心幼儿园狮东园区	3	1	1	1	0	105	41	26	36	43	0
界山玉湖中心幼儿园九峰园区	6	2	2	2	0	221	84	68	73	80	0
港华幼儿园	7	2	3	2	0	189	84	50	79	60	0
大象幼儿园	3	1	1	1	0	85	37	28	23	34	0
为为幼儿园	0	0	0	0	0	0	0	0	0	0	0
界山小学	0	0	0	0	0	0	0	0	0	0	0
鸠林小学	3	1	1	1	0	101	44	20	41	40	0
泉欣幼儿园	7	2	3	2	0	216	104	60	87	69	0
后龙第二中心幼儿园	12	4	4	4	0	493	213	160	160	173	0
小艺星幼儿园	11	3	4	4	0	279	137	79	110	90	0
区第二实验幼儿园顺南分园	9	3	4	2	0	351	167	110	140	101	0
后龙中心幼儿园	9	3	3	3	0	350	168	113	120	117	0
新蕾幼儿园	5	1	2	2	0	122	55	25	49	48	0
后龙小燕子幼儿园	0	0	0	0	0	0	0	0	0	0	0
后龙聚秀幼儿园	0	0	0	0	0	0	0	0	0	0	0
后龙禾苗幼儿园	7	2	2	3	0	203	95	46	63	94	0
泉州市福源工贸发展有限公司幼儿园	16	6	5	5	0	507	219	154	195	158	0

续表 12

学校名称	班数（个）					在园人数（人）					
	合计	小班	中班	大班	混合班	合计	其中：女	小班	中班	大班	混合班
星星幼稚园	4	1	1	2	0	106	45	33	31	42	0
后龙红太阳幼儿园	4	1	1	2	0	92	38	24	20	48	0
后龙蓝天幼儿园	4	1	1	2	0	112	56	30	33	49	0
星乐幼儿园	6	2	2	2	0	87	41	21	26	40	0
爱迪儿幼儿园	3	1	1	1	0	46	22	16	17	13	0
郭厝益苗幼儿园	5	1	2	2	0	117	45	17	50	50	0
童心（峰尾）幼儿园	6	2	2	2	0	184	93	54	60	70	0
峰尾中心幼儿园	12	4	4	4	0	448	209	141	156	151	0
花蕾幼儿园	9	2	4	3	0	263	135	55	107	101	0
峰尾春苗幼儿园	7	1	3	3	0	205	99	19	81	105	0
峰尾中心幼儿园诚平园区	3	1	1	1	0	120	53	40	40	40	0
峰尾中心幼儿园圭峰园区	6	2	2	2	0	240	101	80	80	80	0
兰花香幼儿园	3	1	1	1	0	71	24	21	24	26	0
慧德幼儿园	3	1	1	1	0	90	42	31	23	36	0
贝贝幼儿园	3	1	1	1	0	82	38	30	24	28	0
小博士幼儿园	4	1	2	1	0	96	44	25	36	35	0
妈咪爱幼儿园	3	1	1	1	0	81	36	27	25	29	0
小丑鱼幼儿园	3	1	1	1	0	84	45	29	23	32	0
蓝海国际蓝天幼儿园	7	0	3	2	2	166	66	0	74	53	39
前黄中心幼儿园	9	3	3	3	0	360	151	110	128	122	0
丑小鸭幼儿园	8	2	3	3	0	180	87	44	80	56	0
卓艺幼儿园	3	1	1	1	0	64	28	9	28	27	0
前黄大榕树幼儿园	7	2	2	3	0	140	66	22	43	75	0
梧桐树幼儿园	4	1	2	1	0	111	48	37	38	36	0
智多星幼儿园	0	0	0	0	0	0	0	0	0	0	0
新苗幼儿园	0	0	0	0	0	0	0	0	0	0	0
星路幼儿园	4	0	1	1	2	123	50	0	35	43	45
启航幼儿园	0	0	0	0	0	0	0	0	0	0	0
威豪园幼儿园	3	1	1	1	0	51	17	11	10	30	0

续表 12

学校名称	班数（个）					在园人数（人）					
	合计	小班	中班	大班	混合班	合计	其中：女	小班	中班	大班	混合班
涂岭方圆幼儿园	3	1	1	1	0	83	30	19	30	34	0
涂岭中心幼儿园	6	2	2	2	0	240	110	80	80	80	0
涂岭小天鹅幼儿园	3	1	1	1	0	98	47	22	37	39	0
涂岭小灵童幼儿园	7	1	3	3	0	205	86	38	79	88	0
童话幼儿园	11	1	5	5	0	238	102	20	107	111	0
童心幼儿园	11	1	4	6	0	307	142	23	104	180	0
童星幼儿园	4	1	1	2	0	112	44	24	29	59	0
起点幼儿园	6	2	2	2	0	90	43	30	30	30	0
博乐幼儿园	0	0	0	0	0	0	0	0	0	0	0
旭日幼儿园	0	0	0	0	0	0	0	0	0	0	0
土型小学教学点	0	0	0	0	0	0	0	0	0	0	0
五社小学	3	1	1	1	0	105	40	35	35	35	0
樟脚小学	6	4	1	1	0	208	92	141	30	37	0
寨后小学教学点	1	0	0	0	1	16	12	0	0	0	16
黄田小学教学点	1	0	0	0	1	35	19	0	0	0	35
涂岭中心秀溪教学点	1	0	0	0	1	9	1	0	0	0	9
涂岭中心小坝教学点	0	0	0	0	0	0	0	0	0	0	0

基础教育

【概况】 2021年，泉港区加强教育教学常规管理，落实国家、省、市“双减”政策及“五项管理”文件精神，制定《泉港区关于进一步提升教育质量有效减轻义务教育阶段学生作业负担工作实施方案》及《泉港区加强中小学生“五项管理”落实减负措施工作方案》，结合《泉港区小学教学常规管理实施细则（试行）》，规范课程管理。规范招生行为，严格控制招收片外生；减轻学生过重的课业负担，严格控制作业量；规范教师的教学行为，严禁有偿补课及体罚与变相体罚学生。做好定期与不定期地对各小学进行常规视导、互检，提升教育教学管理水平。

【“双减”政策落实】 2021年，泉港区在全市率先推进“双减”工作，成立工作专班，统筹指导、协调、推进全区“双减”工作。坚持以质量为导向，调整优化学校评价指标体系，“教学质量”体系权重占70%、“管理标准化”占30%，推进全面评价和多元评价。以课堂观察为主要手段，建立教学视导工作制度，提高听评课频率。全区4.2万名中小学生参加课后服务，参与率91.35%。“5+2”全程参加学生3.4万人，参与率73.29%，实现作业管理“两个百分之百”及课后服务“两个全覆盖”。推行全区小学低年级期末测试趣味多样化形式的经验做法在中国新闻网专题报道。

【标准化学校管理】 2021年，泉港区按照“报建一批、准备一批”的工作思路，推进义务教育管理标准化学校创建，提升学校管理精细化、规范化、科学化水平。32所小学通过省义

2021年8月8日，泉州五中与泉港五中结对帮扶签约仪式举行（图/区委报道组）

务教育管理标准化学校评估验收，占全区小学总数的60%，逐步实现小学教育优质均衡发展。联岩小学、肖厝小学、路口小学、鸠林小学、大前小学等5所完小学完成区级评估并申报市级评估。

【精品化校本课程】 2021年，泉港区各校从孩子的发展需要出发，以学校的价值追求为核心，构建校本特色活动体系。庄重文实验小学设置优秀传统文化艺术（北管音乐），第二实验小学教育集团福炼校区开展体现当地特色的石油环保特色课程，益海实验小学开展“荷文化”感恩教育，南埔中心小学以“南榕精神”为引领开展少先队员南榕争星活动，峰尾中心小学开展《莲峰》校本读书活动，前黄坝头中心小学开展“我爱前黄”及“后龙中心小学的涂氏家训”乡土文化探究类活动，引领孩子探索家乡文化，培养热爱家乡情感等，促进身心全面发展。

【课后服务】 2021年，泉港区出台《泉港区关于进一步做好义务教育课后服务工作的实施意见》，实行义务教育学校课后服务全区“全覆盖”，完善课后服务经费保障办法，拓宽课后服务渠道，提升学校课后服务水平，基本满足学生多样化需求，实现课后服务全面、有序开展。小学开展课后服务学校数53所，参与教师1802人，参与学生26946人，占75.29%。

【安征迁子女就学安置】 2021年，泉港区教育局根据区委区政府对石化园区及安全控制区动迁群众转移工作的统一部署简化办理流程，多举措为征迁户提供“暖心”服务，缩短办理时限，主动为征迁户子女协调优质教育资源的城区及周边附近学位。至2021年10月，分流安置学生2793人，助推石化安征迁工作。

【中小学校夺标创优】 2021年，泉港区推进普通高中达标创建后整改和建设，泉港二中通过省二级达标复评、泉港六中晋升三级达标。小学新增“福建省义务教育管理标准化学校”3所，其中小学创建率超60%、中学100%。承办泉州市中小学“祖国在我心中”中华经典诵读活动，举行全区小学生规范汉字书写比赛，打造庄重文实验小学、峰尾中心小学、山腰中心小学等一批区级“两香校园”（书香、墨香），庄重文实验小学庄骐嫣入选第七季中国诗词大会线上百人团成员。

【合作办学】 2021年，泉港区继福师大泉港实验中学与福州时代中学、福师大泉港实验小学与福师大附属小学合作办学之后，泉港五中与泉州五中、惠华中学与福州三中、泉港二中与霞浦中学结对帮扶，凸显全区中小学整体办学效益。2021年获评省级文明校园5所，

2021年8月30日，泉港区教育事业发展专题会召开 （图/区委报道组）

入选“福建省普通高中课程改革基地建设学校”“福建省基础教育初中语文学科教科研基地校培育单位”各1个，入选福建省第二批“一校一案”落实《中小学德育工作指南》典型案例3个，获评市级劳动教育实践基地1个及劳动教育特色项目2个。

【中高考成绩】 2021年，泉港区高考高分位次和人数均提升明显，全省前2000名共17人。泉港一中近百人被“双一流”大学录取，1人被北京大学录取。全区中考700分以上223人，750分以上6人，其中最高分765.3，高分段人数显著提高。

表 13

2021 年泉港区小学基本情况表

学校名称	教学班数（个）	毕业生数（人）	招生数（人）		在校生数（人）						
			合计	其中：女	合计	按年级分					
						一年级	二年级	三年级	四年级	五年级	六年级
合计	859	5205	6182	2739	35791	6191	6155	6368	6263	5486	5328
锦川实验小学	0	0	0	0	0	0	0	0	0	0	0
山腰中心小学	41	328	326	131	2062	327	335	421	389	292	298
新宅小学	12	55	110	54	638	110	94	108	110	107	109
山腰第二中心小学	18	109	149	69	783	150	152	151	111	109	110
益海实验小学	88	499	865	397	4263	867	807	781	676	615	517
鸢峰小学	12	45	69	25	377	69	66	60	66	57	59
莱堂小学	7	43	63	21	314	63	51	48	44	54	54
普安小学	6	26	53	30	242	53	38	47	39	37	28
庄重文实验小学	52	323	550	249	2630	550	432	440	411	440	357
南埔中心小学	29	249	217	98	1459	219	236	266	261	232	245
天湖小学	12	72	67	27	442	67	77	71	86	74	67
柳厝小学	6	22	35	20	183	36	26	30	43	25	23
天竺小学	12	74	63	17	428	63	75	59	90	74	67
凤翔小学	12	71	85	39	512	85	87	83	88	89	80
仙境小学	6	16	20	6	145	20	22	29	21	24	29
沙格小学	7	61	37	17	247	37	54	31	38	36	51
肖厝小学	12	57	46	19	378	46	64	63	71	64	70
界山玉湖中心小学	29	185	275	136	1400	275	246	260	222	202	195
界山小学	12	70	90	32	519	90	80	95	93	84	77
鸠林小学	12	84	63	31	414	63	70	65	82	61	73
河阳小学	6	41	44	23	223	44	42	32	39	29	37
大前小学	6	38	34	19	204	34	39	29	34	33	35
狮东小学	7	52	34	21	268	34	34	48	64	36	52

续表 13

学校名称	教学班数（个）	毕业生数（人）	招生数（人）		在校生数（人）						
			合计	其中：女	合计	按年级分					
						一年级	二年级	三年级	四年级	五年级	六年级
东凉小学	6	47	18	7	140	18	25	20	27	22	28
岭头小学	11	82	50	31	406	50	79	66	65	69	77
槐山小学	6	20	22	5	130	22	36	24	19	19	10
后龙中心小学	25	232	197	87	1195	197	194	193	227	189	195
和平小学	6	23	31	16	197	31	38	33	34	31	30
区第二实验小学教育集团和星校区	22	116	115	51	916	115	140	157	175	163	166
顺南小学		50									
区第二实验小学教育集团福炼校区	39	230	312	125	1952	312	316	353	362	305	304
区第三实验小学	32	208	214	85	1528	215	247	300	317	220	229
滨海小学	11	28	67	28	312	67	69	65	49	33	29
福建师范大学泉港实验小学	0	0	0	0	0	0	0	0	0	0	0
峰尾中心小学	30	267	247	116	1483	248	244	269	264	229	229
奎壁小学	13	73	136	63	533	136	97	88	84	66	62
联岩小学	6	24	30	15	143	30	20	25	23	20	25
峥嵘小学	6	19	15	10	125	15	21	13	24	16	36
前亭小学	9	52	36	19	316	36	59	59	67	52	43
诚平小学	13	106	102	47	620	102	100	118	102	105	93
圭峰小学	12	92	88	39	527	88	92	86	90	74	97
前黄坝头中心小学	18	145	159	72	867	159	151	140	151	131	135
凤林小学	6	16	17	8	119	17	19	20	24	18	21
前黄小学	6	41	40	14	258	40	51	43	33	49	42
古县小学	6	27	40	20	228	40	41	47	33	23	44
凤北小学	6	17	21	8	101	21	14	17	15	19	15
丑小鸭小学	6	34	13	8	121	13	18	23	31	21	15
博文学校	7	0	69	30	193	69	57	38	29	0	0
三朱学校	22	144	166	78	994	166	195	185	156	145	147
土型小学教学点	0	0	0	0	0	0	0	0	0	0	0
涂岭中心小学	33	250	244	99	1669	244	278	309	306	271	261
蒙古族小学	11	42	91	33	403	91	74	67	62	56	53

续表 13

学校名称	教学班数（个）	毕业生数（人）	招生数（人）		在校生数（人）						
			合计	其中：女	合计	按年级分					
						一年级	二年级	三年级	四年级	五年级	六年级
路口小学	6	13	19	6	116	19	18	19	23	17	20
驿坂小学	9	40	45	25	288	45	58	65	48	43	29
邱后小学	6	15	18	6	134	18	36	17	27	20	16
溪西小学	6	28	24	6	154	24	30	26	27	27	20
五社小学	6	5	6	2	54	6	4	16	7	6	15
樟脚小学	6	7	12	9	72	12	19	14	9	8	10
寨后小学教学点	6	4	4	3	32	4	6	5	7	5	5
黄田小学教学点	2	0	3	3	6	3	3	0	0	0	0
涂岭第二中心小学	15	82	143	64	600	143	100	114	95	83	65
涂岭中心秀溪教学点	2	0	4	0	6	4	2	0	0	0	0
涂岭中心小坝教学点	0	0	0	0	0	0	0	0	0	0	0
涂岭中心燕山教学点	0	0	0	0	0	0	0	0	0	0	0
北大培文实验学校	23	106	69	20	722	69	77	117	173	157	129

2021 年泉港区初中基本情况表

表 14

学校名称	教学班数（个）	毕业生数（人）		招生数（人）		在校生数（人）			
		合计	其中：女	合计	其中：女	合计	按年级分		
							一年级	二年级	三年级
	298	3810	1797	5015	2315	13962	5015	4631	4316
美发中学	51	523	255	970	458	2628	970	887	771
民族中学	3	41	23	49	20	135	49	51	35
泉港一中	19	288	135	354	174	968	354	328	286
泉港二中	32	425	232	585	287	1639	585	536	518
南埔中学	25	365	184	433	212	1167	433	360	374
鸠林中学	13	193	87	184	93	565	184	179	202
惠华中学	13	161	74	204	98	564	204	195	165
三川中学	18	240	120	302	133	894	302	276	316
泉港五中	17	162	87	222	98	621	222	215	184
圭峰中学	24	335	166	447	221	1223	447	409	367

续表 14

学校名称	教学班数（个）	毕业生数（人）		招生数（人）		在校生数（人）			
		合计	其中：女	合计	其中：女	合计	按年级分		
							一年级	二年级	三年级
博文学校	24	311	124	350	121	1060	350	367	343
三朱学校	9	77	35	108	69	343	108	129	106
坝头中学	8	91	44	103	49	315	103	97	115
北大培文实验学校	22	325	103	341	98	870	341	280	249
泉港六中	20	273	128	363	184	970	363	322	285

2021年泉港区高中基本情况表

表 15

学校名称	招生数（人）	在校生数（人）				
		合计	其中：女	按年级分		
				一年级	二年级	三年级
	2118	5760	2918	2118	1842	1800
泉港一中	500	1533	816	500	499	534
泉港二中	400	1258	683	400	400	458
惠华中学	220	659	331	220	217	222
泉港五中	300	954	494	300	300	354
北大培文实验学校	479	687	267	479	208	0
泉港六中	219	669	327	219	218	232

职业教育和继续教育

2021年3月9日，泉港区职业教育发展专题会召开　（图/区委报道组）

【泉港职专复办】 2021年，泉港区总投入6亿元新建泉港职业中专校区，完成一期项目改造任务，秋季正式复办开学，教学班10个，在校生346人，设幼儿保育、分析检验技术、食品安全与检测技术等8个专业，缓解泉港区职业教育短板问题，助力区域经济发展。

【继续教育】 2021年，泉港区春秋两季开放教育分别招收新生为158人及112人，其中121人满足农民工“求学圆梦行动”计划学历提升项目享受省工会3000元补助要求。学前教育、小学教育等教育类专业本专科招收81人、退役士兵16人，“警务辅助人员学历提升计划”项目、“关于实施乡村振兴人才学历提升计划”项目分别招收72人及77人。全年共有153名本专科学员顺利毕业。电大工作站春季获得福建开放大学“招生工作先进集体”荣誉称号。

2021年6月1日，泉港区特校开展“红领巾心向党，争做新时代好少年”主题队日活动　（图/泉港特校）

特殊教育

【概况】　2021年，泉港区特殊教育学校深化“十四五”第一批特殊教育研究基地校市级课题研究，研发康复校本教材，整合全区特殊教育医康教课程资源，提升医康教课程使用实效性。《特殊教育医康教课程开发与实践研究》获市级基础教育“十四五”首批特殊教育研究基地校课题立项，教科研论文发表于中国基础教育核心期刊2篇、CN级1篇；市级特殊教育论文评选获奖3篇。泉港特校获评省级智力障碍、孤独症康复训练机构和残疾人（脑瘫）足球训练基地及“泉州市特殊教育教学研究基地学校”等称号。有教学班15个，其中一年级2班、二年级1班、三年级2班、四年级1班、五年级1班、六年级1班、七年级1班、八年级1班、九年级1班、高一年级1班、高二年级1班、高三年级1班，在校生168人。

【医教融合】　2021年，泉港区特殊教育学校发挥“医教结合”实验基地作用，配备孤独症康复师9名、感觉统合指导师4名、奥尔夫音乐师1名、国家三级心理咨询师2名、医康教结合实践室5间。以“关爱每一个特殊少年儿童”作为重点，从传统的教育、康复领域扩大到保健领域，将医教结合服务内容扩大到全体残疾儿童，开展“一生一案”、送教上门等教学服务，保证适龄特殊儿童和少年完成9年义务教育。感觉统合观摩课在“福建省首届特殊教育感觉统合教学研讨会”上交流展示，“疫情心理小课堂”“阳光心理·欢乐返学”等心理健康教育活动被《东南早报》、泉州文明网等媒体专题报道。

【送教上门】　2021年，泉港区构建家庭、医疗、社会相互配合的“四位一体”送教体制，在教育局初幼教股成立“送教中心”，推进送教上门工作开展。特校送教上门学生10人，随班就读小学学生101人。区教育局与区残联建立未入学残疾儿童信息共享制度，组织特教学校先后与区残联、区民政局、山腰卫生服务中心、南埔医院等单位参与送教上门工作。特校完善送学生成长、送家长培训、送医疗介入、送社区资源、送志愿服务的“五送”方式，实行学生档案材料归整，丰富送教上门工作积累。

【艺能工作】　2021年，泉港区特殊教育学校开足上好感觉统合、唱游律动、运动保健等康复课程，为9名孤独症儿童开展“一对一”个训康复课。实施脑瘫足球、DIY手工皂、面点制作等优势校本课程项目，开展助残日文艺会演、生活技能比赛、第三届运动会暨童玩节及研学实践活动，开发残疾学生在劳艺体美等方面潜能。选送《掌中木偶戏——拔萝卜》荣获省级残疾人艺术会演一等奖。2名聋人教师的书法、摄影作品获“永远跟党走——全省残疾人艺术作品赛”二等奖；2名教师分获省聋人篮球邀请赛第一名、残疾人飞镖比赛第三名。

科学

科技创新

【概况】 2021年，泉港区组织起草《泉港区进一步支持企业科技创新促进高质量发展的实施意见》，建立科级领导挂钩基层企业服务制度。召开化工新材料产业技术需求会、高新技术企业申报“一对一”辅导等活动19场次，服务指导洋屿环保获评省“双创—创业之星”，补助资金200万元；组织开展2021年度泉港区科技创新人才计划项目申报（含科技特派员创新项目），立项9个项目后补助56万元；组织验收各级各类到期科技计划项目61项，全区市级科技计划项目结题验收率100%，位居全市前列。全年向上争取获批市级以上重点重大科技计划项目10个、资金1060万元，协调拨付到位自主创新奖励等科技惠企资金1062.743万元、清源创新实验室建设资金1.4亿元。

【高新企业建设】 2021年，泉港区新增国家级高新技术企业6家，有国家级高新技术企业保有量26家，完成情况列全市第13名；全年完成技术合同认定登记22项，合同成交金额615.4万元，增长率318.64%，排名全市第三；全年新增省级新型研发机构1家（清源创新实验室），市级新型研发机构3家，高层次人才团队1个，组织推荐16家企业申报2021年福建省科技“小巨人”企业遴选、获批11家；推荐获批2021年省数字经济“瞪羚企业”3家，推荐入库2021年科技型中小企业26家；组织推荐5家企业申报2021年省级科技创新券，获补助19.4万元；组织25家企业申报企业研发经费投入2020年度补助851.52万元（申报企业数和补助金额系历年之最）。

【创新平台建设】 2021年，泉港区服务清源创新实验室加快基础设施建设，第一批次4号实验楼（5F）、教学综合楼（5F）、学员宿舍楼（6F）、2号教师公寓（9F）主体均已封顶，砌体结构均已完成，同步办理竣工手续。推进清源创新实验室开展基础性研究的技术攻关，实验室承担省、市科技计划项目5项，金额总计208万元，自主立项研发项目13项，金额总计9000万元，发表高水平论文30余篇，成果转化4项，突破核心技术4项，新增9437万元的科研仪器设备。

2021年10月18日，泉港区2021年产业链招商季暨电子化学新材料基地招商项目集中签约仪式举行 （图/区委报道组）

科技服务

【概况】 2021年，泉港区深化科技特派员制度，上报获批省级科技特派员12人、市级科技特派员16人，省级团队科技特派员1个、市级团队科技特派员2个，市级科技特派员工作站1个；组织科技特派员下乡现场指导，征集科技特派员利益共同体2个、技术需求信息15条、技术成果信息12条，开展科技创新创业培训8期，科技赋能乡村振兴。

【科技服务招商引资】 2021年，泉港区整合科技要素资源和“国家自主创新示范区”的品牌效应，针对智能制造、新材料、新能源等新兴产业，全程跟踪服务中科国际（福建）智能创新中心项目落地，项目投资36亿元，致力建成中国第一大（全球第三大）覆晶薄膜生产基地。对接跟进博超二期、新耀新材料二期等项目落地，洽谈争取厦门力景“退役动力电池梯次利用”项目、中昊港创新材料产业园、佳彬科技锂电池、天津科技大学高频波导调制器等高新技术项目，助力泉港支柱产业多元化高质量发展。

【科技惠民】 2021年疫情期间，泉港区科技局建立线上线下服务机制，协调2家企业以线上调研形式对接“揭榜挂帅”技术需求，帮助1家企业完成市级科技特派员补助项目考察；发出《致广大科技工作者的一封信》，泉港石化研究院捐赠价值20万元抗疫物资，福建省佑达环保材料有限公司捐赠免洗消毒凝胶600瓶。

科技成果与奖励

【概况】 2021年，泉港区清源实验室研究成果获国家科技进步二等奖1项，获中国石油和化学工业联合会科技进步一等奖2项；吸引国际国内科技人才团队12个，全职聘用人员40人，常驻科研人员（含双聘双跨、硕博士生）700余人。深化福建师范大学泉港石化研究院第二轮合作，完成孵化基地整体交接，孵化基地全部移交研究院管理；组织研究院参加2021年国际橡塑展、第十九届“海创会”等，申报2021年度福厦泉国家自主创新示范区泉州片区协同创新平台项目等，对接引进东华大学鲁希华高层次人才团队开发功能性纺织面料，获得第五批泉州市引进高层次人才团队项目立项、补助经费100万元；推荐申报中央引导地方科技发展专项、获批90万元，申报2021年度省工业领域重点产业产学研协同创新重大项目选题、获批500万元；支持其联合园区企业建设协同创新中心，为企业提供创新保障和技术支持。

清源实验室（中国福建化学工程科学与技术创新实验室）（摄于2021年）
（图/清源实验室）

【清源创新实验室项目获国家科技进步奖二等奖】 2021年11月3日，2020年度国家科学技术奖励大会在北京人民大会堂举行，由泉港清源创新实验室教授鲍晓军为第一完成人的“催化裂化汽油超深度加氢脱硫—烯烃分段调控转化成套技术”项目，被授予国家科技进步奖二等奖。

社会科学

【概况】 2021年，泉港区社会科学界联合会（简称“泉港区社科联”）依据社科规划项目课题指南开展社科专题理论研究，完成2020年泉港区社科规划项目成果。开展“致敬百年建‘三城’开启泉港新征程”为主题的第十七届“泉港论坛”理论征文活动，联合开展“家庭教育理论研讨活动”和社科普及宣传周活动，征集教育论文31篇，家庭教育案例13篇；举办锦绣讲坛专题讲座8场。贯彻落实《关于加强社会科学普及基地建设的实施意见》，打造有特色普及内容的主题基地。

【社科理论研究】 2021年，泉港区社科联紧扣中国共产党成立100周年和建成富强民主文明和谐的社会主义现代化国家等主题，依据社科规划项目课题指南开展社科专题理论研究。回顾泉港“十三五”期间重大发展成就，在全区范围内开展“致敬百年建‘三城’开启泉港新征程”为主题的第十七届“泉港论坛”理论征文活动。贯彻习近平总书记关于“注重家庭、注重家教、注重家风”重要指示精神，推进家庭教育研究工作，与区妇联、区教育局等单位联合开展“家庭教育理论研讨活动”，征集教育论文31篇，家庭教育案例13篇，弘扬新时代家庭教育。

【锦绣讲坛专题讲座】　2021年，泉港区社科联围绕学习宣传党的重大方针政策及干部群众关心关注的热难点问题，深化“锦绣讲坛”“六进”活动。全年举办“文学创作的群众路线”“2021高考志愿填报攻略”“闽南非遗文化”“家长如何培养孩子的抗挫折力”等锦绣讲坛专题讲座8场，丰富群众文化生活。

【社科普及宣传周活动】　2021年，泉港区社科联围绕“永远跟党走 谱写新篇章”主题，与社科普及工作联席会议成员单位联合开展2021年社科普及宣传周活动。印制中国共产党成立100周年、十九届六中全会和社会科学主题图片在社科基地巡回展览，提升群众政治人文素养；优惠展销社科图书十多种、赠送社科普及读物2000余册；开展泉港“非遗”文化视频展播，展示泉港海丝文化。

2021年12月1日，泉港区社会科学普及宣传周启动仪式在泉港区文化中心举办
（图/区社科联）

【咨政服务】　2021年，泉港区社科联组织社科工作者学习习近平《论党的宣传思想工作》，以及围绕党的宣传思想工作所发表的一系列重要论述，分阶段抓好党史学习教育工作。组织全区社科专家学习贯彻十九届六中全会精神，围绕《中共中央关于党的百年奋斗重大成就和历史经验的决议》，做好学习研讨、学习体会、撰写调研文章工作，完成2020年泉港区社科规划项目成果8篇论文调研文章，并汇编成册，为领导决策服务。

【社科人才队伍建设】　2021年，泉港区社科联健全完善《泉港区社会科学人才库管理办法》，整合充实《泉港籍在外社科人才库》，探索发挥社科人才资源的优势和途径，注重提高社科工作者创新能力。构建系统交流培训体系，提升社科人才队伍素质，健全人才分类定向整合，健全社科人才激励机制，调动社科人才积极性、主动性和创造性。

【社科组织管理建设】　2021年，泉港区社科联贯彻落实《关于加强社会科学普及基地建设的实施意见》，利用区文化中心、界山村、泉港二中等社科普及基地，围绕党史学习教育、创建文明城市、乡村振兴等主题，整合区内同质同类资源，打造有特色普及内容的主题基地。完善社科普及联席会议制度，组织、联系和协调各成员单位发挥优势、形成合力。加强对社科类社团引导服务，帮助提升自身组织建设水平，发挥社科类社团在繁荣发展泉港区哲学社会科学、提升文化软实力的功能作用。

公共文化

【概况】 2021年，泉港区文化体育旅游工作以满足人民群众对文化消费需求为导向，推进公共文化服务设施建设，完成山腰街道埭港村、后龙镇后龙村综合文化服务中心建设，开展乡镇（街道）综合文化站和村（社区）文化服务中心专题调研，举办各类文化活动，加强对泉港文化产业的包装、宣传和推广，探索公共文化融合发展新模式。

【公共文化服务设施建设】 2021年，泉港区完成山腰街道埭港村、后龙镇后龙村综合文化服务中心等市级为民办实事项目建设。加快福船博物馆及旅游研学基地建设，完成主体内部一至三层内部装修等，完成设计与策展方案。在涂岭镇下炉村福厦路边建设玉石雕文化展厅，集中展示泉港区玉石雕作品。

【文化服务】 2021年，泉港区文体局开展以乡镇（街道）综合文化站和村（社区）文化服务中心为主要对象的专题调研，形成调研报告。举办“红色记忆·百年追梦——泉港区庆祝中国共产党成立100周年美术、书法作品展”和“传承红色经典·厚植家国情怀”为主题的泉港区第四届少年诗文大赛等活动6场，参与人数1000多人次，选送的庄湧涛、林丹晨代表泉州市代表队参加全省诗文大赛，获全省第一名。开展泉港区“红色记忆•百年追梦”美术书法篆刻精品展暨“峰尾家乡美”写生笔会活动，泉州市美术家协会峰尾镇写生创作基地和泉港海丝“非遗”游学基地揭牌。向《泉州乡村文化记忆》推荐稿件10篇，《乡音乡趣》《乡作乡艺》故事素材各5篇。开展钟厝村公共品牌形象征集，设计吉祥物“海头钟”，品牌承载文化，用文化诠释乡土，制作发布《来，去钟厝走走》视频；发挥小坝村、钟厝村省级乡村旅游村的作用，钟厝村开展“钟厝带盐人”活动，小坝蒙古族村利用木华黎后裔、天下奇姓等故事传说促进生态旅游业及民族文化传承发展。加强对文化产业的包装、宣传和推广，《中国泉港·山水之城》等20多个文旅宣传片（视频）在“学习强国”等媒体广泛宣传。

【文艺创作】 2021年，泉港区文联坚持以人民为中心的创作导向，引导广大文艺工作者“深入生活、扎根人民”，创作精品佳作。评定2020年泉港区福安文艺创作奖励项目4大类30项，奖励27.7万元；扶持重点文艺创作项目2大类6项，补助10万元；创编学习宣传党的十九届六中全会精神主题的特色文艺作品3篇，创作庆祝中国共产党成立100周年主题音乐作品《百年之本》、报告文学《第一家园——闽台同名村的故事》《泉州：辛丑战疫的故事》、红色革命题材电视剧《闽中刺桐红》，以及易于传唱的“闽南四句”“三句半”和说唱短视频等文艺原创作品。

【文化市场综合执法】 2021年，泉港区创新网格化管理模式，以日常巡查、线上监管为主线，结合基层文旅市场专项整治行动，规范文旅市场企业经营行为。严格落实市场监管“双随机、一公开”制度，全年抽查25次，参加人数171人次，抽查主体75家次。开展“清源2021”“净网2021”“秋风2021”专项行动，严厉打击侵权盗版、损害企业合法权益的违法违规行为，办结行政处罚案件4件。采取日常检查、随机抽查、联合检查等方式，对辖区内娱乐场所开展全面排查，解决城市夜间娱乐场所噪声污染问题，全年出动执法人员75人次，开展联合检查5次，检查娱乐场所27家次，现场责令整改1家次。

文物工作

【概况】 2021年，泉港区将文物工作纳入镇（街道）绩效考评体系，纳入每年本级财政预算，纳入平安单位建设，纳入文明乡镇创建考评体系，纳入干部教育体系。落实文物保护单位有保护范围、有保护标志、有记录档案、有保护机构（或专人管理），推动全区66处文物保护单位和85处尚未定级不可移动文物规范管理。推动“非遗”文化传承保护，举办南音、北管等公益性培训，学员500多人。

【“非遗”文化传承保护】 2021年，泉港区文体局指导泉州福船古船模有限公司改建一艘长30米、深2.15米的黑舶五桅案水密隔舱福船；举办两期“繁荣群众文艺·畅想文化泉港”公益性培训，共有学员120多人。指导泉港南音传承中心、泉港北管传承中心和各镇（街道）文化分馆（文化站）及各南音、北管基地校举办南音、北管等公益性培训，学员500多人；推荐螺钿制作技艺、圣公陪妈祖、泉港掌中木偶戏公布为第六批市级非物质文化遗产代表性项目名录，做好山腰海盐制作技艺、螺钿制作技艺和施厝扁担术第七批省级非物质文化遗产代表性保护项目的申报工作；开展“吉祥泉港·欢乐春节”2021年泉港非遗文化网络展示15期和网上看泉港非遗传承人和网上品泉港“非遗”经典活动，在文化馆网站推出区级以上“非遗”代表性传承人专题40期和南音、北管、“咸水腔”芗剧、文管专题5期。

【文物保护宣传】 2021年，泉港区文体局按照文物保护优先和“多规合一”的要求，核对高铁界山牵引站、高速路驿坂联络线等14宗项目预申请建设用地，全部免费提供给区域内工程建设项目共享使用。与区人民法院签订《泉港区文化遗产司法保护体系战略合作协议》，建立三个方面的合作机制，包括建立文化遗产保护监管信息共享机制、建立联席会议机制、建立常态化协作机制。

档案工作

【概况】 2021年，泉港区档案馆开展石化安控区档案工作指导和检查，联合泉港区民政局、泉港区农水局等部门，下发《关于加强村（社区）档案管理的通知》，指导全区农村和社区档案工作。明确新冠病毒肺炎文件材料归档范围，接收区疫情应急指挥部办公室、物资保障组、疫情防控与医疗救治组等6个单位疫情防控档案2922件，数码照片档案25件，录像档案1件。接待档案用户997人次，提供档案、资料利用1249卷(件)次，复印和传真档案资料3805页；接收全区32个单位政府公开信息纸质文件、电子文件各1546份。

【重要档案管理】 2021年，泉港区档案馆全面走访泉港石化安控区7个片区指挥部，开展档案工作指导和检查，确保房屋征收补偿和拆迁户的文件材料收集齐全、完整、真实、准确。做好脱贫攻坚档案移交接收，规范档案实体整理、全宗指南编制、档案数字化，督促区扶贫开发领导小组成员单位和各成员单位做好文件材料收集归档工作。针对村级换届，为确保在换届期间档案的安全，根据《村级档案管理办法》《泉州市城市社区档案管理实施细则》和有关规定，联合泉港区民政局、泉港区农水局等部门，下发《关于加强村（社区）档案管理的通知》，指导全区农村和社区档案工作，确保村（社区）档案完整齐全。

【新冠肺炎文件材料归档管理】 2021年，泉港区档案馆明确新冠肺炎文件材料归档范围，规范档案实体整理、档案检索工具编制、档案数字化，督促泉港区疫情应急指挥部办公室和各成员单位做好文件材料收集归档工作。接收泉港区疫情应急指挥部办公室、物资保障组、疫情防控与医疗救治组等6个单位疫情防控档案2922件，数码照片档案25件，录像档案1件，档案数字化成果28950页。

【档案监督指导】 2021年，泉港区档案馆采取现场走访、电话咨询、邮件沟通等多种方式，对文书、婚姻、土地承包经营权确权登记颁证、石化安控区房屋征收补偿、精准扶贫、第二次全国地名普查工作、行政权力等档案开展专门指导，累计指导15个单位。落实工作责任，参与双溪水库工程下闸蓄水阶段移民安置工作、通港路非机动车道路工程等2个项目档案验收。采用“双随机、一公开”的形式，实地走访各镇、街道、区直机关，听取工作汇报，查看实体档案管理情况，现场反馈检查情况。

【档案社会服务】 2021年，泉港区档案馆拓展档案利用途径，通过现场查档、电话咨询、邮件沟通、传真传送等多种形式，提供便捷的档案服务。全年接待档案用户997人次，提供档案、资料利用1249卷（件）次，复印和传真档案资料3805页；向福建省档案馆报送查档过程中具有典型特征的档案利用实例。依据规范政府信息公开文件接收流程，主动接收全区各单位公开文件，规范整理公开文件，便于群众查询利用。至12月底，接收全区32个单位政府公开信息纸质文件、电子文件各1546份，内容涉及医疗卫生、劳动人事、社会保障、物价审计、财政税收等方面。

【红色档案征集活动】 2021年，泉港区档案馆配合泉州市委组织部、泉州市档案馆开展“红色档案”征集活动，通过“让历史说话，让史料发言”的形式，走访山腰街道、前黄镇、涂岭镇红色革命遗址，收集各历史时期的档案资料，挖掘红色档案资源。

【“乡村记忆文化”项目成果宣传】 2021年，泉港区档案馆汇总“乡村记忆文化”项目建设情况，征集第二批市级试点村的建设成果，协助泉州市档案馆举办线上宣传展。根据泉州市“乡村记忆文化”项目建设总结会的要求，与5个试点村联络，收集制作各试点村成果展板，推广项目建设经验。

【档案日宣传】 2021年，泉港区档案馆向全区10万多名移动手机用户发送档案宣传短片及宣传短信，利用各网络平台报道“6·9”国际档案日宣传活动。组织全区各单位档案工作人员、群众等100多人次参观档案馆爱国主义展厅；到陈庄社区、峰尾一级渔港码头等地开展档案宣传活动，通过悬挂横幅、设立咨询点、分发宣传册和宣传品，宣传档案工作的重要性，普及档案法律法规及防疫相关知识，接待群众200多人次，发放宣传册200余册、宣传折扇200余把。

广播 电视

【概况】 2021年，泉港区电视台采写新闻在市级以上主流媒体刊发441篇，开设《红色头北》《奋斗百年路 启航新征程——学党史 悟思想 办实事 开新局》等专栏，推介泉港红色据点、红色故事。“i泉港”微信公众号连续5年进入全国县级电视台微信百强榜。承办泉州市视听网媒主播人才培训班暨视听网媒主播（现场报道）岗位练兵活动，向全市新闻媒体展示建区20年建设成果。

【新闻宣传】 2021年，泉港区电视台采写新闻在市级以上主流媒体刊发441篇。在泉港界山镇发生疫情期间，央视刊播综合新闻报道5篇，新华社刊发原创稿件6篇，其中《疫情下的云课堂 “双减”落地有新招》《汗水溢出最美“战袍”》点击量均破百万人次。配合香港卫视文旅台制片谢邦拍摄《寿乡密码》专题纪录片；配合中央广播电视总台中文国际频道拍摄大型人文纪录片《年的味道》，向海内外观众展示泉港红衣习俗、红团制作、板凳龙灯等年俗。开设《红色头北》专栏，推介泉港红色据点、红色故事，厚植泉港红色情怀；推出《奋斗百年路 启航新征程——学党史 悟思想 办实事 开新局》专栏报道，以“学史明理、学史增信、学史崇德、学史力行”为重点，聚焦泉港党史学习教育的内涵和成效，专栏报道在“学习强国”和省市台推送、播发，其中在中央级媒体播发5篇，省级媒体42篇（9篇在《福建新闻联播》播出），市级媒体135篇。

【新媒体阵地建设】 2021年，泉港区融媒体中心推进“i泉港”微信公众号新媒体阵地建设。报道《泉港首个通天然气村，在这里！》《实名羡慕！泉港这个村，家门口就能领工资！》《赞！泉港一乡村获400万奖补资金》等乡村振兴有关工作，报道《今年9月，泉港再添一所公办幼儿园！就在……》《赞！这项工程解决泉港1300户村民用水问题》等“为民办实事”项目相关内容，发布《@泉港区中小微企业！第三期100亿元中小微企业纾困专项资金来啦！》《泉港企业复工复产忙，全力冲刺“开门红”！》等企业宣传相关报道，帮助企业提高市场营销影响。“i泉港”微信公众号连续5年进入全国县级电视台微信百强榜，获评“泉州市十佳政务微信公众号”。

【全市视听网媒主持人才培训班在泉港举办】 2021年，泉港区融媒体中心承办泉州市视听网媒主播人才培训班暨视听网媒主播（现场报道）岗位练兵活动，设计红色记忆、产城融合、海丝人文等5条路线供参赛人员实地参观采访，向全市新闻媒体全方位展示建区20年来沧桑巨变，展现石化泉港与人文泉港的和谐发展，提供了解泉港、讲好泉港故事、传递泉港好声音的平台。

【疫情防控宣传】 2021年，《泉港新闻》栏目刊播疫情防控新闻报道136篇，在市级以上主流媒体刊播疫情防控专题新闻73篇。其中，《福建加强防控、坚决遏制疫情扩散》等4篇综合报道在央视新闻联播刊播、《疫情下的云课堂“双减”落地有新招》等6个视频在新华社刊播、《福建：党员冲锋在前 共筑疫情防线》等21篇在福建新闻联播、福建卫视新闻刊播。泉港电视台播出疫情防控有关宣传标语436条2415次、广播语音播发1280多条次、视频公益广告670条次，滚动播出通告走字7700多次。新媒体平台“i泉港”微信公众号、视频号、抖音号编发疫情防控信息逾504条，总阅读量逾887.1万人次。80多条短视频在中央、省、市级新媒体平台刊播，短视频《汗水溢出最美“战袍”》在新华社客户端刊播，阅读量超107万人次。

报刊 图书

【区图书馆】 2021年，泉港区图书馆投入80万元，新增图书2万余册；升级图书馆借阅系统并安装大数据墙，采购电子数据资源《红色故事绘》并每周推送“党史上的今天《红色连环画》”。图书外借量21.92万册次，举办阅读推广活动30余场，举办流动车进校园、流动车进乡村（社区）24场。与学校共建数字资源分馆1家（泉港一中分馆）和绘本分馆1家（泉港实验幼儿园锦川园区）。至12月底，全区建有12个百姓书房及16

2021年5月14日，泉港区老年人健身节开幕仪式暨吉祥泉港“匹克杯”老年人健步走活动在锦绣公园举行　　（图/区委报道组）

个图书流动站。泉港区图书馆微信公众号影响力指数在全国2744个公共图书馆微信号中名列TOP30，全省县级图书馆微信订阅号影响力TOP2。

【世界读书日系列阅读推广活动】 2021年，泉港区图书馆举办以“建党百年 以书献礼”为主题的世界读书日系列阅读推广活动，通过送书下乡、绘本亲子伴读打卡评奖、小人书里“话”西游——连环画阅读推广、“阅读小明星”评选表彰、“传书·共享”书籍交换活动、“读吧！泉港”泉港区第四届少年诗文大赛、“读中华经典 颂时代华章”诵读比赛等，助推建设学习型社会，构建“书香泉港”。

【泉港新华书店助推“书香泉港”建设】 2021年，泉港区新华书店以中国共产党成立100周年和党史学习教育为契机，推动从出版物征订业务向综合性发行服务拓展。组织开展重点政治理论品读宣讲会、读书分享会等宣传活动，做好政治理论读物“七进”工作，助推“书香泉港”建设。在卖场设立“新华•党建读物空间”“青少年党史阅读区”“线上体验区”，展示庆祝中国共产党成立100周年图书100多种，党史学习教育材料4种，发行达到全区党员覆盖率94.07%。组织做好常态化疫情防控下的教材发行工作，提速教材发行环节，实现“课前到书”到“假前到书”。推动新思想进教室、进课堂，完成《习近平新时代中国特色社会主义思想学生读本》紧急发行任务。

体　育

【概况】 2021年，泉港区开展体育场地统计调查，根据全区体育基础设施基本情况，选定为民办实事项目建设点，新建全民健身驿站3个、多功能运动场2座、村（社区）老年人体育活动中心2座，完善“城市15分钟、农村30分钟体育健身圈”。

【全民健身运动】 2021年，泉港区制定《2021年泉港区全民健身运动会工作方案》，举办泉港区第九届全民健身运动会；举办乒乓球、羽毛球、围棋、足球、门球、篮球、庆祝中国共产党成立100周年武术展演、健步走等项目赛事活动，近1200名运动员参赛。开展2021年泉港区老年人健身节开幕式暨吉祥泉港“匹克杯”老年人健步走和全国第六届“万步有约”健走激励大赛福建泉港赛区等赛事活动。疫情防控期间推出线上线下“体育惠民・欢乐过年”健身暖心活动，利用公众号推行线上健身功法教学“在家健身教你动起来”锻炼小视频15期。疫情防控期间，推行“战‘疫’云服务”、系列居家锻炼小视频6期。指导区门球协会、太极拳协会等社团组织完成换届，成立泉港区信鸽协会。泉港区老体协获2017—2020年度全国群众体育先进单位称号，全区获省市级“健身康乐家园”单位8个。

【体育人才队伍建设】 2021年，泉港区推进体育人才队伍建设，壮大社会体育指导员队伍，组织参加省、市举办的一级、二级社会体育指导员培训和游泳救生、广场舞等项目培训；举办泉港区国家三级社会体育指导员培训，参训42人。全年新增国家级社会体育指导员1人，国家二级社会体育指导员17人，国家三级社会体育指导员57人。

【区老体协参赛】 2021年，泉港区老体协参加福建省全民健身运动会健身气功交流比赛，获优胜奖2个，优秀奖1个；参加全运会总决赛，获集体最佳人气奖和个人优秀表演奖；参加泉州市第十一届老年人体育大会，获团体总分第一名（金奖），个人第一名3个、第二名2个、第三名1个等。参加福建省站点联赛总决赛，获易筋经集体一等奖、体育道德风尚奖、团体总分第五名及导引养生功十二法一等奖、大舞个人第一名等。

【区太极拳代表队参赛】 2021年，泉港区太极拳代表队参加2021年福建省全民健身运动会“国福杯”泉州市第22届太极拳比赛，获金牌6枚（一等奖）、银牌5枚（二等奖）、铜牌10枚（三等奖）；参加市第十一届老运会，获银牌奖；代表省代表团参加全国第十四届运动会群众展演，获太极拳比赛三等奖。

综 述

【概况】 2021年，泉港区有卫生执法大队、疾病预防控制中心、泉港区医院、妇幼保健院、泉港区中医院等5个区直医疗卫生机构，乡镇公办基层医疗机构6家，民营医院5家，各类门诊部、诊所、村卫生所（室）等机构161家。全区有卫生技术人员1794人，床位数1680张，千人均床位数4.9张。

【卫生应急】 2021年，泉港区加强突发公共卫生事件监测预警和风险评估，做好流感、新冠肺炎等突发急性传染病疫情监测。提升监测报告灵敏性，强化信息及时报告和快速反应，防范突发公共卫生事件发生，减轻危害。推进省级为民办实事提升卫生应急能力项目建设，制定《泉港区落实省委省政府为民办实事项目提升卫生应急救援处置能力建设工作方案》，依托泉港区总医院建立紧急医学救援队伍。加强区疾控中心实验室、区“120”急救指挥中心建设，升级卫生应急基础设施。贯彻落实《全国医疗机构卫生应急工作规范（试行）》，督促各医疗卫生单位完善应急工作领导小组、专家组和急救应急队伍成员，提高卫生应急救援能力，指导组织全区医务人员急救知识培训3场次，培训人员400余人次。组织开展大规模人群核酸检测演练、综合体燃气泄漏应急救援、油料车交通事故应急救援等演练，查找应急响应短板，深化联防联控认识，完善突发公共卫生事件联防联控工作。

【卫生健康宣传教育】 2021年，泉港区卫健局与泉港广播电视台联办《人口与健康》栏目，开展多种形式卫生防病和健康教育。通过“泉港卫生健康”微信平台推送220多条防 控科普知识宣传，推送卫生健康工作动态160余篇。指导各单位在醒目位置刊登健康教育宣传栏，全区设置260多个并及时更新。制订2021年卫生健康宣讲计划，调整补充泉港区卫生健康宣讲团讲师成员，每月一主题开展宣讲活动。印发开展第33个爱国卫生月活动的通知、《关于开展倡导文明健康绿色环保生活方式活动的实施方案》，发动各镇（街道）爱卫办在人流相对集中地方悬挂过街横幅，广泛宣传以改厕为主要内容的健康教育知识，发放宣传单6800多份，悬挂条幅20余条，制作健康教育宣传栏18块。

【平安医院建设】 2021年，泉港区完善医疗机构“三防”体系建设，提升安全防范能力。巩固“五位一体”长效工作机制，提高医疗机构安全防范能力，严厉打击涉医违法犯罪行为，平安医院考核名列全市前茅。

【医疗废物规范处置】 2021年，泉港区落实医疗机构废物管理主体责任，规范各级各类医疗机构对医疗废物的分类收集、运送、贮存、处置全过程管理。巩固医疗废物“小箱进大箱”管理成果，强化对重点地区、重点单位医疗废物处置工作薄弱环节的监督检查，特别是对基层卫生医疗机构和民营医疗机构医疗废物处置的监管工作。

【创卫复审迎检】 2021年，泉港区召开迎接国家卫生城市复审卫生组攻坚工作推进会，安排部署攻坚工作任务；制定印发《泉港区2021年迎接国家卫生 城市复审卫生组工作方案》，做好迎接国家卫生城市复审卫生项目组工作，督促各成员单位按照《国家卫生城市标准》，做好迎接国家爱卫会明察暗访准备工作。对主城区各相关医疗卫生单位创城创卫宣传氛围营造进行督导，督促泉港区医院根据区里反馈存在问题限期整改到位，督促各医疗卫生单位做好公共广告刊播和健康教育宣传。印制并发放禁烟标志1万个，控烟劝导员臂章1300个、控制吸烟宣传折页3万份至全区各单位；通过泉港卫健公众号，向全社会发出禁烟倡议书，加强控烟宣传，增强公众对烟草烟雾危害的认识。

医药卫生体制改革

【概况】 2021年，泉港区探索打造2.0版“府院共建”新模式，启动创三级医院三年行动计划，设置名医工作室10个。泉港区医院普外科创建省级重点专科，通过国家脑防委卒中防治中心和中国心血管中心房颤中心评审。推动医共体内资源高效整合，提升基层医疗服务能力。健全医疗质量安全风险隐患排查制度和医疗质量管理组织体系，落实质控网络全覆盖。推进医保基金打包支付改革，全年获结余医保基金3244.02万元。

【“府院共建”模式获全国典范】 2021年，泉港区召开医联体管委会第五次会议，探索打造2.0版“府院共建”新模式，启动创三级医院三年行动计划，加强特色专科建设，设置10个名医工作室，接诊10130余人次。泉港区医院普外科创建省级重点专科，以全省唯一一家二级公立医院入选DRGs试点单位，通过国家脑防委卒中防治中心和中国心血管中心房颤中心评审，入选泉州市卒中急救地图医院和中国“县级医院500强”。《府院共建新模式，惠民良策医联体》课题获2021年全国医院医联体建设“城市医疗集团典范单位”荣誉称号，《府院共建模式医联体临床科研大数据平台构建与应用》获2021年县域医院信息化与大数据典型案例“躬行奖”。

【紧密型医共体建设】 2021年，泉港区以全市唯一一家区级单位参加医共体建设，成立以泉港区医院为龙头的泉港区总医院党委，区妇幼保健院、中医院、各镇卫生院党组织隶属关系统一收归总医院党委管理，召开医共体建设推进会，推动紧密型医共体实质运作，推动医共体内资源高效整合。建成心电诊断、医学影像诊断、消毒供应、远程会诊、病理诊断、医学检验等“六大中心”，泉港区医院抽调技术骨干定时定点定人到各分院对口帮扶指导，深化“一镇一品牌”创建，提升基层医疗服务能力。

【医疗服务体系建设】 2021年，泉港区完善医院预约诊疗制度、远程医疗制度、临床路径管理制度、检查检验结果互认制度、医务社工和志愿者制度。强化“以病人为中心”服务理念，推行责任制整体护理服务模式。在区级医院优质护理服务全院覆盖基础上，在各镇卫生院（社区服务中心）推广社区特色优质护理服务。加强专科护理服务队伍建设，开展专科护理从业人员培训。健全医疗质量安全风险隐患排查制度和医疗质量管理组织体系，强化医疗机构全员医疗安全和风险防范意识的教育培训，发挥区医疗质量控制中心作用，落实质控网络全覆盖，实行医疗质量管理培训与行业检查双结合，加强全区各医疗机构医疗质量督导检查。

【医保改革】 2021年，泉港区推进医保基金打包支付改革，理顺区内非医共体单位基金结算方式，2021年度泉港 区获结余医保基金3244.02万元。开展按病种收付费试点工作，跟进试点医院推行按病种收付费，及时纠正应纳未纳、选择性按病种收付费等违规问题，按病种收付费开展率66.33%。组织全区各公立医院跟进落实国家、省药品集中采购和使用机制和国谈药“双通道”管理机制，做好对接协调、跟踪督办及宣传解释等工作，确保按量采购降价执行到位。全年跟进采购中标降价药品263种，全区医疗机构采购药品耗材金额8173.86万元，结算货款8148.65万元，结算率99%以上。

基本公共卫生服务

【概况】 2021年，泉港区巩固基本公共卫生服务水平，建立居民电子健康档案35.0466万份，电子建档率98.92%。推进家庭医生签约服务，组建44个家庭医生签约服务团队，全区签约69187人，全人群签约率19.53%。

【基本公共卫生服务巩固】 2021年，泉港区人均基本公共卫生服务经费标准由65元提高到70元，全区建立居民电子健康档案35.0466万份，电子建档率98.92%；65岁及以上老年人体检数25844人，老年人健康管理率84.82%。高血压年内应管理18372人，规范管理14665人，规范管理率79.82%；糖尿病年内应管理5900人，规范管理4842人，规范管理率82.07%；严重精神障碍患者在册数2164人，在管数1945人，规范管理率89.88%。

【家庭医生签约服务】 2021年，泉港区组建44个家庭医生签约服务团队，通过基层门诊患者就诊、基公卫慢性病下乡随访、微信公众号、健康教育宣传讲座、家庭医生签约服务团队进村设点等形式广泛宣传，告知签约服务具体内容和惠民政策。至2021年底，全区签约69187人，全人群签约率19.53%，其中重点人群签约65150人，重点人群签约率63.25%。

妇幼保健

【妇幼健康公共卫生服务】 2021年，泉港区完成地中海贫血防控任务1200对，增补叶酸预防神经管缺陷2467人，省级“两癌”筛查3300人，免费孕前优生健康检查1038对，免费产前筛查诊断血清学筛查887人。宫颈癌人群筛查率45.40%，乳腺癌人群筛查率36.91%，

【孕产妇管理】 2021年，泉港区孕产妇系统管理率92.61%，高危筛查率61.51%，高危管理率100%，孕产妇产前筛查率93.52%，孕产妇死亡率为0，剖宫产率36.78%，新生儿访视率94.16%，六个月纯母乳喂养率87.18%。3871位孕产妇参加艾梅乙检测，检测率100%。

【儿童保健】 2021年，泉港区3岁以下儿童系统管理率94.16%，5岁以下儿童死亡率2.29‰，婴儿死亡率1.02‰，新生儿死亡率0.25‰。

卫生监督与疾病防控

【概况】 2021年，泉港区加大卫生监督力度，保持公共场所持证率100%、对涉水产品企业年监督覆盖率100%，全区学校卫生综合评价覆盖率100%。加强职业健康日常监督检查，监督检查辖区内企业43家次，立案查处7起，处罚总额10.59万元。开展非法行医和非法医疗美容服务专项整治行动，立案调查无证行医案件5起，立案查处非法医疗美容服务案件1起。

【卫生综合监督】 2021年，泉港区加大饮用水、公共场所、学校卫生、涉水产品、消毒产品的卫生监督力度。保持公共场所持证率100%、持证单位量化公示率100%、对涉水产品企业年监督覆盖率100%，全区学校卫生综合评价覆盖率100%。建立消毒产品生产企业不良名单制度，曝光不合格产品及问题单位。加强职业健康日常监督检查，出动执法人员126人次，监督检查辖区内企业43家次，下达责令限期整改意见书15份，立案查处7起，处罚总额10.59万元。督促用人单位开展职业病危害现状评价、职业病危害因素监测和从业人员职业健康体检工作。

【非法行医打击】 2021年，泉港区开展非法行医专项整治行动，日常监督巡查176次，出动卫生监督员370人次，巡查医疗机构、诊所359家次。受理核查涉嫌无证行医举报件11起，立案调查无证行医案件5起，其中非法行医涉罪移送案件1起，处罚没款11.03万元。

【非法医疗美容服务打击】 2021年，泉港区多部门联合开展打击非法医疗美容服务专项整治行动，开展联合检查1次，巡查医疗机构10家次，生活美容机构5家次，发现非法开展医疗美容服务的生活美容机构1家，已立案查处，处罚款6万元。

【传染病防控】 2021年，泉港区抓好以霍乱、登革热、手足口病、人感染高致病性禽流感等重点传染病的监测与预警，开展重点传染病督导检查，指导各医疗卫生单位落实各项防控措施，防止出现重点传染病的暴发和流行。对区内17例新冠肺炎确诊病例开展流行病学调查，排查密切接触者399人，次密接触者1841人；严格落实隔离医学观察、环境终末消毒等疫情防控措施，有效防止新冠肺炎疫情发生、流行。举办泉港区免疫规划业务知识培训班，强化免疫规划队伍建设。区卫健局对各医疗卫生单位发热门诊、肠道门诊设立运行、预检分诊制度的落实情况进行专项督导，指导各医疗卫生单位落实各项防控工作措施。

【重点传染病监测】 2021年，泉港区做好人高致病性禽流感防控家禽从业人员血清学监测，完成血清标本采集10份，结果均为阴性。规范做好全区霍乱外环境监测工作，采集检测水样60份、海产品120份，均未发现产毒阳性标本。开展手足口病监测工作，完成42份手足口病标本检测。

优生优育

【概况】 2021年，泉港区深化计生协会改革，聚焦生育关怀和家庭健康，强化健康指导员队伍建设，注册“健康知识进万家”小程序102547人。开展农村计划生育“二女”家庭“安居、成才、致富、亲情、保障”五项工程，投入1008.9万元，受益人数26330人（户）次。为计划生育特殊家庭36人发放特别扶助金51.84万元；全区运行幸福工程项目30个，投入资

金537.05万元，惠及人口2080人；为全区8080户计生家庭办理意外伤害保险，出险43户理赔金13.52万元；对18户遭遇重大病灾造成生活困难的计生家庭补助5.4万元。开展关爱幸福母亲、留守儿童、孤儿等慰问活动，发放慰问金13万元和慰问品价值2万元；开展优生优育宣传知识讲座、亲子互动体验课、师资培训等优生优育宣传系列活动51场。

【“十关爱”利益导向机制落实】2021年，泉港区落实“十关爱”利益导向机制。按照中央提出的“老人老办法”原则，开展农村计划生育“二女”家庭“安居、成才、致富、亲情、保障”五项工程，兑现计生各类奖励扶助。全年开展安居工程50户，投入150万元；成才工程帮扶253人，投入54.1万元；致富工程帮扶30户，投入60万元；保障工程帮扶25400人，投入资金707.6万元；亲情工程帮扶597人，投入37.23万元，总投入1008.9万元，受益人数26330人（户）次。全年国家奖扶568人（其中低保148人）、市级奖扶2869人（其中低保194人）、城镇奖扶74人（其中低保1人）、贡献奖299人、二女结扎奖励4988人、特殊家庭扶助36人，各项奖励扶助金总额1128.588万余元。

【计划生育特殊家庭关爱行动】2021年，泉港区对全区年满49周岁的计划生育特殊家庭每人每月给予1200元的特别扶助金（省、市标准1000元），全年为36人发放特别扶助金51.84万元。对新发生的失独家庭，一次性给予经济援助1万～4万元。拨出专项资金开展走访慰问，在中秋、春节等节日对特殊家庭进行慰问，每户慰问

2021年11月6日，泉港区计生协会联合市计生协会、区教育局举办青春健康师资培训班（图/区计生协会）

金在1000元至3000元。开通泉港区医院和各卫生院、社区服务中心落实计生特殊家庭医疗服务绿色通道。开展“暖心护航”项目，为19户计生特殊家庭购买意外伤害保险、女性安康险、男性康强险、团体医疗保险、补充团体医疗保险，每户（每人）100元，共1.54万元；为2户计生特殊家庭修缮房屋提供帮助，每户4万共8万元；为有生育意愿的适龄计生特殊家庭提供再生育服务；与第三方签订协议，采取政府购买服务的方式，为计生特殊家庭提供更多更专业的生活支持和精神鼓励，年投入资金28.224万元。

【幸福工程帮扶】 2021年，泉港区实施幸福工程帮扶，全区运行幸福工程项目30个，占用资金120万元（其中省5万元，区配套57万元，镇、街道配套58万元），投入资金537.05万元，涉及7个镇（街道）、101个行政村，惠及人口2080人。全区投入项目524个（其中一至十八轮项目已到期，完成项目494个，收回资金291.8万元）。实施计生家庭意外伤害保险，全年为全区8080户计生家庭办理意外伤害保险，全区出险43户理赔金13.52万元。

【生育关怀】 2021年，泉港区资助新入大学计生家庭女孩18名，发放助学金34.5万元，资助2018年至2020年上大学计生女孩69名，发放助学金136.5万元。开展紧急救助工作，对18户遭遇重大病灾造成生活困难的计生家庭每户给予补助3000元，补助5.4万元。开展关爱幸福母亲、留守儿童、孤儿等慰问活动，发放慰问金13万元和慰问品价值2万元。开展优生优育宣传知识讲座、亲子互动体验课、师资培训等优生优育宣传系列活动51场，向泉港医院、泉港妇幼保健院、泉港仁爱医院等发放《育儿宝典》3200本。开展青春健康进校园、青春健康“家长沟通之道”讲座等青春健康教育活动21场。

社会民生

居民生活

【概况】 2021年，泉港区财政用于民生支出26.61亿元，占本级财力79.1%。投入1.72亿元完成14项31件为民办实事项目。为低保对象、特困人员等发放各类保障金7712万元，实现养老金“十六连调”。为征迁村提供就业岗位3500个以上，城镇登记失业率控制在4.2%以内。居民人均可支配收入32320元，名义增长7.2%。全区居民人均消费支出20720元，名义增长10.8%；城乡居民人均可支配收入比值为1.68，比上年缩小0.04。

【城镇居民收入与消费支出】 2021年，泉港区城镇居民人均可支配收入41725元，比上年名义增长7.0%；城镇居民人均消费支出24079元，名义增长9.7%。

【农村居民收入与消费支出】 2021年，泉港区农村居民人均可支配收入24829元，比上年名义增长9.4%；农村居民人均消费支出18459元，名义增长15.7%。

社会保障

【概况】 2021年，泉港区实施全民参保计划，推进以城乡居民、灵活就业人员、新业态从业人员、建档立卡贫困人员和未参保单位开展参保登记，新增参保人员12460人，为5785名缴费困难人员代缴养老保险费115.7万元，促进法定人群参保全覆盖。提高养老金待遇，企业、机关退休人员养老金分别实现“十六连调”“六连调”，2021年机关事业单位退休人员人均增长216元/月、企业退休人员人均增长133元/月。鼓励灵活就业人员参加社会保险，兑现就业困难人员灵活就业社保补贴219人119.99万元。按特事特办原则，简化被征地养老保障对象报批流程，减少审批流程，提高审批效率。为3.34万人被征地人员快速办理申报手续，每月发放被征地养老保障待遇190元/月。

【医保参保扩面】 2021年，泉港区采取“两率一排名”考核、部门联合督导、工作群联动协调、多渠道宣传发动等举措，调动乡镇、村居工作积极性和群众主动参保意识，推进城乡居民医保参保缴费工作。开展医保服务进企业活动，定期走访辖区参保企业，面对面宣传社会保障相关法律法规，通过现场协助和微信工作平台对接互动等方式，引导企业主动为员工办理职工医保。全年全区基本医保参保人数358324人，其中城乡居民医保参保319394人，城镇职工医保参保38930人。

【城乡医疗救助】 2021年，泉港区定期联动排查医疗救助对象参保情况，严格信息报送流程，做好特殊对象参保信息维护工作，确保应保尽保。将年度社会民生171累计自付医疗费用较多的患者等对象纳入因病返贫致贫监测范围，强化部门审核流程衔接，做好线下摸排引导，提高救助实效性。优化救助经办服务，建立医疗救助对象急办件“即办通道”，实行容缺预审机制，满足特殊参保对象急办件需求。在各镇举办政策培训班，对全区各行政村进行全覆盖培训，借助各类微信平台、宣传栏等普及政策知识，提高群众医疗救助政策知晓率。全年实施“一站式”救助24010人次，结算医疗救助金额570.07万元；主动搜索实施重特大疾病救助6人次，补助金额2.81万元；办理大病医保二次补偿41

人次，补助金额38.13万元。

【医保基金监管】 2021年，泉港区开展《医保基金使用监管条例》等医保法律法规及医保政策宣传培训，督促公立医院强化主体责任认识，自觉加强医保基金使用管理。利用医保智能审核系统，综合运用“三函两牌”“双随机一公开”等措施，强化平时监管和事前预警，督促定点医药机构自觉规范医保基金使用行为。泉州市医保局泉港分局会同区卫健局、区市管局、区公安分局建立四部门医保基金监管联动机制，推行定期会商、信息共享、线索互通等措施，推动形成医保基金监管“共管联办”工作模式。开展“假病人、假病情、假票据”专项整治行动，组建专项整治行动联合工作专班，开展省移交疑点线索核查处理，向社会广泛征集欺诈骗保问题线索，严厉打击违法违规使用医保基金行为。全年出动稽查人员582人次，发出函牌108张，处罚59家次，查处个人骗保案件1起，暂停医保定点医药机构资格1家，拒付及追回违规基金132.05万元、罚处违约金153.09万元。

【医保服务】 2021年，泉港区推动医保服务向基层延伸，在涂岭镇、界山镇便民服务中心设立医保经办窗口，在涂岭镇樟脚村保健站设立全市首个老区医保服务站，构建起区内医保经办服务15分钟行程便民服务圈。全年医保经办窗口受理经办事项54963件，日平均办件150件，办结率100%，群众满意率100%。宣传推广医保电子凭证激活使用，指导督促定点医药机构实施结算系统改造，确保医保电子凭证顺畅使用。全年激活医保电子凭证量258918人，激活率70.81%，定点医疗机构接入率92.86%。组织全区定点医药机构做好医保信息编码比标，建立医保服务突发事件应急处置预案，成立贯标和应急处置工作专班，分组对全区贯标单位进行全覆盖现场督导，推动平稳上线运行国家平台。

就业

【概况】 2021年，泉港区以“民生为本、人才优先”为主线，推动就业服务平台搭建，为238家企业发布招工信息18期，推送就业岗位6039个，免费技能培训1500多人次。实施企业稳岗扩岗专项支持计划，发放补贴160.48万元； 发放“以工代训”补贴614.35万元。维护劳动权利，协调处理劳资纠纷3起，金额30多万元；受理劳动争议案件108起，涉及员工138名，金额1846.79万多元。

【助力企业稳岗留工】 2021年，泉港区推进企业春节期间稳岗稳工，发放一次性稳就业奖补94.2万元。实施企业稳岗扩岗专项支持计划，鼓励17家区内企业春节期间开展技能培训1003人次，发放补贴160.48万元，加大“以工代训”补贴发放力度，发放企业152家12287人次614.35万元。

【职业技能培训】 2021年，泉港区针对性开展家政服务、健康养生、建筑工匠、营养师、电商等免费技能培训1500多人次。推动落实企业新型学徒制，促成泉州职业技术大学与纳川股份科技有限公司、玺堡家居、天骄化学3家企业达成合作，共同培养新型学徒301人。开展泉港区首届农村建筑工匠墙面贴装职业技能竞赛，为一等奖获得选手授予“泉港区技术能手”称号。

【就业服务平台搭建】 2021年，泉港区通过“想就业 来找我”小程序，扩大公共招聘网岗位信息覆盖范围，实施覆盖全区101各村（居）的就业“村村通”工程，为238家企业发布招工信息18期，推送就业岗位6039个。通过泉港人社直播间、校园引智、高校双选会、送岗下乡、“送岗位、送培训、送政策”等活动，常态化开展线上+线下招聘活动，做到周周有招聘、月月有专场，开展招聘活动15场，提供岗位12203个，促成求职意向1927人。

【安征迁劳动力转移就业服务】 2021年，泉港区以促进安征迁劳动力转移就业为目标，面向“4050”大龄劳动力开 展“求职意向调查”，收集求职意向人数221人，精准匹配就业岗位120个。以就业“村村通”为载体，就业专员到征 迁村、征迁人口集中社区提供面对面就业服务。覆盖针对安征迁群众灵活就业人员多的情况，创新推出“1小时就业”智慧共享综合服务平台，免费为灵活就业人员及雇主提供全天候、不打烊的线上线下服务。试运行以来，吸引家政服务、养老护理、物业、废品回收等180户商家入驻平台，发布用工信息300多条，促成就业400多单，210人享受灵活就业人员补贴，该做法列入泉州市“十四五”人社专项规划重点项目，经验做法被人社部《工作信息》刊发推广。

【劳动权益维护】 2021年，泉港区加强劳动用工实名制管理，落实实名制考勤制度，推行银行代发工资制度，督促施工企业通过银行依法按月足额支付 农民工工资，督促施工企业在银行建立农民工工资专用账户，专门用于发放农 民工工资。全区在建项

2021年2月25日，泉港区人社局联合中国海峡人才市场泉港分部举办“新春送岗位，就业在泉港”泉港人社直播间线上招聘活动　（图/区委报道组）

目纳入实名制和工资专户系统35家，对接平台34家，对接平台率97.14%。开展企业劳动保障及用人单位工资支付行为信用等级评价工作，评价A级守信企业10家，C级严重失信企业1家；评价工资支付行为守信用人单位14家，严重失信用人单位1家。及时向市局及社会公布严重违反劳动保障法律法规案件1个。开展劳动人事争议仲裁院法律援助中心为民办实事项目，10月份试运营以来为农民工提供法律援助咨询100多次，开展流动仲裁庭让企业人力资源负责人零距离接触庭审现场发挥庭审过程的宣传教育作用，增强劳动者和用人单位的守法意识。主动检查各类用人单位360户，涉及劳动者1.96万多人，督促5家企业落实实名制管理和农民工工资专户。协调处理劳资纠纷3起，涉及员工25名，金额30万多元；受理劳动争议案件108件，涉及员工138名，金额1846.79万多元。

民政事务

【概况】　2021年，泉港区深化民政领域改革创新，增强民生服务效能，优化社会治理功能，开展专项社会事务管理，规范行政服务自由裁量权标准。巩固提升“救急难”全国综合试点工作成效，全年发放救急难资金316.76万元，救助8465人次；帮助困难群众实现微心愿554个；发放城乡低保、特困、孤儿及事实无人抚养儿童等各类生活保障金7616.99万元。推进殡葬改革，遗体火化2359例，遗体火化率和骨灰寄存率均100%。全年办理结婚登记2189对、离婚登记625对。

【社会救助】　2021年，泉港区巩固提升“救急难”全国综合试点工作成效，整合医疗、生活、教育、就业、住房和临时救助以及法律援助等救助资源。发放救急难资金316.76万元，救助8465人次。投入16.614万元为5538名社会救助对象购买人身意外伤害保险。开展“505”微公益活动，帮助困难群众实现微心愿554个。推行城乡低保一体化制度。发放城乡低保、特困、孤儿及事实无人抚养儿童等各类生活保障金7616.99万元，惠及群众14185人，实现救助标准和救助人数提标扩面。城乡低保标准为每人每月775元；特困人员分散供养基本生活保障金月标准提高到1010元，集中供养基本生活保障金月标准提高到1210元；散居孤儿及事实无人抚养儿童养育标准提高到每人每月1400元，实现困难群众“应保尽保”目标。

【殡葬管理】　2021年，泉港区遗体火化2359例，遗体火化率和骨灰寄存率均100%。从源头上对骨灰进行管控。骨灰盒纸质普通防伪标签升级为二维码防

2021年8月24日，泉州市“小桔灯关爱行动”帮扶困境儿童泉港专场活动在涂岭镇前欧村举办　（图/区民政局）

伪标签，防伪系数大幅提升，避免骨灰流失“二重葬”。通过殡仪馆每个季度全区的死亡人员火化名单与公安、卫计等部门的死亡人员户口注销台账进行比对核查，采取镇（街道）、村倒查机制，确保不遗漏。落实惠民殡葬政策，根据《关于发放文明治丧基本殡葬服务费的通知》文件精神，审核发放基本殡葬服务费用217.1万元。开展殡葬业价格秩序和公益性安葬设施建设经营专项整治工作，满足人民群众基本殡葬需求。

【社会事务管理】 2021年，泉港区开展专项社会事务管理，行政许可事项和公共服务项目事项全部进驻区行政服务中心，简化审批事项办事流程，实行标准化管理。规范行政服务自由裁量权标准，梳理办事流程、压缩审批事项办理时限，为每一项审批服务事项制定审查细则。全年办理结婚登记2189对、离婚登记625对，补发（补领）婚姻登记证件560对。涉港、澳、台、华侨及外国人结婚登记6对。婚姻登记行政确认件合格率100%。全区有社会组织364家，其中社会团体231家，民办非企业128家，基金会5家。全区依法审批成立登记社会团体5家，成立登记民办非企业单位24家，成立登记非公募基金会3家，社会组织注销登记20家，开展社会组织年报年检304家。

【慈善救助】 2021年，泉港区慈善总会开展“扶贫、救灾、安老、助孤、助学、扶残、助医”等慈善工作，为因患重大疾病造成家庭基本生活陷入困境，特困人员、最低生活保障对象、最低生活边缘对象提供大病救助，列支138.4万元，救助大病患者421人；救助孤残群众19名，病残群众救助支出5.7万元。通过开展调查摸底，分析贫困学生家庭经济情况和个人条件，确定扶助对象74名，助资44.2万元；列支762.23万元用于部分学校教师奖教奖学。开展“慈善助困”活动，关爱贫困妇女、儿童300多人，支出10万元。推动“慈善公益”，支持村级老协会开展活动，重阳节慰问困难老人620人次，共8.7万元。根据捐资者定向专项慈善基金用途，建设埭港村文化中心，列支善款10万元；改造普安村村民危房，支出3.1万元；“两节”期间慰问环卫工人，支出3万元；开展贫困家庭“爱心链接”，支出5万元。联合区工商联、区红十字会发起倡议书，从区慈善总会收到疫情捐赠资金1002.21万元，其中非限定捐赠335.91万元，限定捐赠598.3万元，实物捐赠68万元，全年疫情防控支出疫情捐赠款879.1万元。

老龄工作

【概况】 2021年，泉港区印发《泉港区养老服务设施布局规划（2021—2035）》，优化养老服务设施布局，健全养老服务体系，全区居家社区养老服照料中心覆盖率100%，城乡社区养老服务设施覆盖率100%。落实高龄老人补贴制度，发放高龄补贴1665.5万元；为70个建设达标村级老年协会发放补助经费及会长津贴126万元；拨付各医疗卫生单位项目补助经费2.5万元。

【养老服务】 2021年，泉港区制定《泉港区人民政府办公室关于完善养老服务机构建设和运营有关财政支持政策的通知》，实现养老服务市场活力提档升级。全区居家社区养老服照料中心覆盖率100%，城乡社区养老服务设施覆盖率100%；民营床位占比91.16%，医养结合养老机构占比100%，护理型床位数占比59.7%；养老床位总数2557张，每千名老年人拥有床位数40张。围绕“老年友善环境、老年友善文化、老年友善长效管理、老年友善诊疗服务”四个方面17个小项的内容和标准，开展“老年友善医疗机构评”建设活动的验收和评价工作。区卫健局指导各基层医疗卫生机构开展失能老年人健康评估与服务项目，完成人数172人，拨付各医疗卫生单位项目补助经费共计2.5万元。全区70～79周岁、80～89周岁、90～99周岁、100周岁以上老人四个年龄段高龄补贴发放标准分别为每人每月50元、80元、100元、500元，全年发放高龄补贴1665.5万元。

【老年协会规范化建设】 2021年，泉港区加强老年协会规范化建设，经村级自评、镇级考评及区级实地抽查，对70个建设达标村级老年协会发放补助经费及会长津贴126万元。

民族宗教事务

【民族工作机制完善】 2021年，泉港区健全完善区委统一战线工作领导小组民族工作联席会议制度，研究部署、统筹协调全区民族工作。印发《中共泉港区委办公室 泉港区人民政府办公室关于继续做好挂钩帮扶民族村（社区）、民族中（小）学校工作的通知》等文件，建立区直部门挂钩帮扶民族村（社区）和民族中（小）学校工作制度，推进6个民族村（社区）完成村（居）“两委”换届选举工作，完善协调协作机制。召开民族工作专题会议5次，研究部署有关民族工作，听取市管局等单位有关排查治理情况汇报，推动民族乡村主动融入实施乡村振兴战略，做好民族乡村振兴示范点培育工作。开展中华民族共同体意识教育、民族村发展现状等调研，梳理发展思路，摸清工作底数。

【民族乡村振兴推进】 2021年，泉港区开展民族乡村振兴工作调研，完成“泉港发挥‘大统战’优势 紧抓‘三聚力’、振兴民族村 打造共同体”“泉港区促进少数民族村集体经济发展工作情况汇报”等重点课题报告。争取各级少数民族补助资金136万元，支持柳亭、钟厝、鸾峰、小坝及蒙古族小学等民族村民族学校补助项目7个，助推民族乡村经济社会事业发展。推进同心安居工程、海西春雨等帮扶活动，落实助学、助困、助医、助居等各类款项150多万元。钟厝村获“2019—2021年度市级‘一村一品’专业村和农业产业化市级示范共富联合体”称号；小坝村入选“前欧村—小坝村—樟脚村—黄田村”全市首批乡村振兴最美示范县。

【民族团结共识夯实】 2021年，泉港区学习贯彻习近平总书记关于民族工作的重要论述和中央民族工作会议精神，印发《关于全面深入持久开展民族团结进步创建工作铸牢中华民族共同体意识的实施方案》等文件，举办区委理论学习中心组《新时代党的民族理论政策解读》民族工作专题辅导讲座、民族工作“三支队伍”培训班，加强民宗干部业务培训，夯实铸牢中华民族共同体意识的思想基础。指导开展铸牢中华民族共同体意识课题研讨，完成《“三同”“三共”筑“三新”共画民族同心圆》《多措并举促发展 民族团结谱新篇》等调研工作报告，增强民族工作活跃性和积极性。

【民族团结宣传活动】 2021年，泉港区印发《泉港区民族团结进步宣传月活动方案》，结合庆祝中国共产党成立100周年系列活动，开展以“铸牢中华民族共同体意识·永远跟党走”为主题的泉港区第十四个民族团结进步宣传月活动，广泛宣传党的民族理论和民族政策。联合民族学校开展“爱党爱国、平安创建”民族政策法规宣传活动、“童心颂党恩 共话一家亲”等宣传教育活动，推动铸牢中华民族共同体意识教育纳入国民教育、干部教育和社会教育，营造民族团结进步宣传创建氛围。全年组织民族宗教法规政策宣讲活动9场次，参与人数3000多人，发放各类宣传品2000多件，张贴宣传标语、海报、户外广告数120条，发放《福建省宗教事务条例》《民族宗教政策法规文件选编》1500余本。

【宗教事务管理】 2021年，泉港区健全完善区委统一战线工作领导小组宗教工作专题会议制度，落实落细宗教工作三级网络两级责任制。召开区委常委会2次，传达全国宗教工作会议精神、省市宗教工作会议精神，研究贯彻意见；召开宗教工作专题会议5次，研究部署有关宗教工作，协调落实24名佛教场所收养孤弃儿童入户。开展宗教活动场所“四进”活动，举办中国共产党成立100周年系列庆祝活动，引导宗教团体、宗教活动场所开展“四情四史四讲”活动，组织宗教界人士红色教育活动。完成区佛协换届，选举产生第四届领导班子，支持宗教界加强自身建设。落实宗教教职人员和场所主要教职任职备案管理，完成5处场所负责人变更，宗教教职人员备案15人。开展宗教领域风险隐患排查整治14次，解决宗教领域的重点难点问题，推进相关整改任务落地见效，维护宗教领域安定稳定。制定《2021年宗教活动场所安全工作要点》，召开安全工作会议4次，制定印发安全工作相关文件通知31份，强化安全检查，发现并整改安全隐患，实现闭环管理。开展“安全月”活动及消防应急演练，推进宗教活动产场所安全标准化提升专项行动，夯实场所主体责任。

【宗教场所疫情防控】 2021年，泉港区根据疫情防控形势变化，压紧压实责任，指导和督促宗教界科学防控、精准防控，落实疫情防控各项措施，严格执行“双暂停”等措施，加强检查督导，确保全区宗教领域疫情防控工作落实到位。全区宗教活动场所服务人员及常住人员疫苗接种人数347人。

【宗教界公益慈善】 2021年，泉港区指导宗教界发挥自身优势开展公益慈善事业，全区宗教界筹集善款近150万元，用于帮扶困难群众、促进民族村经济发展、疫情防控等。疫情防控期间，40余处宗教活动场筹集资金31.78余万元和价值2.98万元急需物资支援抗疫一线，20余处宗教及民间信仰场所为抗疫提供核酸检测场地及功能保障服务，多名宗教界人士参与全员核酸检测及各卡口日常防疫检验等志愿活动，发挥宗教服务社会正能量。

南埔镇

【概况】 南埔镇位于泉港区东北部、湄洲湾南岸，陆域面积40平方千米，海岸线11千米，其中深水岸线近5千米，辖14个行政村，2021年末户籍人口7.69万人。是全国九大炼油基地和四大中转港所在地之一，福建联合石化、福海粮油、国电南埔电厂、东鑫石化等一批大中型企业落户辖区内。港口被列为国家一类口岸，有全区规划建设的24个码头泊位，已建成10个，年吞吐能力近5000万吨。有沙格灵慈宫、肖厝大成古厝2个省级文物保护单位，天湖寺、仙境塔、太白峰寺等7个市级文物保护单位；施厝扁担术入选省级非物质文化遗产，沙格赛龙舟入选市级非物质文化遗产，田头寿面入选区级非物质文化遗产。泉州唯一海岛行政村——惠屿岛先后被农业农村部评为“全国最美渔村”“中国美丽休闲乡村”、福建省“金牌旅游村”等。

【经济建设】 2021年，南埔镇25个区级以上重点项目完成投资34.2亿元，7个项目开工动建，11个项目竣工投产。全年完成地方级工商税收入库20520万元；完成固定资产投资23.81亿元；完成限上批零住餐业销售额52.31亿元，增长8.4%；完成限上社会消费品零售额6.99亿元，增长51.3%。福海粮油、百宏石化等3家企业列入省级龙头企业，益海嘉里、国能（泉州）热电等3家企业列为省级培育龙头企业，天骄化学等6家企业列入市级产业龙头企业，迅达石化、立亚化学等3家企业入围省科技“小巨人”。推动“零地招商”工作，天马南埔生物科技园、宇极含氟新材料等17个项目签约落地，总投资超100亿元。

【城镇建设】 2021年，南埔镇有序推进福厦高铁、南山北路扩建等项目征迁。审批农村个人建房58宗、农村“一户一宅”22宗。推进凤翔村、惠屿村等试点村项目建设，基本完成肖厝惠屿网箱养殖设施清退及升级改造，助推乡村休闲旅游和海水特色养殖等产业发展。实施微景观改造，完成南埔村党建走廊等第二批“留住青山绿水，记住乡愁”工程建设，推动乡村“盆景点”变“风景线”。利用土地确权和农村集体产权制度改革成果，引导各村因地制宜，盘活资产资源，培育壮大村集体经济，全镇15个村集体经营性收入均20万元以上。

【社会事业】 2021年，南埔镇新建提升“儿童之家”6家，新改建农村公路2.2千米、石砌护坡0.56千米。设立全区首个村级河长制工作站，开展河道清“四乱”专项行动，完成南埔溪、林柄溪等辖区河道综合整治9.5千米。镇公益慈善促进会募捐资金149万元，助力南埔教育、扶贫、助困事业发展。聚焦“两不愁三保障”，成立专门工作组，保障新增低保对象51人、提升档次9人，建成低保安居工程2户，农村女儿户安居工程11户。居民保、基本医疗保险参保率和保障水平稳步提升。全面实施“三孩”政策，围绕“健康福建”战略目标，开展公共卫生服务项目，完成全镇免费孕前优生健康检查132对，省、市、区级“两癌”筛查1610人，完成率100%。弘扬时代新风，改善扩建新时代文明实践站（所）11家。深化创城创卫、爱国卫生运动和人居环境整治，集中环境整治26次，开展“四害”集中消杀18批次。

【平安建设】 2021年，南埔镇完成村级组织换届选举，提升村级组织引领带动作用、决策执行能力、民主自治水平。按照“强基促稳”三年行动工作要求，争创“反诈先锋镇”，实现全覆盖、常态化反诈格局。严格“四定”政策，拓展“调解超市”特色做法，化解信访积案21件，调处各类矛盾纠纷315起，调解满意率达100%，实现“小事不出村，大事不出镇，矛盾不上交”。打造“智慧+”模式，在惠屿、塘头等村建设“智慧+”海岛、“智慧云视播”系统，提升社会治理效能，实现治理能力现代化。加强疫情防控，阻击新冠肺炎疫情，保障人民群众生命健康安全。

【南埔镇创建全市首个村级河长制工作站】 2021年4月29日，泉州市首个村级河长制工作站在南埔镇省级乡村振兴试点村——凤翔村挂牌成立，打通治水的“最后一公里”。村河长制工作站由凤翔村党支部书记担任站长，村委会主任担任副站长，河道专管员、保洁员等组成的一支管水治水队伍，助力流域河长开展工作，落实巡河工作，宣传爱水护水理念，引导全民监督。

【惠屿村入选“福建省金牌旅游村”】 2021年10月27日，福建省文化和旅游厅福建省发展和改革委员会福建省住房和城乡建设厅发布2021年福建省“金牌旅游村”名单，南埔镇惠屿村获评2021年福建省“金牌旅游村”。惠屿村位于湄洲湾主航道西侧，是泉州市唯一的海岛行政村，面积2平方千米，居民403户1400多人，具有浓厚闽南滨海特色。近年来，惠屿村发展海带养殖、鲍鱼养殖、网箱养鱼、滨海旅游等特色产业；年接待游客近20万人，实现旅游收入近2000万元。

界山镇

【概况】 界山镇位于泉港区北部，毗邻仙游县枫亭镇，陆域面积30平方千米，海域面积20千米，下辖13个行政村，2021年末户籍人口5.86万人。是福建石化基地的北部工业区所在地；交通便捷，沈海高速公路、福厦客专及国道324线、228线贯穿全境。通行闽南语和兴化语（莆仙话），有回龙灯、十音等“非遗”文化，有唐朝槐山古窑址、留有弘一法师遗迹的千年古刹清莲庵、康熙年间的九峰山烽火台等风景名胜，先后获评全国无邪教创建示范镇、泉州市乡村振兴整镇推进“五好”乡镇、泉州市“平安农机”示范乡镇等称号，培育全国文明村1个、全国乡村治理示范村1个、福建省乡村振兴试点村2个。2021年，因疫情防控工作突出，被区委、区政府记集体三等功。

【经济建设】 2021年，界山镇固定资产投资23.48亿元，增长167.0%；地方级工商税收0.54亿元，增长9.7%；限额以上批零住餐业销售额2.73亿元，增长48.7%；限额以上社会消费品零售额2.73亿元，增长48.7%，经济社会保持平稳健康发展。实施项目清零，完成北新建材、河阳储备等重点项目征迁任务。创新“三个三”复工复产机制，承建区级重点项目17个，累计完成投资39亿元，占年度计划130%，超额超序时完成年度投资目标。落实民营经济“九奖八补充七服务”等扶持政策，投入近100万元，奖补工业企业7家，助免企业税费2000多万元。

【城镇建设】 2021年，界山镇完善“东部石化园区、中部新城商住区、西部休闲观光区”的空间发展格局。引导鼓励各村通过发展种植养殖业、研学旅游、集体资源资产出租、购置房产、建设光伏发电等途径增加村集体收入，全镇13个行政村集体经营性收入突破20万元，东张、鸠林、玉山等村首超50万元。主动对接上级强农惠农富农政策，累计帮销农产品526吨。统筹龙马溪沿溪村庄建设，打造形成玉山、玉湖、东张等村组成的“画语侨乡、宜居界山”乡村振兴示范线。常态化开展全国文明城市和省级文明城区创建活动，投入资金3145万元，建成东张、鸠林等综合文化服务中心（站）、村史馆、侨史馆、家风家训馆15个，界山、岭头农村微景观2个，玉湖、狮东等移风易俗主题公园13个。深化“一革命四行动”，完成户厕改造810户，清理农村生活垃圾2991吨，清理界山溪等溪流52千米，新增配备垃圾桶500个。投入近200万元完成辖区道路日常维护维修、施划主干道两侧停车位标志标线2000多平方米，拆除东张三角台石头危房，投入496万元完成南枫路惠华街至河阳段2.5千米路面“白改黑”，改造维修界东路路面1.9千米。

【社会事业】 2021年，界山镇推动巩固拓展脱贫攻坚成果与乡村振兴有机衔接，发放1153户1356人947万余元低保金，实现应保尽保。城乡居民基本养老保险和居民医疗保险全民参保，全镇缴费人数分别为24518人和46447人。固化“强基促稳”制度，推进扫黑除恶专项斗争，人民群众安全感提升至98.18%。根治欠薪行动，实现“零欠薪”。完善“大调解”工作体系，综治“三率”水平位居全区前列。办结区级以上为民办实事项目7个，投入1715万元。

【平安建设】 2021年，界山镇坚持人民至上、生命至上，严格落实疫情防控要求，维护人民群众生命安全和身体健康。6天内实现本地新增确诊病例零增长，21天内实现全域调整为低风险区，未出现第三代病例，得到国务院和省市区各级领导的肯定。坚持“解封”不等于“解防”，抓好常态化疫情防控，超额完成新冠疫苗第一、二剂接种任务，稳步推进第三剂加强针接种，推动全镇生产生活秩序基本恢复常态。开展安全生产工作，建成镇村两级微型消防站10个，整治自建房加工场所34家，强化森林防火巡查值守，保持安全生产

“零事故”。

【界山镇获评“泉州市侨乡文化名镇”】 2021年1月，界山镇获评"泉州市侨乡文化名镇"。界山镇华侨历史文化丰富，近年来构建“五个一”特色平台，建成界山镇侨史馆和惠华中学侨胞纪念馆，培育福建省“侨胞之家”示范点1个。

【界山镇入选农业强镇名单】 2021年2月，界山镇入选福建省“十四五”期间拟建设农业强镇名单（为泉港区唯一入选乡镇），有效促进空间布局、产业发展、基础设施等镇域统筹，带动农民就地就业、增收致富。

【天马华耀城（一期）入住仪式举行】 2021年5月，天马华耀城（一期）入住仪式在界山新城举行，终结界山建镇二十多年无镇区历史，标志界山新型化城镇开发建设进入了新的阶段。

后龙镇

【概况】 后龙镇位于泉港区东北部，陆域面积16.5平方千米，海域面积35平方千米，海岸线总长11千米，下辖12个行政村、1个社区，其中柳亭村为少数民族（回族）聚集村，2021年末户籍人口5.09万人。有土坑古建筑群、后龙老街、陈氏家庙、虎石砖窑等特色城乡建筑；土坑村获评“中国历史文化名村”和“中国传统村落”，土坑古建筑群列入第八批全国重点文物保护单位。全区唯一连续三届（第十三届至第十五届）获评“省级文明镇”称号，获泉州市“平安镇”“四好农村路示范镇”等荣誉称号。

【经济建设】 2021年，后龙镇完成地方级工商税收1.37亿元，比上年减少11.5%；完成固定资产投资18.29亿元，增长68.5%；完成限额以上社会消费品零售额0.97亿元，增长60.4%；完成限额以上批零住餐业销售额22.28亿元，减少8.6%。辖区内有振戎石化、华星燃气等大型石化相关企业，全镇石化关联产业年产值突破30亿元，华星燃气保持全省最大民用液化石油气供应商的行业龙头地位。新增亿元以上招商签约项目7个，其中超百亿元项目2个，分别是中石化LNG接收站项目和地下水封洞库项目。提升东方伟业、为为国际等两个商贸综合体辐射能力，推动餐饮、服饰、电商、金融信贷、物流配送、仓储运输等企业商家入驻，辐射中心城区的城市服务业商圈形成规模。

【城镇建设】 2021年，后龙镇推进创城创卫常态化，健全环境卫生保洁管理长效机制，投入460万元对背街小巷、主次干道、集贸市场、无物业小区等进行地毯式清理，处理各类生活垃圾1.4万余吨，人居环境大幅改善。加快老旧小区改造及业委会组建，建成福炼生活区党群服务中心，完成柳山小区全域亮化、硬化、绿化工程，实现无物业小区更新升级。发展集贸经济、夜间经济，推进栖霞社区、福炼小区等老旧小区改造提升工程，回收田里市场管理经营权并完成全区首个“农改超”项目。推动“祥云中路—驿峰路东段—滨海中路—南龙路”商业网点连片综合开发，二、三产业供图发展。

【社会事业】 2021年，后龙镇投入1952万元，完成13个区、镇两级为民办实事项目。实现城乡低保动态管理，经济核查有序推进，调整和清退最低生活保障对象42人，新增最低生活保障对象87人，临时救助困难对象98人，发放临时救助资金20.28万元。抓实城乡居民社会养老保险及被征地养老保障工作，发放城乡居民社会养老保险1372万元、被征地养老保障金1147万元。加大疫情期间困难群众生活保障力度，多渠道筹集临时救助生活物资，慰问困难户762户，调运发放食用油、大米、面线、面包等物资2000多件。加大教育基础设施建设，完成泉港五中食堂、学生宿舍工程前期规划设计，投入4000多万元完成三川中学宿舍楼扩建及二小教育集团

2021年6月30日，后龙镇召开庆祝建党100周年暨“两优异先”表彰会议

（图/后龙镇）

福炼校区教学楼建设，新增学位500多个。投入1000万元建成区内规模最大，集硬件设施、周边配套、服务品质为一体的“刺桐红”康养服务中心，提升老年人关爱服务水平。

【平安建设】 2021年，后龙镇深化“平安后龙”建设，健全网格化管理体系，建成镇、村两级综治中心14个，配备平安中心户长132名、村级治安巡查队员68名。常态化开展扫黑除恶，专项打击成品油走私，强化重点人员管控，全年镇治安案件发案率比上年下降8%。开展“入万家，访民情、解民忧”大走访活动，推行领导干部领案下访，全年化解信访积案5件，信访积案化解率100%；矛盾纠纷调处34起，调处成功率97%。开展重点行业（领域）安全生产专项治理，辖区安全生产形势稳定向好，隐患排查治理成效显著，未发生安全生产事故。

【后龙镇召开庆祝建党100周年暨“两优一先”表彰大会】 2021年6月30日，后龙镇召开庆祝建党100周年暨“两优一先”表彰大会，回顾党的优良传统，歌颂党的丰功伟绩，表彰一批先进集体和先进个人，激励全镇党员干部奋力拼搏，主动作为，为后龙跨越发展再创新业绩、做出新贡献。

峰尾镇

【概况】 峰尾镇位于湄洲湾南隅最突出部，俗称“峰尾半岛”，陆域面积12平方千米，海域面积32平方千米，海岸线长13千米，是泉港区中心城区之一，下辖8个行政村，2021年末户籍人口5.76万人。海陆交通发达，历史上被称为“闽南四大渔业重镇”之一，有北管、古船模制作技艺、渔网具制作技艺等各级非物质文化遗产。

【经济建设】 2021年，峰尾镇实现工商税收1.14亿元，比上年增长48.0%；固定资产投资10.59亿元，增长64.5%；限额以上批零住餐业销售额6.43亿元，增长52.3%；限额以上社会消费品零售额5.27亿元，增长51.3%。完成17个区级重点项目投资9.38亿元，占年度计划的102%；其中12个在建项目年度计划投资7.25亿元，完成投资7.32亿元，占年度计划的101%。紧抓在建项目协调督促，推进建达花园（二期）、新新长安街等17个区级重点项目；抓好优先供地项目清障，加快古船模博物馆、益苗幼儿园、海警基地等一批项目征迁交地。

【城镇建设】 2021年，峰尾镇开展人居环境大整治行动，排查整改问题2000多处。开展蓝色海湾治理，完成海上养殖设施新型塑胶浮球升级改造473.33公顷。完成峥嵘海堤除险加固，上楼溪、后曾溪、郭厝溪河道及诚平海岸、五里海沙沙滩整治，投入1422万元，完成河道清淤5千米。推进“四好农村路”建设，改造镇村道路，开展道路硬化、亮化工程，推进峥嵘、上楼海防路改造提升3.3千米。强化文明建设，深化“我们的节日”主题活动，评选表彰镇星级文明户74户，推荐市、区级道德模范人选9名。推广移风易俗助推乡村治理新风尚做法，峰尾镇、郭厝村、陈景春分别获评泉州市移风易俗“三个100”工作典型（典型镇、村和带头人）。承办市级为民办实事项目新时代文明实践所建设，“理论宣讲：海上渔船新阵地”入选2021年福建省志愿服务项目大赛优秀项目，郭厝村新时代文明实践站获评市级家风家训馆、区级爱国主义教育基地。

【社会事业】 2021年，峰尾镇推动实施农村居家养老服务中心项目建设，建设完成居家养老服务站4家，农村幸福院1家，镇级敬老院1家。开展创业政策宣传，举办镇级征迁劳动力技能培训19场，培训农村建筑工匠等各工种298人次，促进就业帮扶；坚持兜牢民生底线，为低保、特困人员、残疾人等发放各类保障金1094万余元。加强农村宅基地和村民住宅建设管理，抓好危房改建、抗震房屋、同心工程、裸房整治，提升城乡建设品质，完成个人建房审批75宗、裸房整治180宗、抗震房屋整改30宗、同心工程6宗，危房改建工作等均按时序完成；启动圭东小区等7个老旧小区改造整治。发挥峰尾镇公益事业促进会作用，筹集100余万元资金奖助师生400余名。做好疫苗接种工作，完成疫苗接种69055人次。推进基本公共卫生服务项目全覆盖，联合泉港医院设立海上流动船员医疗驿站，打通海上应急救援绿色通道。

【平安建设】 2021年，峰尾镇设立防偷私渡执勤卡口6个，实行24小时值守。建立网格数据，开展常态化走访定位及信息完善工作，全镇采集楼宇10428幢，房屋12653间，常住人口63756个，流动人口753个，家庭户15755户。提高渔船主、渔民对境外疫情输入的严重社会危害性认识，防疫抗疫以来走访渔民1200余人次，签订责任书228份。开展三次大规模核酸检测工作，完成采集检测127358人次。坚持化解纠纷，发挥秀圭调解工作室、农民调解工作室社会效应，排查矛盾纠纷112起，书面调解90起，口头调解32起，化解调处率100%，成功率97.78%。化解初信初访，“12345”便民服务平台接收总诉求件321件，办结313件；省信信息系统平台接收信访件62件，办结56件。立治安案件135件，办结93起，办结率70%；立刑事案件132件，破81件，拘留数比上年上升171%，逮捕率上升194%，起诉率上升200%。

【紫菜海产品深加工、汽车贸易综合服务城项目"云签约"】 2021年2月16日，泉港区举行2021年第一批招商"云签约"活动，紫菜海产品深加工、汽车贸易综合服务城2个项目签约仪式在峰尾镇分会场举行，项目投资总额2亿元。紫菜海产品深加工项目由泉州市晋港海洋科技有限公司投资1亿元建设，引进两条紫菜深加工生产线，其中一条为泉州市目前唯一一条全自动化紫菜加工生产线，日生产加工能力40吨；汽车贸易综合服务城项目由泉州市凯撒汽车有限公司投资1亿元建设，投资汽车贸易、售后、培训等服务。

【峰尾镇诚峰一级渔港建设项目交工验收】 2021年4月29日，峰尾镇组织设计、地勘、建设、施工、监理等参建单位，邀请市交通运输执法支队、区主管部门农水局参加开展诚峰一级渔港主体工程交工验收工作。通过诚峰一级渔港、中建筑港集团有限公司项目指挥部现场察验，听取项目建设单位交工报告，对各参建单位合同工程施工质量等级进行评定，峰尾镇诚峰一级渔港顺利通过验收。诚峰一级渔港位于峰尾镇诚峰村，项目总投资6016万元，建设防波堤总长1060米，拦沙堤630米，堤顶宽4米；建有300HP渔船泊位3个，150HP渔船泊位9个，年设计渔货卸港量4.54万吨。

【峰尾镇首个河长制主题公园建成】 2021年10月，峰尾镇首个河长制主题公园——上楼溪河长制主题公园建成。上楼溪全长1.4千米，是峰尾镇重点打造的河长制精品化、示范化河段，主题公园建设在原有上楼溪休闲公园基础上，实施水体清淤、生态挡墙、绿化种植、休闲运动、道路景观提升等工程措施，加强河道及岸线保护，补充文化长廊、宣传栏、墙体彩绘等河长制宣传元素。

山腰街道

【概况】 山腰街道位于泉港区东南部，是泉港区的政治、经济、文化中心，区位优势突出，交通便利，基础设施良好，系省级绿色生态街道、安全社区。辖区总面积33.6平方千米，海域面积12平方千米，海岸线长18.3千米，辖10个行政村、7个社区居委会，2021年末户籍人口7.73万人。文化积淀深厚，被文化部命名为"中国民间文化艺术（闽南戏曲）之乡"、 福建省文化厅授予首批"闽南文化生态保护实验区（北管音乐）示范点"，有北管、南音、掌中木偶、歌仔戏、高甲戏等各级非物质文化遗产。

【经济建设】 2021年，山腰街道完成地方级工商税收入库1.74亿元；完成固定资产投资9.89亿元；限额以上批零住餐业销售额9.07亿元；限额以上社会消费品零售额3.57亿元。有区级重点项目30个（其中在建项目23个，预备项目7个），总投资6.08亿元，至12月投资2.73亿元，完成年度计划的100.38%。推进新耀新材料进行厂房设计；灿华再生资源项目完成设备订购；泉怡自动化瓶装水生产线项目正在办理前期用地手续；安然纺织项目完成控制性规划申报。

【城镇建设】 2021年，山腰街道推进中兴街（锦川小区段）市政道路工程、郭厝溪流域整治、南山北路改扩建工程等项目，荷池石结构房屋改造项目二期、龙山社区三旧改造项目二期进入扫尾阶段。发展第三产业创新，形成以新百汇、永嘉天地、万星城市广场为中心的核心商圈，形成商业总面积10万平方米集中连片发展态势；加大星级酒店引进力度，引进福安大酒店、希尔顿欢朋酒店、名仕酒店；嘉诚石化总部大楼、纳川5A写字楼等项目入驻总部经济区。引导金燕海洋生物科技公司、泉怡饮料和晶海食盐加工等食品加工企业增资扩营，引进一批保健食品、休闲食品、功能饮料等食品生产企业，培育具有特色资源优势的食品产业集群；动员海南乡贤企业"中建中联集团"在泉港设立福建分公司；引进泉怡饮用智能化生产项目、百川（三期）、海底捞等8个项目签约落地；推动德和商业酒店二期、风悦轻尚酒店、华怡饮料（福建）有限公司营销总部等7个项目。

【社会事业】 2021年，山腰街道巩固脱贫成果，贯彻精准方略，精准施策，把保障稳定脱贫、提高脱贫质量放在脱贫攻坚首位，落实防返贫控新贫稳脱贫措施，实施造福安居、医疗救助、助学济困、就业培训、应急救难"五项工程"，帮助贫困户稳定实现"两不愁三保障"。设立小佑家早教中心、哈迪宝贝和彩虹大叔早教中心三个儿童早期发展示范项目点，通过开展"社区早教公益"和"亲子活动课"等活动将实现"幼有所育"等新要求落到实处。开展清洁家园、清洁田园、清洁水源、公厕改造等村庄清洁"三清一改"行动，通过天网监控系统。无人机巡河，实现河道监控"全域化"，24小时实时查看辖区内水域岸线情况，打造干净、舒适居住环境。

【平安建设】 2021年，山腰街道开展"天翼看家"高清视频监控安装、网格员信息终端配置、网格化管理平台信息传输速率提升、H5链接综治宣传等活动，全年安装新型智能监控1000部，完善立体化治安防控体系。开展"零上访村（社区）"创建活动，开展"金牌带星牌"活动，建立金字塔式的传帮带模式，构建矛盾纠纷排查化解队伍，化解初信初访，开展信访老案攻坚，推进信访案件控增减存，全年受理各类纠纷120起，成功化解116起，调解成功率

96.67%。以高标准严要求推进创城工作，紧抓人居环境整治，重点清理卫生死角、背街小巷杂物堆积等，解决好城乡接合部脏、乱、差突出问题，强化主要道路、背街小巷的循环保洁，提高环境卫生水平。成立山腰老街、庄园市场、12米支路巡查专班队伍，加强流动摊位、店外店等占道经营和乱停车行为整治，形成常态巡查整治机制，加快推进市民广场建设、单行道实施、农贸集市点设置等，解决随意“摆摊设点”乱象，完成庄园市场改造提升工程。深化辖区小区管理，制定《山腰街道住宅小区创建责任分工图》，组织8个社区深入整治老旧小区、无物业小区，集中整治楼道堆放杂物、占用消防通道、飞线充电等突出问题，解决住宅小区管理难题。开展交通秩序整治、老旧小区改造、道路破损修缮、环境卫生治理、背街小巷改造提升、门前三包治理、校园周边整治等专项行动，提升城市的文明程度和治理水平。

【庄安泰获评福建省一级人民调解员】 2021年11月，福建省人民调解员协会发布福建省第一批一级人民调解员人员名单，山腰街道庄安泰获评福建省一级人民调解员。2005年6月担任调解员以来，庄安泰成功调解大量矛盾纠纷，调处成功率99%。2010年9月，以庄安泰个人名字命名的安泰调解室在山腰街道司法所揭牌成立，为全省首个以专职调解员名字命名的人民调解工作室。

前黄镇

【概况】 前黄镇位于泉港区西南部，东临后龙镇，西接涂岭镇，南毗山腰街道和惠安县辋川镇，北靠南埔镇，面积33.3平方千米，下辖13个行政村，2021年末户籍人口43264人。先后获评全国重点镇、国家级生态乡镇、福建省卫生乡镇、泉州市小城市试点镇、泉州市首批特色小镇等。

【经济建设】 2021年，前黄镇实现工商税收1.59亿元，比上年增长83.2%；固定资产投资16.88亿元，增长21.8%；限额以上批零住餐业销售额42.32亿元，增长28.1%；限额以上社会消费品零售额5.12亿元，增长94.1%。开展“项目攻坚行动”，22个区级重点项目按序时推进，预备项目2个、开工项目20个，总投资43.7554亿元，全年完成投资21.8957亿元，完成年度计划的121.92%。推动博超（二期）、牲畜定点屠宰厂土地征迁问题，推进亚伦扩征、菱溪水库、南山北路改建等项目征迁扫尾工作。

【城镇建设】 2021年，前黄镇推进国土空间总体规划编制，加快前黄镇镇区控制性详细规划设计进度，实施村庄规划编制工作三年行动，开展2个村庄规划编制任务，完成评审1个。城镇总体规划和城镇建设通过市级小城市培育试点建设考评。推动群山路延伸线工程纳入区“十四五”综合交通运输发展规划，打通沿线各村交通脉络，完成3条“四好农村路”建设，完善前黄镇交通骨架路网建设。

【社会事业】 2021年，前黄镇加大帮扶力度，帮助困难户和困难群众获得医疗、教育、建房等各类补助20万元。加强疫情防控，建立镇、村、卫生院三级联合管理机制，严格落实中高风险地区返乡人员“四到位”管控措施。组织免疫接种，投资30多万元新建凤阳村疫苗接种点，18周岁以上人群第一剂接种2.8万人次，接种率98%，名列全区第二；第二剂接种2.7万人次，接种率96%，名列全区第一。优化教育资源，全镇普惠性幼儿园6所，教育发展基金超过5000万元。做实特殊服务，推进“互联网+居家养老助残”模式，为辖区内老年人、残疾人提供保洁、助餐等实体援助，惠及593人。完成换届选举，13个村级组织100%实现“书记村长一肩挑”。

【平安建设】 2021年，前黄镇深化平安前黄建设，推进“强基促稳”三年行动，坚决扫黑除恶治乱。紧扣“六个围绕、六个重点”，开展“拉网式”摸底核查行动，整治四大行业领域。实施“雪亮工程”，完成160余路监控安装。部署安全生产专项整治三年行动，开展“严执法、强攻坚、促提升”专项整治。启动“八五”普法，设立“两代表一委员”普法工作室2家。推进安全生产专项整治三年行动，统筹做好各领域安全生产隐患排查整治工作。开展房屋安全隐患整治专项行动，加大自建房加工场所消防安全评查整改力度，强化道安巡查工作。

【前黄村获“全国乡村治理示范村”称号】 2021年9月23日，中央农村工作领导小组办公室、农业农村部、中央宣传部、民政部、司法部、国家乡村振兴局联合发文公布第二批全国乡村治理示范村镇名单，前黄村获“全国乡村治理示范村”称号。前黄村山清水秀，历史文化积淀和人文底蕴厚重，近年来依托驿峰西路、普安工业区及中央粮库，发挥地域优势和交通优势，引进多家企业、项目入驻，推动企业用工和群众就业，乡村治理成效显著。

【三朱革命斗争纪念碑入选福建省党史学习教育参观学习点】 2021年3月，省委党史学习教育领导小组办公室向党员干部推荐党史学习教育参观学习点，前黄镇三朱革命斗争纪念碑入选其中。近年来，前黄镇对三朱红色基地进行规划设计，提升三朱爱国主义教育基地，加快红色展馆布置进度，完成“红旗不倒火种不灭——三朱革命斗争史”“唱支山歌给党听”“家乡红馆我代言”主题宣传片拍摄，推出“重走红军路，学党史，颂党

三朱革命斗争纪念碑（摄于2021年） （图/前黄镇）

情”学习路线，组织党员干部开展革命教育现场教学，2021年接待参访上万人次。

【荣盛大型钢构件生产基地、中森擦拭MPM湿巾项目、海丝堡新材料二期项目“云签约”】 2021年2月16日，泉港区举行2021年第一批招商“云签约”活动，荣盛大型钢构件生产基地、中森擦拭MPM湿巾项目、海丝堡新材料二期项目3个项目签约仪式在前黄镇分会场举行，项目投资总额3.7亿元，年产值9.5亿元。荣盛大型钢构件生产基地由福建盈利实业有限公司投资建设10.9万平方米厂房及配套设施，3条钢结构集成房屋生产线和7条年产约5万吨钢结构构件加工生产线，年产值5亿元；中森擦拭MPM湿巾项目由泉州市中森新材料有限公司投资建设30条可降解擦拭MPM湿巾生产线，年产量10万吨，年产值3.5亿元；海丝堡新材料二期项目由泉港海丝堡新材料有限公司投资建设8条聚苯乙烯EPP、可发泡EPS生产线及3万平方米的仓储物流园，年产值1亿元。

涂岭镇

【概况】 涂岭镇古称“桃岭”，位于泉港西部，与惠安、洛江、仙游接壤，面积157平方千米，下辖21个村、1个社区，2021年末户籍人口5.59万人。先后被列为泉州市第一批小城镇综合改革建设试点镇、市级小城市培育试点、全域旅游试点镇；获评国家级生态镇、全国森林康养基地试点建设乡镇和旅游休闲乡镇、省级乡村振兴特色镇、省级宣传思想文化示范镇、省级乡村治理试点示范镇、省级安全社区、泉州十佳特色小城镇等称号。

【经济建设】 2021年，涂岭镇固定资产投资9.19亿元，减少24.9%；地方级工商税收5603万元，增长10.1%；限额以上批零住餐业销售额24.30亿元，增长28.7%；限额以上社会消费品零售额4.99亿元，增长42.3%。完成新辉大二期等2个批而未征、批而未供土地任务；完成普洛斯智能仓储物流园、“七库连通”引调水工程、324线溪西段扩宽项目、坝头溪综合整治、涂岭第二中心幼儿园等8个项目征迁工作。服务恒昂畜牧养殖、统一调味品生产线、福泉高速驿坂共用服务区项目、合众鑫智能电力设备、黄田溪漂流（三期）5个项目，其中恒昂畜牧正在平整土地，统一调味品、合众鑫智能电力设备正在开展项目可研手续；对接中关村院士岛（泉州）国际智慧康养基地、格泰食品机械设备、波浪发电研发中心等项目14个，总投资额106.7亿元。

【城镇建设】 2021年，涂岭镇科学编制村庄规划，完成寨后、小坝等6个村庄规划编制。建设秀溪吟兜、白潼后望、芦朴路打3个小型污水处理设施和3.6千米村庄污水主管道，接户300余户。深化卫片整改、“两违”治理工作，实施农村个人建房测量、监管、验收服务项目，推广前欧村“两高”整治示范点好经验，完成“裸房”整治264宗。注重绿化美化宜居建设，黄田村获评2021年省级森林村庄。总结提升农村交通安全管理新模式，投入50万元优化“人防+技防”配置，开展辖区道路养护包干项目，修复37处路面破损。完成前欧路口绿化改造、路段设施优化以及白潼路段道安设施提升，启动涂岭街路段改造提升工程。实施路灯美化亮化工程，改造提级涂岭街路段两侧路灯，护航群众及车辆夜间出行。投入300多万元，开展家园清洁、占道经营、空中线缆等专项整治行动。推进区第三轮“碧水清源”项目坝头溪小流域综合整治，退耕还河0.67公顷；开展百里河道清淤工作，清理河道10.07千米、山塘护砌2座；强化菱溪水库等饮用水水源地保护，拆除6栋违规建筑，镇域内菱溪、坝头溪、龙马溪流域均完成水质提升目标任务。

【社会事业】 2021年，涂岭镇启动20户农村危房改造及同心安居工程，开工率100%、竣工率100%；启动小坝特色民族村寨项目，向上争取资金，助推小坝村横溪石结构房屋改造。落实关爱留守儿童长效机制，组织“爱心爸妈”与20名留守儿童结对子，营造关爱未成年人良好社会环境。为全镇680户特殊计生家庭、残疾人投保意外伤害保险，为全镇18周岁以下青少年参保重大疾病险。落实教育投入资金约60万元，召开第五届涂岭镇朝阳公益促进会奖教奖学金颁奖仪式，奖励资助人数140多人次。加快推进涂岭中心小学、泉港六中等教育配套设施建设。完成下炉、松园等2个村微景观公园建设。投入30多万元，完善卫生院疫苗接种场所等设施，优化群众接种环境。

春茶采摘（摄于2021年） （图/涂岭镇）

【平安建设】 2021年，涂岭镇开展房屋安全隐患排查整治“回头看”、在建房屋质量安全清查专项行动，实现隐患问题房屋清零。常态化开展企业安全生产检查工作，创新推行隐患排查电子巡更巡检模式，100%完成丙类、丁戊类自建房加工场所消防安全整改。建成智慧云广播应急预警系统，开展森林防火隐患排查整治工作，投入20多万元购买无人机常态飞巡覆盖深林区，严格落实“17个一”防火措施，扎密防火安全网。健全扫黑除恶治乱长效机制，推进“天网”工程进展，新增监控探头349个，深化网格治理成效；落实领导责任制和“四个到位”要求，化解信访积案13件。总结“三所联调”“三室联动”调解模式先进工作经验，结合涂岭镇实际，构筑“边界联调”“行业调解会”“两代表一委员调解工作室”等多元化解新格局，矛盾纠纷调解成功率99.3%。开展普法宣传30多场，营造“法治涂岭”良好氛围。涂岭见义勇为工作站获“泉州市见义勇为先进工作站”荣誉称号，涂岭司法所获中央司法部授予的“全国模范司法所”称号。

【乡村振兴】 2021年，涂岭镇通过逐村调研指导，从各村（社区）实际出发，引导村级发挥资源优势盘活“三资”，发展壮大集体经济，增强村级发展活力。发展农业基础设施建设，完成8个村222.33公顷高标准农田建设项目。完成驿坂、前欧、秀溪、西青场等4个投资600万元的移民项目建设。主动对接省级大中型库区移民后扶项目示范区优惠政策，策划生成10个项目38项内容，向上争取帮扶资金1000万元，并启动建设。加强风貌管控，启动324国道、朝阳公路沿线建筑风貌管控方案设计，完成“裸房整治一张图”的方案设计。实施建设42个乡村振兴示范项目，完成投资6914万元。完善乡村振兴实施方案，以前欧村、黄田村2个省级乡村振兴试点村为引领，推动白潼村创建省级乡村振兴“实绩突出村”，黄田村创建省级“农业科技推广示范村”。涂岭红茶叶专业合作社获评“全国巾帼现代农业科技示范基地”，邱后村获评市“一村一品”专业村，“前欧村—小坝村—樟脚村—黄田村”示范线获评全市首批乡村振兴最美示范线。

【涂岭司法所获评“全国模范司法所”】 2021年10月27日，司法部发布《司法部关于表彰全国模范司法所和全国司法所模范个人的决定》，授予597个司法所“全国模范司法所”称号，授予796名个人“全国司法所模范个人”称号，涂岭司法所获评“全国模范司法所”。涂岭镇地处泉港西部，辖区范围大，社情较为复杂，涂岭司法所推进“枫桥经验”落地生根，总结“三所联调”“三室联动”调解模式先进工作经验，结合实际，构筑“边界联调”“行业调解会”“两代表一委员调解工作室”等多元化解新格局，打通人民调解为人民的“最后一公里”，为平安乡村实施保驾护航。

【涂岭红茶叶专业合作社入选“全国巾帼现代农业科技示范基地”】 2021年11月30日，全国妇联办公厅发文公布2021年度“全国巾帼现代农业科技示范基地”名单，涂岭红茶叶专业合作社被命名为“全国巾帼现代农业科技示范基地”，为泉州市唯一一家入选基地（福建省2家）。涂岭红茶叶专业合作社是福建省重点巾帼示范基地，基地规模18.8公顷，拥有国家发明专利授权2件。2021年，带动茶园周边泉港、惠安、仙游三县区11个乡镇760名农民工就业，培训涂岭红茶采茶女能手646人；通过福建省农科院和泉州市科技局实地和远程培训，辐射全省培训1350人，带动增收2360人。

荣 誉

2021 年泉港区地方荣誉一览表

表 16

单位	荣誉称号	授奖机关	授奖文号
泉港区	福建省文明城区	中国共产党福建省委员会、福建省人民政府	闽委〔2021〕36 号
泉港区	2021 年度第一季度全省“五个一批”项目正向激励综合考评第 8 名	福建省发展和改革委员会	闽发改重综函〔2021〕181 号

2021 年泉港区先进单位一览表

表 17

单位	荣誉称号	授奖机关	授奖文号
清源创新实验室（鲍晓军）	国家科技进步奖二等奖	国务院	—
联合石化有限公司	国家科技进步奖二等奖		
泉港区档案馆	节约型机关	国家机关事务管理局、中国共产党中央委员会直属机关事务管理局、中华人民共和国国家发展和改革委员会、中华人民共和国财政部	—
泉港区市场监督管理局	节约型机关		
泉港区市场监督管理局	节约型机关		
泉港区人民法院	节约型机关		
泉港区住房和城乡建设局	节约型机关		
泉港区信访局	信访工作“三无”县（市、区、旗）	国家信访局	—
泉港区司法局涂岭司法所	全国模范司法所	中华人民共和国司法部	司发通〔2021〕66 号
泉港海事处	2021 年度交通运输部法治政府部门建设成绩突出基层集体	中华人民共和国交通运输部办公厅	交办法函〔2021〕2087 号
泉港海事处党支部	2021 年直属海事系统先进基层党组织	中华人民共和国交通运输部海事局党组	海事党〔2021〕86 号

续表 17

单位	荣誉称号	授奖机关	授奖文号
肖厝出入境边防检站执勤二队党支部	全国移民管理机构“四强”党支部	国家移民管理局	国移民组通〔2021〕22号
泉港石化工业园区	2021中国化工园区30强	中国石油和化学工业联合会化工园区工作委员会	—
肖厝出入境边防检站执勤一队	全国青年文明号	中国共产主义青年团中央委员会	中青联发〔2021〕6号
涂岭红茶叶专业合作社	全国巾帼现代农业科技示范基地	中华全国妇女联合会办公厅	妇厅字〔2021〕54号
泉港区工商业联合会	2020—2021年度全国“五好”县级工商联	中华全国工商业联合会	全联发〔2021〕45号
农工民主党泉港总支	纪念中国农工民主党成立90周年优秀基层组织	中国农工民主党中央	—
泉港区司法局	全国人民调解工作先进集体	中华全国人民调解员协会	中调协〔2021〕8号
国能（泉州）热电有限公司	国能（泉州）热电有限公司安全生产十周年以上优秀单位	中共国家能源集团党组	—
国能（泉州）热电有限公司	国能（泉州）热电有限公司先进基层党组织	中共国家能源集团党组	—
泉港区委宣传部	福建省文明单位	中国共产党福建省委员会、福建省人民政府	闽委〔2021〕36号
泉港区纪律委员会、泉港区监察委员会	福建省文明单位		
泉州市公安局泉港分局	福建省文明单位		
国家税务总局泉州市泉港区税务局	福建省文明单位		
泉州市公安局油城分局	福建省文明单位		
泉港区烟草专卖局（分公司）	福建省文明单位		
泉港区人民法院	福建省文明单位		
泉港区委政法委员会	福建省文明单位	中国共产党福建省委员会、福建省人民政府	闽委〔2021〕36号
泉港区人民代表大会常务委员会机关	福建省文明单位		
泉港区市场监督管理局	福建省文明单位		
后龙镇	福建省文明镇		
泉港区前黄镇凤阳村	福建省文明村		
泉港区涂岭镇松园村	福建省文明村		
泉港区涂岭镇白潼村	福建省文明村		
泉港区第一中学	福建省文明校园		
泉港区第二中学	福建省文明校园		
泉港区第五中学	福建省文明校园		
泉港区惠华中学	福建省文明校园		
泉港区第六中学	福建省文明校园		

续表 17

单位	荣誉称号	授奖机关	授奖文号
泉港区委组织部	《接力》获第十六届全省党员教育电视片观摩交流活动三等奖	中国共产党福建省委员会组织部	—
泉港区委宣传部	泉港区乡村讲师团获评“基层理论宣讲先进集体”	中国共产党福建省委员会宣传部、讲师团	闽委讲联〔2021〕6 号
泉港区司法局	全省 2016—2020 年全省依法治理创建活动先进单位	中国共产党福建省委员会宣传部、福建省司法厅	闽司〔2021〕143 号
泉港区委精神文明建设指导委员会办公室	全省精神文明创建信息工作先进集体	中国共产党福建省委员会精神文明建设指导委员会办公室	—
峰尾镇	2021 年福建省志愿服务项目大赛金奖	中国共产党福建省委员会精神文明建设指导委员会办公室	闽志赛组〔2021〕1 号
后龙镇	2021 年福建省志愿服务项目大赛优秀奖	中国共产党福建省委员会精神文明建设指导委员会办公室	闽志赛组〔2021〕1 号
峰尾镇诚峰村	省级乡村振兴实绩突出村	中国共产党福建省委员会扶贫开发成果巩固与乡村振兴工作领导小组办公室	—
涂岭镇白潼村	省级乡村振兴实绩突出村	中国共产党福建省委员会扶贫开发成果巩固与乡村振兴工作领导小组办公室	—
南埔镇离退休党支部	第二批省级离退休干部示范党支部	中国共产党福建省委员会离退休干部工作委员会、中国共产党福建省委员会老干部局	—
泉港区委政法委员会	福建省政法委系统先进集体	中国共产党福建省委员会政法委员会、福建省人力资源和社会保障厅	闽人社表彰〔2021〕3 号
泉港区委宣传部	《泉港区推进“圈层化”县域网络综合治理模式》获第四届“推进机制活、建设新福建”全省机关体制机制创新优秀案例优秀奖	中国共产党福建省委员会省直机关工委、中国共产党福建省委员会全面深化改革委员会办公室、福建省发展和改革委员会、福建省机关效能建设领导小组办公室	—
国家阀门质检中心	省直机关先进基层党组织	中国共产党福建省委员会省直机关工 作委员会	—
国家阀门质检中心	省直机关“达标创星”示范党支部	中国共产党福建省委员会省直机关工作委员会	—
泉港区信访局	庆祝建党 100 周年活动信访工作突出集体	福建省信访局	—
峰尾镇上楼村	福建省第一批优秀村规民约	福建省民政厅	—
峰尾镇诚平村	产业振兴示范村	福建省财政厅	—
泉港区工业和信息化局	福建省工信系统先进集体	福建省人力资源和社会保障 厅、福建省工业和信息化厅	闽人社表彰〔2021〕28 号
福建师范大学泉港石化研究院	福建省 2021 年度科技重大专项专题项目	福建省科学技术厅	闽财教指〔2021〕83 号
福建师范大学泉港石化研究院	中央引导地方科技发展专项	福建省知识产权局	泉财指标〔2021〕719 号

续表 17

单位	荣誉称号	授奖机关	授奖文号
峰尾镇诚平村	省级乡村治理试点示范村	福建省农业农村厅	—
涂岭镇前欧村	福建省第二批高级版‘绿盈乡村’	福建省实施乡村振兴战略乡村生态振兴专项小组	—
国能（泉州）热电有限公司	福建省环保诚信企业	福建省生态环境厅	—
涂岭镇黄田村	2021 年福建省森林村庄	福建省林业局	—
南埔镇惠屿村	2021 年福建省“金牌旅游村”荣誉称号	福建省文化和旅游厅、福建省发展和改革委员会、福建省住房和城乡建设厅	—
国家阀门质检中心	五星党支部	福建省市场监督管理局直属机关委员会	—
泉港区市场监督管理局	非公党建先进集体	福建省市场监督管理局	闽市监注〔2021〕130 号
南埔镇退役军人服务站	福建省退役军人服务保障体系“五有”先进单位	福建省退役军人事务厅	闽退役军人厅明电〔2020〕4 号
涂岭镇退役军人服务站	福建省退役军人服务保障体系“五有”先进单位		
泉港区融媒体中心	“2021 年度福建省广播电视媒体融合先导单位”荣誉称号	福建省广播电视局	闽广办〔2021〕9 号
泉港区人民法院	福建省优秀法院	福建省高级人民法院、福建省人力资源和社会保障厅	—
泉港区人民检察院	福建省检察机关新闻宣传工作“百优”活动获得优秀广播新闻作品	福建省人民检察院宣传处	闽检宣〔2021〕3 号
泉港区人民检察院办公室	2020 年度福建省检察机关信息工作先进单位和先进个人的通报	福建省人民检察院办公室	闽检办发〔2021〕1 号
泉港区人民检察院第一检察部	福建省检察机关扫黑除恶专项斗争优秀集体	福建省人民检察院办公室	闽检办发字〔2021〕82 号
泉港区人民检察院第一检察部	2020 年度福建省检察机关优秀办案团队《泉州市泉港区院泉州“碳九”泄漏事故专案临时办案组》	福建省人民检察院办公室	闽检发办字〔2021〕12 号
泉港海事处党支部	2021 年福建海事局先进基层党组织	福建海事局党组	闽海事党〔2021〕26 号
泉港海事处	福建海事局 2020 年度先进集体	福建海事局党组	闽海事党〔2021〕1 号
泉州福海粮油工业有限公司	2020 年度福建省安康杯竞赛活动优胜企业	福建省总工会、福建省应急管理厅、福建省卫生健康委员会	闽工〔2021〕55 号
福建省天骄化学材料有限公司技术中心研发应用组	2021 年福建省工人先锋号	福建省总工会	闽工〔2021〕43 号
泉港区妇女联合会	2021 年福建省三八红旗集体	福建省妇女联合会	闽妇〔2021〕10 号
泉州福海粮油工业有限公司贸易内勤综合组	2021 年福建省巾帼文明岗	福建省妇女联合会	闽妇〔2021〕11 号
泉州市公安局泉港分局出入境管理大队	2021 年福建省巾帼文明岗	福建省妇女联合会	闽妇〔2021〕11 号
泉港区人民检察院第三检察部	2021 年福建省巾帼文明岗	福建省妇女联合会	闽妇〔2021〕11 号
泉港区人民检察院第三检察部	2021 年福建省巾帼文明岗	福建省妇女联合会	闽妇〔2021〕11 号

续表 17

单位	荣誉称号	授奖机关	授奖文号
南埔镇妇女联合会	福建省2020年“三百四有”创建活动达标基层妇女联合会组织	福建省妇女联合会	—
泉港区科学技术协会	2021年福建省全国科普日“优秀组织单位”	福建省科学技术协会	闽科协普〔2021〕45号
泉港区科技馆	2021年福建省全国科普日优秀活动单位	福建省科学技术协会	闽科协普〔2021〕号
泉港区科技馆	2022年福建省优秀科普教育基地	福建省科学技术协会	闽科协普〔2021〕1号
泉州恒昂工贸有限公司	福建省红十字人道金质奖章	福建省红十字会	闽红〔2021〕13号
农工民主党泉港总支	农工党中国共产党泉州市委员会会2020年度五星级基层组织	农工民主党福建省委员会	—
农工民主党泉港总支	2020年度社情民意工作标兵单位	农工民主党福建省委员会	—
南埔镇凤翔村	福建省卫生村	福建省爱国卫生运动委员会	—
后龙镇涂坑村	福建省卫生村		
泉港区大众公交有限公司安全稽查部	2020年度福建省安康杯竞赛活动优胜班组	福建省创建青年文明号活动组委会	闽青号组〔2021〕4号
国能（泉州）热电有限公司	福建省青年文明号称号		
泉港区总工会	2020年度福建省安康杯竞赛活动优秀组织单位		
泉港区财政局	2021—2023年省级青年文明号		
泉港区人民检察院课题组	《基层检察机关如何挖掘案例价值促进司法办案质效和法律监督水平“双提升”——以基层检察机关案例意识培养相关问题研究为视角》获得第十三届全省检察理论研究年会征文活动优秀奖	福建省检察官协会	—
泉港区图书馆	“传承红色基因 厚植家国情怀”“——“读吧！福建”第四届“正谊杯”诗文知识大赛优秀组织奖	福建省图书馆学会	—
泉港区委宣传部	2020年度福建日报“优秀报道组”	福建日报社	—
泉港区峰尾镇共青团	泉州市五四红旗团（总）支部	中国共产党泉州市委员会	—
中共泉州福海粮油工业有限公司支部委员会	泉州市先进基层党组织	中国共产党泉州市委员会	—
泉港石化工业园区工作委员会	泉州市先进基层党组织	中国共产党泉州市委员会	—
后龙镇坑仔底村	泉州市先进基层党组织	中国共产党泉州市委员会	—
泉港区委组织部	《提振干事创业精气神 激发担当作为新活力——泉港区激励基层干部新担当新作为的实践与思考》获2021年度全市党建重点课题优秀调研成果二等奖	中国共产党泉州市委员会	泉委党建办〔2021〕4号

续表 17

单位	荣誉称号	授奖机关	授奖文号
泉港区委组织部	泉州市2017—2019年度文明单位	中国共产党泉州市委员会、泉州市人民政府	泉委〔2020〕52号
泉港区人民检察院	泉州市第一批节约型机关单位	泉州市人民政府	泉政办明传〔2021〕65号
纳川管材科技股份有限公司党支部	泉州市非公企业党建工作融入公司治理示范点	中国共产党泉州市委委员会组织部、中国共产党泉州市委员会非公有制企业和社会组织工委	—
肖厝出入境边防检站	一类平安单位	中国共产党泉州市委员会政法委员会	泉委政法〔2021〕43号
肖厝出入境边防检站 执勤二队党支部	泉州市先进基层党组织	中国共产党泉州市委员会市直机关工委	泉委工〔2021〕5号
泉港海事处党支部	泉州市市直机关第十三轮先进五好党支部		
泉港区市场监督管理局	2020年度泉州政务微信最具影响力公众号	中国共产党泉州市委员会网络安全和信息化委员会办公室、闽南网	—
泉港区融媒体中心	泉州十佳政务微信公众号	中国共产党泉州市委员会网络安全和信息化委员会办公室	—
涂岭镇“前欧村—小坝村—樟脚村—黄田村”示范线	泉州市第一批乡村振兴精品示范线	中国共产党泉州市委员会扶贫开发成果巩固与乡村振兴工作领导小组办公室	泉委振兴办〔2021〕29号
涂岭镇前欧村	泉州市第一批乡村振兴典型示范村（成效显著村）	中国共产党泉州市委员会扶贫开发成果巩固与乡村振兴工作领导小组办公室	泉委振兴办〔2021〕17号
南埔镇惠屿村	第七届泉州市道德模范	中共泉州市委精神文明建设委员会	泉文明委〔2021〕18号
泉港区财政局	2018—2020年度市级文明单位荣誉称号	中共泉州市委精神文明建设委员会	泉文明委〔2021〕12号
泉港区司法局峰尾镇司法所	泉州市三星司法所	泉州市司法局	—
峰尾镇	移风易俗典型镇	泉州市移风易俗工作领导小组	—
后龙镇栖霞社区	泉州市创建全国文明城市专项志愿服务活动“优秀组织奖”	泉州市创建全国文明城市指挥部办公室	—
泉港区文旅开发有限公司	泉港海丝土坑海商聚落获评泉州市第三批“六大旅游产品”特色文化旅游示范基地	泉州市旅游产业发展领导小组办公室	泉旅产办〔2021〕1号
泉港区财政局	2020年度全市征兵工作先进单位	泉州市征兵领导小组	泉征〔2021〕4号
泉港区人民法院	泉州市法院司法警察执法知识竞赛二等奖	泉州市中级人民法院政治部、司法警察支队	—
泉港区人民检察院办公室	2020年度全省检察机关信息工作先进单位和先进个人的通报	泉州市人民检察院办公室	泉检办发〔2021〕1号
肖厝出入境边防检站 边防检查处	嘉奖	厦门出入境边防检查总站	厦总检奖〔2022〕1号
肖厝出入境边防检站 办公室	先进基层党组织	厦门出入境边防检查总站	厦总检党〔2021〕11号
泉港区文旅开发有限公司运营管理部	2020年泉州市“工人（五一）先锋号”	泉州市总工会	泉工〔2021〕5号
泉港区图书馆	市级巾帼文明岗	泉州市妇女联合会	—

续表 17

单位	荣誉称号	授奖机关	授奖文号
致公党泉港总支	“脱贫攻坚先进集体”荣誉称号	致公党泉州市委员会	—
泉港区人民检察院办公室	市级青年文明号	泉州市创建青年文明号活动组委会	泉青号组〔2021〕5 号
涂岭见义勇为工作站	2021 年度泉州市见义勇为先进工作站	泉州市见义勇为协会	—
泉港区图书馆	2021 年度“新媒体运营”先进单位	泉州市图书馆学会	泉图学会〔2021〕16 号

2021 年泉港区先进个人一览表

表 18

姓名	工作单位	荣誉称号	授奖机关	授奖文号
陈庆堂	泉港区工商界联合会	国务院政府特殊津贴专业技术人才	中国共产党中央委员会、国务院	闽政文〔2021〕45 号
刘燕林	泉港区融媒体中心	新闻作品《福建省泉州市泉港区：阮的家乡·泉港》获“学习强国”学习平台 2021 年第 1 期全国县级融媒体中心优秀作品双月赛二等奖	中国共产党中央委员会宣传部新闻局	—
叶彬彬	泉港区妇女联合会	全国实施妇女儿童发展纲要先进个人	国务院妇女儿童工作委员会	国妇儿工委字〔2021〕6 号
李水兴	峰尾镇	全国农村留守儿童关爱保护和困境儿童保障工作先进个人	中华人民共和国民政部	—
谢振华	泉港海事处	2021 年直属海事系统优秀共产党员	中华人民共和国交通运输部海事局党组	海事党〔2021〕86 号
李　丹	肖厝出入境边防检站	全警实战大练兵标兵个人	国家移民管理局	厦总检传发〔2022〕33 号
黄婷婷	泉港区人民法院	全国法院第三十三届学术讨论会论文三等奖	国家法官学院	法学（研）〔2021〕3 号
林伟娥	泉州福海粮油工业有限公司	全国优秀工会工作者	中华全国总工会	—
庄燕华	泉州聚贸厅置业有限公司	全国巾帼建功标兵	中华全国妇女联合会	妇字〔2021〕9 号
刘宗训家庭		全国最美家庭	中华全国妇女联合会	
林金辉	农工民主党泉港总支	纪念中国农工民主党成立 90 周年先进个人	中国农工民主党中央	—
林艺龙	国能（泉州）热电有限公司	2021 年集团公司劳动模范	中共国家能源集团党组	—
郭卫东	泉港区教师进修学校	福建省第六届杰出人民教师	中国共产党福建省委员会、福建省人民政府	—
付维松	泉港区第五中学	福建省脱贫攻坚先进个人	中国共产党福建省委员会、福建省人民政府	—
潘世阳	泉港区委组织部	福建省优秀党务工作者	中国共产党福建省委员会	闽委〔2021〕47 号
陈伟宏	泉港区委宣传部	福建省优秀党务工作者		
郭滨东	后龙镇柳亭村	福建省优秀党务工作者		

续表 18

姓名	工作单位	荣誉称号	授奖机关	授奖文号
出惠川	涂岭镇	福建省民族团结进步模范个人	福建省人民政府	闽政文〔2021〕417号
林顺建	泉港区委统一战线工作部	福建省民族团结进步模范个人		
出惠川	涂岭镇小坝村党支部	福建省民族团结进步模范个人		
林育君	泉港区委宣传部	2016—2020年全省普法工作先进个人	中国共产党福建省委员会宣传部、福建省司法厅	闽司〔2021〕143号
林晓晖	泉港区委宣传部	2020年度全省宣传文化系统舆情信息工作“先进个人”	中国共产党福建省委员会宣传部	闽委宣〔2021〕82号
陈燕燕	泉港区委精神文明建设委员会办公室	福建省精神文明创建信息工作先进个人	中国共产党福建省委员会精神文明建设委员会办公室	—
蔡鋆泽	南埔镇	优秀驻村第一书记	中共中国共产党福建省委员会扶贫开发成果巩固与乡村振兴工作领导小组	—
郭森波	涂岭镇	基层武装工作先进个人	福建省军区	—
连仲月	泉港区第三实验小学	福建省第五批中小学学科带头人	福建省教育厅	闽教师〔2021〕9号
柯炳春	泉港区教师进修学校	福建省第五批中小学学科带头人		
庄清雄	泉港区教师进修学校	福建省第五批中小学学科带头人		
陈淑娥	泉港区第二实验小学教育集团和星校区	福建省第五批中小学学科带头人		
朱文华	泉港区河阳小学	福建省第五批中小学学科带头人		
陈惠民	山腰盐场美发中学	福建省第五批中小学学科带头人		
林喜彩	泉港区第三实验小学	福建省第五批中小学学科带头人		
林佳平	泉港区司法局南埔镇司法所	福建省一级调解员	福建省司法厅	—
陈献林	泉港区司法局后龙镇司法所	福建省一级调解员		
庄安泰	泉港区司法局山腰街道司法所	福建省一级调解员		
黄宝真	泉港区财政局	2016—2020年全省财政系统先进工作者	福建省财政厅	闽人社表彰〔2021〕18号
肖培坤	泉港区工业和信息化局	福建省工信系统先进工作者	福建省人力资源和社会保障厅 福建省工业和信息化厅	闽人社表彰〔2021〕28号
李美美	泉港区文学艺术界联合会	福建省文联系统先进工作者	福建省人力资源和社会保障厅、福建省文学艺术界联合会	—
章纪辉	涂岭镇	最美民间河长	福建省河长制办公室	—

续表 18

姓名	工作单位	荣誉称号	授奖机关	授奖文号
吴申癸	泉港区人民法院	被福建省政法队伍教育整顿领导小组抽调驻点工作期间表现突出，受到省教育整顿办通报表扬	福建省教育整顿办领导小组	—
黄婷婷	泉港区人民法院	福建省法院系统第三十三届 学术讨论会论文三等奖	福建省高级人民法院	闽高法〔2021〕73 号
钟小玲	泉港区人民法院	福建省法院系统第三十三届 学术讨论会论文优秀奖	福建省高级人民法院	闽高法〔2021〕73 号
林立婷	泉港区人民法院	福建省法院系统第三十三届 学术讨论会论文优秀奖	福建省高级人民法院	闽高法〔2021〕73 号
张东杰	泉港区人民法院	福建省法院扫黑除恶专项工 作表现突出个人	福建省高级人民法院	闽高法〔2021〕86 号
蔡津山	泉港区人民法院	在海上丝绸之路（泉州）司法合作国际论坛筹办工作中表现突出	福建省高级人民法院	—
许建红	泉港区人民法院	参加全国法院司法警察执行知识竞赛集中训练中充分发挥骨干表率作用，受省高院通报表扬	福建省高级人民法院司法警察总队	闽法（警）明传〔2021〕63 号
林小莉	泉港区人民检察院	“法治进校园”全省巡讲活动表现突出个人	福建省人民检察院、福建省教育厅、福建省司法厅	闽检会〔2020〕11 号
吴迎迎	泉港区人民检察院	第一届全省检察机关民事检察业务能手	福建省人民检察院政治部	—
王龙芳	泉港区人民检察院	福建省检察机关第二十期司 法警察培训班优秀学员	福建省人民检察院司法警察总队	—
谢振华	泉港海事处	2021 年福建海事局优秀共产党员	福建海事局党组	闽海事党〔2021〕26 号
谢振华	泉港海事处	福建海事局第三届最美海事人	福建海事局党组	闽海事党〔2021〕32 号
杜天瑞	福建天益达建筑工程有限公司	福建省五一劳动奖章	福建省总工会	闽工〔2021〕43 号
洪藜莹	泉港区人民检察院	福建省五一劳动奖章	福建省总工会	—
谢振华	泉港海事处	2020 年福建省金牌工人	福建省总工会	闽工〔2021〕 33 号
庄碧凤	山腰街道	福建省三八红旗手	福建省妇女联合会	闽妇〔 2021 〕 10 号
郑玲玲	泉港区人民法院	福建省三八红旗手	福建省妇女联合会	—
吴辉木、陈秀贞家庭	涂岭镇	福建省最美家庭	福建省妇女联合会	—
林佳煌、方凌卉家庭	—	福建省绿色家庭	福建省妇女联合会	—
肖惠中	农工民主党泉港总支	纪念中国农工民主党成立 90 周年先进个人	农工民主党福建省委员会	—
戴清秀	农工民主党泉港总支	“2020 年度社情民意信息工作先进个人”“宣传工作先进个人”	农工民主党福建省委员会	—
连怀孟	致公党泉港总支	“抗疫先进个人”称号	致公党福建省委员会	—
连惠龙	致公党泉港总支	脱贫攻坚先进个人	致公党福建省委员会	—

续表 18

姓名	工作单位	荣誉称号	授奖机关	授奖文号
陈献林	后龙镇	福建省一级人民调解员	福建省人民调解员协会	—
林弘棂	泉港区委宣传部	2020 年度“十佳通讯员”	福建日报社	—
庄国辉	泉港区委宣传部	2020 年度“优秀通讯员”		
刘泽阳	泉港区委宣传部	2020 年度“优秀通讯员”		
江　岚	国家税务总局泉州市泉港区税务局	泉州市优秀共产党员	中国共产党泉州市委员会	—
郭晓波	峰尾镇	泉州市优秀共产党员		
林　煌	南埔镇南埔村	泉州市优秀共产党员		
施志良	南埔镇施厝村	泉州市优秀共产党员		
杨新智	泉港石化工业园区管委会	泉州市优秀共产党员		
钱梅兰、郭玉凤	峰尾镇	泉州市优秀党务工作者	中国共产党泉州市委员会	—
陈怀山	后龙镇后龙村	泉州市优秀党务工作者		
王龙芳	泉港区人民检察院	泉州市优秀党务工作者		
杨瑞光	泉港区委宣传部	2020 年度“强基促稳”工作先进个人	中国共产党泉州市委员会、泉州市人民政府	泉委办〔2021〕21 号
肖小燕	泉港区文旅开发有限公司	2021 年度泉州市基层理论宣讲员宣讲比赛三等奖	中国共产党泉州市委员会宣传部、中国共产党泉州市委员会讲师团	—
庄震山	山腰盐场	泉州市第五层次人才	中国共产党泉州市委员会人才工作领导小组	泉港人社〔2021〕17 号
庄秀清	山腰盐场	泉州市第六层次人才		
林颂勤	泉港区人民法院	“积极为民营经济高质量发展提供坚实法治保障和精准法律服务优化良好的法治环境”征文 三等奖	中国共产党泉州市委员会政法委员会、泉州市法学会、泉州市社会管理综合治理工作协会、泉州市法治文化促进会	泉委政法〔2021〕15 号
唐夫浩	肖厝出入境边防检站	泉州市优秀党务工作者	中国共产党泉州市委员会市直机关工委	泉委工〔2021〕5 号
李默文	肖厝出入境边防检站	泉州市优秀共产党员		
林天信	泉港海事处	泉州市优秀共产党员		
连建良	泉港区助老协会	第七届泉州市道德模范	中共泉州市委精神文明建设委员会	泉文明委〔2021〕18 号
庄丽珠	前黄镇凤阳村	第七届泉州市道德模范		
林茹茵	后龙镇	泉州市网络应急处置先进个人	泉州市网络安全和信息化委员会办公室	—

续表 18

姓名	工作单位	荣誉称号	授奖机关	授奖文号
钟　观	泉港区融媒体中心	泉州市视听网媒主播人才培训班暨视听网媒主播（现场报道）岗位练兵活动二等奖	泉州市文化广电和旅游局、泉州市总工会、泉州市人力资源和社会保障局	泉文旅〔2021〕185 号
钟　观	泉港区融媒体中心	泉州市广播影视岗位技术能手		
高小雅	泉港区融媒体中心	泉州市视听网媒主播人才培训班暨视听网媒主播（现场报道）岗位练兵活动优秀奖		
肖小燕	泉港区文旅开发有限公司	2021 年度泉州市“导游之星”技能大赛一等奖	泉州市文化广电和旅游局	—
黄金奖	涂岭镇	泉州市征兵工作先进个人	泉州市征兵领导小组	泉征〔2022〕1 号
许淑锋	泉港区人民法院	泉州市法院“优秀裁判文书”三等奖	泉州市中级人民法院	泉中法明传〔2021〕210 号
钟小玲	泉港区人民法院	泉州市法院系统第三十三届学术讨论会论文二等奖	泉州市中级人民法院	泉中法〔2021〕50 号
林立婷	泉港区人民法院	泉州市法院系统第三十三届学术讨论会论文二等奖	泉州市中级人民法院	泉中法〔2021〕50 号
唐超颖	泉港区人民法院	泉州市法院系统第三十三届学术讨论会论文优秀奖	泉州市中级人民法院	泉中法〔2021〕50 号
许建红	泉港区人民法院	泉州市法院司法警察执法知识竞赛第二名	泉州市中级人民法院政治部、司法警察支队	—
许建红	泉港区人民法院	优秀干警通报表扬	泉州市中级人民法院司法警察支队	—
陈亮亮	泉港区人民法院	优秀干警通报表扬	泉州市中级人民法院司法警察支队	—
黄晓峰	泉港区人民法院	优秀干警通报表扬	泉州市中级人民法院司法警察支队	—
徐天悦	泉港区人民检察院	“以时代楷模为镜，向英模典型看齐”主题演讲比赛优秀奖	泉州市人民检察院	—
吴迎迎	泉港区人民检察院	2021 年泉州市检察机关民事行政检察业务标兵	泉州市人民检察院	泉检政〔2021〕32 号
刘立皇	泉港公安分局	泉州市公安机关扫黑除恶专项斗争成绩突出个人	泉州市公安局	泉公传发〔2021〕746 号
陈锦阳	泉港公安分局	泉州市公安机关庆祝建党100周年安保维稳工作(嘉奖)	泉州市公安局	泉公令〔2021〕3 号
李星磊	泉港公安分局	泉州市公安机关扫黑除恶专项斗争（个人三等功）	泉州市公安局	泉公令〔2021〕4 号
林伟荣、苏翠文、黄水金、林碧峰、陈明郎、吴宇达、胡胜	泉港公安分局	个人三等功	泉州市公安局	泉公令〔2021〕1 号
王莉莉、陈秋荣、郭泱河、张煌祥、陈泽成、郑小平、庄剑雄、肖惠山	泉港公安分局	个人三等功	泉州市公安局	泉公综〔2021〕183 号
曾宇航	泉港公安分局	2020 年度泉州市公安信访工作先进个人	泉州市公安局	泉公传发〔2021〕247 号

续表 18

姓名	工作单位	荣誉称号	授奖机关	授奖文号
王莉莉、苏翠文、郭泱河	泉港公安分局	2020年度泉州市公安机关全警实战大练兵实战比武竞赛基层一线民警现场执法比武个人标兵	泉州市公安局政治部	泉公政传发〔2021〕32号
庄铭源	肖厝出入境边防检站	三等功	厦门出入境边防检查总站	厦总检奖〔2021〕1号
林辉煌	肖厝出入境边防检站	三等功		
王永革	肖厝出入境边防检站	三等功		
林　巍	肖厝出入境边防检站	三等功		
钟少杰	肖厝出入境边防检站	三等功		
吴　冰	肖厝出入境边防检站	嘉奖		
陈伟明	肖厝出入境边防检站	嘉奖		
翁　玮	肖厝出入境边防检站	嘉奖		
张　浩	肖厝出入境边防检站	嘉奖		
林晓华	肖厝出入境边防检站	厦门市优秀党务工作者	厦门出入境边防检查总站	厦总检党〔2021〕11号
林瑚瑚	肖厝出入境边防检站	厦门市优秀共产党员		
钟少杰	肖厝出入境边防检站	厦门市优秀共产党员		
肖小燕	泉港区文旅开发有限公司	泉州市金牌工人	泉州市总工会	泉工〔2021〕5号
庄秀清	山腰盐场	2020年度泉州市“名师带高徒”活动“好师傅”	泉州市总工会	—
庄细强	泉州市红运当头有限公司	“泉州工匠”荣誉称号	泉州市总工会	—
张章水	泉港区发展和改革局	泉州市五一劳动奖章、泉州市重点项目建设功臣	泉州市总工会、泉州市发展和改革委员会	泉工〔2022〕5号
钟昱明	泉港公安分局	第十四届“泉州青年五四奖章”	共青团泉州市委员会、泉州市青年联合会	团泉委联〔2021〕5号
张燕婷	后龙镇	泉州市三八红旗手	泉州市妇女联合会	—
陈振峰	农工民主党泉港总支	庆祝中国共产党成立100周年主题征文一等奖	农工民主党泉州市委会	—
郑华明	致公党泉港总支	脱贫攻坚优秀组织工作者	致公党泉州市委员会	—

人 物

泉港区第六届“感动泉港·道德之光”人物事迹

助人为乐模范

刘经文：1944年出生，后龙镇后田村村民，泉州市恒昂工贸有限公司董事长。多年来，刘经文致富不忘家乡，始终心系家乡的社会公益事业建设，热心支持各项慈善事业，每年捐助十几万元用于帮助本村孤寡老人，发起设立泉港区刘经文医疗救济基金会，基金总额1000万元，每年春节期间出资10万元用于专项开展尊老爱老、关爱弱势群体等公益活动。

张聪妹：1941年出生，后龙镇上西村后张9组村民。2019年12月底，儿女们要为张聪妹操办八十寿宴，但她听说村里正在推行移风易俗工作，提倡喜事简办，她与家人们商量后决定简办寿宴，不摆宴席，将原本办寿宴的30万元捐献给村委会开展慈善事业。新冠肺炎疫情出现后，张聪妹第一时间向上西村公益慈善促进会捐资20万元，作为村里采购疫情防控物资专项资金。本该享清福的年纪，张聪妹却依旧热心公益，2020年获评“福建好人”。

见义勇为模范

陈顺强：1990年出生，峰尾镇前亭村村民。2018年9月，陈顺强刚下渔船准备回家，途经便利店发现店中有歹徒纵火伤人，便奋不顾身冲入火中救人。施救过程中，他连续被歹徒刺中腹部、背部等处，致使血流满身，但他并没有退缩，与纵火男子奋勇搏斗。公安、消防等部门赶到现场，他便与公安、消防救援人员一同将歹徒制服，店员因此获救，火势也得到控制。2020年获评“中国好人”。

刘地印：1982年出生，党员，峰尾镇诚峰村党总支副书记。2020年3月27日下午，一辆小轿车坠入峰尾镇海域。开船经过该海域的刘地印听到有人呼救，立即跳入海中打开落水车辆右后门，奋力解开座椅安全带救出其中一名男孩。岸边群众迅速奔跑过来帮忙，对被困车里的另外两人展开施救。危急时刻，岸边人员拦住一辆吊车，他用最快速度下沉将吊车上的绳子绑住落水车子，将车子拉到岸边。随后赶到的120急救中心医务人员迅速将3名落水人员送至医院救治。2020年11月，刘地印及相关救援人员被评为“泉州市见义勇为先进集体”。

诚实守信模范

惠屿村：2002年，惠屿村村民在一贫如洗的情况下，以唯一值钱的老房子作抵押，向泉港区南埔信用社争取到了第一笔贷款。19年来，惠屿村村民风雨无阻，以一分不欠、一日不迟的完美信用记录，让这个“金牌信用村”远近闻名。2006年至今，惠屿村先后获得泉港区农村信用社、泉港农商银行、泉州农村商业银行股份有限公司、福建省信用社联合社、中国农业银行福建省分行授予的五项“金牌信用村”荣誉称号。

敬业奉献模范

庄炳文：1968年出生，党员，泉港区曲艺家协会副会长、泉港北管传承保护中心负责人。庄炳文从小师承国家级北管传承人庄能宗、庄明加，学习北管演唱和各类司鼓、打击乐、吹拉弹乐器。长大后更把北管的传承保护当成自己的事业发展。2004年回到家乡创办少儿组免费北管培训班，自筹创办泉港区北管艺术团，开展公益宣传演出活动，传承弘扬北管文化。他承接的北管基地于2008年被福建省文化厅评为闽南文化生态保护实验区示范点，于2016年被确认为泉州市级北管传承人。2019年被认定为泉州市第四层次人才，2021年2月被确定为第五批省级非物质文化遗产代表性传承人。

郑龙朱：1957年出生，党员，后龙镇栖霞社区居民。现年64岁的郑龙朱，在泉州湄港保洁有限公司任职，从事保洁工作十三年，4年保洁员，9年保洁管理员。她在工作中服从领导安排，踏踏实实对待工作，不怕吃苦，不怕脏，不怕累。环境卫生工作是一项长期性、烦琐性、重复性的工作，但她无怨无悔、任劳任怨。2015年10月，被评为泉港区“2015年度城市美容师”；2016年至2020年，连续五年被区委、区政府评为“先进环卫工人”。

吴铭森：1996年出生，团员，消防救援大队南埔消防救援站特勤班长。入伍8年来，吴铭森爱岗敬业、不畏艰险、不怕牺牲，累计参加各种灭火和抢险救援战斗3123起，疏散、抢救人民群众108人，挽回的财产经济损失287万元。特别是在急、难、险、重任务中，作为队站特勤班班长，他始终冲锋在前，从容应对血与火、生与死的考验，在平凡的岗位上做出了不平凡的业绩，2014年被市消防支队评为优秀士兵（官），2015年至2017年连续三年获得市消防救援支队嘉奖，2017获得十九大专项保卫工作嘉奖，2018年被支队评为优秀共青团员，2020年荣获全省比武竞赛第一名，2021年获得支队三等功。

孝老爱亲类模范

庄美珍：1953年出生，前黄镇凤

山村村民。1981婆婆因心脏病去世，留下2个未成年的小叔子，公公因变故打击身体每况愈下。再加自己的3个子女接连出生，巨大的生活压力压在庄美珍夫妇肩上。庄美珍每天起早贪黑，洗衣、做饭、照顾公公，拉扯2个小叔子和3个子女。2013年大叔子确诊白血病，庄美珍拿出所有积蓄为其治病，575天来回穿梭在家庭和医院之间，做饭送饭、陪护照看，直到大叔子去世。97岁的公公年老久病，庄美珍总是寻医煎药，悉心照料。庄美珍用46年诠释了“孝”和“爱”的传统美德，不计艰辛为家庭付出，用爱心操持着整个家庭。

庄丽珠：1939年出生，前黄镇凤阳村村民。1956年，庄丽珠嫁到前黄镇凤阳村一个普通的家庭。1974年，11岁的儿子跟随自己到丈夫服役的青海省亲，因玩耍误陷入雪坑，造成半身瘫痪。47年来如一日，庄丽珠不离不弃照顾残疾儿子，每天坚持给他洗脸刷牙、捶背捏腿、刮胡子、换尿布，把儿子收拾得干干净净。在儿子最迷茫时，鼓励儿子画画，寻找精神寄托，为儿子打开一扇了解外面世界的窗户。她用一生的心血守护残疾的儿子，慈母大爱感天动地。

泉港区第六届“感动泉港·道德之光”人物提名奖

庄秀清：1954出生，党员，山腰盐场东海工区第四班组班组长。37年来，庄秀清起早摸黑、不分昼夜琢磨研究晒盐工艺，经过无数个炎日暴晒，通过原盐颗粒度分析、均匀比例、分层归坨等各个环节反复试验，他掌握了进坎卤水浓度和动卤旋盐等关键步骤，成功提炼“细、白、干、纯”生产技术，生产出“福盐一品”等高端绿标生态盐。2020年东海工区获得全国首张“生态海盐”原料盐生产基地证书。他用心开展传帮带，为工区带徒传艺近百人，培养出20多名班组长及技术骨干。2021年被认定为泉州市第六层次高层次人才。

唐洪珍：1971年出生，前黄镇凤北村村民。唐洪珍29年如一日，无微不至地照顾中风无法自理的婆婆，悉心照料89岁高龄公公，还要每天帮身患糖尿病的丈夫打针，到鞋厂打工挣钱贴补家用撑起这个家。她只是一名普通的妇女，但用自己柔弱的肩膀，扛起一个家，她勤劳质朴、豁达开朗、坚强不屈，用自己的诚心和爱心感动了乡邻，为邻里树立了榜样。

张春金：1927年出生，党员，前黄镇后张村村民、退伍军人。张春金1951年参加中国人民解放军，荣立三等功两次，1956年复员回乡，1966年正式加入中国共产党，是一名有着55年党龄的老共产党员。入伍时尽职尽责，在战场上冲锋在前；复员回乡后积极参加地方建设，带领群众开展农业生产，兢兢业业；新冠肺炎疫情发生以来，94岁高龄的张春金继续发挥余热，捐款助力疫情防控。张春金用自己的行动，诠释了一名共产党员的本色，也体现着他对党和人民的忠诚和热爱。

张碧扬：1973年出生，党员，山腰街道普安村村民，琼中奇趣生态农业有限公司董事长。作为普安村土生土长的企业翘楚、热心乡贤，张碧扬几年如一日，关心家乡教育事业，关爱留守老人，用自己力所能及的力量，反哺着家乡，传递着孝、爱的美德，他是新时代文明实践的榜样。几年来，他创办的琼中奇趣生态农业有限公司捐赠社会公益事业的资金累计超过1000万元。

蔡军扬：1976年出生，党员，公安分局刑侦重案队队长。作为刑侦重案队队长，蔡军扬积极带领重案队人员侦破了不少重特大案件，并屡次获得嘉奖。他下沉一线挂钩郭厝村，积极调解矛盾纠纷，帮助群众解决困难，打击违法犯罪，做好反诈宣传，努力提升群众的安全感和满意率，为郭厝村筑起了坚实的安全屏障。先后荣获三等功、泉港公安分局“百名警长进百村”先进个人等荣誉称号。

表19　2021年泉港区百岁及以上老人一览表

序号	姓 名	性别	周岁年龄	民族	婚姻情况	文化程度	健康状况	居住地
1	肖清娘	女	106	汉	丧偶	小学	良好	南埔镇柯厝村
2	张员娘	女	103	汉	丧偶	文盲	健康	南埔镇柯厝村
3	麦钦娘	女	106	汉	丧偶	文盲	一般	南埔镇南埔村
4	张玉英	女	101	汉	丧偶	文盲	一般	南埔镇南埔村
5	林八娘	女	101	汉	丧偶	文盲	一般	南埔镇沙格村
6	陈青妹	女	101	汉	丧偶	文盲	差	南埔镇天湖村

续表 19

序号	姓 名	性别	周岁年龄	民族	婚姻情况	文化程度	健康状况	居住地
7	陈祖星	男	101	汉	初婚	小学	一般	南埔镇凤翔村
8	林其娘	女	103	汉	丧偶	文盲	健康	南埔镇凤翔村
9	林才娘	女	100	汉	丧偶	文盲	健康	南埔镇仑头村
10	吴玉辉	女	100	汉	丧偶	文盲	一般	南埔镇邱厝村
11	陈金妹	女	100	汉	丧偶	小学	卧床	南埔镇天湖村
12	朱屿仔妹	女	109	汉	丧偶	文盲	一般	界山镇大前村
13	陈文娘	女	103	汉	丧偶	文盲	一般	界山镇岭头村
14	陈顺娘	女	103	汉	丧偶	文盲	一般	界山镇下朱村
15	肖妹妹	女	102	汉	丧偶	文盲	一般	界山镇狮东村
16	林土福	女	102	汉	丧偶	文盲	一般	界山镇狮东村
17	潘凤姑	女	101	汉	丧偶	文盲	一般	界山镇河阳村
18	黄荣娘	女	101	汉	丧偶	文盲	一般	界山镇玉湖村
19	林祥娘	女	100	汉	丧偶	文盲	一般	界山镇东凉村
20	潘明利	女	100	汉	丧偶	文盲	一般	界山镇东张村
21	连泉娘	女	100	汉	丧偶	文盲	一般	界山镇槐山村
22	林羊面	女	100	汉	丧偶	文盲	一般	界山镇界山村
23	陈荣娘	女	100	汉	丧偶	文盲	一般	界山镇岭头村
24	潘瑞阳	女	100	汉	丧偶	文盲	一般	界山镇岭头村
25	肖秀英	女	100	汉	丧偶	文盲	良好	后龙镇后田村
26	郑红吓	女	100	汉	丧偶	文盲	良好	后龙镇田里村
27	刘秀吓	女	100	汉	丧偶	文盲	良好	后龙镇田里村
28	林良妹	女	102	汉	丧偶	文盲	一般	后龙镇峰前村
29	连社堂	女	101	汉	丧偶	文盲	一般	后龙镇割山村
30	林才妹	女	101	汉	丧偶	文盲	一般	后龙镇上西村
31	陈细妹	女	101	汉	丧偶	文盲	一般	后龙镇土坑村
32	张明娘	女	101	汉	丧偶	文盲	差	峰尾镇诚峰村
33	黄兴娘	女	101	汉	丧偶	文盲	差	峰尾镇诚峰村

续表 19

序号	姓 名	性别	周岁年龄	民族	婚姻情况	文化程度	健康状况	居住地
34	郭蛏坷	女	100	汉	丧偶	—	差	峰尾镇诚峰村
35	郭金进	男	100	回	丧偶	小学	健康	峰尾镇郭厝村
36	张荣妹	女	100	汉	丧偶	文盲	差	峰尾镇奎壁村
37	刘阿扣	女	100	汉	丧偶	文盲	一般	峰尾镇前亭村
38	郭毛娘	女	100	汉	丧偶	—	—	峰尾镇上楼村
39	林黄妹	女	100	汉	丧偶	文盲	健康	山腰街道荷池社区
40	王振坷	女	100	汉	丧偶	小学	患病	山腰街道锦联村
41	张三坷	女	100	汉	丧偶	小学	健康	山腰街道锦山村
42	郭早娘	女	100	汉	丧偶	文盲	健康	山腰街道新宅社区
43	王添娘	女	100	汉	丧偶	文盲	健康	山腰街道钟厝村
44	郭永钦	男	100	汉	初婚	初中	健康	山腰街道龙山社区
45	林美珠	女	107	汉	丧偶	文盲	一般	山腰街道锦川村
46	庄国财	男	101	汉	初婚	文盲	差	山腰街道锦川村
47	程有吓	女	102	汉	丧偶	文盲	健康	山腰街道海滨村
48	庄志宗	男	102	汉	丧偶	小学	健康	山腰街道埭港村
49	朱贤妹	女	106	汉	丧偶	文盲	健康	山腰菜堂村
50	张晏娘	女	105	汉	丧偶	文盲	健康	山腰街道菜堂村
51	李送坷	女	102	汉	丧偶	小学	健康	山腰街道锦塔社区
52	程贵娘	女	101	汉	丧偶	文盲	健康	山腰街道钟厝村
53	庄醒	女	101	汉	丧偶	文盲	健康	山腰街道叶厝村
54	庄清妹	女	108	汉	丧偶	小学	一般	山腰街道锦山村
55	庄庆珠	女	107	汉	丧偶	文盲	一般	前黄镇后张村
56	方玉妹	女	104	汉	丧偶	小学	一般	前黄镇古县村
57	陈美坷	女	101	汉	丧偶	小学	良好	前黄镇凤林村
58	肖琴吓	女	101	汉	丧偶	小学	一般	前黄镇凤阳村
59	连 娘	女	101	汉	丧偶	文盲	健康	前黄镇古县村
60	何盛妹	女	101	汉	丧偶	小学	一般	前黄镇前烧村

续表 19

序号	姓 名	性别	周岁年龄	民族	婚姻情况	文化程度	健康状况	居住地
61	陈来娘	女	100	汉	丧偶	小学	一般	涂岭镇溪西村
62	林清辉	男	100	汉	已婚	文盲	健康	涂岭镇秀溪村
63	汪美英	女	100	汉	丧偶	小学	一般	涂岭镇清美村
64	张送妹	女	101	汉	丧偶	小学	一般	涂岭镇五社村
65	陈秋妹	女	101	汉	丧偶	小学	一般	涂岭镇小坝村
66	王秀莲	女	105	汉	丧偶	初小	一般	涂岭镇涂岭村

泉港区各级非遗代表性传承人一览表

表 20

序号	项目	姓名	级别	备注
1	泉州北管	庄龙宗	国家级	已故
2	泉州北管	庄明加	国家级	已故
3	泉州北管	庄炳文	省级	—
4	泉州北管	刘宗训	省级	—
5	泉州北管	连瑜碧	市级	—
6	泉州北管	郭后金	市级	已故
7	泉州北管	刘华棋	市级	—
8	泉州北管	刘宗良	市级	已故
9	泉州北管	林朱法	市级	已故
10	泉州北管	庄志丁	市级	—
11	泉州北管	刘宗民	市级	已故
12	泉州北管	庄锡保	市级	—
13	泉州北管	林国春	市级	已故
14	泉州北管	连跃平	市级	已故
15	泉州北管	郭承梅	市级	—
16	泉州北管	杨朝阳	市级	—
17	泉州北管	吴明田	市级	—
18	泉州北管	刘峥宗	市级	—
19	泉州北管	庄金添	区级	—
20	泉州北管	庄能水	区级	—

续表 20

序号	项目	姓名	级别	备注
21	泉州北管	连云如	区级	—
22	泉州北管	刘荣祥	区级	—
23	水密隔舱福船制造技艺	黄宗财	国家级	已故
24	水密隔舱福船制造技艺	黄振煌	省级	—
25	水密隔舱福船制造技艺	黄仁德	市级	—
26	水密隔舱福船制造技艺	黄同生	市级	—
27	水密隔舱福船制造技艺	黄唐安	市级	—
28	水密隔舱福船制造技艺	黄永金	市级	—
29	水密隔舱福船制造技艺	黄文同	区级	—
30	水密隔舱福船制造技艺	黄武同	区级	—
31	水密隔舱福船制造技艺	黄唐阳	区级	—
32	水密隔舱福船制造技艺	林配宗	区级	—
33	"涂岭红"红茶制作技艺	吴辉木	省级	—
34	"涂岭红"红茶制作技艺	陈秀贞	市级	—
35	泉港"咸水腔"芗剧	庄丽珍	市级	—
36	泉港"咸水腔"芗剧	庄志飞	市级	—
37	南派掌中木偶（泉港掌中木偶戏）	黄汉忠	市级	—
38	南派掌中木偶（泉港掌中木偶戏）	庄少强	市级	—
39	渔网具制作技艺	刘德辉	市级	—
40	山腰海盐传统晒制技艺	庄震山	市级	—
41	泉港浮粿	郭梅兰	市级	—
42	泉州古船模制作技艺	刘地香	市级	已故
43	南音	颜财法	市级	—
44	泉港文管	陈祖基	市级	—
45	施厝扁担术	施国良	市级	—
46	施厝扁担术	施良文	区级	—
47	螺钿制作技艺	庄细强	市级	—
48	罗家棍	朱木春	区级	—

说明：泉港区现有各级非遗代表性传承人 48 人，其中，国家级 3 人（已故 3 人），省级 4 人，市级 31 人（已故 7 人），区级 10 人

在中共泉港区委五届二次全体会议上关于区委常委会工作的报告

杨昌文

（2022年1月11日）

2021年既是建党100周年，也是“十四五”规划开局起步之年，更是泉港发展历史上很不平凡的一年。一年来，区委班子坚持以习近平新时代中国特色社会主义思想为指导，深入贯彻党的十九届六中全会精神，主动融入省党代会提出的“持续建设机制活、产业优、百姓富、生态美的新福建”和市党代会提出的“海丝名城、智造强市、品质泉州”建设大局，深入推进新一轮的发展战略，建设“绿色石化名城、现代活力港城、山海宜居美城”，勇当全方位推进高质量超越发展主力军，“十四五”实现良好开局。主要做了以下几方面工作：

一、始终牢记“两个确立”，坚决做到“两个维护”

区委常委会把习近平总书记对福建工作的重要要求和党中央决策部署作为总纲领总遵循，牢牢把握正确政治方向，以党的政治建设为统领，推动各项工作不断向纵深发展。

1.*践行担当使命引领政治方向*。坚持把党的政治建设放在首位，学习贯彻习近平总书记来闽考察重要讲话、“七一”重要讲话和党的十九届五中、六中全会精神以及省、市党代会精神，通过区委常委会（扩大）会议、专题会、理论学习中心组、聆听宣讲报告团、举办区管干部专题研讨班暨读书班等方式持续学深悟透精神实质、核心要义。学习贯彻省委十届十二次全会精神、市委十二届十五次全会精神，审议通过《中共泉港区委关于学习贯彻习近平总书记来闽考察重要讲话精神，谱写全面建设社会主义现代化国家泉港篇章的决定》，确保工作沿着正确的方向前进。

2.*筑牢理想信念提升政治能力*。严格落实意识形态工作责任制，充分运用区委中心组、党校、理论宣讲团等平台，建立理论宣讲基层示范点21个，实施“理论宣讲进万家”工程，开展“学党史 悟思想”、建党百年等专题宣讲600多场，作为全市唯一的县（市、区）入选全省基层理论宣讲十大创新项目。扎实推进党史学习教育，组织全区733个基层党组织、1.6万多名党员参与，开展现场学习活动900多场次，相关做法在全市党史学习教育领导小组负责同志座谈会和市县两级巡回指导工作暨党史学习教育座谈会上作典型交流发言。

3.*严肃党内生活强化政治自律*。深入落实省委巡视、市委巡察整改，持续开展重大决策部署监督检查，顺利实现对我区59个单位党组织一届任期内巡察全覆盖。明确把学习新思想新精神纳入党建述职评议、民主生活会和述责述廉的重要内容，不断增强党员领导干部的政治意识。认真贯彻执行民主集中制原则，严格落实末位发言制，2021年来共组织召开4次区委全会、23次区委常委会会议、17次区委常委会（扩大）会议、17次区委常委专题会，对涉及全局性、方向性的重大事项进行集体研究决定。

二、爬坡过坎奋勇向前，重点任务攻坚有成

区委常委会强化底线意识、忧患意识、风险意识，坚持保健康、防风险、护稳定，以更大力度推动人民安康、社会安定。

1.疫情防线严守筑牢。非常之时行非常之举。面对9月10日突发的新冠疫情，全区上下在中央指导组的悉心指导和省、市的坚强领导下，万众一心、共克时艰，顾大家、舍小家，特别是1000多名广大医务工作者白衣擐甲、大义逆行，3万多人次广大党员干部、基层工作者、志愿者和公安干警甘于奉献、敢于攻坚，铁腕执行“快、严、实、细、全”措施，科学划定防疫“战区”，成立前方指挥部，在全省、全市内创新实行“十户联保”“宅急配”等亮点做法，仅用7天实现“零新增”，21天实现全区解封，没有发生社区传播，没有出现第三代病例，为全省、全市疫情防控工作做出了突出贡献，得到国务院、省市各级领导的充分肯定和表扬。10月份疫情转入常态化防控阶段后，立即组织开展“战疫情、保稳定、促发展”十大攻坚行动，全面推动复工复产，努力将疫情带来的影响降到最低。

2.征迁扫尾决战取胜。8月份启动石化安控区征迁扫尾攻坚行动，重新调集力量，组建7个片区“扫尾促迁尖刀队”，开展安控区项目征迁干部“争功夺绩”大比拼活动，采取专案打击等手段，对一些“久谈无果”“一拖再拖”的“钉子户”“硬骨头”，采取“一栋一策”包干落实，挂牌督办、对账销号。开展“签腾拆”专项行动37场次，仅用72天的时间就签约完成久攻不下的存量民房258栋、腾空618栋、拆除1264栋，实现民房签约、腾空、拆除“三清零”，彻底告别“厂村混杂”，历时四年的持久战取得了关键性胜利，有效保障群众生命财产安全。

3.招商引资再创新绩。组织开展2021年产业链招商季暨电子化学新材料基地招商项目集中签约等招商活动3场次，外出赴海南、天津、北京、深圳等地开展招商17批次，成功洽谈签约与泉港产业链紧密契合的新能源、新材料、石化产业等多个领域的项目301个、总投资1797亿元，位居全市第2。其中5亿元以上的重大产业项目27个、100亿元以上的项目3个，正式合同和履约项目均为171个，金额1031.36亿元，均位居全市第1，履约率达100%。

三、稳中求进培优做强，区域发展持续向好

在我区经济下行压力持续加大的背景下，全区上下转换思路、创新举措、积极应对，着力保稳、求进、攻坚，持续区域健康平稳较快发展的良好态势。

1.加快推进产业发展。积极引导“产业链延长”迈向“价值链延长”，完成联合石化芳烃、EOEG装置脱瓶颈改造等12个工业技改项目，新增百宏石化等3家省级龙头企业，实现石化产值稳定在千亿元以上，连续九年跻身中国化工园区前20强，石化规上企业营业额占全省1/4，综合发展水平在福建97家省级开发区中位居第4。港口物流业持续发展，完成货物吞吐量2250.63万吨，增长16.11%。新建成一批电商平台、淘宝服务站，社会消费品零售总额增长15%。着力打造东张、黄田、樟脚、土坑等一批研学旅行基地、文体旅游融合试点村，惠屿岛入选省级“金牌旅游村”，旅游业收入增长35%。发展特色现代农业，培育省级农业产业化龙头4家、市级6家，完成农林牧渔总产值22.43亿元。

2.加大项目攻坚力度。持续开展“项目攻坚2021”行动，192个区级重点项目完成投资228.96亿元，国亨化学（一期）等46个项目开工建设，中海油服等45个项目建成投产。新增列入全省“五个一批”项目123个、总投资1227.68亿元，其中，新谋划生成项目总投资、新开工战略性新兴产业项目总投资2项指标位居全市第1，新开工项目总投资、新开工产业项目总投资2项指标位居全市第2，第一季度“五个一批”项目综合考评成绩位居全省第8。开展要素保障攻坚活动，建立闲置厂房空间数据库，完成土地整理项目验收3750亩、土地出让567亩，盘活批而未供土地、闲置用地共计872.89亩。

3.加强改革创新动力。完成清源实验室基础设施建设投资6300万元，加快构建石油化工催化实验室、能源与环境催化剂工程实验室等首批6个方向实验室，“催化裂化汽油超深度加氢脱硫—烯烃分段调控转化成套技术”项目，被授予国家科技进步奖二等奖。突出产才融合，新增市级高层次人才265名、高水平高校毕业生165名，建成“人才会客厅”，支持建设省级研发平台6个、协同创新中心3个，牵头尖端科技攻关7项。全面实施营商环境“1+17”优化提升行动，创设“4029”模式，在全市率先成立“中小企业帮办服务中心”，“‘全岗通’‘五服’泉港模式”入选《2021年中国绿色影响力典范案例汇编》，系全市唯一入选县（市、区）。

四、对标一流精细治理，城乡建设扩容提质

以更大力度推动城建提速、乡村提质、生态提标，使城乡发展有质量、有效益、更均衡，获评福建省城市发展

十优区。

1.建设品位更高的中心城区。按照“轴向引导、组团布局”的空间发展战略，完善国土空间总体规划，完成高铁站站区、锦川片区等32个区域控规修编，实现中心城区控规全覆盖。引进天辰化工生活区等城建项目，实施城乡建设品质提升五大专项行动，新增植物园二期、菜堂湿地公园等，51个市级小城镇培育项目完成投资29亿元，144个城建项目完成投资106.76亿元。完成造林绿化约4200亩、13个口袋公园建设，坚持疏堵结合，拆除“两违”建筑10.9593万平方米，七镇连通、福厦高铁泉港段等重大城建项目加快推进，城市品位显著提升。

2.打造魅力更浓的美丽乡村。开展乡村振兴示范线“三无一改”攻坚行动，实施13个特色优势产业项目，打造建设72 个省级乡村振兴试点示范项目，“省乡村振兴热度指数”宣传度排名全省第4。健全防止返贫监测和帮扶，大力培育新型经营主体，新增省级农业产业化龙头企业2家，农民专业合作社市级示范社2家。101个村（社区）全年集体存在稳定收入2920万元，其中20万元—50万元的村76个，50万元以上的村22个。

3.绘就气质更优的生态画卷。统筹推进两轮中央生态环保督察反馈问题整改，顺利推进湄洲湾氯碱公司搬迁。建成有毒有害气体环境风险预警平台，完成16个国家循环化改造项目，辖区环境空气质量优良率98.6%，综合指数位居全市第2。持续开展小流域、饮用水水源地、近岸海域系统综合整治，加快坝头溪综合整治、污水处理厂二期、污水管网建设，实现菱溪、坝头溪水质稳定达标，饮用水水源地水质达标率100%。启动海洋生态保护修复项目，开展海漂垃圾综合整治，实施肖厝-惠屿网箱养殖升级改造22.1公顷。开展农村建设品质提升和村庄清洁行动，城乡环境卫生考评成绩位居全市第3。

五、紧贴需求为民解忧，社会事业和谐稳定

把工作出发点放在为民办实事、谋福利上，坚持以人为本、执政为民理念，全年压减一般性支出30%，实现民生支出26.61亿元，占本级财力79.1%，让更多的群众共享发展成果。

1.社会事业统筹协调发展。持续推动民生补短板，投入1.72亿元完成14项31件为民办实事项目。创新建立“人社服务专员”工作机制，在全市率先实现就业服务村村通，在101个村（社区）设置“就业服务窗口”，提供征迁村就业岗位3500个以上，城镇登记失业率控制在4.2%以内。坚持“外引内建”优质教育资源，促成泉州五中与泉港五中建立结对帮扶，出台实施《全面推动泉港教育高质量跨越发展的实施意见》，新改扩建中小学、幼儿园12所，新增学位7330个，泉港职专时隔十年复办招生。建立健全“321+X”医共体模式，入选国家级居民健康素养监测点，泉港医联体荣获全国“城市医疗集团典范单位”。坚持兜牢民生底线，农村低保标准提高到775元/人•月，低保对象、残疾人等群体发放各类保障金7712万元，实现养老金“十六连调”，锦祥社区入选全国示范性老人友好型社区。

2.社会文明创建不断深化。扎实开展文明创建活动，突出抓好社会主义核心价值观宣传教育，坚持文明创建常态化工作机制，作为泉州主城区之一顺利通过全国文明城市复牌，省级文明城区获全省第4、全市第1的历史最好成绩。统筹推进网络应急指挥中心等阵地建设，“圈层化”网络综合治理“泉港模式”获中央网信办和省委、市委领导批示肯定，获评全国宣传思想工作创新案例，并作为全省唯一案例入选中宣部《2021年宣传思想文化工作案例选编》。举办“第六届感动泉港道德之光”人物评选、秀溪枇杷采摘节、第五届上巳节、“海港文明・非遗传承”等活动，进一步丰富群众精神文化生活。

3.社会治理服务更有深度。深化平安泉港建设，扎实开展“治重化积”三年行动，查办九类涉黑涉恶案件68起，涉案财物7000余万元，反诈防骗工作获得中央政法委推广，反偷私渡工作得到省委政法委高度肯定，全市沿海管防工作现场会在我区召开。实施“雪亮工程”五期与人脸识别系统工程，开展遏制成品油走私、严打电信诈骗等专项行动。实施“最多投一次”信访机制，圆满完成建党100周年、党的十九届六中全会等重大活动期间安保维稳，实现零进京、零非访。“拉网式”开展安全生产专项整治三年行动，全方位加强危险化学品、油气管道、道路交通、建筑施工、森林防火、学校、旅游等重点领域安全生产工作的勤查严管，建成全省首家石化VR安全培训体验中心，健全完善食品“一品一码”追溯体系，“米袋子”安全得到坚实保障。

六、创先争优激活动力，党建工作引领示范

始终坚持以抓“硬作风”促“真作为”，全面落实党要管党、从严治党要求，把党建作为最大的主责主业，为高质量发展超越提供坚强保障，营造既干事创业又风清气正的政治生态。

1.聚焦特色创新，夯实党建基层基础。开展“海丝先锋达标创星”活动，6个支部升格为党总支。深化跨村联带“抓后进”、跨镇联帮“解难题”、跨县联建“促发展”

机制，推动基层党建工作由各自为政向集群联动转变。拓宽延伸基层组织覆盖面，成立小区党组织67个、覆盖84个小区，小区党组织覆盖率达100%，打造基层党建示范点10个。实施“六个一”党建活动，开展“红色百言”“红色百课”“红色百年”等系列活动。推行“四挂一”联系非公企业党建工作制度，有效组织非公有制企业和社会组织党委换届。

2.聚焦选优配强，激发干事创业活力。圆满完成区、镇（街道）、村（社区）三级换届选举工作，选举产生乡镇党员代表大会代表755名、区第五次党代会代表300名、7个镇（街道）共选配领导班子成员77名，101个村级党组织班子成员483名，全区各级领导班子年龄、学历结构实现“一降一升”，坚持实干实绩的选人用人导向，新提拔重用的科级干部86.8%具有基层一线、项目一线工作经历，有效激发干部干事创业精气神。

3.聚焦政治生态，推进全面从严治党。一手抓激励担当，出台容错纠错、巡察移交问题线索会商、公开宣告等五项制度，首批容错事项正面清单5项28条，有关做法在中纪委《华东之窗》刊发。另一手抓审查调查，全年共立案63件，其中科级4件，留置案件3件3人，移送司法机关3件3人，精准运用“四种形态”225人次，其中运用第一、第二种形态占处理总数的84.89%，持续释放越往后执纪越严的信号。

七、凝心聚力共同奋斗，民主政治积极发展

高度重视社会主义民主政治建设，带头履行职责，认真贯彻民主集中制，充分发挥党委总揽全局、协调各方的作用，有效凝聚各套班子、各类组织、各个阶层的共识和力量。

1.支持人大、政协履行职能。坚持和完善人民代表大会制度，支持人大及其常委会依法履行监督权、决定权、任免权，加强对宪法、法律实施情况和“一府一委两院”的监督。坚持和完善中国共产党领导的多党合作和政治协商制度，发挥人民政协“政治协商、民主监督、参政议政”职能。全区各级各部门办理人大代表建议、政协提案285件，满意和基本满意率达100%，顺利召开区五届人大一次、五届政协一次会议，圆满完成了人大、政府、政协领导班子及监委主任、法院院长、检察院检察长的换届选举，选出团结干事好班子、换出奋勇争先新气象。

2.充分发挥统一战线的重要作用。坚持大统战工作格局，扎实推进“同心筑梦”系列行动。大力支持民主党派、工商联和无党派人士开展工作，承办福建省“新动八闽杯—同心向党重温党史”新的社会阶层人士党史知识竞赛活动，新成立成都泉港商会，成功举办第十届异地商会会长联席会议，签订区总商会与各异地商会、中国—东盟商会协会总会战略联盟合作协议。成立全市首个区级网络人士联谊会。加强与港澳台侨泉港籍乡亲的联络沟通，成立澳门泉州泉港同乡会，积极推动香港泉港同乡联谊总会成立工作，相关工作成效获市委表彰肯定。

3.加强和改进党管群团、武装工作。建立健全党委领导群团工作的各项制度，支持工会、共青团、妇联、工商联、侨联、科协、社科联、计生协会、残联、文联、贸促会、关工委、老促会、老龄委等群团组织依照法律和各自章程积极开展活动、发挥作用。围绕“政治性、先进性、群众性”要求，深化侨联、计生协会等群团组织改革，充分发挥在服务发展、联系群众中的桥梁纽带作用。坚持党管武装，支持国防和军队改革，创新双拥共建，扎实推进国防动员后备力量建设，加强全民国防教育，促进军民融合发展。

同时，区委常委会切实加强自身建设，带头增强“四个意识”、坚定“四个自信”、做到“两个维护”，坚决贯彻落实《中国共产党地方委员会工作条例》和常委会议事规则，落实民主集中制，遵守请示报告制度，严格落实中央八项规定及其实施细则精神，落实廉洁自律各项规定，从严教育管理亲属和身边工作人员。

一年来，区委常委会工作的开展和取得的成绩，是以习近平同志为核心的党中央坚强领导的结果，是省委、市委正确领导的结果，是全区广大党员干部群众团结拼搏的结果，各位区委委员、候补委员对常委会工作给予了真诚帮助和大力支持。我代表区委常委会，向同志们表示衷心的感谢，请同志们对区委常委会的工作提出意见建议。

泉港区人民政府工作报告

——在泉港区第五届人民代表大会第一次会议上的报告

杨凤翔

（2021 年12月22日）

一、过去五年及2021年政府工作回顾

五年来，在上级党委、政府和区委坚强领导下，在区人大、区政协监督支持下，区政府坚持以习近平新时代中国特色社会主义思想为指导，全面贯彻新发展理念，主动融入“新福建”和“五个泉州”建设大局，凝心聚力、有为运作，经济社会发展实现更高起点上提级进位、跨越赶超，较好完成区四届人大历次会议确定的目标任务。

五年来，我们聚焦高质量发展超越，做足优势、创新前行，推动产业提速、质量提档。牢记习近平总书记“做足石化产业文章，大力发展港口经济”殷殷嘱托，石化产值连续3年突破千亿，石化工业园区连续9年进入全国前20强，泉港区连续3年入选中国工业百强区。累计完成港口吞吐量超1亿吨，海关税收490亿元（占泉州关区的83.8%）。食品饮料产业产值达百亿规模，现代服务业、房地产业、文体旅游业等比重持续上升。累计建成投产重点项目226个、总投资410亿元，五年四次荣获省上“五个一批”正向激励表扬嘉奖。高标准建设“一室两院四中心”，累计引进高层次人才团队10个、国家级人才11名、省级高层次人才101名。清源创新实验室创新成果获国家科技进步二等奖，泉港区连续2年上榜全国科技创新百强区。

五年来，我们聚焦产城融合发展试点，建管并举、提质扩容，推动城市变大、形象变美。举全区之力推进石化安控区项目建设，完成约5.3万名群众、1.3万栋民房安征迁，彻底解决长期困扰的“厂村混杂”问题。高起点编制产城融合、石化安控区等各类规划，统筹推进“一中心、四组团”建设，完成祥云路、驿峰路、驿坂廊道等28条主次干道建设改造，新增房地产开发面积475万平方米，建成区面积达19平方公里，城镇化率由49%提升至57%。打好打赢污染防治攻坚战，完成农村人居环境整治“一革命四行动”任务，河（库）长制、高铁高速沿线环境综合整治“三图五单”等做法成为全省典型，荣获国家产城融合示范区、省级文明城区、省城市发展“十优”区等荣誉。

五年来，我们聚焦全面建成小康目标，补齐短板、强基促稳，推动民生共建、发展共享。坚持用有限财力做成最大民生，“四心”工程、民生“1+4”补短板和“XIN”行动成效明显，高质量打赢脱贫攻坚战，提前两年实现建档立卡贫困户全部脱贫、贫困村全部摘帽。完成中小学幼儿园新改扩建项目87个，新增学位3.2万个。“救急难”、“505”微心愿、“321+X”医共体、“区管校聘”等创新做法得到上级推广，建成文明礼堂、侨史馆、百姓书房、健身公园等一批优质公共文化设施，泉港医联体荣获全国“城市医疗集团典范单位”。乡村振兴战略扎实推进，涂岭镇入选省级乡村振兴特色乡镇，11个村获评国家级、省级乡村治理示范村，建设“一镇四线二十四村”示范带，串起泉港乡村振兴靓丽风景线。平安泉港建设扎实开展，强基促稳、扫黑除恶、安全生产等工作成效位居全市前列，“圈层化”网络综合治理模式得到中央网信办肯定推广，获评全国法治先进区、全省民族团结进步重点区、省级平安区等荣誉称号。

五年来，我们聚焦全面从严治党要求，真抓实干、担当作为，推动政府提效、改革提速。深入学习贯彻习近平新时代中国特色社会主义思想，意识形态工作常抓不懈，“两学一做”学习教育、“不忘初心、牢记使命”主题教育、党史学习教育入脑入心。在全省率先建立行政争议调解中心、法治政府协同创新研究基地，“七五”普法顺利实施。高质量办理人大代表建议、政协委员提案。驰而不息落实中央八项规定及其实施细则精神，“三公”经费支出逐年下降。持续为基层减负，坚决抓好各级巡视、巡察、审计反馈意见整改落实。全面深化“放管服”改革，推行政务服务24小时“不打烊”“4029”快速审批等创新做法，泉港营商环境指数连续2年保持全市前两位，入选全国公共资源交易百强县。

2021年是本届政府最后一年，也是泉港区历史上极不平凡的一年。尤其是面对突如其来的新冠肺炎疫情，广大医务工作者白衣擐甲、大义逆行，广大党员干部、基层工作者、志愿者和公安干警不畏艰险、冲锋在前，全区上下众志成城、共克时艰，第一时间激活应急体系，第一时间构建防控网络，第一时间筹集防疫物资，以最快的速度、最小的代价，“快严实细全”打赢疫情防控阻击战、歼灭战，没有发生社区传播，没有出现第三代病例，得到各级领导充分肯定。在此，向奋战在抗疫战线的每一位勇士及其家属致以崇高敬意！向参与、配合、支持疫情防控的广大群众、海内外

乡贤表示衷心感谢！

在做好疫情防控的基础上，我们始终保持战略定力，坚定全方位高质量发展超越不动摇，紧抓“六稳”“六保”工作不放松，认真执行区四届人大五次会议通过的各项决议，经济社会各项事业取得新成效。全年实现地区生产总值751.67亿元（预计数，下同），工业增加值508.58亿元，农林牧渔业总产值22.43亿元、增长7.5%，第三产业增加值153.17亿元、增长10.6%，一般公共预算总收入102亿元、增长14.1%，一般公共预算收入28亿元、增长9.47%，实际利用外资7.38亿元、增长40.3%，居民人均可支配收入32570元、增长8%。

一年来主要工作和成效是：**（一）区域经济在高基数上保持稳发展。**强力推进“项目攻坚 2021”，全面激活内生动力，推动经济运行回升向好。（1）实体经济顶压前行。面对疫情的巨大冲击，组织实施“战疫情、保稳定、促发展”十大攻坚行动，出台应对疫情促进社会经济发展十三条措施，落实中小微企业帮代办机制，累计兑现惠企资金1.2亿元，减税降费7.65亿元，为120家次企业提供信贷支持86.47亿元。完成联合石化芳烃、EOEG装置脱瓶颈改造等12个工业技改项目，新增省级龙头企业3家、规上工业企业16家、限上商贸企业17家。限上餐饮企业收入同比增长18%，农产品网络销售额同比增长28%。（2）发展后劲积蓄增强。192个区级重点项目累计完成投资228.96亿元，国亨化学一期等46个项目开工建设，中海油服等45个项目建成投产。开展“抓征迁交净地百日攻坚行动”，完成土地整理项目验收3750亩、土地出让567亩，盘活批而未供土地、闲置用地约2000亩。开展产业链招商季等集中签约活动，新增签约项目114个、总投资960.5亿元，其中总投资150亿元的天辰新材料产业园项目是今年泉州市引进的最大产业项目。（3）创新活力加速释放。全区规上工业企业完成研发投入6.49亿元，新增省级科技型中小企业24家、市级以上“专精特新”企业8家，储备入库高新技术培育企业21家。新增3家省级融合发展新模式新业态标杆企业、入选省数字经济创新“瞪羚”企业3家，数字经济发展规模同比增长10%。完成泉港石化科技众创园一期项目建设，国家开放大学石油和化工学院学习中心落户泉港。推动泉港石化工业园区与黎明职业大学校地合作，成立人才联合培养培训基地，高层次人才同比增长7%。完成梳理“一件事”集成套餐130项、“异地代收”“省内通办”事项16项，“‘全岗通’‘五服’泉港模式”入选2021年中国绿色影响力典范案例。

（二）城市建设在扩体量上加速提品质。突出精致建设、精细管理、精心维护，提升城市形象。（1）规划布局更趋合理。扎实推进国土空间总体规划编制，启动泉港石化工业区控制性详细规划、石化安控区专项规划修编等工作，完成福厦客专泉港站区等32个区域控规批复。组织实施“十四五”综合交通运输发展规划。（2）城乡建设更有品位。实施城乡建设品质提升五大专项行动，144个城建项目完成投资106.76亿元，51个市级小城镇项目完成投资29亿元。加快推进坝头溪流域综合整治、七镇连通、福厦高铁泉港段建设等重大项目，完成5处城区主要涝点整治，植物园二期、菜堂湿地公园即将建成开放。开展乡村振兴示范线“三无一改”攻坚行动，实施72个省级乡村振兴试点示范项目，建设16个乡村微景观，打造7个文体旅游融合试点村。（3）生态环境更加优美。启动泉港区海洋生态保护修复项目，开展海漂垃圾综合整治，实施肖厝-惠屿网箱养殖清退及升级改造22.1公顷。抓好24件生态环保督察反馈问题整改。完成16个国家循环化改造项目，辖区环境空气质量优良率98.5%，饮用水水源地水质达标率100%。

（三）民生事业在紧日子下保障硬支出。全年压减一般性支出30%，实现民生支出26.61亿元，占本级财力79.1%。（1）民生供给保障有力。投入1.72亿元完成14项31件为民办实事项目。兜牢民生底线，提高残疾人两项补贴标准，为低保对象、特困人员等发放各类保障金7712万元，实现养老金“十六连调”。为征迁村提供就业岗位3500个以上，城镇登记失业率控制在4.2%以内。（2）公共资源持续优化。新改扩建中小学、幼儿园12所，泉港五中与泉州五中实现结对帮扶，泉港职专复办招生，新增省级杰出人民教师、省学科带头人、市级名校长9人，实现义务教育学校课后服务两个“全覆盖”。推动公立医院综合改革，泉港区成功入选国家级居民健康素养监测点。组织庆祝建党100周年系列文化活动，完善文化遗产项目数字化建设，完成全区26处烈士纪念设施修缮。（3）社会环境安定和谐。深化平安泉港建设，扎实开展“治重化积”三年行动，反诈防骗工作获得中央政法委推广，反偷私渡工作得到省委政法委高度肯定。开展安全生产“严执法、强攻坚、促提升”专项整治，建立全省首家石化VR应急模拟实训基地，全区丙类自建房加工场所评查整改率100%。严格落实粮食安全行政首长责任制，健全完善食品“一品一码”追溯体系。

（四）政府建设在严要求下凸显新作为。突出政治建设、作风建设和廉政建设，坚定不移做“两个确立”忠诚拥护者、“两个维护”示范引领者。（1）旗帜鲜明讲政治。以伟大建党精神推动党史学习教育走深走实，始终坚持在区委的坚强领导下开展工作，扎实推进“再学习、再调研、再落实”活动，深入开展“我为群众办实事”“我为企业解难题”主题实践活动，强力整治“四风”问题，党风政风持续向好。（2）积极稳妥防风险。有序化解存量债务，入选全国建制县区隐性债务化解试点，获得再融资债券150亿元。有效防范化解金融风险，全年化解不良贷款4.4亿元，圆满完成信贷风险防控任务。推进财税收入精细化管理，争取域外税源回归1.1亿元。强化支出管理，完成“三保”支出17.64亿元。（3）干事成事勇担当。以“为群众造福”的担当、以“对事业负责”的决心，开展石化安控区项目集中扫尾攻坚行动，提前完成民房签约、腾空、拆除“三清零”。顺利通过环保、安全、统计、涉粮等专项检查，以全省第4名、全市第1名的佳绩蝉联“省级文明城区”荣誉称号。此外，民族宗教、统计档案、国防双拥、防灾减灾、对口帮扶、老龄老干、工青妇、红十字、残疾人、退役军人、慈善等事业均取得新成效。

各位代表！五年砥砺前行、铿锵奋进，所取得的成绩，是区委总揽全局、坚强领导的结果，是区人大、区政协有效监督、鼎力支持的结果，是全区上下团结拼搏、开拓进取的结果。在此，我谨代表区人民政府，向奋斗在各条战线的广大干部群众，向给予我们大力支持的人大代表、政协委员、离退休干部，各民主党派、工商联和社会各界人士，向各级驻泉港直属单位和部队官兵表示崇高的敬意和衷心的感谢！

在总结成绩的同时，我们也清醒认识到发展中面临的一些问题和短板。主要表现在：一是财政压力凸显，财税新增长点不多，财政“两难”局面将持续存在。二是在“双碳”目标等政策背景下，重点用能企业扩产能、石化项目招商将面临更大挑战，产业转型升级需进一步加快。三是大量人口向城区转移，城市治理水平不高，高品质公共服务供给不均衡问题依然突出。四是个别干部担当意识不强、业务水平不高，跟不上新时代发展步伐。对此，我们绝不回避，将采取有力措施加以改进解决。

二、新一届政府工作及 2022 年目标任务建议

今后五年，泉港处在大有可为的重要机遇期、改革攻坚期和发展瓶颈期，既具备全方位高质量发展超越的有利条件，也面临前所未有的困难挑战，必须坚持“一届为一届打基础，一任为一任添后劲”的好传统，接续奋斗，加速崛起，跨越前行。

今后五年政府工作的指导思想是：高举习近平新时代中国特色社会主义思想伟大旗帜，深入贯彻党的十九大和十九届二中、三中、四中、五中、六中全会精神，大力弘扬伟大建党精神，坚持党的全面领导，坚持以人民为中心，坚持新发展理念，坚持系统观念，坚持稳中求进工作总基调，按照省、市、区党代会部署要求，坚持“创新立区、主业强区、港口兴区、生态美区、和谐安区”发展战略，全力建设“绿色石化名城、现代活力港城、山海宜居美城”，当好“全省石化科技服务创新示范、海丝核心区开放先行示范、国家产城融合发展示范”，全方位推进高质量发展超越，为奋力谱写全面建设社会主义现代化国家泉州篇章贡献泉港力量。

——围绕建设“绿色石化名城”目标，当好全省石化科技服务创新示范。把创新摆在发展全局核心位置，突出“一室两院四中心”创新平台集聚作用，加速创新链与产业链、资金链、人才链融合贯通，营造要素高效协同、资源高效配置的创新创业生态，打造福厦泉国家自主创新示范区建设中的石化科技创新先行区、人才集聚区。突出科技赋能、数字赋能、绿色赋能，重点发挥乙烯等7条产业链条优势，规划建设高端电子化学产业集群。推进园区标准化建设，加快产业智能化、数字化、低碳化、集约化转型，推动地区生产总值突破1000亿元，石化产值突破2000亿元，规上工业产值突破3000亿元，石化工业园区综合实力在国内石化基地排名进入前10位。

——围绕建设“现代活力港城”目标，当好海丝核心区开放先行示范。深化以高质量发展为导向的县域集成改革，重点围绕产业升级、乡村振兴、民生事业、基层治理、风险防控等领域先行先试，构建更加高效灵活管用的制度体系。深化营商环境“1+17”优化提升行动，充分激发市场主体活力。紧抓“一带一路”、RCEP 协议签订、福建自贸区扩区等重大机遇，争取政策叠加优势，建构更高水平的双循环支点。充分发挥泉港码头和海岸线优势，做强港航物贸能级，加快打造海丝名城全方位对外开放的前沿阵地。探索两岸融合发展路径，拉紧经济合作纽带，拓展闽台“三同文化”交流，助力打造“台胞台企登陆第一家园”。

——围绕建设“山海宜居美城”目标，当好国家产城融合发展示范。找准泉港在省市城市建设大局中的坐标和定位，突出山海互融地理优势，深度推进新型城镇化建设，加快城市有机更新、片区滚动发展，构建“五环四横三纵”交通网络体系，建成区面积扩大至22.5平方公里，城区人口达26万人。推动产城人深度融合，发展生态旅游、健康养生、休闲农业等特色产业，建设宜居宜业宜游美丽家园。突出共建共享、共同缔造，以创城的常态化助力城市管理的精细化。深化教育强区、健康泉港建设，巩固拓展脱贫攻坚成果同乡村振兴有效衔接，健全多元化民生保障体系。重视涵养城市精神、城市文化、城市品格，活态传承海港文化、海盐文化、北管音乐文化、水密隔舱福船文化等泉港独具特色的文化品牌，促进文旅融合，以文润城，全力提升泉港知名度、美誉度和城市综合竞争力。

2022年是新一届政府开局之年，做好政府工作意义重

大，必须深入贯彻中央和省、市经济工作会议精神，坚持稳字当头、稳中求进，推动经济实现质的稳步提升和量的合理增长。2022年主要经济社会发展预期目标是：地区生产总值增长0.5%，农林牧渔业总产值增长2.5%，建筑业增加值增长30%，第三产业增加值增长10%；一般公共预算总收入增长1%，一般公共预算收入增长3.8%，固定资产投资增长12%；实际利用外资与去年持平，出口商品总值增长8%；社会消费品零售总额增长8%，居民人均可支配收入增长7.5%。

围绕上述目标，重点开展“项目攻坚2022”，抓好总投资1598亿元的198个区级重点项目，确保完成年度投资290亿元以上。致力做好五个方面工作：**（一）致力转型升级绿色发展，高质量构建现代产业体系顺应产业跨界融合趋势，打通转型升级关键环节，推动新型工业化、数字化、城镇化同步发展，形成以石化产业为“链”，其他产业为“群”的“1+N”产业发展体系。**（1）延伸产业链条。实施主导产业链长制，配套引入高端“隔墙工厂”项目，提升上下游产业关联度。重点服务推动国亨化学一期、天辰化工、阿朗新科橡胶等23个项目落地建设或投产，加速构筑“油头—化身—轻纺尾”完整产业集群。引导高新智能制造产业空间集聚，推动电子化学新材料基地、中昊港创新材料产业园等载体建设，布局宇极含氟新材料、立亚化学聚碳硅烷等一批项目，推动石化产业向高端、高性能、高附加值方向发展。（2）优化产业结构。突出低碳绿色发展。严格实行能源消费强度和总量双控，推进联合石化、福海粮油等重点用能企业节能改造，实施联合石化芳烃低温余热回收等一批节能技改项目。加快产业绿色化升级，推进宝牛空气储能、华源电力风光水储一体化、国能新能源光伏等项目，大力发展绿色经济。实施数字泉港战略。推进工业企业加速数字化转型，完成百川科技、百宏石化等2个市级“数字化车间”认定，培育钟山化工表面活性剂及炼化助剂等8个省级两化融合重点项目，引导安然纺织等10家企业“上云上平台”。落实数字经济赶超行动工作清单，推进移动无线网络工程、泉港5G新基建项目建设，实现5G网络覆盖85%以上。推动产业多维融合。加快益海嘉里面粉三期及酵母、泉怡饮料智能化等项目建设，推动粮油主产品的深度加工和副产品的综合利用。推进鲤鱼尾作业区4号泊位及仓储工程、普洛斯智能物流园建设，支持航运业龙头企业做大做强。大力引进金融中心、营销中心、结算中心、贸易公司，推动生产性服务业向专业化和价值链高端延伸。（3）拓展产业空间。深耕海洋“蓝色沃土”。加快发展临海能源、滨海旅游、海上牧场、渔港经济等新业态，重点加快推动地下水封洞库等项目，为我省地下空间开发利用提供样板示范。完成新型塑胶网箱养殖设施、诚峰一级渔港二期和诚平二级渔港及其配套设施建设，推进天马科技现代农业高新技术产业园项目加快实施，培育智慧水产品养殖基地。（4）加快园区标准化。依托泉港科技众创园打造工业产业园区标准化建设试点园区，规划建设模块化研发中试、生产车间，促进优质生产要素集聚。科学规划石化安控区地上工业、物流仓储用地，在南山片区二期用地中谋划布局丙烷及下游石化产业项目等，建成新型“园中园”石化产业平台。推行亩均效益评价。坚持“亩产论英雄”，健全低效用地盘活、落后产能退出等机制，试行新型产业用地“MO”、工业项目“标准地”、土地年租制度。建立闲置厂房空间数据库，开展驿峰路两侧低效闲置土地清理，盘活批而未供土地和闲置土地1000亩以上。

（二）致力改革争先创新赋能，高起点激发区域创造活力。围绕全方位高质量发展超越，把好集成改革“方向盘”，做强科技创新“引擎器”，注入营商环境“加速剂”，全面提升发展质效。（1）突出集成改革引领。落实国企改革三年行动实施方案，推动国有企业深度参与城市建设、产业园区开发、战略性新兴产业培育、现代服务业集聚区建设，大力提升国企经营效益。积极稳妥推进零基预算改革，对接做好财政事权和支出责任划分改革。深化民营和小微企业金融服务综合改革试点工作。深化工程建设项目审批制度改革，积极探索推进“多评合一”。（2）强化科技创新驱动。深入实施研发投入、高新技术企业、高水平科研平台、高层次人才团队“四个倍增”计划和抓创新促应用专项行动，力争新增国家科技型中小企业21家、新认定各类高层次人才150人，确保实现全年研发经费增长20%以上。充分发挥科研平台优势，加快推进电子专用化学品实验室、中科国际智能创新中心等项目建设，支持企业联合高校、科研机构组建创新联合体，组织申报科技创新券、科研项目攻关“揭榜挂帅”，促进科技成果就地交易、就地转化、就地应用，实现技术合同成交额增长100%。（3）打造一流营商环境。开展营商环境优化提升行动，完善政务服务“好差评”制度，健全中介信用管理机制、服务评价和惩戒机制，实现审批服务事项网上、掌上可办率99%以上，行政许可即办率72%以上，推动政务服务“一码通办”。倡导“店小二”精神，建设“云服务”和“群服务”工作平台，对重大项目实行全程代办各项手续，提前做好项目前期工作区域评估。开展“局长走流程”活动，努力破解痛点难点堵点问题，靶向精准提升政务服务质效。严格执行国家减税降费政策，兑现支持企业发展系列奖励政策，降低企业生产成本。

（三）致力聚城畅通全域同城，高标准实施城市提升工程主动融入泉州市“一湾两翼三带”“聚城畅通”“区域同

城化”建设布局，把泉港341平方公里国土空间作为城市有机组成部分，整体规划，全域推进，突出完善城市中心区的核心功能，推进以规划为“纲”、建设为“目”的城市提升工程。（1）聚力“成规模”建设更新。突出规划引领。统筹全域城乡建设、土地利用与生态保护等规划，高质量完成国土空间规划编制，跟踪落实湄洲湾石化基地规划修编，加快石化园区、安控区、港后区等控规编制，开展环境风险防范区专题研究工作，推进全域“多规合一”。加快人气集聚。提速环锦绣湖片区、高铁片区、岩山片区、盐田片区等成片开发，推动沈海高速驿坂双开放服务区商业综合体落地建设，保持房地产市场平稳健康发展。加快天辰新材料产业园生活区建设，培育永嘉、锦绣、百汇等一批地标性商圈、高品位街区，推动人口向中心城区集聚。畅通出行系统。加快福厦客专站前广场及配套设施建设，完成渔港路二期、朝阳公路拓宽改造及红星香蜜湖连接道路提级改造，有序推进国道228线泉港段改线工程。实施道路微改造，整治交通易堵点、事故多发点，提高城市路网通达性。（2）突出“精细化”城市管理。系统谋划城市大脑。研究制定智慧城市建设总体规划，整合智慧考评、智慧交通、智慧水务、智慧停车等10多个平台，统筹智慧城市运维。逐步推行智慧井盖建设，完成金山街、中兴街配套管网修复改造及地理信息系统建设，打造智慧排水管理体系。切实提升城市颜值。实施城市街景、绿景、夜景、水景“四景”提升工程，完成国道324溪西段、通港路、高速出入口周边环境整治，持续推进驿坂高速出口至城区等5条重要通道景观提升。全面推行“林长制”，建立健全森林资源保护发展责任体系，完成植树造林和松林改造1600亩以上。加快城市资源资产市场化运营，推动共照明、垃圾收运、园林绿化等公用事业、公共服务委托经营。全力补齐城市短板。实施金山街内涝治理与海绵城市试点项目，完成七镇连通工程建设，力促北部城区、滨海干道等排污管道建成投用。深化“两违”综合治理，严厉打击新增乱占耕地建房违法行为。加强老旧小区管理，对锦祥社区、聚福小区一期等小区进行天然气改造，开展市级物业管理示范达标小区创建，力争用2年时间实现小区业主委员会全覆盖。（3）打造“高水平”生态环境。健全生态环保目标责任书考核机制，推进区域突出生态环境问题整改落实。打好“蓝天”卫战。继续实施10个大气精准治理项目，强化工业废气、施工扬尘等大气污染源管控，确保环境空气质量优良率稳定在95%以上。打好“碧水”攻坚战。抓好流域水质提升“碧水源”专项行动，推进污水处理厂二期建设，完成郭厝溪、坝头溪流域综合整治，治理水土流失1000亩以上，确保饮用水源地、小流域达到市下达指标要求。打好“净土”持久战。实施“清洁土壤”工程，贯彻落实土壤污染防治行动计划，督促落实氯碱片区土壤检测和修复，提升区内产废企业和危废经营单位规范化管理水平。打好“碧海”修复战。加快实施泉港区海洋生态保护修复工程，塑造水清岸绿堤美、可及可亲可游的生态空间，打造新的“城市会客厅”。做好陆源入海排污口整治，强化海漂垃圾治理，确保近岸海域水质稳定达标。（4）传承“特色化”泉港文脉。注重文化保护传承。实行“古村、古街、古厝”挂牌保护，加强土坑村古建筑群保护利用。编制完善历史文化名镇名村、传统村落保护规划，建立文化遗产资源档案数据库，完善黄素石楼等8处省级以上文物保护单位“四有”档案。加强红色文化遗址保护利用，对山腰盐警盐署起义旧址等6处革命遗址实施修复，开展石化安控区乡村记忆调查整理，延续城市历史文脉。深化文明城市创建。高质量推进新时代文明实践中心建设，建好管好用好区、镇、村三级新时代文明实践中心（所、站），打造社会主义核心价值观系列主题公园。构建创城创卫常态长效机制，确保通过全国文明城市和省级文明城区年度测评。突出城市品牌运营。持续打好长寿之乡、“四个文化之乡”特色品牌，加快峰尾古城、涂岭古街、民族特色村寨等文化旅游提升项目建设，力促伟光汇通文旅小镇项目落地动建，推动旅游业增长10%以上。围绕石化安全、生态环保等领域，集中推出一批科普类、“微改革”类等宣传报道，讲好泉港故事、涵养泉港精神，深化“泉港是美丽家乡”的共识。

（四）致力共同富裕品质民生，高水平共建幸福美好家园民之所盼，政之所向。坚持财政优先投向民生事业，组织实施8类31项为民办实事项目，主动呼应泉港人民新关切、新期盼，把优质、均衡作为重要考量、更高追求，加快实现由底线民生、基本民生向品质民生跨越。（1）全方位推进乡村振兴。提速乡村建设行动。实施乡村建设“1+6+2”系列行动，开展“五好”乡镇创建，分主题建好试点村、示范线、试点镇，加快串点连线成片。实施老宅、老街、老巷“微改造”，培育民宿、文创、森林康养等业态，营造微田园乡村生活。积极探索回报社会激励机制，拓展“同心工程”品牌，鼓励企业家、青年人才、海内外乡贤投身乡村振兴，把最美乡愁化作最美风景。提质乡村产业发展。实施村级集体经济“强村计划”，推动25%以上村（社区）集体经营性收入达50万元以上。发展特色现代农业，实施“互联网+农产品”出村进城工程，推进涂岭休闲农业基地、界山现代农业生态产业园规模化集约化发展，新增省级以上“一村一品”示范村2个、高标准农田2000亩，新建农产品标准化示范基地4个。提升乡村生活品质。加快推进村庄“多规合一”实用性规划编制，规范农村宅基地和农村房屋建设管理，推动界山、涂岭等边远乡村自来水全贯通。持续深化农村人居环境整治，实施14个村庄农村生活污水提升治理，整治农村裸房1350宗以上。继续推进“四好农村路”建设，补齐农村公路“建管养运”短板。（2）多维度完善保障体系。落实就业保障。实施城镇职工、农村居民、高级人才、困难群体、安控区征迁群众“五大群体”增收计划，建设创新创业孵化基地，打造“1小时灵活就业”智慧服务平台，新增城镇就业3000人以上，确保城镇“零就业家庭”动态清零。强化救助保障。做好低保户和特困人员动态管理，推行精准救助发现机制。新增“五险”参保人数1.3万人以上。培育发展保障性住房租赁市场，多渠道解决好外来务工人员等群体住房问题。加强退役军人服务保障，争创省级双拥模范城“六连冠”和省级军民融合示范区。完善医疗保障。继续深化“府院共建”医联体模式，加快构建分级诊疗体系，努力为全省医改贡献新的“泉港模式”。加快泉港区医院传染病大楼、病房大楼2#楼及附属配套设施工程建设，新增住院床位300张以上。完善基层医疗卫生设施设备，健全乡村卫生服务一体化建设和管理。健全服务保障。通过购买社会工作专业服务项目，稳步推进镇（街道）社会工作服务站建设。打响“志愿情·泉港红”品牌效应，推广应用“志愿云”信息系统，持续加强公共场所志愿服务管理。（3）高质量供给公共服务。提升“一大一小”教育水平。全面落实推动泉港区教育高质量跨越发展各项措施，支持泉港职专高起点办学，加强与国家开放大学、福大石化学院、石化园区等机构合作办学，开展企业“订单培养”。优化中小学幼儿园教育布局，持续推进10个教育项目建设，新增学位8000个以上。巩固提高幼儿园公办率、普惠率，支持泉港一中、二中、六中等学校达标晋级，推进教师进修学校标准化建设。完善教师队伍“区管校聘”管理机制，实施教师素养提升2.0计划，激发教师队伍活力。进一步落实“双减”政策和“五项管理”制度，重视青少年身体素质和心理健康教育，完善德育一体化协同育人机制。满足“一老一幼”健康需求。鼓励社会资本投资养老机构，改扩建泉港区中心养老院，新建提升3个居家养老服务站，新增养老床位250张。发展普惠托育服务体系，探索出台缓解育儿压力、满足生育意愿的配套措施。投用儿童福利院，新建市区级儿童之家4个。实施新一轮妇女儿童发展纲要，落实妇女“两癌”免费筛查和关爱女孩“五项工程”。营建“一动一静”生活场景。构建动态体育空间，统筹推进“一场两馆”、全民健身活动中心等项目，建设13个健身口袋公园。构建静态文化空间，加快博物馆、数字文博馆、科技馆二期建设，运营好艺术馆、方志馆、侨史馆。

（五）致力固本强基夯实网格，高效能提升社会治理水平树牢底线思维，统筹共建资源，凝聚共治合力，着力构建基层治理新格局，坚决守住安全和谐稳定防线。（1）打造善治实践样板。推动社会治理和服务重心下移，持续推行“网格化+”服务管理模式，统筹执法力量驻社区、联网格，把管理细化到社区、街道和楼宇，发挥好微网格公众服务平台作用。试点推行乡村治理积分制，深化村民议事会、乡贤参事会等自治模式。深入开展移风易俗，发挥孝德文化、村规民约、家规家训等教化引领作用，坚决破除婚丧嫁娶大操大办等陋习歪风。牢牢掌握意识形态工作的领导权、管理权和话语权。支持工会、共青团、妇联在创新社会治理中发挥作用，加强外事、侨务、海防、人防、档案、民族宗教、国防动员等各项工作。（2）筑牢疫情防控防线。科学精准做好常态化疫情防控，坚持“外防输入、内防反弹”，做好人、物、环境同防，健全完善常态化疫情防控工作方案、应急预案，做到指挥系统平急结合、平战结合。压紧压实“四方责任”，落实“四早”要求，确保各项防控措施执行到位。持续开展疫情防控和卫生健康知识普及，打牢群专结合、群防群控基础。完善多点触发预警机制，加强流调、核酸检测、医疗救治等专业队伍建设，补齐弱项短板，提升基层医疗机构院感防控能力。高效有序组织疫苗接种、核酸检测，加强方舱临时隔离点等规范管理。（3）维护社会和谐稳定。加强系统治理、依法治理、综合治理、源头治理，以行业整治推动常态化扫黑除恶斗争。加强智慧警务建设，升级改造“雪亮工程”，建立健全“情指勤舆”一体化实战化运行机制，提升预防和打击电信网络诈骗等违法犯罪效能，增强社会治安防控整体性、精准性、协同性。深化“大数据+人民调解”模式，推进治重化积化解息访工作，力争省市交办的历史积案办结化解率95%以上。加强企业“两链”风险摸排，开展非法集资、互联网金融整治，有效防范金融风险。（4）压实安全监管责任。全面实施“安全生产标准化提升”专项行动，构建安全风险分级管控、隐患排查治理双重预防体系。开展城镇燃气安全排查整治，增强全社会燃气安全意识。严密防范应对各类自然灾害，建设“智慧泉港”安防预警系统，为森林防火、防汛防台等各项工作提供有力技术支撑。落实粮食安全行政首长责任制，持续治理“餐桌污染”，完善全程追溯机制，确保“舌尖上”安全。落实石化安控区拆除区域后续各项安全管控，加强安全监管队伍和专业化应急队伍建设，开展实战化应急演练，提高防灾、减灾、抗灾、救灾能力，确保石化基地长治久安。

三、加强政府自身建设

坚持人民政府为人民服务、对人民负责、受人民监督，不断提高政治判断力、政治领悟力、政治执行力，努力建设人民满意的政府。

1、敢于担当作为。深入学习贯彻习近平新时代中国特色社会主义思想，运用好党史学习教育成果，带头牢记“两个确立”，坚决做到“两个维护”。坚持“功成不必在我、功成必定有我”，一年接着一年干，一张蓝图绘到底。坚持事不避难、敢于担责，推动各级决策部署落地落实。

2、善于真抓实干。坚持任务项目化、项目清单化、清单责任化，用好项目工作法、一线工作法、典型引路法，持续推行“211项目协调调度”“一图一表”等好的机制。当好“施工队员”，拿“图纸”进“工地”，进一线解难题，凭实干比高低，用实绩论英雄。

3、勤于为民服务。落实不叫不到、随叫随到、说到做到、服务周到“四到”服务理念，切实为群众和企业排忧解难。深化政府效能建设，治理“拖着不办、放着不干、等着不动、推着不理”等突出问题。强化“今天再晚也是早、明天再早也是晚”的效率意识，让群众和企业的事，好办、快办、办成。

4、勇于改革创新。自觉运用系统观念、改革思维、创新办法解决问题、推动发展。善于借鉴他山之石，推动政府治理理念创新、行政方式创新、体制机制创新。尊重基层首创精神，鼓励八仙过海、各显其能，营造比学赶超、勇当先进的浓厚氛围。

5、严于清正廉洁。从严落实中央“八项规定”及其实施细则精神，自觉接受人大法律监督、工作监督和政协民主监督。抓好“八五”普法，加强府院联动，做好行政复议、行政应诉工作，全力创建法治政府示范区。积极稳妥化解政府债务存量，有效降低债务风险等级。严格预算管理，大力压减一般性支出，把有限的财政资金优先用于支持重点建设和民生改善，提高财政资金使用绩效，努力用政府的“紧日子”，换来百姓的“好日子”。

各位代表，百年征程风正劲，重任千钧再扬帆。让我们紧密团结在以习近平同志为核心的党中央周围，在上级党委政府和区委的坚强领导下，以实干者的底色、拓荒者的勇气、奔跑者的姿态，锐意进取，勇毅前行，为坚持“五区战略”、实施“三城建设”，推动泉港全方位高质量发展超越而努力奋斗，以优异成绩迎接党的二十大胜利召开！

附：名词解释

1.“五个泉州”：创新泉州、智造泉州、海丝泉州、美丽泉州、幸福泉州。

2.“五个一批”：谋划一批、签约一批、开工一批、投产一批、增资一批。

3.“一室两院四中心”：清源创新实验室；福大石化学院、福师大泉港石化研究院；国家阀门产品质检中心、福建石化产品质检中心、国家级化肥催化剂工程研究中心、福建省环境友好高分子材料创新中心。

4.清源创新实验室创新成果：催化裂化汽油超深度加氢脱硫—烯烃分段调控转化成套技术。

5.“一中心、四组团”：由山腰街道、峰尾镇、后龙镇组成的中心城区和南埔镇、前黄镇、涂岭镇、界山镇四个组团。

6.“一革命四行动”：厕所革命，农村垃圾治理行动、农村污水治理行动、农房整治行动、村容村貌提升行动。

7.“三图五单”：“三图”即车视图（定任务）、地形图（计算工作量）、航拍图（定效果）；“五单”即拆、清、整、绿、遮对应的工作清单。

8.强基促稳：即“强化基层组织、促进和谐稳定”。2019年市委市政府启动“强基促稳”三年行动，围绕提升基层组织力、治理能力、风险防控能力、矛盾纠纷化解能力和群众获得感，先后组织实施41个专项行动。

9.民生“1+4”补短板：加快社会事业发展，补齐教育事业、卫生健康、养老服务、城乡民生基础设施等四个领域民生短板。

10.“四心”工程：教育舒心工程、卫生与健康暖心工程、养老贴心工程、民生基础设施安心工程。

11.“XIN”行动：梳理群众热难点、亟待解决的突出问题，领导领办、挂钩推进，组织专班集中攻坚解决。

12.“505”微心愿：在全区101个村（居）各征集5个贫困家庭的微心愿，共505个，通过网上发布、志愿者认领，帮助实现其微心愿。

13.“321+X”医共体：扩大区政府与福医大附一院（三级医院）联合办医辐射效应，与泉港区医院（二级医院），与5家镇卫生院和1个社区卫生服务中心（一级医院），与村卫生所（X）形成跨级医疗联合共同体。

14.“一镇四线二十四村”：“一镇”指涂岭镇省级乡村振兴特色乡镇，“四线”指2条市级示范线：“前欧村—小坝村—樟脚村—黄田村”“东张村—玉湖村—玉山村—秀溪村”和2条区级示范线：“惠屿村—涂坑村—诚峰村—诚平村”“钟厝村—普安村—三朱村—前黄村—后张村”，“二十四村”指7个省级试点村、8个市级试点村、9个区级试点村。

15.“两学一做”：学习共产党党章党规、学习贯彻习近平总书记系列重要讲话精神，做合格党员。

16.“放管服”改革：简政放权、放管结合、优化服务。

17.“4029”快速审批：“4”是指企业开办审批时限压缩至4小时，“0”是指企业开办0费用，“29”是指工程项目审批时限压缩至29个工作日。

18.“六稳”“六保”：稳就业、稳金融、稳外贸、稳外资、稳投资、稳预期；保居民就业、保基本民生、保市场主体、保粮食能源安全、保产业链供应链稳定、保基层运转。

19.“全岗通”“五服”泉港模式：一窗进、内部转、联合办、统一出“全岗通”办件模式；人事优化齐心“汇”服务、办事智能贴心“慧”服务、立体多元倾心“会”服务、项目审批用心“绘”服务、成本减少暖心“惠”服务。

20.七镇连通：通过统一规划建设市政污水主次干管，将七个镇（街道）居民聚集区的生活污水，统一收集至生活污水处理厂集中处理。

21.“三无一改”：无裸房、无黑臭水体、无凌乱杆线，改变影响农村人居环境的不良习惯。

22.校内课后服务两个“全覆盖”：义务教育阶段学校公办、民办全覆盖和有需求的学生全覆盖。

23.治重化积：推进治理重复信访、化解信访积案。

24.“三保”：保工资、保运转、保基本民生。

25.“双碳”目标：二氧化碳排放力争于2030年达到峰值，努力争取 2060 年实现碳中和。

26.“一带一路”：丝绸之路经济带和21世纪海上丝绸之路。

27.营商环境“1+17”优化提升行动：“1”即优化营商环境三年行动计划；“17”即十七个指标专班提升行动，包括开办企业、劳动力市场监管、办理建筑许可、政府采购、招标投标、获得电力、获得用气用水、登记财产、获得信贷、知识产权创造保护和运用、跨境贸易、纳税、执行合同和保护中小投资者、办理破产、市场监管、政务服务、包容普惠创新。

28.RCEP:区域全面经济伙伴关系协定。

29.闽台“三同文化”交流：同名村结对、同宗亲寻根、同乐种交流。

30.“五环四横三纵”： 五环：一环近期规划：南山中路—新民街—祥云南路—锦绣街—学府路—东西二路—南山南路—南山中路；一环远期规划：南山中路—新民街—祥云南路—东西二路—南山南路—南山中路；二环：驿峰中路—驿峰东路—滨海东路—滨海南路—南山南路—钟山路—驿峰中路；三环：通港路—西海路—滨海东路—滨海南路—国道228线—通港路；四环：界东路-西海路延伸线-滨海东路-滨海南路-第二疏港大道-国道324线；五环：界东路—滨海北路—滨海东路—峰尾环岛路—滨海南路—紫线—国道324线—驿大线—朝阳公路—界秀线—界东路。四横：通港路、天湖南路、朝阳公路-中部东西通道-前黄路、驿峰路-中兴街。三纵：国道228改线、西海路延伸线-南山路、祥云路-进港路。

31.新型产业用地“MO”：在工业用地（M类）中增加新型产业用地（MO）。

32.“一湾两翼三带”：“一湾”即环泉州湾城市新区；“两翼”即北翼湄洲湾南岸地区，“南翼”即环围头湾地区；“三带”即区域功能集聚带、沿海战略发展带、山林生态保育带。

33.聚城畅通：泉州市围绕构建环湾交通大轮廓，从贯通一重环湾快速路、构筑中环城路、打通多向放射线、搭建15分钟高快速路系统、完善中心市区路网5个方面，制定 19 项实施内容。

34.乡村建设“1+6+2”系列行动：泉州市乡村建设行动实施方案，村庄规划、基础设施、公共服务、人居环境、风貌管控、污水治理六项行动，宅基地管理和农房管理两个关键环节。

35.“五好”乡镇：富民产业发展好、乡村建设提升好、历史文化传承好、基层治理能力好、党建统领发挥好。

36.同心工程：包括同心抗疫、同心助医、同心助学、同心安居工程、同心助力脱贫攻坚、同心健康泉州行、同心教育基金会、同心就业促进行动、同心捐书行动、同心服务站等十大同心系列工程。

37.“四好农村路”：“建好、管好、护好、运营好”，打造外通内联、安全舒适、路域洁美、服务优质的农村公路。

38.“一大一小”“一老一幼”“一动一静”：大中专院校和小初高学校，养老和托育，体育休闲等运动空间和图书馆美术馆等文化空间。

39.教育“双减”政策及“五项管理”：“双减”指有效减轻义务教育阶段学生过重作业负担和校外培训负担；“五项管理”指心态管理、目标管理、时间管理、学习管理和行动管理。

40.“四方责任”：属地、部门、单位、个人的四方责任。

41.“四早”要求：早发现、早报告、早隔离、早治疗。

42.雪亮工程：以区、镇、村三级综治中心为指挥平台、以综治信息化为支撑、以网格化管理为基础、以公共安全视频监控联网应用为重点的“群众性治安防控工程”。

43.“情指勤舆”一体化实战化运行机制：即“情报、指挥、勤务、舆情”一体化，以情报信息为主导、动态勤务为依托、警务合作为支撑、专业规范为特征，实现对各类不安全不稳定因素的“早发现、早预警、早处置、早打击、早导控”。

44.“两个确立”：党确立习近平同志党中央的核心、全党的核心地位，确立习近平新时代中国特色社会主义思想的指导地位。

45.“两个维护”：坚决维护习近平总书记党中央的核心、全党的核心地位，坚决维护党中央权威和集中统一领导。

2021年泉港区国民经济主要指标

表21

指标	单位	2021年	增长（%）
一、地区生产总值	亿元	657.80	−9.9
其中：第一产业	亿元	11.72	4.6
第二产业	亿元	493.51	−13.6
第三产业	亿元	152.57	3.8
二、农林牧渔业总产值	亿元	21.97	5.8
三、工业增加值	亿元	436.12	−13.8
其中：规模以上工业增加值	亿元	—	−20.4
四、建筑业增加值	亿元	57.47	−12.6
五、固定资产投资	亿元	112.13	−5.6
其中：项目投资	亿元	88.82	14.3
房地产开发投资	亿元	23.31	−43.3
六、社会消费品零售总额	亿元	150.64	12.5
其中：限额以上社会消费品零售额	亿元	35.62	26.2

续表 21

指标	单位	2021 年	增长（%）
七、一般公共预算总收入	亿元	104.03	16.4
其中：地方一般公共预算收入	亿元	28.06	9.7
八、一般公共预算支出	亿元	27.06	1.0
九、期末金融机构本外币存款余额	亿元	274.16	0.7
其中：人民币存款	亿元	273.78	1.1
十、期末金融机构本外币贷款余额	亿元	208.13	−17.5
其中：人民币贷款	亿元	194.12	−16.7
十一、全社会用电量	亿千瓦时	50.76	3.1
其中：工业用电	亿千瓦时	44.09	3.5
十二、实际使用外资	亿元	7.38	40.3
十三、水路货运周转量	亿吨公里	67.06	6.0
十四、港口货物吞吐量（肖厝港区）	万吨	2250.63	16.1
十五、居民人均可支配收入	元	32320	7.2
其中：城镇居民人均可支配收入	元	41725	7.0
农村居民人均可支配收入	元	24829	9.4

2021年度泉港区纳税超500万元企业名单

一、纳税80亿元以上企业（共1家）

福建联合石油化工有限公司

二、纳税1亿元以上企业（共2家）

福建湄洲湾氯碱工业有限公司

国能（泉州）热电有限公司

三、纳税2000万元至1亿元企业（共13家）

福建炼化林德气体有限责任公司

泉州福海粮油工业有限公司

泉州华星燃气有限公司

兴通海运股份有限公司

福建炼油化工有限公司

圣元环保股份有限公司

泉州美亚商业管理有限公司

国网福建省电力有限公司泉州供电公司

泉州戎原新材料有限责任公司

泉州美亚环境工程有限公司

泉州市泉港源昌置业有限公司

福建省广泽建设工程有限公司

佳化化学泉州有限公司

四、纳税1000万至2000万元企业（共19家）

泉州市泉港高新产业园区建设有限公司

福建省百川资源再生科技股份有限公司

福建省东鑫石油化工有限公司

福建钟山化工有限公司

岳阳长炼机电工程技术有限公司福建泉州分公司

福建路通管业科技股份有限公司

益海嘉里食品营销有限公司福建分公司

泉州市福源工贸发展有限公司

泉州沙格港务有限公司

福建省泉鑫再生资源有限公司

福建天原化工有限公司

中国人民财产保险股份有限公司泉州市泉港支公司

西卡德高（泉州）建材有限公司

福建瑞晟石化工贸有限责任公司

福建省城东建筑工程有限公司

泉州国亨化学有限公司

海峡银泰山庄旅游度假有限公司

福建坤禾投资有限公司

中国工商银行股份有限公司泉州泉港支行

五、纳税500—1000万元企业（共29家）

泉州市泉港区水利水务建设发展有限公司

泉州市泉港旭能供热有限公司

福建万商置业有限公司

兴业银行股份有限公司泉州泉港支行

中国银行股份有限公司泉港支行

中国农业银行股份有限公司泉州泉港支行

福建省豪富建设集团有限公司

福建泉宁塑胶有限公司

泉州市泉港区山腰盐场

福建坚石电力线路器材有限公司

泉州市逸涛房地产开发有限公司

泉州联港实业有限公司

泉州建华建材有限公司

中平神马（福建）科技发展有限公司

泉州新港拖轮有限公司

泉州玺堡家居科技有限公司

泉州宏海石化仓储有限公司

中国建设银行股份有限公司泉州泉港支行

泉怡饮料（福建）有限公司

福建鸿泰置业有限公司

埃克森美孚（中国）投资有限公司

福建万盛房地产开发有限公司

泉州鲁新新型建材有限公司

福建省华峰建设发展有限公司

中闽百汇（中国）零售集团有限公司泉港分公司

福建纳川水务有限公司

福建纳川管材科技股份有限公司

福建万家鑫轻工发展有限公司

泉州开普勒车用电机有限公司

泉港区第七次全国人口普查公报[1]

泉港区第七次全国人口普查领导小组办公室

2021年6月8日

根据《中华人民共和国统计法》《全国人口普查条例》规定和《国务院关于开展第七次全国人口普查的通知》（国发〔2019〕24号）、《福建省人民政府关于开展福建省第七次全国人口普查的通知》（闽政〔2019〕11号）、《泉州市人民政府关于做好泉州市第七次全国人口普查的通知》（泉政文〔2019〕85号）要求，我区认真组织开展了第七次全国人口普查[2]，普查标准时点为2020年11月1日零时。一年多以来，我区各级普查机构坚持以习近平新时代中国特色社会主义思想为指导，按照党中央、国务院、省委、省政府和市委、市政府的统一部署，在区委、区政府的高度重视下，在参与普查工作的相关部门的大力支持下，经过广大普查人员的艰辛努力和普查对象的积极配合，顺利完成了普查现场登记工作，取得重要阶段性成果。现将2020年11月1日零时我区常住人口[3]的基本情况公布如下：

一、常住人口

全区常住人口为354296人，与2010年第六次全国人口普查313539人相比，增加40757人，增长13.00%，年平均增长率为1.23%。

二、户别人口

全区有家庭户[4]119127户，集体户4750户；家庭户人口为338866人，集体户人口为15430人。平均每个家庭户的人口为2.84人，比2010年第六次全国人口普查少0.16人。

三、性别构成

全区常住人口中，男性人口为178651人，占50.42%；女性人口为175645人，占49.58%。常住人口性别比（以女性为100，男性对女性的比例）为101.71，与2010年第六次全国人口普查相比提高5.64。

四、年龄构成

全区常住人口中，0—14岁[5]人口为82294人，占23.23%；15-59岁人口为213135人，占60.16%；60岁及以上人口为58867人，占16.62%，其中65岁及以上人口为40037人，占11.30%。与2010年第六次全国人口普查相比，0—14岁人口的比重提高7.14个百分点，15—59岁人口的比重下降11.89个百分点，60岁及以上人口的比重提高4.76个百分点，65岁及以上人口的比重提高2.85个百分点。

五、受教育情况

全区常住人口中，拥有大学（大专及以上）文化程度的人口为36913人；拥有高中（含中专）文化程度的人口为42866人；拥有初中文化程度的人口为111324人；拥有小学文化程度的人口为115706人（以上各种受教育程度的人包括各类学校的毕业生、肄业生和在校生）。与2010年第六次全国人口普查相比，每10万人中拥有大学文化程度的由5691人上升为10419人；拥有高中文化程度的由13766人下降为12099人；拥有初中文化程度的由38425人下降为31421人；拥有小学文化程度的由37288人下降为32658人。

全区常住人口中，15岁及以上人口的平均受教育年限[6] 9.14年，比2010年第六次全国人口普查提高0.47年。

全区常住人口中，文盲人口（15岁及以上不识字的人）为7321人，与2010年第六次全国人口普查相比，文盲率[7]由2.82%下降为2.07%，降低0.75个百分点。

六、城乡[8]人口

全区常住人口中，居住在城镇的人口为197190人，占55.66%；居住在乡村的人口为157106人，占44.34%。与2010年第六次全国人口普查相比，城镇人口增加69213人，乡村人口减少28456人，城镇人口比重提高14.84个百分点。

七、流动人口[9]

全区常住人口中，人户分离人口[10]为70821人，其中，市辖区内人户分离[11]人口为38481人，流动人口为32340人。与2010年第六次全国人口普查相比，人户分离人口增加34140人 ，增长93.07%；市辖区内人户分离人口增加30147人，增长361.74%；流动人口增加3993人，增长14.09%。

注释：

[1]本公报数据均为初步汇总数据。部分数据因四舍五入的原因，存在总计与分项合计不等的情况。

[2]普查标准时点为2020年11月1日零时，普查对象是普查标准时点在中华人民共和国境内的自然人以及在中华人民共和国境外但未定居的中国公民，不包括在中华人民共和国境内短期停留的境外人员。

[3]常住人口包括：居住在本乡镇街道且户口在本乡镇街道或户口待定的人；居住在本乡镇街道且离开户口登记地所在的乡镇街道半年以上的人；户口在本乡镇街道且外出不满半年或在境外工作学习的人。

[4]家庭户是指以家庭成员关系为主、居住一处共同生活的人组成的户。

[5]0—15岁人口为85344人，16—59岁人口为210085人。

[6]平均受教育年限是将各种受教育程度折算成受教育年限计算平均数得出的，具体的折算标准是：小学=6年，初中=9年，高中=12年，大专及以上=16年。

[7]文盲率是指全区常住人口中15岁及以上不识字人口所占比例。

[8]城镇、乡村是按国家统计局《统计上划分城乡的规定》划分的。

[9]流动人口是指人户分离人口中扣除市辖区内人户分离的人口。

[10]人户分离人口是指居住地与户口登记地所在的乡镇街道不一致且离开户口登记地半年以上的人口。

[11]市辖区内人户分离人口是指设区市所辖的区内和区与区之间，居住地和户口登记地不在同一乡镇街道的人口。

2021年度泉港各组织机构领导名录

2021年在任的副处级（含）以上领导名表

区 委

书　记　杨昌文　6月任
梁炳辉　至1月
黄文胜　1—6月
副书记　杨凤翔　6月任
张井丽　7月任
颜朝晖　至6月
苏松炎　至7月
常　委　王晓莺
陈剑锋　7月任
郑永璘　7月任
陈永洁　7月任
苏纯益　7月任
黄少伟　7月任
柯明好　7月任
栗桂珍　11月任
曾华忠　至11月
松吉泽仁　至12月
王志安　至7月
刘　刚　至7月
彭垂鼎　至7月
王洪龙　至7月

区人大常委会

党组书记/主　任
王志安　7月任/12月任
陈守川　至7月
党组成员/副主任　邱彬侨
党组成员/副主任　王国明
副主任　王梅珠　12月任
党组成员/副主任
王峻峰　7月任/12月任
副主任　赵琼花　至12月
党组成员/副主任　黄胜富　至12月

区政府

党组书记/代区长/区长
杨凤翔　6月任/6月任/12月任
区　长　颜朝晖　至6月
党组副书记　陈剑锋　7月任
副区长　陈剑锋
傅文星
郭荣华（挂职）
庄一鸣
王志强
王艺彬
谢梓骞　7月任
蔡奔腾
柯永进　7月任
郭雅婷　7月任
张井丽　至7月
黄少伟　至7月
柯明好　至7月
党组成员　熊　洪　11月任
栗桂珍　至11月
副处级干部　柯东阳
苏纯益　至7月

区政协

党组书记/主　席
彭垂鼎　7月任/12月任
陈龙津　至2月
副主席　赵琼花　12月任
副主席　陈庆堂
党组成员/副主席
刘玉强　7月任/12月任
党组成员/副主席
柳铅玉　7月任/12月任
副主席　陈国才　至12月
副主席　王梅珠　至12月
副处级干部　钟海平

区人民法院

院长/党组书记　郑玲玲　12月任/4月任
林天法　至4月

区人民检察院

检察长/党组书记
洪黎莹　12月任/7月任
黄清源　至7月

石化工业园区

党工委

书　记　　杨昌文　7月任
　　　　　梁炳辉　至2月
　　　　　黄文胜　2—6月
副书记　　陈沙龙
委　员　　杨新智
　　　　　陈宗旗
　　　　　杨柳刚
　　　　　林清宏　6月任
　　　　　张剑辉　至6月
　　　　　谢梓骞　至6月

管委会

主　任　　陈沙龙
副主任　　杨新智
　　　　　陈宗旗
　　　　　林清宏　6月任
　　　　　张剑辉　至6月
　　　　　谢梓骞　至6月
三级调研员　刘辉煌
四级调研员　陈宗德　至6月

纪工委

书　记　　杨柳刚

2021年科级及以上干部和相关人员名单

区委办

主　任/区委办系统党委书记/一级主任科员　　林坤清　//5月任
副主任/二级主任科员　　蔡志阳
四级调研员　　郑月琼
纪检监察组组长/三级主任科员
　　　　　邱晓峰　/5月任
副主任/三级主任科员
　　　　　肖咸强　/12月任
副主任　　王少伟　5月任
副主任　　郭景滨　至5月

档案馆（局）

局　长　　蔡志阳（兼）　5月任
馆长/一级主任科员/四级调研员
　　　　　吴静宜　5月任/5月任/12月任
副馆长/三级主任科员
　　　　　张和亮　/5月任
四级主任科员　连景卿　5月任

机要局（密码管理局）

局　长　　蔡志阳　11月任
　　　　　庄永梅　至11月

区委台港澳工作办公室

主　任　　林坤清

组织部

部　长　　陈永洁　7月任
部长/三级调研员　　彭垂鼎　至7月
常务副部长/党群系统党委书记/一级主任科员　　姚泽安　//12月任
四级调研员　　庄玉兴
副部长/一级主任科员
　　　　　戴春涛　/12月任
副部长/二级主任科员/非公企业和社会组织党工委书记
　　　　　林云彬　//5月任
纪检监察组组长/三级主任科员
　　　　　庄永梅　5月任
副部长/三级主任科员
　　　　　庄勇峰　11月任/5月任
副部长/非公企业和社会组织党工委书记/二级主任科员
　　　　　施德林
　　　　　至11月/至5月/至5月
党群系统党委专职副书记/二级主任科员
　　　　　林加贵　至5月
纪检监察组组长　　林毓丞　至5月
非公企业和社会组织党工委专职副书记
　　　　　刘建荣　至5月

公务员局

局　长　　姚泽安（兼）

老干局（机构改革并入组织部）

局　长　　庄玉兴（兼）

宣传部

部　长　　黄少伟　7月任
部长/三级调研员　　刘　刚　至7月
常务副部长/宣传系统党委书记/一级主任科员　　傅国强　//5月任
副部长　　林贤庆
副部长/一级主任科员
　　　　　郑平庭　/12月任
副部长/区政府新闻办主任/三级主任科员
　　　　　陈伟宏　5月任/6月任/5月任
四级调研员　　王文远
副部长　　李美美
副部长　　庄敬松　5月任
纪检监察组组长/三级主任科员
　　　　　庄聪敏　/5月任
副部长　　钟兴枝　至5月
副部长　　陈三龙　至5月
二级主任科员　　杨瑞光　至5月
宣传系统党委专职副书记/二级主任科员
　　　　　庄敬松　至5月

新闻出版广电局局长

局　长　　郑平庭（兼）

统战部

部　长　　王晓莺
常务副部长/统战系统党委书记/四级调研员　　胡伟强
副部长/侨办主任/二级主任科员
　　　　　张志平　/6月任/5月任
副部长/民宗局局长/三级主任科员
　　　　　钟声宏　//5月任
副部长　　林顺建
纪检监察组组长　　刘平霞　5月任
一级主任科员　　张奕相　5月任
副部长/侨办主任　叶松青　至5月
纪检监察组组长/二级主任科员
　　　　　连芙蓉　至5月
统战系统党委专职副书记
　　　　　张奕相　至5月

政法委

书　记　　柯明好　7月任
书　记　　王志安　至7月
常务副书记/政法系统党委书记/一级主任科员　　林素宝　//12月任
副书记/四级调研员　　薛小明
副书记/综治办主任　　肖德兴
副书记（挂职）　　郑文进　5月任
政法系统党委专职副书记/四级调研员
　　　　　陈福才　至5月/
一级主任科员　　陈爱顺

纪检监察组组长/二级主任科员 刘峥安
一级主任科员 肖美辉 5月任
二级主任科员 肖美辉 至5月
副书记（挂职） 林群英 至5月

编委办

主 任/四级调研员 刘跃民
副主任 陈丽云
纪检监察组组长 林毓丞 至5月
副主任 陈小琴 至12月

事业单位登记管理局

局 长 陈银祥

区委区直机关工委会

书 记 张井丽 7月任
彭垂鼎 至7月
常务副书记 施德林 5月任
委员/人武部部长/二级主任科员 郑钦钊
副书记/纪工委书记 郭清芳 5月任
常务副书记/二级调研员 汪文炎 至5月
副书记/纪工委书记/二级主任科员 李晋瑜 至5月

文明办

主 任 庄敬松 5月任
陈三龙 至5月
副主任/一级主任科员 汪旗平 /5月任
纪检监察组组长 庄聪敏

巡察办

主 任 林志江
副主任/二级主任科员 陈阵隆
巡察一组组长/正科级巡察专员 庄文海
巡察一组副组长/副科级巡察专员 庄敬民 5月任
巡察二组组长/正科级巡察专员/一级主任科员 蔡玉辉 5月任
巡察二组副组长/副科级巡察专员 庄婉雯 5月任
巡察二组组长/正科级巡察专员 林良海 至5月
巡察二组副组长/副科级巡察专员 刘平霞 至5月

区委党史和地方志研究室

主 任 林进辉
副主任 庄国辉 5月任
四级主任科员 柯金清
纪检组长 郑燕金 至5月

区委党校

校 长 陈永洁 7月任
彭垂鼎 至7月
常务副校长 李晋瑜 5月任
副校长 庄惠煌
副校长 钟惠河 5月任
副科级组织员 庄聪勇
纪检组长 刘子龙 至5月
副校长 林旭升 至5月

泉港区行政学校

校 长 李晋瑜 5月任

区融媒体中心

主 任 陈春通
副主任 黄 俊
副主任 肖立宝

区广播电视台

台 长 陈春通（兼）

区关工委

主 任 郭厚宝
常务副主任 肖全清
唐庆辉
林锡明
施毓斌

老年大学

校 长 林志成
常务副校长 肖枫生

区人大常委

区人大常委会华侨民族宗教委主任 王平阳
区人大常委会人事代表委主任 王恭恳
区侨联主席 王梅珠
区人大常委会内务司法委主任 庄雪辉
区人大常委会教育科学文化卫生委主任 刘大安
区人大常委会办公室副主任 钟叶嘉
福建联合石化公司技术与规划部设计高级工程师 吴荔琳
区人大常委会人事代表委主任科员 邹春梅
区直机关党工委常务副书记 汪文炎
区人大常委会农村财政经济委主任 林淑萍
区总工会常务副主席 林瑞群
华榕实业公司总经理 林 蓉
区人大常委会办公室主任 郑志阳
区人大常委会环境与城乡建设委主任 施月春
泉港一中副校长 黄旭文
福建医科大学附属闽南医院 / 泉港医院院长 赖繁彩
区委组织部副部长 戴春涛

区人大常委会办公室

主任 / 一级主任科员 郑志阳 / 5月任
副主任 / 三级主任科员 钟叶嘉 6月任 / 5月任
副主任 陈惠仁 6月任

人事代表委员会

主 任 王恭恳
副主任 王琼英 6月任
一级主任科员 邹春梅 5月任

农村财政经济委员会

主 任 林淑萍
副主任/一级主任科员 柯必琴 /5月任
二级主任科员 雷朝祖

内务司法委员会

主 任 庄雪辉

环境与城乡建设委员会

主 任 施月春

副主任 / 三级主任科员
林文庆 / 5月任

教育科学文化卫生委员会

主 任 刘大安

华侨民族宗教委员会

主 任 王平阳
二级主任科员 郭文龙

纪检监察组

组 长 陈健康

区政府办

主任/政府办系统党委书记/三级调研员
刘昭暄 / / 5月任
副主任（兼） 林小平 6月任
副主任/三级主任科员 曾永顺
副主任 / 三级主任科员
肖坚松 / 12月任
政府办系统党委专职副书记 / 三级主任科员 刘冷华 至5月 / 5月任
副主任 刘小军 6月任
支前办主任 林小平 至6月
二级主任科员 王明通 至5月
副主任 庄勇峰 至6月
副主任 郭小强 至6月

区政府外事办公室

主 任 刘昭暄

区政府侨务办公室

主 任 叶松青（兼） 至月

发展和改革局

局长/经发系统党委书记
吴文辉 6月任 / 5月任
局长/经发系统党委书记/四级调研员
刘玉强 至5月
副局长/二级主任科员 张章水
纪检监察组组长 / 三级主任科员
杨宗辉 / 5月任
副局长 陈阿芳
副局长/二级主任科员
高永康 至6月 / 至5月
经发系统党委专职副书记
刘伟斌 至5月

粮食和物资储备局

局 长 吴文辉（兼） 6月任
刘玉强（兼） 至6月

教育局

局长/教育系统党委书记/四级调研员
陈建雄
党组副书记 肖腾伟 5月任
纪检监察组组长 / 三级主任科员
庄凤强 / 5月任
副局长 / 三级主任科员
郑荣泊 / 5月任
副局长 陈荣华
一级主任科员 陈春法 5月任
副局长 刘成峰（挂职）
副局长 / 三级主任科员
吴爱泉 6月任 / 5月任
副局长/二级主任科员
庄金红 至6月 / 至5月

教育督导室

主任（副科级） 钟惠河 至6月
副主任 郭哲章
副科级督学 林成强
副科级督学 黄江红
副科级督学 林 峰
副科级督学 肖美琴

教师进修学校

校 长 陈鹏飞 6月任
副书记 / 副校长
陈荣标 5月任 / 6月任
副校长 郭玉福
副书记 庄景煌
副校长 连建华 至5月

职业中专学校

校 长 庄永兴 4月任
校 长 郭汉波 至4月

科技技术局

局 长 林良海 5月任
吕伟成 至5月
副局长/二级主任科员 陈泉忠
二级主任科员 肖来章
四级调研员 陈玉顺
纪检监察组组长 庄凤强

工业和信息化局

局 长 邱清满 5月任
吴文辉 至5月
副局长/二级主任科员 肖培坤
副局长 / 一级主任科员
叶家云 6月任 / 11月任
二级主任科员 朱文峰
纪检监察组组长 杨宗辉
副局长/一级主任科员
陈宏义 至5月

民政局

局长 / 一级主任科员
刘开南 / 5月任
副局长/二级主任科员 刘地春
一级主任科员 刘国成 5月任
四级调研员 庄学忠
纪检监察组组长 柯华连
副局长 曾淑娟
三级主任科员 陈小琴 12月任

革命老根据地建设办

主 任 刘开南

双拥办

主 任 刘开南

司法局

局 长 柯富华
副局长 / 三级主任科员
谢智灵 / 5月任
副局长 / 三级主任科员
钟娟丽 12月任
一级主任科员 王华森 5月任
一级主任科员 林清安 5月任
二级主任科员 林 锋
二级主任科员 庄伟彬
三级主任科员 / 二级主任科员
林永招 5月任 / 12月任
纪检监察组组长/正科级纪检监察员
刘峥安
副局长/二级主任科员
王华森 至6月 / 至5月
副局长 林永招 至5月
副局长 林兴贵 6-12月

财政局
党组书记/财政系统党委书记/局长
王建华 5月任/6月任
局长/财政系统党委书记/四级调研员
李海军 至5月
一级主任科员 骆志雄 5月任
一级主任科员 庄绍新 5月任
副局长/三级主任科员 苏文举
纪检监察组组长/三级主任科员
陈玲玲 /5月任
副局长 黄宝真 6月任
副局长（正科级） 骆志雄 至6月
二级主任科员 庄绍新 至5月
副局长 王建华 至6月
财政系统党委专职副书记
黄宝真 至5月

国资委办公室
主 任 傅文星

金融办
负责人 王建华

会计核算中心
主 任 庄榕健

人力资源和社会保障局
党组书记 / 三级调研员
吴太平 至5月 /
党组书记 肖辉鹏 6月任
局 长 肖锦萍
副局长/二级主任科员 王辉团
二级主任科员 黄奕彬
纪检监察组组长 / 三级主任科员
柯华连 / 5月任
副局长 林益清
三级主任科员 陈志蓉 12月任

人力资源服务中心
主 任 陈鹏飞 至6月
林旭升 6月任

社会保险中心
主 任 庄文强
四级主任科员 林春荣

自然资源局
局 长 王小林 5月任
林昀瑜 至5月
副局长 / 三级主任科员
柯建华 / 5月任
副局长 / 三级主任科员
张澄海 / 5月任
副局长 / 三级主任科员
刘伟斌 6月任 / 5月任
纪检监察组组长 朱建兴
副局长 张小峰 至6月

不动产登记中心
主 任 张宇翔

监察大队
大队长 刘文明 至11月

住房和城乡建设局
局长/建设系统党委书记
林昀瑜 5月任
局长/建设系统党委书记/四级调研员
郭志雄 至5月
副局长/四级调研员 刘荣安
纪检监察组组长/一级主任科员
朱建兴 / 5月任
副局长 林文华
三级调研员 郭志雄 5月任
二级主任科员 刘荣华
三级主任科员 王金准
二级主任科员 吴文锋 至5月
建设系统党委专职副书记
王金准 至5月

人民防空办
主 任 郭志雄 至6月
林昀瑜 6月任

交通运输局
局长/交通系统党委书记/四级调研员
刘 勇 5月任
局长/交通系统党委书记/党组书记/四级调研员 朱辉阳 至5月
副局长/一级主任科员 林龙峻
副局长 / 三级主任科员
林家庆 / 5月任
纪检监察组组长 张新锋
三级调研员 朱辉阳 5月任
一级主任科员 陈金章 5月任
交通战备办主任 陈金章 至6月
交通系统党委专职副书记/二级主任科员
林 宏 至5月

交通运输事业发展中心
主 任 肖龙良
三级主任科员 王志聪 5月任
三级主任科员 / 二级主任科员
林兴贵 11月任 / 12月任
四级主任科员 王志聪 至5月

交通执法大队
大队长 肖明春

农业农村和水务局
局长/党组书记 林亚平 5月任
刘婉娥 至5月
副局长/二级主任科员 庄延平
纪检监察组组长/三级主任科员
曾华庆 /5月任
副局长 苏荣燔 6月任
农水系统党委专职副书记/二级主任科员
潘华卿 至5月

乡村振兴局
局 长 林亚平 6月任

海洋与渔业局
局 长 林亚平 5月任
刘婉娥 至5月

海洋与渔业执法大队（机构撤销）
教导员 柯汉泽 至 6月

农业综合行政执法大队
大队长 柯汉泽 6月任

农业机械管理站
主 任 钟云申

防汛抗旱指挥办公室
主 任 黄庆香

泗洲水库（6 月机构撤销）
主 任 钟三阳 至6月
书 记 庄佳珍 至5月

泗洲水库水资源调配中心
主 任 叶 斌 6月任

国有笔架山林场
支部书记 陈信平
副场长 柯凌珍
副场长 庄佳珍 6月任
纪检组组长 连淑珍 至5月
副书记 王文铿 至5月

副场长　施珺瑜　至6月

商务局

局长/一级主任科员
　肖银河　11月任
一级主任科员　陈永和　5月任
副局长　黄亮明
纪检监察组组长　杨宗辉
副局长/二级主任科员
　陈永和　至6月/至5月
二级主任科员　郭淑平　至5月

粮食局

局　长　肖银河

市场服务中心

主　任　陈庆好　至12月

文化体育和旅游局

局长/一级主任科员
　刘　冰　/11月任
副局长/二级主任科员　丁思金
副局长/三级主任科员/二级主任科员
　连阿富　/5月任/12月任
纪检监察组组长/三级主任科员
　庄聪敏
副局长　朱冬阳　至4月

文化市场综合执法大队

大队长　肖良水

卫生健康局

党组书记　吴海鹰　5月任
局　长　林金辉　5月任
局长/卫生健康系统党委书记/四级调研员
　施文勇　至5月
副局长/二级主任科员　林逢喜
纪检监察组组长/二级主任科员
　陈红榕
副局长/三级主任科员
　庄江梅　/12月任
三级调研员　施文勇　5月任
二级主任科员　陈宗忠
党组副书记/三级主任科员
　施惠鑫　5月任
二级主任科员　王慧敏（兼）
副局长　林金辉　至5月
卫生健康系统党委专职副书记
　施惠鑫　至5月
副局长　林龙章（兼）　至6月
老龄委办专职副主任（正科级）
　朱双远　至6月
副局长/一级主任科员
　吴海鹰　至6月

流动人口计划生育站

站长/三级主任科员　林志燕　/5月任

卫生健康执法大队

大队长　李荣枝

疾病预防控制中心

主　任　张辉良　至12月

泉港区总医院

党委书记　蔡奔腾　11月任
　黄少伟　至11月
院长/党委副书记　郑　炜
党委副书记　吴海鹰　12月任
副院长/党委副书记　林明良　11月任/
副院长/党委委员　丁　健
副院长/党委委员　朱　明
副院长/党委委员　曾加龙
党委委员　庄丽梅　12月任
副院长　吴顺珠　12月任
纪委书记　周　慧

区妇幼保健院

院　长　吴顺珠
支部书记　庄丽梅

退役军人事务局

局　长　肖德宝
副局长/一级主任科员
　庄清平　/5月任
纪检监察组组长　柯华连
二级主任科员　康良兴　5月任
二级主任科员　庄清平　至5月

应急管理局

局　长　沈先勤　5月任
局　长/四级调研员　庄向阳　至5月
一级主任科员　刘建康　5月任
纪检监察组组长　吴长盛
副局长　柳亚宾
副局长　蔡栋兴　6月任
副局长　陈庆好　12月任
地震办主任　刘顺章
防汛办主任　黄庆香
副局长　连阿富　至6月
总工程师　施春婷　至12月

审计局

局　长　刘森海
副局长/二级主任科员　林向晖
副局长　陈德义
四级主任科员　连　杉
纪检监察组组长　陈玲玲

市场监督管理局

局长/市场监督管理系统党委书记/四级调研员　洪良杰
二级主任科员　邱江群
副局长/三级主任科员
　吴平阳　/5月任
副局长/三级主任科员
　邱宗金　/5月任
副局长　施宗清　6月任
纪检监察组组长　陈爱珍
药品安全总监　张辉良　12月任
一级主任科员　肖庆荣　5月任
二级主任科员　庄焕文
二级主任科员　李杰忠
三级主任科员/二级主任科员
　刘咏声　5月任/12月任
南埔镇市场监督管理所所长/二级主任科员　黄锦川
界山镇市场监督管理所所长　陈荣升
后龙镇市场监督管理所所长　朱添英
峰尾镇市场监督管理所所长
　林毓熙　6月任
三级主任科员　肖良忠　5月任
山腰街道市场监督管理所所长
　苏挺进　6月任
三级主任科员　庄华辉　5月任
三级主任科员/二级主任科员
　苏继红　5月任/12月任
前黄镇市场监督管理所所长　陈义忠
涂岭镇市场监督管理所所长
　张荣杯　6月任

市场监管执法大队大队长　连晓军
副局长（正科长级）
肖庆荣　至6月
市场监督管理系统党委专职副书记
施宗清　至5月
南埔镇市场监督管理所指导员
蔡栋兴　至6月
界山镇市场监督管理所指导员
苏挺进　至6月
后龙镇市场监督管理所指导员
郭颖颖　至6月
峰尾镇市场监督管理所所长
肖良忠　至6月
峰尾镇市场监督管理所指导员
林毓熙　至6月
山腰街道市场监督管理所所长
庄华辉　至6月
山腰街道市场监督管理所指导员
苏继红　至6月
涂岭镇市场监督管理所指导员
张荣杯　至6月

知识产权局

局　长　洪良杰

统计局

党组书记/局长　高永康　5月任
党组书记/局长/四级调研员
林永骏　至5月/至5月/
副局长　林平坤　6月任
一级主任科员　陈其开　5月任
一级主任科员　柳秀琴　5月任
纪检监察组组长　陈爱珍
副局长/二级主任科员
陈其开　至6月/至5月
二级主任科员　柳秀琴　至5月

社会经济调查队

队长/二级主任科员　庄丽红
一级主任科员　连琼华　12月任
副主任科员　连景卿　至5月

信访局

党组书记/局长　林小平　5月任
郭小强　至5月
副局长　钟俊波　6月任
二级主任科员　黄志忠
纪检监察组组长/正科级纪检监察员
刘峥安
副局长/二级主任科员
庄乙平　至6月/至5月

城市管理局

局长/一级主任科员
程进强　/5月任
副局长/二级主任科员/一级主任科员
蔡惠祥　/至12月/12月任
纪检监察组组长　陈健康
副局长　陈必山
二级主任科员　肖辉鹏　至5月

市政公用事业服务中心

主　任　张国文　6月任
肖辉鹏　至6月
副主任　赵　岗　6月任
副主任　庄学民　12月任
副主任　张国文　至6月

城市管理综合考评中心

主　任　庄明才

行政服务中心管理委员会

主　任　郭东玲　12月任
邱清满　至6月
副主任　朱文强　6月任
郭东玲　至12月
纪检监察组组长　刘志春

供销合作社联合社

主任/一级主任科员/四级调研员
郭淑平　/5月任/12月任
副主任/三级主任科员
王福强　6月任/5月任
副主任　曹元书
一级主任科员/四级调研员
连　治　5月任/12月任
四级主任科员　柯淑洋
纪检组组长　王福强　至6月

民族与宗教事务局

局　长　钟声宏　5月任
林顺建（兼）　至5月
纪检监察组组长/二级主任科员
连芙蓉　至5月

政协常委

福州海汇生物科技实业公司董事长
王国财
泉港吉利农业综合开发公司总经理
王　康
区妇联主席　叶彬彬
泉州锦绣东方实业公司副董事长
朱庆山
泉州德诚高新树脂公司总经理
朱肖芳
庄士机构国际有限公司联席董事总经理
庄家丰
泉港第二医院院长　庄清宝
民进泉港支部主委 / 德立化工公司总经理
李袆山
佛山康拓陶瓷有限公司副董事长
连国鹏
区政协办公室主任　连　治
福建天骄化学材料有限公司董事长
连清强
福建德惠实业有限公司董事长
肖惠扬
福州大学石油化工学院副院长
邱　挺
福建百川资源再生科技公司总经理
张飞鹏
泉港汽车运输有限公司总经理
陈桂宾
民革泉州市委会专职副主委　陈海鹏
区政协经济科技环保委主任　林立忠
海南众志富强建设集团公司董事长
林志强
农工党泉港总支主委 / 卫计局副局长
林金辉
泉港安达房地产公司总经理　林宗辉
福建大德房地产公司董事长　林　勇
陕西洪盛设计装饰工程公司董事长
郑益洪
区政协提案委主任　柯红星
区政协学习文史委主任　柯秀明
区政协社会法制委主任　姚泽安

区工商联常务副主席　龚锦泉
区佛教协会会长　释振仁
区政协台港澳侨文教卫体委主任
温东莹
民建泉港支部副主委 / 前黄司法所所长
廖晓红

区政协办公室

主　任　温东莹　6月任
连　治　至6月
副主任　张华鹏　6月任
一级主任科员　柯秀明　5月任
四级主任科员　王少伟　至5月

区政协提案委员会

主　任　杨瑞光　6月任
柯红星　至6月
一级主任科员　柯红星　12月任
四级主任科员　吕美莲

区政协学习文史委员会

主　任　林　宏　6月任
柯秀明　至6月
一级主任科员　陈春碧　5月任
二级主任科员　陈春碧　至5月

区政协经济科技环保委员会

主　任　林立忠

区政协台港澳侨文教卫体委员会

主　任　郑伟伟　6月任
温东莹　至6月

区政协社会法制委员会

主　任　王明通　6月任
姚泽安　至6月

纪检监察组

组长/二级主任科员　张新峰

区纪委（监委）

书　记/主　任　郑永璘　9月任/12月任
王洪龙　至7月
副书记/副主任/四级调研员　陈荣川
副书记/副主任/四级调研员　李拥群
常委（正科长级）　陈惠旺
常委（正科长级）　王博古
常委（正科长级）　陈国凤　5月任
常委（正科长级）　陈华彬　5月任
监委委员/二级主任科员
陈国凤　/至5月
监委委员/二级主任科员
陈华彬　/至5月
一级主任科员　林永明
一级主任科员　林少涛　5月任
办公室主任/三级主任科员
刘莺莺　5月任
组织和宣传部部长（副科长级）
施凉凉
信访室主任（副科长级）　何锡平
案件监督管理室主任（副科长级）
潘旭亮　5月任
第一纪检监察室主任（副科长级）
吴航标　5月任
第二纪检监察室主任（副科长级）
柯春辉
第三纪检监察室主任（副科长级）
庄丽明　5月任
第四纪检监察室主任/二级主任科员
林金乐
第五纪检监察室主任/三级主任科员
陈成龙/5月任
案件审理室主任（副科长级）
柯萍云　5月任
党员电教办三级主任科员
郑燕金　5月任
常委/监委委员（正科长级）
吴静宜　至5月
常委/监委委员（正科长级）
蔡玉辉　至5月
案件监督管理室主任（副科长级）
吴航标　至5月
第一纪检监察室主任（副科长级）
王龙滨　至5月
案件审理室主任（副科长级）
林海豹　至5月
组织和宣传部副部长/四级主任科员
庄婉雯　至5月

人武部

部　长　栗桂珍　11月任
施有良　至11月
政　委　曾华忠

法院

院长/党组书记
郑玲玲　12月任/4月任
林天法　至4月
党组副书记　刘鸿志　5月任
副院长/四级高级法官　林建乐
副院长/四级高级法官　王月明
副院长/四级高级法官　王梓榕
审委会专职委员/四级高级法官
黄华木
政治处主任/一级主任科员
王金乌　/12月任
执行局局长/四级高级法官　黄旭辉
纪检监察组组长　王龙滨　5月任
审委会委员/一级主任科员
邱生云　/12月任
审委会委员/正科级审判员　陈光营
正科级审判员/一级主任科员
陈肇新　/12月任
正科级审判员/一级主任科员
林文将　/12月任
正科级审判员/一级主任科员
林福泉　/12月任
正科级审判员　胡元明
正科级审判员　连青竹
副科级审判员　蔡兴凤
副科级审判员　欧建平
副科级审判员　黄　威
副科级审判员　郑平珍
副科级审判员　林勤富
副科级审判员　庄毅芬
纪检检察组组长　刘鸿志　至5月

检察院

副检察长（主持）/检察长
洪藜莹　7月任/12月任
检察长/党组书记　黄清源　至7月
副检察长/四级高级检察官　林书涛
副检察长/四级高级检察官　陈荣茂
副检察长/一级检察官　李新鹏
纪检监察组组长　林毓丞　5月任
政治部主任（正科级）　杜尽英
第二检察部主任/一级检察官
李俊张

纪检监察组组长/二级主任科员
林少涛 至5月
第三检察部主任/一级检察官
杜镇金 至3月

区总工会

主 席 张井丽 7月任
王文晖 至7月
常务副主席/一级主任科员
林瑞群 /5月任
副主席 刘宗强
副主席 连小敏 8月任
副主席 陈惠锋（挂职）
副主席 杜天瑞（兼）
一级主任科员 傅文海 5月任
纪检监察组组长 邱晓峰
副主席（正科级） 傅文海 至5月

团区委

书 记 刘建荣 5月任
刘婉娥 至5月
副书记/三级主任科员
柯子兵 12月任
副书记 林伟婷 5月任
副书记 庄子汉 至5月
纪检监察组组长 林毓丞 至5月

区妇联

主席/一级主任科员 叶彬彬 /5月任
副主席/三级主任科员 钟晓蓉 /5月任
副主席 刘雅萍 5月任
纪检监察组组长 庄永梅 5月任
副主席 郭清芳 至5月
纪检监察组组长 林毓丞 至5月

区工商联（总商会）

主席/会长 陈庆堂
常务副主席/党组书记
林顺建 5月任
副主席/二级主任科员 庄俏忠
三级调研员 龚锦泉 5月任
常务副主席/四级调研员
龚锦泉 至6月/至5月

纪检监察组组长/二级主任科员
连芙蓉 至6月

区侨联

主 席/三级调研员 庄学根
副主席/二级主任科员 廖联深
副主席 黄瑞清 5月任
副主席 钟俊波 至5月
纪检监察组组长/二级主任科员
连芙蓉 至5月

区科协

主 席 庄金红 5月任
主席/四级调研员 林建南 至5月
副主席/二级主任科员
潘华卿 5月任
副主席/二级主任科员 林雅阳
四级主任科员 谢凤祥
纪检监察组组长 庄凤强
三级调研员 林建南 5月任
一级主任科员 柯长青 5月任
副主席/二级主任科员
柯长青 至5月

区社科联

主席/一级主任科员 陈三龙 5月任
主席/四级调研员 钟兴枝 至5月
三级调研员 钟兴枝 5月任
二级主任科员 邱良清
纪检监察组组长 庄聪敏

区计生协会

会长/正处级干部 朱合兴
常务副会长 连芙蓉 5月任
常务副会长/三级调研员
林龙章 至5月/5月任
专职副会长/二级主任科员 潘高成
纪检监察组组长 陈红榕

区残联

理事长 叶月明
副理事长/二级主任科员
柯进枝 至5月/6月任
副理事长 王振阳 5月任

一级主任科员 柯进枝 12月任
纪检监察组组长 柯华连

区文联

主 席 李美美
纪检监察组组长 庄聪敏

区贸促会

会 长 肖天定
二级主任科员 程志斌
纪检监察组组长 杨宗辉

区红十字会

会长/四级调研员 蔡奔腾
专职副会长/二级主任科员 王慧敏
二级主任科员 庄小琼
纪检监察组组长/二级主任科员
陈红榕

民革支部

主 委 陈海鹏
副主委 林文将
副主委 陈德义

民盟总支

主 委 王梅珠
副主委 王明通
副主委 刘碧新
副主委 段靖莲

民建支部

主 委 庄志林
副主委 廖晓红
副主委 陈志东

民进支部

主 委 李祎山
副主委 陈小琴

农工党总支

主 委 林金辉
副主委 陈其开
副主委 陈鹏飞
副主委 庄绍坤

致公党总支

主　委　　庄一鸣

副主委　　肖坚松

副主委　　蔡文宝

国有资本投资运营有限公司

党委书记／董事长　李海军　至5月

党委书记/董事长

骆志雄　5月任/6月任

总经理　　庄勇生

副总经理　　郭龙光

纪委书记/监察专员

肖建聪　12月任

副总经理　　陈小敏

纪委书记　　林锦建　至12月

山腰盐场

书记／副场长　陈鸿荣

场长／副书记　叶家云　至6月/至5月

纪委书记　　林文瑞

党委委员　　邱丽丽

党委委员／工会负责人

钟珊丽

副场长　　沈庆峰

副场长　　刘少伟

新城投资公司

执行董事/总经理　邱建忠

副总经理　　连惠阳

副总经理　　王家沛

水利水务建设发展有限公司

执行董事　　庄　猛

总经理　　陈炯棱

副总经理　　陈志强

副总经理　　郑佳峰

石化工业区建设发展有限公司

总经理　　段存成

副总经理　　王志福

高新产业园区建设有限公司

执行董事/总经理　朱志卿

副总经理　　朱侨阳

副总经理　　吴志平

大众公交公司

执行董事　　林文煌

文旅开发有限公司

执行董事　　施茂春

石化工业园区下属机构

机关各科室

园区纪工委副书记／监察组副组长

林燕清

综合科科长　　郭景滨　6月任

综合科二级主任科员　　陈惠锋

经济发展科科长/一级主任科员

庄民芳　/5月任

规划建设科科长　吴文锋　6月任

环保安监科科长/一级主任科员

陈宏义　6月任/5月任

综合科科长　　郭惠卿　至6月

规划建设科科长　林亚平　至6月

环保安监科科长　沈先勤　至6月

环保安监科科技副科长

连聪明　至6月

石化应急救援中心

主　任　　钟三阳　6月任

副主任　　柯汉文

副主任　　郑忠吉

主　任　　汪永良　至6月

湄洲湾港口发展中心

主　任　　余贤顺

副主任　　陈华清

副主任　　张志强

办公室主任/人事处处长　林仲谋

政治处主任　　林慰敏

财务处处长　　陈荣贵

规划建设处处长　郑鹏飞

港航运行处处长　强新星

物流发展处处长　连建兴

安全监督处负责人　庄劲松

监察审计处处长　吴剑沨

肖厝港务站

副站长　　王家祥

消防救援大队

大队长　　吴晓明

教导员　　付海波

泉州海关驻泉港办事处

主　任　　俞小清

副主任　　严少群

副主任　　庄彬聪

泉港海事处

副处长　　郑华林

副处长　　傅金塔

副处长　　谢镜山

公安分局

局　长　　王艺彬

政　委　　王福东

副局长　　陈宾阳

副局长　　郑惠山

纪委书记　林　波

副局长　　李梓坚　4月任

指挥情报中心

主　任　　刘伟龙　至9月

教导员　　出学典

政工室

主　任　　陈锦阳　11月任

林炳坤　至11月

警务保障室

主　任　　王　盛

国保大队

教导员　　黄舜东　至11月

刑事侦查大队

大队长　　许晓文

教导员　　钟振忠

治安大队

大队长　　陈锦阳　至11月

教导员　　潘庆斌

禁毒大队

大队长　　郑志明

教导员　　王云龙

法制大队

大队长　　陈章华

教导员　　郑小平　12月任

巡特警反恐大队
大队长　钟昱明
教导员　陈泽成　11月任

经侦大队
大队长　陈秋荣
教导员　钟一彬

森林警察大队
大队长　庄稼地
教导员　曾凡亮　11月任

南埔派出所
所　长　陈宾阳
教导员　陈宾阳　11月任
副所长　郭宝金
副所长　杨安聪

界山派出所
所　长　赵廷国　11月任
　　　　苏碧义　至11月
教导员　赵廷国

后龙派出所
所　长　王发红
教导员　何聪明　11月任
　　　　陈玉标　至11月
副所长　郑建辉
副所长　何聪明　至11月

山腰派出所
所　长　林伟荣
教导员　肖惠山　11月任
副所长　林　猛
副所长　张景东
副所长　肖惠山　至11月

前黄派出所
所　长　黄建清
教导员　余卫民
副所长　兰祥雄

涂岭派出所
所　长　陈如平
教导员　庄毅苗　11月任
副所长　庄毅苗　至11月

峰尾边防所
所　长　黄舜东　11月任

油城分局
局　长　连小环
政　委　黄国荣
副局长　吴江海
副局长　刘祖炎
办公室主任　李书杰
法制科副科长　黄仲鹏
国保大队副大队长　洪旭阳
治安大队副大队长　林秋阳
刑侦大队副大队长　陈王杰

生态环境局
局　长　郑明炎
副局长/二级主任科员　刘　忠
副局长　潘灿民
二级主任科员　陈立仁
二级主任科员　朱华章
副局长　苏秀丽　至10月

医保分局
局　长　李肇晖
二级主任科员　李金顶
区保分中心主任　陈玲玲

交警大队
大队长　苏兴福　至11月
大队长/教导员　曾　凌　11月任
副大队长　林万通
副大队长　卢筱洁
副大队长　黄金雄

泉州市公路事业发展中心泉港分中心
主　任　洪五洲
副主任　庄进明
副主任　张小阳

供电客户服务分中心
主　任　吴友斌
书　记　许佳健
副主任科员　杨志宏
副主任科员　陈银水
副主任科员　陈艺斌
副主任科员　邹文聪

邮政分公司
总经理　林玉玺
副总经理　汪冰莹

烟草专卖局
局长/经理　郑礼林
副经理　唐晓莉
副局长　黄宝塔
纪检员　谢凯鸿

福州大学石油化工学院（泉港校区）
党委书记　施卫平
院　长　江莉龙
副书记　林　航　7月任
副院长　李　玲
副院长　侯琳熙
副院长　陈全成
副书记　岳志强　至7月

福建师大泉港石化研究院
院　长　陈登龙
院长助理　陈志东
办公室主任　刘成峰

国家阀门质量检测中心
主　任　郑荣部　至12月
常务副主任　汪建光　至12月

中国电信泉港分公司
总经理　洪建荣
副总经理　郑远福
副总经理　林子滨

中国移动泉港分公司
经　理　伍伟民　12月任
　　　　陈志远　至12月
副经理　郑荣奎
副经理　张加平

中国联通泉港分公司
总经理　刘展志
副总经理　陈秋兴
副总经理　季明涛

泉州沙格港务有限公司
董事长/书记　陈人琼
总经理/副书记　李勤检
副书记/工会主席　黄　燕

总经理助理　陈电联
副总经理　陈延霖
　刘清强
　庄英明
　出培育

国电泉州热电有限公司
总经理　陈国宝
副总经理　柯恩概
纪委书记　姜天培
副总经理　柯展煌
　李志龙
　林宝森
总工程师　高利平
总会计师　田　忠

广电网络集团泉港分公司
总经理　沈少伟
副总经理　连惠强
总经理助理　李斯加

新华书店
经　理　陈铮锐
副经理　张文锋

税务局
局　长　江　岚
副局长　庄灿阳
副局长　公贤权　12月任
副局长　苏迎波　12月任
纪检组组长　刘杰林　12月任
副局长　张继斌　至9月
副局长　吴培德　至9月
纪检组组长　何成刚　至12月

肖厝出入境边防检查站
站　长　吴　冰
政　委　李　铭
副站长　庄铭源
办公室主任　李　杰
边检处处长　何武宜
办公室副主任　钟明聪
办公室副主任　林晓华
边检处副处长　张维涛
边检处副处长　林　巍

中国人民银行惠安县支行
行　长　陈志强
副行长　何福来
副行长　余文华
副主任科员　唐丽娟

泉州银监分局惠安监管组
组　长　陈燕刚
四级调研员　陈培忠
二级主任科员　朱亚芬

工商银行泉港支行
行　长　林华山　6月任
　乔　鹏　至6月
副行长　叶松建
副行长　李垚垚
副行长　郑小平　5月任
副行长　高　峰　至5月

农业银行泉港支行
行　长　程志强
纪委书记　黄梓庭
副行长　吴金禄
副行长　连灿彬

中国银行泉港支行
行　长　李金光　8月任
　吴金春　至8月
副行长　魏毅铭　7月任
行长助理　柯盛良
纪检监察员　李伟斌　10月任
副行长　周永坚　至7月
纪检监察员　庄榕斌　至10月

建设银行泉港支行
行　长　施纯琦
副行长　林惟桑
副行长　张毅伟

兴业银行泉港支行
行　长　骆泽峰
副行长　郭燕腾
副行长　郑洁梅
综合科长　刘月珍

邮政储蓄银行泉港支行
行　长　郭圳辉
副行长　林楷锋

民生银行泉港支行
行　长　韦　峰　8月任
　张立玮　至8月

泉州银行泉港支行
行　长　杨清江
副行长　庄东洋
副行长　陈　武

农商银行泉港支行
行　长　庄吓农
副行长　庄阳平

恒丰银行
行　长　曾绍斌　4月任
　郭永建　至4月
副行长　郭清松　4月任

人民财产保险公司
经　理　洪顺筑
副经理　傅剑锋
副经理　董　寅

人寿保险公司
总经理　阮银凤　9月任
　刘依依　至8月
经理助理　黄天补
经理助理　黄育彬
协　理　张祖源

人寿财产保险公司
经　理　陈文玉

中华联合财险公司
经　理　刘琼玫

太平洋财产保险公司
经 理 郭亮亮

平安人寿保险公司
经 理 王辉清

平安财产保险公司
经 理 卢怀艺

泰康人寿泉港营销服务部
经 理 汪学武

华泰保险泉港代理店
经 理 刘惠军

华兴典当
总经理/华兴集团第十支部书记
郭 亮 7月任
李云川 至6月
风控总监 祁少松 7月任

华鑫证券泉港营业部
总经理 王征宇
合规风控经理 叶春红 9月任

南埔镇
党委书记 陈宝喜 5月任
陈宗德 至5月
副书记/镇长/一级主任科员
陈宝喜 至6月
副书记/镇长候选人/镇长
陈梅坤 6月任/6月任/12月任
人大主席/一级主任科员
庄晓健 /11月任
政法委员/三级主任科员
张小峰 5月任
副书记（挂职） 蔡鋆泽 2月任
二级主任科员 王高阳 5月任
二级主任科员 林汶美
二级主任科员 刘建阳 12月任
宣传委员 连 维 5月任
秘书/副镇长人选/副镇长
王文铿 5月任/5月任/12月任
纪委书记/监察组组长 陈彬阳
统战委员/人武部长
颜大伟 5月任/
组织委员 连惠生 5月任
副镇长人选/副镇长
张建伟 6月任/12月任
副镇长人选/副镇长
林勇勇 6月任/12月任
三级主任科员 刘建阳 5-12月
三级主任科员 林培勇 5月任
三级主任科员 曾斌忠 5月任
三级主任科员 庄凤滨 5月任
党委委员 陈宾阳
司法所所长/三级主任科员
庄建国 6月任/5月任
综合便民服务中心主任 陈坤山
社会事务服务中心主任
连聪明 5月任
综合执法队队长 庄印平 5月任
二级主任科员 陈秋财 至5月
二级主任科员 肖良平 至5月
二级主任科员 王小林 至5月
非公企业和社会组织党委专职副书记/
宣传委员 苏荣燔 至5月
党委委员/秘书 刘建阳 至5月
组织委员 林培勇 至5月
人武部部长/副镇长
庄凤滨 至5月
统战委员 吴爱泉 至5月
副镇长 曾斌忠 至6月
副镇长 连小敏 至6月
副镇长 连俊廉 至6月
科技副镇长 陈振阳 至6月
司法所所长 吴志勇 至6月

界山镇
党委书记/一级主任科员
庄占彬 5月任/11月任
党委书记 王峻峰 至6月
副书记/镇长候选人/镇长
刘勇芳 6月任/6月任/12月任
副书记/镇长 庄占彬 至5月
人大主席 庄乙平 6月任
刘勇芳 至6月
一级主任科员 郭文图 5月任
二级主任科员 林礼贤
二级主任科员 刘荣川
三级主任科员/二级主任科员
王碧山 5月任/11月任
副书记/政法委员 林开辉 5月任
统战委员/人武部部长
林明财 5月任
宣传委员/副镇长 庄燕红
党委委员 苏碧义
秘 书 陈 连 5月任
纪委书记/监察组组长
郭国清 5月任
组织委员 肖小斌 5月任
科技副镇长 邱东华
副镇长人选/副镇长
阮建姐 6月任/12月任
司法所所长 林 强 6月任
综合便民服务中心主任
庄碧青 5月任
社会事务服务中心主任
李文富 5月任
综合执法队队长 郭华忠 11月任
二级主任科员 郭文图 至6月
二级主任科员 康良兴 至5月
副书记 王碧山 至5月
综治副书记/政法委员
钟声宏 至5月
统战委员 吴亦伟 至5月
秘书/人武部部长
林开辉 至6月
组织委员 张伟强 至3月
纪委书记/监察组组长
吴碧扬 至5月
副镇长 林明财 至6月
副镇长 陈 连 至6月
司法所所长 王锡波 至6月
社会事务服务中心主任
张建伟 至5月

后龙镇
党委书记 张燕婷 5月任
党委书记/四级调研员
刘 勇 至5月/

副书记/镇长候选人/镇长
郭小强　5月任/5月任/12月任
副书记/镇长　张燕婷　至5月
人大主席　刘坤忠　5月任
一级主任科员　林进财　5月任
一级主任科员　黄凤禧　5月任
二级主任科员　林兴荣
二级主任科员　肖良平　5月任
二级主任科员　郭先锋　11月任
副书记/政法委员/三级主任科员
庄阳江　5月任
副书记（挂职）　苏荣超　2月任
统战委员/副镇长/三级主任科员
庄涌涛　5月任
秘书/统战委员/三级主任科员
卢凌峰　/至5月/5月任
纪委书记/监察组组长　蒋冠航
宣伟委员/人武部长　刘振华　5月任
组织委员　陈灿利　5月任
党委委员　王发红
三级主任科员　郭先锋　5—11月
科技副镇长/二级主任科员　潘鸣航
副镇长人选/副镇长
郭育忠　6月任/12月任
副镇长人选/副镇长
庄学忠　6月任/12月任
司法所所长　何金露
社会事务服务中心主任　苏剑锋
综合便民服务中心主任
陈裕盛　5月任
综合执法队队长　唐龙建　5月任
人大主席　林进财　至5月
二级主任科员　黄凤禧　至5月
二级主任科员　王高阳　至5月
二级主任科员　郭勇诚　至5月
副书记　郭先锋　至5月
综治副书记/政法委员/副镇长
刘坤忠　至5月
党委委员/人武部部长
陈清泉　至5月
宣传委员　陈惠仁　至5月
组织委员　庄阳江　至5月
副镇长　连　维　至6月

峰尾镇

党委书记/四级调研员
庄向阳　5月任
党委书记/四级调研员
蔡奔腾　至5月/
副书记/镇长　张志成
人大主席　林宗文
二级主任科员　欧阳雁桂
二级主任科员　王传林
二级主任科员　郭勇诚　5月任
二级主任科员　黄仁成
二级主任科员　蒋海昆
三级主任科员/二级主任科员
王宏辉　5月任/11月任
副书记/政法委员　庄子汉　5月任
统战委员/副镇长　郭安鹏　5月任/
宣传委员/秘书　连森阳　5月任
纪委书记/监察组组长
庄　坚　5月任
组织委员　钱梅兰　5月任
党委委员/人武部部长　陈　斌
党委委员　黄舜东　12月任
副镇长人选/副镇长
钟华辉　2月任/12月任
副镇长人选/副镇长
连俊谦　2月任/12月任
副镇长人选/副镇长
郭晓波　2月任/12月任
司法所所长　柯子兵
综合便民服务中心主任
李世熙　5月任
社会事务服务中心主任
连　婷　5月任
综合执法队队长　柯顺珍　5月任
副书记/组织委员　郑伟伟　至56月
综治副书记/统战委员/政法委员
王宏辉　至5月
宣传委员　蒋海昆　至5月
纪委书记/监察组组长
陈玉林　至5月
党委委员/秘书　庄明海　至5月
党委委员　曾凡亮　至11月
副镇长　黄瑞清　至5月
副镇长　连森阳　至5月
社会事务服务中心主任
郭晓波　至5月

山腰街道

党工委书记/一级主任科员
连溥恩　5月任/
党工委书记/四级调研员
柯永进　至5月
副书记/办事处主任
林加贵　5月任/6月任
副书记/办事处主任
连溥恩　至5月/至6月
人大工委主任　郭永山　6月任
刘梅坤　至6月
一级主任科员　朱双远　5月任
二级主任科员　陈秋财　5月任
三级主任科员/二级主任科员
刘文党　5月任/11月任
三级主任科员　陈玉林　5月任
副书记/政法委员　王锡波　5月任
宣传委员/二级主任科员
庄文兴　至5月/
统战委员/人武部部长/三级主任科员
庄绍鸿　/　/5月任
党工委秘书/三级主任科员
庄明海　5月任
纪工委书记/监察组组长/三级主任科员
肖宇斌　//5月任
宣传委员/副主任　郭颖颖　6月任
组织委员　张志铭　5月任
党工委委员　林伟荣
副主任　吴志勇　6月任
副主任　林增辉　6月任
司法所所长　黄咸吉
综合便民服务中心主任
施珺瑜　5月任
社会事务服务中心主任　林锡强
综合执法队队长　洪晓棠　5月任
综治副书记/政法委员
曾荣桂　至5月
非公企业和社会组织党委专职副书记
刘文党　至5月
党工委秘书　庄涌涛　至5月
组织委员　王琼英　至5月

副主任　　庄建国　至6月
副主任　　郭小国　至6月
副主任　　郑松兴　至6月
副主任　　林平坤　至6月

前黄镇

党委书记/四级调研员　刘地惠
副书记/镇长候选人/镇长
　　刘婉娥　5月任/5月任/12月任
副书记/镇长/一级主任科员
　　郭森波　至5月
人大主席　郑学栋
副书记/政法委员　郭小国　5月任
党委委员/人武部长/副镇长
　　吴谋冻　5月任//12月任
副书记/香芹村第一书记
　　郑眉冲　2月任
纪委书记/监察组组长　林锃锭
宣传委员/统战委员　蔡文贵
组织委员　钟志海　5月任
党委委员/秘书　高树坤　5月任
党委委员　黄建清
二级主任科员　蒋海昆　5月任
二级主任科员　曾荣桂　12月任
二级主任科员　林小波　12月任
二级主任科员　庄增加　12月任
科技副镇长/二级主任科员　左青鹭
副镇长　柯成辉　12月任
副镇长　连毅伟　12月任
司法所所长　王华章
社会事务服务中心主任　钟凤平
综合便民服务中心主任　连淑珍　5月任
综合执法队队长　刘子龙　5月任
二级主任科员　郭永山　至5月
二级主任科员　张志平　至5月
三级主任科员　曾荣桂　5-12月
三级主任科员　林小波　5-12月
三级主任科员　庄增加　5-12月
组织委员/非公企业和社会组织党委专职副书记　林小波　至5月
综治副书记/政法委员
　　庄增加　至5月
人武部部长/副镇长　林兴贵　至5月
党委委员/秘书　吴谋冻　至5月
副镇长　刘雅萍　至5月
副镇长　钟志海　至5月

涂岭镇

党委书记/一级主任科员
　　郭森波　5月任
党委书记/四级调研员
　　柳铅玉　至5月
副书记/镇长　黄金奖
人大主席　陈国镇
党委副书记/政法委员
　　林海豹　5月任
三级主任科员/二级主任科员
　　林荣顺　5月任/12月任
三级主任科员/二级主任科员
　　施连斌　5月任/12月任
三级主任科员　陈清泉　5月任
副镇长/三级主任科员
　　庄东平　/5月任
统战委员/人武部长/三级主任科员
　　吴亦伟　5月任
组织委员　庄景煌　5月任
纪委书记/监察组组长
　　林志伟　5月任
宣传委员/秘书　庄晓芬　5月任
党委委员　陈如平
副镇长/三级主任科员
　　郑松兴　12月任/6月任
副镇长人选/副镇长
　　庄小强　5月任/12月任
副镇长人选/副镇长
　　王婕鹏　2月任/12月任
司法所所长　郭鑫堂　6月任
三级主任科员　钟娟丽　5月任
综合便民服务中心主任
　　林平山　5月任
社会事务服务中心主任
　　连志坚　5月任
综合执法队队长　陈振阳　5月任
二级主任科员　连琼华　至12月
综治副书记/政法委员
　　林荣顺　至5月
非公企业和社会组织党委专职副书记
　　施连斌　至5月
副书记/组织委员
　　陈伟宏　至5月
纪委书记/监察组组长
　　庄敬民　至5月
党委委员/人武部部长
　　林　强　至5月
统战委员/秘书　刘小军　至5月
宣传委员　郭鑫堂　至5月
司法所所长　钟娟丽　至6月
综合便民服务中心主任
　　林志伟　至5月

2021 年泉港区委区政府为民办实事项目完成情况汇总表

表 22

类别	项 目	资金安排	建设内容	完成情况
一、教育事业（共 3 个）	1. 实施惠华中学扩建工程	总投资 4115 万元，省级以上拨款 2500 万元，区级拨款 1615 万元	拟建设教学楼、教师周转房及附属配套设施，项目批复概算 4115 万元	完成
	2. 实施泉港五中教学楼重建工程	总投资 2333 万元，省级以上拨款 1500 万元，区级拨款 833 万元	拟建设教学楼及室外消防水池、绿化、道路硬化等附属设施，项目批复概算 2333 万元	完成
	3. 建设三朱学校教学综合楼	总投资 2293 万元，省级以上拨款 1200 万元，区级拨款 1093 万元	拟建设教学综合楼、消防水池及附属配套设施，项目批复概算 2293 万元	完成
二、医疗健康（共 3 个）	4. 开展慢性病（脑卒中、高血压及胃结肠肿瘤）筛查和前瞻性队列早期防治工作	总投资 1300 万元，省级以上拨款 754 万元，区级拨款 500 万元，自筹 46 万元	在全区免费开展脑卒中、高血压以及胃结肠肿瘤等慢性病筛查、科普教育、早期防治等工作。计划筛查队列研究对象为 35—74 岁适合人群，约 5000 人。通过对研究对象进行基本信息采集、体格检查、生物样本采集与检测、胃蛋白酶检查、癌胚抗原检查、C14 呼气试验、消化道内镜检查、颈动脉彩超检查等，完成对研究对象的综合评价，计算发病率、相对危险度，提供检测居民健康建议报告，做到疾病早筛查、早发现、早预防以及早干预	完成
	5. 实施基层医疗卫生设施完善工程	总投资 200 万元，区级拨款 100 万元，自筹 100 万元	1. 峰尾镇卫生院公共卫生设施建设：公共停车场建设，约 500 平方米；医疗废弃物处置场所建设，约 30 平方米；综合楼业务用房修缮，约 1500 平方米，投资额 100 万元。2. 山腰街道社区卫生服务中心设施建设：改造提升综合楼外立面工程，设立暖心便民服务中心，建设疫苗冷冻库、小车停车场，改造诊疗服务区便民设施；完善中心设备，包括建设智能化预约叫号系统，添置下乡超声检查设备和变压器电力稳压设备，投资额 100 万元	完成

续表 22

类别	项 目	资金安排	建设内容	完成情况
二、医疗健康（共 3 个）	6. 公共场所配备 AED（自动体外除颤仪）	总投资 50 万元，区级拨款 50 万元	在人员密集公共场所配备 AED（自动体外除颤仪），计划首期配备 10 台 AED 机并开展持证救助人员培训、设备维护等工作	完成
三、养老服务（共 2 个）	7. 建设提升 4 个居家养老服务站	总投资 80 万元，市级拨款 40 万元，区级拨款 40 万元	根据省政府办公厅《关于印发福建省推进养老服务发展（2019—2022 年）行动方案的通知》（闽政办〔2019〕49 号）要求，建设提升 4 个城乡社区居家养老服务站，按照“七个有”要求，相应设立厨房、餐厅、日间照料室、娱乐活动室、健身房等，满足农村老年人养老不离村的需求。每个项目补助 20 万元，市、区两级按 1:1 比例分担	完成
	8. 购买“互联网 +”居家养老助残服务	总投资 270 万元，市级拨款 70 万元，区级拨款 150 万元，自筹 50 万元	为 80 周岁以上老年人、特困供养人员、低保对象、留守老年人、计划生育特殊家庭成员的中老年人和重度残疾人提供政府购买服务。服务内容包括：1. 基础信息服务（约 9000 人）。为服务对象配发具有“SOS”一键呼救功能的老人手机并提供 20 元 / 人 · 月基础信息服务费。2. 实体援助服务（约 300 人）。为部分符合条件的服务对象（特困失能老人、重度残疾人、特困供养人员）提供助洁、助餐、助浴、助残、助行、换季、代购等多项上门服务，费用为 50 元 / 人 · 月。3. 为 5 个夕阳红康乐服务站试点村老人提供居家养老服务等	完成
四、劳动就业（共 1 个）	9. 设立区劳动人事争议仲裁法律援助服务站	总投资 35 万元，区级拨款 35 万元	根据上级人社、司法、财政等部门有关精神，结合实际需求，拟设立泉港区劳动人事争议仲裁法律援助服务站，指定 2 名专职工作者，为劳动者无偿提供劳动保障法律法规、调解仲裁及诉讼、法律援助等方面的法律咨询，提供法律建议；开展劳动保障和法律援助等法治宣传；指导劳动者申请法律援助，接收法律援助申请，及时报送审批	完成

续表 22

类别	项 目	资金安排	建设内容	完成情况
五、社会救助（共 2 个）	10. 为社会救助对象购买人身意外伤害保险	总投资 30 万元，区级拨款 30 万元	全区社会救助对象约 10000 人（其中，特困人员约 700 人，城乡最低生活保障人数约 9000 人，孤儿、事实无人抚养儿童约 300 人），按 30 元 / 年·人测算，约需投入保险购买资金 30 万元	完成
	11. 为残疾学生和残疾人家庭子女发放就学补助	总投资 30 万元，市级拨款 15 万元，区级拨款 15 万元	为保障残疾人受教育权利，根据《泉州市扶助残疾学生和残疾人家庭子女就学实施方案》，2021 年拟扶助约 160 名在校就读高中及以上学历的残疾学生和残疾人家庭子女	完成
六、便民服务（共 3 个）	12. 建设区融媒体中心综合服务平台	总投资 290 万元，区级拨款 200 万元，自筹 90 万元	按照“更好地引导群众、服务群众”要求，为加快推进媒体深度融合，拟推出泉港融媒体中心 APP 和通联云平台，实施设备扩容（含无线导播制作配套模块、会议指挥配套等）、软件升级（新媒体综合服务平台建设、运营维护等）、网络安全防护系统建设，提升互联网媒体的覆盖面、互动性和迅捷度	完成
	13. 实施行政服务中心及交易中心营商环境硬件提升	总投资 150 万元，区级拨款 120 万元，自筹 30 万元	1. 对 4 处重大用电安全隐患进行改造，建设智慧用电安全隐患监管系统；2. 增设办事大厅办事全程录音，实现办件可追溯；3. 对电子监察室进行升级改造，对接行政服务中心政务大厅和交易中心视频监控系统；4. 落实《福建省公共资源交易平台服务标准化（1.0）》的建设要求，实现交易活动现场、专家抽取、评标评审等录音录像存储 3 年以上；5. 新增“可信电签一体机＋门禁系统”，实现对到场专家实名认证、证书申请、签章信息采集等应用	完成

续表 22

类别	项 目	资金安排	建设内容	完成情况
六、便民服务（共 3 个）	14. 建设 3 个城乡社区服务站	总投资 45 万元，区级拨款 30 万元，自筹 15 万元	拟新增建设 3 个城乡社区服务站，按照“一厅八室三栏一场所”功能要求设置。“一厅”即城乡社区服务大厅；“八室”即村（居）党组织和村（居）委会办公室、老年（党员、文体）活动室、会议（党建活动）室、卫生计生服务室、图书文化（科技）阅览室、资料档案室、警务（综治、信访、调解）室、农村社区志愿者服务室。“三栏”即党务和村务公开栏、法制和计划生育宣传栏、民政惠民政策宣传栏。每个服务站财政拨款 15 万元	完成
七、交通出行（共 1 个）	15. 推进“四好农村路”建设	总投资 700 万元，市级以上拨款 290 万元，区级拨款 410 万元	结合乡村振兴战略，实施农村公路新改建 8 千米，区级投资 150 万元；实施农村公路养护专项工程 2.5 千米，省市补助 150 万，区级投资 100 万元；实施 X337 线临水路段护栏防护工程，省市补助 2 万，区级投资 10 万元；实施界东路（Y072）道路隐患整治工程，省市补助 100 万，区级投资 100 万元；实施莱堂桥修复工程，省市补助 8 万，区级投资 30 万元；创建 1 个示范镇 4 个示范村，区级投资 20 万元	完成
八、饮水安全（共 1 个）	16. 实施 8 个农村自来水提升改造工程	总投资 1440 万元，区级拨款 540 万元，自筹 900 万元	经各镇（街道）摸底，拟对 8 个农村自来水管网进行提升改造，包括南埔镇南埔村（80 万元）；峰尾镇诚峰村二期（60 万元）、峥嵘村二期（60 万元）、前亭村二期（60 万元）；山腰街道普安村（80 万元）、锦川村二期（60 万元）、莱堂村二期（60 万元）；前黄镇凤安新村（80 万元）	完成

续表 22

类别	项 目	资金安排	建设内容	完成情况
九、公共文化（共3个）	17. 实施公共图书馆整体提升工程	总投资100万元，区级拨款80万元，自筹20万元	2021拟新增馆藏图书2.6万册、电子图书1TB（1万册）；开展展览5次以上、阅读推广活动15次以上，讲座、培训9次以上，图书流动服务60次以上；升级图书集群管理系统，为争创国家一级公共图书馆夯实基础	完成
	18. 实施涂岭古街文化保护工程	总投资200万元，区级拨款150万元，自筹50万元	对涂岭古街进行整体设计，抢救性修复部分文化古迹及老房子，建设涂岭革命斗争史馆、老街记忆馆等乡愁文化馆，引入一些老行当、老手艺商铺	完成
	19. 推进31处文保单位电气线路套管敷设及智慧用电系统建设	总投资150万元，区级拨款100万元，自筹50万元	全区共有区级文保单位50处，经摸底，需要实施电气线路套管敷设及智慧用电系统建设的有31处	完成
十、妇女儿童（共3个）	20. 建成投用儿童福利院	总投资800万元，省市拨款600万元，区级拨款200万元	泉港区儿童福利院规划用地约1850平方米，建筑面积约4345平方米。该项目在2020年12月底基本完成主体建设，开展内外装修，并添置办公设备、康复设备、高压变电设备、厨卫配备、床被及其他儿童生活用品和监控安装等，预计年底前投用，为孤弃儿童提供养治教康场所	基本完成
	21. 建设提升27个“儿童之家”	总投资75万元，区级拨款57万元，自筹18万元	拟建设提升城乡社区“儿童之家”27个（其中，新建5个），完善儿童之家建设标准、工作制度和管理规范，配备专兼职工作人员，共享社区现有资源；通过购买服务、项目合作等方式引入有资质的专业社会组织为儿童提供专业化、精细化服务。提升点按1万元/个予以补助，共22万元。新建点按7万元/个予以补助，共35万元	完成
	22. 开展妇女“两癌”免费筛查服务	总投资100万元，区级拨款70万元，自筹30万元	为落实“两纲”要求，为辖区约5000名20—64岁妇女(包括流动人口)免费开展妇女宫颈癌和乳腺癌筛查，提高妇女“两癌”早诊早治率	完成

续表 22

类别	项 目	资金安排	建设内容	完成情况
十一、双拥工作（共 1 个）	23. 实施重点优抚对象有线数字电视升级补助	总投资 115 万元，区级拨款 35 万元，自筹 80 万元	拟为全区 795 户退役军人重点优抚对象，在原来标清节目费用政府补助的基础上，升级配套主终端高清互动机顶盒、MODEM，增加高清节目、互动点播及宽带	完成
十二、生态建设（共 4 个）	24. 建设石化工业园区监控点空气自动监测站	总投资 150 万元，区级拨款 50 万元，自筹 100 万元	根据省、市关于开展重点监控区域空气质量自动监测站建设工作的要求，拟在石化工业区设立空气质量自动监测系统（站）1 套，包括空气质量连续监测系统仪器，改造监测站房等	完成
十二、生态建设（共 4 个）	25. 开展百里河道清淤（七期）	总投资 350 万元，区级拨款 250 万元，自筹 100 万元	拟结合乡村振兴、生态修复、环境治理、水土流失防治等工作，因地制宜开展河道清理疏浚 50 千米、护砌（含池塘清淤整治）3 千米，提升小型河道、水系的稳定性和生态功能，实现河畅、水清、景美。同时，计划对区内水闸及海堤开展改造修复及社会化管护	完成
十二、生态建设（共 4 个）	26. 实施界山溪景观提升整治工程	总投资 260 万元，区级拨款 150 万元，自筹 110 万元	拟对界山溪休闲公园至 324 国道（总长 800 米）溪流段进行清淤疏浚，在沿线北侧安装护栏，并开展绿化亮化景观提级改造，建成集绿色农业灌溉、休闲田园风光、生态环境整治为一体，为界山溪周边 7000 多名群众提供优美、舒适的休闲活动场所	完成
十二、生态建设（共 4 个）	27. 开展峰尾镇壕沟黑臭水体整治与景观提升	总投资 370 万元，区级拨款 200 万元，自筹 170 万元	该壕沟长约 280 米，项目投资估算约 370 万元。2021 年拟开展截污、沟道清淤、周边污水收集及两侧景观漫道建设，逐步解决周边近千住户长期反映的黑臭难闻、淤泥堆积、杂草丛生、蚊虫滋生等环境污染问题	完成

续表 22

类别	项 目	资金安排	建设内容	完成情况
十三、人居环境（共 2 个）	28. 实施老旧小区天然气改造工程	总投资 420 万元，区级拨款 100 万元，自筹 320 万元	为推进老旧小区改造进程，拟对福炼生活区、金山街北侧小区、春满城二期、逸涛商住楼等小区进行天然气改造，计划改造 1000 户（需铺设中压管网 1.5 千米，安装 G250 天然气表计 1000 个），财政按照 1000 元 / 户予以补助，共补助 100 万元	完成
	29. 实施 16 个乡村微景观项目	总投资 155 万元，区级拨款 100 万元，自筹 55 万元	1. 建设 14 个乡村微景观。坚持不搞大拆大建，优先选择乡村边角地、垃圾堆放地等，考虑村内道路绿化、房前屋后等多种环境绿化层次，融入传统文化、党建文化、移风易俗、乡村振兴等元素，加快推进农村人居环境整治，每个镇（街道）竞争上报 2 个景观点，每个点补助 5 万元。2. 建设 2 个水库微景观。拟利用泗洲水库、山外水库边荒芜地，分别建设 1 个党建主题微景观（补助 20 万元）和 1 个河湖管护示范微景观（补助 10 万元），通过生态修复、绿化补植，打造与水源地相呼应的微景观	完成
十四、综治平安（共 2 个）	30. 实施“雪亮工程”五期与人脸识别系统工程	总投资 300 万元，区级拨款 300 万元	按照“填空”“加密”“提效”要求，拟新增雪亮工程监控点位 500 个（200 万元）、人脸识别摄像机 50 个（100 万元），逐步实现治安防控全覆盖、无死角	完成
	31. 为群众免费购买社会治安综合保险	总投资 250 万元，区级拨款 150 万元，自筹 100 万元	通过政府购买保险，在群众遭受损失（家庭财产损失、家庭财产盗窃损失、家庭财产诈骗损失、“两抢”案件救济救助责任、突发性事件造成第三者人身伤亡、政法干部责任、见义勇为人员人身保障责任、道路交通事故救济救助责任）时，帮助群众理赔，提高群众安全感和满意度	完成

2021 年泉港区重点项目建设情况表

表 23　　单位：万元

序号	项目名称	建设内容及规模	总投资	2021 年工作目标	2021 年 1—12 月份		工程进展情况	责任单位
				计划投资	12 月份完成投资	累计完成投资		
项目总计 192 个			17349123	2275659	183991	2500756		
一．镇 / 街道（扣除交叉重复项目）：（140 个）			6500129	1337726	121789	1490327		
（一）南埔镇项目（26 个）			936646	289930	15464	333499		
在建项目（23 个）			746646	274930	14184	314866		
1	益海嘉里面粉三期及酵母项目	酵母项目用地 6.67 公顷，分二期建设；面粉三期用地 3.33 公顷	100000	15000	1000	14000	已完成项目可研，用地审批中	南埔镇
2	天骄高性能聚醚多元醇系列材料改扩建二三期项目	建设 30 万吨 / 年高性能聚醚多元醇系列材料，其中(1)二期项目建设产能规模 19 万吨 / 年；(2)三期项目建设产能规模 11 万吨 / 年	73158	12000	800	12550	二期 POP 装置试生产；二期聚醚项目部分罐建设筹备	石化工业园区管委会经发科 南埔镇 前黄镇 后龙镇
3	佳化年产 40 万吨烷氧基化新材料项目	建筑面积 1.7 万平方米，新建年产能 40 万吨表面活性剂，聚醚多元醇类，乙（丙）醇胺类生产装置一座，包括生产车间，切片包装车间，原料罐区，成品罐区，装卸车站，管廊，仓库，冷冻水站等建筑单体。新增生产能力（或使用功能）40 万吨，包括表面活性剂、聚醚多元醇、乙（丙）醇胺等类产品	50035	40000	100	32650	因省市能耗双控要求，暂停项目环评及能评影响项目开工建设，现场暂停施工	石化工业园区管委会经发科 南埔镇
4	金鹏稀释剂项目	建设厂房、办公楼、仓库、罐区及相关配套装置设施。设计规模为稀释剂 1.5 万吨 / 年、改性表面处理剂 1 万吨 / 年、水性丙烯酸乳液 10 万吨 / 年、水性聚氨酯 4 万吨 / 年、改性胶粘剂 2.5 万吨 / 年	30722	15722	0	12858	因市场发生变化，业主正在调整产品方案。现场暂停动建	石化工业园区管委会经发科 南埔镇 后龙镇
5	百宏石化氧化醋酸回收技术改造项目	项目利用原有厂房，引进氧化醋酸回收设备及其他辅助设备，实现年回收醋酸 10 万吨，预计年新增销售收入 2 亿元、新增利润 3500 万元、新增税收 500 万元	50000	30000	0	45000	已投产	石化工业园区管委会环安科 南埔镇
6	凯美特过氧化氢项目	用地 3.6 公顷，15 万吨 / 年、31% 电子级双氧水 5000 吨 / 年、50% 食品级双氧水 1.68 万吨 / 年、50% 工业级双氧水 2 万吨 / 年、27.5% 双氧水 7.48 万吨 / 年	25938	15000	0	50	原料洽谈中	石化工业园区管委会环安科 南埔镇

续表 23

序号	项目名称	建设内容及规模	总投资	2021 年工作目标	2021 年 1—12 月份		工程进展情况	责任单位
				计划投资	12 月份完成投资	累计完成投资		
7	利澳纸业生产项目	生产婴儿、成人纸尿片、纸尿裤，以及护理床垫等项目	30000	15000	4000	33700	1、5 号、7 号厂房内地面硬化及防火涂料施工完成；2、10 号、11 号厂房外围路面硬化及周边围墙施工完成；3、5 号、7 号、9 号、10 号、11 号厂房虹吸雨水系统施工完成；4、7 号、9 号调试中，10 号设备已进入	南埔镇
8	西建 40 万吨 / 年聚羧酸减水剂项目	用地 2.6 公顷，新建合成生产车间、预溶车间、丙类仓库、综合办公楼及实验室等建构筑物，占地 1.12 公顷，总建筑面积 8487.7 平方米；建设 8 条全自动化聚羧酸母液合成生产线和 3 条混凝土外加剂复配生产线。同时配套建设纯水机房、空压机房、丙类仓库、变电所、储运罐区、辅材库等辅助设施	18400	10000	100	12872	各单体基本封顶；正逐步装中修，分部设备安装中，管道安装 30%	石化工业园区管委会综合科 南埔镇
9	佑达精细电子化学新材料项目	研发楼、丙类车间、甲类仓库、门卫装修、设备安装投产	10000	1500	0	1610	试产中	石化工业园区管委会经发科 南埔镇 峰尾镇 前黄镇
10	新立基沥青加工基地建设项目	建设沥青仓储加工基地，库容 2.64 万立方米。项目年产 20 万吨改性沥青，年中转 20 万吨重交沥青	12900	3000	0	3300	试产中	石化工业园区管委会综合科 南埔镇
11	盛宝利聚合多元醇项目（一期）	建设 1 万吨 / 年聚合物多元醇项目	4500	1500	0	1700	试产中	石化工业园区管委会规建科 南埔镇 前黄镇
12	钜港油脂废弃物综合利用项目（二期）	用地 1.33 公顷建设厂房、研发楼及配套设施，建筑面积 9992 平方米，年处理废弃油脂 18 万吨（皂脚 12 万吨 / 年，油脚 6 万吨 / 年）	7493	2000	50	2470	设备安装调试中，筹备验收，制作试生产方案	石化工业园区管委会环安科 南埔镇 后龙镇
13	祥茂建材建筑垃圾回收加工综合利用项目	用地 13.33 公顷，新建全封闭式钢结构厂房及办公楼、宿舍楼、原料堆场等相关配套设施，总建筑面积 2.3 万平方米，新建年加工能力 200 万吨建筑垃圾回收加工生产线一条	15000	9000	1000	12300	搅拌站投产、办公楼装修中	南埔镇

续表 23

序号	项目名称	建设内容及规模	总投资	2021 年工作目标	2021 年 1—12 月份		工程进展情况	责任单位
				计划投资	12 月份完成投资	累计完成投资		
14	港泉装配式建筑材料加工项目（一期）	用地 2 公顷，建设装配式建筑材料加工研发中心	20000	15000	0	11900	土地平整、办理前期手续	南埔镇
15	丰泉工贸二期	用地 3.33 公顷，建设 1 万吨 / 年钢结构建设项目。	10000	5000	300	7000	办公楼、1 号厂房投用，5 号、6 号厂房正在建设	南埔镇
16	泉港光伏项目	拟在国能泉州公司、水务公司三个水厂、新世纪粮油和福海粮油等屋面上建设光伏发电设施	10000	2000	1000	5960	联合石化聚烯烃堆场项目施工中	南埔镇
17	湄洲湾港肖厝港区鲤鱼尾作业区 4 号泊位工程及仓储项目	(1)码头工程：新建 5 万吨级液体化工泊位一个及相应配套设施，或可同时靠泊 2 艘 5 万吨液化烃船，年设计通过能力为 339 万吨。(2)库区工程：建设大小储罐 9 座，其中，2 座 6 万立方米低温储罐、1 座 3 万立方米低温储罐、6 座 4000 立方米常温球罐，总容量 17.4 万立方。预留远期建设 2 座 6 万立方米低温储罐的建设条件。同步配套建设辅助生产及公用工程、汽车装卸区、办公管理区、环保设施等配套工程	118382	50000	4000	61489	码头工程：桩基已完成 195 根灌注桩，引桥空心大板安装已完成 90%、实心板安装全部完成，码头上部结构已完成部分的桩帽和横梁浇筑，码头工程计划于 2022 年 6 月底主体工程完工；库区工程施工中	石化工业园区管委会规建科 南埔镇 后龙镇
18	湄洲湾港肖厝港区肖厝作业区 5—6# 泊位	建设 5 万吨级多功能通用泊位 2 座，并建成仓库及相应配套设施	103000	6000	800	9960	隔堤堤心石抛填施工，隔堤排水板施工完成，沉箱墙后回填海沙振冲施工	南埔镇
19	循环水排海延长段海底管道项目	用海 64.6 公顷，用于建设南埔电厂循环水排海延长段海底管道	16208	13208	100	12030	取得海域使用证，筹备施工招投标	南埔镇
20	远和仓储物流项目	用地 3 公顷，建设 1.45 万平方米仓储物流设施及办公楼、调度楼、宿舍楼、停车场等配套工程。	4500	3000	500	4710	办公楼进行内外装修	南埔镇
21	福建成品油管道泉港湄洲湾港区互联互通工程	新建福建东港石化—泉港油库的互联互通管道 2 条，同沟敷设（管径大小 406.4 毫米、3.1 千米、输油能力 220×104 吨 / 年）	10000	5000	284	5247	进行土石方施工平整工程	南埔镇 后龙镇
22	闽阳航务仓储项目	用地 0.67 公顷，建设办公楼一栋，厂房 1 栋	5000	2000	50	2850	土地平整	南埔镇
23	泉港惠屿生态休闲渔村工程项目	主要开展巷道整治工程、海岛特色民居改造、海岛防护堤建设工程、滨海岸线整治与旅游道路建设工程、防护林修复与绿化工程、沙滩整治修复工程、休闲海钓基地、人工渔礁、海岛监视监测中心、陆岛交通码头工程、海洋科普体验中心，以及景观木栈道、观景亭等其他海岛旅游配套设施	21410	4000	100	8660	休闲栈道、村建巷道、幸福院、小市场完成建设	南埔镇

续表 23

序号	项目名称	建设内容及规模	总投资	2021年工作目标	2021年1—12月份		工程进展情况	责任单位
				计划投资	12月份完成投资	累计完成投资		
预备项目（3个）			190000	15000	1280	18633		
24	东港新建成品油及化工品仓储项目	用地23.33公顷，建设50万吨成品油、烃类液体化工品仓储库区	90000	5000	230	5823	进行土石方施工平整工程	南埔镇 后龙镇
25	泉昱产业园项目	整体整合盘活原泉昱鞋业7.33公顷用地、5.3万平方米厂房，引进仓储物流、建材综合批发、家居家具设计生产、食品包装加工等项目入驻，打造区位优势突出、互惠互利共赢的综合产业园区	50000	8000	1000	10550	目前已入驻企业7家，新建钢结构厂房已经完成主体结构搭建，进行基础设施配套建设	南埔镇
26	泉港陆地港项目（二期）	建设危化品运输车辆监管和服务并行的线上线下平台，投资石化智慧物流平台、危化车辆管理备案中心、专业危化车辆安全停泊集中区、危化车辆配套服务设施、行政办公设施、一体化后勤设施等六大功能，全面服务于人、车、客户	50000	2000	50	2260	前期手续办理	南埔镇
（二）界山镇项目（17个）			2124579	307700	29960	337450		
在建项目（8个）			871399	281700	28060	308790		
1	国亨66万吨/年丙烷脱氢及45万吨/年聚丙烯（一期）	用地53.33公顷，分二期建设。其中一期建设66万吨/年丙烷脱氢（PDH）和45万吨/年高性能聚丙烯（PP）项目	630000	211000	25000	225300	现场施工中，已完成厂区围墙、场地平整回填、厂区道路基础、临时用电，综合楼已封顶。目前完成PP机柜间、汽车装卸站、PP变电所基础承台浇筑，维修车间桩芯砼浇筑，区域变电所承台地梁垫层砼浇筑，生产水罐A罐基础底板浇筑等	石化工业园区管委会规建科 界山镇
2	中海油服新材料生产基地建设项目	建设5万吨油田化学新材料生产基地，主要包括生产管控中心、生产车间、仓库、罐区、污水处理站等相关生产辅助设施	29678	8200	0	9270	试产中	石化工业园区管委会规建科 界山镇

续表 23

序号	项目名称	建设内容及规模	总投资	2021 年工作目标	2021 年 1—12 月份		工程进展情况	责任单位
				计划投资	12 月份完成投资	累计完成投资		
3	湄洲湾港肖厝港区肖厝作业区 18A、18B、18C 号泊位工程	建设 5 千吨级固体化工品泊位 2 个，7 千吨重件滚装码头 1 座，新建码头长度 398 米，后方陆域面积约 26.27 公顷	66121	5000	410	6460	先期项目已建成码头主体 197.71 米，其中 18C 号泊位长 120 米，18B 部分长 77.71 米，陆域回填约 6.81 万平方米，临时港池回旋水域开挖至—4.0 米，临时停泊水域开挖至—7.7 米。肖厝作业区 18 号泊位东围堤及门卫房工程已完成东围堤 541.02 米，北侧临时隔堤 212.13 米，门卫房一栋。现因按原批复实施的围堤外侧坡脚用海边界待理顺。已完成 15 个沉箱底层混凝土浇筑。进行基槽挖泥及港池疏浚	石化工业园区管委会综合科 界山镇
4	界山新城基础设施建设项目	建设 4 条道路、市民广场，沿海大通道市政配套设施	8600	1500	0	1710	已完工（根据区领导在《关于泉港界山镇泉莆、一号、三号、新东西路道路工程新东西路建设有关事项的意见》（泉港新城投〔2021〕58 号）的批示精神，同意对新东西路进行甩项）	新城投资有限责任公司 界山镇
5	天马华耀城（一期）	用地 2 公顷，总建筑面积 8.4 万平方米，其中住宅 7.2 万平方米，商业建筑面积 0.4 万平方米，小区由 3 栋 26 层 508 套高层住宅 65 席商业金街构成。地下室建设 0.87 万平方米	25000	5000	100	5450	于 2021 年 5 月已交付使用。进行室内装修	界山镇
6	天马华耀城（二期）	用地 4.2 公顷，总建筑面积 16 万平方米，其中住宅 10.6 万平方米，商业建筑面积 1.3 万平方米，小区由 5 栋 26 层，1 栋 25 层，43 套生态别墅，95 席商业金街构成。地下室建设 4 万平方米	58000	9000	500	14000	项目工程主楼室内外土建工程完成，外架已拆除；水电、消防及相应配套项目正在进场安装中；地下室及相应配套项目正在准备施工；室外绿化、景观工程项目正在施工中	界山镇

续表 23

序号	项目名称	建设内容及规模	总投资	2021 年工作目标	2021 年 1—12 月份		工程进展情况	责任单位
				计划投资	12 月份完成投资	累计完成投资		
7	天马华耀城（三期）	用地 4.67 公顷，建筑面积 14 万平方米，其中住宅 9 万平方米，商业建筑面积 1.2 万平方米，小区由 5 栋 26 层，2 栋 18 层，52 套生态别墅，110 席商业金街构成。地下室建设 3.6 万平方米	52000	40000	2000	44500	项目工程高层住宅土建已全面封顶，主体基本完成，外架已拆除部分；多层住宅全部封顶，主体工程同步施工；水电、消防工程同步进行预埋、安装阶段；地下室及高层住宅装饰同步进行施工中	界山镇
8	界山镇鑫泉文娱活动中心	建设室内外游泳池各 1 个、儿童儿童戏水池 1 个，石板疗池 1 个、冷热水池 3 个；配套建设儿童游乐园 1 处，店铺 8 间	2000	2000	50	2100	完成游泳池建设	界山镇
预备项目（9 个）			1253180	26000	1900	28660		
9	天佑丙烯新材料项目	新建 200 万吨 / 年劣质重油沸腾床加氢装置、150 万吨 / 年重油制烯烃、芳烃装置、110 万吨 / 年中芳烃加氢改质装置、100 万吨 / 年石脑油芳烃化装置、60 万吨 / 年气分装置、100 万吨 / 年干气液化气脱硫装置、5 万吨 / 年硫磺回收装置（含胺液集中脱硫、酸性水汽提、硫磺回收）、30 万吨 / 年催化干气制乙苯、苯乙烯联合装置、10 万标准立方米 / 小时干气制氢装置、3 万标准立方米 / 小时油浆制氢装置以及相关配套公用工程和辅助生产设施	650180	2000	0	340	项目暂缓	石化工业园区管委会经发科 界山镇
10	华特 42 万吨级沥青加工项目	(1) 4 万吨沥青总罐容，其中原料罐容 2.5 万吨，成品罐容 1.3 万吨，生产罐容 0.2 万吨；(2) 22 万吨 / 年基质沥青改良规模；(3)年产 12 万吨改性沥青和 3 万吨特种沥青加工生产线；(4)年产 2 万吨乳化沥青加工生产线；(5)年产 3 万吨脱色沥青加工生产线；(6)配套建设辅助及附属设施	18000	3000	500	3600	11 月 24 日签订土地合同，土地费用已缴交；环评、安评制作中，能评、职评、水保筹备制作中	石化工业园区管委会环安科 界山镇
11	钟山化工三期项目	建设 5 万吨功能表面活性剂及环保型聚醚	20000	8000	800	7500	可研、能评、环评、设计方案初稿已完成，筹备设计方案报审	石化工业园区管委会环安科 界山镇

续表 23

序号	项目名称	建设内容及规模	总投资	2021 年工作目标	2021 年 1—12 月份		工程进展情况	责任单位
				计划投资	12 月份完成投资	累计完成投资		
12	北新建材年产5万吨轻钢龙骨及500万平方米高分子防水卷材项目	用地6.82公顷，建筑面积4.23万平方米，建设龙骨车间、库房、生产配套工程（维修车间、配电室等）、内部装修及相关配套工程、室外道路、装车场、门卫及其他配套设施、绿化	20000	2000	100	2450	已完成备案，公司内部程序已完成项目听证，成立项目征地攻坚小组，完成项目范围征地，项目用地内一栋房子已拆除	界山镇
13	湄洲湾港肖厝港区肖厝作业区14A、14B、14C号泊位及罐区工程	新建1座液体化工码头，布置14A、14B、14C三个泊位，其中码头外侧建设的14A泊位为10万吨级泊位，码头内侧建设2个3000吨级泊位（14B和14C）及相应配套设施。前沿泊位长395米，后沿泊位长260米，码头双侧泊位平台宽28米、单侧泊位平台宽22米，引桥长1348.82米，宽12米	217000	1000	50	1190	（1）目前已完成初步勘察工作及核准前的部分审批手续，因后方目标客户情况有重大变化，货种、货量可能调整，设计工作暂缓推进，待货源明确后再重启。 （2）由于目前国家全面停止新增围填海项目的审批工作，导致无法办理用海预审、申请项目核准。为解决14号泊位配套罐区用地问题，计划将18号泊位进行功能调整，保持18C号重件泊位不变，18A、18B号调整为液散泊位，并在保证安全距离情况下，按14号泊位罐区一期工程对应货种，将18号泊位后方堆场改为液散罐区。同时建设14号泊位码头及栈桥，通过公用管廊与18号后方液散罐区（调整后）配套使用。 （3）省发改委于4月初组织召开项目调整前期工作协调会，原则上同意项目调整，目前泉港八方开展泉港石化园区南山片区及周边石化企业水运需求调研，确认14#泊位可能涉及的货种、数量	石化工业园区管委会综合科 界山镇
14	潘南盐场盐田废转项目	进行80公顷盐田废转	20000	1000	50	1080	开展项目前期工作	界山镇

续表 23

序号	项目名称	建设内容及规模	总投资	2021 年工作目标	2021 年 1—12 月份		工程进展情况	责任单位
				计划投资	12 月份完成投资	累计完成投资		
15	界山新城（二期）	用地 29.27 公顷，其中包含石化园区企业办公居住区 5.43 公顷（包含蓝领公寓、八方码头总部区）、镇区商住区 3.67 公顷，安全控制区界山安置区 14.3 公顷（含实验小学预留地）以及基础配套设施 5.87 公顷	200000	2000	100	2180	开展项目前期工作	界山镇
16	天马华耀城（五期）	用地 2 公顷，总建筑面积约 3 万平方米，其中住宅约 1.5 万平方米，商业建筑面积约 3500 平方米，由三幢高层及 8 幢多层组成，地下室建设约 1 万平方米	8000	2000	200	2620	完成施工许可证办理，签订施工合同，现在进行桩基建设	界山镇
17	天马科技现代农业高新技术产业园项目	用地 26.67 公顷，建设现代高新技术农业融合一二三产业 +“第六产业”，水产食品深加工业、深海鱼油深加工、冷链物流中心、农贸市场；集团研究院、研发中心、食品淀粉业、生物科技、海峡水产研究研、行业培训中心、国家级海淡水良种基地、现代工厂业化设施智慧农业、绿色养殖、产供研中试基地；产业培训中心、现代渔业海洋馆等	100000	5000	100	7700	开展项目前期工作	界山镇
（三）后龙镇项目（20 个）			1193632	176522	18844	229922		
在建项目（14 个）			347555	163222	13350	183821		
1	天骄高性能聚醚多元醇系列材料改扩建二三期项目	建设 30 万吨 / 年高性能聚醚多元醇系列材料，其中(1)二期项目建设产能规模 19 万吨 / 年；(2)三期项目建设产能规模 11 万吨 / 年	73158	12000	800	12550	二期 POP 装置试生产；二期聚醚项目部分罐建设筹备	石化工业园区管委会经发科 南埔镇 前黄镇 后龙镇
2	华星石化增建液化石油气储罐项目	新增一座 8 万立方常压低温 LPG 储罐，一套处理能力为 300 吨 / 小时的丙烷加热系统及相关配套设施	35000	11000	3204	15434	内储罐及消防水池等配套设施施工	后龙镇
3	金鹏稀释剂项目	建设厂房、办公楼、仓库、罐区及相关配套装置设施。设计规模为稀释剂 1.5 万吨 / 年、改性表面处理剂 1 万吨 / 年、水性丙烯酸乳液 10 万吨 / 年、水性聚氨酯 4 万吨 / 年、改性胶粘剂 2.5 万吨 / 年	30722	15722	0	12858	因市场发生变化，业主正在调整产品方案。现场暂停动建	石化工业园区管委会经发科 南埔镇 后龙镇

续表 23

序号	项目名称	建设内容及规模	总投资	2021 年工作目标	2021 年 1—12 月份		工程进展情况	责任单位
				计划投资	12 月份完成投资	累计完成投资		
4	钜港油脂废弃物综合利用项目（二期）	用地 1.33 公顷建设厂房、研发楼及配套设施，建筑面积 9992 平方米，年处理废弃油脂 18 万吨（皂脚 12 万吨 / 年，油脚 6 万吨 / 年）	7493	2000	50	2470	设备安装调试中，筹备验收，制作试生产方案	石化工业园区管委会环安科 南埔镇 后龙镇
5	华星石化 1#、2# 辅助楼建筑工程	1 号辅助楼建筑面积 1055 平方米；2 号辅助楼建筑面积 338.82 平方米	3500	2000	0	2060	项目竣工	后龙镇
6	振戎综合楼项目	用地 0.83 公顷，建设 6600 平方米的办公楼及附属配套设施	6800	4000	350	3928	三通一平，重新设计中	后龙镇 峰尾镇
7	泉宁塑胶技改项目	引进意大利厂家设备对公司的吹膜生产线进行设备更新和改造提升	2500	2500	0	2544	完成了竣工验收，并正式投入生产	后龙镇
8	湄洲湾港肖厝港区鲤鱼尾作业区 4 号泊位工程及仓储项目	(1)码头工程：新建 5 万吨级液体化工泊位一个及相应配套设施，或可同时靠泊 2 艘 5 万吨液化烃船，年设计通过能力为 339 万吨。(2)库区工程：建设大小储罐 9 座，其中，2 座 6 万立方米低温储罐、1 座 3 万立方米低温储罐、6 座 4000 立方米常温球罐，总容量 17.4 万立方。预留远期建设 2 座 6 万立方米低温储罐的建设条件。同步配套建设辅助生产及公用工程、汽车装卸区、办公管理区、环保设施等配套工程	118382	50000	4000	61489	码头工程：桩基已完成 195 根灌注桩，引桥空心大板安装已完成 90%、实心板安装全部完成，码头上部结构已完成部分的桩帽和横梁浇筑，码头工程计划于 2022 年 6 月底主体工程完工；库区工程施工中	石化工业园区管委会规建科 南埔镇 后龙镇
9	兴通船务新增运力项目	拟新采购 2 艘不锈钢油船 / 化学品船	50000	50000	3680	56002	已交付 2 条船，合计运力 6.2 万吨，另有 1 条化学品船正在建造中，1 条船下水试航	后龙镇
10	福源单身公寓改造项目	对福源单身公寓内的 500 多套房屋进行水电改造	2300	2300	0	2333	项目竣工	后龙镇
11	福炼社区老旧小区规范化提升项目	对福炼社区内建筑立面整治、主干道路设施提升、公共设施提升、景观环境提升	3500	2500	113	2610	外立面改造施工	后龙镇
12	福建成品油管道泉港湄洲湾港区互联互通工程	新建福建东港石化—泉港油库的互联互通管道 2 条，同沟敷设（管径大小 406.4 毫米、3.1 千米、输油能力 220×104 吨 / 年）	10000	5000	284	5247	进行土石方施工平整工程	南埔镇 后龙镇
13	后龙镇综治中心及配套设施项目	对福炼社区原有的热水站（热水站主体、配电房共两栋）改成福炼社区综治中心；同时新建 1 栋二层建筑，作为榕情调解中心及配套功能室	2200	2200	869	2253	正在进行内部装修	后龙镇

续表 23

序号	项目名称	建设内容及规模	总投资	2021年工作目标	2021年1—12月份		工程进展情况	责任单位
				计划投资	12月份完成投资	累计完成投资		
14	油城公安分局后勤保障基地项目	对原油城公安分局的宿舍、训练场、食堂餐厅等进行包括水电改造在内的综合改造提升	2000	2000	0	2043	项目竣工	后龙镇
预备项目（6个）			846077	13300	5494	46101		
15	东港新建成品油及化工品仓储项目	用地23.33公顷，建设50万吨成品油、烃类液体化工品仓储库区	90000	5000	230	5823	进行土石方施工平整工程	南埔镇 后龙镇
16	后龙镇区改造一期	用地1.9公顷，建设商住楼	5000	500	0	505	等待土地招拍挂	后龙镇
17	泉港地下水封洞库项目	建设泉港水封石油洞库，规划地下洞容1340万立方米，建设码头与库区连接的输油管线及总控、水、电、消防、通讯、安全、环保等配套设施	700000	5000	5240	36753	5号洞库施工，临时用地手续办理完成，委托油库安评、环评系列报告的编制	后龙镇
18	第二实验小学教育集团和星校区扩建工程	建设教学楼、综合楼、多功能教室及门卫等建筑，用地1.51公顷，建筑面积2.29万平方米，并配套室外消防水池、绿化、道路硬化等附属设施建设	8977	1000	0	1021	施工图设计、优化、审查和预算编制	区教育局 后龙镇
19	后龙卫生院重建项目	新建后龙卫生院	2100	800	0	233	正在协调项目用地选址等事宜	后龙镇
20	泉港区海岸带保护修复工程	开展“后龙湾滨海防护林保护修复工程”“后龙湾沿线沙滩修复与养护工程”“生态鱼礁型防浪屏障建设工程”“海域海岸带防灾减灾预警能力提升工程”等四大工程。修复沙滩长度3.91千米，防护林种植11.6公顷	40000	1000	24	1766	征海中，已完成户主面积丈量	后龙镇 峰尾镇 区自然资源局
（四）峰尾镇项目（17个）			401931	92000	9989	99681		
在建项目（12个）			235400	72500	9010	82459		
1	佑达精细电子化学新材料项目	研发楼、丙类车间、甲类仓库、门卫装修、设备安装投产	10000	1500	0	1610	试产中	石化工业园区管委会经发科 南埔镇 峰尾镇 前黄镇
2	振戎综合楼项目	用地0.83公顷，建设6600平方米的办公楼及附属配套设施	6800	4000	350	3928	三通一平，重新设计中	后龙镇 峰尾镇
3	建达花园（二期）	用地2.4公顷，总建筑面积7万平方米，建设6栋18层商住楼	35000	5000	800	6260	部分主体建至16层	峰尾镇
4	金秋阳光海岸（二期）	用地1.33公顷，总建筑面积4.4万平方米	20000	5000	350	5250	已竣工	峰尾镇

续表 23

序号	项目名称	建设内容及规模	总投资	2021 年工作目标	2021 年 1—12 月份		工程进展情况	责任单位
				计划投资	12 月份完成投资	累计完成投资		
5	五经·蓝宝湾（二期）	用地 1.33 公顷，总建筑面积 3.4 万平方米。	10000	2000	10	2140	已竣工	峰尾镇
6	君悦学府（二期）	建设 3 栋商住楼	25000	13000	1300	13530	已竣工	峰尾镇
7	君悦学府（三期）	建设 6 万平方米的小高层商住小区	25000	10000	1800	13410	部分建至 15 层	峰尾镇
8	鑫顺房地产三期	建设 2 栋商住楼	3600	1000	70	890	前期办理手续	峰尾镇
9	新新房地产	用地 3.2 公顷，建设总建筑面积 9 万平方米的商住楼	30000	5000	800	5770	基础建设	峰尾镇
10	福安洲际酒店	用地 3.4 公顷，建设五星级酒店及相关配套设施	50000	13000	1680	16520	项目已竣工	山腰街道 峰尾镇
11	凯撒汽车	用地 2.2 公顷，建设 3 栋总建筑面积 3 万平方米的汽车展厅	10000	5000	1350	5000	场地已平整	峰尾镇
12	诚平二级渔港	新建码头 100 米，港池面积 12 万平方米，后方配套设施用地 1 万平方米	10000	8000	500	8151	目前向市发改委申请可行性研究暨初步设计审批	峰尾镇
预备项目（5 个）			166531	19500	979	17222		
13	渔港路工程（二期）	为已建渔港路一期延伸段，由规划的东环路和东环路支路组成，道路全长 873.259 米，其中城市主干道宽 22 米，城市支路宽 18 米	10531	2500	0	1754	目前项目已完成立项、用地预审、方案报批、可行性研究报告、地质勘察及地勘审查、初步设计及概算、用海批复、监理、施工、桩基监测等单位招标等前期手续，正在办理项目用地相关手续	新城投资有限责任公司 峰尾镇
14	荷盛小区（四期）	用地 0.71 公顷	10000	7000	150	4630	征地及办理前期手续	山腰街道 峰尾镇
15	泉港渔港经济区	用地 666.67 公顷，建设城市综合体，依托诚峰一级渔港，结合滨海观光旅游，发展海洋经济，打造渔港新区	100000	8000	800	8070	招商及配套设施建设等	峰尾镇
16	诚峰一级渔港疏浚工程	疏浚底高程—3.50 米，疏浚工程量 77.94 万立方米；北拦沙堤加宽加高等工程	6000	1000	5	1002	目前区财政审核	峰尾镇
17	泉港区海岸带保护修复工程	开展“后龙湾滨海防护林保护修复工程”“后龙湾沿线沙滩修复与养护工程”“生态鱼礁型防浪屏障建设工程”“海域海岸带防灾减灾预警能力提升工程”等四大工程。修复沙滩长度 3.91 千米，防护林种植 11.6 公顷	40000	1000	24	1766	征海中，已完成户主面积丈量	后龙镇 峰尾镇 区自然资源局
（五）山腰街道项目（30 个）			622900	278500	8800	261109		
在建项目（23 个）			427300	208800	7610	241489		

续表 23

序号	项目名称	建设内容及规模	总投资	2021 年工作目标	2021 年 1—12 月份		工程进展情况	责任单位
				计划投资	12 月份完成投资	累计完成投资		
1	金维他燕麦精智能化生产项目	用地 1.72 公顷，建设标准化厂房及仓库、办公楼、检验中心等	18000	10000	260	12055	综合楼、1.2.3 号楼厂房，内外装修、订购设备	山腰街道
2	灿华 ABS1 万吨 PET 再生料 9 万吨项目	购置厂房及配套设施，建筑面积 4 万平方米，建设 24 条造粒料生产设备	22500	12500	570	14800	订购设备、设备安装	山腰街道
3	连盛新型建筑材料生产项目（亚伦轻工异地扩建项目）	用地 3.87 公顷，建设 2 万平方米标准厂房，1 幢宿舍楼及 1 幢办公楼，总建筑面积 2 万平方米	12000	10000	0	10310	项目已竣工	山腰街道 前黄镇
4	山腰城区老旧小区改造	对锦祥片区 1 号居住区、逸涛小区等老旧小区进行改造、美化	1200	1200	0	1310	项目已竣工	山腰街道
5	中兴街（锦川小区段）	用地面积 3.33 公顷，长 600 米（其中宽 50 米长度为 308 米，宽 40 米长度为 292 米）。建设内容包括道路工程、交通工程、给水工程、雨水工程、污水工程、电力工程、通信工程、照明工程、景观绿化工程及其它附属工程	7500	5000	200	3340	正在进行深层地基水泥搅拌桩施工	新城投资有限责任公司 山腰街道
6	迪信院	用地 1.8 公顷，建设 5 万平方米商住房	30000	6000	0	6980	项目已竣工	山腰街道
7	永嘉天地 E 地块	用地 2.8 公顷，建设 9.79 万平方米商住楼。	48900	37900	3120	38661	1、2、3、4、5 号楼竣工	山腰街道
8	永嘉天地 F 地块	用地 2.67 公顷，建设 11 万平方米商住楼。	45000	20000	0	22528	15、16、17、18、19、20 号楼竣工	山腰街道
9	逸涛学府新城（二期）	用地 5.33 公顷，建设 9.5 万平方米商住房。	45000	13300	0	14560	7、8、9、10、11、12 号楼竣工	山腰街道
10	华泉小区（三期）	建设 3.6 万平方米商住房	15000	6100	0	6450	项目已竣工	山腰街道
11	锦锋泰富	用地 1 公顷，建设 23976 平方米商住房	13500	5000	0	5255	项目已竣工	山腰街道
12	创嵘华庭	用地 1.8 公顷，建设 5.4 万平方米商住楼	21600	7800	0	7980	项目已竣工	山腰街道
13	嘉诚石化总部大楼	用地 0.67 公顷，建设 2 万平方米的总部商住大楼	12000	8600	0	8860	项目已竣工	山腰街道 区总部办
14	纳川总部商住楼	用地 1 公顷，建设 3.5 万平方米商住房	15000	10000	0	14260	项目已竣工	山腰街道 区总部办
15	万商凤凰城（二期）	用地 1.4 公顷，建设 3 幢商住楼	8900	4300	0	4510	项目已竣工	山腰街道 前黄镇
16	港如德馨	用地 0.27 公顷，建设 9600 平方米商住楼	4200	2800	0	2960	项目已竣工	山腰街道
17	名港尚城	用地 2.8 公顷，建设 8 栋 9.2 万平方米商住房	36000	22000	1230	33900	1、2、3、4、5、6、7、8 号楼内外装修	山腰街道
18	福安洲际酒店	用地 3.4 公顷，建设五星级酒店及相关配套设施	50000	13000	1680	16520	项目已竣工	山腰街道 峰尾镇
19	名仕酒店扩建项目	扩建酒店规模到 1.2 万平方米，增设配套设施	4000	1800	120	2490	内外装修、设备安装	山腰街道

续表 23

序号	项目名称	建设内容及规模	总投资	2021 年工作目标	2021 年 1—12 月份		工程进展情况	责任单位
				计划投资	12 月份完成投资	累计完成投资		
20	锦川商业城	该项目商业面积 3.25 万平方米，建设商业步行街及商场	8000	4000	230	4890	内外装修招商	山腰街道
21	培文幼儿园	用地 0.58 公顷，建筑面积 8700 平方米，共 18 个班级标准的规范幼儿园	3800	3800	0	4580	项目已竣工	山腰街道
22	泉港星星幼稚园	用地 0.32 公顷，建设 4920 平方米，12 个班级教学楼	2200	2200	120	2780	内外装修	山腰街道
23	锦川二田港溪流整治工程	开展 3 千米溪流整治	3000	1500	80	1510	前期手续办理	山腰街道
预备项目（7 个）			195600	69700	1190	19620		
24	台诚食品智能化厂房	用地 0.55 公顷，建设标准厂房及配套设施	3800	2800	150	2310	办理前期手续	山腰街道
25	新耀新材料二期	建设厂房 2 栋，扩大产能	3200	2500	120	2660	办理前期手续	山腰街道
26	安然家居综合楼及 2 号厂房	建设 2 号厂房及配套设施	4800	2400	270	2790	打桩	山腰街道
27	锦绣片区 33.33 公顷二期地块（2017—5#）	用地 10.48 公顷，建设 31.57 万平方米商住楼	145000	45000	260	3040	前期手续	山腰街道
28	荷盛小区（四期）	用地 0.71 公顷	10000	7000	150	4630	征地及办理前期手续	山腰街道 峰尾镇
29	泉港希尔顿欢朋酒店	利用总部经济区大楼 1.2 万平方米，装修四星级酒店	25000	8000	80	2340	办理前期手续	山腰街道
30	锦川双百幼儿园	用地 0.87 公顷，建设标准幼儿园	3800	2000	160	1850	办理前期手续	山腰街道
（六）前黄镇项目（22 个）			437554	179596	36000	199857		
在建项目（19 个）			398754	177596	35650	196896		
1	天骄高性能聚醚多元醇系列材料改扩建二三期项目	建设 30 万吨 / 年高性能聚醚多元醇系列材料，其中(1)二期项目建设产能规模 19 万吨 / 年；(2)三期项目建设产能规模 11 万吨 / 年	73158	12000	800	12550	二期 POP 装置试生产；二期聚醚项目部分罐建设筹备	石化工业园区管委会经发科 南埔镇 前黄镇 后龙镇
2	佑达精细电子化学新材料项目	研发楼、丙类车间、甲类仓库、门卫装修、设备安装投产	10000	1500	0	1610	试产中	石化工业园区管委会经发科 南埔镇 峰尾镇 前黄镇
3	盛宝利聚合多元醇项目（一期）	建设 1 万吨 / 年聚合物多元醇项目	4500	1500	0	1700	试产中	石化工业园区管委会规建科 南埔镇 前黄镇
4	福师大高分子材料创新平台	(1)为高分子材料产业提供技术服务，攻克行业关键性技术，实现高分子材料轻量化、减量化、可回收利用及生物降解；(2)成立省级高分子材料产业知识产权联盟及高分子运营保护中心	5000	2000	500	3000	项目竣工	前黄镇

续表 23

序号	项目名称	建设内容及规模	总投资	2021 年工作目标	2021 年 1—12 月份		工程进展情况	责任单位
				计划投资	12 月份完成投资	累计完成投资		
5	中森高端熔喷布及 MPM 湿巾项目	建设 4 条熔喷布，1 条 P2P3 高端熔喷布，5 条 MPM 湿巾项目	20000	20000	3000	30000	项目竣工	前黄镇
6	海丝堡新材料项目	占地 2.33 公顷，厂房建设面积 2 万平方米，建设 8 条聚苯乙烯 EPP 及可发泡 EPS 生产线	15000	8000	2000	9500	项目竣工	前黄镇
7	荣盛大型钢构件生产基地	用地 11.76 公顷，新建厂房及配套设施 10.9 万平方米。建成钢结构绿色建筑住宅产品集成房屋生产线 3 条，年产 5 万吨钢结构件加工生产线，其中重钢生产线两条、轻钢生产线 4 条、次构件生产线一条	32000	5000	900	6000	正在办理施工许可证	前黄镇
8	连盛新型建筑材料生产项目（亚伦轻工异地扩建项目）	用地 3.87 公顷，建设 2 万平方米标准厂房，1 幢宿舍楼及 1 幢办公楼，总建筑面积 2 万平方米	12000	10000	0	10310	项目竣工	山腰街道 前黄镇
9	博超实业（二期）	用地 2 公顷，增加 2 条球墨铸铁检查井盖生产线，提升产能至2万吨/年。建设1幢办公楼，2幢标准化厂房及配套设施	20000	5000	1000	4600	二期土地省厅已审批通过，待交付，下一步计划土地平整	前黄镇
10	万商凤凰城（二期）	用地 1.4 公顷，建设 3 幢商住楼	8900	4300	0	4510	项目已竣工	山腰街道 前黄镇
11	蓝海国际（二期）	用地 3.33 公顷，建设 15 万平方米商住楼	60000	25000	2000	25500	5 号、6 号楼屋面外墙真石漆完成 19—24 层，2—24 层砌体完成 100%，外墙抹灰 18 层至屋面层完成，15 层至屋面铝合金窗安装完成；10 号、11 号楼屋面梁板浇筑完成，11 号楼砌体完成 90%。南 1 号、2 号、3 号、7 号、15 号楼砌体完成 90%，石材开始干挂；南 16 号楼地下室顶板浇筑完成；南 17 号、19 号、20 号楼外墙涂料完成，已落架，内墙抹灰完成；正立面干挂石材安装完成，铝合金窗安装完成；南 22 号、23 号楼外墙涂料完成 80%，内墙抹灰完成，正立面干挂石材安装完成，铝合金窗安装完成；26 号楼内外墙抹灰完成，铝合金安装完成	前黄镇
12	晶鑫华庭	用地 1.84 公顷，建筑面积 5.45 万平方米	22196	22196	5000	22766	1 号 2 号 3 号 5 号已全部落架，6 号落架至 2 层	前黄镇

续表 23

序号	项目名称	建设内容及规模	总投资	2021年工作目标	2021年1—12月份		工程进展情况	责任单位
				计划投资	12月份完成投资	累计完成投资		
13	后张村乡村振兴项目	⑴后张村至机砖厂硬化500米宽5.5米道路；⑵烟墩山建设6千米登山步道和凉亭；⑶后张村路支硬化4000平方米；⑷后张三角台至跃辉路段500米宽6米沥青路面铺设；⑸北坑自然村集中安置150户；⑹北坑自然村建设约800平方米停车场	3000	1800	500	2500	1. 后张村姑妈宫至石路污水管道铺设工程已完工；2. 张丽阳厝边到机砖厂道路硬化工程已完工；3. 后张村老年学校工程已完工；4. 关刀石公园整治提升工程已完工；5. 村史馆工程已完工；6. 后张村村庄综合整治一期工程（建设400米环村西路及排水沟正在施工中、庆党建（100周年）主题公园已工、宜居村庄环境整治工程施工中)该项目跨年度，本年度工程量已完工；7. 祠堂公厕工程已完工；8. 后张村民俗文化园工程在施工中，该项目是跨年度，本年度的工程量已完工	前黄镇
14	前黄村传统村落建设项目	主要建设黄素石楼周边附属楼修缮项目工程	3000	1000	400	1500	黄素石楼文馆修缮20万，其他的无	前黄镇
15	银泰大学城（二期）	总建筑面积6万平方米4栋高层	38000	38000	15500	38000	A区1号、2号、11号、12号楼完工，室外景观道路施工；B区3号、5号、6号、8号、9号、10号楼室内外装修完成，地下室装修完成60%，室外景观施工	前黄镇
16	福鑫智慧园	拟保留乡村综合运输服务站，一期候车大楼及配套建设，以及充电桩等项目招商工作。剩下1公顷（二期）作为电子商务园区	6000	6000	2500	7000	主体内部装修完成100%，室外附属配套完成90%	前黄镇
17	博文中学扩建项目	建设11层综合楼，建筑面积9000平方米	3500	3500	500	4550	已封顶，工程量已完成80%	前黄镇
18	福建省气柜设备安装有限公司2万吨/年纳米吸附新材料项目	建设化肥催化剂国家工程研究中心，购置实验室设备	60000	10000	900	10400	生产设备试运行；天然气尾气处理设备设计方案确定，进入材料采购阶段，进行尾气处理设备安装	前黄镇
19	坝头溪支流生态整治提升项目（二期）	进行坝头溪支流前黄镇凤南段改造提升、凤北大水渠改造提升等	2500	800	150	900	施工队已进场	前黄镇

续表 23

序号	项目名称	建设内容及规模	总投资	2021 年工作目标	2021 年 1—12 月份		工程进展情况	责任单位
				计划投资	12 月份完成投资	累计完成投资		
预备项目（3 个）			38800	2000	350	2961		
20	前黄新村建设项目	用地 1.72 公顷，结合前黄镇群山路旁 0.67 公顷广场用地，建设成集镇文化中心，市民广场、商业，高品位住宅小区综合体，建设面积 4.6 万平方米	12800	1000	200	1200	开展前期工作	前黄镇
21	高新区实验小学及实验幼儿园工程	新建高新区实验小学和实验幼儿园，建设教学楼、综合楼、运动场及附属设施等	20000	500	0	1111	办理红线图	区教育局 前黄镇
22	亲亲家园养老院（一期）	用地 1.67 公顷，建设医养结合养老院	6000	500	150	650	开展前期工作	前黄镇
（七）涂岭镇项目（24 个）			1338000	159000	11100	188400		
在建项目（12 个）			383000	143000	8900	159600		
1	泉州晟通建材项目	用地 10 公顷，建设砂石骨料破碎筛分及整形制砂生产线的综合生产基地，建设碎石除泥除土系统，破碎筛分车间，整形制砂生产线，年产高品质机制砂石骨料 100 万方的产能	15000	10000	1000	12000	继续场地平整，第一套设备已投产	涂岭镇
2	朝阳公路拓宽改造及红星香蜜湖连接道路提级改造工程	总里程 10 千米，三级公路（部分局限区域采用四级公路），双向两车道，路基宽度 6.5 米工程。其中，红星香蜜湖连接道路提级改造为四级公路标准兼城市次干路，双向两车道，路基宽度 12 米	26000	16000	1000	16900	继续项目路基工程及涵洞工程施工	文旅开发公司 涂岭镇
3	泉港区 324 线驿坂廊道拓宽改造及立面整治工程（三期）	用地 1 公顷，建设 8 层住宅小区，建筑面积约 1.5 万平方米	10000	6000	500	6000	完成征迁工作及设计方案评审等前期手续，正在用地报批	涂岭镇
4	泉港区 324 线溪西段拓宽改造及立面整治工程	改造 324 国道溪西段 1 千米，按照“森林人家”为主题理念根据现状，提出“一带、两段、多节点”，建设生态宜居的新局面	10000	6000	500	6700	基本完成拆迁，临时搭盖已拆除，两侧绿化景观正在施工，裸房整治工程外立面装修及平改坡工作正在同步推进	涂岭镇 区城管局
5	先锋嘉园	用地 2 公顷，建设 4 栋多层、4 栋高层及其它配套用房共 11 栋	50000	15000	1000	16500	已完成统一外装修，脚手架已拆除，正在绿化景观施工	涂岭镇
6	绿创璞悦山庄	用地 8.21 公顷，建设住宅小区，总建筑面积 15.02 万平方米，其中计容建筑面积 12.32 万平方米。	72000	30000	1000	33000	一期 161 套主体正在建设，已封顶 120 套	涂岭镇
7	万兆山庄（三期）	用地 14.67 公顷，建设 410 幢连体别墅高端住宅小区，总建筑面积 15 万平方米	80000	15000	1000	18000	三期主体工程基本完成，正在统一外装修，正在建设 2 幢高层主体	涂岭镇

续表 23

序号	项目名称	建设内容及规模	总投资	2021年工作目标	2021年1—12月份		工程进展情况	责任单位
				计划投资	12月份完成投资	累计完成投资		
8	泉州香蜜湖住宅小区	用地1.63公顷，二期建设小高层建筑3幢共3万平方米	15000	5000	500	7600	主体工程已统一外装修，脚手架已拆除，小区道路、绿化、景观同步建设	涂岭镇
9	金钟潭生态旅游项目（三期）	建设以观光、休闲、体验为一体的乡村旅游度假区	12000	3000	200	3800	完成空中水滑道建设，完成规划建设樱花园方案	涂岭镇
10	黄田溪漂流项目（三期）	建设温泉酒店、农业观光等配套设施	10000	3000	200	3000	完成建设花海、农业观光、农耕体验、热气球等，酒店配套设施建设，正在开展三期用地手续	涂岭镇
11	普洛斯智能仓储物流园	用地23.33公顷，建设石化中下游产品及相关中间工业原料的仓储中转基地，建设仓储物流仓库10万平方米、办公管理等用房1万平方米，并将建成高端智能化、立体式、标准化的现代仓储物流产业园区	60000	22000	1000	25000	完成地勘，正在图审，正在进行征地扫尾及土地平整	涂岭镇
12	恒昌盛物流仓储产业园	用地6.2公顷，用地3.29公顷，建筑面积9万平方米	23000	12000	1000	11100	完成土地平整，地质勘探，正在办理施工许可等前期手续	涂岭镇
预备项目（12个）			955000	16000	2200	28800		
13	统一调味品生产线	用地16.33公顷，建设标准厂房5万平方米，生产高端休闲食品调味品	20000	1000	100	1200	正在办理用地前期手续，正在做可研报告	涂岭镇
14	浩睿建筑预制构件生产基地	用地0.13公顷，建设混凝土预制构件及装配式预制构件生产基地	8000	1000	100	1200	正在办理用地前期手续	涂岭镇
15	高新园区物流基地配套道路工程	建设物流园区配套道路	10000	2000	100	1800	完成园区道路设计，正在开展用地报批等前期手续	涂岭镇
16	前欧小镇	用地40公顷，建成高端、休闲的小城镇综合体	300000	2000	100	1800	正在开展招商工作	涂岭镇
17	富瑞茗苑	用地1.97公顷，总建筑面积2.97万平方米	20000	1000	1000	12000	1、2、3、5、6号楼已完成封底，正在砌墙，7、8、9号楼正在主体建设	涂岭镇
18	涂岭乡村振兴精品线路	以福建省大中型水库移民后扶项目为契机，建设示范区美丽家园及产业转型升级	2000	1000	100	1100	已完成设计预算财审等前期手续，准备招标	涂岭镇
19	道口经济综合体	用地6.67公顷，建设商贸服务为主要载体，集交易、包装、深加工、仓储、社区服务为一体的高速服务区新型商业商圈	100000	1000	100	1100	正在开展前期手续	涂岭镇

续表 23

序号	项目名称	建设内容及规模	总投资	2021 年工作目标	2021 年 1—12 月份		工程进展情况	责任单位
				计划投资	12 月份完成投资	累计完成投资		
20	汇龙湾文创产业园	用地 36.4 公顷，规划建设贸易运营、物流配送、高速服务商圈、两岸特色农产品集散批发中心市场、海峡两岸青年创意文化和涂岭“三红”文化为主题的体验型文化旅游产业综合体	100000	1000	100	1100	已完成初步规划，正在开展相关前期手续	涂岭镇
21	国家级森林康养示范小镇	建设国家级森林康养示范小镇	300000	1000	100	1100	正在开展前期手续	涂岭镇
22	禾兴生态农业蛋鸡养殖基地（二期）	用地 3.33 公顷，建设年产 60 万枚的现代化蛋鸡养殖基地	20000	1000	100	1100	正在开展前期手续	涂岭镇
23	恒昂畜牧养殖项目	用地 6.67 公顷，建筑面积 8 万平方米，建设年存栏 5 万头的现代化养猪场	30000	2000	200	3600	正在平整用地，图纸设计正在优化等	涂岭镇
24	百地农业科技项目	用地 10 公顷，建筑面积 10 万平方米，建设年存栏 8 万头的现代化养猪场	45000	2000	100	1700	完成选址，正在办理林地报批、环评等手续	涂岭镇
二．区直项目（52 个）			10848994	937933	62202	1010429		
在建项目（34 个）			4290145	822433	60337	986318		
1	泉港石化工业区安全控制区建设项目	在泉港石化工业区规划边界外建设安全控制区	3000000	500000	25000	697000	项目已竣工	泉港石化工业区安全控制区建设项目指挥部 城乡建设开发有限公司
2	福建化学工程科学与技术创新实验室（一期）项目	依托福州大学建设，建筑面积 13.71 万平方米，其中科研实验室面积 5.71 万平方米。实验室建设五年计划投入 40 亿元，泉州市以基础设施建设经费、仪器设备经费、人才经费、科研经费等形式投入 9 亿元，福州大学投入 2 亿元，中化泉州石化有限公司投入20亿元，申请省财政补助 9 亿元（基础设施分别以泉港区职业中专学校项目和泉港区职业中专学校实训中心项目立项）	400000	48800	9900	50900	实验室基础设施第一批次 2# 教师公寓已封顶，9 层砌体施工中，2—3 层内墙粉刷中；3 号学生公寓 A 区 4 层梁板内支撑搭设中，C、E 区 4 层梁板模板安装完成；教学综合楼、学员宿舍楼砌筑工程已完成，外墙粉刷中；4 号实验楼屋面层梁板模板安装中	清源创新实验室 科技局 教育局 高新产业园区公司
3	联合石化芳烃联合装置脱瓶颈项目	针对芳烃联合装置进行吸附剂更换对二甲苯分馏装置、甲苯歧化及烷基转移装置、吸附分离装置、异构化装置等设备进行适应性改造；降低重整“四合一”反应加热炉排烟温度的改造；增加重整生成油选择性加氢脱烯烃措施	20585	15000	500	17753	项目形象进度 100%，计划中	石化工业园区管委会综合科

续表 23

序号	项目名称	建设内容及规模	总投资	2021年工作目标	2021年1—12月份		工程进展情况	责任单位
				计划投资	12月份完成投资	累计完成投资		
4	联合石化EOEG装置脱瓶颈改造项目	通过本次改造，将EO反应器当量EOE生产能力由原设计35.58万吨/年提高至46.26万吨/年，即原设计能力130%。改造后乙二醇产量为40万吨/年，MEG工段的操作负荷达到原设计负荷的100%；环氧乙烷产能由4.2万吨/年提高至14.9万吨/年，使精EO单元操作负荷由原设计负荷24%提高到83%	10225	10225	300	12047	11月29日项目完成中交，12月4日已投产	石化工业园区管委会综合科
5	福厦客专泉港段及站点建设项目	全长17.6千米（其中陆域16.5千米，海域1.1千米），涉及5标（16.1千米）和4标（1.5千米），地方征迁费暂估为7.5亿元。需建设桥梁9座、隧道4条，途经三镇一街，17个行政村，涉及红线永久用地约66.67公顷，临时用用地43.33公顷，海域7.73公顷，需征迁房屋361幢，需迁改坟墓360座。建设周期4年，设备安装及试运行期1年，将于2022年正式建成通车	320000	80000	8000	83800	1. 站房桩基设计共64根，全部完成；2. 落客平台框架梁、板模板安装、框架梁、板钢筋邦扎等完成100%；3. 站房A区：（10.8m—网架支座底）钢筋邦扎完成100%，网架预埋板预埋完成100%。4. 站房B区：垫层完成100%，F轴框架柱（5.9m）完成100%。5. 站房C区：旅客进出地道及其他区域结构梁、板、柱及剪力墙混凝土浇筑等完成100%6. 一站台雨棚及连廊（P19—P22轴/PA—PC轴）梁板拆除架体100%。7. 二站台雨棚（P18—P25/PG轴）架体搭设完成100%，模板安装完成100%，（P17—P22/PG轴）钢筋安装完成100%，混凝土浇筑完成100%。8. 站台雨棚桩基设计浇筑完成。承台开挖完成32个，桩头破除完成108根，桩检自检完成75根，三检完成55根。9. 公安派出所主体架体搭设、框架柱等安装完成100%；10. 单身宿舍楼桩基础设计累计完成66根；基槽开挖完成100%，桩头破除完成66根，桩检完成66根	项目指挥部 区交通运输局

续表 23

序号	项目名称	建设内容及规模	总投资	2021 年工作目标	2021 年 1—12 月份		工程进展情况	责任单位
				计划投资	12 月份完成投资	累计完成投资		
6	泉港高铁站前广场及配套工程（一期）	用地 8.8 公顷，建筑面积 5.03 万平方米，分两期建设，其中一期建设站前广场、公交附属设施、高架匝道及相关公共附属设施	20488	6000	2485	4001	正在开展土石方平整、场内支路雨水管道和匝道桩基等施工	新城投资有限责任公司
7	泉港区高铁站周边配套道路及附属工程（一期）	包括 8 条市政道路分两期建设。其中一期建设范围包括站前大道、天湖路及坝头路（站后路至站前大道段）、站南路和站后路，建设内容主要有：道路工程、交通工程、给水工程、雨水工程、污水工程、电力工程、通信工程、照明工程、景观绿化工程及其它附属工程的建设	44954	10000	1315	10000	站前大道正在进行水泥搅拌桩、边坡砌筑、污水管道施工，涉铁道路站南路桩基和雨水管道施工	新城投资有限责任公司
8	南山北路改建工程	利用现状南山北路 600 米道路中线进行建设，后中部路线在原南山北路东侧边线采用新建道路向南延伸，经白石仔、虎石村后向南至岭脚瓦厂，后与现状南山北路相交并沿用现状南山北路中线至驿峰路圆盘处，全长 4.7 千米	53462	15000	1200	14042	南山北路改建工程项目红线范围内涉迁房屋 134 幢，已完成测评 121 幢，总共完成签约 88 幢，签约完成率 65.67%；已腾空 25 幢，拆除 18 幢；项目用地范围内坟墓 52 座，已登记造册 52 座，完成迁坟 21 座	南山北路改建工程项目建设指挥部
9	东邱路（二期）工程	起于南埔路终于北线排洪渠，长 1228.81 米，宽 20 米	4477	1000	200	560	12 月进度，雨水管道完成 100%，110KVA 电力管道完成 60%，10KVA 电力管道完成 40%，工业给水管道完成 50%，生活给水管道完成 40%	石化工业区建发公司
10	湄洲湾航道四期工程—南岸航道工程（南山片区公共航道）	建设范围由主航道 F 点起至南山片区规划 18 号泊位末端 N 点，航道总里程约 8.22 千米。⑴ F — L 航段：主航道 F 点起至 14A 泊位前沿附近长 5. 76 千米（其中 F — H 航段 4.77 千米为扩建，H — L 航段 0.99 千米为新建）；⑵新建 L — N 航段：14A 泊位前沿附近 L 点至 18C 泊位前沿 N 点长 1.89 千米；⑶新建 P — Q 航段：P 点至 14A 泊位后方 Q 点长 0.57 千米	28000	8000	394	8286	年度投资计划为 8000 万元，截至目前已完成固投 8210 万元，累计完成疏浚约 264.8 万方，炸礁 31.66 万方，清礁 16.96 万方	区大众公交有限公司

续表 23

序号	项目名称	建设内容及规模	总投资	2021 年工作目标	2021 年 1—12 月份		工程进展情况	责任单位
				计划投资	12 月份完成投资	累计完成投资		
11	驿峰路大众公交维修中心建设工程（EPC 项目）	用地 2.8 公顷，其中停车场面积 1.3 公顷，维修保养车间面积 1.33 公顷，办公楼用地 0.17 公顷。按照公交综合场站建设标准建设集停车、充电、保养、维修、办公等功能于一体的综合公交车站	5730	1000	50	950	1. 轻质隔墙板安装完成；2. 抹灰工程完成；3. 涂料工程完成 80%；4. 外立面干挂石材骨架完成 100%；5. 外立面干挂石材安装完成 90%；6. 外立面幕墙工程后植埋板安转完成 100%；7. 水电工程：排水系统安装完成 90%；8. 消防水工程安装完成 90%	大众公交有限公司
12	尚学路工程	总建设用地约 3.6 公顷，道路总长 1600 米，包括宽 15 米、长 1000 米和宽 30 米、长 600 米两段，包括征迁费用约 500 万元和土石方、道路、给排水、电力、通信、照明工程等建设费用约 7500 万元	8000	3000	0	20	办理方案设计审批；办理用地红线图（备注：由于前黄片区控规尚未审批，导致红线图无法按时完成办理，造成后续工作推进受阻）	高新产业园区公司
13	经三路和纬六路（源昌项目段）市政道路工程	道路总长约 890 米，经三路长 412.64 米，宽 18 米，纬六路长 478.155 米，宽 20 米，并配套建设相应的雨污水及其它附属设施	4830	1400	30	2180	正在办理专项验收	新城投资有限责任公司
14	泉港区市政给排水七镇连通工程 PPP 项目	⑴泉港北部城区供水和排污管道工程：新建给水主管道长 10 千米，污水主管道长 11.8 千米，污水泵站 2 座；⑵污水主干管沿途乡镇污水收集及处理工程：新建村镇污水重力管道 35.12 千米、污水压力管道 9.14 千米及 11 座村镇污水一体化提升泵站、1 座市政一体化泵站；⑶城区主要涝点整治项目：对城区 5 处主要涝点进行整治，建设内容包括修建排洪明渠、箱涵、管道、护岸等；⑷滨海干道污水管道工程（峰尾段）：建设污水干管 8.8 千米、雨水主管 4.3 千米及 2 座污水提升泵站	38000	9400	1000	9650	子项目 a 北部城区：两座泵站设备进场安装施工基本完成；子项目 b 污水主干管：界山段玉山村农污管道进场施工、山腰街道商业街段施工完成；子项目 c 完工；子项目 d 滨海干道：1# 泵站装饰、2# 泵站基坑开挖基本完成，泵站设备进场进行安装施工	区城管局
15	南部截污管道 2 号泵站改造工程	在现有泵站用地范围内进行建设容量 1 万立方米应急池、社会公共停车场、泵站外立面改造及站区内景观提升、泵站扩容工程等	4000	800	100	400	送财政审批	区城管局

续表 23

序号	项目名称	建设内容及规模	总投资	2021 年工作目标	2021 年 1—12 月份		工程进展情况	责任单位
				计划投资	12 月份完成投资	累计完成投资		
16	郭厝溪流域综合整治工程和水体整治工程	建设面积 13 平方千米，流域途经后龙镇、前黄镇、峰尾镇及山腰街道，建设内容包含水体整治工程及景观业态提升工程两部分。其中水体整治工程包括：控源截污工程、面源污染控制工程、内源治理工程、生态建设工程、人工湿地工程、水工改造工程、智慧水务工程；景观业态提升工程包括：多彩之溪、智能之溪、乡愁之溪、欢乐之溪、乡野之溪	40700	11000	300	2400	已完成项目立项批复、可研批复、方案设计评审、初步设计及概算审批、用地预审和选址意、林地报批、地质勘察及监理招投标等前期工作，正在办理社会稳定性评估、用地报批、临时用地报批，环评、水保编制等工作	新城投资有限责任公司
17	泉州市菱溪水库至泉港区供水工程 PPP 项目	工程输水线路长 18.766 千米，建设包括输水隧洞 14.722 千米、输水管道 4.044 千米及管道附属建筑物等，输水线路从菱溪水库至泉港区共划分为三段线路；一是菱溪水库至湄丰水厂（南山水厂）线路长 1.24 千米；二是双溪水库至菱溪水库线路长 2562.19 米；三是湄丰水厂（南山水厂）至凤阳水厂支线线路长 3838.51 米，建成后年平均可供水量为 6583 万吨	39453	10000	2723	8000	1. 项目征地：烟墩山隧洞出口阻工、坝头溪征地等问题，配合相关部门积极沟通协调， 2. 涉铁项目：下穿新建福厦高铁埔姜山隧洞距交叉点 53 米，正在控制爆破，预计 2022 年 3 月份前穿越。 3. 累计完成隧洞洞身开挖及临时支护 5.2 千米，管道制安 106 米。 4. 前期工作：改线变更段，实施机构城管局 12 月 14 日组织召开重大设计调整协调沟通会，正在与相关部门协调沟通审批事宜	区城管局 水利水务建设发展公司
18	泉港城区电力电缆管沟工程	新民街北侧人行道铺设 1.4 千米排管；公园东路东侧人行道铺设 1.9 千米排管；中兴街南侧的非机动车道铺设 3.3 千米排管；学府路东侧人行道铺设 1.4 千米排管；东西二路南侧非机动车道铺设 1.2 千米排管	11356	8966	10	428	圭峰路项目重大变更已完成预算的编制工作，邀请三位专家及石油管道单位召开论证会，通过专家审核，并形成会议纪要； 城区电力管沟项目已完成预算的编制工作，区财政局完成初步审核，形成初稿，目前预算单位正对预算进行核对	水利水务建设发展公司 区供电服务中心

续表 23

序号	项目名称	建设内容及规模	总投资	2021 年工作目标	2021 年 1—12 月份		工程进展情况	责任单位
				计划投资	12 月份完成投资	累计完成投资		
19	湄丰水厂扩建及污泥处理工程	凤阳水厂排泥水处理规模 5 万吨 / 天，湄丰水厂规模扩建 5 万吨 / 天，排泥水处理 10 万吨 / 天	10000	4000	1500	3500	目前已完成工程质安监手续的办理工作和职业病危害预评价报告的编制，正在编制职业病防护设施设计报告，同步开展水资源论证等工作；凤阳水厂完成所有结构桩基的施工，正在进行桩基检测工作；湄丰水厂完成网格絮凝斜管沉淀池的池壁砼浇筑、V 型滤池的标高 3.2 米以下池壁砼浇筑、清水池的基坑支护灌注桩砍桩及冠梁钢筋绑扎	水利水务建设发展公司
20	泉港植物园二期工程	主要建设基础设施，观景亭（桥）、建筑物、构筑物、园林小品、植物专类、以及配套道路、广场、大门、给排水、夜景等	4000	2000	150	1850	已完成人防意见、施工许可证及质安监等。已基本完成场地平整，完成东部挡墙施工，完成东西侧广场施工，完成部分绿化种植，基本完成廊架施工，基本完成管理房、公厕、假山施工，正在进行园路施工、亭子施工、绿化种植、廊桥施工等	区城管局
21	泉港区污水处理厂二期工程	扩建 2.5 万吨 / 日的污水处理设施。新建进水泵房、粗格栅、细格栅及沉砂池、氧化沟、二沉池、配水井及污泥泵房、紫外消毒池、污泥浓缩池、脱水间、配电间、综合楼、中间提升泵房、高效沉淀池、转鼓式微过滤器、接触消毒池、加药间、再生水回用泵房、值班室调度室、反硝化滤池、AAO 生物池、大门及传达室、控制系统等	16000	10000	1700	10200	土建部分：已完成鼓风机房、配电中心外墙装饰已完成，反硝化深床滤池主体砌砖已完成 80%，二沉池试水试验验收完成，高效深淀池主体结构完成，接触消毒池、深度提升泵房主体钢筋完成。设备部分：微过滤已安装并投入使用，其余主要核心设备已完成订货，厂家正在制作中	区城管局

续表 23

序号	项目名称	建设内容及规模	总投资	2021 年工作目标	2021 年 1—12 月份		工程进展情况	责任单位
				计划投资	12 月份完成投资	累计完成投资		
22	岩山公园慢道工程（一期）	长 3.9 千米，包括自行车道、人行道、中央绿化带、配套设施（公厕）、路灯、行道树、玻璃栈道、栈道桥等	5000	4000	0	0	项目部临时活动板房已搭设完成，临时施工用电箱变等已安装完成，目前正在申请临时用水开户施工及办理用地报批等前期手续，配合峰尾镇进行征拆迁工作	新城投资有限责任公司
23	二小教育集团福炼校区教学综合楼工程	建设教学综合楼、地下消防水池及绿化、硬化等附属配套设施，总建筑面积 7298.5 平方米	2600	800	0	800	竣工验收	区教育局
24	福师大泉港实验小学工程（行政核心区实验小学）	用地 3.13 公顷，建筑面积 3.67 万平方米。建设 4 栋教学楼、1 栋综合楼、1 栋体育馆及运动场等配套设施	19933	8000	600	9000	主体装饰装修施工	区教育局
25	泉港区石化科技众创园建设项目	对 7212.99 平方米办公楼进行室内及外立面装修，3468.92 平方米宿舍楼（含一楼食堂）室内装修及外立面粉刷，7476.37 平方米 2 号车间标准厂房进行外立面粉刷；新建主入口大门（及传达室）面积 54.71 平方米和 180 平方米配电房办公楼及宿舍楼对应的室外配套工程（含道路、景观设计、室外综合管网）及智能化工程	2600	800	0	880	已开展最终联合验收，目前向质监站及档案馆补充相关竣工资料	区科技局 高新产业园区建设公司
26	荷福小区	用地 2.79 公顷，建筑面积 12.98 万平方米，建设 9 栋住宅楼 675 套	63000	18000	1450	17110	主体工程施工已全部完成并已拆除外架，正在进行室内涂料等装饰施工，同步进行水电、消防、墙体抹灰、门窗、电梯安装等施工；室外配套围墙基础砖砌施工，部分管网及砖砌雨水井口施工	新城投资有限责任公司
27	泉港区 2021 年迎峰度夏电力改造项目	7 个乡镇超重载、低电压线路及配变台区改造，计划新增 20 个变压器、改造 10 条电力线路等	6000	6000	380	6470	完成春节保供电配变新增布点；迎峰度夏项目前期立项及可研批复；完成 23 个配变增容，新建 4 台配变，15 条线路整改	区供电服务中心
28	泉港区 110 千伏山腰变电站新建工程	建设 2*50 毫伏配变及对应 10 千伏出线间隔，110 千伏线路进线等	5500	4000	0	10	泉港区自然资源局已下达同意变电站项目用地的规划设计条件，目前正在办理用地预审	区供电服务中心 区自然资源局 区交通运输局

续表 23

序号	项目名称	建设内容及规模	总投资	2021 年工作目标	2021 年 1—12 月份		工程进展情况	责任单位
				计划投资	12 月份完成投资	累计完成投资		
29	泉港区 220 千伏高铁界山牵引站变电站进线新建工程	新建 220 千伏架空线路进线等	9687	7687	250	1280	铁塔物资采购完毕，路径已确定	区供电服务中心
30	泉港区人民法院审判业务用房及室外配套工程	建设 1 幢三层，总建筑面积 5014 平方米及室外配套工程	3229	1519	50	550	主体结构消防验收阶段	区人民法院
31	公安基础设施建设工程	包含基层派出所建设（山腰派出所用房改造、南埔派出所用房及室外配套等 2 个项目）、惠警惠民建设（警营文化、立体停车库 2 个分局建设项目）、泉港区看守所改造装修及武警用房装修等 5 个小项目，总建筑面积 1.75 万平方米、车位 72 个	5650	3450	80	200	1. 公安分局立体停车库项目正在采购申报审核暂未通过；2. 警营文化活动中心项目工程进度已完成一半进度；3. 山腰派出所业务项目目前重新选址；4. 看守所及武警用房改造方案报批；5. 南埔派出所用房选址；界山派出所用房选址	泉州市公安局泉港分局
32	泉港区医院病房大楼 2 号楼及附属配套设施项目	新建 12 层病房大楼 2 号楼及附属配套设施，总建筑面积 1.74 万平方米，采购安装病床、中心呼叫供气系统、智能化系统、空调、电梯、配电系统、病房配套仪器设备等配套设备	8196	1600	50	1138	墙砖及地砖铺贴完成，外墙真石漆完成，室内电梯安装完成，铝合金窗框安装完成，钢化玻璃安装完成，防火门框安装完成，第二遍腻子粉刷完成 90%，楼梯间板材铺贴完成，吊顶制作安装 50%，水电消防同步施工	区卫健局
33	泉港区教育科普基地（泉港科技馆二期）	装修布展科技大楼 3—5 层共 3090 平方米（含二层改造 90 平方米）、外墙 5500 平方米。建设包括展项及设备工程、布展装饰工程、外立面改造工程（含幕墙工程）、空调系统、新风系统、消防系统、原有建筑物的拆除、清理及余渣外运	2986	2986	20	1713	展品及设备机电加工完成 83%；目前室内地坪已经完成，外墙窗户封堵以及涂料抹灰已经完成，幕墙施工正在进行中（钢架已基本完成，铝单板部分到货，玻璃暂未发货）	区科协

续表 23

序号	项目名称	建设内容及规模	总投资	2021 年工作目标	2021 年 1—12 月份		工程进展情况	责任单位
				计划投资	12 月份完成投资	累计完成投资		
34	泉港区坝头溪流域综合整治PPP 项目	⑴泉港坝头溪万里安全生态水系建设项目河道总长 15.9 千米（包括坝头溪干流段、坝头溪支流凤山溪、坝头溪支流古县溪），建设内容围绕划定河道岸线和河岸生态保护蓝线、河水改善、河床改良、河滩恢复和河岸修复等五个方面展开。⑵泉港区坝头溪流域综合整治项目（坝头溪泗洲水库至坝头溪出海口共 14.8 千米的流域），以沿河两岸 30 米用地范围为基准进行控制，局部生态景观节点区域面积扩大，满足节点打造的需求，主要包括水利工程、环境综合整治及水生态修复工程、生态景观提升工程	71504	8000	600	9200	1. 堤防工程：完成 12.1 千米堤防工程建设；2. 闸坝工程：完成玉山滚水坝、世上滚水坝、四清滚水坝、龙田滚水坝改造加固工程，完成新建汶阳滚水坝，滚水坝建设全部完成；完成十四分闸重建工程验收工作，完成白石港分支节制闸验收工作，完成凤阳闸验收工作；凤林闸完成主体结构工程施工 60%。完成古县节制闸土方开挖 2900 立方米，水泥搅拌桩施工 7150 米，C25 砼浇筑 1060 立方米。4. 截污工程：完成 22.19 千米截污管道铺设，完成截污检查井 479 座，完成一体化泵站水泥搅拌桩施工工作。完成鱼翔桥、蚌溪桥、鹭飞桥、三心桥、青年桥、无味桥主体结构工程施工；西海桥主体结构基本完成。5、生态景观工程：完成古县湿地公园总量的 98%；菜堂湿地公园土建工程基本完成，占总量的 94%；完成绿化面积 54 万平方米，占总量的 72%	坝头溪流域综合整治项目指挥部 水利水务建发公司
预备项目（18 个）			6558849	115500	1865	24111		
35	新建 120 万吨 / 年乙烯及下游装置	对常减压装置适应性改造、新建 240 万吨 / 年柴油转化装置；扩建 120 万吨 / 年乙烯裂解装置及 18 万吨 / 年乙烯—醋酸乙烯树脂（EVA）、18/40 万吨 / 年环氧乙烷 / 乙二醇（EO/EG）、45 万吨 / 年高密度聚乙烯（HDPE）、20 万吨 / 年高密度聚乙烯（HDPE）、28/60 万吨 / 年环氧丙烷 / 苯乙烯（PO/SM）、35 万吨 / 年苯酚丙酮、24 万吨 / 年双酚 A、30 万吨 / 年聚丙烯、20 万吨 / 年丁二烯抽提、80 万吨 / 年裂解汽油加氢、12/7 万吨 MTBE/ 丁烯—1 等	3370000	50000	0	18200	项目可行性研究报告研编制中	石化工业园区管委会综合科

续表 23

序号	项目名称	建设内容及规模	总投资	2021 年工作目标	2021 年 1—12 月份		工程进展情况	责任单位
				计划投资	12 月份完成投资	累计完成投资		
36	桐昆股份 PTA 及下游产业链项目	用地 220 公顷，建设年产 2×250 万吨 PTA、2×60 万吨 FDY、2×60 万吨 POY、50 万吨 DTY 及热电联产项目	2300000	20000	0	0	项目已落户古雷石化园区	石化工业园区管委会经发科
37	巴陵石化热塑性弹性体项目	用地 33.33 公顷，新建热塑性弹性体项目 SEBS、SIS、丁腈橡胶等项目	400000	20000	0	0	已初步完成项目可行性研究报告，待中石化总部比选审核	石化工业园区管委会经发科
38	祥云北路至肖厝作业区 5—6 号泊位道路工程（一期）	起点位于祥云北路与兴福路交叉口处，路线往东北方向展线至现状滨海东路，建设里程 750 米，计划按二级公路兼城市次干道标准，路基宽度 40 米	5000	500	0	7	已完成项目建议书、可行性研究报告，工可已审查，现根据专家及各部门意见修改工可文本；已完成行业审核意见，勘察设计招标已发布公告	区交通运输局石化工业区建发公司
39	泉港城区公交枢纽站（峰尾枢纽站）	用地 0.67 公顷，建设成集车辆维修、充电补给、驾驶员休息等多功能于一体，连接高铁站、汽车站等重要交通集散点的城区公交枢纽站（首末站）	5000	2000	0	0	峰尾枢纽站正在申请用地协调，与区自然资源局规划股对接红线范围已确定完毕	大众公交有限公司
40	福厦高铁泉港段预留东张通道	在界山镇东张村利园农业处规划建设，为下穿福厦客专的桥下桥预留通道工程，计划投资约 6000 万元	6000	3000	0	1270	红线图已出具，正在编制项目建议书和可行性研究报告，因区交通局告知项目建设规模可能要调整，目前正在等待区交通局确定项目最终建设规模	新城投资有限责任公司
41	国道 G228 线界山东张至山腰普安公路	起于界山镇东张加油站附近，路线往南从东张无公害蔬菜基地中间穿过，下穿福厦高铁、沈海扩容二期工程后与沈海扩容二期工程东侧并线进行展线，上跨通港路、驿峰路后接入惠安县，采用一级公路建设标准，设计时速 80 千米 / 小时	272157	1500	125	1500	1. 已完成工可初稿编制，正在对接自然资源局办理红线图； 2. 省交通厅已联合省发改委组织召开工可方案研讨会	区交通运输局
42	泉港高铁站站前片区基础配套设施项目	建设站前片区基础设施及配套道路	100000	10000	0	58	完成高铁片区医院、停车场、实验幼儿园、体育馆、文化中心及进站大道（东段）工程等六个子项立项、可研、用地预审和选址意见书报批，高铁片区医院、停车场、体育馆及储备用地共计 15 个子项林地已报批省林业局，待审批	新城投资公司

续表 23

序号	项目名称	建设内容及规模	总投资	2021年工作目标	2021年1—12月份		工程进展情况	责任单位
				计划投资	12月份完成投资	累计完成投资		
43	海南街荷池段	长约512米、宽24米，包括道路、交通、给排水、电气、绿化	10300	500	0	0	收集资料，准备前期工作	区城管局
44	金山街北段	南起新民街，北至驿峰路，长约460米，宽24米，包括道路、交通、给排水、电气、绿化	6250	500	0	0	收集资料，准备前期工作	区城管局
45	公园东路（海南街至中兴街段）	长约340米，宽30米，包括道路、交通、给排水、电气、绿化	6940	500	0	0	收集资料，准备前期工作	区城管局
46	峰尾工业区规划道路工程	6条市政道路长2.67千米，宽12—24米，包括道路工程、交通工程、给排水工程、强弱电工程、照明工程、绿化工程等，拟分两期建设	9219	1000	200	750	完成项目前期手续施工图设计及图纸审查，正进行预算编制及供地手续办理中	水利水务建设发展公司 区城管局
47	岩山公园二期工程	对公园进行绿化和建设节点景观工程、园区配套建筑工程（集散中心、管理房、公厕等）、标识标牌系统、公共广播系统、视频监控系统、智能系统	12000	500	0	0	地勘单位进场施工受阻，正在进行施工图初步设计及概算，同时配合峰尾镇进行征拆迁工作	新城投资有限责任公司
48	泉港区大型标准化机械化牲畜定点屠宰厂	用地1.67公顷，建设一家标准化机械化牲畜定点屠宰场，附设牛羊屠宰车间，设计生猪日屠宰量为1000头，牛羊日屠宰量350头	3000	1000	0	356	1.已办理用地红线图、控制规划条件；2.已签用地预申请协议；3.完成用地定界测绘；4.已完成可研、立项批复、土地利用总体规划调整；5.完成社稳批复；6.土地已获省厅批复，正在办理招拍挂及供地相关事项；7.正在办理环评、项目设计招投标等相关工作	高新产业园区公司
49	五里海沙实验小学工程	建设教学楼、综合楼、艺体楼、运动场、围墙及附属设施，建筑面积3.6万平方米	20000	500	40	470	可研、设计方案、交通影响评价优化	区教育局
50	泉港区医院门诊医技综合楼及附属配套设施工程	用地1.57公顷，建筑面积3.29万平方米，地上五层，项目涵盖建筑配套智能化系统、空调采购、电梯采购、配电系统、中心供氧吸引系统、污水处理系统、绿化景观、道路、大门及围墙等配套工程	23983	1000	0	0	完成立项、可研批复，并列入区重点预备项目	区卫健局 新城投资有限责任公司

续表 23

序号	项目名称	建设内容及规模	总投资	2021 年工作目标	2021 年 1—12 月份		工程进展情况	责任单位
				计划投资	12 月份完成投资	累计完成投资		
51	泉港区中心养老院	盘活国有闲置厂房，用地 0.43 公顷，改建面积 7500 平方米，对内外进行装修、增加配套设施，完善消防设施设备等，可增加床位 250 张，设养老院食堂、医务室、娱乐室、健康管理等设施设备，为老人提供生活照料、紧急救援、康复护理等服务	4000	2000	1500	1500	项目已完成立项，已经国资办主任会议研究通过，目前已经按照程序签订厂房购买协议，正在进行厂房产权移交等工作	区民政局 新城投资有限责任公司
52	泉港区医院传染病楼及附属配套设施工程	新建 1 幢 4 层 5000 平方米传染病楼，可开放 50 张病床，项目包括主体建设、负压系统、电梯采购、空调采购、手术室 ICU 净化系统、中心气供氧吸引系统、气动物流系统、污水处理系统、PCR 实验室及附属配套设施。	5000	1000	0	0	因区财政未将本项目列入 2021 年预算，已重新上报区政府是否启动项目建设，区财政局已经提出意见，正在待政府审批中。医院同步进行项目建议书及可研的编制	区卫健局

泉港区第五届人民代表大会第一次会议代表建议汇总表

表 24

建议编号	代表团	领衔代表	建议标题
1001	区直	韦海峰	关于行政执法向小区延伸的建议
1002	区直	陈志强	关于“改善城市道路路灯照明”的建议
1003	区直	陈志强	关于“扶持我区海洋渔业产业发展”的建议
1004	区直	吴晓明	关于增设市政消火栓的建议
1005	区直	刘春琼	关于“落实校医配备，筑牢校园卫生安全防线”的建议
1006	区直	柯建华	关于“加强民兵应急救援队伍建设”的建议
1007	区直	柯建华	关于行道灯过高遮拦路灯问题的的建议
1008	区直	刘晓豪	关于“整治三线搭挂危及电力线路安全隐患”的建议
1009	区直	郑　炜	关于“着眼国家健康发展战略，织密基层健康信息网络，打造健康泉港”的建议
1010	南埔	陈加文	关于加快解决南山北路道路交通安全的建议
1011	南埔	陈文金	关于给予农村群众驾驶证培训优惠政策的建议
1012	南埔	陈文金	关于进一步完善规划南埔镇域交通暨加快推进企石自然村翻建审批的建议
1013	南埔	陈文金	关于加强对无物业老旧小区管理的建议
1014	南埔	陈小玲	关于提供法律支持——加快中小微企业发展营造良好营商环境的建议
1015	南埔	柯明锋	关于支持小微企业用地场所申请的建议

续表 24

建议编号	代表团	领衔代表	建议标题
1016	南埔	林　煌	关于适当提高村级两委干部待遇的建议
1017	南埔	林　煌	关于加快实现农村自来水管道安装全覆盖和提升农村生活污水集中收集处理率的建议
1018	南埔	林　煌	关于加大河长制配套工作经费投入的建议
1019	南埔	林和英	关于加强通港路肖厝港码头—柯厝红绿灯路段交通秩序综合整治的建议
1020	南埔	施爱琴	关于加快推进解决南山北路改建项目遗留问题的建议
1021	南埔	施志良	关于在银泰山庄兴建配套小学的建议
1022	南埔	林宗辉	关于妥善解决涉迁群众以及失地、失海农民就业养老等问题的建议
1023	南埔	林宗辉	关于加快道路基础设施提升的建议
1024	南埔	王荣德	关于规范村庄消防安全通道的提议
1025	南埔	王龙添	关于推进海上危险污染物泄露综合应急抢救队伍的建议
1026	南埔	肖良霞	关于把南埔中心小学综合楼扩建纳入 2022 年为民办实事项目的建议
1027	南埔	肖良霞	关于提高泉港区编外教师待遇的建议
1028	南埔	张淑英	关于泉港石化工业区安控区项目征迁村祖厅（祖厝）、祠堂、宫庙统一选址重建的建议
1029	南埔	庄晓健	关于一般工业固废规范化处置的建议
1030	南埔	肖微美	关于加强肖厝村村道综合整治的建议
1031	南埔	肖清林	关于整合资源规划建设旅游专用码头作为特色渔业港口经济发展配套设施的建议
1032	南埔	连仁虹	关于设立道路交通事故应急救援基金的建议
1033	南埔	廖宇力	关于加快建设粮食产业园配套设施的建议
1034	南埔	廖宇力	关于促进泉港粮食产业高质量发展的建议
1035	界山	陈剑波	关于加快界山新城二期项目建设的建议
1036	界山	陈庆友	关于推进界山镇龙马溪全流域景观提升整治的建议
1037	界山	陈庆友	关于合理布局农村骨灰堂建设的建议
1038	界山	林友东	关于整体提升“泉州北大门”建设的建议
1039	界山	陈庆昌	关于加快泉港第五实验小学建设的建议
1040	界山	陈国华	关于提请相关部门尽快出台课后服务相关配套文件（政策）的建议
1041	界山	陈国华	关于在中大规模小学、幼儿园配备专职心理健康教师和校医的建议
1042	界山	朱叶兴	关于启动界山镇九峰山休闲公园建设的建议
1043	界山	朱叶兴	关于规划建设界山养老院的建议
1044	界山	朱叶兴	关于提升 G228 下朱至东张道路两侧景观的建议
1045	界山	朱叶兴	关于铺设国道 324 线界山至涂岭路面沥青的建议
1046	界山	柯丽萍	关于加快建设鹅头革命老区村的建议
1047	界山	潘楦清	关于推进界山镇界东路“白改黑”的建议

续表 24

建议编号	代表团	领衔代表	建议标题
1048	界山	潘楦清	关于在界山镇界东路与南枫路河阳村十字路口设置红绿灯的建议
1049	界山	陈义清	关于实施沈海高速公路界山镇鸠林村2号桥安全隐患整治的建议
1050	界山	陈义清	关于美化优化全区公交车亭建设的建议
1051	界山	陈义清	关于加大乡村振兴资金投入的建议
1052	界山	陈义清	关于实施界山镇南枫路鸠林段“白改黑”的建议
1053	界山	庄　莹	关于建设界山卫生院医疗业务保障用房的建议
1054	后龙	郭小强	关于尽快将小区管理纳入社区整体布局的意见建议
1055	后龙	王平阳	关于提高我区基层村居干部待遇的建议
1056	后龙	林悦庆	关于健全农村低收入人口动态监测和常态化帮扶机制的建议
1057	后龙	林悦庆	关于尽快招聘补充编内小学幼儿园教师的建议
1058	后龙	林悦庆	关于提高编外合同教师待遇的建议
1059	后龙	刘俊辉	关于成立城区各个小区居委会的建议
1060	后龙	刘俊辉	关于提高失地农民基本养老金标准的建议
1061	后龙	陈宗华	关于“整合利用泉港区各乡镇工业区内工业用土地”的建议
1062	后龙	刘俏坤	关于泉港区开展PAD计划的建议
1063	后龙	刘俏坤	关于优先推进三川中学运动场建设的建议
1064	后龙	肖素萍	关于加强涂坑文物保护工作的建议
1065	后龙	肖素萍	关于加强涂坑村无物业小区长效管理的建议
1066	后龙	林坤明	关于提升我区义务教育均衡发展水平的建议
1067	后龙	庄珍珍	关于恢复第二实小和星校区教师农村补助及继续推进学校扩建的建议
1068	峰尾	陈淑娥	关于加大对小学幼儿园配备专业卫生技术人员的建议
1069	峰尾	林淑华	关于建设折迁记忆馆的建议
1070	峰尾	林淑华	关于调整主干道红绿灯时长的建议
1071	峰尾	郭龙海	关于发展壮大农村集体经济的建议
1072	峰尾	郭龙海	关于加快推进农村电缆线路整治的建议
1073	峰尾	廖娇娥	关于提升村级公共文化服务场所利用率的建议
1074	峰尾	林宗英	关于建设“海丝·烟墩山”公园，构建“海上泉港”文旅新业态的建议
1075	峰尾	林宗英	关于推动峰尾渔港经济区基础产业和潜力产业更好发展的建议
1076	峰尾	林宗英	关于对“主城区向峰尾拓展”及“主城区峰尾区域的城市配套设施建设”的建议
1077	峰尾	林宗英	关于在峰尾镇建设镇级公益性骨灰堂的建议
1078	峰尾	林宗英	关于对使用财政资金项目加强建成后管养的建议
1079	峰尾	林贤泉	关于进一步加强规范水域滩涂养殖管理工作的建议

续表 24

建议编号	代表团	领衔代表	建议标题
1080	峰尾	林祖恭	关于加快整治我区沿海大通道周边垃圾堆放问题的建议
1081	峰尾	庄洋萍	关于加强城区道路交通安全管理建议
1082	峰尾	刘德辉	关于加快推进一级渔港经济发展的建议
1083	峰尾	房太国	关于一级渔港向东北扩建的建议
1084	峰尾	林宗英	关于进一步健全完善离任村主干基本养老补贴制度的建议
1085	山腰	陈培成	关于加快锦川小学和道路建设的建议
1086	山腰	郭建锋	关于城区社区治理、物业管理难点问题的建议
1087	山腰	郭建锋	关于在山腰街道规模大的商业居住小区配套建设幼儿园、小学的建议
1088	山腰	连永忠	关于提升规划完善普安工业园区的基础设施及生活配套的建议
1089	山腰	连永忠	关于进一步提高我区营商环境的建议
1090	山腰	连永忠	关于梳理盘活闲置国有资产的建议
1091	山腰	刘美梅	关于加强我区托管教育的建议
1092	山腰	唐碧娥	关于加快普安村石结构房屋改造的建议
1093	山腰	叶伟彬	关于流转山腰粮站为山腰中心小学（本部）办学用地的建议
1094	山腰	张培婷	关于昆山水系安全隐患及解决办法的建议
1095	山腰	张素霞	关于推进我区医养结合养老服务建设的建议
1096	山腰	郑碧清	关于被拆迁人一户多套房，空置房缴交物业费困难的建议
1097	山腰	郑碧清	关于增加主城区财政预算，保证城区社区工作正常开展的建议
1098	山腰	郑碧清	关于巩固“创城”“创卫”成果，提升市容市貌的若干建议
1099	山腰	郑碧清	关于引进社会资金，建设垃圾处理厂，实现垃圾拣捡分类的建议
1100	山腰	钟炳煌	关于坝头溪水系分流到钟厝村清水沟的建议
1101	山腰	钟炳煌	关于加强我区青少年足球运动的建议
1102	山腰	钟一红	关于山腰街道菜堂村翻建菜堂小学申办山腰菜堂公办幼儿园的建议
1103	山腰	庄碧凤	关于山腰老街整治改造项目的建议
1104	山腰	庄惠民	关于保障村（居）干部待遇的建议
1105	山腰	庄惠民	关于加强城市管理的建议
1106	山腰	庄惠民	关于老旧小区养老服务设施改造提升的建议
1107	山腰	庄佳添	关于驿峰路中段西吴路口增设双向机动车辆掉头区和非机动车辆专用通道的建议
1108	山腰	庄送平	关于埭港村溪流环境治理的建议
1109	山腰	庄送平	关于山腰第二中心小学异地重建和开办山腰第二中心幼儿园的建议
1110	山腰	庄学忠	关于尽快打通泉港城区“断头路”的建议
1111	山腰	庄丽云	关于解决锦川村适龄儿童就近入学的建议

续表 24

建议编号	代表团	领衔代表	建议标题
1112	山腰	庄梅萍	关于“建筑垃圾、绿化垃圾、大件垃圾杂物处理”终端落实及精细化管理的建议
1113	山腰	林子源	关于尽快推进塔山公园建设的建议
1114	山腰	林子源	关于引进人才、留住人才的建议
1115	山腰	庄　菁	关于上下学高峰期路段交通疏导的建议
1116	山腰	郭永山	关于加快完善泉港职专办学条件的建议
1117	前黄	刘地惠	关于加大泉港石化研创小镇政策支持的建议
1118	前黄	刘地惠	关于有效盘活驿峰西路两侧闲置厂房和高效用地的建议
1119	前黄	郑学栋	关于加快群山路延伸线工程建设的建议
1120	前黄	蔡阳华	关于推动我区特色农产品产业发展的建议
1121	前黄	连伙法	关于坝头公路纳入区政府建设和管理的建议
1122	前黄	连伙法	关于加强房地产项目质量监督的建议
1123	前黄	曾淑贞	关于加强农村文化基础设施建设与管理的建议
1124	前黄	陈宝山	关于清理规范各类非教学活动的建议
1125	前黄	郭国辉	关于进一步加强交通治理及停车管理的建议
1126	前黄	黄丽山	关于加快农村住房困难户建房审批速度的建议
1127	前黄	李萍华	关于南洋楼等红砖古厝保护和利用的建议
1128	前黄	连景红	关于切实加强幼儿园规划建设和使用管理的建议
1129	前黄	连敬阳	关于年轻干部选拔任用的建议
1130	前黄	连　俊	关于加强农村食品安全监管工作的建议
1131	前黄	连慰莲	关于及时支付土地流转租金的建议
1132	前黄	连慰莲	关于拆迁安置户落实属地管理的建议
1133	前黄	林悦武	关于出台民营企业税收返还及奖励政策的建议
1134	前黄	林悦武	关于解决高铁项目建设遗留问题的建议
1135	前黄	林悦武	关于农村安全饮水工程全覆盖的建议
1136	前黄	王友竹	关于增加教师编制的建议
1137	前黄	许小东	关于出台涉迁村村集体经济发展扶持政策的建议
1138	前黄	许小东	关于修缮和增建我区足球运动场的建议
1139	前黄	张亚莲	关于提高农村妇女 HPV 疫苗接种率的建议
1140	前黄	陈鹏飞	关于加强换届后村（居）干部队伍建设的建议
1141	前黄	陈鹏飞	关于撤镇改街的建议
1142	前黄	林　蓉	关于切实解决安控区拆迁后就业与教育问题的建议
1143	前黄	林　蓉	关于加快推行泉港区城乡环境卫生一体化建设的建议

续表 24

建议编号	代表团	领衔代表	建议标题
1144	前黄	林　蓉	关于深入实施乡村振兴战略的建议
1145	涂岭	黄金奖	关于调整泉港西部用地用林指标促进西部发展的建议
1146	涂岭	黄金奖	关于启动路口至前欧 324 国道两侧立面扩宽改造整治的建议
1147	涂岭	陈国镇	关于逐步推行乡村医生“镇聘村用”机制的建议
1148	涂岭	陈国镇	关于泉港高铁组团发展的建议
1149	涂岭	钟叶嘉	关于扎实推进养老服务的建议
1150	涂岭	刘建成	关于在公共休闲场所及农贸市场设立公共洗手台的建议
1151	涂岭	潘鹏祥	关于对泗洲水库和山外水库输水渠道进行清淤疏浚的建议
1152	涂岭	戴素春	关于加大涂岭古街“红色走廊”建设资金投入的建议
1153	涂岭	连伟清	关于在 324 国道进入泉港六中路口处建设道安设施的建议
1154	涂岭	出文彬	关于改造涂岭前欧小城镇起步区自来水供水管道和排污管理的建议
1155	涂岭	出文彬	关于将涂岭镇经八路与纬六路纳入全区公共市政管理范围的建议
1156	涂岭	潘惠平	关于尽快推动泉港区蒙古族小学扩容的建议
1157	涂岭	出文彬	关于开通更为便捷的城乡居民医保查询渠道的建议
1158	涂岭	张志平	关于规范全区殡葬殡仪服务行业合理定价的建议
1159	涂岭	蒋丽霞	关于加快我区桉树等速生林林相改造的建议
1160	涂岭	许小杭	关于加快解决乡村旅游项目用地用林的建议
1161	涂岭	许小杭	关于加强偏远农村医疗急救体系建设的建议
1162	涂岭	徐坤强	关于加快推进泉港区路口小学扩建工程建设进度的建议
1163	涂岭	王永明	关于推进玉笏公园二期工程建设进度的建议
1164	涂岭	王志成	关于以农耕文化带动中小学生劳动教育研学旅行的建议
1165	涂岭	出惠川	关于加强泗洲水库库区管理保护饮水域安全的建议
1166	涂岭	李盈峰	关于对涂岭镇蓤溪“驿山”支渠进行维修疏浚的建议
1167	涂岭	陈丽军	关于农村困难住房户宅基地申请的建议
1168	涂岭	庄春梅	关于优先整治景区景点乡村“三杆三线”的建议
1169	涂岭	杨秋琴	关于加快乡村卫生所一体化运行使用的建议
1170	涂岭	潘惠平	关于尽快出台切实有效的农村未办证危旧房屋翻建改造开工许可手续的建议
1171	涂岭	陈新强	关于对涂岭镇涂岭村供销社及粮站等周边危旧房片区进行改造的建议
1172	涂岭	廖华安	关于继续推进 324 国道驿坂廊道景观提升项目扫尾工程（三期）的建议
1173	涂岭	曾志猛	关于加快推动涂岭镇驿坂至大雾山公路提级改造工程进度的建议
1174	涂岭	王志成	关于支持“森林乡村”建设助力乡村振兴的建议

泉港区政协四届五次会议重要提案摘录

政协四届五次会议期间，共收到委员提案152件，其中党派团体提案62件。经提案委初审、复审，予以立案143件。现将部分重要提案摘录如下。

1. 陈国宗：《关于加强农村污水处理设施建设及管理维护的提案》（编号A21002）；连秀忠：《关于推进泉港区农村生活污水治理的若干建议》（编号A21003）；民进泉港支部：《关于完善农村生活污水处理的思考与建议》（编号A21004）

内容摘要：几点建议：①综合整治，提升水环境质量。要按照倒排计划，抓进度，抓质量，抓投运，结合美丽乡村和农村环境连片整治，扩大农村生活污水处理面，确保较为密集的村落至少有1处以上农村生活污水处理工程。要结合河长制、农村生活垃圾处理等，推进农村生态环境治理；②双管齐下，高效处理。镇区污水处理方面，主要采取“集中＋分散”的方式进行处理。集中处理就是在村民集中的区域，将各家各户的生活污水统一收集，通过污水处理厂统一处理；分散处理就是排水户排出的污水通过隔油池、化粪池等设施进行初步处理后，接入市政污水管网；③加大投入，完善污水处理设施。一方面是要加强财政资金转移力度，将建设和运维资金纳入专项补助；另一方面要按照“谁投资，谁受益”的原则，引导社会资金投入到项目建设中，多渠道筹措资金，解决资金瓶颈制约，保障项目的顺利实施；④强化监管，积极引入第三方运营管理。主要从几个方面，一是加强对工程建设的监管，严格把握工程质量关和安全关；二是确保已建成农村生活污水处理设施正常运行，切实发挥工程减排效益；三是要加强对第三方运营的监管。

2. 黄燕：《关于加强港口建设，促进港口和产业深度融合的提案》（编号A21005）

内容摘要：建议如下：①明确各个港口的区域功能定位，统一规划、布局和定价，加大基础设施的投入，在航道建设、维护等方面，要引起重视并加大投入，特别是要力争尽早开通夜航，减少船舶滞港时间；②利用政策红利，把港城联动向纵深推动。结合成熟的化工和港口产业链，乘上经济政策红利，争取更多的普惠政策和项目创建、落户，促进地方经济实现高质量发展；③由政府主导和引导，搭建港口与产业间的对话。一方面，在招商引资上，充分考虑港口、铁路、公路等物流运输基础设施建设的优势，促进项目的聚焦、落户可能性；另一方面，对于落户企业，由政府搭建对话平台，加强对话和融合，寻求合作互惠的更大的契合点，最终达到地方经济、港口、产业三方共赢的目的。

3. 陈宗辉：《关于全面奔小康泉州市泉港区农村住房和基本环境提升的提案》（编号A21015）；刘辉：《关于大力推进农村人居环境综合治理的提案》（编号A21018）

内容摘要：农村人居环境整治是打响乡村振兴的一场硬战，要做好存在不少难度和问题，为此建议：①加强乡村规划建设，大力改善农村人居环境；②科学统筹建设投资，全面改善农村基础设施配套；③开展人居环境整治，不断提升农民宜居指数；④注重研究科学方法，不断推进农村人居环境建设；⑤发展人居生态旅游，积极拓展绿色发展空间。

4. 致公党泉港总支：《关于加快落实泉港区河长制的提案》（编号A21019）；连秀祥：《关于全面落实河长制，抓好小流域环境整治的提案》（编号A21022）

内容摘要：建议如下：①及时总结提升推广小流域治理以及流域管理中心的成功经验，加快形成一批可复制可推广的成熟经验；②应加强日常巡护巡查，配足河道专管员，打击违法的涉水案件，建立水安全预警机制和水质污染倒溯追查机制；③着力提升信息化水平，应积极探索河长巡河App、无人机巡河、以及水质水位自动信息技术监测站等新兴技术提高管理效益；④全力推进完善“河长制”，定期召开河长制工作推进会，运用护水组合拳为百姓创造水清岸绿的美好生活的前提下，注重落实责任、网格管理、复制推广示范段经验。

5. 峰尾镇政协联络委：《关于推进峰尾渔港经济区建设的提案》（编号A21023）

内容摘要：建议如下：①要发挥渔港功能优势，大力倡导“科技兴海、科技兴业”加快推进渔业渔村现代化，依法捕鱼，科学捕鱼，提高产量，培固海洋渔业支柱产业；②完善渔港配套设施，优先建设一座较大型的冷库，水产品深加工及海洋食品业的发展才有先决条件；③要培育一个新型主导产业，打造一个知名公共品牌，发展海洋食品加工业，同时依托电子商务和网络技术平台物流通道等，带动峰尾渔业渔港经济结构调整；④把滨海宜居新城镇建设成吸引精英人才荟萃之地和游客向往美好之地，让当地人们从旅游业发展中获得稳定收益；⑤要明确国家发展战略，充分运用开发依据，争取国家政策优惠，打造渔港经济与滨海旅游特色村镇。

6. 陈少烟：《关于加强泗洲水库库区管理保护饮用水域安全的提案》（编号A21021）

内容摘要：泗洲水库水质问题事关千家万户，必须实行最严格水库库区管理，确保人民群众饮水安全。为此建议：①实行库区铁丝网全封闭，坚决杜绝闲杂人员及牛羊进入，杜绝在库区内放牧、游玩、烧烤等行为；②迁移库区中居住人员，实现库区内无人居住；③征用库区内的农田，退耕还林还草，严格开发种果林等；④加强库区巡查，特别是要加强节假日的巡查，及时制止各种破坏、污染水质行为。

7. 致公党泉港总支：《关于借势短视频直销旅游，实现旅游经济增长点的提案》（编号A21028）

内容摘要：建议如下：①将我区旅游亮点搬上短视频平台，通过“视频直播+旅游”的发展新模式，如“快手”“抖音”，推广当地的文化旅游资源；②政府部门应在文化创新、研发保护等方面起引导作用，引导企业在短视频营销中用心打造具有我区鲜明的文化个性；③善用全域旅游来打造持久吸引力，市、县（区）两级旅游部门集体入驻短视频政务号，形成旅游宣传矩阵，合力打造精品化短视频；④发挥“快手”“抖音”等短视频在人工智能、大数据分析和计算机视觉方面的优势，助力特色旅游产品利用互联网短视频、直播手段实现网络销售。

8. 孟红瑛：《关于构建泉港区满足疫情防控与应急管理需要的公共卫生治理体系的提案》（编号B21003）

内容摘要：建议如下：①由政府主导，卫健局牵头，借鉴网格化管理模式，达成点与面结合，各个应急部门即刻做出连锁反应；②借助疫情防控建立起来的应急预警机制，加快完善我区疫情防控与应急管理需要的公共卫生治理体系构建；③完善疫情防控公共卫生治理体系后，要对公众进行及时而有效的科普宣传和应急演练；④落实宣传教育效果保障、政策保障、人员及物资保障和公共卫生法治保障。

9. 民进泉港支部：《关于加强农村食品安全监管的提案》（编号B21032）

内容摘要：为做好农村食品安全监管工作，我们建议：①在区、镇（街道）、村级构建“横到边、纵到底”的三级监管网格，实现食品安全无缝监管；②进一步加大农村食品的监管执法力度，通过不定向临时检查、专项整治和食品抽检，特别是区食品安全流动检测车的流动检测和日常快速检测活动要对辖区的农村进行全面覆盖；③利用微信、科普宣栏、墙报、板报及广播等科普食品安全常识，提高农村消费者的食品安全意识和对问题食品辨别能力，引导农村消费者自觉抵制伪劣食品，养成良好的食品消费习惯；④落实省、市、区等对食品领域违法行为举报奖励办法，激发广大群众积极参与监督，构建覆盖城乡食品安全监管网。

10. 政协泉港区峰尾镇联络委：《关于复建塔山文化公园荐福书院的提案》（编号A21035）

内容摘要：泉港荐福书院已有千年历史，成为泉港极为珍贵的历史文化遗产，由于历史原因，荐福书院已经荒废。建议如下：①把复建“荐福书院”列入塔山公园一部分，完善建设塔山文化公园；②在公园内规划建设夫子塔（百姓平安塔）、历史名人文化走廊等文化建设，保护、修复历史文化遗产，展示新时代形象；③项目由区委主管部门牵头，相关部门配合，对塔山公园规划再调整完善，共同协商推进。

11. 农工党泉港总支：《关于加强中小学学生近视眼防控的提案》（编号B21005）

内容摘要：我区中小学生近视眼相当严重，防控任务较为艰巨。现对做好我区近视眼防控工作提出如下建议：①明确主体责任，预防近视工作即将纳入政府绩效工作，主体责任为教育部门，按照《福建省综合防控儿童青少年近视行动方案》（闽教体〔2019〕3号）文件要求；②将学生“防近”工作提上议事日程，纳入部门工作计划，结合本地实际，制定落实《福建省综合防控儿童青少年近视行动方案》的工作规划和实施意见，确保实现“防近”工作目标；③加大投入力度，切实改善中小学教室采光与照明、课桌椅配置、黑板等教学条件，主动协调卫生行政部门定期对学校教学卫生状况进行监督与监测，保障教学设施和条件符合《国家学校体育卫生条件试行基本标准》及相关卫生标准，为学生建立良好的视觉环境；④加强与卫生、质量监督管理、新闻宣传及妇联、共青团、社区等部门和机构的沟通与协作，充分发挥各有关部门在保护青少年视力中的作用，共同做好学生视力保护工作的合力；⑤将学校“防近”工作开展情况、学生视力监测及近视眼发病率控制情况纳入学校体育卫生专项督导检查内容，定期开展督导检查；⑥及时总结推广落实《福建省综合防控儿童青少年近视行动方案》的典型经验和做法，通过发挥先进典型的示范作用，以点带面，推动学校“防近”工作深入有效开展。

12. 肖惠扬：《关于发展职业教育，促进泉港技能型人才培养的提案》（编号B21007）

内容摘要：建议如下：①引进优质办学力量，复办泉港区中等职业学校，解决当地学生求学难的问题。大力支持发展职业教育、职业技能培训，提升当地居民职业技能水平；②利用福建技术示范学院的理论教学等资源向下延伸，优化办专业，建设区域职业教育共享平台，为泉港提供人才支撑和智力支持；③大力沟通两大石化园区，提供就业岗位，解决当地居民失业问题，反哺泉港居民。

13. 段靖莲：《关于保障我区行政事业单位退休人员体检事项的提案》（编号B21010）

内容摘要：建议如下：①参照洛江区做法，每年对全区全额拨款行政事业单位退休人员安排一次体检，经费来源可从公务员医疗补助基金支出；②体检标准可参照《全区干部职工健康体检工作实施方案》（泉港委办〔2018〕32 号），男性 1000 每人，女性 1200 每人，超过上述标准的部分由医保个人账户资金支付，不设最高支付限额，医保个人账户不足部分由个人现金支付；③建议请泉州市医疗保障局泉港分局、区财政局答复。

14. 蒋时丁：《关于对老旧多层住宅增设电梯的提案》（编号A21009）

内容摘要：为解决中老年人上下楼梯不便的问题，建议如下：①统计泉港这种住宅情况，将改造列入泉港区为民办实事项目；②分批次逐步进行加装电梯改造，改造费用采用住户加补贴形式解决。

15. 民革泉港支部：《关于安征迁后期应重视群众就业问题的建议》（编号C21030）

内容摘要：为加快推进新农村建设，保障征迁群众的生活，建议政府从以下几个方面寻求解决问题的途径：①加强对政策的宣传引导；②增加职业培训的规模和投入，特别是对贫困群众，可采取适当补贴的培训措施，对他们的培训和就业实施必要的倾斜政策；③鼓励企业最大限度接纳征迁群众；④政府要增加就业岗位，特别是关注征迁群众中的老弱病残群体。

16. 民盟泉港总支：《关于拒绝垃圾“先分后混”加快推进分类的提案》（编号C21039）

内容摘要：建议如下：①加强垃圾分类宣传引导，普及简单易操作的生活垃圾分类常识，让居民切实掌握“干湿分开”、可回收利用与不可利用分开的分类方法；②强化分类投放试点工作，重点监督、试点先行，总结可推广、可示范的经验，逐步实现全覆盖；③对未实行生活垃圾分类或分类不符合要求的单位，提出整改意见，对多次违规拒不整改的，环卫单位可拒绝收运并移交执法部门处罚；④强化垃圾分类储运全程监管，对责任主体产生的各类垃圾进行全流程实时监管，杜绝垃圾混装混运行为；⑤对现有垃圾处理环节进行全面检视，并引进第三方填空白、补短板，分类处理、有效利用垃圾，着力推动垃圾分类运输和分类处置体系建设。

17. 民建泉港支部：《关于对我区餐饮餐具集中消毒行业进行整顿的提案》（编号B21040）

内容摘要：建议如下：①严格执行国家发布的《餐具、饮具集中消毒服务单位卫生监督工作规范》、《食品安全法》等相关法规，规范餐具消毒生产企业的准入门槛，对清洗消毒企业的硬件设施、厂房面积、清洗、消毒设备设施等按规定进行升级；②监管部门每月不定期对餐具消毒企业进行检查，抽查，及时通报全区餐具集中消毒企业检查结果，对不良企业进行公示；③加大餐具标识统一管理，上面应有清洗消毒企业名称、地址、消毒日期、使用期限、检验合格标识、监督电话、举报电话等信息；④加大宣传广播，引导群众在使用消毒餐具时，先检查餐具是否正规企业产品，如有不合格的，可以拨打监管部门举报热线电话；⑤严格追责，对违反规范规定的，由相关监管部门进行处罚和取缔，造成严重后果的应当追究刑事责任。

18. 农工党泉港总支：《关于加强公共卫生人才队伍建设的提案》（编号B21011）

内容摘要：建议如下：①加大经费保障力度，进一步明确区政府在公共卫生工作中的主导地位，建立和完善与经济水平相适应的经费保障机制，确保对公共卫生事业投入的增长不低于财政支出的增长幅度，并占同级财政支出的比例逐年有所提高；②在编制总量内，通过调整结构，将有限的编制资源用于加强专业技术队伍建设，严格按照常住人口万分之 1.75 的比例落实疾控系统编制数量；③加强疾控体系人才队伍的专业化建设，根据公共卫生队伍建设发展需要，建议动态调整公共卫生机构专业技术岗位结构比例，提高中高级岗位占比；④加强专业化训练，提升公共卫生专业水平。通过选派外出进修，公共卫生医师规范化培训等形式，以提升现有人员素质和应急能力。

19. 民革泉港支部：《关于电动车占用机动车道的提案》（编号C21008）

内容摘要：建议如下：①加大交通安全宣传力度，交通管理部门要把电动车的管理纳入路面日常管理工作的重点，不间断开展整治和强化管理，开展交通法规的宣传；②建立“文明交通”常态劝导机制，开展电动车文明行车劝导，提高电动车驾驶人的安全文明意识；③加大对电动车违法行为的现场打击力度，对违反交通规则的驾驶人员进行处罚。

20. 陈靦希：《关于加强泉港中心城区电动自行车道路交通安全管理的提案》（编号C21056）；《关于对城区人行道局部改造，畅通自行车绿色出行的提案》（编号C21010）

内容摘要：建议如下：①交管部门对电动自行车等非机动车要执行常态化的管理措施，对违法行为要严格处罚，健全长效监管机制；②交管部门要通过平面媒体、微信、微博等方式，广泛宣传电动自行车走非机动车道，要求电动自行车驾驶人自觉遵守交通法律法规；③疏堵结合，优化非机动车道的地面维护和管理，畅通非机动车道。

21. 致公党泉港总支：《关于进一步完善城乡生活垃圾处理的提案》（编号C21037）；民革泉港支部：《关于城市化进程中深入推进垃圾分类的提案》（编号C21038）

内容摘要：提出如下建议：①要加快完善设施建设，一要加快垃圾分类项目建设，二要加快垃圾焚烧发电项目步伐；②开展垃圾分类试点；③要进一步完善整套行之有效的环境卫生工作长效管理机制，每月开展监督评议，采取暗访、“回头看”、开通举报热线、微信平台，及时解决存在问题，提升环境管理水平；④不断增强各级干部的责任意识和监督意识，实行更加严格的考评奖惩制度，明确年终把环境卫生管理工作纳入年度目标任务考核范畴，对各责任单位进行分类考核；⑤广泛利用新闻媒体、网络和学校普及垃圾分类科学知识，大力倡导生活垃圾分类，提高公众参与生活垃圾分类和治理的意识和行动。

22. 刘地春：《关于加强我区外卖送餐交通管理的提案》（编号C21045）

内容摘要：建议如下：①加强行业准入培训，入职前需学习交通安全以及配送员规范，切实增强配送员的安全意识和素养；

②强化路面查处力度，交警对外卖配送车辆常见交通违法行为，做到发现一起、处罚一起、教育一起；③建立平台连带责任制度，要求企业落实交通安全教育管理主体责任，完善公司内部管理机制。

23. 民进泉港支部：《关于提升我区原水供应安全保障的提案》（编号C21052）

内容摘要：为有效提升我区目前原水供应安全保障问题，建议如下：①区水利行政主管部门统筹我区原水的调度工作，原水供应不足时协调市级水资源管理部门跨区域调水；②加强泗洲水库周边环境整治，改善水质，增大库区来水量；③区政府和水利行政主管部门积极对接市级职能部门，加强对湄南公司原水取水口（位于泉州北渠洛阳江入海口上游）的水质监管力度，以确保我区饮水水源的安全。

24. 致公党泉港总支：《关于规范泉港家政服务行业的提案》（编号C21060）

内容摘要：随着家政服务行业的兴起，规范家政服务行业行为尤为重要，为此建议：①加强家政人员的技能培训，提高家政从业人员素质；②支持职业学校增设一批家政服务相关专业；③严格家政从业人员的准入制管理。加强家政从业人员等社会保障支持；④对家政企业招用就业困难人员或毕业年度高校毕业生并缴纳社会保险费的，按规定予以社保补贴。

25. 农工党泉港总支：《关于在中心城区及周边加快建设养老院的建议》（编号C21021）

内容摘要：城区及周边养老院便于老人就近入住、便于亲属探望，市场需求大，为此建议各级各部门顺应人民的呼应，加快推进：①结合“十四五”规划，侧重在中心城区及周边的凤北村、锦川村等地，规划建设针对未来人口老年化的高规格养老院，加快立项、加速推进；②引进专业化管理机构和社会力量，解决养老机构的管理和融资问题；③在新的养老机构尚未建成之前，对闲置的学校、厂房进行改造，尽快投入使用，先行解决近期老人入住的需求。

26. 刘建成：《关于加强我区物业管理的提案》（编号C21033）

内容摘要：建议如下：①政府要将物业管理纳入全区社区治理体系。房地产行政主管部门要会同有关部门按照各自职责指导监督物业管理工作，建立健全区级层面的物业管理联席会议制度，维护社区和谐稳定；②梳理物业管理工作涉及的机构、职能、程序和责任等职能运作内容，明确相应机构在物业管理工作中的职责，做到责任明晰、各负其责，减少模糊空间；③物业所在地的政府组织、社区应积极发挥桥梁媒介作用，为物业服务企业和业主搭建交流平台，畅通投诉渠道，利用社区管理的优势，及时处理和调解业委会、物业服务企业、业主之间的矛盾和纠纷；④全区制定统一的物业服务合同格式明码标价，对违法收费的物业服务企业，相关部门应严厉进行打击；⑤加大对物业服务企业管理人员的培训力度，提高物业管理水平；⑥加强对物业服务企业的监管及考核监督。一方面，将物业主管部门实施物业管理联动配合、老旧小区改造、物业管理示范小区建设等内容纳入区政府年度目标绩效考核体系。另一方面，建立物管企业监督考核制度，以此加强物业企业资质管理。

媒体看泉港

闽台产业融合发展走向“深耕厚植”

新华社福州1月16日电（记者董建国）连日来，在位于福建泉州的泉港石化工业园区内，总投资500亿元新台币的国乔泉港石化项目正在加快推进土地平整、测绘等工作。去年3月，该项目通过“云签约”落户泉州，在园区内设立泉州国亨化学有限公司，新建丙烷脱氢及聚丙烯项目。

这是泉州市近三年来投资数额最大的台资项目。“选择落户泉港石化工业园区，是看中这里雄厚的产业基础。”泉州国亨化学有限公司副总经理陈景福表示，项目一期预计2023年建成投产，年产值100亿元人民币，将有力推动闽台石化产业融合发展。

这只是闽台制造业领域融合发展的一个缩影。在两岸经贸合作中，福建是大陆台资企业最集中的地区之一，也是两岸各领域交流合作最密切的地区之一。数据显示，截至目前，福建累计使用台资逾300亿美元，在闽台企有上万家。台湾百大企业半数以上在福建布局。

“创新一直是企业发展的重要秘诀。公司具备领先业界的触控技术，拥有数千项技术专利。”宸鸿科技（厦门）有限公司总经理谢立群说，公司致力于触控模组的研发、生产，产品广泛应用于手机、平板电脑、手表等的触摸屏。“虽受到疫情影响，但公司发展保持稳健，去年年产值超过400亿元人民币，保持稳定增长。”

在谢立群看来，自从公司2004年落地福建以来，大陆市场广阔、供给链条完整，再加上营商环境越来越好，让他更加看好大陆经济持续发展的机遇，坚信台资企业在大陆的投资和发展前景光明。“今年公司将更多拥抱大陆市场，目前聚焦于开发大曲柔触控显示器，通过开发大型互动电子面板、3D曲面车载触控显示面板等‘网红’产品，不断拓展新的应用场景。”

去年以来，新冠肺炎疫情未能阻挡闽台产业融合的脚步。福建省工信厅投资处处长陈亮说，当前闽台产业对接领域不断拓展、结构不断优化，正从劳动密集型产业向机械制造、精密仪器、电子信息、石油化工等技术、资本密集型产业发展，步步深化，闽台产业合作进入“深耕细作”阶段。

近日发布的《中共福建省委关于制定福建省国民经济和社会发展第十四个五年规划和二〇三五年远景目标的建议》指出，继续深化闽台优势产业融合，引导和支持台资企业参与强链补链，加快建设海峡两岸集成电路产业合作试验区、两岸石化产业合作基地和闽台精密机械制造产业园区。

“目前台湾在集成电路、精密机械等先进制造业上还具有明显优势，提升闽台产业融合将助力福建省产业现代化转型。”福建社科院现代台湾研究所所长苏美祥说。

他建议，福建应拓展闽台产业全价值链合作，着力在集成电路、高端装备制造、精密机械等领域继续引进一批“补短板”的台资项目。同时，以福建自贸区、平潭综合实验区、台商投资区为主要载体，深化闽台产业对接，形成层次有序、优势互补的闽台产业合作布局。

（2021年1月16日刊发于新华社）

福建泉港：创新赋能跑出发展“加速度”

科技创新是经济发展的重要引擎。近年来，泉州市泉港区把创新理念贯穿发展全过程，将科技自立自强作为发展的战略支撑和第一动力源，全方位推动高质量发展，连续两年上榜全国科技创新百强区，打造区域科技创新发展的“引领极”。

“产学研”与“建平台”破解难题

受新冠疫情影响，国内众多薄膜场效应晶体管（TFT）液晶面板企业曾一度陷入材料断供的窘境。艰难时刻，位于泉港区的福建省佑达环保材料有限公司研发人员与清源创新实验室专业团队联合攻关，攻破关键技术，研制出国内第一款高浓度显影液，打破国外的技术壁垒。该成果不仅突破国外对显影液材料的垄断，同时还降低物流成本，提高了产品的市场竞争力，成为泉港提升区域创新能力的一个生动缩影。

围绕打造自主创新高地，泉港区整合建成了3个协同创新中心，吸纳20家关联企业和单位共建，成功研发新技术、新产品、新工艺3项，设立专家工作站5个，申请发明专利11个。截至目前，该区80%以上规模企业与福建省内外高校科研机构建立了合作关系，建成企业技术研究中心、院士专家工作站等60多家人才创新创业平台。

“科技链”与“产业链”协同发力

近年来，泉港区大力推动科技链与产业链、循环链同频共振，实现产业集群内供热、供气、原料产品互供以及废弃物回收利用。区内福建福源凯美特气体有限公司与福建省石化龙头企业积极合作，一方面通过管理手段、技改措施大幅减少火炬气，另一方面火炬气回收分离再利用，每年可产生经济价值数千万元。

“联合石化的火炬气通过管道输送到我公司后，先在可容纳3万立方米的超大号圆柱形气柜里缓存，再通过脱硫压缩输送单元输送到不同的装置进行分离。”福建福源凯美特气体有限公司总经理陈渊介绍道。

“产业链”“科技链”的协同发力，让泉港在规模总量、物流贸易、科技创新等方面先导先行。经过转型升级，泉港的产业集群从“单一主导”向“多元支撑”逐步迈进。在石化产业的辐射带动下，泉港纺织服装、化工新材料、港口物流等关联产业得到快速发展。

“引人才”与“优机制”营造环境

打造自主创新高地，人才和机制都不可或缺。为此，泉港建立“地校企”人才联建联创机制，联合省属高校先后创办福建师范大学石化研究院、福州大学石油化工学院等“一室两院四中心”创新载体，推出“石化博士服务团”泉港行、“石化国际青年学者泉港行”、“高校青年人才—企事业单位”双选会、产业转型升级及技术需求对接会、海峡两岸学术交流营等引才引技载体，吸引大批高层次石化人才到泉港落地。

截至目前，泉港先后引进21个技术成果转化对接平台，全区入选市级高层次人才508人，省级高层次人才76人，国家高层次人才19人，为产业转型发展提供强有力的人才支撑。

同时，泉港区不断加强政策落实力度，争取清源创新实验室建设补助经费1.7亿元；及时兑现高新技术企业所得税优惠、企业研发费用加计扣除等各类科技税收优惠奖金超6000万元；兑现自主创新奖励、自主知识产权奖励等配套资金达2042万元。

（2021年2月22日刊发于新华社 文／庄国辉 庄学林）

泉州土坑村：文武双全的“海丝”古村落

中新网泉州2月25日电 （曾福志 吴冠标）617年前，兴化人刘宗孔为了躲避“靖难之役”战乱，带着族人从湄洲湾北岸迁到了湄洲湾南岸。617年后，他们迁居的福建泉州泉港区后龙镇土坑村成了网红的闽南古村落。

出砖入石、雕梁画栋、飞檐翘角……27座古大厝沿着两条古街绵延数百米。几百年来及至今天，这里人才辈出，单是明清两代，中榜进士、晋升仕者就高达70多人。“代代皆有入廷为官司者”，单是清一代，就中了十一个武进士。族人刘开泰官至江西南赣总兵钦赐提督；族人刘端弘从事海上运输和贸易，成一方巨贾，人称“刘百万”。

“村口屹立的木棉树，也叫英雄树，树苗为道光皇帝所赐。”村支书兼村主任陈振珠说：土坑村无愧于这棵英雄树。

走进古街，眼前所见却令人意外。除了那些硬山式或卷棚屋顶，还有滴水兽等古建筑构件等，能让人感受到一些文化古街的气息，沿街却是挂着“长春堂药铺”“南京布匹商行”“万捷十三行”等招牌，仿佛踏入了一条商业古街。

负责导游的小姑娘连美娜介绍说，明清时，这条“施布口街”确实很繁华，“南京布匹商行”就是在江浙一带和东南亚两头做生意的，而“万捷十三行”则是全国各地采购原材料，打金打银，再销往海外。

因为与海外往来密切，这条古街也就有着浓浓的“海丝”文化气息，一些传统古建筑时而穿插着一点西洋元素，像刘肇元进士第的正大门上方镶贴的四方瓷砖画，据说已有两百多年的历史，是中国传统的家风家训内容，却是在吕宋（现菲律宾）烧制，日本浮世绘画风。作为“风水宝地”——村里的制高点“绣花楼”和“朂斋”，没有被达官贵人所征用，而是作为给做海运生意的商贾们等候船只时的休闲场所，可见商人在当地的地位。

“海丝”文化气息也吹进了刘家的家规家训。刘家劝学，不是一味让其族人去寻找“颜如玉”“黄金屋”，而是说“读成则功名拾芥，不成亦加识字”；强调婆媳关系，则说“有千年青山，无千年翁姑”；最难能可贵的是，刘家不反对寡妇改嫁，刘家家规“肃闺门”道：服妇再嫁，人间之常。

虽然开明，但在老先生刘守德看来，家族依然把“修德”放在第一位。刘家追求节俭，虽然曾经很繁华很富裕，但土坑村只有为数不多的三进五开间，其余的也只是精巧而朴素的二进三开间。他们讲究“敬天祖”“敦孝弟”，刘守德记得，当年不孝子弟会跟那小偷小摸一起，被集中到祠堂批斗的。

从祠堂来到了“来铺五间张”，我们发现其雕刻精美的大门右上方有一个很独特的小厢房，主人解释：燕子喜欢到他家筑窝，翻建房子时，就特意给燕子留了这么个“窝”。

整个土坑村，可以用“一港两街一码头”来概括。从“施布口街”走到“祠堂口街”，一路能感受到当年刘宗孔的良苦用心：六百多年前规划建设的村级排水系统，时至今日还很高效实用。村子南北各建一个文武馆“选青斋”和“凌云斋”，族人在严谨开明的家规管束下，能文能武，学商两兴。

（2021年2月25日刊发于中国新闻网）

泉州泉港：全方位管控 筑牢沿海防线

（本报记者 郑明 通讯员 张益坚）乘上快艇驶向辖区105平方公里的海域；驱车奔向75公里长的海岸线；徒步登上8个岛屿、14座码头……去年以来，福建省泉州市公安局泉港分局先后10多次组织“入海上岛”调研辖区沿海管控工作，探索推行沿海治理新模式，反偷私渡及海上疫情防控工作取得显著成效，至今连续9个月实现成品油走私“零发案”、新冠肺炎病例“零发生”。

泉港区沿海共有5个镇（街道）、25个村居、1个海岛行政村及7个无人岛。泉港分局立足疫情防控及反偷私渡综合治理，坚持科技手段赋能与治理创新双管齐下，聚焦“海、岸、船、人”四个管控要素，实施闭环化管控措施，建立涉海人员、船舶基础大数据库，指定10个船舶停泊点，实施全区船舶集中统一管理，及建立 24 小时报备制度，对所有进出港船舶 100% 登船入仓检查等，推进反偷私渡工作创新发展。

针对走私成品油车辆昼伏夜出特点，泉港分局实施联合设卡、“拉网清村”、海上查缉、陆岸巡查及“清港清湾”等“五大行动”，牵头指挥调动全区各职能部门及镇（街道）等单位力量开展“拉网清村”联合行动，对成品油非法储油点、地下油罐、输油设施予以取缔，进一步挤压涉私违法犯罪空间。同时，泉港分局借力科技手段推进智慧海防建设，建设海防智慧综合治理云平台，打造涉海大数据管理、多元智能感知、协同作战等系统，推动海上疫情防控与反偷私渡综合治理同频共振、深度融合。

“我们布建了三维地图、电子哨兵、雷达等科技设备，布设科技围区、围海、围村、围港、围岸的‘五围’防控圈，充分发挥技防合围、无人值守、海陆空智能巡查等作用，实现立体化、全覆盖智能防控目标。”泉港区副区长、泉州市公安局泉港分局局长王艺彬说，通过先进科技手段的应用大幅提高海上预警能力、执法能力和监管效率。

去年年初，泉港分局海防大队打击走私犯罪侦查队正式成立，实行 24 小时实体化运作。此外，分局在各派出所设立打私工作队，并在泉港区南埔、后龙、山腰、界山、峰尾等 5 个沿海镇（街道）分别设立打私工作站，在 5 个沿海镇（街道）25 个村居成立村级反走私工作点，建立区、镇、村三级反走私工作体系，形成强大反走私战力。

日常工作中，泉港分局通过大喇叭“村村响”，进行多种方言和普通话版本的反偷私渡及海上疫情防控宣传，并组织 25 名警长分别挂钩沿海 25 个村居，点对点向群众讲解反走私、反偷私渡的重要性，进一步提高群众的安全防范意识。

（2021 年 3 月 4 日刊发于《人民公安报》）

福建泉州泉港区：全域帮带 打造乡村振兴“导师团”

近年来，福建省泉州市泉港区针对一些乡村年轻干部欠缺基层工作经验、解决问题能力不足、群众工作经验不够丰富等问题，积极传承弘扬党的传帮带好传统好作风，深入探索推进乡村“导师帮带制”的有效载体和抓手，成立“乡村振兴导师团”，采取跨村联带、组团问诊、按需接诊、共建联动等形式，不断建强乡村振兴工作队伍，有效破解瓶颈问题，推动农村基层党建工作全域提升。

联村式帮带以强带弱促转变

凤阳村交通便利、加工业发达，古县村、坑内村相对落后，却资源丰富。“一家、一村富都不算富，联村致富路才宽。”2013 年 6 月，泉港区发挥“名村、名书记”带动效应，试水建立凤阳联村党总支。“名书记”连伙法成为联村党总支书记，“名村”凤阳结对帮扶“邻居”古县村和坑内村。通过发挥联村经济发展联合社、党员冠名服务品牌等载体作用，推动村级班子变强、发展思路变清、精神面貌变好、群众收入变高、村容村貌变美，有效助推被带村整顿转化。

2013 年以来，泉港区针对农村基层普遍存在的村级党组织书记能力不强、部分班子软弱涣散、村级资源丰富却经济发展滞后等问题，在全省率先推行“跨村联带”基层党建工作模式，以地域、亲缘、文化等为联结点，把先进村与周边薄弱村联带起来，采取“1+N”的方式组建 12 个联村党总支，让先进村的优秀带头人兼任联村党总支书记，通过以先进带后进，推动村级资源共享，实现从外力助推向内力激活转变。泉港区实行跨村联带作为泉州市推行乡村“导师帮带制”试点工作创新帮带机制之一，不仅是该区农村党建工作机制的探索创新，更是当前推进后进村、软弱涣散村等整顿转化的有效举措。该区重点确定了一批软弱涣散村、相对后进村和村级集体经济相对薄弱村党组织书记作为帮带对象，查找梳理帮带对象或其所在村在组织建设、社会管理、征地拆迁、集体经济发展、服务党员群众等方面存在的问题，以强带弱、以富带穷，通过规划联审、产业联动、民生联办、乡村联治，促进资源共享、优势互补。

组团式帮带精准施策解难题

上西村党总支书记张如庆挂钩帮扶峰尾镇上楼村，先后指导策划生成环境整治、道路硬化、村庄美化绿化等项目 50 多个，总投资近 700 万元，主干道拓宽、村道硬化总计 4200 多米，村道绿化美化 2000 多平方米；沙格村党支部书记王锡明挂钩涂坑村，帮助挂钩村谋划好发展思路，积极打造特色非遗文化品牌，形成“多点一线”的文化旅游线路；界山镇东张村党支部书记陈志成作为涂岭镇汉阳村的挂钩村支书导师，手把手、点对点、面对面开展指导服务，从自己最熟悉的农业现代化入手，对污水进行无害化处理、引进现代设施农业……

2017 年，泉港区针对联村党总支书记“单兵作战”力量有限、被帮带村执行力不够强等难点，在全省率先推行“村支书导师团”帮带制，变“单兵作战”为“组团协作”，通过跨镇域实施导师结对挂钩、导师帮带项目，举办乡村导师论坛、导师在现场活动等务实管用的举措，以支书领着支书学、支书带着支书干的形式，不断扩大先进支部增量、减少后进支部存量，切实增强基层组织力。三年多来，导师共挂钩帮导 23 个村，其中 80% 的村实现了转化提升。

共建式帮带协同治理强发展

在位于涂岭镇寨后村的“爱莲说·清风”党建文化园里，种植着栀子花、莲花等中草药 300 多种，面积约 13 亩。这是泉港区涂岭镇与友邻乡镇仙游县园庄镇跨县域边际党建联创的产物。对村民来说，这不只是一处中草药基地，更是村集体增收的重要途径。

泉港区针对县域间边际村庄行政管理相对独立、社会治理管控难度大、资源共享不充分等问题，积极推行“跨县域边际党建”联席会议机制，通过组建一支由各地优秀乡村导师、边际党建指导员、乡村振兴联络员等组成的跨县域乡村工作队，互帮互助、共议共推，联动开展项目生成和产业对接，在经济发展、综治平安、计生服务、招工就业等方面实现协同发展。当前，此项工作已覆盖3个县（区）5个镇13个村，实施种植养殖、乡村旅游等合作项目60多个，实现医保跨市异地即时结算，打造的“涂岭·园庄跨市乡村游路线”入选“莆田市十佳乡村游线路”。边际资源整合带动双方融合发展是泉港因地制宜落实乡村“导师帮带制”、推动村集体经济发展的一个缩影。该区逐村深入指导制定增收方案，以抱团发展、村企联合、资源开发、资产租赁、股份合作等形式，推行合作购买银行股权、合作入股国有企业、集体自然资源流转入股、建设农产品交易平台、合作建设标准厂房、合作购置物业商铺等多种发展模式，提高村集体经济发展的可持续性，保证村集体有固定收入，增强发展后劲。　　同时，该区紧扣经济社会发展重点任务，聚焦政治建设、群众工作、组织建设、产业发展、乡村治理、民生服务等六个方面，指导边际村帮带对象找准发展路子，理清发展思路，抱团实施订单农业、乡村旅游等项目，实现土地、技术、劳动力等要素高效流转，促进村集体经营性收入、群众收入增加。泉港区结合“强基促稳”三年行动，围绕风险防范、矛盾化解、治安联防、便民服务、环境整治等，建立“互联网+网格化”社会治理新模式，提升乡村治理智能化、精细化、专业化水平。泉港区围绕推行省、市乡村“导师帮带制”工作，该区将全面总结提升现有帮带模式，聚焦乡镇干部、村居支书、产业人才“三个关键主体”，在抓好“一对一”“一对多”传帮带工作的同时，创新提升务实管用的载体措施，着力打造“乡镇干部攻坚团、村居支书导师团、产业人才服务团”三个常态化帮带平台，构建乡镇干部老带新、村居支书强带弱、产业人才师带徒工作体系，为抢抓“十四五”发展机遇、大干五个开局之年提供坚强的组织保障和智力支撑。

（2021年5月13日刊发于《城市先锋行周刊》）

智能温馨的养老港湾

（本报记者　孙彦川　通讯员　陈其法）为了让老人们安度晚年，福建省泉州市泉港区建设施、强服务，不断汇集社会力量关爱困难老年人群体，统筹推进养老事业发展，初步构建起医养康养结合、覆盖城乡的养老服务体系。

加大政策扶持力度，提升专业服务能力

4月28日，从厦门治病回来的黄淑贞阿姨回到了泉港区中心敬老院。“她总嘀咕着要回来呢。”黄阿姨的女儿一边介绍治疗的情况，一边讲述老人急于回敬老院的心情，同时向护理员嘱咐关于老人换药、吃药的注意事项。

电梯口，在院老人连兜妹觉得自己表现不错，反复请求护理员给她“多记几个工分”。护理员耐心地哄着老人上电梯回了房间。

“敬老院规划的是120张床位，后来把护理员休息的房间都腾出来，增加到近140张床位，还是供不应求。”区民政局局长刘开南说。

2019年度，泉港区中心敬老院被福建省民政厅评为五星级养老服务设施。然而，区中心敬老院建院之初，需要破解的难题可真不少。其中，招聘护理员就是大难题。敬老院费了很多心力，招到的大多是50岁以上的护理员，有的甚至不怎么认识字。针对护理员文化水平有限、护理常识不足等问题，区民政局联合人社局开展了多期养老护理员专项培训。敬老院护理长也一遍遍讲解、实操演示，直到护理员的操作准确无误。渐渐地，护理员掌握了基本的护理技能。

近三年来，泉港区加大财政投入，新建、改建了一批养老服务设施，逐步形成了区、镇、村三级养老服务圈。公建民营的区中心敬老院就是由闲置的原山腰盐场职工医院翻建而成，引进专业机构负责经营。今年，该区还将投入2000万元对区中心敬老院进行改扩建。

同时，泉港区出台一系列政策，切实加大政府扶持力度，对入住期满一个月的60周岁以上泉港户籍老年人，按生活完全自理、半护理、全护理三个类别，分别给予每人每月500元、750元、1000元补贴。自2018年12月政策实施以来，累计发放老年人入住养老服务机构补贴250多万元。2020年，全区落实民办养老服务机构床位运营补贴和社区居家养老服务中心（站）运营补助资金近70万元。

加强规划引领，服务设施全面升级

“十三五”期间，泉港区财政投入约850万元新建城乡社区居家养老服务站（农村幸福院）38个、社区居家养老照料中心4个、区域性养老服务中心1个。投入250万元，在全区村级居家养老服务站中选取5个服务站点作为夕阳红康乐服务站，委托专业养老服务团队运营管理，开展为期三年的文娱健身、义诊、健康讲座等敬老爱老活动。

此外，区财政每年列支600多万元预算，用于分散供养特困老人的照料服务，确保其平日有人照应、生病有人看护。开展特困人员养老服务需求摸底工作，建立特困老年人基本信息数据库，优先集中供养生活不能自理的特困人员和涉及拆迁的困难老人，生活不能自理特困人员集中供养率达100%。

按照泉港区编制的《养老服务设施布局规划（2019—2035）》，该区计划先在有条件的镇（街道）各建设1—2个日间照料中心示范点，并逐步向全区推开；在各镇（街道）建立一个综合型敬老院；筹建集养老、医疗、护理员培训等功能于一体的养老孵化基地。有了规划引领，泉港区养老事业走上了充满活力的健康发展轨道。

科技助力，困难老人居家养老更安全

峰尾镇诚峰村的留守老人郑玉珠长年患病，生活无法自理，日常生活由丈夫照顾。2020年，泉港区民政局协调资金，为其安装了“云守护”智能监控系统。通过此举，郑玉珠在外务工的子女可以随时了解老人的生活情况，老人也能便利地与子女孙辈们沟通。

2020年以来，区民政局对95名不愿到机构养老的特困老人提供上门专业护理、远程监测等服务。2020年，全区还投入73.7万元，为737个困难老年人家庭进行适老化改造。

“十三五”期间，区民政局为全区320户“三留守”困难家庭安装“云守护”智能监控；投入1289万元实施“互联网+居家养老助残服务”项目，向全区特困人员、低保对象、重点优抚对象等困难老年人和80周岁以上的老年人免费发放一键呼救功能老人手机，以政府购买服务的方式提供助洁、助残等上门援助服务。

公益暖心，营造助老爱老氛围

前黄镇凤南村的连清法老两口，儿子去年因病去世。泉港区民政局干部多次上门进行心理疏导并予以关爱帮扶，先后帮他们实现了添置电风扇、毛毯等微心愿，老人悲痛的情绪渐渐得以平复。

2018年至今，泉港区已连续开展四届“505”微心愿活动（每年面向全区101个村和社区，各征集5个贫困家庭的微心愿，故称“505”微心愿活动），重阳节期间还专门举办面向老人的专场微心愿活动。2018年到2020年，全区共征集到困难老年人微心愿2751个，主要是添置风扇和电磁炉等，少数特殊困难家庭申报的是洗衣机、冰箱等大件，这些微心愿全部得到满足。2019年12月，该项目荣获第二届“推进机制活，建设新福建”机关体制创新优秀案例一等奖。

泉港区民政局还向区家园义工协会、区助老服务志愿者协会购买服务，组建区级助老志愿者队伍1支、镇级助老志愿者队伍7支、夕阳红康乐服务志愿者队伍10支，为困难家庭老人提供剪发、洗衣做饭、打扫清洁等助老志愿服务。此外，还开展了“百企进百村”敬老助老活动，共动员17家爱心企业捐助资金1000多万元，用于基础设施建设等。

（2021年5月19日刊发于《中国社会报》）

竞逐“双链”——泉州市泉港区石化产业转型升级新风向

（本报记者 李向娟 何金 通讯员 庄国辉）习近平总书记在福建考察时强调，推动高质量发展，首先要完整、准确、全面贯彻新发展理念。新发展理念和高质量发展是内在统一的，高质量发展就是体现新发展理念的发展。

石化，泉州市泉港区的传统支柱产业。近年来，面对国内外经济形势的变化，泉港区践行新发展理念，坚持“主业强区”，加大招商力度，持续强链延链补链，积极推动石化产业转型升级，以福建联合石化为依托，向石化中下游和配套产业发力，在延伸石化产业“价值链”的同时，做大“绿色经济链”，做足“双链”文章，为千亿石化产业注入新动力。泉港区已连续8年位居中国化工园区20强，2020年产值达1147亿元。

延伸产业链

近日，走进位于泉港石化工业园区的蓝海博达科技有限公司，记者看到，工作人员正在调试抗高温降滤失剂生产线。生产线有望于今年7月进行全线试投产。蓝海博达科技有限公司总经理彭龙告诉记者，抗高温降滤失剂是一种特殊的化工产品，过去一直依赖从欧美进口。为摆脱过分依赖进口的局面，中海油田服务股份有限公司在泉港区设立蓝海博达科技有限公司，专注抗高温降滤失剂等核心产品自主研发和生产。“这种产品可用于海上石油勘探、钻井，起到高温下保持钻井液和固井水泥浆体系稳定等作用，效果特别好。”彭龙解释道。

“我们公司落地泉港，主要看中这边石化产业链上下游的完整性。我们计划与嘉化化工、钟山化工等泉港本地多家化工企业开展上下游产业合作。”彭龙说，生产线投产后，有望全面实现国产替代。

去年，福建联合石化与福建百宏石化公司举行首批管输约1500吨对二甲苯产品接卸仪式，自此，福建联合石化对二甲苯管输至福建百宏石化项目全面投用。该项目满足了福建百宏石化对原料的需求。通过管输，不仅可以提高原料供给的可靠性，还能极大降低产品运输成本。

百宏石化250万吨/年PTA（精对苯二甲酸）项目是福建联合石化的配套中下游项目。该项目占地面积465亩，总投资57亿元，年产值预计为135亿元，是目前泉港石化工业园区内投资额最大的在建项目，目前已全面投产。百宏石化生产的PTA产品主要供给下游的聚酯和纺织行业，填补了本地生产该物料的空白，也延伸了泉港石化工业园区的芳烃产业链。

“过去，福建本地的PTA产品供应不足，很多企业都要从外省甚至国外采购，价格贵，物流时间还长。”百宏石化项目负责人黄波表示。

泉港立足于延伸石化产业链，不断延链补链，做足细分领域的工作，吸引了一批各类精细化工企业落户。泉港石化工业园区管委会副主任陈宗旗告诉记者，石化园区通过产业链衔接，以联合石化千万吨炼油项目为龙头，向下游延伸发展乙烯、丙烯、对二甲苯等产业链，促使企业之间形成互为原料、互为市场，石油化工、精细化工相结合，上下游一体化的产业链，实现资源的合理配置。

据统计，近年来，泉港石化园区新入驻中下游石化项目35个，总投资近400亿元，这些项目投产后预计每年将新增产值600多亿元。比如，上月新开工的泉州国亨化学项目，将新建100万吨/年丙烷脱氢及90万吨/年聚丙烯装置，建成投产后预计年产值100亿元。

绿色经济链

绿色可持续发展是发展方式的重要变革，也是石化行业实现转型升级的必然要求。

在泉港石化工业园区，一家废气处理环保企业——福建凯美特气公司引起了记者的注意。在这家企业的生产车间，记者看到，福建联合石化生产过程中产生的废气——火炬气，通过特定的管道进入车间后，经过一系列特殊的环保工艺处理，变成燃料气和氢气，变废为宝。

"这一环保配套项目的落地，解决了废气排放问题，直接推动泉州石化产业的节能减排和循环经济发展。"泉港区发改局副局长张章水说。

位于泉港石化工业园区的福建天骄化学材料有限公司是生产环保化学材料的代表性企业之一，以泉港石化下游产品聚氨酯系列高分子材料为基础，生产汽车内饰、家具家居等领域的环保材料，成为顾家家居、常熟内饰等行业龙头和上市公司的供货商。

"这几年，国内各个行业的环保标准正在变得越来越高，环保型汽车内饰和家居家具材料十分受欢迎。"天骄公司总经理苏国传对记者表示，公司与厦门大学醇醚酯化工清洁生产国家工程实验室联合设立了研发实验室，致力于产品的研发、改良、创新。

泉港石化园区始终坚持在发展中保护生态环境的理念，坚守环境准入"高线"，实行最严格的项目环境准入制度，坚守节能减排"标线"，严格落实重点领域、重点企业的节能减排目标，降低单位工业产值能耗，推行绿色清洁生产等。

据统计，目前，泉港石化园区34家企业通过节能改造项目节约能耗22.3万吨标煤，实施大气精准治理项目31个，近年来，当地空气优良率持续保持在95%以上。

"在石化产业链生产领域，我们走的是一条循环经济路子；而在石化产品领域，我们引导更多的企业采用环保技术，生产更多的绿色环保型产品，形成绿色经济链，最大限度拓展石化产业高质量发展新空间，推动行业发展向产业价值链高端跃升。"泉港区有关负责人向记者表示。

（2021年5月14日刊发于《福建日报》）

福建省泉州市泉港区涂岭中心小学："五星教育"护航 开启未来成长之路

在福建省泉州市，始建于1911年的泉港区涂岭中心小学拥有悠久的历史和丰厚的文化底蕴。作为全国中小学公民道德教育实验学校、全国青少年文明礼仪教育示范基地，涂岭中心小学确立了以"五星教育"为核心的办学主张和"为学生终身幸福奠基"的办学宗旨，秉承"办适合农村孩子健康、快乐、全面、有个性发展的教育"的办学理念，形成了"团结、进取、求真、务实"的校风、"严谨、爱生、敬业、奉献"的教风和"自主、合作、乐学、善思"的学风，通过"五星教育"护航，为莘莘学子开启了未来成长之路——

教育内涵不断丰富

百年老校如何在新时期焕发生机与活力？涂岭中心小学给出了发展"五星教育"的答案——2002年，学校开展了"争当'五星'小公民"活动，此后这一活动得到了新闻媒体的关注和报道，获得全国未成年人思想道德建设工作创新案例二等奖，入选了《未成年人思想道德建设创新案例》一书，并在泉港区全区进行推广。

2016年，学校把"认星争优"活动与养成教育有机结合，引导学生践行社会主义核心价值观，拓展"争星"内涵，开展了争当"文明礼仪星""诚信友善星""好人好事星""学习上进星""劳动自立星"的"争当'五星'小公民"活动，精心打造德育特色项目。2017年，学校被确认为泉港区首批"新型优质学校"试点实验校，基于办学实际和办学需要，在"争当'五星'小公民"的基础上，不断丰富内涵，提出了"五星教育"办学主张。

涂岭中心小学的"五星教育"是以"五星管理"为手段，以创建新型优质农村教育为目标，努力创设优质的教育环境，让学生尽可能在学识发展、心智开发、特长发展和人格塑造等方面得到好的发展，为学生终身幸福成长奠定良好基础的教育。以"五星教育"为指导，学校通过推进"五星管理"、培养"五星教师"、培育"五星学生"、建设"五星课程"、构建"五星课堂"等各项活动，不断推进农村新型优质学校建设。

聚焦核心素养提升

涂岭中心小学的"五星课堂"创建，就是聚焦核心素养、体现新课程的教育教学理念，以全面提高学生的整体素质为宗旨，坚持以学生的发展为本，正确处理掌握知识与培养能力的关系，努力构建知识与技能、过程与方法、情感态度与价值观有机结合和统一的课堂。

为了加快"提素"进程，学校通过国家课程建基础、地方课程求拓展、校本课程育特长建设"五星课程"，进一步开发了"国学经典""大美涂岭""'魁星闪耀'——争当'五星’小公民读本”德育课程和“乒乓球教程”“剪纸”“象棋”少年宫活动课程读本，使教学内容更加富有层次。

与此同时，学校不断加强专家教学引领，加大教师培训力度，通过开展多层次、多类型的培训，以及邀请教学专家、特级教师等举办学术讲座、执教观摩课等形式，提高教师驾驭课堂的能力。学校以名师为引领，以活动为依托，搭建名师展示平台，通过名优教师上课、评课、讲座等活动，引导教师积极进行教改实验和参与教育科研工作，促进广大教师提高教学水平。

关注学生全面发展

如何创新教育形式，丰富教育内容，推进全员、全过程、全方位育人，是当前教育工作亟待构建的工作新格局。

在培育“五星学生”的进程中，学校认真贯彻落实《关于培育和践行社会主义核心价值观的意见》，根据学校地处农村、教师队伍年龄偏大、留守儿童多的现状，深入挖掘和利用涂岭独特的老区资源，以“核心素养”为导向，搭建“争星”平台；以“核心素养”为目标，营造“争星”氛围；以“核心素养”为引领，构建“争星”网络；以“核心素养”为依托，丰富“争星”内涵。以此为基础，学校把学生培养成“热爱祖国，勤奋学习，有立志成才的崇高理想；热爱科学，勤于思考，有刻苦钻研的创新精神；热爱生活，不怕困难，有自强自立的坚强意志；热爱劳动，关心集体，有乐于助人的优秀品质；勇敢顽强，临危不惧，有见义勇为的高尚品德”的“‘五星’小公民”。

为促进学生的全面发展，学校培养特色学生群体，依托乡村学校少年宫和第二课堂活动，为学生发展特长搭建平台。学校从细微处着眼精心设计和打造特色校园文化，提升学校办学品位，使整个校园成为一部立体、多彩、富有学校个性和吸引力的“教科书”。

近年来，学校围绕“五星教育”办学主张，深化教育改革，提高教育质量，提升办学水平，办人民满意的教育，先后荣获全国中小学生思想道德建设活动先进单位、省文明学校、省义务教育管理标准化学校、市文明学校、市流动留守儿童家长示范学校、市首批书法教育示范校等荣誉称号，并努力创建农村优质学校，为泉港区2022年通过福建省“教育强区”验收奠定坚实基础。

（2021年6月29日刊发于《中国教育报》邱宝辉 柳顺煌）

从“贫穷村”到“幸福村”——福建泉州市泉港区南埔镇惠屿村的华丽蜕变

中国商报福建报道（柯铭鼎 记者 林茂阳）惠屿村作为福建泉州市唯一的海岛行政村，现有居民403户、1473人。目前，全村共发展网箱养鱼1500多箱、海带养殖5000多亩、鲍鱼8000多万粒，牡蛎800亩、江蓠菜500亩，年产值8500多万元，村民人均收入达6万元。

近年来，泉港区南埔镇惠屿村通过实施“清风·惠屿”党建引领乡村振兴九大项目，通过生态养殖立村、特色旅游富村、文明创建兴村、科学党建强村，村集体经济不断壮大，实现由贫困村到富裕村的蜕变。2021年村财收入可望达200万元以上。还先后获评“全国最美渔村”“中国美丽休闲乡村”、福建省红色旅游百条线路、“中国海港文化之乡”游学基地、福建省“金牌旅游村”等荣誉称号。

在惠屿岛的一户村民家中，工人们正在对房屋进行斜板屋顶铺设、立面装修。惠屿村党支部第一书记蔡鋆泽告诉记者，这是惠屿村特色村镇创建示范点项目之一，通过对100栋海岛民居建筑风格的统一改造，提升海岛的整体形象，促进观光旅游。

蔡鋆泽说，由于惠屿特殊的海岛地理位置，为节省建筑成本，以前岛上居民建房都是沿海岸线建设，没有统一的规划，建筑风格比较杂乱无章。为推进生态休闲渔村旅游产业发展，打造海岛特色民居，现在对整村民居进行风貌管控，统一实施立面改造，改造后的民居将成为惠屿又一道亮丽的风景线。

此外，惠屿村还在整治村容村貌上下功夫。针对村民海上养殖用品随处堆放等问题，通过投资修建东澳养殖码头、以及堆场工程，让村民的海上养殖设施可有序存放。

蔡鋆泽介绍说，乡村振兴海岛工程是清风惠屿党建引领乡村振兴九大项目之一，共投入资金500万元，占地面积近6亩。计划开展海岸线整治，修复保护，然后设计、勘察、专家论证等前期工作，推进海产品深加工，提升生态休闲旅游产业水平。今年以来，“清风·惠屿”党建引领乡村振兴九大项目在市、区、镇、村四级挂钩联系干部共同努力下，建设进度持续加快，品牌影响日益提升，取得了新进展，让岛上的村民切实感受到项目带来的好处。

村民肖月霞告诉记者，惠屿岛的变化村民们是有目共睹的，曾经的脏乱差，经过政府专项改造后华丽变身，环境变好了，村民的出行也方便了。

惠屿村通过美丽乡村的建设，从入不敷出的贫困村，到农民人均收入超过了6万元；从村容村貌脏乱差，到道路宽敞、河道清澈，宅前宅后干净整齐；从单一产业到全产业链，惠屿村的美丽乡村建设真真切切的让老百姓感受到了幸福感和获得感。

随着岛上基础设施日益完善，每年能吸引20多万游客上岛观光，已逐步形成惠屿生态休闲旅游产业园。为增加村集体收入，惠屿村通过入股、出租海浪湾餐厅、惠屿假日酒店及民宿拓展研学活动和打造主题党日活动基地，年增加村集体收入23万元，带动旅游收入近2000万元。

蔡鋆泽说，目前九大项目已经完工了六个，所有项目都将在今年年底全部完工并投入使用，届时将极大改变村容村貌，使海岛设施更加完善，为乡村振兴打下坚实基础。接下来我们将继续依托九大项目辐射带动寨尾顶党建联创、长青林、儿童之家、口袋健身公园等22个为民办实事项目，进一步形成党建引领乡村振兴“9+N”项目体系，办好就业、教育、托幼等一件件民生实事，把整个海岛的经济社会发展完全推动起来。

惠屿村的华丽蜕变与党委政府的正确领导和各个部门的大力支持是分不开的。据了解，从2019年12月，泉州市纪委监委机关第一党支部与泉港区纪委监委机关党支部、惠屿村党支部实施党建“三级联创”后，在南埔镇惠屿村积极开展党建引领乡村振兴项目建设，扎实推进乡风文明建设，强化党建引领，让“党建+旅游”成为亮丽风景线，让海岛更加宜居宜业宜游，助力乡村振兴。

（2021年11月8日刊发于《中国商报网》）

泉港非遗文化

北管

北管又名北曲、小曲、小调、曲仔，是广泛流传于泉港的一种传统民间丝竹音乐。相传北管最初为明清时期江淮一带的民间音乐，通过海上运输、盐兵南下、淮河缺堤难民迁徙等渠道传入泉港，与当地民间音乐融和、渗透，演化而成现今曲种。它既保留江淮一带民间音乐风格，又柔进闽南、莆仙音乐某些特色，是闽南地区唯一用“官话（普通话）”唱词的民间音乐，与“南音”并称“南弦北管”，素有“天子传音”美誉，并随乡人迁播至马来西亚、新加坡等东南亚国家和香港、台湾地区。北管分曲和谱两大类，曲即声乐曲，谱即器乐曲。曲大多数来源于明清以来的江淮小调，谱大多数来源于广东音乐、江南丝竹和京剧曲牌，歌词以叙事抒情、写景抒情居多。主要沿用江南丝竹的乐器，参用莆仙、闽南乐器，特色乐器为尺胡、双清，主奏乐器为提弦、品箫等。2006年，“北管”被国务院列入第一批国家级非物质文化遗产目录；2014年，泉港区荣获“中国北管音乐文化之乡”称号。

“水密隔舱”福船制造技艺

泉港水密隔舱福船制造技艺历史悠久，起源于唐朝，绵延于宋元，鼎兴于明代，式微于晚清，重振于当今。“黑船五青案”船型是“水密隔舱”福船典型代表，构造独特，全船首尾依次排序头禁、假肚、五肚等，船上设置“十二生肖”暗示标记于整船的不同位置，喻称为鼠桥、牛栏等。2000年9月，泉港福船制造技艺入选第三批福建省级非物质文化遗产代表性项目名录；2014年11月，泉港区“水密隔舱福船制造技艺入选第四批国家级非物质文化遗产代表性项目名录扩展项目名录；2015年10月，泉港区获评“中国水密隔舱福船文化之乡”。泉港造船技艺的发展，增强了古代泉州海上丝绸之路航运的能力，为宋元时期因海上丝绸之路中外经贸、文化往来的繁盛和成为“东方第一大港”发挥了积极作用。

南音

南音原称“弦管”，由中原音乐与泉州民间音乐相结合而成，为中国现存最古老的乐种之一。南音古朴优雅、清丽委婉，以大量曲目、古老乐器和自成体系的记谱方法，极具文化、历史和学术研究价值。2006年，泉州南音被列入首批国家级非物质文化遗产代表性项目名录，2009年9月入选联合国教科文组织“人类非物质文化遗产代表性名录”。泉港区现有16支南音乐队，主要分布在山腰街道、前黄镇和涂岭镇等。2000年以来，泉港区先后成立南音工作协会、区南音传承中心和涂岭、前黄、山腰南音社，在三朱小学成立南音培训基地，不断加强南音传承保护。2007年1月，泉港南音入选第一批泉港区级非物质文化遗产代表性项目名录。

施厝扁担术

施厝扁担术是泉州南少林寺武术在民间的遗技，前身为泉州南少林的护寺棍法，传入施厝后，村民以扁担演练少林棍法，故称“扁担拳”。明洪武年间，施厝有男子因田园纠纷受欺赴南少林寺习武，能手抱大牛引重千斤，人称“施抱牛”。学成后因违背寺规，返乡重整田园。明朝沿海倭乱，“施抱牛”将少林正宗拳技传授村民用以自卫，改棍法为扁担术，流传至今。施厝扁担拳套路有三步母（三战）、七步势等6种，招式势势相成，兼枪带棍，拆练合一，沉稳紧凑。明末民初，乡间大兴武馆，培养出大批扁担拳高手，并随乡人外出，传向莆田、福清及省外等地。2014年，施厝扁担拳研究会成立，为传承发展该拳种，研究南少林棍法和拳法的传播及全民健身活动的开展发挥积极作用。2016年3月，施厝扁担术入选第五批泉州市级非物质文化遗产代表性项目名录；2021年，入选第七批省级非物质文化遗产代表性保护项目名录。

“咸水腔”芗剧

“咸水腔”芗剧源于漳州歌仔戏，主要分布于今山腰街道、前黄镇，至今已60多年，与漳州芗剧、莆仙戏、高甲戏、台湾歌仔戏及北管等存在深远渊源关系。1948年，漳州“金瑞兴”戏班到前黄村演出，村中十余个青年跟班学戏，办起村芗剧团。1951年后，山腰相继组建鸾峰、锦塔、古县芗剧团。2004年，厦大教授陈世雄称泉港芗剧为“咸水腔”芗剧，名称沿用至今。“咸水腔”芗剧舞台演出念白为山腰腔，音乐曲牌大致与漳州芗剧相同，采用少量北管和莆仙戏音乐，唱腔基本模仿漳州芗剧。表演技艺受莆仙戏影响，旦角学莆仙戏科步，丑角学高甲戏科步。山腰街道现有30多个芗剧团，表演剧目200多个，代表剧目有《秦香莲》《边关审子》《风筝缘》等。2007年3月，入选首批泉州市非物质文化遗产代表性项目名录。

抢“七星灯”习俗

抢“七星灯”习俗为泉港元宵期间的独特民间习俗。“七星灯”原名“姑仔灯”，为农村七月普渡产物。其灯绑在一根长一丈多的竹竿上，竹竿顶端糊有纸仙鹤，脚下挂有六角灯罩，每角挂一盏主灯，谓之“魁灯”。灯笼用细竹编成，古典枣形，外糊棉纸，灯东侧彩绘“两童子戏骑麒麟”图，西侧交叉“天赐麟儿”红字，外表涂桐油，点燃后明亮夺目。连同纸仙鹤共七盏灯，得名“七星灯”。相传清代有位外地孤人，流落到泉港一带，经他抚摩过的小儿能祛病消灾。多年后，村民在中元节挂孤仔灯祭奠以寄怀念，也借此祈求人丁兴旺和科第发达。闽南话“灯”与“丁”同音，在传统文化中“灯火”又寓意生命延续、添丁进财。抢“七星灯”在山腰、前黄、峰尾一带十分盛行，抢灯形式不一，抢到后各村习俗不同。2007年1月，抢“七星灯”习俗入选首批泉州市级非物质文化遗产代表性项目名录。

泉港古船模制作技艺

泉港古船模制作技艺源于“水密隔舱福船”制造技艺。依据传统造船工艺，按照古船的传统架构及标准尺寸比例缩小制作。船模上器具、帆、锚等配置齐全。古船模制作主要以手工为主，使用的传统工具有斧、凿、锯、推刀等。古船模代表性产品有“黑舶五青案”古船、郑和古船、郑成功战船及各种大小不一的渔航船，多次参加国内外文博会、世博会、博览会等，入选泉州市伴手礼名录。古船模制作技艺对于渔航船制造技术和海上交通史研究具有重要的历史文化艺术价值。2007年3月，泉港古船模制作技艺入选首批泉州市市级非物质文化遗产代表性项目名录。

山腰海盐传统晒制技艺

山腰海盐制作始于唐，发展于宋，宋时设盐亭管理制盐。明嘉靖年间，制盐由火煎法改为日晒法。清乾隆年间，制盐业大发展，制盐业规模化、产业化，盐埕面积达1万公亩。山腰盐场起于该期间，海盐生产生产工艺分为纳潮、制卤、结晶、旋盐、扒收、归坨6个主要工序，浓缩了数千年中国海盐制作传统工艺精华，生产的海盐天然低纳，富含70多种微量元素。山腰盐场是“老字号”南方海盐生产企业、福建省第二大国有盐场、最大的食盐生产基地、全国食盐定点生产企业之一。2013年8月，山腰海盐传统晒制技艺入选第四批市级非物质文化遗产代表性名录。2015年10月，泉港区荣获“中国海盐文化之乡”称号。

樟脚村游龙灯

樟脚村游龙灯相传起源于元末明初，至今有650多年历史，是全村每年最重要的节庆活动。元末，政府抓壮丁充军以御朱元璋起义，樟脚村民们用火堆为烽火信号互相通知躲避元军抓捕。明朝建立后，为庆祝战争结束，每家每户男丁将花灯绑在板凳上连在一起，犹如神龙游走。“灯”字通闽南语“丁”，也表达村民们祈求来年添丁添财的美好愿望。游龙灯在元宵节举行，灯板为长木条板，每条灯板可固定十个灯笼，每家每户出一名男丁扛花灯，队伍全长三公里，犹如长龙，绕全村游走一遍。游灯队伍每到之处，家家户户门口燃放火堆爆竹，围观群众熙熙攘攘，场面壮观。

沙格赛龙舟

沙格端午龙舟赛，始于明永乐年间（1403—1424年），迄今有600多年历史。最初划龙舟为借屈原和妈祖祛除瘟疫；清顺治年间，为缅怀明朝名宦王忠孝及追随其客死台湾的沙格王氏族人，演变为龙舟赛。近年来，龙舟赛规模不断扩大，参赛团队从沙格村发展至外村外镇外县区及多个单位。比赛一般进行数日，赛前村民隆重祭奠屈原及妈祖，并以轿抬妈祖神像绕村巡游，将神像敬于海滩观礼台观看比赛。船上鼓锣之声不绝，岸上喝彩之声不断，场面壮观。龙舟赛以神缘、血缘、地缘和体育运动促进泉台交流，民间影响深远。2007年1月，公布为第一批区级非物质文化遗产。

泉港风味小吃

浮粿

浮粿是泉港特色油炸食品之一，入选“福建名小吃”“泉州十佳风味小吃”，因炸熟时会浮游在油锅上，故名“浮粿”。浮粿即炸即食、立等可取，广受欢迎，不但在泉港大街小巷有不少浮粿小吃店，而且在惠安、泉州等地也有很多的泉港浮粿店。浮粿的做法，先把番薯粉配入葱末、盐、五香等调味品，加水搅拌成浆状待用。而后把花生油（或其他食用油）

倒入锅中烧至八成热，把浆料装入“浮粿架”（通常用铁皮压成梅花状凹形体，并带有铁丝长柄的模具），再在浆料中包入南瓜丝、蚝、肉丝，然后放入热油锅中炸，待浆料凝固脱离浮粿架浮在锅面时，用竹筷翻动，使其受热均匀至双面呈金黄色，捞出滤去余油即成。趁热随各自口味蘸酱油、醋、辣等食用，香软可口、齿颊留香，广受民众喜爱。2016年3月，泉港浮粿制作技艺入选第五批泉州市非物质文化遗产代表性项目名录。

涂岭卤猪脚

涂岭卤猪脚为泉港当地民众宴请亲友和款待宾客的招牌菜。卤猪脚的特色在于色泽鲜艳，味甘汁醇，精肉柔软，不失肉质，肥肉油而不腻，入口即溶。卤猪脚用料有主料：猪脚；辅料：小鱿鱼干、桂皮、盐（或酱油）、葱、姜、香油、料酒、花椒、冰糖（或红糖）。做法：选脂肪洁白透亮、肉色红润且肉质有弹性的猪脚去毛洗净，剁去角质蹄尖，带骨横切成一小段一小段，然后放入开水中汆烫 3 ～ 4 分钟，去掉血水和腥味，捞出用冷水冲净表面浮沫备用；用炒勺将少许香油烧热，放入冰糖（或红糖），煮成紫红色的“糖乌”，放汤调至浅红色为佳，然后加入猪脚，再放入小鱿鱼干、桂皮、料酒、葱、姜和酱油（或盐）翻炒，倒入清汤烧开，除去浮沫，用大火烧至猪脚入色后，改用小火炖烂，收浓汁即成。现代医学研究证明，猪脚性平，味甘咸，具有补虚弱填肾精等功效。2011 年起，涂岭镇每年举办一届涂岭猪脚美食文化节，打造涂岭猪脚美食品牌。卤猪脚制作技艺的传承和发展，既满足当地民众的饮食需求，又促进旅游美食业的发展。2016 年 3 月，涂岭卤猪脚制作技艺入选第五批泉州市非物质文化遗产代表性项目名录；2017 年获评福建省首批优秀创意旅游产品。

樟脚豆皮

用白豆或黄豆磨浆制成豆皮（涂岭地区叫“豆油”），是山区农家喜庆节日餐桌上的家常菜。营养价值高，可油炸、煮汤、炒菜等，当地群众常把豆皮放在热油中炸至橙黄色，同炊粉、面线混合煮成炊粉汤或面线糊。制作豆皮的小工艺、小作坊在涂岭樟脚陆厝自然村已传承三四代。樟脚豆皮形薄如蝉翼，散发出阵阵大豆的清香，是用大豆磨浆烧煮后，凝结晾干而成的豆制品。首先把黄豆磨成浆，倒入煤炉上的陶锅中，待豆浆慢慢冷却、表层凝结成皮，再用筷子一层一层挑出，放置在竹竿上，直至晾干。在制作过程中，温度的控制、火候的掌握，都十分重要。稍有不慎，就会影响到表皮的凝结效果。刚开始制作的豆皮，颜色较淡也较薄，到最后豆浆浓度高，锅灶温度高，豆皮成形的时间较快，颜色呈棕色，厚实皱纹多，吃起来较甜较嫩，味道也好。

九层糕

九层糕并不一定非要九层，取这个名字，是因为“九”与“久”谐音，有“长久”“永昌”的寓意。泉港当地有个民俗：哪家生了男孩，即 “添丁”，需在清明节各蒸一笼九层糕和发糕到祖坟祭拜，九层糕面一定为红色，而后把九层糕、发糕切块分给亲朋好友，预祝再添新人。九层糕具体做法：先将大米用水浸没、淘净，加点食用碱磨成浆，然后将铺有细白棉布炊巾的蒸笼搭在锅上，将米浆均匀地倒上一薄层，盖上蒸笼盖，用大火蒸至粿面发亮呈透明，再倒入一层薄米浆，如此反复，一层接着一层。如为了增加喜庆色彩，还可在最上一层米浆中加入红色素；如果要增加香味，可加蒜、姜等一起磨浆。

糖粿

糖粿的原料主要由糯米、糖、食用油构成。制作方法有两种：一是如制作豆压粿方法，把糯米碾粉揉和成团。另一种方法，直接把糯米淘净浸透磨成浓浆，沥去水分搓揉制作。把揉好的粿体搓成细长圆条状，掐成一小块一小块搓成圆丸，把搓好的圆丸放进开水里煮至上浮，熟透后捞起趁热放进装有食用油拌糖（一般用红糖）的盆内搅拌均匀。糖粿呈圆形，拌糖吃寓意又圆又甜。每年“七夕”，泉港地区时兴“炒糖豆，搓糖粿 ”祭拜“七娘妈”。相传“七娘妈”是七仙女中的织女，“七夕”这天，牛郎织女“鹊桥相会”，人们用糖粿祭拜，取糖粿之“圆”“甜”，寓牛郎织女团圆，天上人间，同心同理。南埔镇的肖厝村在制作糖粿比较讲究，所以肖厝糖粿也成为肖厝村的一道招牌菜肴。

蚵饼

蚵饼即海蛎炸，是泉港区独特的小吃之一。蚵饼的价格比浮粿高，用料与浮粿不同，口感、风味与浮粿也不一样。蚵饼的主要用料：粳米掺黄豆加水浸透后磨成稠浆，调盐、葱末成浆料；把南瓜（或高丽菜、红萝卜）刨成细丝，合葱、蒜末、调味品搅拌均匀成馅。先把稠浆放进直径约 10 厘米圆形微凹的特制专用炸勺（俗称蚝饼鏊）中，用汤匙铺成薄薄一层，然后放进备好的馅料、鲜蚝粒和肉丝，再用稠浆盖严，成凸圆形后，放进八成热的油锅里炸，待其脱模浮上油面时，用竹筷反复翻动至双面呈金黄色即可出锅滤油，因其形与饼相似，味以蚵佳，故名“蚵饼”。蚵饼的边圈又脆又酥，中间嫩软香鲜，汤汁饱满。食用起来，让人回味无穷。

鳗鱼浮

鳗鱼浮属油炸类食品，也是泉港的特色产品之一。制作方法主要有三个环节：

（一）切鳗割。选用新鲜的大鳗鱼，沿鱼身的中脊两面切开，去掉鱼头和内脏等，仅取两面鱼肉。顺沿肉中的细骨，斜切成长菱形条块鱼肉，这样食用时鱼骨容易去掉，避免骨刺鲠喉。

（二）腌渍和调浆。一是把切成的鳗鱼条块，用少许盐巴、酱油和白糖、醋、味精等调味品腌渍入味；二是用面粉和少量地瓜粉兑水搅拌，加入适量疏松剂调匀成浓度合适的粉浆。（三）油炸。把经过调料的鳗鱼块均匀地裹沾粉浆投入油锅油炸，当表面粉皮呈赤黄色时即可捞起。油温以160℃～180℃为宜。油温过高时要及时控火，可添加新油，也可以多投入些鳗鱼条块，这样才不致于炸焦，影响质量和口感。“鳗鱼浮”是泉港地区传统的风味小吃，也是婚丧喜庆中常见的一道菜肴。近年来，峰尾觉清食品有限公司在传统做法基础上，改良配料，形成“觉清香鳗浮”品牌，产品通过QS食品认证，获得泉港特色十佳美食称号，外销福州、厦门和泉州等地区。

豆腐“控”

豆腐“控”的主要原料是豆腐；配料有：一是大白菜或高丽菜，二用猪筒骨精心熬制出的浓汤；三是海鲜品，如花蛤、海蛎等；四将五花猪肉切成方块，在油锅中炸成焦黄色备用；五是姜片、葱末、盐、鸡精、料酒等调味品。制作时，把猪筒骨浓汤加水稀释，并放入姜片和豆腐块。通常用手把方块豆腐掰成大小、形状不一的块块，这样比较容易入味。用大火煮沸后，再放进洗净的花蛤或海蛎和适量食盐，用旺火煮5～10分钟让豆腐入味，最后放进切成条状的大白菜（或高丽菜）和焦黄的五花猪肉，后再加入汤水，用旺火煮至汤水开，滴入些许料酒，用文火“控”3～5分钟，让豆腐收敛、汤渐浓、色呈乳白。起锅时再放进适量的葱末等调味品。豆腐“控”具有三汤之绝：热汤中豆腐片漂浮不沉，谓之漂汤；汤呈乳白色，谓之奶汤；汤中豆腐鲜美可口，谓之鲜汤。

红团粿

红团粿是泉港区民间流行的喜庆食品，寓意“团团圆圆，大吉大利”。除当年居丧者只能做白团粿外，家家户户逢年过节（如中秋、春节）都要制作红团粿，遇到婚庆喜事（如结婚、庆寿、修坟、进主等）还要多制作些分送亲戚好友、左邻右舍。红团粿由粿皮和馅两部分组成。粿皮的传统做法先用番薯去皮洗净入锅炖烂，趁热取出放在石臼中舂糊，一边翻动一边撒入细薯粉（或糯米粉）直至不会粘手，再加入少量红色食用色素（俗称 “矿红”，增添喜庆色彩）揉匀即成。这种皮韧性好，不硬不裂。现在为求方便，大多用米粉或面粉揉制。馅料主要有糯米馅、芝麻拌糖和花生拌糖三种。糯米馅的主要做法，即把糯米淘净煮成干饭状，趁热拌糖即可。有的用其他馅料，如把糯米加虾皮等配料煮成咸糯米馅，或把花生、芝麻炒熟捣碎拌糖制成花生芝麻馅，或把豆类煮熟捣烂加糖成豆馅等。馅料不一样，口味不相同，但是做法一样。制作时，取一小块粿皮捏成薄凹状，中间装进馅料，然后再把粿皮捏合，压扁为薄圆形粿体，放进雕刻有各种吉祥花纹的木制模具（俗称“粿印”）内压实，印成上拱下平半球状的有花纹的红团粿。把压好花纹的红团粿衬上植物叶（一般用粿叶、香蕉叶或荷叶），放入蒸笼里用大火蒸20分钟左右即熟。送红团粿不但礼重，而且食用起来让人觉得又甜又香。冷却后的红团粿表面光亮硬实，但只要稍微加热马上变软，口感极好，如定期加热过馏可存放20多天不变质。

金桃油酥饼

金桃油酥饼是泉港传统名小吃，历经南埔镇沙格村王金桃一家三代人的传承和改进，至今已有近百年历史。金桃油酥饼为纯手工制作，技艺精细，原料上乘，色泽金黄，酥层清晰，油而不腻，香酥可口，是深受泉港人喜爱的茶点。金桃油酥饼，呈圆型，直径约5厘米，周长约16厘米，厚度约1.5厘米，单个饼重约20克。制作工序主要有四道：（一）和面制皮。选择优质面粉和水搅拌混合，用手工反复 揉搓约半小时，成为均匀面团后，作为油酥饼包皮。（二）和好馅料。选择质好的白糖、面粉、葱头油、花生（炒熟碾碎）、蒜苗五种原料，按比例和合后，作为油酥饼的馅料。（三）面皮、酥、馅合成。油酥饼的关键在于“酥”。掌握好酥、皮的比例，把酥放在皮里，确保饼变酥变脆，再用手轻碾两次。用面皮包好酥、馅合成为包子状后，半成品的油酥饼就做好了。（四）下锅油炸。选用优质新鲜食用油。待油温升高，将半成品的油酥饼入锅，并控制好一锅的数量。下锅的饼经油炸后，渐渐呈现出金黄色，绽现一层层犹如花瓣的酥皮。再过七八分钟油炸后，油饼散发出阵阵诱人的清香气息，这时油酥饼便可以起锅。

表 25

《泉港年鉴（2022）》参编单位、主审和主撰人员名单

单位	主审	主撰
区纪委监委	陈荣川	林腾程
区委办	柯金清	黄茂林
区委保密办	庄永梅	黄茂林
区委巡察办	林志江	连颇颇
档案馆	吴静宜	潘　婷
信访局	林小平	刘秀金
组织部	姚泽安	郭立民
关工委	肖全清	庄　勇
宣传部	黄少伟	傅国强
文明办	庄敬松	李志远
统战部	胡伟强	陈思琪
政法委	林素宝	刘晓东、李佶硕
编办	刘跃民	陈银祥、陈志红
党工委	郭清芳	庄建国
区委党校	李晋瑜	丁　萍
人大办	郑志阳	董慧娟
政府办（含外事办）	曾永顺	郑景霖、陈艺榕
政协办	张华鹏	郑加丽
金融办	王建华	刘　杰
行政服务中心	邱清满	肖臻辉
区委史志室	林进辉	陈小燕
发展和改革局	吴文辉	杜晓培
工信局	肖培坤	郑冰毅
商务局	肖银河	柯勇财
教育局	林　峰	庄志忠
科技局	林良海	庄学林
民政局	刘开南	刘俊阳
司法局	柯富华	刘舒婧
财政局	黄宝真	吴炜玫
国资办	骆志雄	庄伟军
人社局	肖锦萍	陈敏树

续表 25

单位	主审	主撰
住建局	王金准	杜天资
城管局	蔡惠祥	吕晗御
交通运输局	刘　勇	陈　伟
农水局	潘华卿	曾甜甜
文旅局	肖良水	连世勇
卫健局	施文勇	庄碧青
医保分局	李肇晖	黄龙泉
审计局	刘森海	林燕杰
统计局	高永康	林瑞振
生态环境局	郑明炎	林佳煌
应急管理局	庄向阳	叶永桢
退役军人局	肖德宝	肖　斌
市管局	洪良杰	林俊杰
融媒体中心	黄国忠	林志云
供销社	郭淑平	林朝阳
泉州市泉港新城投资有限责任公司	邱建忠	程伟锋
石化园区管委会	陈惠锋	林雅婷
石化工业区建设发展公司	王志福	刘梅琴
泉港高新产业园区建设公司	朱志卿	王小强
泉港新材料高新技术产业园区管理委员会	陈泉忠	庄亚强
水利水务公司	郑佳峰	林新忠
泉港文旅公司	施茂春	钟吉美
大众公交公司	林文煌	陈怡婷
人武部	李小清	辜珍兰
法院	郑玲玲	苏惠玲
检察院	林书涛	黄瑞芬
总工会	刘宗强	林黎阳
团区委	刘建荣	连泽鎔
妇联	钟晓蓉	连莉昭
工商联	龚锦泉	林梅莺
侨联	庄学根	陈凤黔
科协	庄金红	林　芳

续表 25

单位	主审	主撰
计生协会	连芙蓉	张建彬
残联	叶月明	钟青建
文联	李美美	肖惠珠
社科联	陈三龙	陈怡晴
慈善总会	庄学忠	柯明清
贸促会	程志斌	陈珍萍
红十字会	王慧敏	邱淑钦
民革支部	陈德义	庄燕平
民盟总支	王梅珠	刘碧新
民建支部	庄志林	陈志东
民进支部	李祎山	郭丹燕
农工党总支	林金辉	戴清秀
致公党总支	庄一鸣	连秀祥
公安分局	王艺彬	出学典、蔡志启
交警大队	庄承培	李明斌
消防救援大队	林其南	林淑珍
自然资源局	王小林	陈　敏
税务局	苏迎波	曾胜文
市公路事业发展分中心	张小阳	段培香
湄洲湾港口管理局	李庆社	郑　宁
邮政集团泉港分公司	汪冰莹	房真真
烟草专卖局	谢凯鸿	张　劲
肖厝出入境边防检查站	李　杰	林奕君
泉州海关驻肖厝办事处	陈可炎	王　龙
泉港海事处	谢镜山	陈珠霞
电信公司	洪建荣	庄超雄
移动公司	林智勇	杨慧玲
联通公司	刘展志	陈育环
广电网络公司	孙鸿佳	陈志江
沙格港务公司	郭安然	吴燕逸
新华书店	陈铮锐	陈　锴
电业客服中心	陈艺斌	卢家焱

续表 25

单位	主审	主撰
人行惠安支行	余文华	杨桂相
银监惠安办事处	陈培忠	华　毅
工商银行	林华山	钟志宏
农业银行	陈友民	连玮玮
中行	李伟斌	林萍红
建行	施纯琦	郑建芳
兴业银行	骆泽峰	刘月珍
邮储银行	郭圳辉	陈丁伟
泉州银行	杨清江	钟勇真
恒丰银行泉州泉港支行	郭清松	林佳英
农商银行	庄吓农	王德洋
人民保险	肖丽君	林　静
人寿保险	阮银凤	张柏立
华鑫证券有限责任公司	王征宇	庄美玲
华兴典当有限责任公司	郭　亮	庄佳丽
南埔镇	刘梅坤	陈坤山
界山镇	庄占彬	庄碧青
后龙镇	卢凌峰	庄　坚
峰尾镇	郭安鹏	王月琴　庄慧芬
山腰街道	施珺瑜	陈仲毅
前黄镇	刘婉娥	赖佳佳
涂岭镇	庄晓芬	庄舒芬
山腰盐场	陈鸿荣	钟龙山
国电泉州热电有限公司	陈国宝	李国鑫
国家阀门质检中心	汪建光	陈宗杰

索引

说明

一、本索引采用主题词分析法，按主题词首字汉语拼音字母顺序排列。

二、栏目、分目标题用黑体字。“专文”“年度聚焦”“大事记”“荣誉 人物”“重要文献”“统计资料”“附录”内容不作索引。

三、索引主题词后的数字表示页码，数字后的 a、b、c 表示栏别左中右。

四、空一字起排的款目为上一主题的“附见”。

A

B

C

E

F

R

S

Y

Z